AF576151

EUL
VERLAG

Situative Gestaltung des IT-Produktmanagements

Eine empirische Untersuchung

Von der Fakultät Wirtschafts- und Sozialwissenschaften der Universität Stuttgart zur Erlangung der Würde eines Doktors der Wirtschafts- und Sozialwissenschaften (Dr. rer. pol.) genehmigte Abhandlung

vorgelegt von

Katharina Ute Peine

aus Bad Dürrheim

Hauptberichter: Prof. Dr. Georg Herzwurm

Mitberichter: Prof. Dr. Torsten Bornemann

Tag der mündlichen Prüfung: 02.09.2014

Betriebswirtschaftliches Institut der Universität Stuttgart

2014

Reihe: Wirtschaftsinformatik · Band 82

Herausgegeben von Prof. Dr. Dietrich Seibt, Köln, Prof. Dr. Hans-Georg Kemper, Stuttgart, Prof. Dr. Georg Herzwurm, Stuttgart, Prof. Dr. Dirk Stelzer, Ilmenau, und Prof. Dr. Detlef Schoder, Köln

Dr. Katharina Ute Peine

Situative Gestaltung des IT-Produktmanagements

Eine empirische Untersuchung

Mit einem Geleitwort von Prof. Dr. Georg Herzwurm, Universität Stuttgart

Bibliografische Information der Deutschen Nationalbibliothek

Die Deutsche Nationalbibliothek verzeichnet diese Publikation in der Deutschen Nationalbibliografie; detaillierte bibliografische Daten sind im Internet über <http://dnb.d-nb.de> abrufbar.

Dissertation, Universität Stuttgart, 2014

D 93

ISBN 978-3-8441-0373-1
1. Auflage Dezember 2014

JOSEF EUL VERLAG GmbH
Brandsberg 6
53797 Lohmar
Tel.: 0 22 05 / 90 10 6-6
Fax: 0 22 05 / 90 10 6-88
E-Mail: info@eul-verlag.de
http://www.eul-verlag.de

Bei der Herstellung unserer Bücher möchten wir die Umwelt schonen. Dieses Buch ist daher auf säurefreiem, 100% chlorfrei gebleichtem, alterungsbeständigem Papier nach DIN 6738 gedruckt.

Geleitwort

Nach einer Schätzung des Bundesministeriums für Bildung und Forschung (BMBF) sind über 80 % der Innovationen IT-getrieben, v.a. in den in Deutschland starken Branchen Automobil, Medizintechnik und Logistik. Unter den erfolgreichsten Unternehmen der Welt finden sich mehr und mehr Firmen aus der Softwarebranche wie Ebay, Google, Microsoft oder SAP. Jedoch spielt Software auch bei Nicht-Softwareunternehmen eine immer größere Rolle, siehe z.B. Bosch, wo zurzeit mehr als 2.500 Softwareentwickler beschäftigt sind. Im Zuge der fortschreitenden Digitalisierung hat sich daher die Funktion des IT-Produktmanagements in der Praxis etabliert, um eine erfolgreiche Betreuung der sehr unterschiedlich gearteten IT-Produkte zu gewährleisten. Ebenso hat sich das Thema in der Wissenschaft zu einem festen Bestandteil der Wirtschaftsinformatik entwickelt. Dennoch fehlt es an einer ganzheitlichen Sicht auf die Funktion: die Stelle, deren organisatorische Einbettung sowie Ziele, Aufgaben und anfallende Probleme werden weniger betrachtet. Vor allem der situative Aspekt, der sich aus den verschiedenen Arten der IT-Produkte sowie den sehr unterschiedlichen Organisationen, welche die Funktion individuell integriert haben, ergibt, blieb bislang weitgehend unerforscht. Hieraus ergibt sich die Neuartigkeit dieser Arbeit. Die Stelle des IT-Produktmanagements wird durch ein exploratives Vorgehen einerseits aus Sicht der Praxis, andererseits aus Sicht der Theorie analysiert. Hierfür werden Methoden aus unterschiedlichen Wissenschaftsdisziplinen herangezogen. Weitreichende innovative Erkenntnisse können zudem aus dem umfangreichen empirischen Anteil der Arbeit gewonnen werden. Frau Peine hat systematisch ein situatives Modell für das IT-Produktmanagement entwickelt und dabei sechs unterschiedliche (Ideal-)Typen von IT-Produktmanagern identifiziert, an denen sich Praktiker orientieren können. Die Anwendung des Modells und der Vergleich mit den Idealtypen werden durch einen Prototypen unterstützt. Die Praxistauglichkeit und -relevanz des Modells wird durch vier Fallstudien nachgewiesen. So können Wissenschaftler ebenso wie Praktiker von dieser exzellenten Arbeit profitieren, da zum einen neue Ansätze zur methodischen Vorgehensweise sowie umfangreiche theoretisch fundierte Erkenntnisse zur Stelle des IT-Produktmanagements aufgezeigt werden, zum anderen liefert die Dissertation empirisch hinterlegte Gestaltungsempfehlungen für die Praxis. Daher wünsche ich dieser Arbeit eine weite Verbreitung und positive Rezeption in der Scientific Community sowie eine gebührende Beachtung der Erkenntnisse in der unternehmerischen Praxis.

Stuttgart, im November 2014 Univ.-Prof. Dr. Georg Herzwurm

Danksagung

Während der Entstehung dieser Dissertation habe ich besonders zu schätzen gelernt, wie wichtig es ist, auf die Unterstützung und den Rat unterschiedlicher Personen bauen zu können. Dafür möchte ich mich herzlich bedanken.

An vorderster Stelle möchte ich Prof. Dr. Georg Herzwurm danken, der mich als Doktorvater zu jeder Zeit mit Rat und Tat unterstützt und so zum guten Gelingen dieser Arbeit beigetragen hat sowie durch seine Persönlichkeit die Jahre am WIUS-Lehrstuhl zu einer besonderen und wertvollen Zeit werden ließ, die ich nie vergessen werde. Hervorheben möchte ich auch Herrn Prof. Dr. Torsten Bornemann, der die Verfassung des Zweitgutachtens übernommen hat, sowie Herrn Prof. Dr. Henry Schäfer als Vorsitzenden des Promotionsausschusses, vielen Dank hierfür.

Weiterhin nennen möchte ich meine Kollegen Herrn Dr. Sven Hanssen, Herrn Stefan Jesse, Herrn Christopher Jud, Herrn Benedikt Krams, Frau Annika Lenz, Herrn Olaf Mackert, Herrn Lars Oliver Mautsch, Herrn Dr. Martin Mikusz, Herrn Norman Pelzl, Frau Sook Ja Schmitz, Herrn Tobias Schäfer, Herrn Sixten Schockert, Herrn Tim Taraba und Herrn Tobias Tauterat. Danke an den Lehrstuhl von Prof. Dr. Georg Kemper für die tolle Zusammenarbeit und an das gesamte WIUS-Team, da hier zum einen die für die Dissertation notwendigen fachlichen Diskussionen entstehen konnten, zum anderen aber die ebenso wichtige freundschaftliche Atmosphäre an unserem Lehrstuhl. Vielen Dank auch an meine Interview- und Fallstudienpartner für den sehr wichtigen Beitrag zum empirischen Teil der Arbeit sowie an Herrn Czech für die Erstellung des Prototypen für das entwickelte situative Modell für das IT-Produktmanagement.

Schließlich gilt mein besonderer Dank meinem persönlichen Umfeld, das mir die für die Arbeit notwendige Zeit geschenkt und mich unermüdlich durch Korrekturlesen, Aufmunterung, Gespräche, Babysitterstunden sowie die notwendige Abwechslung und Zerstreuung unterstützt hat – insbesondere meinen Freunden Herrn Dr. Andreas Helferich und Frau Dr. Margarete Koch, meinen Eltern Silvia und Peter Hellstern, meiner Schwiegermama Ingeborg Peine, meiner Schwester Andrea Tammer, meinen Töchtern Sophie und Marileen und nicht zuletzt meinem Ehemann André.

Bad Dürrheim, im November 2014 Katharina Peine

Inhaltsübersicht

Inhaltsverzeichnis

Abbildungsverzeichnis

Tabellenverzeichnis

Abkürzungsverzeichnis

ACQ .... (CMMI for) Acquisition
AGR .... Agreement Processes
AIPMM .... Association of International Product Marketing and Management
AM .... Agreement Management
APO .... Align, Plan, and Organise
ARD .... Acquisition Requirements Development
ASP .... Application Service Providing
ATM .... Acquisition Technical Management
AVAL .... Acquisition Validation
AVER .... Acquisition Verification
BI .... Business Intelligence
BIO .... Business Information Officer
BPL .... Binary Priority List
BSI .... British Standards Institution
CAR .... Causal Analysis and Resolution
CEN .... European Committee for Standardization
CENELEC .... European Committee for Electrotechnical Standardization
CM .... Configuration Management
CMMI .... Capability Maturity Model Integration
COBIT .... Control OBjectives for Information and related Technology
CON .... Control Processes
CRM .... Customer Relationship Management
CSS .... Customer Satisfaction Survey
CSP (1) .... Constraint Satisfaction Problem
CSP (2) .... Customer Solution Planning
Cust Service Mgr .... Customer Service Manager
CVA .... Customer Value Analysis
d .... durchführend
DAR .... Decision Analysis and Resolution
DEV .... (CMMI for) Development

Dev Mgr ... Development Manager

DIN ... Deutsches Institut für Normung

Doc Mgr ... Documentation Manager

DSS ... Deliver, Service and Support

DTR ... Design and transition of new or changed services

DV ... Datenverarbeitung

e ... entscheidend

ECIS ... European Conference on Information Systems

EDM ... Evaluate, Direct and Monitor

EN ... Europäische Norm

ENG ... Engineering

ENT ... Enterprise Processes

ERP ... Enterprise Resource Planning

FB WI ... Fachbereich Wirtschaftsinformatik

FF ... Forschungsfrage

GI ... Gesellschaft für Informatik

IaaS ... Infrastructure as a Service

ICSOB ... International Conference on Software Business

IEC ... International Electrotechnical Commission

IEEE ... Institute of Electrical and Electronics Engineers

INCOSE ... International Council on Systems Engineering

IPR ... Intellectual Property Rights/Internationales Privatrecht

IRP ... Incident Resolution and Prevention

ISACA ... Information Systems Audit and Control Association

ISO ... International Organization for Standardization

ISPMA ... International Software Product Management Association

ISV ... Independent Software Vendor

IT ... Informationstechnik

ITGI ... IT Governance Institute

ITIL ... Information Technology Infrastructure Library

IT-K ... IT-Koordinator

IT-PM ... IT-Produktmanager

IT-PM$_{Abteilung}$ ... IT-Produktmanagementabteilung mit Abteilungsleiter

IT-PM$_{Gruppe}$ ... IT-Produktmanagement Gruppe

$IT\text{-}PM_{Koordinationsorgan}$ .... IT-Produktmanagement übergeordnetes Koordinationsorgan
$IT\text{-}PM_{Singulär}$ .... IT-Produktmanagement Singulärstelle
IuK .... Information und Kommunikation
IWM .... Integrated Work Management
IWSPM .... International Workshop on Software Product Management
k .... koordinierend
$KA_{IT\text{-}PM}$ .... Keine Stelle IT-Produktmanagement
KPI .... Key Performance Indicator
$LF_{IT\text{-}PM}$ .... IT-Produktbereich als produktbezogene Leitungseinheit
$LI_{IT\text{-}PM}$ .... IT-Produktmanagement als produktorientierter Teilbereich
MA .... Measurement and Analysis
$MA_{IT\text{-}PM}$ .... Matrix-Produkt-Organisation IT-Produktmanagement
MAN .... Management
MDRE .... Market Driven Requirements Engineering
MEA .... Monitor, Evaluate and Assess
MKWI .... Multikonferenz Wirtschaftsinformatik
NVP .... Net Present Value
OEM .... Original Equipment Manufacturer
OME .... Online Method Engine
OPD .... Organizational Process Definition
OPE .... Operation
OPF .... Organizational Process Focus
OPP .... Organizational Process Performance
OT .... Organizational Training
PA .... Prozessattribut
PaaS .... Plattform as a Service
$PA_{IT\text{-}PM}$ .... IT-Produktmanagements als Produktausschuss
PDMA .... Product Development and Management Association
PI .... Product Integration
PIM .... Process Improvement
PM .... Produktmanagement/Product Management
PMBOK .... Product Management Body of Knowledge
PMC .... Project Monitoring and Control

PMF	Pragmatic Marketing Framework
PP	Project Planning
PPQA	Process and Product Quality Assurance
PRJ	Project Processes
ProdBOK	Produkt Body of Knowledge
PSDM	Product Software Discontinuation Method
$\text{PS}_{\text{IT-PM}}$	IT-Produktmanagement als Produktspartenorganisation
PSKI	Product Software Knowledge Infrastructure
PVCS	Polytron Version Control System
QA Mgr	Quality Manager
QFD	Quality Function Deployment
QPM	Quantitative Project Management
QWM	Quantitative Work Management
RAM	Requirements Abstraction Model
RD	Requirements Development
REL	Relationship Processes
REQM	Requirements Management
RES	Resolution Processes
REU	Reuse
RIN	Resources and Infrastructure
ROI	Return on Investment
RSKM	Risk Management
SaaS	Software-as-a-Service
SAM	Situational Assessment Method for Software Product Management
SCVM	Software Customer Value Management
SD	Service Delivery
SDE	Service Delivery Processes
SEHv3	Systems Engineering Handbook, Version 3
SEI	Software Engineering Institute
SI	Systemintegrator
$\text{SIMO}_{\text{IT-PM}}$	Situatives Modells für das IT-Produktmanagement
SMS	Service Management System
SPICE	Software Process Improvement and Capability dEtermination

SPL .... Supply
SPM .... Software Product Management
S-PM .... Software Produktmanager
SPMBoK .... Software Product Management Body of Knowledge
SRM .... Supplier Relationship Management
SSAD .... Solicitation and Supplier Agreement Development
SSD .... Service System Development
SST .... Service System Transition
Std .... Standard
ST_{IT-PM} .... Stabsstelle IT-Produktmanagement
STSM .... Service System Transition
SUP .... Support
SVC .... (CMMI for) Services
SW .... Software
SWPM/SPM .... Software Produktmanagement
TEC .... Technical Processes
TLR .... Tailoring Process
TS .... Technical Solution
u .... unterstützend
v .... entscheidungsvorbereitend
VAL .... Validation
VAR .... Value Added Reseller
VDI .... Verein Deutscher Ingenieure
VER .... Verification
WI .... Internationale Tagung Wirtschaftsinformatik
WKWI .... Wissenschaftliche Kommission Wirtschaftsinformatik
WMC .... Work Monitoring and Control
WP .... Work Planning

Zusammenfassung

Aufgrund des der IT-Branche inhärenten ständigen Wandels stehen Organisationen mit softwareintensivem Geschäftsmodell verstärkt vor der Herausforderung, ihre IT-Produkte den sich ändernden Bedürfnissen anzupassen. Zahlreiche Organisationen haben darauf mit der Einführung der Funktion des IT-Produktmanagements reagiert, um eine nachhaltige Betreuung durch die kontinuierliche Berücksichtigung marktlicher und technischer Anforderungen sicherzustellen. Hierfür können bislang weder in Wissenschaft noch Praxis ausreichende Erkenntnisse aufgewiesen und zudem kein anerkanntes Modell verzeichnet werden, um IT-Produktmanager unterschiedlicher Organisationen in die Lage zu versetzen, die jeweiligen IT-Produkte zum Erfolg zu führen. Diese Arbeit verfolgt das gestaltungsorientierte Ziel, ein theoriegeleitetes, hypothetisches, validiertes, situatives Modell für das IT-Produktmanagement als Ergebnis aus der Zusammenführung von Theorie und Praxis zu entwickeln, welches zusätzlich Gestaltungsempfehlungen für IT-Produktmanager geben kann. Hierbei wird besonderes Augenmerk auf gemeinsame Merkmale gelegt, welche eine Typisierung von IT-Produktmanagern zulassen. Um dieses Ziel zu erreichen, wird die Stelle des IT-Produktmanagements im situativen Kontext aus unterschiedlichen Perspektiven erforscht und konkretisiert.

Aus dem situativen Ansatz der Organisationsgestaltung ergibt sich nach dem Modell der Zusammenhänge zwischen den Elementen praxeologischer Aussagen nach Kubicek die Definition des Gestaltungsbereichs der Stelle des IT-Produktmanagements. Dieser findet sich in den Forschungsfragen wieder und beinhaltet Ziele, Rahmenbedingungen, Aufgaben und Probleme/Effizienzkriterien des IT-Produktmanagements.

Als Grundlage für die angestrebte Typisierung erfolgt eine theoriebasierte, systematische Herleitung eines Instrumentariums zur Verortung organisationaler Strukturtypen, welches während der Arbeit an das IT-Produktmanagement angepasst wird. Hierfür werden zunächst Normen und Industriestandards im Umfeld des IT-Produktmanagements identifiziert, um aus diesen Erkenntnisse für die Gestaltung des angestrebten Modells abzuleiten. Anschließend erfolgt die Betrachtung des Gestaltungsbereichs zum einen aus der wissenschaftlichen Perspektive durch eine systematische Literaturanalyse, zum anderen aus der Perspektive der Praxis anhand einer Stellenanzeigenanalyse, einer großzahligen Studie im Bereich des IT-Produktmanagements sowie umfangreicher vertiefender Experteninterviews. Gestaltungsempfehlungen werden sowohl aus den theoretischen Grundlagen als auch aus einer Zusammenführung von identifizierten Problemen und Effizienzkriterien abgleitet.

Aufbauend auf den wissenschaftlichen Erkenntnissen und den empirischen Befunden aus der Praxis wird durch sensibilisierende Konzepte ein theoriegeleitetes Modell für das IT-Produktmanagement ($SIMO_{IT\text{-}PM}$) erstellt. Identifiziert werden sechs Referenztypen des IT-Produktmanagements, die durch ihre Gestaltungsalternativen Autarkie- und Autonomiegrad bestimmt werden und auf welche Rahmenbedingungen, Ziele und Probleme/Effizienzkriterien einwirken. Dadurch erlangen die Referenztypen hypothetischen, situativen Charakter. Zusätzlich können allgemeine Gestaltungsempfehlungen, aufgabenbezogene sowie Gestaltungsempfehlungen bezüglich der Rahmenbedingungen in Form von Katalogen integriert werden. Somit erfüllt das erstellte Modell die durch das Ziel der Arbeit gestellten Anforderungen und wird dementsprechend als $SIMO_{IT\text{-}PM}$ bezeichnet. Zuletzt erfolgt eine Validierung, zum einen argumentativ, um die Rigorosität der Ergebnisse darzustellen, zum anderen an der Praxis durch Fallstudien, um die Anwendbarkeit und Funktionalität des $SIMO_{IT\text{-}PM}$ aufzuzeigen. Hier besteht weiterer Evaluationsbedarf, da nicht sämtliche sechs Referenztypen in der Praxis evaluiert werden können. Diese folgen jedoch demselben regelgeleiteten Entwicklungsprozess und werden durch die Fallstudienpartner erfahrungsgemäß als stringent und nachvollziehbar bezeichnet. Das $SIMO_{IT\text{-}PM}$ erfüllt weitestgehend die Kriterien, an welchen es evaluiert wird, und kann IT-Produktmanager dabei unterstützen, ihre IT-Produkte zu betreuen.

Abstract

Because of the constant change inherent to the IT industry, organizations with software-intensive business models are increasingly facing the challenge of adapting their IT products to changing regulatory, technical or user needs. Numerous organizations have responded to this challenge by introducing the function "IT product management" that is responsible for taking a holistic, long term view on the product or products. So far, neither scientific literature nor industry-practice offers sufficient knowledge or a (more or less formal) model that provides IT product managers in different organizations with sufficient guidance on how to fulfill their duties.

This thesis follows the design-oriented goal to develop a theory-guided, hypothetical, validated, situational model for IT product management which can also provide substantiated recommendations for IT product managers. To this end, both a theoretical and a practical perspective are applied and various analyses are conducted. Special emphasis is placed on trying to identify commonalities and pattern which may help identifying distinct types of IT product managers.

Based on the situational approach of organizational design, the design area "position of the IT product manager" is modeled according to Kubicek's model of praxeological statements. This is reflected in the research questions and leads to the inclusion of goals, framework conditions, tasks, and problems/efficiency criteria of IT product management in the model.

As foundation for the aspired identification of distinct types of IT product managers, theory based, systematic instruments are derived, which can be adjusted on IT product management during the work. As a starting point, norms and industry standards relevant to IT product management are identified and incorporated in the design of the desired model. In the next step, a systematic literature analysis is conducted to include scientifically-derived knowledge. After that, the practical point of view is included based on an analysis of job offers, a small quantitative study, as well as a qualitative study using thirty in-depth interviews with experts on IT product management. Organizational recommendations are derived, both based on the results of the literature analysis as well as on the empirical studies.

Derived from the accumulated scientific knowledge and the empirical results, a theory-guided model for IT Product Management is created using sensitizing concepts (SIMO$_{IT\text{-}PM}$). This leads to the identification of reference types of IT product managers, which are characterized by their design alternatives self-sufficiency and autonomy. Conditions (e.g. regulatory environment, industry characteristics), goals and problems/efficiency criteria are also taken into account, giving the six types a hypothetical, situational character. Additionally, it is possible to identify recommendations regarding the organizational design of the IT product management function, the tasks that are to be fulfilled and the surrounding conditions. Thus, the created model satisfies the requirements imposed by the goal of the work and was accordingly called SIMO$_{IT\text{-}PM}$.

Last but not least, the model is validated using argumentative and empirical validation. The argumentative validation is conducted in order to display represent the scientific rigor of the approach used to derive the model and the model itself, whereas the empirical validation is used to demonstrate the applicability and functionality of the SIMO$_{IT\text{-}PM}$. While further evaluation is still necessary, as it is not possible to evaluate all six reference types in practice, the validation is successful. Since the reference types that can not be validated in practice are developed using the same rule-based development process and are designated largely as stringent and comprehensible by the case study partners. Thus, SIMO$_{IT\text{-}PM}$ meets the evaluation criteria as far as possible, and can support IT product managers in better performing their duties.

1. Einleitung

Dieses Kapitel dient als Einführung in den Themenbereich des IT-Produktmanagements. Zunächst werden die Problemstellung und der Stand der Forschung umrissen, anschließend die Strukturen von IT-Produkten und deren Besonderheiten aufgezeigt, welche die Grundlage für die weiteren Forschungsarbeiten bilden. Es folgen die Motivation für die Untersuchung des Gestaltungsbereichs der Stelle des IT-Produktmanagements, die Abgrenzung des Gegenstands der Arbeit und die Konzeptionalisierung des Untersuchungsbereichs. Darauf aufbauend wird auf die Zielsetzung eingegangen und es werden die Forschungsinhalte inklusive der Forschungsfragen bestimmt. Zuletzt wird das Forschungsdesign der Arbeit durch die wissenschaftstheoretische und methodologische Einordung sowie durch den theoretischen Zugang vorgestellt.

1.1 Problemstellung und Stand der Forschung

Organisationen zahlreicher Branchen sehen sich einem Strom tiefgreifender Veränderungen ihrer Umwelt ausgesetzt, sei es aufgrund technologischer Innovation, legislativer Änderungen, globalen Wettbewerbs oder extremer Konjunkturschwankungen. Als Reaktion auf diese Herausforderungen entstand in der Praxis das Produktmanagement,[1] welches eine produktbezogene Organisationsform darstellt,[2] deren Grundgedanke besagt, dass Sach- und/oder Dienstleistungen die Erfolgsträger einer Organisation sind und deshalb Gegenstand von objektbezogener Planung, Marktbearbeitung und Kontrolle sein sollten.[3] Die Aufgaben werden eingeteilt in die Phasen Analyse, Planung, Umsetzung und Kontrolle.[4] Die Internationale Organisation für Normung definiert das Produktmanagement in diesem Sinne bezogen auf den gesamten Lebenszyklus eines Produktes als "definition, coordination, and control of the characteristics of a product during its development cycle"[5]. Das eigentliche Ziel ist der nachhaltige Produkterfolg, weshalb das Produktmanagement eine unternehmerische Komponente beinhaltet.[6] Eine Person

---

1 Entwickelt wurde das Konzept des Produktmanagements im Jahre 1927 bei Procter & Gamble (USA), um Absatzschwierigkeiten eines neu entwickelten Pflegeproduktes entgegenzuwirken, siehe hierzu Aumayr (2013)a, S. 2
2 Vgl. Fließ (2006), S. 410
3 Vgl. Köhler (2007), S. 743
4 Vgl. Homburg (2012), S. 1128
5 ISO/IEC/IEEE 24765 (2010), S. 273
6 Vgl. Kittlaus u.a. (2004), S. 148

(Produktmanager[7]) oder eine Gruppe (Produktteam) ist für den gesamten Lebenszyklus eines Produkts oder einer Produktgruppe verantwortlich, von der Planung bis zu Absatz und Entsorgung (Ideenfindung, Konzeptentwicklung, Einführung und Steuerung der Produkte auf dem Markt[8]), und somit mit den verschiedensten Bereichen in einer Organisation konfrontiert.[9] Als Produkt-Markt-Spezialist und Funktions-Generalist ist das Produktmanagement eine Art Informations-, Koordinations- und Steuerungsplattform für sämtliche produktrelevanten Themen innerhalb und außerhalb einer Organisation.[10]

Die Informationstechnik (IT) beschreibt eine Komponentenstruktur, welche sich aus der Computertechnik, d.h. Hardware (Rechner und Peripherie) und Software (System- und Anwendungssoftware) sowie aus der Kommunikationstechnik, d.h. Netze (private/öffentliche physikalische Übertragungswege für Nachrichten) und Kommunikationsdienste (private/öffentliche funktionale Schicht auf dem Transportsystem wie z.B. Emails) zusammensetzt.[11] Die Besonderheiten des IT-Produktmanagements ergeben sich insbesondere aus der Software-Komponente, weshalb der Fokus dieser Arbeit auf Organisationen mit softwareintensivem Geschäftsmodell liegt.[12] Da heutzutage nur wenige Organisationen ohne weitreichende IT-Unterstützung auskommen, entstand analog zu anderen Branchen das IT-Produktmanagement, welches in Organisationen mit softwareintensivem Geschäftsmodell primär durch die Stelle des IT-Produktmanagements wahrgenommen wird (in IT-Abteilungen auch häufig als IT-Koordination[13] bezeichnet).[14] Das IT-Produktmanagement hat sich sowohl in Softwareorganisationen (insbesondere im Bereich der Standardsoftware) als auch in Anwenderorganisationen als Erfolgsfaktor

---

7 Aus Gründen der Vereinfachung wird an dieser Stelle sowie im Verlauf der Arbeit ausschließlich das generische Maskulinum verwendet. Personen weiblichen wie männlichen Geschlechts sind darin gleichermaßen eingeschlossen. Dies unterstützt zudem die Anonymisierung der im Folgenden während Experteninterviews sowie Fallstudien befragten Forschungspartner.

8 Siehe hierzu Bornemann (2010), der die Perspektive der Einführung von Neuprodukten aufzeigt sowie die Rolle der Neuproduktvorankündigung, die Teil des Tätigkeitsspektrums des Produktmanagements sein können.

9 Vgl. Becker (2013), S. 839 f., Fließ (2006), S. 410, Kittlaus und Clough (2010), S. 1 f. und Lennertz (2006), S. 10

10 Vgl. Aumayr (2013), S. 17

11 Vgl. Kruth (2009), S. 20 ff.

12 Siehe hierzu auch Kapitel 1.3 zu den Besonderheiten von IT-Produkten und deren Auswirkungen auf das IT-Produktmanagement.

13 Vgl. Herzwurm u.a. (2006), S. 1 ff.

14 Synonym für das IT-Produktmanagement ist im englischsprachigen Raum der Begriff Software Product Management (SPM) gebräuchlich, welcher als “the discipline and business process governing a product from its inception to the market or customer delivery and service in order to generate the largest possible value to a business” definiert wird, siehe hierzu u.a. Ebert (2009), S. 15

etabliert.[15] Bei zweiteren hat das IT-Produktmanagement eine Schnittstellenfunktion zwischen den Fachabteilungen, der internen IT-Abteilung und den Anbietern der in Organisationen genutzten IT-Produkte. Das IT-Produktmanagement soll durch ein gezieltes Management von IT-Produkten über deren ganzen Lebenszyklus hinweg sicherstellen, dass diese zum einen regelmäßig an die Umweltveränderungen angepasst werden und zum anderen die IT-Produkte trotz zahlreicher Änderungen noch wartbar bleiben und somit möglichst lange genutzt werden können. Demnach ist ein professionelles, kundenorientiertes IT-Produktmanagement ein wichtiger Erfolgsfaktor für nachhaltiges Wirtschaften von Organisationen.[16]

Während umfangreiche Literatur zum Thema Produktmanagement unterschiedlicher Branchen existiert,[17] ist die spezielle Funktion des IT-Produktmanagements noch weitgehend unerforscht. Anders als in anderen Managementbereichen ist das Instrumentarium für das Management der IT in der Wissenschaft weit weniger diskutiert und gefestigt worden,[18] es fehlen spezifische Vorgehensmodelle und Werkzeuge.[19] Dies wird deutlich durch die unterschiedlichen, in der Praxis verbreiteten Begriffe für das IT-Produktmanagement wie Portfolio-, Lösungs-, Solution- und Offer-Management[20] und die immer noch unklaren und uneinheitlichen Definitionen der Stelle(n) und Aufgaben des IT-Produktmanagements: weder in der praxisorientierten noch in der wissenschaftlichen Literatur hat sich ein eindeutiges Verständnis der Stelle des IT-Produktmanagements herausgebildet.[21] Wissenschaftliche Abhandlungen aus dem Gebiet der Informatik beschäftigen

---

15 Vgl. Gorschek und Kittlaus (2011), S. 1 und Svensson u.a. (2012), S. 182

16 Vgl. Herzwurm und Pietsch (2009), S. 1 ff. Eine von Ebert durchgeführte empirische Studie mit Daten aus 178 Industrie-Projekten zeigt die herausragende Bedeutung des IT-Produktmanagements: Verbesserungen zeigten sich bei der Zeit bis zur Markteinführung, der Termintreue und den Qualitätskriterien, siehe Ebert (2007a), S. 850 ff.

17 Siehe zu Produktmanagement in Konsum- und Investitionsgüterunternehmen sowie anderen Branchen z.B. Albers und Herrmann (2007), Kairies (2007), Matys (2005) oder Vogel (2002)

18 In den 90er Jahren wurde das IT-Produktmanagement zum ersten Mal als eigene Organisationsfunktion erwähnt: siehe hierzu Cusumano und Selby (1995), Kilpi (1997b) oder Krishnan (1997). In der folgenden Zeit weitete sich der Forschungskreis weiter aus: siehe z.B. Condon (2002), Dver (2003), Kittlaus u.a. (2004), Gorchels (2011), Ebert (2007a) und Herzwurm und Pietsch (2009). Mit dem Ziel, den Body of Knowledge des IT-Produktmanagements zu fördern, gründete sich im Jahre 2009 die ISPMA e.V. (International Software Product Management Association) als eine Non-Profit-Organisation.

19 Vgl. Kilpi (1997c), S. 184 ff. und Kilpi (1998), S. 3 und S. 11 f., van de Weerd u.a. (2006b), S. 1 oder Vlaanderen u.a. (2010), S. 17. Siehe hierzu auch die Pilotstudie von Tessler und Barr, welche auf die verworrene Situation des IT-Produktmanagements hinweist und Zielkonflikte zwischen Marketing und Entwicklung beleuchtet, vgl. Tessler und Barr (1997). Eine Übersicht über Publikationen zum Gestaltungsbereich der Arbeit in Form einer systematischen Literaturanalyse findet sich zusätzlich in Kapitel 4.1, Abbildung 39 und Abbildung 40.

20 Vgl. Böhmann u.a. (2006), S. 1

21 Siehe z.B. Böhmann u.a. (2006), Herzwurm und Pietsch (2009), Johannsen und Goeken (2007) oder Kittlaus und Clough (2010)

sich hauptsächlich mit den technischen Aspekten des IT-Produktmanagements.[22] Weiter kann argumentiert werden, dass die zahlreichen Quellen über das Produktmanagement aus der Betriebswirtschaftslehre einen anderen Schwerpunkt beleuchten, oft nur Teilaspekte wie z.B. das Marketing herausgreifen[23] und das Management von IT-Produkten als komplexe Schnittstelle zwischen technischen und betriebswirtschaftlichen Aspekten des Produktmanagements beschreiben.[24] Wie Blijleven u.a. in ihrer Studie zur Internationalisierung des Softwareproduktmanagements feststellen,[25] gibt es für das IT-Produktmanagement keinen allgemeingültigen Ansatz, wie dieses in einer Organisation wahrgenommen und ausgestaltet sein sollte. Dem Argument, Produktmanagement-Konzepte aus anderen Branchen auf IT zu übertragen und anzuwenden, steht die Erkenntnis entgegen, dass das IT-Produktmanagement besonders durch die Software selbst geprägt wird, deren Eigenschaften sich als sehr spezifisch erweisen,[26] so dass herkömmliche Konzepte nur bedingt übertragbar sind.[27] Da das IT-Produktmanagement eine noch recht junge Disziplin ist, haben sich zudem bislang unzureichend etablierte Normen und Standards in diesem Gebiet herausgebildet.[28]

Organisationen mit softwareintensivem Geschäftsmodell befinden sich, je nach Branche, Größe etc. in unterschiedlichen Situationen, wodurch unterschiedliche Rahmenbedingungen Auswirkung auf deren Ausgestaltung haben. Diese Rahmenbedingungen beeinflussen nicht nur die jeweilige Organisation selbst, sondern ebenso das Stellengefüge und somit auch die Stelle des IT-Produktmanagements. In der Praxis haben sich aus diesem Grund viele unterschiedliche Arten der Stelle des IT-Produktmanagements herausgebildet, dies verdeutlicht die Anzahl an gebräuchlichen Synonymen wie Key User, Informationsmanager, IT-Beauftragter, IT-Fachabteilungsvertreter, DV- oder Fachkoordinator und Business Analyst.[29] Eine Befragung von Praktikern nach den Aufgaben des IT-Produktmanagements in der jeweiligen Organisation ergab ein sehr heterogenes Bild:

---

22 Siehe z.B. Sneed u.a. (2005)

23 Siehe z.B. Arnold und Eierhoff (1993), Helferich u.a. (2006a), S. 66 ff., Hofbauer und Sangl (2011) oder Ricken und Meinberg (2012), URL siehe Literaturverzeichnis, welche darüber hinaus das Marketing mit dem Produktmanagement gleichsetzen.

24 Vgl. Herzwurm und Pietsch (2009), S. 3-5

25 Vgl. Blijleven u.a. (2012), S. 206

26 Siehe hierzu die Abgrenzung der unterschiedlichen Strukturen von IT-Produkten in Kapitel 1.2 sowie die ausführliche Auseinandersetzung mit Besonderheiten von IT-Produkten in Kapitel 1.3.

27 Vgl. Kittlaus u.a. (2004), S.2

28 Siehe hierzu die Ergebnisse aus Kapitel 3: Normen und Industriestandards im Umfeld des IT-Produktmanagements.

29 Siehe zu den Synonymen zusätzlich Kapitel 5.1.2, Abbildung 51.

Jede Organisation hat ihr eigenes Verständnis, welche Aufgaben durch das IT-Produktmanagement wahrgenommen werden sollten.[30] Daraus lässt sich folgern, dass sich die konkrete Ausgestaltung der Stelle aus der jeweiligen Struktur, der Branche sowie der historisch gewachsenen Situation der einzelnen Organisationen ergibt. Dieser situative Aspekt ist bislang nicht ausreichend untersucht worden.[31] Die unterschiedliche Ausgestaltung der Stelle ist so frappierend, dass es nicht möglich ist, eine allgemeingültige Definition des IT-Produktmanagements festzulegen, diese ist vielmehr grundsätzlich situativ zu betrachten. Hinsichtlich einer Typisierung des IT-Produktmanagements können lediglich zwei Ansätze gefunden werden:[32] Der Ansatz von Herzwurm und Pietsch, welche vier Typen von IT-Produktmanagern auf Basis von Wirkungs- und Interessenbereichen sowie unterschiedlichen Ebenen identifizieren, in denen die Typen tätig sind. Zusätzlich ein weiterer Ansatz von Maglyas u.a., welcher, basierend auf den Prinzipien der Grounded Theory, aus rein empirischen Erkenntnissen Rollen des Software Product Managements beschreibt.[33] Diese Ansätze beziehen jedoch den Gestaltungsbereich des IT-Produktmanagements mit Zielen, Rahmenbedingungen, Aufgaben und Problemen/Effizienzkriterien nicht vollständig ein. Bislang existiert demnach kein Ansatz, welcher die Stelle des IT-Produktmanagements sowohl aus Sicht der Theorie wie auch der Praxis ganzheitlich und unter Berücksichtigung des situativen Aspekts beleuchtet und in Form eines Modells abbildet.

1.2 Strukturen von IT-Produkten

Im Folgenden werden IT-Produkte und deren Strukturen abgegrenzt, da diese als Sach- und/oder Dienstleistungen die Erfolgsträger softwareintensiver Organisationen darstellen und im Fokus des IT-Produktmanagements stehen. Nach der Norm ISO/IEC/IEEE 24765:2010 – Systems and software engineering – Vocabulary werden IT-Produkte

---

30 Siehe hierzu die Ergebnisse aus Kapitel 5.2.1: Aufgaben und Rollen des IT-Produktmanagements in der Praxis.

31 Existierende Ansätze von Modellen des IT-Produktmanagements gehen lediglich auf eine bestimmte Situation ein (siehe hierzu z.B. Kilpi (1997c): hier wird ein Vorgehensmodell aus dem Software-Konfigurationsmanagement auf kleine Unternehmen übertragen) oder sind generisch für alle Organisationen auf der Basis von Reifegraden aufgestellt (vgl. hierzu das Reference Framework für Software-Produktmanagement: van de Weerd u.a. (2006b), Kapitel 3.1, Abschnitt ISPMA – Software Product Management Body of Knowledge (SPMBoK)).

32 Siehe hierzu ebenfalls die Ergebnisse der systematischen Literaturanalyse aus Kapitel 4.1.6 bezüglich einer Typenbildung im IT-Produktmanagement.

33 Siehe hierzu Maglyas u.a. (2013), S. 3071 ff., eine nähere Auseinandersetzung erfolgt in Kapitel 4.3.

anhand einer Zusammenstellung aus vier unterschiedlichen Quellen definiert (siehe Tabelle 1, die Quellen sind in der rechten Spalte vermerkt).

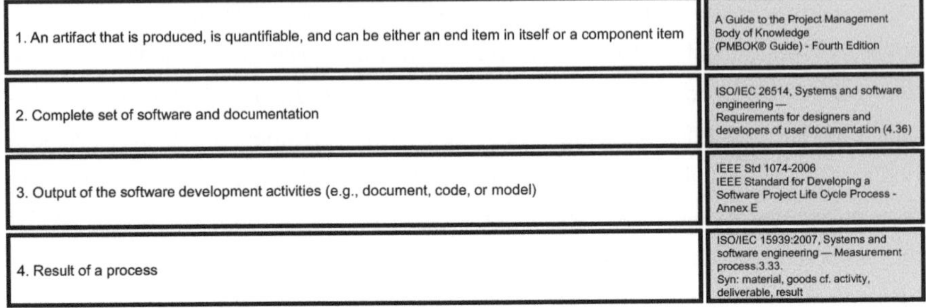

1. An artifact that is produced, is quantifiable, and can be either an end item in itself or a component item	A Guide to the Project Management Body of Knowledge (PMBOK® Guide) - Fourth Edition
2. Complete set of software and documentation	ISO/IEC 26514, Systems and software engineering — Requirements for designers and developers of user documentation (4.36)
3. Output of the software development activities (e.g., document, code, or model)	IEEE Std 1074-2006 IEEE Standard for Developing a Software Project Life Cycle Process - Annex E
4. Result of a process	ISO/IEC 15939:2007, Systems and software engineering — Measurement process.3.33. Syn: material, goods cf. activity, deliverable, result

Tabelle 1: IT-Produktbegriff nach der Norm ISO/IEC/IEEE 24765:2010[34]

Zusätzlich werden durch die Norm vier unterschiedliche Produktkategorien bestimmt (siehe Abbildung 1).

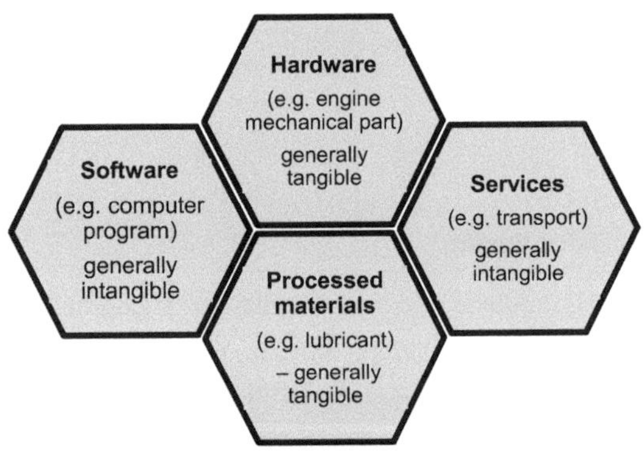

Abbildung 1: IT-Produktkategorien nach der Norm ISO/IEC/IEEE 24765:2010[35]

Ein Softwareprodukt wird darauf aufbauend definiert als

- "1. set of computer programs, procedures, and possibly associated documentation and data",[36]

[34] Eigene Darstellung – nicht erwähnt wird, ob für die Einordnung als IT-Produkt sämtliche Komponenten erfüllt sein müssen oder einzelne Aspekte genügen.

[35] Eigene Darstellung. Die Aussagen der Norm stützen sich auf die ISO 9000:2005: Die meisten Produkte setzen sich aus verschiedenen Elementen der generischen Kategorien zusammen – welcher Kategorie ein Produkt zuzuordnen ist, ergibt sich aus dem dominierenden Bestandteil des Produktes.

[36] ISO/IEC/IEEE 24765 (2010), S. 333, zitiert nach ISO/IEC 12207 (2008)/IEEE Std 12207-2008

- "2. any of the individual items in (1)"[37] und
- "3. one or more computer programs together with any accompanying ancillary non-electronic, non-mechanical items such as documentation and worksheets, delivered under a single name for use by others"[38],

wobei darauf hingewiesen wird, dass Zwischenprodukte ebenso dazu gehören wie Produkte, die für Anwender (z.B. in der Entwicklung oder Wartung) bestimmt sind.[39]

Dieser Arbeit wird die Definition von Herzwurm und Pietsch zu Grunde gelegt, welche die Aspekte der ISO/IEC/IEEE 24765 zusammengefasst darstellen und ein IT-Produkt beschreiben als das „Ergebnis eines IT-Entwicklungsprozesses oder der Prozess selbst, dessen wirtschaftliches und technisches Potenzial eine zielgerichtete Vermarktung ermöglicht".[40] Analog zu Sachgütern und Dienstleistungen allgemein können IT-Produkte weiter eingeteilt werden in Konsumgüter und Investitionsgüter. Konsumgüter verlassen den Produktionsprozess der Volkswirtschaft und werden direkt an den Endkunden verkauft (wie z.B. Spiele-Software),[41] wohingegen Investitionsgüter einem Unternehmen zur Leistungserstellung dienen (wie z.B. ein ERP-System).[42]

Kotler teilt Produkte in verschiedene Strukturen bzw. Arten ein und definiert den substanziellen, erweiterten und generischen Produktbegriff.[43] Herzwurm und Pietsch leiten daraus eine Abgrenzung für IT-Produkte nach Lizenzgeschäft, Lizenz plus Service und Projektgeschäft ab:[44]

Dem *substanziellen* Produktbegriff ordnen sie das Lizenzgeschäft zu. In diesem Fall kann die Software unter anderem an physische Medien gebunden sein (wie z.B. Spiele-Software) und als Massenprodukt vertrieben werden (wie Betriebssysteme oder Dienstprogramme, die keine substanzbezogenen Dienstleistungen erfordern, z.B. ERP-Systeme). Der *erweiterte* Produktbegriff schließt sowohl materielle Produkte als auch substanzbe-

[37] ISO/IEC/IEEE 24765 (2010), S. 333
[38] ISO/IEC/IEEE 24765 (2010), S. 333, zitiert nach IEEE Std 1063-2001 (R2007) (2001)
[39] Kittlaus u.a. dagegen bezeichnen ein IT-Produkt eher allgemein als „Produkt, dessen vorrangiger Bestandteil Software ist", vgl. Kittlaus u.a. (2004), S. 10
[40] Vgl. Herzwurm und Pietsch (2009), S. 28
[41] Vgl. Escherle und Kaplaner (1982), S. 203 f.
[42] Vgl. Escherle und Kaplaner (1982), S. 181
[43] Vgl. Kotler (1972), S. 46 f.
[44] Vgl. zum folgenden Absatz Pietsch und Herzwurm (2012), URL siehe Literaturverzeichnis, Herzwurm und Pietsch (2009), S. 34-41, Pietsch (2013), S. 108 ff. und Pietsch (2006), S. 214 f.

zogene Dienstleistungen wie z.B. Systemanalyse und -einführung, Schulungen oder Support mit ein. Produkt und Dienstleistung sind demzufolge entweder untrennbar oder zumindest eng miteinander verknüpft, werden jedoch getrennt ausgewiesen. Es sind somit unterschiedliche Produkte, die eventuell in einer gemeinsamen Produktlinie angeboten werden. Der *generische* Produktbegriff deckt am Markt angebotene Eigenschafts- und Leistungsbündel ab, die Software ist nur Mittel zum Zweck und die Leistung steht im Vordergrund. Das Produkt besteht demnach aus einer Kombination von Beratungs- und Entwicklungsleistungen und Software (wie z.B. ein Outsourcing-Vorhaben in Form eines Projektes mit Kompetenzanforderungen, Aufgaben und Ergebnistypen).

Zusätzlich wird an dieser Stelle der *hybride* Produktbegriff eingeführt. Dieser setzt sich als Leistungsbündel aus einer Kombination aus Sach- und Dienstleistungsanteilen zusammen: Hybride Produkte sind auf die individuellen Bedürfnisse der Kunden ausgerichtet, wobei die einzelnen Leistungskomponenten nicht zwangsweise nur von einer Organisation, sondern ebenso in einem Wertschöpfungsnetzwerk mit Partnerorganisationen angeboten werden können.[45]

Weiterhin unterscheiden Herzwurm und Pietsch vier verschiedene Geschäftsmodelle als Grundlage für IT-Produkttypen:[46] das reine *Software-Lizenzgeschäft* für Software-Massenprodukte wie Unterhaltungssoftware oder das Lizenzgeschäft mit Internetwerkzeugen, *Software-Lizenz plus (ergänzender) Service*, also Standardsoftware mit Anpassungen, wobei die Standardisierung des Softwareproduktes geringer ist, das *Software-Projektgeschäft*, d. h. das reine Dienstleistungsgeschäft, bei dem Entwicklung und Pflege von Software in umfassenden Dienstleistungsbündeln eine wesentliche Rolle spielen, und schließlich das *IT-Systemservicegeschäft* (inklusive Cloud Computing) für den IT-Betrieb als Dienstleistung in Kombination mit Beratungsdienstleistungen durch Einsatz von Webtechnologien über das Internet, d.h. losgelöst von einer technischen Infrastruktur nahezu beliebig verfüg- und konfigurierbar.

---

[45] Vgl. Kersten u.a. (2006), S. 189 ff., Reichwald u.a. (2000), S. 16 und Reichwald und Möslein (1997), S. 94 f.

[46] Vgl. zum folgenden Absatz Pietsch und Herzwurm (2012), URL siehe Literaturverzeichnis, Herzwurm und Pietsch (2009), S. 34-41, Pietsch (2013), S. 108 ff. und Pietsch (2006), S. 214 f.

Das Software-Lizenzgeschäft wäre demnach dem substanziellen, Software-Lizenz plus Service dem erweiterten, das Software-Projektgeschäft dem generischen und das IT-Systemservicegeschäft dem hybriden Produktbegriff zuzuordnen (siehe Abbildung 2).[47]

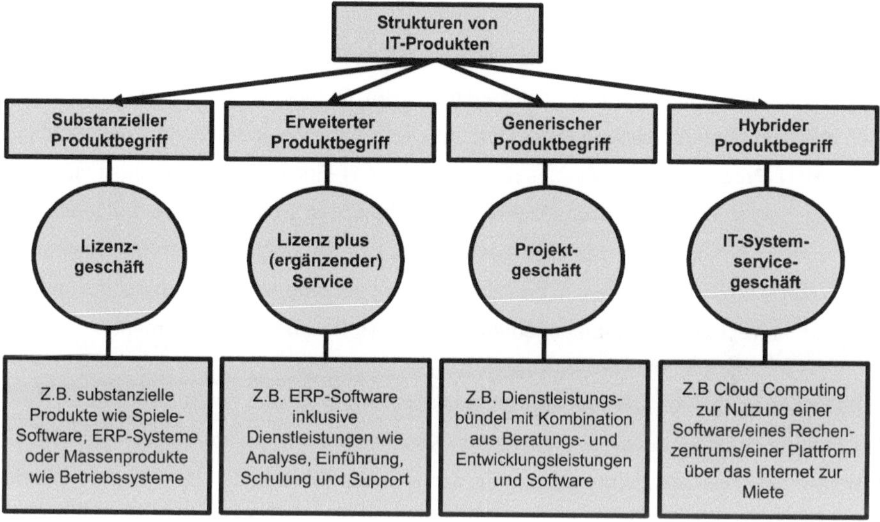

Abbildung 2: Strukturen von Software-Produkten[48]

In der Definition von IT-Produkten, die am Anfang dieses Kapitels eingeführt wird, steht die Beziehung zwischen zwei Parteien (Kunde/Lieferant) im Vordergrund, wobei sowohl externe als auch interne Kunden-/Lieferantenbeziehungen eingeschlossen sind. Die gegebene Definition beinhaltet demnach die verschiedenen Strukturen und zugehörigen Geschäftsmodelle der IT-Produkte, da hier die Kunden-/Lieferantenbeziehungen ebenfalls von großer Bedeutung sind.

Diese Abgrenzung der Strukturen von IT-Produkten ist notwendig, um die Grundlage für die weiteren Forschungsarbeiten zu legen. Diese sollen sich nicht auf eine bestimmte Struktur von IT-Produkten konzentrieren, sondern offen für sämtliche Organisationen mit

---

[47] Eine ähnliche Einteilung geben Kumar und Kumar: Application, System, Embedded – hier wird jedoch nicht auf den Service als möglichen Bestandteil von IT-Produkten eingegangen, siehe Kumar und Kumar (2013), S. 2

[48] Eigene Darstellung, in Anlehnung an Peine (2008), S. 9, erweitert um den hybriden Produktbegriff und das IT-Systemservicegeschäft.

softwareintensivem Geschäftsmodell sein. Die gezeigten Strukturen bilden die Grundlage, auf welche im Verlauf der Arbeit immer wieder verwiesen werden kann.

1.3 Besonderheiten von IT-Produkten und deren Auswirkungen auf das IT-Produktmanagement

Die Besonderheiten der IT-Produkte spielen eine gewichtige Rolle, um die Gestaltung des IT-Produktmanagements in softwareintensiven Organisationen zu betrachten, da sich diese von herkömmlichen Produkten unterscheiden. Wie in Kapitel 1.2 beschrieben wird das IT-Produkt definiert als das „Ergebnis eines IT-Entwicklungsprozesses oder der Prozess selbst, dessen wirtschaftliches und technisches Potenzial eine zielgerichtete Vermarktung ermöglicht".[49] Diese Differenzierung ist entscheidend, denn die Besonderheiten von IT-Produkten bewirken die Notwendigkeit der unterschiedlichen Ausgestaltung des herkömmlichen Produktmanagements sowie des IT-Produktmanagements:

Eine Besonderheit von IT-Produkten ist, dass die Produktkosten fast ausschließlich fixer Art sind, da der Hauptanteil der anfallenden Kosten bei der Produktentwicklung entsteht. Der variable Anteil erscheint dagegen für das einzelne Produkt bzw. Lizenz gering (z.B. durch günstige Reproduzierbarkeit oder geringe Kosten für den Transport), wodurch *Skalenerträge* entstehen.[50] Dadurch treten vor allem die Produktplanungs- und die Produktentwicklungsphase in den Vordergrund, da die IT-Produktentwicklung ein nicht-deterministischer, intellektueller Prozess ist und so leicht Abweichungen gegenüber der Planung entstehen können.[51] Je höher demzufolge das Produktionsvolumen ist, desto eher können die Stückkosten gesenkt werden – im Gegensatz zu den Dienstleistungen, die eventuell zusätzlich zu der Software angeboten werden und die den vorher von den Parteien verhandelten Preis beibehalten.[52] Die niedrigen Stückkosten führen zu einer nahezu unendlichen Ausdehnbarkeit eines IT-Produkts, es kann vervielfältigt werden, ohne dass dabei Qualitätsverluste zu verzeichnen wären, jede Kopie des Originals weist die gleichen Eigenschaften auf.[53] Dies hat auch Auswirkungen auf die Preispolitik, welche das IT-Produktmanagement häufig durchführt: Im Gegensatz zu traditionellen Gütern hängt das Pricing nicht von den Stückkosten ab.[54] Durch die Skaleneffekte entstehen zusätzlich

49 Herzwurm und Pietsch (2009), S. 28
50 Vgl. zu Skalenerträgen Woeckener (2014), S. 5 ff.
51 Vgl. Herzwurm und Pietsch (2009), S. 3 f.
52 Vgl. Kittlaus u.a. (2004), S. 22. Dennoch besteht hier die Gefahr der technischen Überalterung, siehe Herzwurm und Pietsch (2009), S. 3 f.
53 Vgl. Quah (2003), URL siehe Literaturverzeichnis, S. 13
54 Vgl. Herzwurm und Pietsch (2009), S. 292

Vielfalteffekte, da wegen der die Mehrnachfrage bei freiem Marktzutritt weitere Anbieter mit neuen Varianten auftreten.[55] Dies wird zusätzlich begünstigt durch den hohen Variabilitätsgrad, welcher aufgrund der Immaterialität der IT-Produkte entsteht.[56]

Durch die *leichte Änderbarkeit* von IT-Produkten und die daraus resultierende Versuchung, Änderungen leichtfertig durchzuführen, wird die Stabilität existierender Systeme gefährdet und es können Schnittstellenprobleme resultieren.[57] Positiv ausgedrückt kann aber auch von der Rekombinierbarkeit von IT-Produkten gesprochen werden: Diese können aufgrund von einheitlichen Schnittstellen (Standards) miteinander vebunden werden.[58] Auch nach der Auslieferung können bei der IT-Produktentwicklung entstandene Fehler einfacher korrigiert werden als bei traditionellen Gütern.[59] Während des Vertriebs der IT-Produkte sollten dennoch nicht Versprechungen gemacht werden, welche trotz der einfachen Anpassungs- und Änderungsmöglichkeiten der IT-Produkte nicht eingehalten werden können oder wollen.[60]

Ein weiteres Merkmal von IT-Produkten ist das Auftreten von *Netzeffekten* – der Nutzen eines IT-Produktes hängt davon ab, wie weit dieses am Markt verbreitet ist bzw. wie viele weitere Individuen oder Organisationen es verwenden.[61] Für das IT-Produktmanagement gilt es, während des Vertriebs der IT-Produkte das Gesetz des steigenden Grenznutzens (engl.: Law of Increasing Returns) zu beachten: Durch Netzeffekte kann ein IT-Produkt mit hohem Marktanteil seine Position allein durch seinen Vorsprung ausweiten.[62] Die Marktführerschaft (engl.: First Mover) kann demnach über den Erfolg eines IT-Produktes mit entscheiden.[63] Diese Netzeffekte können zu *Lock-In-Effekten* führen: Selbst wenn z.B. ein neueres IT-Produkt bessere Produkteigenschaften und somit einen höheren Nutzen mit sich bringt, werden die Anwender des bestehenden IT-Produktes aufgrund der Netzeffekte und der eventuell entstehenden Wechselkosten eher an ihrem bisherigen Produkt festhalten.[64] Für das IT-Produktmanagement bedeutet dies, entweder Netzeffekte und Lock-Ins aufzubauen, z.B. indem Schnittstellenspezifikationen nicht offengelegt

---

55 Vgl. zu Vielfalteffekten Woeckener (2014), S. 137
56 Vgl. Herzwurm und Pietsch (2009), S. 4
57 Vgl. Chroust (1992), S. 18
58 Vgl. Quah (2003), URL siehe Literaturverzeichnis, S. 19
59 Vgl. Herzwurm und Pietsch (2009), S. 3 f.
60 Vgl. Herzwurm und Pietsch (2009), S. 39 und S. 45, siehe hierzu und für weitere Synonyme auch Kapitel 5.1.3.
61 Vgl. Shapiro und Varian (1999), S. 45, siehe zu Netzeffekten auch Woeckener (2013), S. 123
62 Vgl. Hoch u.a. (2000), S. 123 f.
63 Vgl. Kittlaus u.a. (2004), S. 29
64 Vgl. Buxmann u.a. (2011), S. 27 f.

werden, oder in einer Konkurrenzsituation gegen bestehende Effekte anzugehen, z.B. durch eine Subventionierung des Produktwechsels, Niedrigpreisstrategien oder eine klare Festlegung auf offene Standards.[65]

Zuletzt soll auf die Besonderheit eingegangen werden, dass sich die Funktion des IT-Produktmanagements nicht nur in Softwareorganisationen, sondern in Organisationen nahezu sämtlicher Branchen eingesetzt wird.[66] So können die IT-Produkte zum einen *am Markt vertrieben* werden, zum anderen aber auch *intern genutzt* werden, indem diese anderen Funktionsbereichen innerhalb einer Organisation zur Verfügung gestellt werden, hier ggf. ebenfalls vermarktet und verkauft werden (evt. durch interne Verrechnungspreise). Daraus folgt, dass IT-Produkte in einer Organisation selbst genutzt werden und gleichzeitig am Markt vertrieben werden können – in beiden Fällen hat sich hier die Funktion des IT-Produktmanagements etabliert, wobei der interne IT-Produktmanager häufig als IT-Koordinator oder auch Business Analyst bezeichnet wird.

1.4 Motivation für die Gestaltung des IT-Produktmanagements

Wie die Ausführungen zum Stand der Forschung gezeigt haben (Kapitel 1.1), haben sich bislang weder in der Betriebswirtschaftslehre im Rahmen des Produktmanagements noch in der Wirtschaftsinformatik im Rahmen des IT-Produktmanagements ausreichend Forschungsansätze oder Theorien herausgebildet, durch welche die situative Gestaltung des IT-Produktmanagements zufriedenstellend beleuchtet werden kann. Aus den in Kapitel 1.2 und 1.3 aufgezeigten speziellen Merkmalen der IT-Produkte lässt sich schließen, dass Konzepte des Produktmanagements aus der Betriebswirtschaftslehre nicht einfach auf die IT-Branche übertragbar und anwendbar sind. Zu IT-Produktmanagement existieren verschiedene Ansätze aus der Praxis und von IT-Beratern. Diese sind jedoch wenig wissenschaftlich fundiert. Wie im Laufe der Forschungsarbeiten zum Thema festgestellt werden kann, hat das IT-Produktmanagement in der Praxis eine hohe Relevanz: Zur Berücksichtigung der praktischen Anwendungsseite wurden in den Jahren 2004 bis 2012 während insgesamt 30 Schulungen im Bereich des IT-Produktmanagements über 275

[65] Vgl. Buxmann u.a. (2011), S. 33 f.
[66] Vgl. zum folgenden Absatz Herzwurm und Pietsch (2009), S. 39, S. 45 f. und S. 70 ff.

Teilnehmer aus Anwender- und Softwareorganisationen des deutschsprachigen Raums zu den Problemen des IT-Produktmanagements in der jeweiligen Organisation befragt:[67]

Diese Untersuchung macht deutlich, dass dem IT-Produktmanagement in unterschiedlichen Organisationen verschiedene Aufgaben zugeschrieben werden, welche problematisch erscheinen. Zudem ist das IT-Produktmanagement häufig nicht klar definiert. Dies resultiert u.a. aus der Schnittstellenproblematik der Stelle, welche eine unklare Abgrenzung zu anderen Abteilungen zur Folge hat, jedoch ebenso durch die unzureichende Strukturierung und fehlende Definition der Stelle/Rolle selbst. Auch die eindeutige Abgrenzung zwischen Produkt- und Projektgeschäft wird als schwierig geschildert. Zudem sind häufig Kompetenz und Verantwortung nicht aufeinander abgestimmt, es herrscht eine unklare Aufgabenverteilung. Es entstehen Spannungen durch Kommunikationsprobleme zwischen den Abteilungen innerhalb einer Organisation, was soweit gehen kann, dass das IT-Produktmanagement als isolierte Insel im Konzern beschrieben wird. Oft wird das IT-Produktmanagement in den Organisation nicht gelebt, es fehlt die „produktspezifische Denke“, was die Kommunikation erschwert. Neben den Schwierigkeiten, die Time Line einzuhalten, soll gleichzeitig der fortschreitenden Globalisierung und Internationalisierung Beachtung geschenkt werden, wodurch Wettbewerbs- und Kostendruck entstehen.

Aus den aufgezeigten Blickwinkeln ergibt sich bestehender Forschungsbedarf, um das IT-Produktmanagement zu konkretisieren und durch eine systematische Herleitung eine theoriegeleitete, situationsgerechte organisatorische Gestaltung der Stelle des IT-Produktmanagements zu entwickeln.

1.5 Gegenstand der Arbeit und Konzeptionalisierung

Der Untersuchungsbereich der Arbeit umfasst Organisationen mit softwareintensivem Geschäftsmodell, die Arbeit basiert zum einen auf dem institutionalen Organisationsbegriff, der die Organisation als soziales Gebilde versteht:[68] Der Untersuchungsbereich Organisation dient somit als Oberbegriff für Institutionen wie Unternehmungen, öffentliche

---

67 Auf die Durchführung und Methodik der Schulungen, die Auswertung und Ergebnisse wird näher eingegangen in Kapitel 5.2, insbesondere in Kapitel 5.2.3, in welchem eine ausführliche Darstellung der Studie zum IT-Produktmanagement erfolgt.

68 Vgl. zum folgenden Absatz Hill u.a. (1994), S. 17-19

Dienstleistungsbetriebe, Verwaltungen, Spitäler, Schulen, Gefängnisse, Kirchen, politische Parteien, Verbände etc., so dass die Arbeit nicht auf Unternehmen eingeschränkt wird, sondern auf die gemeinsame Organisationsproblematik aller organisierten sozialen Systeme anwendbar ist.

Zum anderen findet auch das funktionale Organisationsverständnis Einfluss, welches Organisationen als Ordnungsmuster zur Handhabung und Bewältigung von Komplexität auffasst.[69] Die Besonderheit von Organisationen mit softwareintensivem Geschäftsmodell besteht darin, dass Software eine zentrale Rolle spielt und somit ein wesentlicher Bestandteil der Aktivitäten in der Nutzung, Entwicklung und/oder Vermarktung von IT-Produkten besteht.[70] IT-produktbezogene Aktivitäten in diesen Bereichen werden häufig durch die Stelle des IT-Produktmanagements wahrgenommen, welche das Untersuchungsobjekt der Arbeit darstellt. Köhler beschreibt für die Organisation der Stelle des Produktmanagements vier Bedingungen, die in die Betrachtung eingeschlossen werden sollten: Ziele, Rahmenbedingungen, Aufgaben und Probleme/Effizienzkriterien.[71]

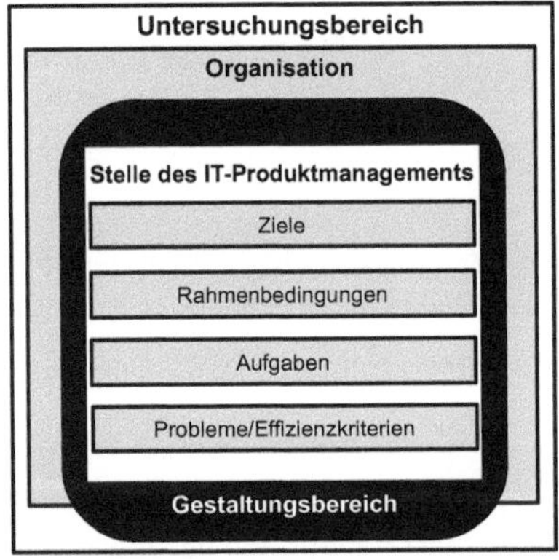

Abbildung 3: Bezugsrahmen der Arbeit[72]

Diese sollen für die Gestaltung der Stelle des IT-Produktmanagements übernommen werden und finden sich ebenfalls wieder in den Forschungsfragen, die über den situativen Ansatz der Organisationsgestaltung durch das Modell der Zusammenhänge praxeologischer Aussagen (siehe Kapitel 1.6) hergeleitet und somit in den Gestaltungsbereich der

[69] Vgl. Schreyögg und von Werder (2004), Sp. 967 ff.
[70] Vgl. Humphrey (2001), S. 1 ff.
[71] Vgl. Köhler (2007), S. 741 ff.
[72] Eigene Darstellung

Stelle des IT-Produktmanagements aufgenommen werden. Der in Abbildung 3 dargestellte Untersuchungsbereich bildet die Grundlage für die weiteren Forschungsarbeiten und zieht sich als roter Faden durch die gesamte Arbeit.

In der Organisationstheorie wird auf die Mehrdeutigkeit des Organisationsbegriffs hingewiesen:[73]

- Der *funktionale* Begriff beschreibt die Organisation als eine Managementaufgabe zur effizienten Aufgabengestaltung. Die festgelegten Regeln beziehen sich auf die Aufgabendurchführung.
- Der *institutionale* Begriff stellt die Organisation als ein System dar, in welchem Mitarbeiter und Sachmittel integriert sind. Ein besonderer Wert wird auf die Zielerreichung mit Hilfe einer formalen Struktur gelegt, welche mit einer bestimmten Zielsetzung geschaffen wurde.
- Der Fokus des *instrumentalen* Organisationsbegriffs liegt auf der geschaffenen Organisationsstruktur als Führungsinstrument.

Analog zu dieser Einteilung kann auch das IT-Produktmanagement entsprechend gegliedert werden (siehe Abbildung 4).

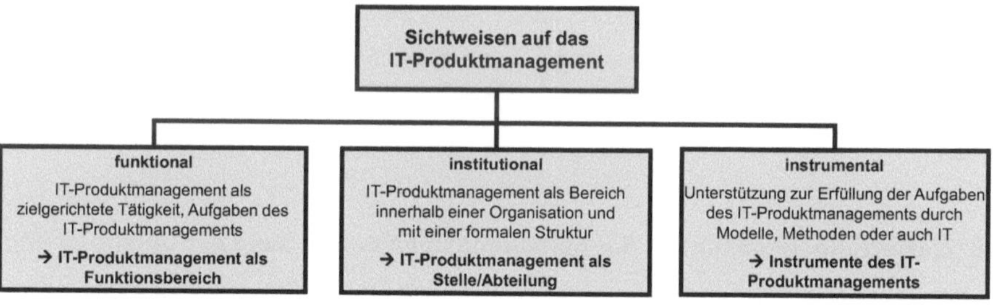

Abbildung 4: Sichtweisen auf das IT-Produktmanagement[74]

Ausgangspunkt für die Gestaltung des IT-Produktmanagements ist die funktionale Analyse und Festlegung der Aufgaben des IT-Produktmanagements als Funktionsbereich. Die Differenzierung und Analyse der Aufgaben, d.h. die funktionale Perspektive, ist allein nicht ausreichend, sondern auch institutional zu verankern. Das bedeutet, die Aufgaben

---

[73] Vgl. zur folgenden Aufzählung Bühner (2004), S. 1 ff. und Nicolai (2009), S. 1, ff.

[74] Eigene Darstellung, in Anlehnung an Nicolai (2009), S. 2

sind den Stellen, Abteilungen etc. zuzuordnen. Die instrumentale Sicht schließt die Instrumente des IT-Produktmanagements mit ein, welche zur Erfüllung der Aufgaben eingesetzt werden.

Der Fokus dieser Arbeit liegt vorrangig auf der institutionalen Ebene, da die Stelle des IT-Produktmanagements als Institution erforscht werden soll. Jedoch rückt ebenso die funktionale Sichtweise, d.h. die Aufgaben des IT-Produktmanagements, in den Fokus der Betrachtung, um die Handlungen, die die Institution IT-Produktmanagement in der jeweiligen Organisation wahrnimmt, nach deren Funktionen zu unterscheiden. Dagegen werden die Instrumente des IT-Produktmanagements in dieser Arbeit nicht explizit beleuchtet und deshalb ausgegrenzt.

Bea und Göbel legen dar, dass in der Organisationstheorie traditionsgemäß zwei Gestaltungsbereiche unterschieden werden – die Gestaltung des Aufbaus eines Unternehmens (statischer Aspekt) und die Gestaltung des Ablaufs von Leistungsprozessen (dynamischer Aspekt): Mit der Aufbauorganisation wird das Stellengefüge geschaffen, welches im Organigramm ersichtlich ist. Im Gegensatz zur Ablauforganisation ist hier die abstrakte Aufgabe Gegenstand der Betrachtung, den Stellen werden Aufgaben und Kompetenzen zugeordnet.[75]

Ausgehend von der institutionalen und funktionalen Sichtweise, welche den Rahmen für diese Arbeit bilden und durch das angestrebte Ziel dieser Arbeit, die Erforschung der Stelle des IT-Produktmanagements, wird im Folgenden der Fokus auf die *Aufbauorganisation* gelegt.

1.6 Zielsetzung, Bestimmung der Forschungsinhalte und Gang der Untersuchung

Ziel dieser Arbeit ist es, die Stelle des IT-Produktmanagements im situativen Kontext zu erforschen und zu konkretisieren.[76] Die Stelle wird von Kosiol als sachlicher Aufgabenkomplex bzw. Funktionsbereich beschrieben, bestehend aus synthetisch vereinigten Aufgaben, welche für einen imaginären Stellenträger, jedoch subjektunabhängig gebildet

[75] Vgl. Bea und Göbel (2010), S. 255-256, an dieser Stelle wird auch näher auf die Ablauforganisation eingegangen.

[76] Die gestaltungsorientierte Wirtschaftsinformatik regt an, neben dem vorrangigen Gestaltungsziel ebenso Beschreibungs- und Erklärungsziele in die Forschungsarbeit zu integrieren, siehe hierzu Becker (2010), S. 13

wird.[77] Die Stelle grenzt somit die Rolle des IT-Produktmanagements ab, wobei diese durch eine oder mehrere Personen (Abteilung IT-Produktmanagement) besetzt werden kann. Die Untersuchung der Stelle des IT-Produktmanagements soll einerseits durch die Analyse der Literatur geschehen, um den aktuellen Stand der Wissenschaft einfließen zu lassen und eine theoretische Basis zu schaffen. Durch Auswertungen von Seminaren zum IT-Produktmanagement und Stellenanzeigen von IT-Produktmanagern sowie durch explorative Interviews, in denen Experten zu Ihrer Sicht aus der Praxis befragt werden, soll andererseits auch Empirie einfließen. Diese Fragen decken begleitend Beschreibungs- und Erklärungsziele ab. Das wesentliche Ziel ist jedoch gestaltungsorientiert: Das Ergebnis aus der Zusammenführung von Theorie und Praxis soll ein theoriegeleitetes, hypothetisches, validiertes, situatives Modell für das IT-Produktmanagement ($\text{SIMO}_{\text{IT-PM}}$) sein, welches zusätzlich Gestaltungsempfehlungen für IT-Produktmanager geben kann.

Ausgehend vom theoretischen Zugang der Arbeit wird über den situativen Ansatz der Organisationsgestaltung[78] als Basis für die Begründung der Forschungsinhalte das situativ gestaltete Modell von Kubicek gewählt, welches Zusammenhänge zwischen den Elementen praxeologischer Aussagen beschreibt (siehe Abbildung 5).

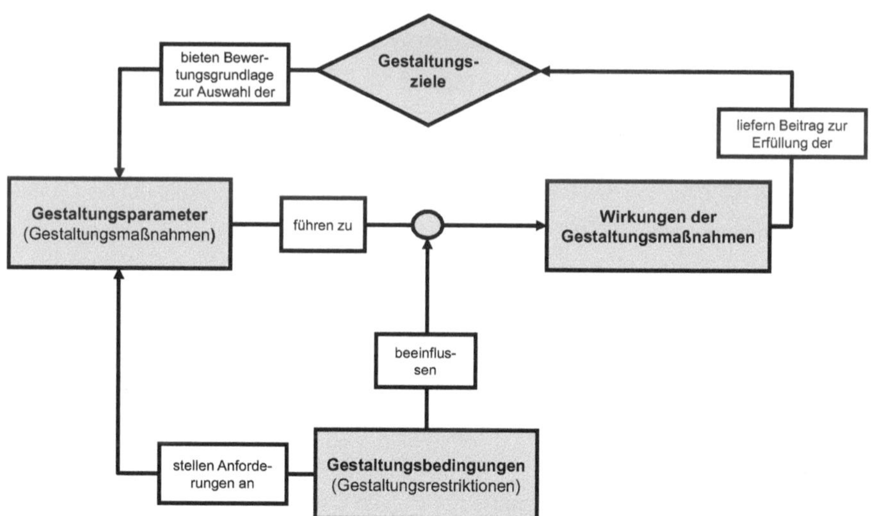

Abbildung 5: Zusammenhang zwischen den Elementen praxeologischer Aussagen nach Kubicek[79]

[77] Vgl. Kosiol (1962), S. 89-95
[78] Nähere Ausführungen bezüglich des situativen Ansatzes finden sich in Kapitel 1.7.2
[79] Vgl. Kubicek (1975), S. 22, siehe auch Kieser und Kubicek (1992), S. 60

Die Forschungsfragen (FF) werden abgeleitet aus den aufgezeigten Elementen praxeologischer Aussagen (siehe Abbildung 6 am Ende dieses Kapitels). Zusätzlich werden in Klammern die Kapitel angegeben, in denen die konkrete Beantwortung jeder (Teil-)Forschungsfrage erfolgt: Vorangestellt wird die übergeordnete Frage nach der Wahrnehmung der Stelle des IT-Produktmanagements in der Praxis und der Beschreibung der Stelle in der Wissenschaft (siehe FF 0):

- Stelle des IT-Produktmanagements in der Wissenschaft (Kapitel 4)
- Stelle des IT-Produktmanagements in der Praxis (Kapitel 5)

Die Gestaltungsziele sind den anderen Größen überlegen, nehmen somit eine vorgelagerte Rolle ein und dienen außerdem der Bewertung verschiedener Alternativen (siehe FF 1):

- Ziele in der Wissenschaft (Kapitel 4.2.2)
- Ziele in der Praxis (Kapitel 5.3.5.1)

Durch die verschiedenen Gestaltungsparameter können die Gestaltungsziele verwirklicht werden, indem das Verhalten von Betroffenen durch unterschiedliche Handlungsalternativen, als Gestaltungsmaßnahmen definiert, ausgerichtet wird (siehe FF 2):

- Gestaltungsalternativen in der Wissenschaft (Kapitel 4.2.4)
- Gestaltungsalternativen in der Praxis (Kapitel 5.3.5.3)

Gestaltungsbedingungen sind Regelungen bzw. Rahmenbedingungen und somit Restriktionen, die die Situation des Betroffenen darstellen. Sie haben Einfluss auf die Gestaltungsmaßnahmen (siehe FF 3):

- Rahmenbedingungen in der Wissenschaft (Kapitel 4.2.3)
- Rahmenbedingungen in der Praxis (Kapitel 5.3.5.2)

Für die Abgrenzung und Ordnung der unterschiedlichen Rollen des IT-Produktmanagers erfolgt aus den geführten Interviews durch die Identifikation von Gemeinsamkeiten und Unterschieden eine Typisierung. Diese erscheint zunächst deskriptiv, weist jedoch durch die Analyse von Abweichungen ebenfalls normativen Charakter auf (siehe FF 4):

- Typisierung des IT-Produktmanagements in der Wissenschaft (Kapitel 6.1)
- Typisierung des IT-Produktmanagements in der Praxis (Kapitel 6.2)

Die Wirkungen der Gestaltungsmaßnahmen werden schließlich aufgenommen, um das IT-Produktmanagement in der jeweiligen Organisation zu verbessern (siehe FF 5). Diese Empfehlungen ergeben sich aus den identifizierten Problemen und Effizienzkriterien:

- Probleme/Effizienzkriterien in der Wissenschaft (Kapitel 4.2.6)
- Probleme/Effizienzkriterien in der Praxis (Kapitel 5.2.3/5.2.4 und 5.3.5.4/5.3.5.5)
- Gestaltungsempfehlungen für das IT-Produktmanagement (Kapitel 6.3)

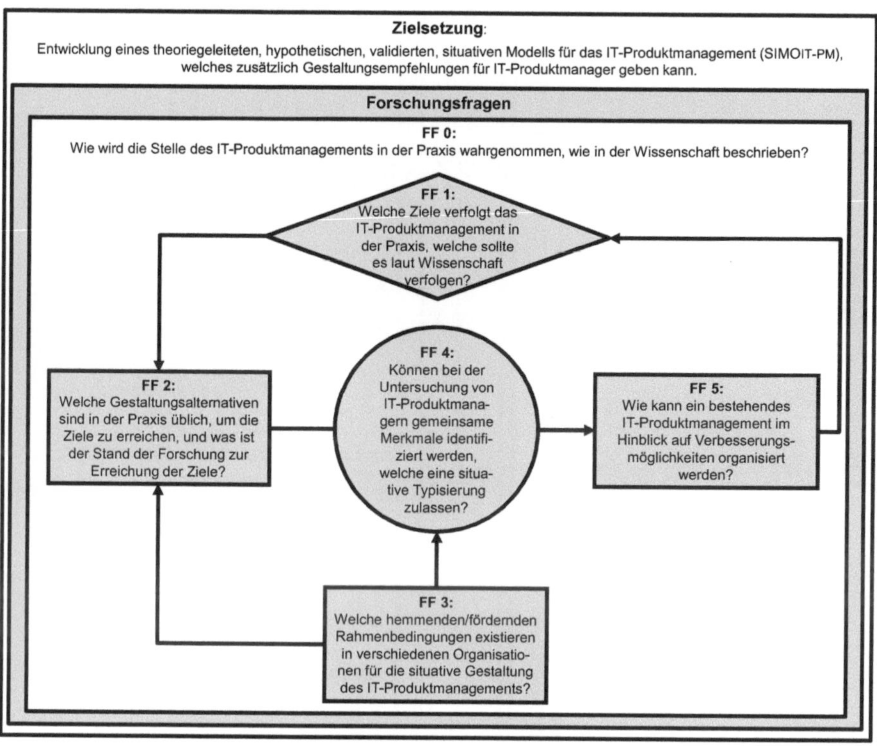

Abbildung 6: Zielsetzung und Forschungsfragen der Arbeit[80]

Die Erkenntnisse der Arbeit fließen schließlich ein in ein situatives Modell für IT-Produktmanagement (SIMO$_{IT\text{-}PM}$), welches in den Kapiteln 6.1 bis 6.3 vorgestellt wird. Zudem wurde ein prototypisches Self-Assessment Tool entwickelt, mit dessen Hilfe Produktmanager sich selbst in das Modell einordnen können (Kapitel 6.4).

[80] Eigene Darstellung, in Anlehnung an Kubicek (1975), S. 22 oder Kieser und Kubicek (1992), S. 60

1.7 Forschungsdesign

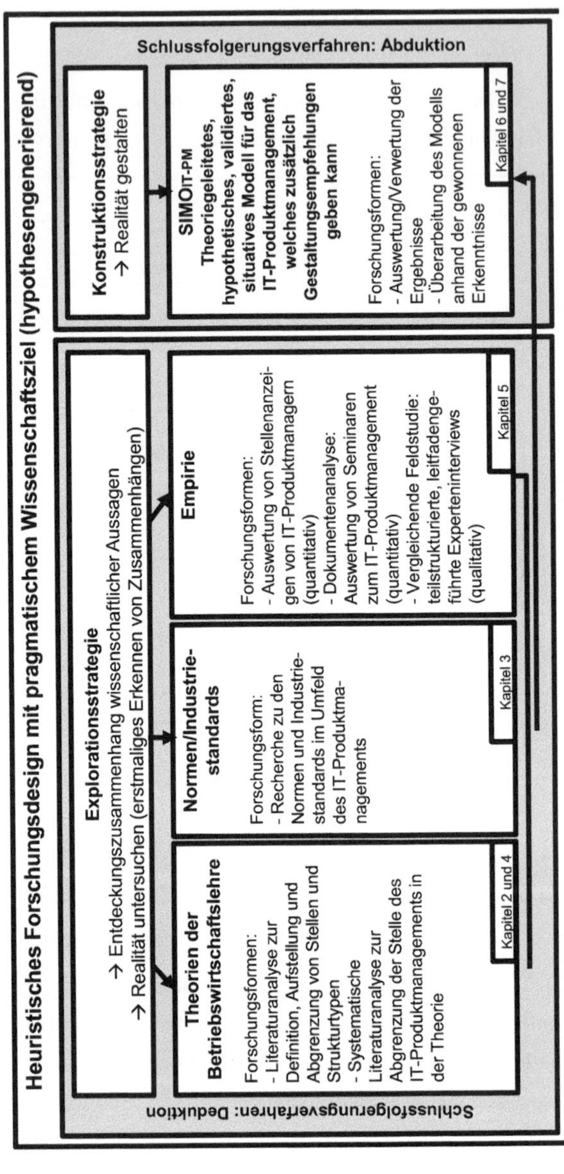

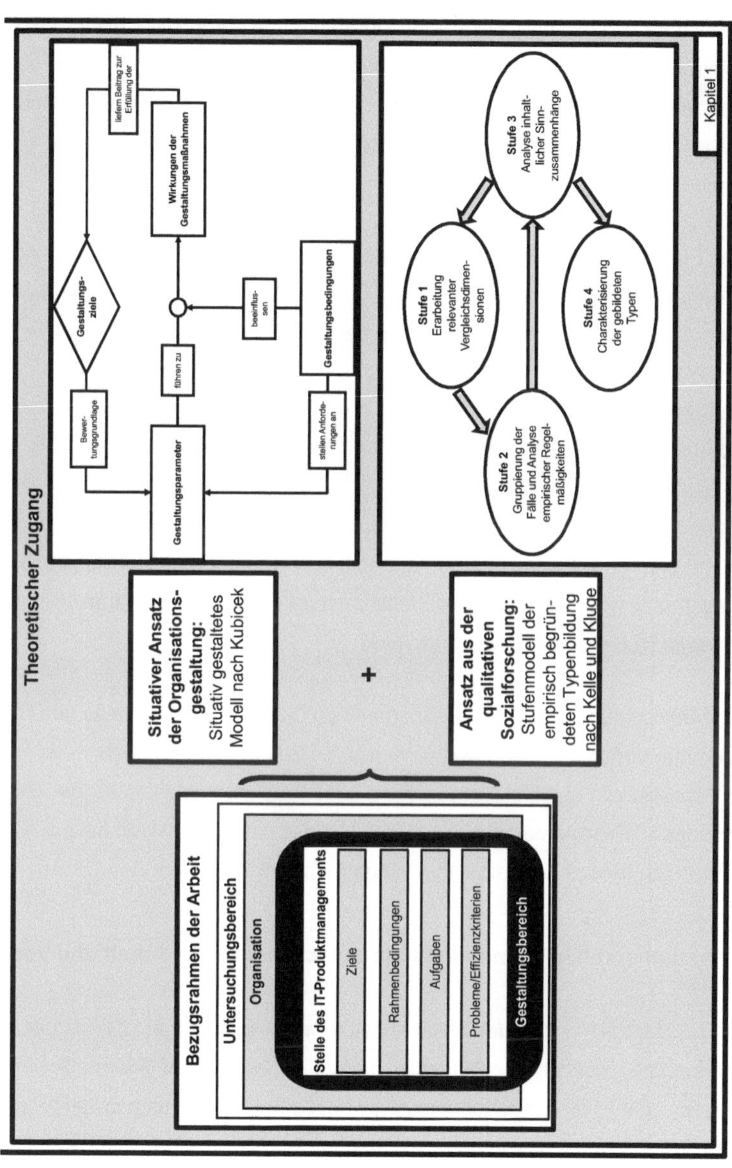

Abbildung 7: Forschungsdesign der Arbeit[81]

[81] Eigene Darstellung

Ragin definiert das Forschungsdesign als „Plan für die Sammlung und Analyse von Anhaltspunkten, die es dem Forscher erlauben, eine Antwort zu geben - welche Frage er auch immer gestellt haben mag. Das Design einer Untersuchung berührt fast alle Aspekte der Forschung von den winzigen Details der Datenerhebung bis zur Auswahl der Techniken der Datenanalyse.“[82] Abbildung 7 zeigt das Forschungsdesign für die Untersuchung der situativen Gestaltung der Stelle des IT-Produktmanagements, welches die erwähnten Aspekte der Untersuchung darstellt.

Grundlage für das Forschungsdesign der vorliegenden Arbeit bildet die Triangulation: hier werden für die Beantwortung von Forschungsfragen unterschiedliche Perspektiven durch die verschiedenen Arten der Methodentriangulation nach Flick eingenommen:[83]

- Triangulation theoretischer Zugänge: Einerseits wird der situative Ansatz der Organisationsgestaltung herangezogen, andererseits ein Ansatz aus der qualitativen Sozialforschung
- Triangulation von Datensorten: Zum einen wird die wissenschaftliche Literatur zum Thema betrachtet, darüber hinaus Normen und Industriestandards im Umfeld des IT-Produktmanagements und zudem werden Stellenanzeigen und Seminare zum Thema ausgewertet sowie Daten aus Experteninterviews.

Diese mehrseitige Betrachtung desselben Phänomens (in dieser Arbeit der Stelle des IT-Produktmanagements) ermöglicht einen weitreichenderen Erkenntnisgewinn als wenn lediglich eine der Perspektiven gewählt worden wäre. Das Forschungsdesign für die Gestaltung der Stelle des IT-Produktmanagements enthält diese Arten der Triangulation, auf welche in den folgenden beiden Kapiteln näher eingegangen wird.

1.7.1 Wissenschaftstheoretische und -methodologische Basis der Arbeit und Vorgehensweise

Die vorliegende Forschungsarbeit ist der Wirtschaftsinformatik zuzuordnen, die als interdisziplinäres Fachgebiet zwischen der Betriebswirtschaftslehre und der Informatik verstanden wird, jedoch mehr als diese Schnittmenge beinhaltet:[84] Gegenstand der Wirtschaftsinformatik sind Informationssysteme in Wirtschaft und Verwaltung,[85] es werden

[82] Ragin (1994), S. 191, zitiert nach Flick (2009), S. 252
[83] Vgl. zur folgenden Aufzählung Flick (2011), S. 11 ff.
[84] Vgl. Mertens u.a. (2005), S. 5 oder Rolf (1998), S. 29 ff.
[85] Vgl. Ferstl und Sinz (2008), S. 1

besondere Methoden zur Abstimmung von Informationsverarbeitung und Unternehmensstrategie beleuchtet. Darüber hinaus befasst sich die Wirtschaftsinformatik mit sämtlichen Aufgaben des IT-Managements, d.h. der Führung betrieblicher IT-Bereiche,[86] in welcher sich das IT-Produktmanagement wiederfindet.

Diese Arbeit reiht sich in die traditionelle, gestaltungsorientierte Wirtschaftsinformatikforschung[87] ein und folgt den Entwicklungen der europäisch geprägten Wirtschaftsinformatik, die konstruktionsorientierte Ansätze in den Vordergrund stellt.[88] Die Wissenschaftliche Kommission Wirtschaftsinformatik (WKWI) im Verband der Hochschullehrer für Betriebswirtschaft e.V. und der Fachbereich Wirtschaftsinformatik (FB WI) in der Gesellschaft für Informatik e.V. (GI) betonen, dass die Wirtschaftsinformatik nicht von einer einzelnen Theorie, Methode oder Perspektive dominiert werden solle, sondern der Zweck der Gewinnung und Validierung von Erkenntnissen in den Vordergrund zu rücken sei, wofür eine enge Kopplung mit der Praxis notwendig wäre.[89] Das Forschungsdesign zur situativen Gestaltung des IT-Produktmanagements ist heuristischer Natur: Wie in Kapitel 1.1 aufgezeigt, ist das vorliegende Forschungsfeld jung und wenig erforscht, so dass die Hypothesengewinnung im Fokus steht.[90] Um einen Beitrag zur anwendungsorientierten Wirtschaftsinformatik zu leisten, wird ein pragmatisches Wissenschaftsziel verfolgt, indem durch die kritische Auseinandersetzung mit der Stelle des IT-Produktmanagements als Gestaltungsbereich ein realer Bezug hergestellt wird. Die Ergebnisse sollen zusätzlich validiert werden.

Die Wahl der geeigneten Forschungsstrategien ergibt sich aus den Charakteristika des Untersuchungsbereiches (siehe Kapitel 1.5) und den Forschungszielen und -inhalten (siehe Kapitel 1.6).[91] Organisationen sowie der Gestaltungsbereich der Stelle des IT-Produktmanagements stellen latente Konstrukte dar, die in hohem Maße auf sozialen Inter-

---

86 Vgl. Stahlknecht und Hasenkamp (2005), S. 8

87 Vgl. zur Gestaltungsorientierung der Wirtschaftsinformatik z.B. Becker u.a. (2009) sowie das Memorandum zur gestaltungsorientierten Wirtschaftsinformatik von Österle u.a. (2010).

88 Studien über die Art der Forschungsmethodik der europäisch geprägten Wirtschaftsinformatik und ihrer Schwesterdisziplin „Information Systems Research“ im US-amerikanischen Raum zeigen unterschiedliche Richtungen auf (siehe hierzu z.B. Evaristo und Karahanna (1997) oder Hevner u.a. (2004)). Die Information System Research verfolgt den verhaltensorientieren bzw. behavioristischen Ansatz der Sozialforschung (siehe hierzu Wilde und Hess (2007), S. 280).

89 Vgl. WKWI und GI FB WI (2011), URL siehe Literaturverzeichnis

90 Im Gegensatz zu den Ansätzen des kritischen Rationalismus (begründet durch Karl Popper, siehe z.B. Keuth (2007)), welche auf eine Überprüfung ex ante erstellter Hypothesen abzielen, siehe hierzu Kubicek (1977), S. 5-12 oder Wollnik (1977), S. 40.

91 Vgl. Creswell (2009), S. 18

aktionen basieren und deshalb nur teilweise direkt beobachtbar sind. Die hierfür anzuwendenden Forschungsstrategien und -methoden sollten aufgrund dieser Tatsachen einen reflexiven Charakter aufweisen, offen gegenüber komplexen Zusammenhängen sein und flexibel auf neue Erkenntnisse reagieren – Diese Eigenschaften werden vorrangig den qualitativen Forschungsmethoden zugeschrieben, welche sich demnach besonders zur Anwendung im vorliegenden Forschungsprojekt eignen.[92]

Die übergeordnete Frage nach der Wahrnehmung der Stelle des IT-Produktmanagements in der Praxis und der Beschreibung in der Wissenschaft (siehe FF 0, Kapitel 1.6) zielt auf den Entdeckungszusammenhang und somit auf das erstmalige Erkennen von Zusammenhängen ab. Wie sich aus dem Stand der Forschung (siehe Kapitel 1.1) ergibt, wurde die Stelle des IT-Produktmanagements seither wenig beleuchtet, was die Anwendung der Explorationsstrategie aus der Menge der Forschungsstrategien nahe legt:[93] Die Explorationsstrategie unterstützt das erstmalige Erkennen von Zusammenhängen und zielt auf einen regelbasierten, methodischen Entdeckungszusammenhang ab. Sie basiert auf der Konstruktion eines theoretischen Bezugsrahmens, durch welchen das Vorwissen des Autors über das Problemfeld strukturiert und gegliedert wird. Nach diesem Vorgehen wird der Bezugsrahmen dieser Arbeit aufgestellt (siehe Kapitel 1.5), an dessen Struktur sich sämtliche Methoden und Erkenntnisse dieser Arbeit orientieren und so die Realität untersucht werden kann. Die Elemente des Bezugsrahmens (Ziele, Rahmenbedingungen, Aufgaben, Probleme/Effizienzkriterien des IT-Produktmanagements) sollen durch drei unterschiedliche Herangehensweisen und Forschungsmethoden beleuchtet werden:

Zunächst durch die Sichtung der Theorien der Betriebswirtschaftslehre, hier wird eine Abgrenzung der relevanten organisationstheoretischen Begriffe vorgenommen und ein Modell zur Verortung organisationaler Strukturtypen hergeleitet, welches als Basis für das situative Modell des IT-Produktmanagements herangezogen werden kann (siehe Kapitel 2).

Weiterhin werden die Elemente des Bezugsrahmens aus Sicht der wissenschaftlichen Literatur zusammengestellt, indem die Stelle des IT-Produktmanagements durch eine systematische Literaturanalyse (siehe Kapitel 4) abgegrenzt wird.

---

92 Vgl. Glaser und Strauss (1967), S. 18, siehe auch Carson u.a. (2001), S. 65 und Creswell (2009), S. 18

93 Vgl. zum folgenden Absatz über die Explorationsstrategie z.B. Bortz und Döring (2006), S. 352 ff., Müller-Böling (1992), S. 1494 oder Wollnik (1977), S. 43

Darüber hinaus werden Normen und Industriestandards im Umfeld des IT-Produktmanagements beleuchtet, um weitere Erkenntnisse zur Konstruktion eines situativen Modells für das IT-Produktmanagement zu erhalten (siehe Kapitel 3).

Zudem sollen empirische Erkenntnisse mit einfließen durch eine Auswertung von Stellenanzeigen von IT-Produktmanagern, eine Auswertung von Seminaren zum IT-Produktmanagement in Form einer Dokumentenanalyse sowie durch eine vergleichende Feldstudie, d.h. qualitative, teilstrukturierte, leitfadengeführte Experteninterviews (siehe Kapitel 5).

Um ein theoriegeleitetes, hypothetisches, validiertes, situatives Modell für das IT-Produktmanagement zu erstellen, welches zusätzlich Gestaltungsempfehlungen geben kann (siehe Kapitel 6 und 7), wird für den Verwertungszusammenhang der während der Exploration gewonnenen wissenschaftlichen Erkenntnisse die Konstruktionsstrategie angewandt, um die Realität zu gestalten.[94] Da bislang unzureichende Hypothesen zum Problemfeld existieren, welche überprüft und falsifiziert werden könnten,[95] wird eine hypothesengenerierende Strategie verfolgt. Es sollen durch Abduktion[96] Untersuchungen durchgeführt werden, um neue Hypothesen formulieren zu können.[97] Eine Abduktion erfordert einen kreativen Umgang mit Theorien und empirischen Daten, um vorläufige Vermutungen aufstellen zu können – Diese Hypothesen stehen in besonderem Verhältnis zum Vorwissen des Untersuchenden und entstehen demnach aus einer Kombination aus altem Wissen und neuer Erfahrung: Elemente werden aufgegeben, modifiziert und neu kombiniert.[98]

Berg klassifiziert die Ansätze zur Organisationsgestaltung in traditionelle aufgabenorientierte und neuere systemorientierte Gestaltungsansätze:[99]

Die *traditionelle* Organisationslehre gründet sich auf Nordsieck,[100] der die Einteilung der Organisationsbetrachtung in Aufbau- und Ablauforganisation entwickelt hat und als deren profiliertester Vertreter Kosiol gelten kann, welcher das Organisationsgefüge abhängig

---

[94] Vgl. Müller-Böling und Klandt (1993), S. 164
[95] Hierfür würde die Falsifikationsstrategie herangezogen, die den Begründungszusammenhang aus den Ansätzen des kritischen Rationalismus verfolgt, siehe hierzu Keuth (2007).
[96] Vgl. Peirce (1931), S. 6458, zitiert nach Kelle und Kluge (2010), S. 25
[97] Vgl. Wollnik (1977), S. 43 und Bortz und Döring (2006), S. 30
[98] Vgl. Kelle und Kluge (2010), S. 25 ff.
[99] Vgl. zum folgenden Absatz Berg (1981), S. 42 ff.
[100] Siehe Nordsieck (1968)

von der jeweiligen Zwecksetzung bzw. Aufgabe anordnet, wobei letztere den zentralen Ausgangspunkt für organisatorisches Gestalten bildet.[101] Die *neueren* Gestaltungsansätze stellen den bisher ausgeklammerten Humanbereich in den Vordergrund, wodurch die Organisation als soziales System von Individuen aufgefasst wird und zu denen verhaltensorientierte[102] und entscheidungsorientierte[103] Ansätze zählen. Zusätzlich gehen jüngere Organisationsansätze davon aus, dass der Netzwerkgedanke bei der Erstellung von Produkten immer stärker wird.[104] Über Cloud Computing-Systeme soll „Everything as a Service“ geliefert werden.[105] Diese Entwicklungen sind getrieben durch den Übergang zu kooperativen Organisationsnetzwerken und Ökosystemen, wodurch in diesen Netzwerken neue Formen von Kooperation und Konkurrenz entstehen – Diese Änderungen haben Auswirkung auf die Gestaltung der Organisationsgrenzen sowie auf die Beziehungen innerhalb des Ökosystems.[106] Für das IT-Produktmanagement bedeutet dies, dass weitere Aufgaben wie Ecosystem- oder Plattformmanagement in den Vordergrund treten, die Anbindung der Partner für die Bereitstellung der IT-Produkte wird zunehmend wichtiger.[107]

Um ein theoriegeleitetes Modell für das IT-Produktmanagement zu entwickeln, bewegt sich diese Arbeit innerhalb der traditionellen Ansätze zur Organisationsgestaltung, da auf der einen Seite humane Aspekte eine untergeordnete Rolle spielen. Diese werden weder durch die funktionale noch durch die institutionale Sichtweise auf das IT-Produktmanagement näher betrachtet, in welche diese Arbeit eingeordnet wird.[108] Deshalb finden sich humane Aspekte gegebenenfalls lediglich in den Rahmenbedingungen einer Organisation wieder, welche durch den situativen Ansatz Einfluss in das Modell finden (siehe Kapitel 1.7.2). Auf der anderen Seite stehen die jüngeren Ansätze der Organisationsnetzwerke erst am Anfang und scheinen somit weder in der Wissenschaft ausreichend er-

---

[101] Siehe Kosiol (1962), eine übersichtliche Darstellung zur traditionellen, deutschen Organisationslehre nach Kosiol findet sich in Schmeisser u.a. (2014), S. 60 ff.

[102] Verhaltensorientierte Ansätze (Organizational Behaviour) haben ihren Ursprung im anglo-amerikanischen Raum, als Begründer gilt Allport (1933).

[103] Der Entscheidungsorientierte Ansatz geht zurück auf Edmund Heinen, der in einer Festschrift für Erich Gutenberg eine Publikation zur „Zielfunktion der Unternehmung“ veröffentlichte, vgl. Heinen (1962).

[104] Vgl. Fischbach u.a. (2010), S. 679 ff.

[105] Vgl. Banerjee u.a. (2011); S. 36

[106] Vgl. Geisberger und Broy (2012), S. 175 ff.

[107] Vgl. Jansen u.a. (2013)

[108] Siehe zur Einordnung Kapitel 1.5

forscht, um fundierte Erkenntnisse für das IT-Produktmanagement abzuleiten, noch haben sie sich in der Praxis so weit etabliert,[109] um eine Evaluation vornehmen zu können und werden somit in dieser Arbeit ebenfalls nicht herangezogen.

1.7.2 Theoretischer Zugang

Situativer Ansatz der Organisationsgestaltung

Der situative Ansatz entstammt der Bürokratietheorie von Max Weber, der als Begründer der Organisationstheorie gilt,[110] und knüpft an die Tradition der Managementtheorie an.[111] Die Kritik an Webers Idealtypus der Bürokratie, welchen dieser als einzig effizienten Ansatz auffasst, sagt aus, dass Organisationen sehr unterschiedlich gestaltet sein können und – abhängig von den situativen Bedingungen wie die Art der verrichteten Arbeit oder den Umweltbedingungen – trotzdem effizient sind.[112] So hält Stähle fest: „Es gibt nicht eine generell gültige, optimale Handlungsalternative, sondern mehrere situationsbezogen angemessene".[113] Während verhaltenswissenschaftliche Theorien[114] die Entscheidungsprozesse in den Vordergrund stellen, konzentriert sich der situative Ansatz auf die Organisationsstruktur und begründet sich auf folgenden Annahmen:[115]

- Die formale Organisationsstruktur hat einen starken Einfluss auf die Effizienz der Organisation.
- Es gibt keine universell effizienten Organisationsstrukturen.
- Um effizient zu sein, ist die jeweilige Organisationsstruktur an die jeweilige Situation anzupassen.

Meffert und van Gelder erweitern die organisationstheoretischen Erkenntnisse der 60er Jahre um situative interne (unternehmensspezifische) und externe (umweltspezifische)

---

[109] Vgl. Jansen u.a. (2009), S. 187

[110] Vgl. Kieser und Walgenbach (2007), S. 38 oder Robbins (1983), S. 189 ff. Weber beschreibt die Organisation als Idealmodell, welches vollkommen rational gestaltet ist und so mit größtmöglicher Effizienz wirtschaften kann.

[111] Vgl. Kieser und Walgenbach (2007), S. 43 und Kieser (2006), S. 215

[112] Vgl. Kieser und Walgenbach (2007), S. 40

[113] Staehle (1985), S. 79

[114] Wichtigste Vertreter der Verhaltenswissenschaften sind Barnard (1948), Cyert und March (1963) und Simon (1981), die Organisation wird als System von Entscheidungen interpretiert. Wie in Kapitel 1.7.1 beschrieben, spielen diese moderneren Gestaltungsansätze in der vorliegenden Arbeit eine untergeordnete Rolle.

[115] Vgl. zur folgenden Aufzählung Kieser (2006), S. 215

Einflussfaktoren.[116] Ziel des situativen Ansatzes ist es, Kontraste der unterschiedlichen Organisationsstrukturen in deren Kontext darzustellen, d.h. zyklisch miteinander agierende Situations- und Strukturmerkmale aufzufinden:[117]

Die Grundidee, dass unterschiedliche situative Bedingungen unterschiedliche Strukturen aufweisen, hat zu der Bezeichnung Kontingenztheorie geführt, welche besagt, dass nicht die eine optimale Organisationsgestaltung existiert, sondern, je nach situativem Einfluss, verschiedene Organisationsformen erfolgreich sein können. Ausgangspunkt für die Untersuchungen ist demnach die formale Struktur einer Organisation. Darauf aufbauend können durch verschiedene Untersuchungen unterschiedliche Organisationsstrukturen ermittelt und erklärt werden, indem sie auf situative Faktoren zurückgeführt werden. Schließlich können Gestaltungsempfehlungen formuliert werden, wie eine Organisation ihre Struktur einer bestimmten Situation anpassen kann.

Der situative Ansatz bildet die Grundlage für die vorliegende Untersuchung der Gestaltung der Stelle des IT-Produktmanagements. Ausgehend von der Annahme, dass die Ausgestaltung dieser Stelle in verschiedenen Organisationen sehr unterschiedlich sein kann, sollen deren Ausprägungen und Einflussfaktoren bestimmt und deren Wirkungen ermittelt werden. Dies geschieht auf Grundlage des in Kapitel 1.6 eingeführten situativen Modells des Zusammenhangs zwischen den Elementen praxeologischer Aussagen nach Kubicek.

Ansatz der empirisch begründeten Typenbildung der qualitativen Sozialforschung

Die empirische Sozialforschung wird als Werkzeug angewandt, wenn Aussagen zur Erklärung menschlichen Handelns, sozialer Strukturen und Zusammenhänge systematisch erfasst werden sollen.[118] Auf der Grundlage des Wissens über die Vielfalt, Ordnung und Verbundenheit von empirischen Fakten ist eine planende Gestaltung des Lebens möglich, wobei die Fakten von allen am Wissenschaftsprozess Beteiligten nachvollziehbar und kritisierbar sein und darüber hinaus mit der Realität übereinstimmen sollen.[119] Für das Ziel dieser Arbeit, die Stelle des IT-Produktmanagements zu erforschen und aus Erkenntnissen der Theorie und Praxis zu konkretisieren ist es naheliegend, theoretische

---

[116] Vgl. Meffert u.a. (2012), S. 38 und van Geldern (2000), S. 23 f.
[117] Vgl. zum folgenden Absatz über den situativen Ansatz Bea und Göbel (2010), S. 97
[118] Vgl. Schnell u.a. (2008), S. 6 f.
[119] Vgl. Schnell u.a. (2008), S. 49 f.

und empirische Forschungsmethoden zu integrieren. Um ein theoriegeleitetes, hypothetisches, validiertes, situatives Modell für das IT-Produktmanagement herzuleiten, wird auf Basis theoretischer Erkenntnisse das Verfahren der Fallkontrastierung und darauf aufbauender Typenbildung[120] angewandt, da in der qualitativen empirischen Forschung die Entdeckung, Beschreibung und Systematisierung von Beobachtungen im Feld im Vordergrund stehen:[121] Den typenbildenden Verfahren werden demnach sowohl deskriptive als auch hypothesengenerierende Funktionen zugeschrieben, im Gegensatz zu den hypothesenprüfenden, quantitativen oder experimentellen Verfahren. Durch Bildung von Typen[122] bzw. Typologien wird eine komplexe Realität auf eine beschränkte Anzahl von Gruppen reduziert,[123] deren Zusammenhänge daraufhin mit Hilfe allgemeiner Hypothesen beschrieben werden können. Wegen dieser hypothesengenerierenden, heuristischen und explorativen Funktion werden Typologien auch als „Heuristiken der Theoriebildung"[124] bezeichnet, welche sich stimmig in das heuristische Forschungsdesign der Arbeit integrieren lassen.

Während eines Gruppierungsprozesses wird ein Bereich anhand verschiedener Merkmale in Gruppen eingeteilt nach dem Prinzip der internen Homogenität und der externen Heterogenität:[125] Interne Homogenität eines Bereiches bedingt, dass sich Elemente innerhalb einer Gruppe möglichst ähneln, während externe Heterogenität auf eine möglichst starke Unterscheidung der Typen untereinander abzielt. Vorwissen ist hier von großer Bedeutung, da sich eine gelungene qualitative Untersuchung durch eine beständige Integration von theoretischen und empirischen Arbeitsschritten auszeichnet. Die Bildung von Typen kann so zum Bindeglied zwischen Theorie und Empirie und damit zur Grundlage einer empirisch begründeten, theoriegeleiteten Typenbildung werden. Sind Typologien so komplex formuliert und tiefgehend analysiert, dass sie ein System verknüpfter

[120] Siehe zur Methode der Fallkontrastierung auch Becker (1968), Bohnsack (2007) oder Glaser und Strauss (1967), die Begründer der Methode der „Grounded Theory", welche auf fallkontrastierenden Schritten basiert.

[121] Vgl. zum folgenden Absatz Kelle und Kluge (2010), S. 10 ff.

[122] Ein Typ wird definiert als eine Gruppe mit ähnlichen Attributen oder Funktionen, die sie von anderen Gruppen unterscheidet, vgl. Kelle und Kluge (2010), S. 83 ff.

[123] Vgl. zu Typologien auch Bailey (1994), S. 1 f., Lamnek (2010), S. 205 und Sodeur (1974), S. 24

[124] Kelle und Kluge (2010), S. 11

[125] Vgl. zum folgenden Absatz Kelle und Kluge (2010), S. 85 ff., siehe auch Lamnek (2010), S. 206

Hypothesen darstellen, können sie als theoretische Systeme bezeichnet werden.[126] Dieser Ansatz der qualitativen Sozialforschung unterstützt somit das Ziel dieser Arbeit, ein Modell für das IT-Produktmanagement zu erstellen.

[126] Vgl. Kelle und Kluge (2010), S. 91

2. Systematische Herleitung eines Instrumentariums zur Verortung organisationaler Strukturtypen

Um für das Ziel dieser Arbeit, ein theoriegeleitetes, situatives Modell des IT-Produktmanagements zu konstruieren, eine Basis zu schaffen, soll im Folgenden ein Instrumentarium zur Verortung organisationaler Strukturtypen systematisch hergeleitet werden. Grundlage hierfür bildet der in Kapitel 1.5 gewählte Untersuchungsbereich, die Organisation. Organisationen bilden ein Geflecht aus Regelungen zur Sicherstellung der organisationalen Zweck- und Zielerfüllung, welche durch Ordnungsmuster die Handhabung und Bewältigung von Aufgaben durch einen Stellenträger unterstützen. Dieses Kapitel beschreibt die Herleitung eines solchen Ordnungsmusters auf Basis betriebswirtschaftlicher und organisationaler Theorien. Hierbei stützt sich diese Arbeit auf die traditionelle Organisationslehre, welche den Begriff Organisation als sinnvoll koordinierende, ordnende Tätigkeit und eine Zuordnung von Menschen und Sachen auf bestimmte Ziele hin begreift.[127] Es werden mögliche Zusammenhänge für eine Strukturierung aufgezeigt, während die Operationalisierung an dieser Stelle nicht betrachtet wird.

2.1 Grundlegende organisationstheoretische Begrifflichkeiten

2.1.1 Abgrenzung von Funktion und Aufgabe

Funktionen innerhalb einer Organisation stellen abgegrenzte Aufgabenbereiche innerhalb einer Organisationsstruktur dar und können als „Komplexe aus gleichartigen Verrichtungen (Handlungen)“[128] definiert werden.[129] Durch die Bildung von Funktionen kann eine bestmögliche Handhabung und Bewältigung von Komplexität in einer Organisation erreicht werden.[130] Im Organigramm einer funktionalen Organisation finden sie sich als Elemente der Aufbauorganisation wieder. Witte unterscheidet in *Grundfunktionen* (F&E, Beschaffung, Produktion, Absatz und Marketing) und *Querschnitts-* bzw. *Servicefunktionen* (Personal, Investition, Finanzen und Information).[131] Zelewski unterteilt die *Grundfunktionen*, die zur Erfüllung des Sachziels der Organisation unmittelbar erforderlich sind, in *dispositive Funktionen*, d.h. strategisch ausgerichtete Funktionen, und *ausführende*

[127] Vgl. Kieser (1981), S. 34-49
[128] Zelewski (1995), S. 71
[129] Vgl. Daft u.a. (2010), S. 16 ff., siehe auch Robbins (1983), S. 229 ff.
[130] Vgl. Schwan (2003), S. 301
[131] Vgl. Witte (2007), S. 1

Funktionen, die zur Prozessausführung im betrieblichen Transformationssystem gehören wie Marketing, Beschaffung, Entwicklung, Vertrieb etc. (siehe Abbildung 8).[132]

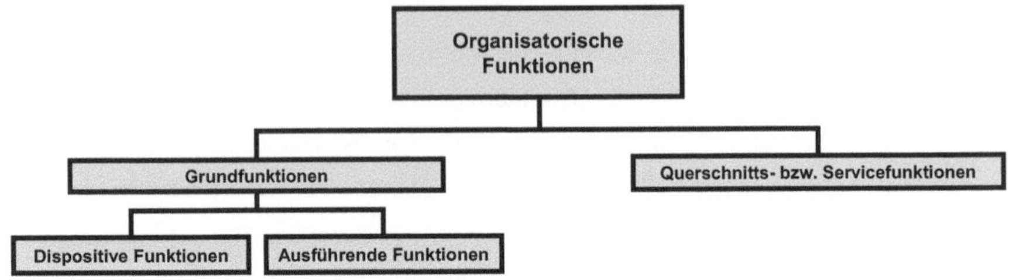

Abbildung 8: Organisatorische Funktionen[133]

Diesen Funktionen sind Aufgaben zugeordnet. Eine Organisation ist auf die Verwirklichung der Systemzwecke und -ziele ausgerichtet, woraus sich die Aufgaben und Teilaufgaben ableiten – Die Aufgabe ist demnach der Grundbegriff der Organisationslehre und als Soll-Leistung zu verstehen.[134]

2.1.2 Stelle, Stellenarten und Strukturtypen

In der Organisationslehre wird eine Stelle beschrieben als sachlicher Aufgabenkomplex bzw. Funktionenbereich, bestehend aus synthetisch vereinigten Aufgaben, welche für einen imaginären Stellenträger/-inhaber, jedoch subjektunabhängig gebildet werden.[135] Die Stelle grenzt somit den Kompetenzbereich eines Stellenträgers ab. Sie ist die kleinste, selbständig handelnde Organisationseinheit, die mit Zuständigkeiten (Kompetenzen) ausgestattet ist, um einen definierten Aufgabenkomplex wahrnehmen zu können.[136] Mehrere Stellenträger können organisatorisch auf unterschiedliche Arten zu Arbeitsgruppen oder sonstigen Personenmehrheiten zusammengefasst werden:[137]

- Durch die Übertragung von Aufgaben an einen einzelnen Stelleninhaber entsteht eine *Singulärstelle*.

[132] Vgl. Zelewski (1995), S. 70 ff.
[133] Eigene Darstellung
[134] Vgl. Hill u.a. (1994), S. 122 f.
[135] Vgl. Kosiol (1962), S. 89-95 und Bühner (2004), S. 61
[136] Vgl. Bea und Göbel (2010), S. 271 ff., Thommen (2008), S. 612 oder Vahs (2009), S. 63
[137] Vgl. zur folgenden Aufzählung Bergmann und Garrecht (2008), S. 61, siehe auch Kosiol (1978), S. 84

- Ergibt sich eine Zusammenfassung von Stellen aus anderen Gründen, bildet sich eine Stellenmehrheit/Stellengesamt mit dem Bearbeitungsobjekt als gemeinsames Bindungselement. Verfügt hierbei keine dieser Stellen über eine Weisungsbefugnis gegenüber den anderen, bilden diese eine *(Arbeits-)Gruppe*.
- Ist/sind eine oder mehrere Stellenmehrheit(en) einer übergeordneten Leitungsstelle unterstellt, bildet diese Leitungsstelle mit der oder den unterstellten Stellen eine *Abteilung* mit Abteilungsleiter.

Ein weiteres Kriterium, um Stellen einzuteilen, ist die Aufbaugestaltung. Der Ansatz basiert auf der Führungshierarchie und klassifiziert in unterschiedliche Stellenarten, welche im Folgenden durch den Umfang der damit verbundenen Befugnisse und Aufgaben charakterisiert werden.[138]

Linienstellen sind i.d.R. unmittelbar mit der Durchführung von Hauptaufgaben betraut (Primärprozesse), zu ihnen zählen Instanzen und Ausführungsstellen.[139] *Unterstützende Stellen* dienen indirekt der Erfüllung der Hauptaufgabe (Sekundärprozesse) und werden in Stabsstellen und Service-/Dienstleistungsstellen unterteilt (eine Übersicht gibt Abbildung 9).

	Aufgabenstellung	**Kompetenzen**
Linienstellen		
- Instanz/Leitungsstelle	Leitung/Ausführung	Entscheidungs-, Weisungs-, Kontrollkompetenzen
- Ausführungsstelle	Ausführung	Durchführungs-/Ausführungskompetenzen
Unterstützende Stellen		
- Stabsstelle	Spezialisierte Leitungshilfsstellen	Entscheidungsvorbereitung, fachliche Beratung, Informationsdrehscheibe
- Service-/ Dienstleistungsstelle	Generelle Leitungshilfe, zentrale Dienstleistung	Koordination und Unterstützung mit Richtlinienkompetenzen und funktionsbezogenen Weisungskompetenzen

Abbildung 9: Stellen, Aufgabenstellung und Kompetenzen[140]

- *Instanzen* (instance position) sind Leitungsstellen mit fachlichen Leitungsbefugnissen, d.h. mit Entscheidungs-, Weisungs- und Kontrollbefugnissen.[141] Unterschieden wird in Singulär- (ein Stellenträger) und Pluralinstanzen (Personenmehrheit) sowie nach

[138] Vgl. Vahs (2009), S. 72
[139] Vgl. zum folgenden Absatz Schulte-Zurhausen (2005), S. 170
[140] Eigene Darstellung
[141] Vgl. Kosiol (1962), S. 114-130

Leistungsebene in obere, mittlere und untere Instanzen.[142] Die Zahl der einer Instanz unterstellten Ausführungsstellen bestimmt die jeweilige Leitungsspanne, die Anzahl der Hierarchieebenen die Leitungstiefe.[143]

- *Ausführungsstellen* (executive position) haben weitgehende Durch- bzw. Ausführungskompetenzen und erfüllen Aufgaben, die unmittelbar dem Vollzug der betrieblichen Leistung zuzuordnen sind.[144] Diese Teilkompetenzen beziehen sich i.d.R. auf den eigenen Verantwortungsbereich.[145] Sie handeln gewöhnlich nach Anweisung der Instanz und bilden die unterste Ebene der Hierarchie in einer Organisation.[146]
- *Stabsstellen* (staff position) unterstützen die unterschiedlichen Instanzen und dienen so außerhalb der Linie indirekt der Erfüllung der Hauptaufgabe, i.d.R. durch Entscheidungsvorbereitung und -unterstützung, durch fachliche Beratung und Beschaffung, Auswertung und Weiterleitung von Informationen.[147] Sie werden auch als Leitungshilfsstellen bezeichnet und haben weder Entscheidungs- noch Weisungskompetenzen, sondern dienen mit fachspezifischen, spezialisierten Aufgaben.[148]
- *Service- bzw. Dienstleistungsstellen* (service position) dienen nicht einer bestimmten Instanz, sondern mehreren Linienstellen mit Unterstützungsaufgaben.[149] Sie sind oft als Zentralabteilungen oder -stellen ausgebildet und können somit als traversierende Organisationsform[150] bezeichnet werden, da sie Querschnitts- und Koordinationsaufgaben (wie z.B. Controlling, Personalwesen, Organisation) wahrnehmen und auch beraten.[151] Dienstleistungsstellen haben i.d.R. das Recht, Rahmenbedingungen festzulegen, um die Abwicklung bestimmter Aufgaben sicherzustellen und verfügen dann über Richtlinienkompetenzen. Haben sie auch fachliche Leitungsbefugnisse gegenüber den Linienstellen, erhalten sie funktionsbezogene Weisungskompetenzen.

Jüngere Weiterentwicklungen des situativen Ansatzes gehen davon aus, dass Organisationsstrukturen einer inneren Logik folgen und den Gestaltern innerhalb bestimmter

---

142 Vgl. Bea und Göbel (2010), S. 265 f., siehe auch Schulte-Zurhausen (2005), S. 174 oder Vahs (2009), S. 74 ff.
143 Vgl. Bea und Göbel (2010), S. 70 f.
144 Vgl. Bea und Göbel (2010), S. 266
145 Vgl. Vahs (2009), S. 78
146 Vgl. Schulte-Zurhausen (2005), S. 171
147 Vgl. Schulte-Zurhausen (2005), S. 174 sowie Vahs (2009), S. 79 ff.
148 Vgl. Bea und Göbel (2010), S. 266 f.
149 Vgl. Schulte-Zurhausen (2005), S. 175 f., siehe auch Bea und Göbel (2010), S. 268
150 Siehe zu traversierenden Organisationsformen Bleicher (1991), S. 115 ff.
151 Vgl. zum folgenden Absatz Vahs (2009), S. 82 f.

Grundmuster nur geringe Spielräume bleiben.[152] Daraus folgt, dass bestimmte *Strukturtypen* existieren, welche als deduktiv und theoretisch abgeleitete organisatorische Grundmodelle bezeichnet werden, welche das Verhältnis der leitenden Instanzen zu den untergeordneten Stellen festlegen.[153] Etabliert haben sich fünf durch Mintzberg entwickelte Strukturtypen, welche eine typische Konstellation in einer Organisation darstellen (siehe Abbildung 10):[154]

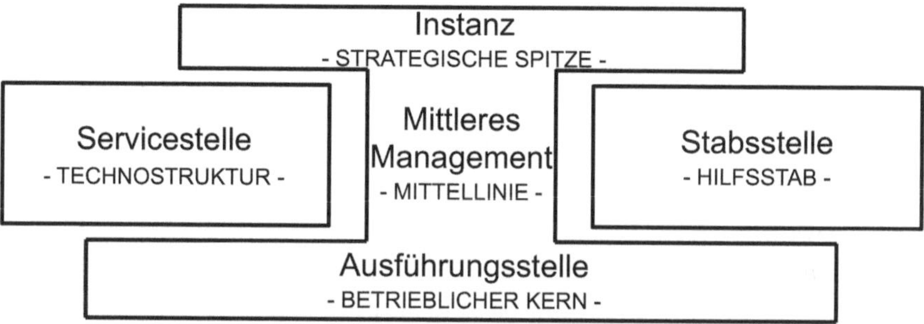

Abbildung 10: Fünf Basiskomponenten einer Organisation[155]

Im *Betrieblichen Kern* (operating core) sind die Mitarbeiter mit Ausführungsstellen angesiedelt, welche Produkte erstellen und/oder Dienstleistungen bereitstellen und mit der operativen Umsetzung von Aufgaben betraut sind. Die Strategische Spitze (strategic apex) einer Organisation entwickelt grundsätzliche Strategien, erfüllt Planungs-, Organisations- und Kontrollaufgaben und ist besetzt durch Instanzen, d.h. Manager mit Entscheidungs- sowie Weisungsbefugnis und Führungsautorität, angesiedelt in direkter Linie mit dem operativen Kern. Zwischen Strategischer Spitze und Betrieblichem Kern befindet sich eine formale Autoritätskette von Führungskräften der *Mittellinie* (middle line), dem mittleren Management, hier werden innerhalb des festgelegten Rahmens Bereichsstrategien entwickelt. Die *Technostruktur* (techno structure) ist außerhalb der formalen Linie eingebettet, hier werden durch Servicestellen gewisse Formen der Standardisierung auf allen Ebenen der Organisation angestrebt, der Arbeitsablauf wird effektiv geplant und gestaltet und permanent verbessert, Schulungen werden angeboten. Der *Hilfsstab* (support staff), i.d.R. hochgradig spezialisierte Fachleute, unterstützt durch Stabsstellen die

[152] Vgl. Kieser (2006), S. 240 ff.
[153] Vgl. Hill u.a. (1994), S. 191
[154] Vgl. zum folgenden Absatz Mintzberg (1992), S. 26 ff. und Mintzberg (1980), S. 322 ff., siehe auch Daft u.a. (2010), S. 16 ff. oder Schanz (1982), S. 24 ff.
[155] Eigene Darstellung, in Anlehnung an Mintzberg (1992), S. 28

Organisation außerhalb des betrieblichen Arbeitsablaufs. Diese fünf Strukturtypen ergeben sich aus den unterschiedlichen Funktionen und Kompetenzen, die einer Stelle innerhalb der Organisationsstruktur zugeschrieben sind.

2.2 Zugang über Konzepte und Modelle der Organisationstheorie

2.2.1 Aufgabenextraktion und Gestaltungsansatz der Aufgabenanalyse und Aufgabensynthese

Das Analyse-Synthese-Konzept als aufbauorganisatorisches Modell gehört zu den Grundlagen der klassischen betriebswirtschaftlichen Organisationslehre, die Aufgabenextraktion wird bis heute überwiegend durch die von Kosiol erstellten Kriterien bestimmt:[156] Dieser geht von einer Gesamtaufgabe der Organisation aus, die durch Induktion in Teilaufgaben zerlegt werden kann. Die Leistung der Organisation besteht somit darin, diesen Aufgabenkomplex zu erfüllen. Die *Aufgabenanalyse* ist die systematische Zusammenstellung aller Möglichkeiten, die Gesamtaufgabe anhand bestimmter Kriterien in abgrenzbare Elemente zu zerlegen. Die Zerlegung kann nach einem oder mehreren der folgenden Dimensionen vorgenommen werden:

- *Verrichtung*: Art der anfallenden Tätigkeiten, konkretisiert sich in durchzuführenden Veränderungen am Objekt.
- *Objekt*: Bearbeitete Endleistung, auf die sich die Verrichtungen beziehen, kann sowohl materieller als auch informationeller Art sein.
- *Rang* der Aufgabe: Entscheidungs- oder Ausführungsaufgabe, Vorbereitung auf die Gestaltung der hierarchischen Beziehungen in der Organisation.
- *Phase* des Entscheidungsprozesses: Planungs-, Realisations- oder Kontrollaufgaben.
- *Zweckbeziehung*: Differenzierung in primäre (direkt aus dem Leistungsprogramm des Unternehmens abgeleitet) und sekundäre Teilaufgaben (durch primäre Aufgaben mittelbar hervorgerufen, unterstützende Funktion).

Im Anschluss an die Aufgabenanalyse findet die Untersuchung der *synthetischen Gestaltung* statt. Es wird demnach unterschieden zwischen analytischen Teilaufgaben, welche

[156] Vgl. zu diesem Kapitel 2.2.1 Schmeisser u.a. (2014), S. 62 ff. und Schulte-Zurhausen (2005), S. 41 ff., siehe auch Kosiol (1962), S. 42 und S. 76 ff., Kosiol (1978), S. 66 ff., diesen Ansatz übernommen und erweitert haben Frese (1992), S. 250 f., Rolf (1998), S. 70 f. und Schwan (2003), S. 171.

ihre mögliche synthetische Zusammenfassung in Gliederungseinheiten nicht berücksichtigen, und synthetischen Teilaufgaben, welche auf ihre Übertragung auf Arbeitskräfte abzielen und auch als Funktionen (siehe Kapitel 2.1.1) bezeichnet werden.[157] Durch die Zusammenfassung der Teilaufgaben ergibt sich eine spezifische Form der Arbeitsteilung. Personenbezogene Aufgabenkomplexe führen zur Stellenbildung, die Zusammenfassung von Stellen zu größeren Einheiten zur Abteilungs- bzw. Hauptabteilungsbildung (siehe Abbildung 11).

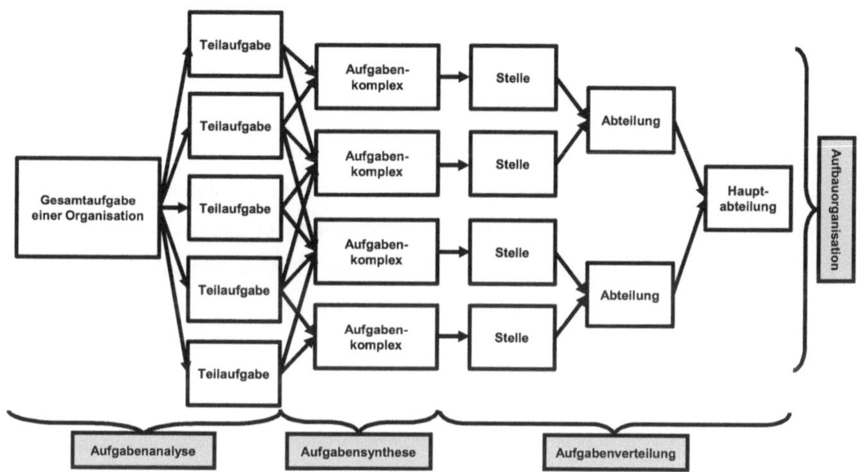

Abbildung 11: Aufgabenextraktion, -analyse und -synthese[158]

Durch die Aufgabenextraktion sowie die Aufgabenanalyse und -synthese auf Organisationsmitglieder kann nun der Bezug hergestellt werden zwischen den Aufgaben und den Strukturtypen. Somit wird ein Beitrag zur Handhabung und Bewältigung von in Organisationen bestehender Komplexität geleistet.[159]

---

157 Vgl. Kosiol (1962), S. 42-45 und Bleicher (1991), S. 48-57, die beschriebene Aufgabensynthese spielt sich im Rahmen der personenbezogenen Synthese ab (temporale und lokale Synthese werden in diesem Zusammenhang nicht berücksichtigt) und bezieht sich auf die Aufbauorganisation (die Ablauforganisation und somit ablaufbezogene Synthese wird in Kapitel 1.5 zur Konzeptionalisierung des IT-Produktmanagements aus organisationstheoretischer Sicht für diese Arbeit ausgegrenzt). Eine interessante Darstellung zur integrierten Aufgaben- und Arbeitssynthese findet sich in Schulte-Zurhausen (2005), S. 41 ff.

158 Eigene Darstellung, in Anlehnung an Bleicher (1991), S. 49 und Schreyögg (2008), S. 105

159 Vgl. Schwan (2003), S. 299

2.2.2 Schnittstellenmanagement und Koordinationsorgane

Im Rahmen der Aufbauorganisation (siehe Kap. 1.5) erfolgt die Gliederung einer Organisation in Subsysteme (Teilbereiche, Abteilungen, Stellen) und die Verteilung der aus der Gesamtaufgabe abgeleiteten Teilaufgaben auf diese Subsysteme.[160] An den Grenzen dieser Subsysteme entstehen damit Schnittstellen. Eine Schnittstelle ist ein Berührungspunkt zwischen den unterschiedlichen Tätigkeits- und Entscheidungsbereichen mit mehr oder weniger starken Interdependenzen.[161] Hier werden Informationen, Güter und Finanzmittel ausgetauscht.[162] Infolge der Interdependenzen entstehen Schnittstellenprobleme und somit Koordinationsbedarf.[163] Die Bewältigung der zunehmenden Komplexität von Entscheidungs- und Realisationsprozessen und der einhergehenden Koordinationsschwierigkeiten, die zu einer Reduktion der Effektivität und Effizienz der Geschäftsprozesse führen, wird als *Schnittstellenmanagement* bezeichnet.[164] Da die Gesamtaufgabe einer Unternehmung i.d.R. in Teilaufgaben zerlegt und somit arbeitsteilig auf bestimmte Subsysteme (Teilbereiche, Stellen) verteilt wird, entstehen hier zwangsläufig Schnittstellen. Köhler betont hierbei die „zielgerichtete Verbindung“[165] zwischen aufeinander angewiesenen Aufgabenbereichen: das Organisationsziel als gemeinsamer Fokus. Die Koordination der Schnittstellen kann von *Koordinationsorganen* übernommen werden. Dies sind Organisationseinheiten, deren „Hauptaufgabe in der Koordination anderer Einheiten“[166] besteht.

2.2.3 Grundmodelle der Aufbauorganisation und Prinzipien der Aufgabenverteilung

Die Verteilung von Aufgaben erfolgt vor allem durch die Gliederung einer Organisation in Abteilungen, wobei in Hauptabteilungen, Unterabteilungen etc. unterschieden wird, denen wiederum Aufgaben zugeordnet sind.[167]

---

[160] Vgl. Grochla (1982), S. 24, siehe hierzu auch die in Kapitel 2.2.1 beschriebenen Aufgabenextraktion, -analyse und -synthese.
[161] Vgl. Schulte-Zurhausen (2005), S. 226
[162] Vgl. Schneider u.a. (2008), S. 57
[163] Vgl. Rühli (1992), Sp. 1165
[164] Vgl. Horváth (1991), S. 4, Brockhoff und Hauschildt (1993), S. 248 oder Schneider u.a. (2008), S. 57
[165] Vgl. Köhler (1993), S. 279
[166] Reiß (1995), S. 264
[167] Vgl. zu den im Folgenden behandelten Organisationsformen Vahs und Schäfer-Kunz (2005), S. 235-246, weitere umfangreiche Ausführungen in ähnlicher Form zu den Modellen der Aufbauorganisation finden sich in Bea und Göbel (2010), S. 375 ff., Bühner (2004), S. 119-195, Frese (2000), S. 209-224, Jost (2009), S. 458 ff., Laux und Liermann (2005), S. 181-187 und Picot u.a. (2008), S. 249 ff.

Organisationstheoretische Grundmodelle[168] legen hierfür das Verhältnis von leitenden Stellen zu den Aufgaben der untergeordneten Stellen fest. Die drei klassischen Pyramidenmodelle[169] werden im Folgenden skizziert:

In der *Linienorganisation* (Einliniensystem, eindimensionale Kompetenzstrukturen) ist jede Stelle durch eine Linie mit der vorgelagerten Instanz verbunden und bekommt nur von dieser einen Instanz Anordnungen.

Der Grundgedanke der *funktionalen* und *divisionalen Organisation* (Mehrliniensystem, mehrdimensionale Kompetenzstrukturen) besagt, dass jede Stelle einer Mehrzahl von übergeordneten Stellen unterstellt ist nach dem Prinzip der Spezialisierung. Für die Verteilung von Aufgaben auf organisatorische Einheiten sind zwei Prinzipien von besonderer Bedeutung, welche die Basis für die Grundformen der Aufbauorganisation bilden:

- Das *Verrichtungsprinzip*: Spezialisierung der Mitarbeiter auf bestimmte Tätigkeiten (z.B. Entwicklung, Marketing, Vertrieb, etc.). Das Verrichtungsprinzip bildet die Grundlage für die funktionale Organisation, bei welcher alle für die Ausführung von gleichartigen Aufgaben erforderlichen Kompetenzen in Funktionsbereichen zusammengefasst werden, wobei i.d.R. von den Kernkompetenzen der Organisation ausgegangen wird (für softwareintensive Organisationen z.B. Entwicklung, Produktion, Service, Marketing, etc.). Diese Organisationsform hat in der Praxis vor allem bei kleineren und mittleren Organisationen mit überschaubarem Leistungsprogramm Verbreitung gefunden.
- Das *Objektprinzip*: Spezialisierung auf Objekte (z.B. Produkte, Regionen, Kundengruppen, ...). Die Objektorientierung bildet die Grundlage für die divisionale Organisation, die häufig auch als Geschäftsbereichs- oder Spartenorganisation bezeichnet wird. Hier werden alle Kompetenzen, die für ein Objekt relevant sind, in einer Division zusammengefasst, was sich vor allem bei größeren Organisationen mit heterogenem Produktprogramm durchgesetzt hat.

Die *Stablinienorganisation* als letztes klassisches Pyramidenmodell verbindet die Vorteile der klaren Kompetenz- und Verantwortlichkeitsabgrenzung des Einliniensystems mit den

[168] Die Grundmodelle gelten als typische Organisationsformen und sind als Idealmodelle zu bezeichnen, da sie in reiner Form in der Praxis kaum anzutreffen sind, vgl. Grochla (1982), S. 130 f.

[169] Vgl. Hill u.a. (1994), S. 191

Vorteilen der Spezialisierung des Mehrliniensystems durch Spezialisten in Leitungshilfsstellen, die oft an Instanzen angegliedert sind und fachliche Kompetenz zur Verfügung stellen, ohne funktionales Weisungsrecht zu besitzen.

Neben diesen drei klassischen Pyramidenmodellen haben sich aufbauend weitere Organisationsformen (Mischformen) gebildet und etabliert:[170]

Die *Matrix-Organisation* ist entstanden aus einer Kombination des funktionsorientierten und divisionalen Organisationsprinzips, sowohl Funktion als auch Produkt-Markt-Aspekte sollten nach dem Mehrliniensystem-Modell in gleichberechtigter Weise Gegenstand der Leitung werden. Die Matrix-Leitung ist die übergeordnete Instanz und sorgt für die ordnungsgemäße Erfüllung der Aufgaben und die Koordination der Matrix-Stellen. Die Matrix-Stellen sind mit Funktionsaufgaben sowie Produkt- bzw. Projektaufgaben betraut und stimmen die Aufgabenerfüllung auf ihre Dimension ab. Den Schnittstellen sind somit zwei Vorgesetzte übergeordnet, die zuständig für die eigentliche Aufgabenerfüllung sind.

Die *Projektorganisation* wird eingeteilt in die linienintegrierte Projektorganisation (Projektmitarbeiter arbeiten weiterhin in der Linie, ihr Aufgabenfeld wird durch Zusatzaufgaben im Zusammenhang mit Projekten erweitert), die Stabs-Projektorganisation (Projektleiter nimmt Koordinationsfunktion gegenüber den Projektmitarbeitern wahr), die reine Projektorganisation (fachliche und disziplinarische Unterstellung der Projektmitarbeiter unter den Projektleiter) und die Matrix-Projektorganisation (Auskopplung der Projektarbeit).

Die *Center-Konzepte* basieren auf relativ autarken und autonomen Organisationssegmenten. Sie haben sich aus dem Prinzip der divisionalen Organisationsform gebildet: Eine Division kann sich zu einem Center herausbilden, je nach der jeweiligen Verantwortlichkeit (Kosten – Cost Center, Ergebnis – Profit Center, Verwendung der Gewinne – Investment Center).

Organisationsformen können weiter eingeteilt werden in die Primärorganisation, welche das hierarchische Grundgerüst einer Organisation bildet, und die hierarchieergänzende Sekundärorganisation:[171] Die *Primärorganisation* ist hierbei ausgerichtet auf die Lösung

---

[170] Vgl. zu den folgenden Mischformen von Organisationsmodellen Bühner (2004), S. 241 ff., siehe auch Leumann (1979), S. 1 ff., Corsten und Reiß (1995) S. 259 f. beschreiben anschaulich Projektorganisation und Centerkonzepte.

[171] Vgl. zu Primär- und Sekundärorganisation Bea und Göbel (2010). S. 323 oder Schulte-Zurhausen (2005), S. 259 ff.

von Dauer- und Routineaufgaben, charakteristisch ist die Zusammensetzung durch eine hierarchische Über- und Unterordnung der Organisationseinheiten, die Kommunikation zwischen den Stellen erfolgt größtenteils vertikal. So entstehen Schnittstellenprobleme, weshalb die Primärorganisation nicht selten durch eine *Sekundärorganisation* (Parallelorganisation, schnittstellenübergreifende Koordination, siehe Kapitel 2.2.2) überlagert wird. Die Sekundärorganisation ist als hierarchieübergreifende und hierarchieergänzende Organisationseinheit ausgestaltet, dient der Lösung von innovativen bzw. selten auftretenden Spezialaufgaben und erscheint meist in Form von Projektgruppen, Gremien, Arbeitskreisen, Produkt- und Projektmanagement etc.

In der Organisationspraxis treten häufig Mischformen der in diesem Kapitel aufgeführten Organisationsformen auf.[172] Verlagert sich z.B. die Kompetenz in einer Matrix-Organisation auf eine einzelne Matrix-Stelle, wird die Matrix zu einem Begriff für sämtliche mehrdimensionalen Organisationsstrukturen. Als Matrixorganisation werden andererseits auch häufig matrixartige Verknüpfungen von Primär- und Sekundärstrukturen bezeichnet.

2.2.4 Parameter der Ausgestaltung einer Stelle

Wesentliche Gestaltungsgrößen der Arbeitsorganisation sind nach Bühner der Grad der Arbeitsteilung/Tätigkeitsspektrum (Umfang eines Arbeitssystems) und der Grad der Zentralisation/Entscheidungsautonomie (nach traditioneller Sicht die Entscheidungszentralisation, bei der Planungs-, Steuerungs- und Kontrollfunktionen von der bloßen Ausführungsfunktion ohne Entscheidungskompetenz getrennt werden).[173] Dies deckt sich mit der Aussage von Reiß, der zur kontextgerechten, situativen Ausgestaltung einer Organisationseinheit vor allem zwei Gestaltungsparameter nennt, die variiert werden können: den Autarkiegrad (Funktionsspektrum), welcher sich aus der Aufgabenanalyse und -synthese ergibt (siehe Kapitel 2.2.1), und den Autonomiegrad (Kompetenzspektrum), welcher die (wirtschaftliche) Selbstständigkeit einer Stelle bestimmt:[174]

Der *Autarkiegrad* ergibt sich aus dem Tätigkeitsspektrum, d.h. dem Umfang der Integration von Primär- und Sekundärfunktionen sowie der hierfür erforderlichen Ressourcen und besagt, wie viele Organisationsstufen das Funktionsspektrum einer Stelle umfasst.

---

172 Vgl. zum folgenden Absatz Wagner (1978), S. 103 ff.

173 Vgl. Bühner (1995), S. 434, zu Arbeitsteilung siehe auch die Ausführungen von Jost (2009), S. 14 ff., zur Entscheidungsautonomie Jost (2009), S. 63

174 Vgl. zu Autonomie- und Autarkiegrad Reiß (1991), S. 21-32, diesen Ansatz übernommen haben auch Höge (1995), S. 177 f. und Jost (2009), S. 295

Je höher demnach der Autarkiegrad, desto weniger Schnittstellen (siehe Kapitel 2.2.2) ergeben sich aus horizontaler Sicht. Je mehr Funktionen abgedeckt werden, desto eher können Aufgaben ohne Unterbrechung ausgeführt werden, da bei einem vollstufigen Autarkiegrad keine Einschnitte in einen Aufgabenbereich bestehen. So bewirkt eine Steigerung der Autarkie einer Organisationseinheit i.d.R. eine zunehmende Größe der Einheit.

Der *Autonomiegrad* bzw. das Kompetenzspektrum gibt Auskunft über die Machtpromotions-Potentiale, d.h. produktbezogene Entscheidungskompetenzen. Entscheidungskompetenzen beziehen sich auf das Recht, für die Organisation verbindliche Entscheidungen zu fällen: Entscheidung, Planung, Steuerung, Kontrolle und Durchführung.[175] Es besteht i.d.R. keine Korrelation zwischen der Größe einer Organisationseinheit und dem Autonomiegrad. Jedoch zeigt ein hoher Autonomiegrad an, dass immer weniger Entscheidungen mit anderen Organisationseinheiten abzustimmen sind und es resultiert eine Reduktion von Schnittstellen und somit von Komplexität in vertikaler Hinsicht.

Kompetenz- und Funktionsspektrum finden sich im *Kongruenzprinzip* der Organisation[176] wieder, welches die Abstimmung der Delegationselemente Kompetenz, Aufgabe und Verantwortung bedingt und diese als untrennbare Einheit beschreibt, so dass der Delegationsprozess optimal funktionieren kann. Es zielt somit auf die Harmonisierung zwischen Kompetenzspektrum, Funktionsspektrum und Verantwortung ab: Wird eine Aufgabe übertragen, müssen Kompetenz und Verantwortung dem Umfang der Aufgabe angepasst werden. So kann es dazu kommen, dass eine Aufgabe nur mangelhaft oder gar nicht erfüllt wird, weil der ausführenden Person, trotz fachlicher Qualifikation, zur Erfüllung der Aufgabe notwendige Kompetenzen nicht übertragen wurden.

2.3 Rahmenbedingungen im situativen Kontext einer Organisation

Grochla hält demonstrativ fest: „Organisatorische Gestaltung muß stets >>situativ<< sein, d.h. sie vollzieht sich vor dem Hintergrund einer *Vielzahl von Einflußgrößen, die auf den Gestaltungsspielraum einwirken und daher als Gestaltungsbedingungen zu bezeichnen sind.*“[177] Dieser Ansatz geht aus dem in Kapitel 1.7.2 eingeführten situativen Ansatz

[175] Vgl. Kieser und Walgenbach (2007), S. 90

[176] Vgl. zum folgenden Absatz über das Kongruenzprinzip Bea und Göbel (2010), S. 305, siehe auch Nadler und Tushman (1980), S. 261 f., Hauschildt (1969), Sp. 736 ff., Höge (1995), S. 206 und Reiß (1982), S. 75-78

[177] Grochla (1982), S. 111

der Organisationsgestaltung hervor, welcher die Ermittlung und Gruppierung bedeutender Einflussfaktoren als Hauptmerkmal einer situativen Analyse herausstellt. Im situativen Kontext einer Organisation existieren demnach *Rahmenbedingungen*, welche den Gestaltungsspielraum einer Stelle auf unterschiedliche Weise beeinflussen und welche Auswirkungen auf die Organisation und somit auch auf deren Funktionen haben. Diese können in zwei Kategorien aufgeteilt werden, in endogene und exogene Rahmenbedingungen:[178]

Als *endogen* (auch: unternehmensbezogen) werden interne Rahmenbedingungen bezeichnet, welche die Organisationen selbst beeinflussen können wie Ressourcen, Kernkompetenzen und die Wandlungsfähigkeit. Weitere Beispiele hierfür sind Organisationsziele, Aufgaben- und Machtverteilung, interne Regelungen und Vorgehensweisen sowie das Know-how oder die Mitarbeiter selbst.[179] Für die *exogenen* (auch: umfeldbezogenen) Rahmenbedingungen werden die Grenzen und Spielregeln für eine Organisation durch die marktstrukturellen Gegebenheiten und das Umfeld des Wirtschaftssubjekts festgelegt. Die Märkte und deren Regelungen, die Gesetze, Kundenanforderungen, Aufstellung der Wettbewerber, gesellschaftsrechtliche und wirtschaftliche Rahmenbedingungen sowie Patente und Rechte spielen dabei eine wichtige Rolle.[180] Die Strategie der Organisation bestimmt ebenfalls die Gestaltung der Rahmenstruktur, welche wiederum von den internen und externen Rahmenbedingungen beeinflusst wird.[181]

Kieser und Kubicek stellen ein erweitertes Konzept auf und definieren drei Gruppen von Variablen, welche als Rahmenbedingungen in Organisationen in unterschiedlichem Kontext auftreten: die *Situation* (exogen und endogen),[182] die formale *Organisationsstruktur* und das *Verhalten* der Organisationsmitglieder (tatsächlich und kognitiv).[183] Im Folgenden werden Rahmenbedingungen aus sich ähnelnden bzw. aufeinander aufbauenden Konzepten der Organisationstheorie aufgezeigt, zusammengestellt und nach dem vorgestellten Konzept von Kieser und Kubicek gruppiert (siehe Abbildung 12 am Ende dieses

[178] Die folgende Einteilung in endogene und exogene Rahmenbedingungen erfolgt nach Zentes u.a. (2004), S. 72-74, die diese Einteilung für das Wertschöpfungsmanagement festgelegt haben, siehe auch Grochla (1982), S. 112 ff., der in interne und externe Gestaltungsbedingungen einteilt. Gestaltungsbedingungen werden im Rahmen dieser Arbeit als Rahmenbedingungen definiert (siehe Kapitel 1.6, Forschungsfrage 3).

[179] Vgl. Zentes u.a. (2004), S. 159-216

[180] Vgl. Zentes u.a. (2004), S. 75-157

[181] Vgl. Grochla (1982), S. 113 f.

[182] Hier „extern“ und „intern“ genannt.

[183] Vgl. zu diesem Abschnitt Kieser und Kubicek (1992), S. 199-207

Kapitels).[184] Diese werden ausführlich behandelt, um als theoretische Grundlage für die Ableitung von Rahmenbedingungen für die Gestaltung der Stelle des IT-Produktmanagements dienen zu können.

Bedingungen der formalen Organisationsstruktur

Die *Spezialisierung* entsteht durch die Aufteilung der Gesamtaufgabe auf mehrere Organisationsmitglieder und legt somit das Ausmaß der Arbeitsteilung fest.[185] Durch die Spezialisierung entstehen *Koordinations*probleme, da die Aktivitäten der einzelnen Organisationsmitglieder im Hinblick auf das Gesamtziel abzustimmen sind. Durch die Arbeitsteilung entsteht eine Struktur der Über- und Unterordnungen in der Amtshierarchie innerhalb einer Organisation, welche als *Konfiguration* bzw. Leitungssystem bezeichnet wird. Hier kommen auch die Regelungen der *Entscheidungsdelegation* bzw. *Kompetenzverteilung* zum Tragen. Weiterhin beeinflussen die Organisation die *Zentralisierung* als Art der Zuordnung von Teilaufgaben auf Stellen (Aufgabensynthese), die *Standardisierung*, welche die Anwendung bürokratischer Regeln und Verfahren festlegt, und die *Formalisierung*, d.h. die Aktenmäßigkeit und Schriftlichkeit der Regeln.

Gegenwartsbezogene Faktoren der internen Situation

Das *Leistungsprogramm* beschreibt, welche Sachgüter und Dienstleistungen eine Organisation erbringt und welche Diversifikations- und Divisionalisierungsstrategie bezüglich des Leistungsprogramms festgelegt wird.[186] Die *Größe* einer Organisation wird meist durch den Indikator „Zahl der Mitarbeiter“ bestimmt, da eine Erhöhung der Mitarbeiterzahl Einfluss auf die Organisationsstruktur hat.[187] Ältere *Fertigungstechnologien* können eingeteilt werden nach Art der Aufstellung der Betriebsmittel[188], nach Auflagenhöhe[189]

---

[184] Die Konzepte zur Bestimmung der organisationalen Rahmenbedingungen sind nach Angabe der Urheber so zu verstehen, dass unter dem aufgezeigten Situationsansatz ein offenes Vorgehen zu verstehen ist und somit sämtliche Faktoren, die zum Verständnis der Unterschiede von Organisationsstrukturen beitragen, zu Rahmenbedingungen einer Organisation werden können. Somit stellt die folgende Aufstellung nicht die endgültigen und für jede Organisation geltenden Rahmenbedingungen dar.

[185] Vgl. zu den Bedingungen der formalen Organisationsstruktur Kieser und Walgenbach (2007), S. 77 ff., welche die Spezialisierung, Koordination, Konfiguration, Entscheidungsdelegation und Formalisierung einführen, und Titscher u.a. (2008), S. 48 ff., welche auf die Spezialisierung, Standardisierung, Formalisierung, Zentralisierung und Konfiguration eingehen. Die Zentralisation wird auch als Verteilung der Entscheidungsgewalt verstanden und findet sich nach diesem Verständnis in der Entscheidungsdelegation wieder, eine weitere Definition findet sich in Grochla (1978), S. 203 ff.

[186] Vgl. Kieser und Walgenbach (2007), S. 230-236 und Titscher u.a. (2008), S. 51 (entspricht hier Angebotsprogramm).

[187] Vgl. Kieser und Walgenbach (2007), S. 316-331 und Titscher u.a. (2008), S. 51

[188] Demnach Werkstatt-, Reihen-, Fließ- und kontinuierliche Prozessfertigung.

[189] In Einzel-, Serien- und Massenfertigung.

und nach dem Automatisierungsgrad[190].[191] Neuere Fertigungstechniken entstanden durch den Einsatz von Informations-und Kommunikationstechnik wie CIM (Computer Integrated Manufacturing). Die *Informationstechnologie* stellt Nutzern Kommunikationswerkzeuge bzw. -systeme, Werkezuge für Informationsspeicherung und -retrival sowie Werkzeuge zur Informationsbe- und -verarbeitung zur Verfügung.[192] Organisationen können unterschiedliche *Wettbewerbsstrategien* verfolgen, z.B. Qualitäts-, Preis-, Kostenführerschaft, Nischenstrategien, Diversifizierung, etc.[193] Auch die *Eigentümerstruktur* (bzw. das Eigentumsverhältnis) spielt eine Rolle. Diese beschreibt, ob eine Organisation in Einzel- oder Streubesitz ist, als Privatunternehmen geführt wird, ob sie wenigen wichtigen Shareholdern gehört, eine Regierungsbehörde ist oder keine Eigentümer hat (wie Vereine/öffentliche Organisationen).[194]

Vergangenheitsbezogene Faktoren der internen Situation

Das *Alter* der Organisation bezieht sich auf den Zeitpunkt der Gründung, wohingegen die *Art der Gründung* etwas über die Persönlichkeit (von einer bzw. mehreren Personen gegründet) der Gründung bzw. Unpersönlichkeit der Gründung (nicht von einer Person gegründet) aussagt.[195] Das *Entwicklungsstadium* bezeichnet die unterschiedlichen Phasen bzw. Meilensteine im Lebenszyklus einer Organisation.

Dimensionen der externen Situation - Aufgabenspezifische Umwelt

Konkurrenzverhältnisse/-intensität werden beeinflusst durch bestehende und neue Konkurrenten, Ersatzprodukte und die Macht der Lieferanten, um welche sich auch die Konkurrenten bemühen.[196] Die *Kunden-/Abnehmerstruktur* wird bestimmt durch die Anzahl der Kunden und den Grad der Abstimmung untereinander, den Grad an Information und an Produkttreue/-gebundenheit.[197] Die *technologische Dynamik* wird beeinflusst vom technologischen Fortschritt der Umwelt, d.h. Häufigkeit und Ausmaß der Veränderungen,

[190] In manuelle Fertigung ohne und mit Werkezeugen, Einsatz von einfachen, sich selbststeuernden oder programmgesteuerter Aggregate oder Integration einfacher, sich selbst kontrollierender, programmgesteuerter und selbststeuernder Aggregate.

[191] Vgl. Kieser und Walgenbach (2007), S. 332-391 und Titscher u.a. (2008), S. 51

[192] Diese unterstützen den Workflow, können in einem Intranet bereitgestellt werden zu Dokumentenveröffentlichung und tragen zum Wissensmanagement bei. Kieser und Walgenbach (2007), S. 391-414 (entspricht hier Büro- und Kommunikationstechnik).

[193] Vgl. Titscher u.a. (2008), S. 53

[194] Vgl. Titscher u.a. (2008), S. 52

[195] Vgl. zu den vergangenheitsbezogenen Faktoren der internen Situation in diesem Abschnitt Kieser und Walgenbach (2007), S. 218, siehe auch Grochla (1978), S. 215 ff.

[196] Vgl. Kieser und Walgenbach (2007), S. 424 ff.

[197] Vgl. Kieser und Walgenbach (2007), S. 424 ff und Porter (1999), S. 34 ff.

in welcher sich eine Organisation befindet.[198] Die *Branche* findet Einfluss durch branchenkulturelle Faktoren wie Regeln, Abläufe, Normen und Werthaltungen, ebenfalls wie der *Sektor*, der bestimmt, ob die Organisation im marktwirtschaftlichen Bereich, öffentlichem Bereich oder Dritten Sektor (Nonprofit-Bereich) tätig ist.[199]

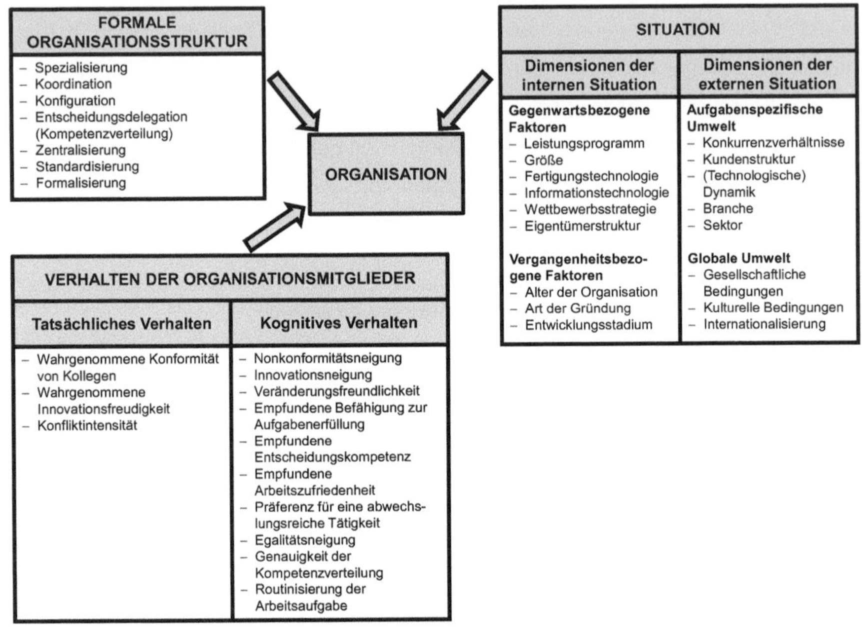

Abbildung 12: Rahmenbedingungen einer Organisation im situativen Kontext[200]

Dimensionen der externen Situation - Globale Umwelt

Gesellschaftliche und *kulturelle Bedingungen* werden durch den Einfluss verschiedener Verhaltensmuster und Kulturen auf Organisationsstrukturen bestimmt.[201] Die *Internationalisierung* bezeichnet die Ausdehnung der Geschäftstätigkeit von Organisationen auf andere Länder, auf deren nationale Kulturen sich eine Organisation einzustellen hat.[202]

---

198 Vgl. Titscher u.a. (2008), S. 51, siehe auch Kieser und Walgenbach (2007), S. 210 f.
199 Vgl. Titscher u.a. (2008), S. 52 f.
200 Eigene Darstellung
201 Vgl. Kieser und Walgenbach (2007), S. 218 und S. 261
202 Vgl. Titscher u.a. (2008), S. 51 f.

Tatsächliches Verhalten der Organisationsmitglieder

Wirkung auf das tatsächliche Verhalten der Organisationsmitglieder haben die *Konformität* von Kollegen, deren *Innovationsfreudigkeit* und die *Konfliktintensität.*[203]

Kognitives Verhalten der Organisationsmitglieder

Das kognitive Verhalten beschreibt das wahrgenommene Verhalten von Organisationsmitgliedern und wird bestimmt durch die *(Non-)Konformitätsneigung*, die *Innovationsneigung*, *Veränderungsfreundlichkeit*, empfundene Befähigung zur *Aufgabenerfüllung*, empfundene *Entscheidungskompetenz*, empfundene *Arbeitszufriedenheit*, Präferenz für eine *abwechslungsreiche Tätigkeit*, *Egalitätsneigung*, Genauigkeit der *Kompetenzverteilung* und *Routinisierung* der Arbeitsaufgabe.[204]

2.4 Konzeption eines theoriegeleiteten Modells zur Verortung organisationaler Strukturtypen

Das Ziel dieses Kapitels ist es, ein Instrumentarium zur Verortung organisationaler Strukturtypen systematisch herzuleiten. Die vorgestellten theoretischen Grundlagen werden nun zu einem Modell zusammengeführt, welches die Strukturtypen zu den Gestaltungsparametern einer Stelle (siehe Kapitel 2.2.4) in Beziehung setzt, ihrem jeweiligen Funktionsumfang (Autonomiegrad) und Kompetenzspektrum (Autarkiegrad) sowie der jeweiligen situativen Ausgestaltung der Organisation, in welche die Stelle eingebettet ist und welche durch die Rahmenbedingungen bestimmt werden.

Die Verknüpfung zu den in Kapitel 2.1.2 vorgestellten Strukturtypen kann argumentativ unterstützt werden durch die Ausführungen von Aumayr zur Positionierung des Produktmanagements anhand strategischer und operativer Aufgaben:[205] Je mehr strategische Aufgaben das Produktmanagement übernimmt, desto eher hat es eine Managementfunktion. Je geringer der strategische Bereich ausfällt, desto eher hat das Produktmanagement eine Koordinations-, Betreuungs- oder Servicefunktion (siehe Abbildung 13).

Aus den Ausführungen dieses Kapitels zur systematischen Herleitung eines Instrumentariums kann für die Verortung organisationaler Strukturtypen demnach gefolgert werden, dass eine Instanz eher als Leitungsstelle an der strategischen Spitze als einzelne Person

---

[203] Vgl. Kieser und Kubicek (1992), S. 49, S. 191 und S. 335 und Titscher u.a. (2008), S. 49 f.
[204] Vgl. Kieser und Kubicek (1992), S. 49, S. 191 und S. 335
[205] Vgl. Aumayr (2013), S. 24 ff.

oder Stellenmehrheit ausgestaltet und mit hohen Machtpromotionspotentialen, d.h. Entscheidungsrechten, ausgestattet ist. Eine Instanz kann somit als Managementfunktion in das Modell zur Verortung organisationaler Strukturen eingeordnet werden. Je nach Ausgestaltung der Rahmenbedingungen kann diese in die formale Organisationsstruktur eingefügt werden. Die Dimensionen der internen und externen Situation beeinflussen den Funktionsumfang, der bestimmt, ob sie ein-, mehr- oder vollstufig aufgestellt ist. Dies gilt analog für die anderen Strukturtypen, wobei Stabsstellen eher mit der Entscheidungsvorbereitung betraut sind, das mittlere Management mit Koordinierungskompetenzen, Servicestellen mit Unterstützungs- und Ausführungsstellen mit Durchführungskompetenz.

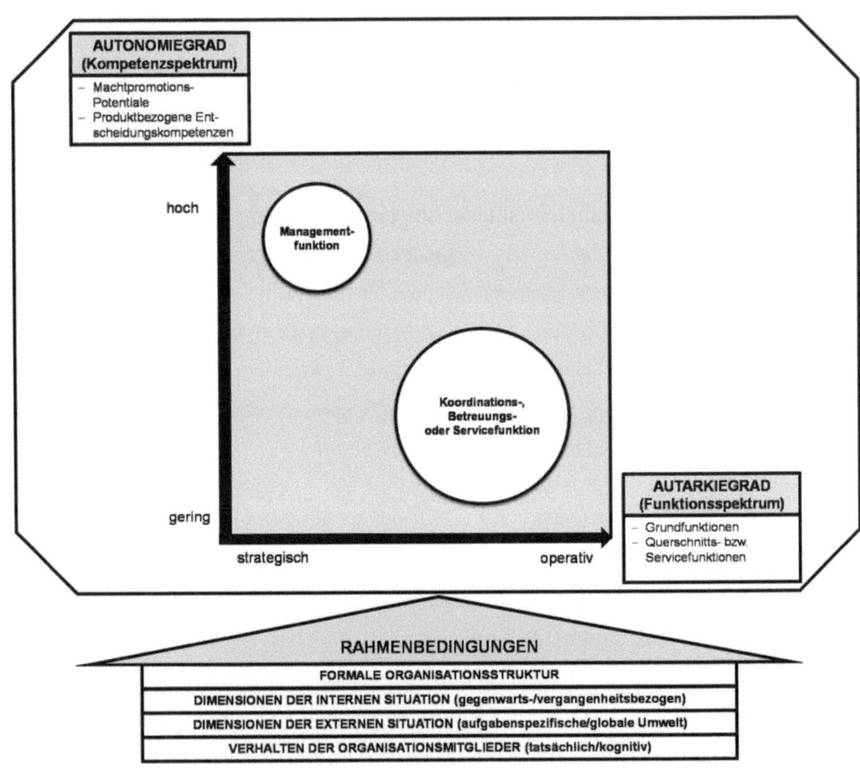

Abbildung 13: Modell zur Verortung organisationaler Strukturtypen[206]

[206] Eigene Darstellung, teilweise in Anlehnung an Reiß (1991), S. 24

3. Normen und Industriestandards im Umfeld des IT-Produktmanagements

Standards und Normen bilden eine Wissensbasis für Wirtschaft und Gesellschaft und stellen somit wichtige Erfolgsfaktoren dar, da sie zu Kosteneinsparungen bei Beschaffung, Produktion und Vertrieb von Sachgütern und Dienstleistungen verhelfen können – die Implementierung durch Organisationen erfolgt freiwillig, sie haben somit Empfehlungscharakter (siehe Abbildung 14).[207]

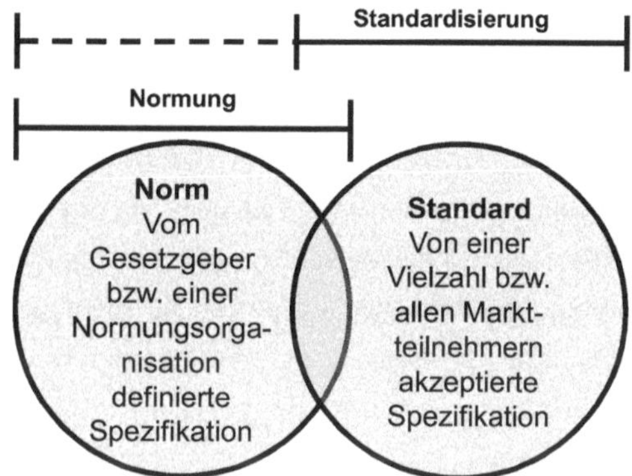

Abbildung 14: Normung versus Standardisierung[208]

Ein *Standard* stellt eine durch eine fachspezifische Standardisierungsorganisation[209] entwickelte einheitliche, weithin anerkannte Art und Weise dar, wie etwas hergestellt oder

---

[207] Vgl. Sinz (2012), URL siehe Literaturverzeichnis, siehe auch BSI - British Standards Institution (2013), URL siehe Literaturverzeichnis

[208] Eigene Darstellung, in Anlehnung an Kleinaltenkamp u.a. (2006), S. 21

[209] Fachspezifische Spezialisierungsorganisationen im Umfeld des IT-Produktmanagements:
- Institute of Electrical and Electronics Engineers (IEEE) zur Förderung von technologischen Innovationen, vgl. IEEE - Institute of Electrical and Electronics Engineers (2013), URL siehe Literaturverzeichnis
- IT Governance Institute (ITGI), gegründet durch die Information Systems Audit and Control Association (ISACA) für den Einsatz von Informationstechnologie zur Erreichung von Unternehmenszielen, vgl. ITGI (2013), URL siehe Literaturverzeichnis und ISACA (2013), URL siehe Literaturverzeichnis
- Software Engineering Institute (SEI) zur Standardisierung des Software Engineering, Computer-Sicherheit und Prozessverbesserung, vgl. SEI (2013), URL siehe Literaturverzeichnis
- Verein Deutscher Ingenieure (VDI) zur Förderung des Technikstandorts Deutschland, vgl. Klein (2008), S. 26 und VDI (2013), URL siehe Literaturverzeichnis
- Association of International Product Marketing and Management (AIPMM) für die Förderung der Produktmanagement-Ausbildung, vgl. AIPMM (2013), URL siehe Literaturverzeichnis
- Pragmatic Marketing, in deren Schulungsumfeld ein Marketing- und Produktmanagementstandard entstand, vgl. Pragmatic Marketing (2013), URL siehe Literaturverzeichnis
- Product Development and Management Association (PDMA) als Verband für Produktentwicklung, Produktmanagement und Innovationsmanagement, vgl. PDMA (2013), URL siehe Literaturverzeichnis
- International Software Product Management Association (ISPMA) zur Förderung der Software-Produktmanagement-Exzellenz, vgl. ISPMA (2014b), URL siehe Literaturverzeichnis

durchgeführt wird und welche sich gegenüber anderen Möglichkeiten durchsetzen konnte.[210] Ein Standard bildet häufig die Vorstufe einer Norm – so wird ein De-facto-Standard „Industriestandard" genannt, wenn er nicht durch ein Normierungsverfahren verabschiedet wurde (z.B. IEEE-Standards).[211] Standards können durch eine Organisation selbst entwickelt werden, während *Normen* besonderen Anforderungen hinsichtlich Konsens und Autorisierung unterstellt sind: So werden Entwürfe der Normen öffentlich zur Diskussion gestellt und anschließend von einer autorisierten Normungsorganisation[212] verabschiedet.[213] Der Begriff Norm stammt aus dem Lateinischen und bedeutet „Richtschnur" bzw. „Regel". Die deutsche Norm DIN EN 45020 selbst bezeichnet eine Norm als „Dokument, das mit Konsens erstellt und von einer anerkannten Institution angenommen wurde und das für die allgemeine und wiederkehrende Anwendung Regeln, Leitlinien oder Merkmale für Tätigkeiten oder deren Ergebnisse festlegt, wobei ein optimaler Ordnungsgrad in einem gegebenen Zusammenhang angestrebt wird".[214] Standards und Normen zielen somit auf die Vereinheitlichung von materiellen und immateriellen Gegenständen ab, um der Allgemeinheit Nutzen zu stiften, wobei die Ergebnisse auf gesicherten Erkenntnissen von Wissenschaft, Technik und Erfahrung basieren sollen.[215] Gegenstand dieses Kapitels ist daher die Analyse und Untersuchung der Standards und Normen im Umfeld des IT-Produktmanagements. Die gewonnenen Erkenntnisse in Bezug auf die Ausgestaltung sollen in das situative Modell für das IT-Produktmanagement ($SIMO_{IT\text{-}PM}$) einfließen, dessen Entwicklung ein wesentliches Ziel dieser Arbeit darstellt (siehe Kapitel 1.6).

---

[210] Vgl. Wallmüller (2011), S. 26

[211] Vgl. Wallmüller (2011), S. 26 ff.

[212] Normungsorganisationen:

- Internationale Organisation für Normung (ISO) und Internationale elektrotechnische Kommission (IEC) für die internationale Normung, vgl. DIN 820-1 (2009), S. 4, Hartlieb u.a. (2009), S. 30 f., Heidenreich u.a. (2011), URL siehe Literaturverzeichnis, S. 10-24 und Klein (2008), S. 17 ff.
- Deutsches Institut für Normung e. V. (DIN) für die nationale Normung, vertreten in der ISO, vgl. DIN (2013), URL siehe Literaturverzeichnis
- CEN (Europäisches Komitee für Normung) und CENELEC (Europäisches Komitee für elektrotechnische Normung) für die europäische Normung (EN), vgl. CEN - European Committee for Standardization (2013), URL siehe Literaturverzeichnis und CENLEC - European Committee for Electrotechnical Standardization (2013), URL siehe Literaturverzeichnis

Die beschriebenen Abkürzungen dienen der Benennung einer einzelnen Norm, um so deren Reichweite festzulegen, worauf die Notierung des Ausgabedatums der Fassung nach einem Doppelpunkt und die eigentliche Benennung erfolgen. Bsp.: „DIN EN ISO 9000:2000 Qualitätsmanagementsysteme – Grundlagen und Begriffe" als Deutsche Übernahme einer unter Federführung von ISO oder CEN entstandenen Norm für Qualitätsmanagementsysteme.

[213] Vgl. Kleinaltenkamp u.a. (2006), S. 21

[214] DIN EN 45020 (2007), S. 25

[215] Vgl. Bresemann u.a. (1995), S. 16 ff.

Tiemeyer stellt eine Abbildung der Normlandschaft in der IT dar, welche relevante Regularien für Softwareentwicklung sowie IT-Betrieb und deren Beziehungen untereinander aufzeigt.[216] Auf dieser Grundlage werden die Normen und Industriestandards im Umfeld des IT-Produktmanagements ermittelt und untersucht. Die Recherche erfolgt darüber hinaus zum einen über die Perinorm Datenbank[217] und die IEEE Xplore Digital Library.[218] Zusätzlich wird eine ausgiebige Recherche in der einschlägigen Literatur im Bereich von Normen und Standards im IT-/Produktmanagement-Bereich durchgeführt, eine Recherche in einer elektronischen Zeitschriftenbibliothek[219] und eine freie Internetrecherche zu Organisationen bzw. Normen und Standards in diesen Bereichen. Da bislang wenig etablierte Richtlinien existieren, welche sich speziell auf das IT-Produktmanagement beziehen, werden ebenso Standards aus dem Bereich Produktmanagement für die Untersuchung herangezogen.[220] Das anschließende Kapitel zeigt die identifizierten Normen und Standards anschaulich anhand von Abbildungen und jeweils einer kurzen Beschreibung, um einen Eindruck zu vermitteln, wie Normen und Standards im Umfeld des IT-Produktmanagements bislang aufgestellt sind und welche Komponenten sie beinhalten. Ziel ist es, daraus relevante Aspekte für das $SIMO_{IT\text{-}PM}$ abzuleiten, welche in Kapitel 3.2 dargestellt sind.

Zunächst wird die

- Normenfamilie DIN EN ISO 9000 aufgeführt, die die Grundlage für etliche Normen und Standards bildet. Aus ihr erwuchsen die weiter aufgeführten Normen und Standards:
- ISO/IEC 20000 – IT-Service-Management,
- ISO/IEC 12207-2008 – Systems and Software Engineering – Software Life Cycle Processes, enhanced with I-PRM,
- IEEE Standard 24748-1-2011 – Systems and Software Engineering - Life Cycle Management,
- ITIL – Information Technology Infrastructure Library und ISO 20 000 ITSM,

[216] Tiemeyer (2011), S. 435
[217] Perinorm ist als bibliographische Datenbank angelegt zur Suche von in Deutschland gültigen Normen und technischen Regeln (DIN, VDI, PAS und weitere Normen). Internationale Normen (IEC, ISO etc.) sind nur enthalten, wenn diese Eingang in nationale Regelwerke gefunden haben.
[218] Die IEEE Xplore Digital Library enthält Volltexte zu den durch die IEEE herausgegebenen Standards.
[219] EZB (2013), URL siehe Literaturverzeichnis
[220] Die Recherche wird kontinuierlich betrieben und zum 01.11.2013 abgeschlossen. Nach diesem Zeitpunkt erschienene Normen und Standards können somit nicht berücksichtigt werden.

- SPICE – Software Process Improvement and Capability dEtermination - ISO/IEC 15504/SPICE,
- COBIT – Control OBjectives for Information and related Technology und ISO/IEC 38500:2008 - Corporate governance of information technology,
- CMMI – Capability Maturity Model Integration und
- INCOSE – International Council on Systems Engineering und ISO IEC 15288:2002 – Systems engineering - System life cycle processes.

Zusätzlich aufgeführt werden die über die Abbildung der Normlandschaft in der IT nach Tiemeyer hinaus identifizierten Standards:

- VDI 4501/VDI 4510,
- AIPMM Seven Phase Product Lifecycle Framework/280 Group Optimal Product Process,
- PMF – Pragmatic Marketing Framework,
- PDMA Body of Knowledge,
- Referenzmodell für das Produktmanagement bei der Siemens AG,
- Microsoft Solution Framework und
- ISPMA – Software Product Management Body of Knowledge (SPMBoK).

3.1 Identifizierte Normen und Industriestandards

Normenfamilie DIN EN ISO 9000 ff. – Qualitätsmanagement

Die Normenfamilie DIN EN ISO 9000 ff.[221] unterstützt Organisationen bei der Bewertung und Optimierung von Prozessen und dem Abbau von Schnittstellen durch die modellhafte Beschreibung von Qualitätsmanagementsystemen. Zur Familie gehören die Normen DIN EN ISO 9000:2005 Qualitätsmanagementsysteme - Grundlagen und Begriffe, DIN EN ISO 9001:2008 Qualitätsmanagementsysteme - Anforderungen, DIN EN ISO 9004:2009 Leiten und Lenken für den nachhaltigen Erfolg einer Organisation - Ein Qualitätsmanagementansatz und DIN EN ISO 19011:2011 Leitfaden für das interne und externe Auditieren.[222]

[221] Vgl. zu diesem Abschnitt über die Normenfamilie DIN EN ISO 9000 ff.: DIN EN ISO 9000 (2005), DIN EN ISO 9001 (2008), DIN EN ISO 9004 (2009) und DIN EN ISO 19011 (2011)

[222] Vgl. o.V. (2011), URL siehe Literaturverzeichnis

Insbesondere die DIN EN ISO 9001:2008 unterstützt Organisationen dabei festzulegen, welche Vorgaben im Dienstleistungs- und Produktionsbereich umgesetzt werden können, um die Effektivität zu erhöhen und die Sicherung der Qualität zu gewährleisten. Hierfür werden acht Grundsätze festgelegt, welche für die gesamte Normfamilie gelten: Kundenorientierung, Führung, Einbeziehung der Personen, prozessorientierter Ansatz, systemorientierter Managementansatz, ständige Verbesserung, sachbezogener Ansatz zur Entscheidungsfindung und Lieferantenbeziehungen zum gegenseitigen Nutzen. Der Ansatz ist prozessorientiert und geht davon aus, dass Organisationen nur wirksam handeln können, wenn sie ihre in Wechselwirkung zueinander stehenden Prozesse erkennen und so ihr Qualitätsmanagementsystem verbessern.

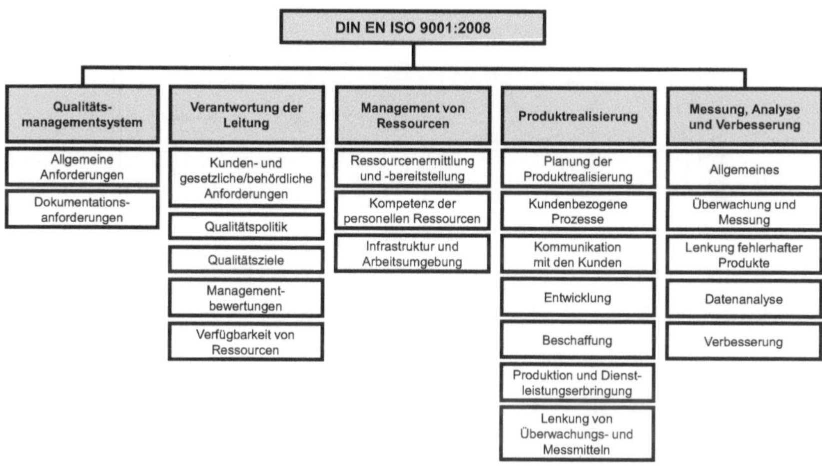

Abbildung 15: DIN EN ISO 9001:2008 - Überblick[223]

Während die DIN EN ISO 9000:2005 Grundlagen, Anwendungsbereich und Begriffe für Qualitätsmanagementsysteme beschreibt, nimmt in der DIN EN ISO 9001:2008 die Messung und Analyse der Kundenzufriedenheit eine herausragende Stellung als Instrument des kontinuierlichen Verbesserungsprozesses ein. Hierzu gehören Ressourcenmanagement, Produktrealisierung und Entwicklungsplanung, um ein Qualitätsmanagementsystem aufzubauen, zu dokumentieren, zu verwirklichen, es aufrechtzuerhalten und es kontinuierlich zu verbessern (siehe Abbildung 15).

[223] Eigene Darstellung, zusammengestellt aus DIN EN ISO 9001 (2008)

Die DIN EN ISO 9004:2009 betrachtet Qualitätsmanagementsysteme in einem weiter gefassten Rahmen und stellt einen Leitfaden bereit, um deren Wirksamkeit und Effizienz zu betrachten mit dem Ziel, die Gesamtleistung der Organisation und die Kundenzufriedenheit zu erhöhen. Abbildung 16 zeigt die Erweiterung der DIN EN ISO 9000 durch die DIN EN ISO 9004. Deutlich stärker fokussiert werden hier langfristige und nachhaltige Themen wie die Entwicklung von Strategie und Politik, Verbesserungen und Innovationen.

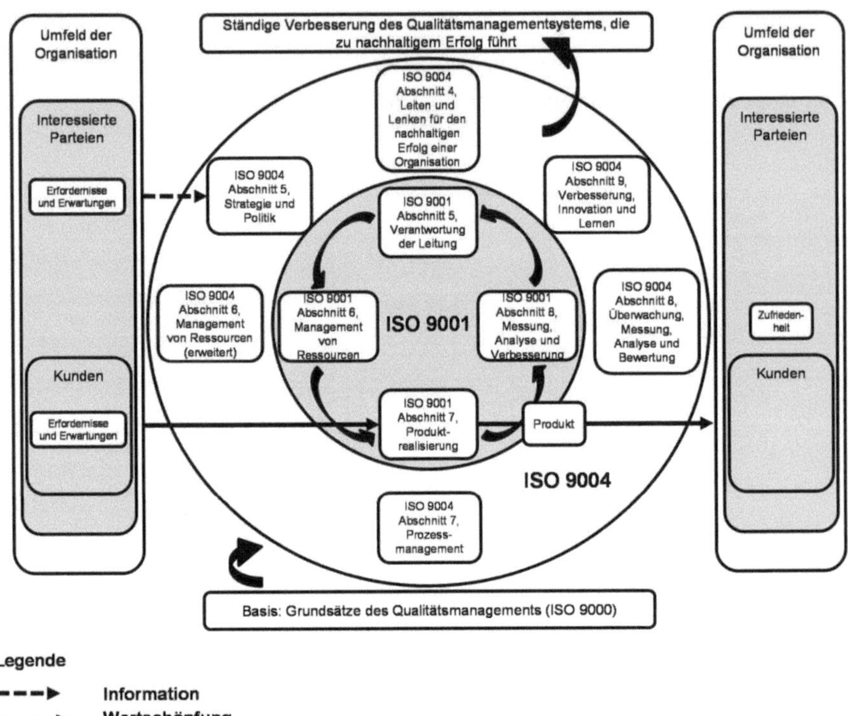

Abbildung 16: Erweitertes Modell eines prozessbasierten Qualitätsmanagementsystems[224]

[224] Vgl. DIN EN ISO 9004 (2009), S. 7

ISO/IEC 20000 – IT-Service-Management

ISO/IEC 20000 – IT-Service-Management weist Best-Practice-Leitlinien des ITIL-Frameworks auf, beinhaltet Komponenten von COBIT, richtet sich an anderen anerkannten Normen aus wie der DIN EN ISO 9001:2008 oder der ISO 15504-8 und gliedert sich in fünf Teile (siehe Abbildung 17):[225]

- ISO/IEC 20000-1:2011 – Service Management System Requirements
- ISO/IEC 20000-2:2005 – Guidance on the application of service management systems
- ISO/IEC TR 20000-3:2009 – Guidance on Scope Definition and Applicability of ISO/IEC 20000-1
- ISO/IEC TR 20000-4:2010 – Process Reference Model
- ISO/IEC TR 20000-5:2010 – Exemplar Implementation Plan for ISO/IEC 20000-1

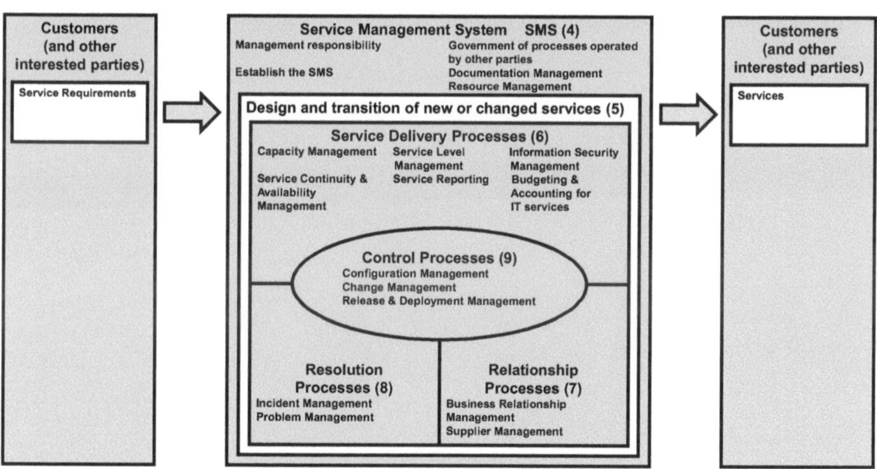

Abbildung 17: ISO/IEC 20000 – IT-Service-Management Prozesse[226]

Der erste Teil ISO/IEC 20000-1:2011[2] enthält die formelle Spezifikation des Standards. Es sind Vorgaben dokumentiert, die eine Organisation einhalten, sicherstellen und nachweisen muss, um eine Zertifizierung zu erhalten. Die ISO/IEC 20000-1 enthält die „Muss-

[225] Vgl. zu diesem Abschnitt über ISO/IEC 20000 – IT-Service-Management: APMG International (2012), URL siehe Literaturverzeichnis, S. 5, siehe auch ISO/IEC 20000 (2011)

[226] Vgl. ISO/IEC 20000 (2011), S. 2

Kriterien" des Standards. Dieser Teil wurde im Jahr 2011 überarbeitet und mit den Ergänzungen verabschiedet. Die Teile 2 bis 5 bieten Leitlinien, Empfehlungen und Hilfestellungen zur Umsetzung.

ISO/IEC 12207-2008 – Systems and Software Engineering – Software Life Cycle Processes, enhanced with I-PRM

Der internationale Standard ISO/IEC 12207-2008 beschreibt als allgemeines Framework für einen Software-Lebenszyklus 43 Prozesse als Referenz für die Software-Industrie für Software und Software als Teil eines Systems.[227] ISO/IEC 12207-2008 enthält Prozesse, Aktivitäten und Aufgaben, die für den Erwerb eines Softwareproduktes oder einer Dienstleistung und während der Versorgung, Entwicklung, Betrieb, Wartung und Entsorgung angewendet werden sollten. Zusätzlich wurde ISO/IEC 12207-2008 durch Stallinger und Neumann erweitert um Produktmanagementprozesse (dunkel unterlegt in Abbildung 18), weiterhin wurden die Prozesse aus ISO/IEC 12207-2008 herausgearbeitet, welche das IT-Produktmanagement unterstützen (dunkel umrandet in Abbildung 18).[228]

[227] Vgl. zu diesem Abschnitt über ISO/IEC 12207-2008 – Systems and Software Engineering: ISO/IEC 12207 (2008), S. 1 ff.

[228] Vgl. Stallinger und Neumann (2012), S. 307 ff. und Stallinger und Neumann (2013), S. 27

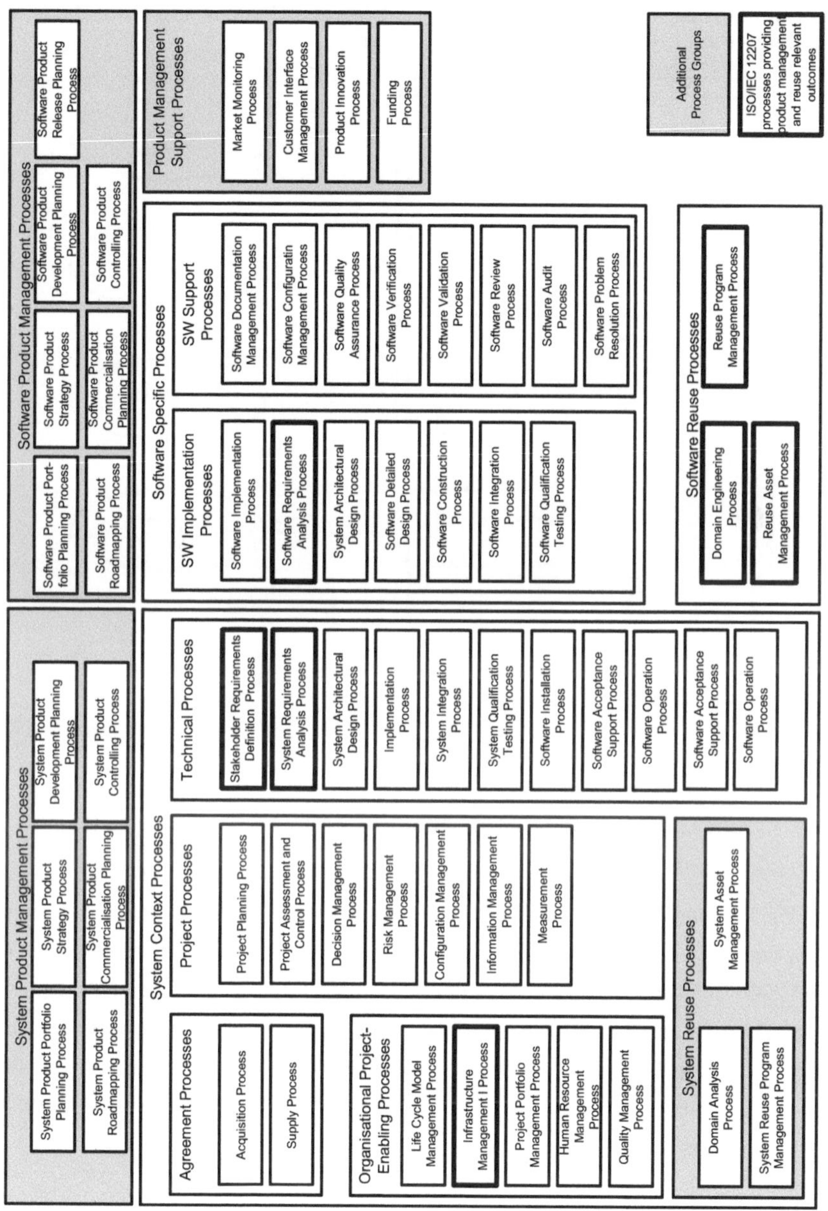

Abbildung 18: ISO/IEC 12207 Enhanced with I-PRM Processes for Product Management and Reuse of System and Software Products[229]

[229] Stallinger und Neumann (2012), S. 313

IEEE Standard 24748-1-2011 – Systems and Software Engineering - Life Cycle Management - Part 1: Guide for Life Cycle Management

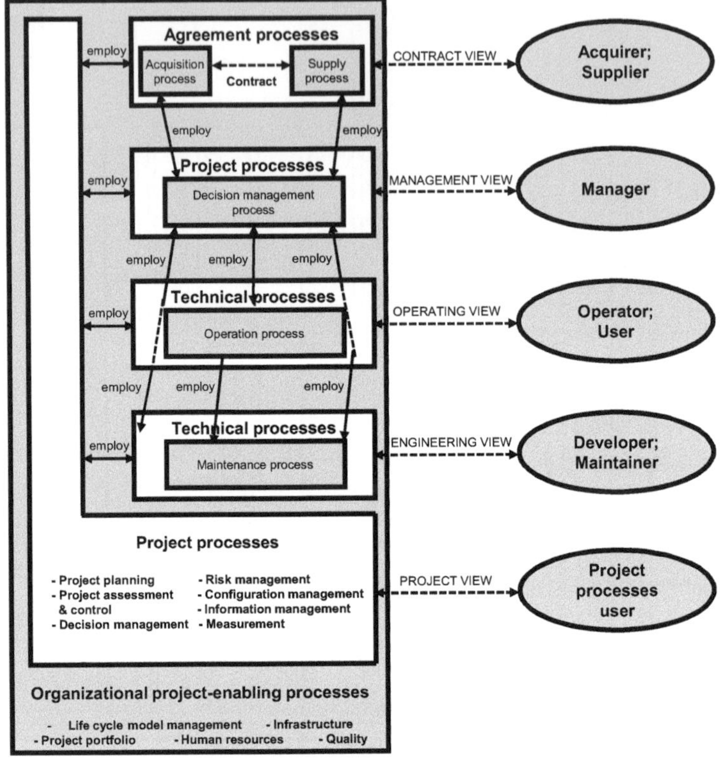

Abbildung 19: IEEE Standard 24748-1-2011 – Life cycle processes, roles, and relationships[230]

Der IEEE Standard 24748-1-2011 dient als Leitfaden für das Lebenszyklusmanagement von Systemen und Software. [231] Bezüglich der Software werden die durch die ISO/IEC 12207-2008 definierten Software-Lebenszyklusprozesse (System Context Processes - linke Hälfte der Life Cycle Process Groups, siehe dieses Kapitel, vorheriger Abschnitt, Abbildung 18) zur Beschreibung genutzt. Das durch den Standard skizzierte System weist modellhaft Lebenszyklusprozesse, Rollen und Beziehungen aus, welche in Abbildung 19 dargestellt werden.

[230] IEEE Std 24748-1-2011 (2011), S. 23

[231] Vgl. zu diesem Abschnitt über IEEE Standard 24748-1-2011 – Systems and Software Engineering: IEEE Std 24748-1-2011 (2011)

ITIL – Information Technology Infrastructure Library und ISO 20 000 ITSM

ITIL ist ein weltweiter De-facto-Standard und Best Practice Framework, welcher sich mit dem IT-Servicemanagement befasst.[232] Grundlegendes Ziel ist die optimale Unterstützung der Geschäftsprozesse der Kunden eines IT-Dienstleisters durch Hilfe der Informationstechnologie.[233] Durch die aktuelle Version ITIL V3 wurden die bisherigen Inhalte der Prozessbeschreibungen umfangreich erweitert um Strategieaspekte bis hin zu Anleitungen zur kontinuierlichen Verbesserung des Service Managements.[234] ITIL enthält ein Rollenkonzept, ist organisationsneutral und beinhaltet sämtliche Aspekte und Funktionsbereiche der IT – da jede Organisation anders ist, wird beschrieben, was getan werden sollte, nicht wie etwas zu tun ist.[235] Somit wird der gesamte Lebenszyklus abgedeckt, welcher die Prozesse in die fünf Phasen des ITIL Cores gliedert: Service Strategy, Service Design, Service Transition, Service Operation und Continual Service Improvement – Diesen Phasen werden unterschiedliche Prozesse zugeordnet, in der Phase Service Operation auch die Funktionen Application Management, Technical Management, IT Operations Management und Service Desk (siehe Abbildung 20).[236]

Im Kern des Lifecycles finden sich die Servicestrategien (*Service Strategies*) wieder, hier erfolgt die Strategieentwicklung für den IT-Dienstleister durch die Priorisierung der Chancen am Markt.[237] Aufbauend auf den Chancen und unter Beachtung der Gesamtstrategie des Unternehmens wird anhand der Service Strategien das Serviceportfolio festgelegt und das IT-Servicemanagement sowie das Finanzmanagement umgesetzt.

In der Phase *Service Design* erfolgen Entwurf und Entwicklung der definierten IT-Services[238] und die Definition der notwendigen Rahmenbedingungen (wie Prozesse, IT-Ressourcen, Kennzahlensystem, etc.) durch die Erstellung eines Business Service Katalogs für Kunden (Festlegung des Leistungsumfangs inklusive Service Level Agreements) und eines technischen Servicekatalogs für die IT-Infrastruktur (Hardware und Software), zusätzlich werden Risiken identifiziert.[239]

---

[232] Vgl. Victor und Günther (2005), S. 19
[233] Vgl. Huber und Huber (2011), S. 48
[234] Vgl. Buchsein u.a. (2008), S. 20 ff.
[235] Vgl. Victor und Günther (2005), S. 19 f.
[236] Vgl. Buchsein u.a. (2008), S. 20 ff., siehe auch Bucksteeg u.a. (2012), S. 35 ff., Huber und Huber (2011), S. 49 und Olbrich (2008), S. 143 ff.
[237] Vgl. zu diesem Abschnitt Buchsein u.a. (2008), S. 22 ff.
[238] Vgl. Olbrich (2008), S. 148
[239] Vgl. Buchsein u.a. (2008), S. 30 ff.

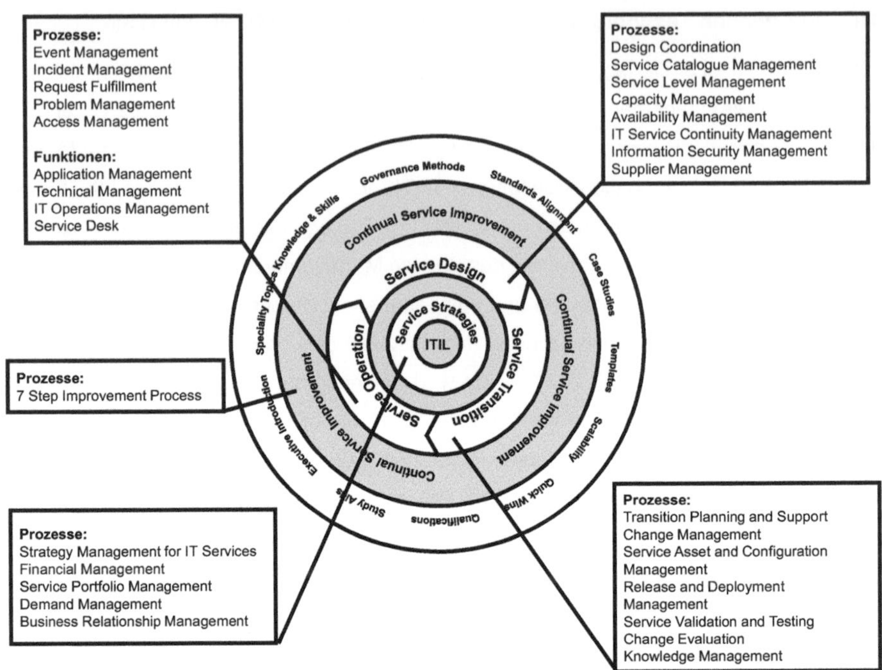

Abbildung 20: ITIL Core, fünf Phasen des Lifecycles und zugehörige Prozesse/Funktionen[240]

In *Service Transition* erfolgt die Realisation von (neuen und bestehenden) Services (Planung, Erstellung, Test, Auslieferung und Verwaltung der Releases), inklusive der Qualitätssicherung und der Systemeinführung.[241] Hauptprozesse sind das Change-, Konfigurations- und Releasemanagement.

Im Bereich *Service Operation* erfolgt der Betrieb und die Administration der Prozesse sowie die Benutzerunterstützung des Kunden.[242] Im Fokus stehen das Event Management, Incident Management und Request Fulfillment, hierbei werden kontinuierlich Kosten- und Qualitätsbetrachtungen bezüglich der Kundenanfragen durchgeführt.

240 Vgl. Buchsein u.a. (2008), S. 22

241 Vgl. zu diesem Abschnitt Buchsein u.a. (2008), S. 32 ff.

242 Vgl. zu diesem Abschnitt Buchsein u.a. (2008), S. 37 ff.

Continual Service Improvement steht für die kontinuierliche, systematische Verbesserung der Servicequalität.[243] Die klare Definition der Service Strategien und deren Messbarmachung sind notwendig, um Ist/-Soll Vergleiche durchführen und so Verbesserungsalternativen identifizieren zu können.

Zusätzlich zu den aufgeführten Prozessen bietet ITIL ein Rollenmodell an, wobei dieses nicht im Sinne einer Aufbau- oder Ablauforganisation angelegt ist, sondern als Beschreibung von mehr als 50 Rollendefinitionen, die sich teilweise überschneiden.[244]

SPICE – Software Process Improvement and Capability dEtermination - ISO/IEC 15504/SPICE

Als Reifegradmodell angelegt ist das SPICE-Modell (Software Process Improvement and Capability Evaluation), welches auf der Norm ISO/IEC 15504 basiert und der Bewertung von Softwareprozessen, der Bestimmung von Fähigkeiten (Capabilities) und von Prozessverbesserungsschritten (Maturity) dient.[245] Der weltweit anerkannte De-facto-Standard war ursprünglich auf die Softwareentwicklung fokussiert und wurde im Jahre 2006 mit fünf Teilen verabschiedet (siehe Abbildung 21):[246]

- ISO/IEC 15504-1:2004 - Concepts and vocabulary,
- ISO/IEC 15504-2:2003 - Performing an assessment,
- ISO/IEC 15504-3:2004 - Guidance on performing an assessment,
- ISO/IEC 15504-4:2004 - Guidance on use for process improvement and process capability dEtermination und
- ISO/IEC 15504-5:2006 - An exemplar process assessment model.

Die in Teil 5 adressierten Prozesse basieren auf der Norm ISO/IEC 12207 und werden den unterschiedlichen Kategorien primäre, organisatorische und unterstützende Lebenszyklusprozesse zugeordnet.[247]

---

[243] Vgl. zu diesem Abschnitt Buchsein u.a. (2008), S. 42 ff.
[244] Vgl. Ebel (2008), S. 49
[245] Vgl. zu diesem Abschnitt über SPICE – Software Process Improvement and Capability dEterminat: ISO/IEC-15504 (1998) und Hörmann u.a. (2006), S. 7-17
[246] Vgl. Tiemeyer (2011), S. 456 f.
[247] Alt (2012), S. 189 ff.

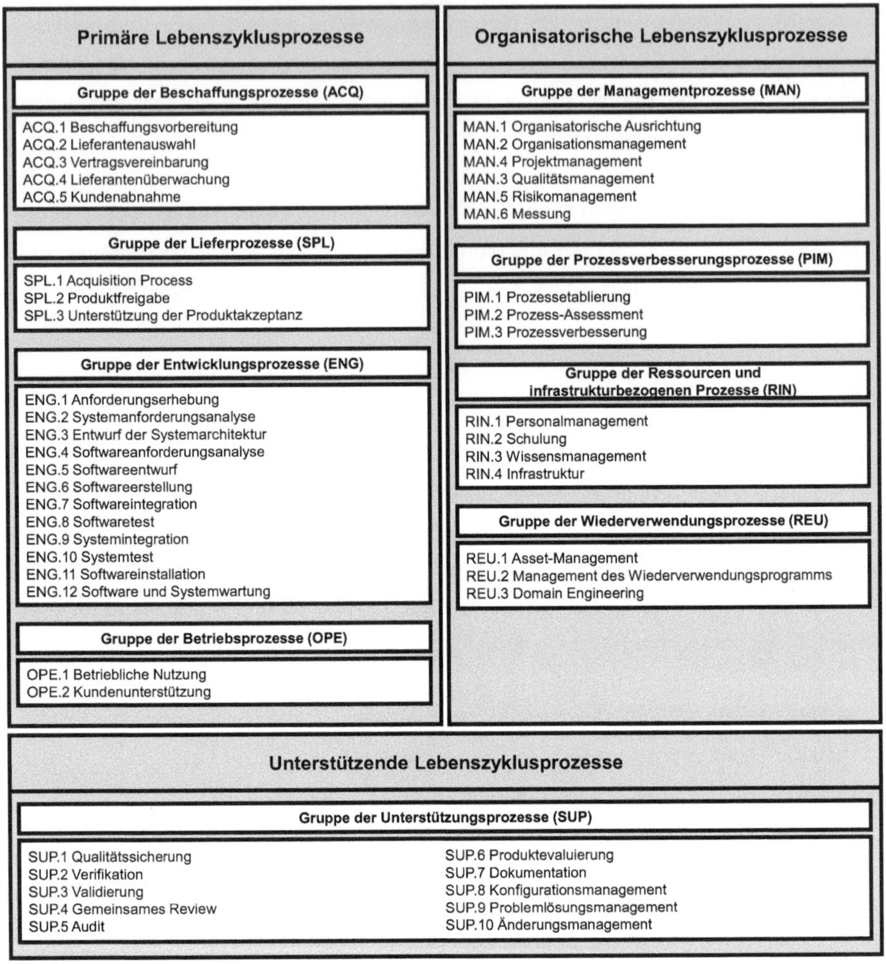

Primäre Lebenszyklusprozesse

Gruppe der Beschaffungsprozesse (ACQ)

ACQ.1 Beschaffungsvorbereitung
ACQ.2 Lieferantenauswahl
ACQ.3 Vertragsvereinbarung
ACQ.4 Lieferantenüberwachung
ACQ.5 Kundenabnahme

Gruppe der Lieferprozesse (SPL)

SPL.1 Acquisition Process
SPL.2 Produktfreigabe
SPL.3 Unterstützung der Produktakzeptanz

Gruppe der Entwicklungsprozesse (ENG)

ENG.1 Anforderungserhebung
ENG.2 Systemanforderungsanalyse
ENG.3 Entwurf der Systemarchitektur
ENG.4 Softwareanforderungsanalyse
ENG.5 Softwareentwurf
ENG.6 Softwareerstellung
ENG.7 Softwareintegration
ENG.8 Softwaretest
ENG.9 Systemintegration
ENG.10 Systemtest
ENG.11 Softwareinstallation
ENG.12 Software und Systemwartung

Gruppe der Betriebsprozesse (OPE)

OPE.1 Betriebliche Nutzung
OPE.2 Kundenunterstützung

Organisatorische Lebenszyklusprozesse

Gruppe der Managementprozesse (MAN)

MAN.1 Organisatorische Ausrichtung
MAN.2 Organisationsmanagement
MAN.4 Projektmanagement
MAN.3 Qualitätsmanagement
MAN.5 Risikomanagement
MAN.6 Messung

Gruppe der Prozessverbesserungsprozesse (PIM)

PIM.1 Prozessetablierung
PIM.2 Prozess-Assessment
PIM.3 Prozessverbesserung

Gruppe der Ressourcen und infrastrukturbezogenen Prozesse (RIN)

RIN.1 Personalmanagement
RIN.2 Schulung
RIN.3 Wissensmanagement
RIN.4 Infrastruktur

Gruppe der Wiederverwendungsprozesse (REU)

REU.1 Asset-Management
REU.2 Management des Wiederverwendungsprogramms
REU.3 Domain Engineering

Unterstützende Lebenszyklusprozesse

Gruppe der Unterstützungsprozesse (SUP)

SUP.1 Qualitätssicherung
SUP.2 Verifikation
SUP.3 Validierung
SUP.4 Gemeinsames Review
SUP.5 Audit
SUP.6 Produktevaluierung
SUP.7 Dokumentation
SUP.8 Konfigurationsmanagement
SUP.9 Problemlösungsmanagement
SUP.10 Änderungsmanagement

Abbildung 21: SPICE – Prozessgebiete und -gruppen nach ISO/IEC 15504 Teil 5[248]

Bis zum Jahre 2012 wurden dem SPICE-Modell weitere 4 Teile hinzugefügt, welche insbesondere auch das IT-Service Management nach der ISO/IEC 20000 (siehe dieses Kapitel, Abschnitt ISO/IEC 20000 – IT-Service-Management) beinhalten, jedoch noch nicht verabschiedet wurden und somit nicht im Fokus der Anwendung durch Organisationen stehen:

248 Vgl. Alt (2012), S. 190, DIN ISO/IEC 15504-5 (2006), S. 10 und ISO/IEC 15504-5 (2006), S. 10

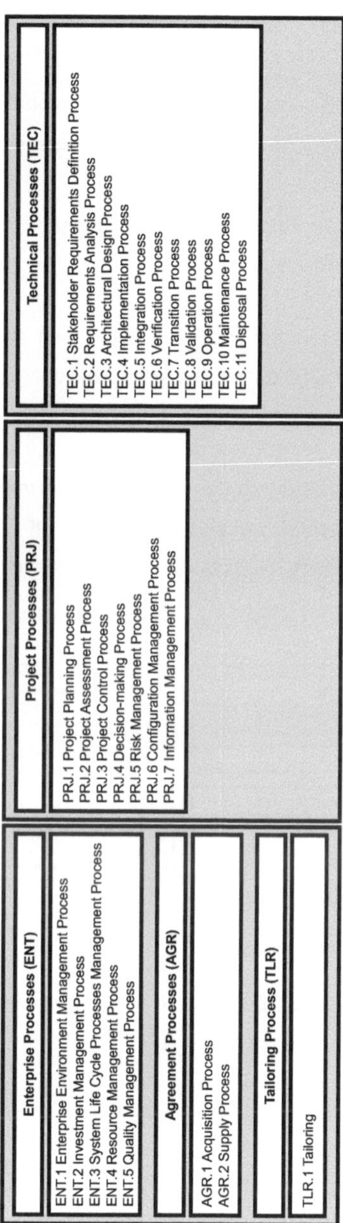

Abbildung 22: SPICE – Prozesse und Kategorien nach ISO/IEC TR 15504-6[249]

[249] Vgl. ISO/IEC TR 15504-6 (2008), S. 2

- ISO/IEC TR 15504-6:2008 - An exemplar system life cycle process assessment model,
- ISO/IEC TR 15504-7:2008 - Assessment of organizational maturity,
- ISO/IEC TS 15504-8:2012 - An exemplar process assessment model for IT service management,
- ISO/IEC TS 15504-9:2011 - Target process profiles und
- ISO/IEC TS 15504-10:2011 - Safety extension.

Die in Teil 6 der Norm adressierten Prozesse leiten sich aus dem Prozess-Referenz-Modell (PRM) der ISO/IEC 15288 für die Systementwicklung her und werden dargestellt in Abbildung 22.

Der Softwareentwicklung wurde durch den im Jahre 2012 veröffentlichten Teil 8 das IT-Service Management hinzugefügt, welches Prozesse zeigt und aus der ISO/IEC 20000 (siehe dieses Kapitel, Abschnitt ISO/IEC 20000 – IT-Service-Management) abgeleitet wurde (siehe Abbildung 23).

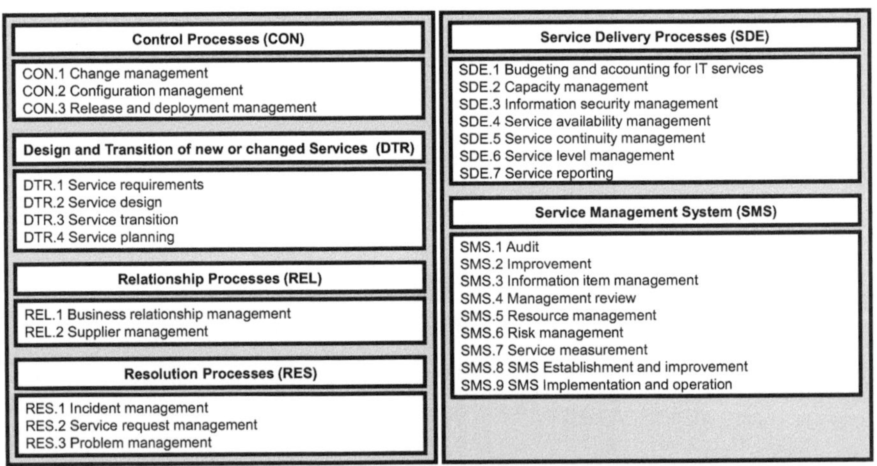

Abbildung 23: SPICE – Prozesse und Kategorien nach ISO/IEC TS 15504-8[250]

Abbildung 24 stellt die Struktur des SPICE-Modells vor, welche sechs Reifegradstufen von 0 (‚Unvollständig') bis 5 (‚Optimierend') definiert, die die Ausgereiftheit der Prozesse

[250] Vgl. ISO/IEC TS 15504-8 (2012), S. 2

in der jeweiligen Organisation beschreiben – die Bewertung erfolgt über den Erfüllungsgrad (nicht, teilweise, überwiegend oder vollständig erfüllt) von Prozessattributen (PA) in den einzelnen Reifegradstufen.[251]

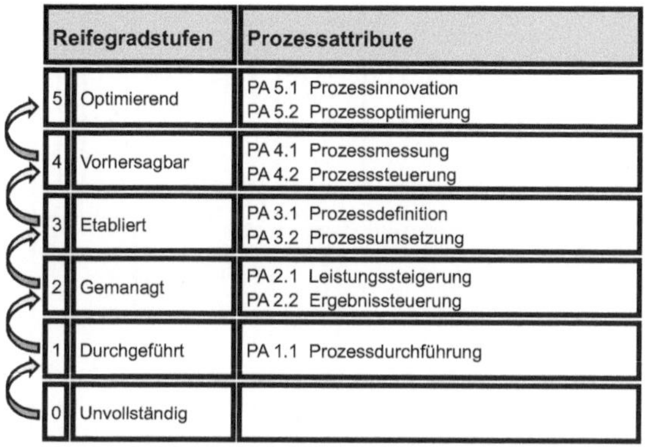

Reifegradstufen		Prozessattribute
5	Optimierend	PA 5.1 Prozessinnovation PA 5.2 Prozessoptimierung
4	Vorhersagbar	PA 4.1 Prozessmessung PA 4.2 Prozesssteuerung
3	Etabliert	PA 3.1 Prozessdefinition PA 3.2 Prozessumsetzung
2	Gemanagt	PA 2.1 Leistungssteigerung PA 2.2 Ergebnissteuerung
1	Durchgeführt	PA 1.1 Prozessdurchführung
0	Unvollständig	

Abbildung 24: SPICE – Reifegrade und Prozessattribute[252]

COBIT – Control OBjectives for Information and related Technology und ISO/IEC 38500:2008 - Corporate governance of information technology

COBIT wurde als öffentlicher De-facto-Standard im Jahre 2012 in seiner aktuellen Version COBIT 5.0 durch die ITGI (IT Governance Institute) und ISACA (Information Systems Audit and Control Association) veröffentlicht.[253] Als IT-Governance Referenzmodell kann COBIT branchen- und betriebsgrößenunabhängig angewandt werden und definiert allgemeine sowie international anerkannte Grundsätze und Ziele für die IT.[254] Die IT-Governance umfasst die Steuerung und Führung von IT-Bereichen in Organisationen, um eine Orientierung der IT-Prozesse an den Organisationszielen zu erreichen.[255] Die Norm ISO/IEC 38500:2008 weist die IT als essentiellen Bestandteil der Geschäftsprozesse einer Organisation aus (Model for Corporate Governance of IT) und wurde in COBIT 5 integriert in der Domäne „Evaluate, Direct and Monitor".[256] COBIT 5.0 unterscheidet 37 Prozesse, die jeweils einer der fünf Domänen „Bewerten, Lenken und Überwachen",

[251] Vgl. Ludewig und Lichter (2010), S. 233 ff.
[252] Vgl. Hörmann u.a. (2006), S. 16
[253] Vgl. Gaulke (2010), S. 9 ff.
[254] Vgl. Johannsen und Goeken (2007), S. 41
[255] Vgl. Fröhlich und Glasner (2007), S. 17
[256] Vgl. Dietrich (2004b), URL siehe Literaturverzeichnis

„Ausrichten, Planen und Organisieren", „Erstellen, Akquirieren und Implementieren", „Liefern, Serviceerbringung und Support" und „Überwachen, Evaluieren und Bewerten" zugeordnet sind (siehe Abbildung 25).

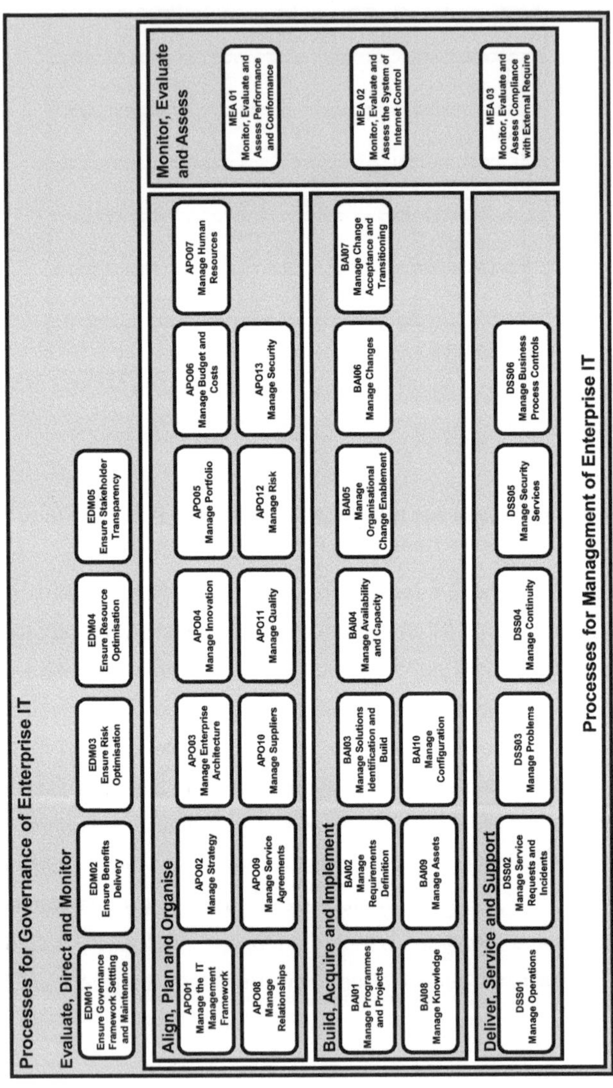

Abbildung 25: COBIT 5.0 – Prozessreferenzmodell[257]

[257] Vgl. ISACA (2012), URL siehe Literaturverzeichnis, Folie 36

Diesen Prozessen werden wiederum über 210 normative Aussagen (control objectives) zugewiesen.[258] Im Gegensatz zu seiner Vorgängerversion 4.1 erweitert das Referenzmodell 5.0 den Fokus um Prozesse der Steuerung und des Managements der IT, so dass dieser Bereich ganzheitlicher betrachtet werden kann - Governance stellt sicher, dass die Bedürfnisse, Bedingungen und Optionen der Stakeholder Maßstab der Bewertung sind, während das Management für die Planung, Umsetzung und Überwachung der Aktivitäten zur Zielerfüllung zuständig ist.[259]

CMMI – Capability Maturity Model Integration

CMMI (Capability Maturity Model Integration) wurde als Nachfolgemodell des CMM[260] (Capability Maturity Model) im Jahre 2002 durch das Software Engineering Institut (SEI) als „Sammlung guter Praktiken“[261] entwickelt, um Software- und Systementwicklungsprojekte schneller, preiswerter und mit besseren Ergebnissen durchzuführen und Organisationen bei Prozessverbesserungen zu unterstützen.[262] 2011 erfolgte die Erweiterung zu einer Familie von Reifegradmodellen (CMMI V1.3) für verschiedene Anwendungsgebiete: CMMI for Acquisition (ACQ)[263], CMMI for Services (SVC)[264] und CMMI for Development (DEV)[265]. Diesen unterschiedlichen Anwendungsgebieten sind jeweils verschiedene Prozessgebiete zugeordnet, welche wiederum unterschiedlichen Kategorien zugeordnet sind:[266] Engineering, Acquisition Engineering, Project Management, Service Establishment and Delivery, Project and Work Management, Process Management und Support. Abbildung 26 weist die integrierten Prozessgebiete des CMMI V1.3 Modells auf, welche sich teilweise überschneiden.[267]

CMMI besteht zusätzlich aus fünf Stufen von 1 (‚Initial') bis 5 (‚Optimierend'), die als Reifegrade bezeichnet werden und denen jeweils verschiedene Prozessgebiete zugeordnet sind (z.B. wird das Prozessgebiet REQM – Requirements Management dem Reifegrad 2: ‚managed' zugeordnet). Je weiter oben sich eine Organisation in der Stufenskala der

[258] Vgl. Gaulke (2010), S. 10 f. und ISACA (2012), URL siehe Literaturverzeichnis, Folie 36
[259] Vgl. Schneider (2013), URL siehe Literaturverzeichnis
[260] Vgl. Paulk u.a. (1993), S. 18 ff.
[261] Chrissis u.a. (2012), S. XV
[262] Vgl. Chrissis u.a. (2012), S. 12, siehe auch Kneuper (2007), S. ix und S. 18-23 und Ludewig und Lichter (2010), S. 221 ff.
[263] Vgl. CMMI Product Team (2010a), URL siehe Literaturverzeichnis
[264] Vgl. CMMI Product Team (2010c), URL siehe Literaturverzeichnis
[265] Vgl. CMMI Product Team (2010b), URL siehe Literaturverzeichnis
[266] Zusammengestellt aus den Quellen des CMMI Product Team (2010a, b und c)
[267] Eine Übersicht der Prozessgebiete und ihrer Zuordnung zu den genannten Kategorien veranschaulicht Anhang E: Prozessgebiete und Kategorien des CMMI V1.3

Prozesse befindet, desto höher wird sie in der Kompetenzskala eingestuft, wobei die nächst höhere Stufe die Anforderungen der Stufen darunter bedingt. Die 5 Stufen beschreiben somit einen Verbesserungspfad für die Prozesse von Softwareorganisationen. Die Vorgehensweisen beruhen auf Verfahren, die sich in der Praxis bewährt haben, den Best Practises, wobei die Ausführung der einzelnen Prozesse der Organisation selbst überlassen wird.

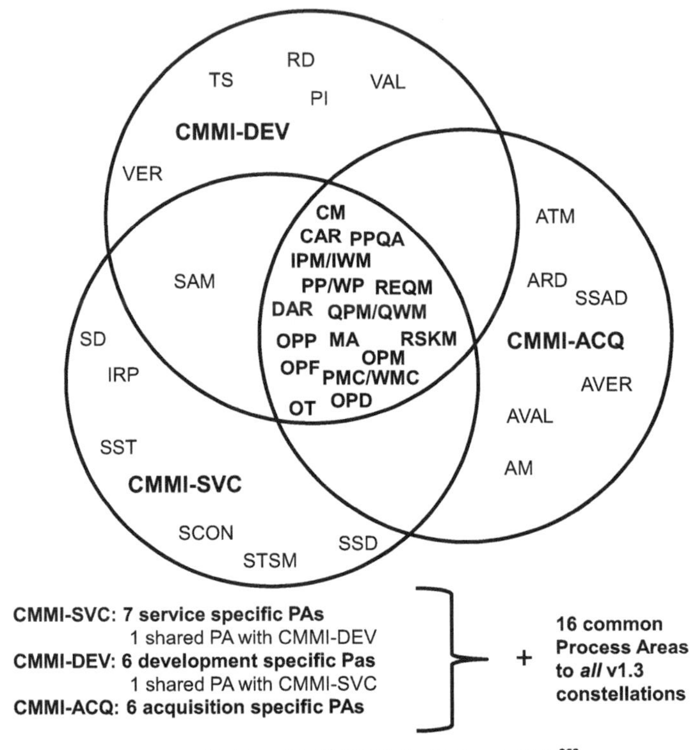

Abbildung 26: CMMI V1.3 – Prozessgebiete[268]

INCOSE – International Council on Systems Engineering und ISO IEC 15288:2002 – Systems engineering - System life cycle processes

Das INCOSE Systems Engineering Handbook, Version 3 (SEHv3) stellt die wesentlichen Prozesse dar, die durch einen Systemingenieur im Rahmen des Systems Engineering während des gesamten Produktlebenszyklus durchgeführt werden sollten – von der Idee

268 Vgl. Tarnowski (2010), URL siehe Literaturverzeichnis

über die Entwicklung und Produktion bis zum Ende.[269] Basierend auf der Norm ISO IEC 15288:2002 – Systems engineering - System life cycle processes werden folgende Prozesse definiert (siehe Abbildung 27).

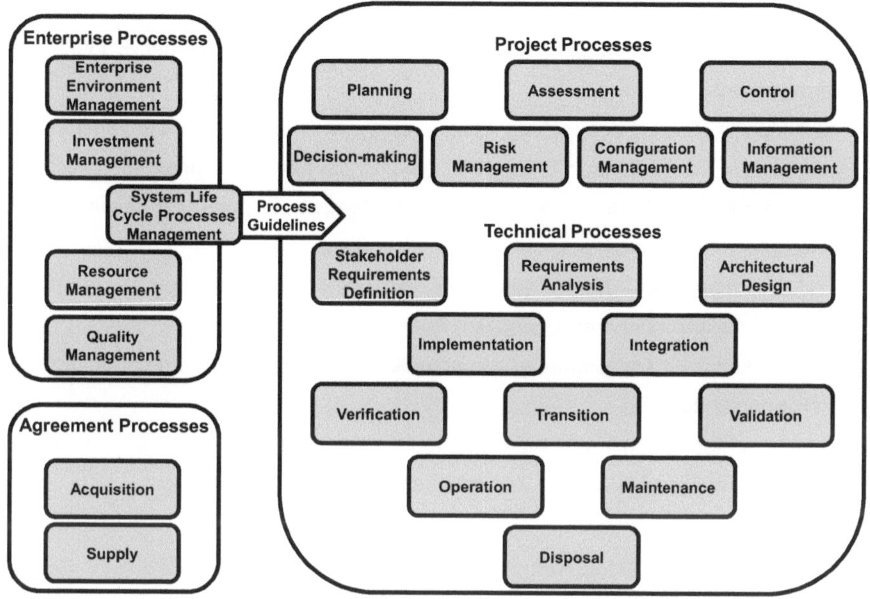

Abbildung 27: INCOSE – System Life Cycle nach ISO IEC 15288:2002[270]

VDI 4501/VDI 4510

VDI 4501 Blatt 1 – Berufsfeld Technischer Vertrieb

Als Leitfaden für den technischen Vertrieb beschreibt die Richtlinie VDI 4501 Blatt 1 das Produktmanagement als Berufsfeld für Ingenieure im Vertrieb oder vertriebsnahen Positionen.[271] Als bedeutende Querschnittsfunktion zwischen Markt und Technik verantwortet es Koordinationsaufgaben von Entwicklung, Fertigung, Vertrieb und Marketing.[272] Es ist

[269] Vgl. INCOSE (2006), S. iii und Alt (2012), S. 90
[270] INCOSE (2006), S. 58
[271] VDI 4501 Blatt 1 (2011), S. 4
[272] Vgl. zu diesem Abschnitt über VDI 4501 Blatt 1: VDI 4501 Blatt 1 (2011), S. 37-41

verantwortlich für den gesamten Produktlebenszyklus und letztendlich den Markterfolg der Produkte. Aufgabenschwerpunkte sind:

- Marktbeobachtung, Marktforschung, Ideengenerierung, Produkt-/Servicedefinition – d.h. Bewertung von Ideen, Anfertigen von Entscheidungsgrundlagen, Übersetzen der Kundenanforderungen in die Sprache der Entwicklung, Entwickeln der Produkt- und Vermarktungskonzepte.
- Produktpolitik, Produktentwicklung, Outsourcing – wie Projektbetreuung vom Lastenheft bis zur Produktionseinführung, Einhaltung vertrieblicher, produkttechnischer, rechtlicher Anforderungen sowie der Kosten-, Mengen-, Termin- und Qualitätsziele, Lieferantenmanagement, etc.
- Produktvermarktung – d.h. Verantwortung des strategischen und operativen Marketings und Kalkulationen/Festlegung von Preisen.
- Kommunikation und Abstimmung – Kommunikation der produktbezogenen Aktivitäten nach innen und außen.
- Managementaufgaben – wie Business und Budgetpläne, Produktportfolio, Optimierung des Marketing-Mixes oder Zielmarktbestimmung.

VDI 4501 Blatt 2 – Berufsfeld Technischer Vertrieb

Die Richtlinie VDI 4501 Blatt 2 unterstützt Vertriebsingenieure bei der Aus- und Weiterbildung durch Inhalte zu Ausbildungsprogrammen.[273] Dabei wird das Produktmanagement innerhalb des Wissensbereichs Produkt- und Leistungsprogramm aufgeführt und im Weiteren als Lerninhalt der Bereiche Vertriebsorganisation und Koordination/Schnittstellenmanagement:

- Definition: Koordination und Überwachung aller produktbezogenen Vermarktungsaktivitäten.
- Lerninhalte: Markt- und Prozessinformationen, Einsatz der Marketinginstrumente, Schnittstellenmanagement „Technik – Vertrieb“ und zwischen anderen Bereichen, Produktdokumentation, produktbezogenes Controlling.

[273] Vgl. zu diesem Abschnitt über VDI 4501 Blatt 2: VDI 4501 Blatt 2 (2008), S. 4 und S. 12 ff.

VDI 4510 Ingenieur-Dienstleitungen & Anforderungen an Ingenieur-Dienstleiter

Die Richtlinie VDI 4510 unterstützt Ingenieure im Dienstleistungsbereich bei der Erzielung von Wettbewerbs- und Innovationsfähigkeiten und benennt folgende Methoden/Arbeitsmittel:[274]

- DFMA – Design for manufacture and assembly, disassembly, environment.
- QFD – Quality Function Deployment.

Der VDI plant zusätzlich, eine Richtlinie speziell für das Produktmanagement (VDI 4520) zu veröffentlichen. Diese ist jedoch noch nicht fertiggestellt.[275]

AIPMM Seven Phase Product Lifecycle Framework/280 Group Optimal Product Process

Das AIPMM (Association of International Product Marketing and Management) Seven Phase Product Lifecycle Framework stellt einen herstellerunabhängigen Produktmanagement- und -marketingansatz dar, der bewährte Praktiken berücksichtigt und von vielen Organisationen aus unterschiedlichen Branchen eingesetzt wird.[276] Das Framework ist Teil des AIPMM Produkt Body of Knowledge (ProdBOK), welcher mit Hilfe von mehr als 50 Experten entwickelt und von zahlreichen Unternehmen eingesetzt wird. Es enthält sieben verschiedene Produktphasen, die den gesamten Produktlebenszyklus abdecken und wurde durch den Partner 280 Group um einzelne Prozesse erweitert zum Optimal Product Process (siehe Abbildung 28).

[274] Vgl. zu diesem Abschnitt über VDI 4510 Ingenieur-Dienstleitungen & Anforderungen an Ingenieur-Dienstleiter: VDI 4510 (2006), S. 5 und 44

[275] Vgl. VDI-Fachbereich Technischer Vertrieb und Produktmanagement (2013), URL siehe Literaturverzeichnis

[276] Vgl. zu diesem Abschnitt über AIPMM Seven Phase Product Lifecycle Framework/280 Group Optimal Product Process: AIPMM (2013), URL siehe Literaturverzeichnis und 280 Group (2013), URL siehe Literaturverzeichnis

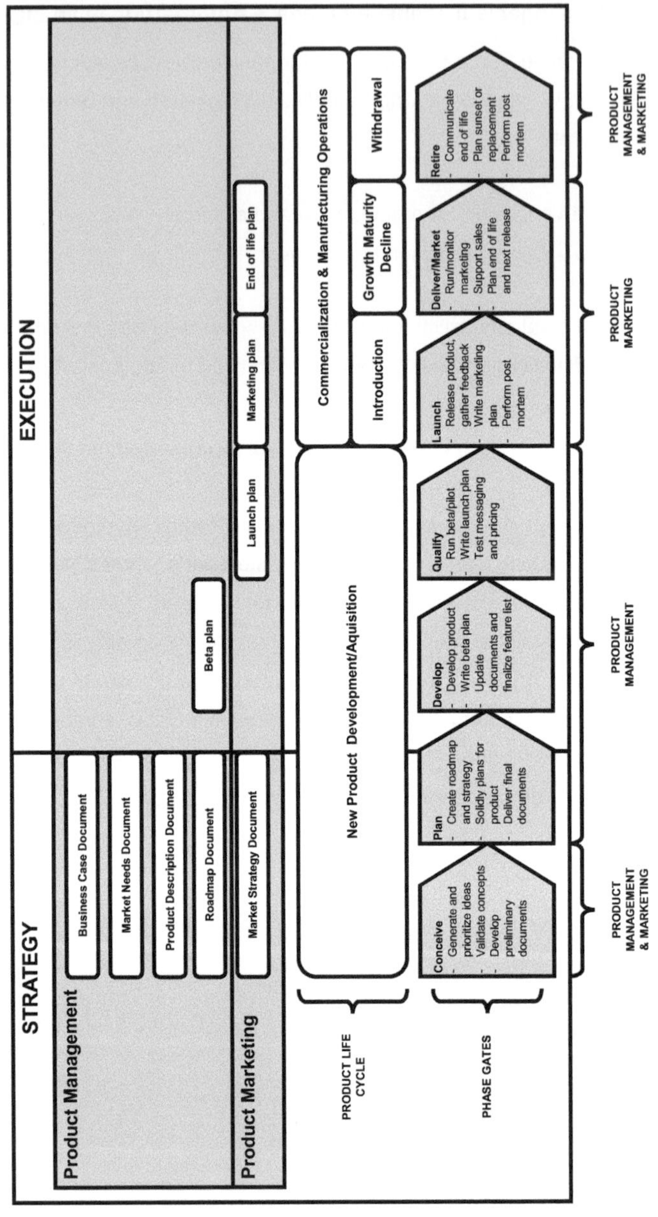
STRATEGY
EXECUTION
Product Management
Business Case Document
Market Needs Document
Product Description Document
Roadmap Document
Beta plan
Product Marketing
Market Strategy Document
Launch plan
Marketing plan
End of life plan
PRODUCT LIFE CYCLE
New Product Development/Aquisition
Commercialization & Manufacturing Operations
Introduction
Growth Maturity Decline
Withdrawal
PHASE GATES
Conceive
- Generate and prioritize ideas
- Validate concepts
- Develop preliminary documents
Plan
- Create roadmap and strategy
- Solidify plans for product
- Deliver final documents
Develop
- Develop product
- Write beta plan
- Update documents and finalize feature list
Qualify
- Run beta/pilot
- Write launch plan
- Test messaging and pricing
Launch
- Release product, gather feedback
- Write marketing plan
- Perform post mortem
Deliver/Market
- Run/monitor marketing
- Support sales
- Plan end of life and next release
Retire
- Communicate end of life
- Plan sunset or replacement
- Perform post mortem
PRODUCT MANAGEMENT & MARKETING
PRODUCT MANAGEMENT
PRODUCT MARKETING
PRODUCT MANAGEMENT & MARKETING

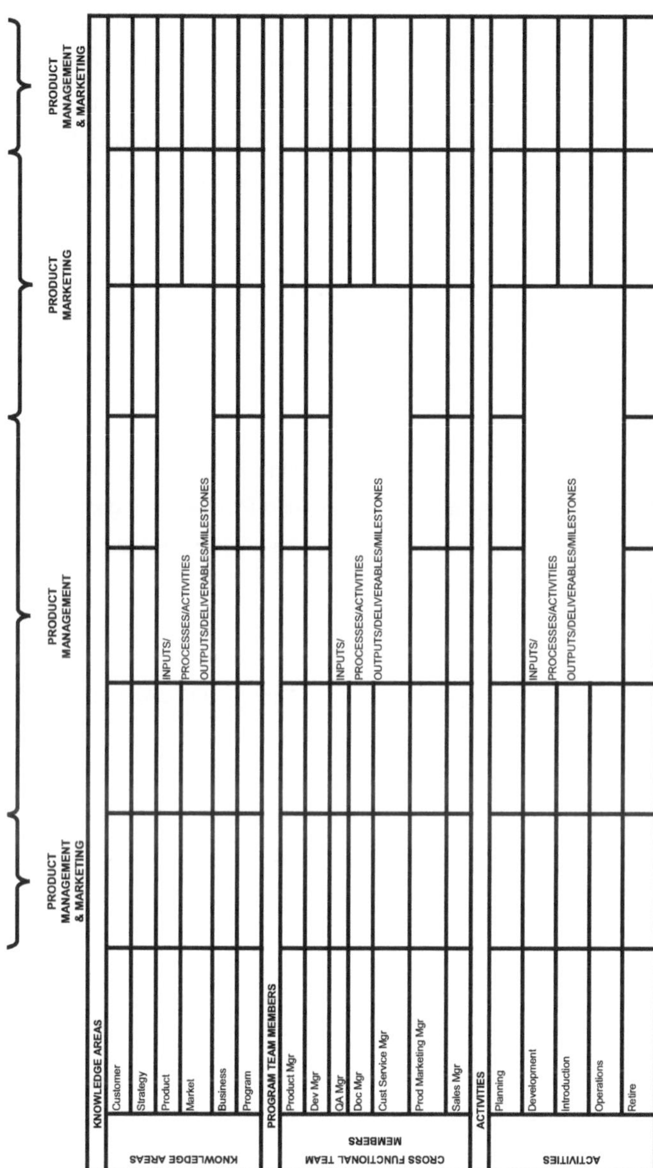

Abbildung 28: AIPMM Product Management Framework/Optimal Product Process[277]

[277] Eigene Darstellung, in Anlehnung an AIPMM (2013), URL siehe Literaturverzeichnis, S. 15 und 280 Group (2013), URL siehe Literaturverzeichnis, S. 1

Grundlage für die Durchführung und Auswertung des Produktmanagements und -marketings ist eine xy-Matrix: Auf der x-Achse ist durch sieben Phasen eines Produktlebenszyklusses (Conceive, Plan, Develop, Quality, Launch, Deliver/Market, Retire) und den zugehörigen, jeweils zu erstellenden Dokumenten die Zeit abgebildet. Die Parameter der y-Achse können an das jeweilige Unternehmen angepasst werden: Knowledge Areas, Team Members, Activities, welche durch Inputs, Processes, Activities, Outputs, Deliverables und Milestones präzisiert werden sollen. Somit werden Rollen und Verantwortlichkeiten geklärt, Entscheidungskriterien für jede Phase festgelegt, gemeinsame Aktivitäten für Produktmanagement und Produktmarketing identifiziert und Werkzeuge zu jeder Phase an die Hand gegeben.

PMF – Pragmatic Marketing Framework

Das Pragmatic Marketing Framework (PMF, siehe Abbildung 29) bildet den Kern des Industriestandards der Pragmatic Marketing zu Marketing und Produktmanagement.[278] Es beschreibt die Aktivitäten einer Organisation und teilt diese in strategische, technische, Marketing- und Vertriebsaktivitäten ein.

Dem Produktmanagement werden drei Orientierungen zugeschrieben: Produktmanager mit strategischer (Director, Product Strategy), technischer (Technical Product Manager) und Marketingorientierung (Product Marketing Manager).[279] Der Director ist für das Management und die Überwachung der Produktstrategie verantwortlich, der technische Produktmanager für die Anforderungsdefinition und deren Abbildung in Produktreleases. Dieser „hört, was der Markt sagt". Der Product Marketing Manager macht den Support während des gesamten Lebenszyklus und „spricht zum Markt".

[278] Vgl. zu diesem Abschnitt über PMF – Pragmatic Marketing Framework: Pragmatic Marketing (2013), URL siehe Literaturverzeichnis

[279] Vgl. zur folgenden Einteilung Johnson (2008), S. 21-29

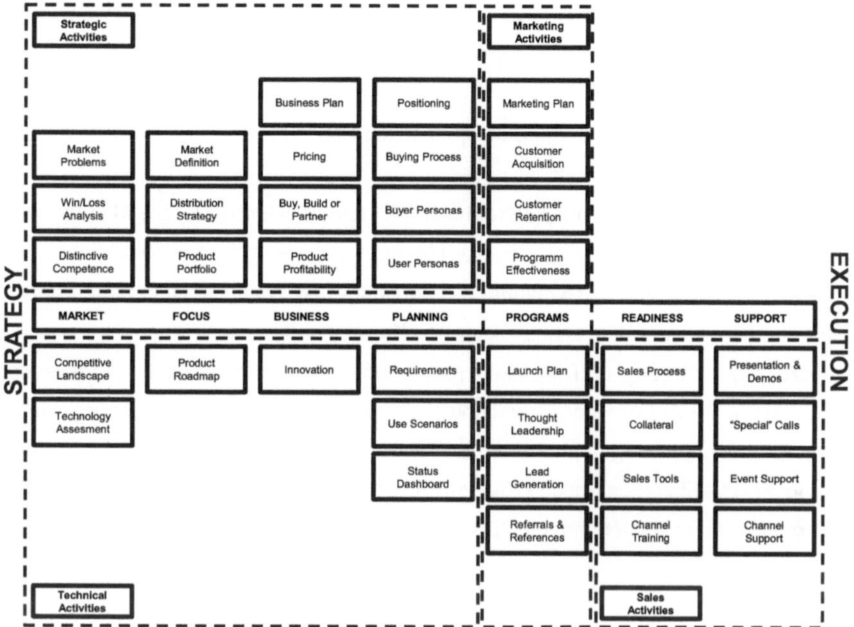

Abbildung 29: Pragmatic Marketing Framework[280]

PDMA Body of Knowledge

Der PDMA Body of Knowledge der Product Development and Management Association deckt sämtliche Aspekte der Produktentwicklung und des Managements während eines Produktlebenszyklus für neue Produkte ab (siehe Abbildung 30).[281]

Die Architektur ist eine Matrix bestehend aus sechs Zeilen und drei Spalten, welche drei Makrophasen des Lebenszyklus umfasst: Entdeckung, Entwicklung und Vermarktung, einmal auf dem Level des Business Portfolios, einmal auf dem Level von Projekten/Produkten. Die Knowledge Areas des Frameworks sind

- die Kunden- und Marktforschung (Informationen über die Kunden, Kanäle, Wettbewerber, Märkte, Alternativen etc.),

[280] Vgl. Pragmatic Marketing (2013), URL siehe Literaturverzeichnis und Johnson (2010), S. 8
[281] Vgl. zu diesem Abschnitt über PDMA Body of Knowledge: Katz (2007), S. 455 ff.

- Technologie und geistiges Eigentum (Erfindung, Entwicklung, Erwerb, Lizenzierung und Management der Technologien und geistigem Eigentum),
- Strategie,
- Planung und Entscheidungsfindung (bezüglich Produktinnovation, Entwicklung und Wachstum),
- Menschen, Teams und Kultur (Organisation-/Teamstrukturen, People Management, Entwicklung von Skills, Kultur, Change Management, menschliche Interaktion),
- Partner und Allianzen (Innovations-, Entwicklung- und Wachstumsaktivitäten bezüglich Kunden, Lieferanten, Dienstleister und Kanäle) und
- Prozess, Ausführung und Metriken (operationale Ebene beinhaltet Prozesse und Werkzeuge für Anforderungsermittlung und -management, Design, Fertigung, Lieferkette, Change Management, Channel Management, Pricing, Positionierung, Werbung, Finanz-Management und Kunden-Support, Prozess- und Performancemanagement, Metriken und Benchmarks für die Produktinnovation, -entwicklung und -wachstum).

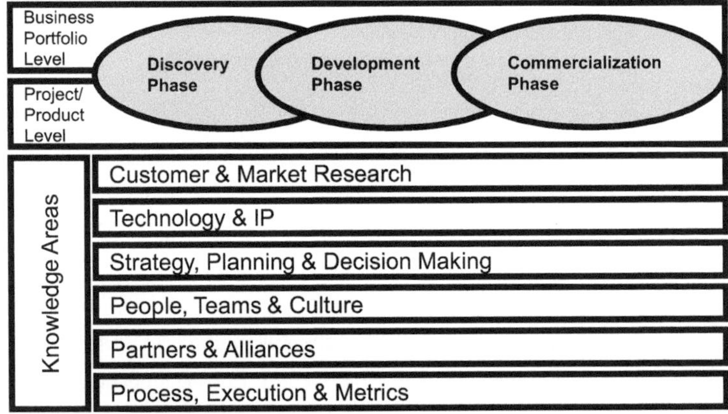

Abbildung 30: PDMA Body of Knowledge[282]

Das Produktmanagement soll während des Lebenszyklus gewährleisten, dass ein Produkt oder eine Dienstleistung gewinnbringend die Bedürfnisse der Kunden erfüllt durch die kontinuierliche Überwachung und Änderung der Elemente des Marketing-Mixes (einschließlich der Produktfunktionen, der Kommunikationsstrategie, der Vertriebswege und

[282] Vgl. Clark (2004), S. 19

des Preises): Der Produktmanager ist zuständig für die Aufsicht über sämtliche Aktivitäten, die ein bestimmtes Produkt betreffen (in Organisationen, die Konsumgüter vertreiben, wird er auch Brand Manager genannt).[283]

Referenzmodell für das Produktmanagement bei der Siemens AG

Das Referenzmodell für das Produktmanagement bei der Siemens AG (siehe Abbildung 31) wurde entwickelt, da kein international anerkanntes Modell bekannt war.[284]

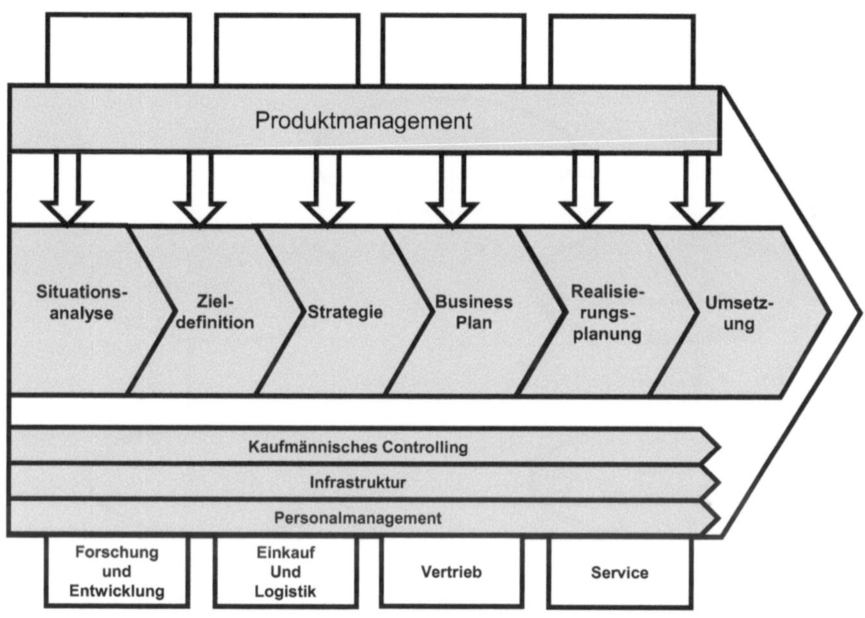

Abbildung 31: Referenzmodell für das Produktmanagement bei der Siemens AG[285]

Mittelpunkt bildet der Produktmanagementprozess als Kernprozess mit den wesentlichen Aufgaben der Situationsanalyse, Zieldefinition, Strategie, Business Plan, Realisierungsplanung und Umsetzung. Weiterhin beinhaltet es die Unterstützungsprozesse Kaufmännisches Controlling, Infrastruktur und Personalmanagement. Ausgewiesen sind auch die Schnittstellen zu den relevanten Organisationseinheiten Forschung und Entwicklung,

[283] Vgl. Griffin und Somermeyer (2007), S. 495 und Kahn u.a. (2013), S. 464
[284] Vgl. zu diesem Abschnitt über das Referenzmodell für das Produktmanagement bei der Siemens AG: Kudorfer (2004), S. 55 ff.
[285] Kudorfer (2004), S. 58

Einkauf und Logistik, Vertrieb sowie Service. Zusätzlich werden Kriterien zur Bewertung der Strategien und deren Umsetzung in Form eines Kataloges mit über 120 Fragen mit einer Liste von Hinweisen und Aussagen bezüglich des Referenzmodells gegeben.

Microsoft Solution Framework

Das MSF version 4.0 (Microsoft solution framework) 2005 enthält Richtlinien für die Bereitstellung von IT-Lösungen durch Microsoft. Ein Teil davon ist das Teammodell, welches Rollen und ihre Verantwortlichkeiten innerhalb eines Teams aufzeigt (siehe Abbildung 32).[286]

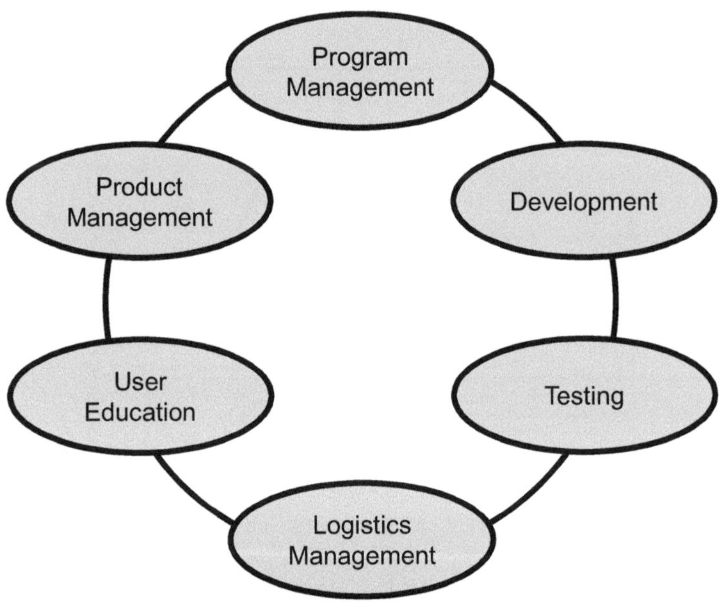

Abbildung 32: Das Teammodell des MSF[287]

Ein Teil des Teams ist das Produktmanagement, dem das Ziel Kundenzufriedenheit zugeschrieben wird. Weiterhin ist es für das Konzept und die Genehmigung des Scopeumfangs zuständig, es hat die Rolle eines „Anwalts des Kunden" im Team. Kunde ist der

[286] Vgl. zu diesem Abschnitt über Microsoft Solution Framework: Dietrich (2004a), URL siehe Literaturverzeichnis

[287] Vgl. Dietrich (2004a), URL siehe Literaturverzeichnis

Geldgeber. Weiterhin ist es für die Vision eines Projektes verantwortlich und die Ausrichtung des Teams auf diese Vision in Form von Teilzielen. Auch das Management von Kundenanforderungen übernimmt das Produktmanagement, es entscheidet über Features und den Zeitplan. Es hat das betriebswirtschaftliche Ziel vor Augen und führt das Team zur Erreichung dieser Ziele.

ISPMA – Software Product Management Body of Knowledge (SPMBoK)

Teil des Software Product Management Body of Knowledge (SPMBoK) ist das ISPMA Reference Framework for Software Product Management[288] (siehe Abbildung 33), welches entstanden ist aus Interviews und Diskussionen mit erfahrenen Produktmanagern, einer Literaturanalyse und einer Validierung in einem großen Softwareunternehmen.

Anschließend wurde es kontinuierlich um Erkenntnisse erweitert. Es basiert auf 14 Aufgaben, die in vier Funktionen eingeteilt sind: Portfoliomanagement, Produkt-Roadmapping, Anforderungsmanagement und Releaseplanung. In diese Prozesse sind unterschiedliche Arten von Stakeholdern involviert, interne Stakeholder (Vorstand, Forschung und Entwicklung, Service, Entwicklung, Support, Vertrieb und Marketing) und externe Stakeholder (Markt, Partner, Kunden).[289]

---

[288] Vgl. zu diesem Abschnitt über ISPMA – Software Product Management Body of Knowledge: van de Weerd u.a. (2006b), S. 1 ff. und van de Weerd (2009), S. 31 ff.

[289] Siehe hierzu auch das auf dem Reference Framework basierende Software Product Management Competence Model: Bekkers, W., u.a. (2010b), S. , S. 3 f. – das fortlaufend aktualisierte Software Product Competence Model kann eingesehen werden auf den Seiten: http://www.softwareproductmanagement.org/

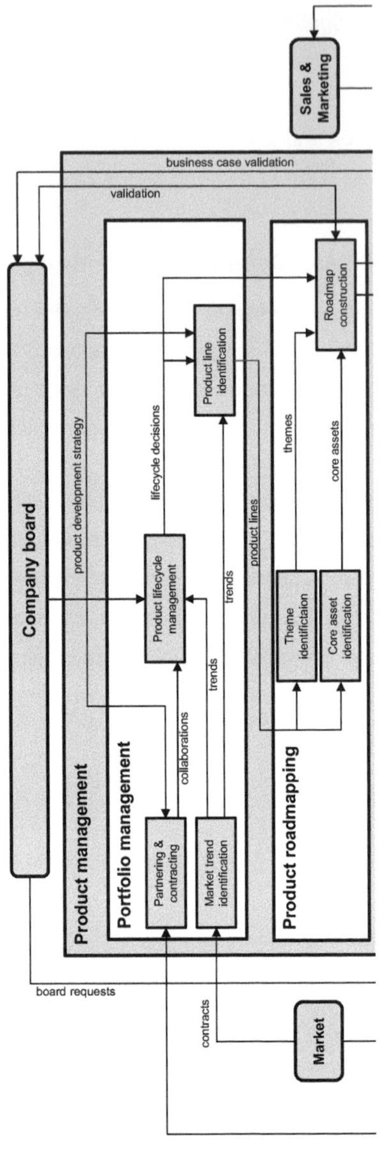
Sales & Marketing
business case validation
validation
Company board
Product management
Portfolio management
Partnering & contracting
Market trend identification
Product lifecycle management
Product line identification
product development strategy
lifecycle decisions
collaborations
trends
trends
product lines
Product roadmapping
Theme identifictaion
Core asset identification
Roadmap construction
themes
core assets
board requests
contracts
Market

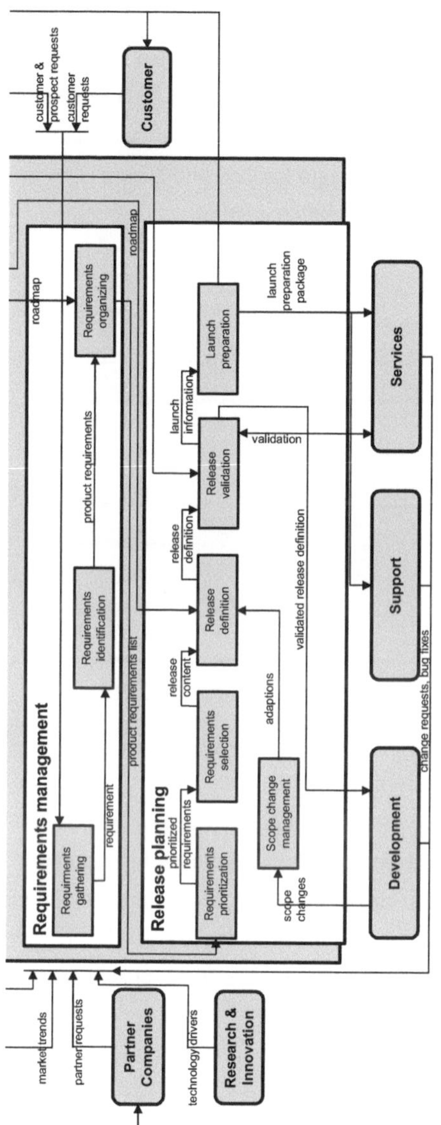

Abbildung 33: Reference Framework for Software Product Management[290]

[290] van de Weerd u.a. (2006b), S. 5 oder van de Weerd u.a. (2006c), S. 321 – für dieses Framework soll weiterhin ein angepasstes Softwaretool entwickelt werden, die Software Product Management Workbench, welche die im Framework identifizierten Hauptprozesse des Produktmanagements (Portfolio Management, Product Roadmapping, Requirements Management, Release Planning) in vier Modulen umfassen soll – für nähere Ausführungen siehe van de Weerd u.a. (2006a), S. 10 ff., van de Weerd u.a. (2006b), S. 8 ff. und Nieuwenhuis u.a. (2006), S. 914 ff., einen ähnlichen Ansatz zeigen Katchow u.a. (2009), S. 25 ff.

Der Software Product Management Body of Knowledge (SPMBoK) basiert auf einer Referenz-Architektur (siehe Abbildung 34), welche laufend auf den Webseiten des ISPMA aktualisiert wird. Die Hauptaufgaben des Produktmanagements sind dunkel hinterlegt und vorrangig im Bereich Produktstrategie und Produktplanung zu finden, wohingegen Aufgaben in der Entwicklung, im Marketing, im Vertrieb und Service und Support koordiniert und Aufgaben im Strategischen Management unterstützt werden.

Strategic Management	**Product Strategy**	**Product Planning**	**Development**	**Marketing**	**Sales and Distribution**	**Service and Support**
Corporate Strategy	Positioning and Product Definition	Product Life Cycle Management	Engineering Management	Marketing Planning	Sales Planning	Service Planning and Preparation
Portfolio Management	Delivery model & Service Strategy	Roadmapping	Project Management	Customer Analysis	Channel Preparation	Service Provisioning
Innovation Management	Sourcing	Release Planning	Project Requirements Engineering	Opportunity Management	Customer Relationship Management	Technical Support
Resource Management	Business Case and Costing	Product Requirements Engineering	Quality Management	Marketing Mix Optimization	Operational Sales	Marketing Support
Market Analysis	Pricing			Product Launches	Operational Distribution	Sales Support
Product Analysis	Ecosystem Management			Operational Marketing		
	Legal and IPR Management					
	Performance and Risk Management					
Participation	**Core SPM**		**Orchestration**			

Abbildung 34: SPM Reference Architecture[291]

Um den Reifegrad einer Organisation bestimmen zu können, ist die ISPMA dabei, eine Situational Assessment Method for Software Product Management (SAM)[292] zu entwickeln und Organisationen die Möglichkeit zu bieten, ihre Softwareproduktmanagementprozesse zu verbessern. Die Maturity Matrix für das Software Produktmanagement ist eine wesentliche Komponente von SAM und baut auf den Tätigkeitsbereichen des Frameworks auf (Focus Areas: Portfolio Management, Product Roadmapping, Requirements Management, Release Planning, siehe Abbildung 35).[293]

---

291 ISPMA (2014b), URL siehe Literaturverzeichnis

292 Die SAM ist entstanden durch eine breit gefächerte Literaturanalyse zum Thema, ein anschließendes Brainstorming von Experten und eine Validierung in 12 Organisationen aus den Niederlanden (Interviews und anschließende Validierung).[292] Daraufhin erfolgte eine viermonatige Iteration (12 Iterationen) der folgenden Schritte: (1) Anpassungen auf Grundlage des erhaltenen Feedbacks, (2) Validierung der Modelle mit Experten aus der Praxis, (3) Validierung des Modells mit der wissenschaftlichen Gemeinschaft. In weiteren Schritten wird die Methode kontinuierlich validiert, getestet und erweitert.

293 Vgl. zu diesem Abschnitt über Situational Assessment Method for Software Product Management: van de Weerd (2009), S. 155 ff. und van de Weerd u.a. (2010a) oder Bekkers u.a. (2012), S. 51 ff., Bekkers u.a. (2010a), S. 7 ff. und Bekkers u.a. (2010b), S. 6, zur Herleitung der Maturity Matrix siehe van Steenbergen u.a. (2010), S. 317 ff.

Focus area	0	1	2	3	4	5	6	7	8	9	10
Portfolio management											
Market analysis					A		B	C	D		E
Partnering & contracting						A	B		C	D	E
Product lifecycle management						A	B		C	D	E
Product planning											
Roadmap intelligence				A		B	C		D	E	
Core asset roadmapping					A		B		C		D
Product roadmapping			A	B			C	D		E	
Release planning											
Requirements priorisation			A		B	C	D			E	
Release definition			A	B	C				D		E
Release definition validation					A			B		C	
Scope change management				A		B		C		D	
Build validation					A			B		C	
Launch preparation		A		B		C	D		E		F
Requirements management											
Requirements gathering		A		B	C		D	E	F		
Requirements identification			A			B		C			D
Requirements organizing				A		B		C			

Abbildung 35: Situational Assessment Method for Software Product Management[294]

Organisationen können ihre eigenen Software-Produktmanagementaktivitäten anhand des Modells einordnen und bewerten. Die Focus Areas sind in der linken Spalte aufgeführt, die Spalten beschreiben jeweils spezifische Reifegrade von 1 bis 10. Für die jeweilige Focus Area werden diese Reifegrade durch eine Best-Practice-Reihenfolge festgelegt (dargestellt durch die Buchstaben A bis F). Jeder dieser Reifegrade ist mit einer Frage an die Organisation verbunden, so dass diese feststellen kann, welchen Reifegrad sie bereits umgesetzt hat (z.B. Release definition C: „Wird die Releasedefinition kommuniziert an die internen Stakeholder?"). Wird die Frage mit „Ja" beantwortet, ist der Reifegrad C (Spalte 4) erfüllt. Nach Beantwortung sämtlicher Fragen ergibt sich für die jeweilige Organisation eine Übersicht, welche Funktionen/Reifegrade bereits implementiert wurden und durch welchen Schritt diese durch Erreichen des nächsten Reifegrades zukünftig verbessert werden können.[295]

Weiterhin strebt die ISPMA an, ein ganzheitliches Konzept zur inkrementellen Verbesserung der Softwareproduktmanagementprozesse für Organisationen zu entwickeln, die Produkt Software Knowledge Infrastructure (PSKI).[296] Diese ist vorrangig für Software-

[294] Vgl. Bekkers u.a. (2012), S. 52 oder Bekkers und Spruit (2010), S. 6
[295] Eine vollständige Liste der einzelnen Reifegrade ist zu finden in Bekkers u.a. (2012), S. 59 f.
[296] Vgl. zu diesem Abschnitt über Produkt Software Knowledge Infrastructure: van de Weerd u.a. (2006d), S. 1 ff., van de Weerd (2009), S. 23 ff. und Vlaanderen u.a. (2013), S. 3 ff. Die Fertigstellung der PSKI

Unternehmen konzipiert, die Standardprodukte (off-the-shelf software) für einen Markt produzieren. Der Ansatz kombiniert zwei Elemente, zum einen das Softwareunternehmen, zum anderen die Product Software Knowledge Infrastructure (PSKI, siehe Abbildung 36). Die PSKI beinhaltet die durch Fallstudien erworbenen Erfahrungen und die existierenden Methoden im Softwareproduktumfeld und kann somit als Wissensmanagement-System für Softwareproduktmanagementmethoden gesehen werden.

Die Informationen aus beiden Quellen werden in einer Methodendatenbank gespeichert, die vier Arten von Informationen enthält, welche miteinander verbunden sind:

- Situative Faktoren - Als situativer Faktor wird jeder Faktor bezeichnet, der relevant ist für Produktentwicklung und -Dienstleistungen, z.B. quantitative Faktoren wie die Unternehmensgröße oder die Anzahl der eingehenden Anforderungen pro Monat oder qualitative Faktoren wie die Branche oder die Entwicklungsmethode.
- Mögliche Reifegrade: Mehrere Möglichkeiten werden identifiziert und als ein (oder mehrere) Reifegrad(e) gekennzeichnet. Die Funktionen unterstützen bei der Beurteilung des aktuellen Reifegrades einer Organisation und bei der Identifikation der nächst höheren möglichen Stufe. Diese ist abhängig von den situativen Faktoren und den benötigten Prozessen des jeweiligen Unternehmens.
- Methodenfragmente: In sich konsistente Teile von Methoden zur Wiederverwendbarkeit.
- Konstruktionsregelwerk: Verfahren, die die Art und Weise regeln, wie die Teile der Methoden zu einer neuen Methode zusammengesetzt werden. Berücksichtigung dinden hier wiederum die situativen Faktoren (z.B. können Teile der Wasserfallmethode nicht mit Teilen der Prototyp-Entwicklungsmethode kombiniert werden). Der Aufbau der Methode sollte konsistent sein.

---

ist noch im Verlauf, angedacht ist eine Nutzung durch Organisationen über das Internet, um einen kundenspezifischen Vorschlag für Prozessverbesserungen zu erhalten – siehe hierzu auch Vlaanderen u.a. (2010)17 ff.

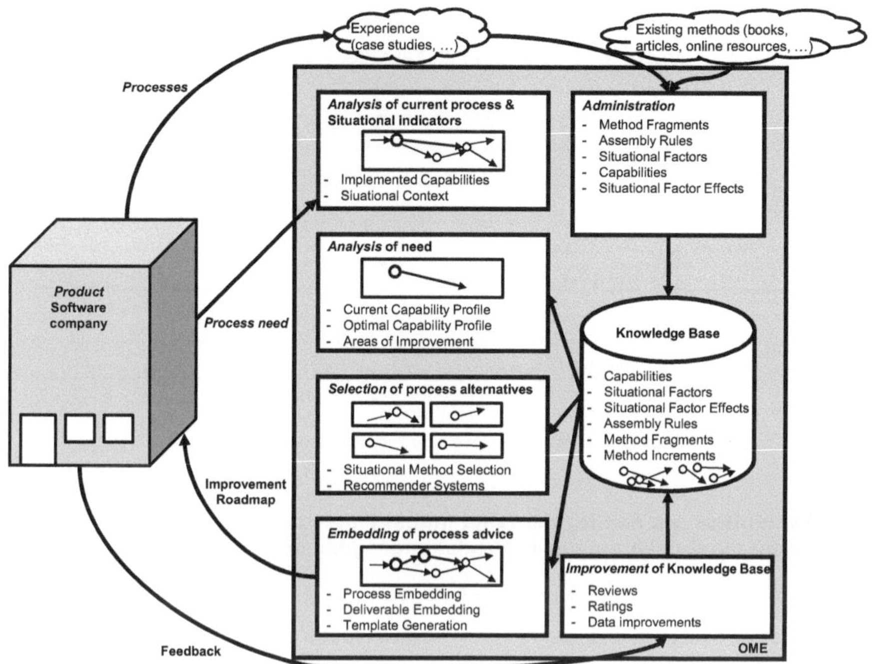

Abbildung 36: Product Software Knowledge Infrastructure[297]

Im ersten Schritt werden die Prozesse eines Unternehmens identifiziert, die verbessert werden sollen sowie die situativen Faktoren, um so den momentanen Reifegrad festzustellen (SAM). Im nächsten Schritt erfolgt die Auswahl der alternativen Prozesse durch die Methodendatenbank (Methodenfragmente). Dieses Vorgehen basiert auf den Grundsätzen des „Method Engineering", welches Methodenfragmente sowohl zur Neukonstruktion von Methoden zusammenfügt als auch die Adaption an bestehende Methoden unterstützt.[298] Im letzten Schritt wird die ausgewählte Methode in die bestehende integriert, es wird ein Prozessvorschlag mit einer Prozessbeschreibung, Templates und Beispielen an das Unternehmen versandt. Deren Feedback wird in die Datenbank aufgenommen, um das PSKI so kontinuierlich zu verbessern.[299] Um ein Reifegradmodell für das Software-Produktmanagement zu erstellen, wurden fünf aufeinander aufbauende

[297] Vlaanderen u.a. (2013), S.10
[298] Vgl. Brinkkemper u.a. (2008), S. 6 ff.
[299] Der SPMBoK ist noch in der Entwicklung, vor allem erscheint eine weitere Erforschung der Auswirkungen der situativen Faktoren notwendig. Sowohl die situativen als auch die rechnerischen Komponenten des PSKI-Konzepts sind sehr anspruchsvoll und bedürfen weiterer Forschung und Verbesserung, was große Herausforderungen mit sich bringt, vgl. Bekkers u.a. (2010b), S. 11 und Vlaanderen u.a. (2013), S. 17 ff.

Reifegrade definiert, basierend auf CMM (siehe dieses Kapitel, Abschnitt CMMI – Capability Maturity Model Integration) und abgeleitet aus der Literatur[300] (siehe Abbildung 37).

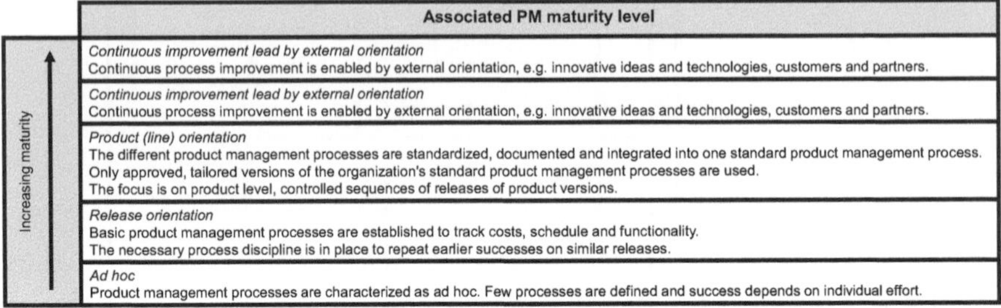

Abbildung 37: Maturity Levels for Product Management[301]

3.2 Erkenntnisse aus den Normen und Industriestandards hinsichtlich eines Modells für die Gestaltung des IT-Produktmanagements

Die erforschten Standards und Normen liefern eine Fülle an Hinweisen für die Gestaltung des IT-Produktmanagements. Die 16 identifizierten Modelle im Umfeld des IT-Produktmanagements können dabei unterstützen, einen Rahmen für das Produktmanagement bzw. IT-Produktmanagement zu bilden. Die Modelle werden gegeneinander abgeglichen, wobei aus der jeweiligen Ausgestaltung 11 unterschiedliche Vergleichskriterien bestimmt werden können (siehe Tabelle 2).

Daher soll das SIMO$_{IT\text{-}PM}$ beide Seiten integrieren. Folglich werden die Funktionen und Aufgaben, die dem IT-Produktmanagement durch die drei Modelle mit Bezug zu Produktmanagement und IT zugeschrieben werden, in das SIMO$_{IT\text{-}PM}$ integriert (siehe zum Autarkiegrad des IT-Produktmanagements Kapitel 4.2.4). Der Servicegedanke der Modelle, die speziell auf Services[302] ausgerichtet sind,[303] wird durch die Einbeziehung des gegenwartsbezogenen Faktors Produktportfolio (Art der IT-Produkte) abgedeckt (siehe Kapitel 6.2, Abbildung 73 und Abbildung 74: Kategorienschema der Rahmenbedingungen des IT-Produktmanagements).

[300] Abgeleitet aus Condon (2002) und Gorchels (2011)
[301] Vgl. van de Weerd u.a. (2006d), S. 9
[302] Vgl. z.B. Huber und Huber (2011), S. 64 f.
[303] ISO/IEC 20000 (siehe Kapitel 3.1, Abschnitt ISO/IEC 20000 – IT-Service-Management)

Weiterhin sind einige der Standards als Reifegradmodelle (engl.: Maturity Models) ausgestaltet, deren Grundidee in der systematischen Darstellung bewährter und bereits erfolgreicher Praktiken besteht.[304] Eine Organisation ermittelt den aktuellen Stand ihrer Prozesse und kann sich anhand der vorgegebenen unterschiedlichen Reifegradstufen (engl.: Capability/Maturity Levels) entwickeln, indem durch Erreichen der nächst höheren Stufe Verbesserungsmaßnahmen empfohlen werden. Die verschiedenen Reifegrade bauen aufeinander auf, d. h. eine Organisation muss zunächst die Anforderungen der aktuellen Stufe umsetzen, bevor sie die nächst höhere Stufe erreichen kann. Reife ist demnach im Sinne von „ausgereift“ oder „fortgeschritten“ zu verstehen. Je höher somit eine Organisation in einem Reifegradmodell eingestuft werden kann, desto optimierter werden ihre Softwareentwicklungsprozesse sein. Folglich kann ein Reifegradmodell zudem Orientierungshilfe für die Priorisierung der Reihenfolge von Prozessweiterentwicklungsschritten geben, indem die Vorgehensweisen durch die Organisationen adaptiert werden. Durch die Modelle werden zusätzlich Zertifizierungsmöglichkeiten eröffnet, welche es Organisationen ermöglichen, die Einhaltung bestimmter Anforderungen nachzuweisen. Trotz der vielfältigen Nutzenaspekte ist die Anwendung der Reifegradmodelle für viele Organisationen schwierig, da sie umfangreich, kompliziert sowie schwer verständlich und dadurch diffizil in der Umsetzung sind.[305] Neben einer zunehmenden Bürokratisierung implizieren die Modelle umfangreiche Veränderungen in einer Organisation, wodurch sich Komplexität und Risiko noch erhöhen.[306] Vor allem kleine und mittelständische Organisationen haben Schwierigkeiten mit der Erreichung eines nächsten Reifegrads, da dies viele Ressourcen voraussetzt und ein langfristiges Engagement der Organisationsmitglieder nach sich zieht.[307]

---

[304] SPICE (siehe Kapitel 3.1, Abschnitt SPICE – Software Process Improvement and Capability dEtermination - ISO/IEC 15504/SPICE), CMMI (siehe Kapitel 3.1, Abschnitt CMMI – Capability Maturity Model Integration), SPMBoK (siehe Kapitel 3.1, Abschnitt ISPMA – Software Product Management Body of Knowledge (SPMBoK))

[305] Vgl. Cusumano (2004), S. 128 ff. und Nawrocki u.a. (2002), S. 288 oder auch Coleman (2005), dessen wichtigste Erkenntnis während 15 Interviews innerhalb verschiedener KMUs in Irland war, dass Standardmodelle aufgrund des wahrgenommenen Aufwands, der durch diese entstehen kann, nicht eingesetzt werden. Die Studie von Staples u.a. (2007) bezieht sich speziell auf CMMI, jedoch mit demselben Ergebnis, wobei hier zusätzlich der finanzielle Aufwand als Hürde genannt wird.

[306] Vgl. Sweeney und Bustard (1997), S. 265 ff.

[307] Vgl. Brodman (1994), S. 331 ff.

Normen/Industriestandards im Bereich IT-Produktmanagement / Vergleichskriterien	Normenfamilie DIN EN ISO 9000 ff. – Qualitätsmanagement	ISO/IEC 20000 – IT-Service-Management	ISO/IEC 12207-2008 – Systems and Software Engineering – Software Life Cycle Processes, enhanced with I-PRM	IEEE Standard 24748-1-2011 – Systems and Software Engineering - Life Cycle Management - Part 1: Guide for Life Cycle Management	ITIL – Information Technology Infrastructure Library und ISO 20 000 ITSM
Produktmanagementbezug			x		
IT-Bezug		x	x	x	x
Speziell für Services		x			x
Reifegradmodell					
Lebenszyklusmodell	x	x	x	x	x
Prozessmodell	x		x	x	x
Funktionsmodell					
Rollenmodell				x	x
Einteilung in primäre, organisatorische, unterstützende Bereiche					
Einbeziehung der Stakeholder	x	x		x	
Einbeziehung der situativen Rahmenbedingungen					

SPICE – Software Process Improvement and Capability dEtermination - ISO/IEC 15504/SPICE	COBIT – Control OBjectives for Information and related Technology und ISO/IEC 38500:2008 - Corporate governance of information technology	CMMI – Capability Maturity Model Integration	INCOSE – International Council on Systems Engineering - ISO IEC 15288: 2002 – Systems engineering - System life cycle processes	VDI 4501/VDI 4510	AIPMM Seven Phase Product Lifecycle Framework/280 Group Optimal Product Process	Pragmatic Marketing Framework	PDMA Body of Knowledge	Referenzmodell für das Produktmanagement bei der Siemens AG	Das Microsoft Solutions Framework	ISPMA – Software Product Management Body of Knowledge (SPMBoK)
				x	x	x	x	x	x	x
x	x	x	x						x	x
x		x								x
x	x	x	x	x	x	x	x	x		x
x	x	x	x		x					x
				x	x	x	x	x		x
					x	x			x	
x								x		x
							x		x	x
								x		x

Tabelle 2: Normen und Industriestandards im Umfeld des IT-Produktmanagements im Vergleich[308]

[308] Eigene Darstellung

Der Aufbau durch Reifegrade, bei welchem die nächst höhere Stufe die darunter liegende bedingt, kann weiterhin zu der Annahme führen, dass die letzte, höchste Stufe die ideale, bestmöglichste ist, welche jede Organisation anstreben sollte. Dies kann dazu veranlassen, einen bestimmten Reifegrad einzuführen, obwohl er für die momentane Situation nicht angemessen ist, das Modell wird formal korrekt umgesetzt, ohne den situativen Hintergrund der jeweiligen Organisation in Entscheidungen mit einzubeziehen.[309] Der situative Ansatz, welchem das Modell für IT-Produktmanagement folgen soll, besagt jedoch, dass nicht für jede Organisation die höchste Stufe die ist, die sich am besten eignet. Aus diesen Gründen werden die Empfehlungen dieser Standards nicht übernommen, das $SIMO_{IT\text{-}PM}$ soll nicht in Form eines Reifegradmodells gestaltet sein.

Dic Normen und Standards bilden den gesamten Lebenszyklus der Produkte ab von der Idee bis zur Eliminierung.[310] Dieser Gedanke wird für das $SIMO_{IT\text{-}PM}$ übernommen (siehe Kapitel 4.2.4 – Autarkiegrad des IT-Produktmanagements).Viele der Normen und Standards sind auf Prozesse ausgerichtet.[311] Diese Prozessorientierung bringt gesteigerten Nutzen mit sich bezüglich bereitgestellter kollektiver Verhaltensmuster, größerer Teamfähigkeit, Produktqualität und einem Vitalitätszuwachs in kritischen Situationen, da das Geschäft durch den Prozessfokus meist wirksamer und effizienter betrieben werden kann.[312] Prozessmodelle bergen jedoch auch Risiken: Häufig werden messbare Formalziele den Sachzielen vorgezogen,[313] Prozessverbesserungen werden fokussiert anstatt die Bedürfnisse des Marktes nach Produkten,[314] Ressourcen werden vernachlässigt.[315]

---

309 Vgl. Zahran (1998), S. xiv

310 Einzige Ausnahme bildet das Microsoft Solution Framework (siehe Kapitel 3.1, Abschnitt Microsoft Solution Framework)

311 DIN EN ISO 9000 ff. (siehe Kapitel 3.1, Abschnitt Normenfamilie DIN EN ISO 9000 ff. – Qualitätsmanagement), ISO/IEC 12207-2008 (siehe Kapitel 3.1, Abschnitt ISO/IEC 12207-2008 – Systems and Software Engineering – Software Life Cycle Processes, enhanced with I-PRM), IEEE Standard 24748-1-2011 (siehe Kapitel 3.1, Abschnitt IEEE Standard 24748-1-2011 – Systems and Software Engineering - Life Cycle Management - Part 1: Guide for Life Cycle Management), ITIL (siehe Kapitel 3.1, Abschnitt ITIL – Information Technology Infrastructure Library und ISO 20 000 ITSM), SPICE (siehe Kapitel 3.1, Abschnitt SPICE – Software Process Improvement and Capability dEtermination - ISO/IEC 15504/SPICE), COBIT (siehe Kapitel 3.1, Abschnitt COBIT – Control OBjectives for Information and related Technology und ISO/IEC 38500:2008 - Corporate governance of information technology), CMMI (siehe Kapitel 3.1, Abschnitt CMMI – Capability Maturity Model Integration), INCOSE (siehe Kapitel 3.1, Abschnitt INCOSE – International Council on Systems Engineering und ISO IEC 15288:2002 – Systems engineering - System life cycle processes), AIPMM (siehe Kapitel 3.1, Abschnitt AIPMM Seven Phase Product Lifecycle Framework/280 Group Optimal Product Process), SPMBoK (siehe Kapitel 3.1, Abschnitt ISPMA – Software Product Management Body of Knowledge (SPMBoK))

312 Vgl. Wallmüller (2007), S. 11

313 Vgl. Maurer und Schwickert (1997), S. 10 f.

314 Vgl. König (1996), S. 446 f.

315 Vgl. König (1996), S. 447

Auch wird sich häufig auf die wertschöpfenden Prozesse konzentriert, wodurch die unterstützenden Prozesse weniger Beachtung finden.[316] Prozessorientierte Qualifikationen bringen einen höheren Anspruch an die Mitarbeiter mit sich, Akzeptanzbarrieren können entstehen, funktionales Know-how geht verloren.[317] Weiterhin sind Maßzahlen für Prozesse nicht einfach zu definieren, der Messaufwand kann leicht überhand nehmen oder Messungen gefälscht werden.[318] Ebenfalls erfordern prozessorientierte Strukturierungen Änderungen der Organisationsstruktur,[319] woraus Risiken, Akzeptanzprobleme und ein hoher Ressourcenaufwand entstehen können.[320] Häufig erfolgt die Ausrichtung zu stark an formalen Methoden – Aspekte, die auf Erfahrung oder Intuition beruhen, werden vernachlässigt.[321] Weitere wesentliche Kritikpunkte bilden der unterschiedliche Detaillierungsgrad der verschiedenen Prozessbeschreibungen sowie Widersprüche, Inkonsistenzen und unklare Abgrenzungen zwischen den Prozessen und Phasen, kaum anwendbare Kennzahlendefinitionen, fehlende Abdeckung zwingend erforderlicher Aufgaben im Lebenszyklus von IT-Services und fehlende Verfahren zum Management von Prozessen und Projekten.[322] Aus genannten Gründen wird das $SIMO_{IT-PM}$ nicht an Prozessen ausgerichtet sein, sondern, wie einige der identifizierten Normen und Standards,[323] als Funktionsmodell aufgebaut werden, welches Aufgaben und Funktionen des IT-Produktmanagements beinhaltet (siehe Kapitel 4.2.4 – Autarkiegrad des IT-Produktmanagements).

Einige der Normen und Standards enthalten zusätzlich Rollenmodelle.[324] Der IEEE Standard 24748-1-2011 und ITIL beschreiben Rollen innerhalb einer Organisation, jedoch

[316] Vgl. Mertens (1997), S. 110, Mertens (1996), S. 446 und Walther (1994), zitiert nach König (1996), S. 447

[317] Vgl. Maurer und Schwickert (1997), S. 11 ff.

[318] Vgl. Maurer und Schwickert (1997), S. 15 ff.

[319] Vgl. Theuvsen (1996), S. 80 und Reiß (1997), S. 113

[320] Vgl. Maurer und Schwickert (1997), S. 17 f.

[321] Vgl. Maurer und Schwickert (1997), S. 18 f.

[322] Vgl. Huber und Huber (2011), S. 65

[323] VDI4501/4510 (siehe Kapitel 3.1, Abschnitt VDI 4501/VDI 4510), AIPMM (siehe Kapitel 3.1, Abschnitt AIPMM Seven Phase Product Lifecycle Framework/280 Group Optimal Product Process), Pragmatic Marketing Framework (siehe Kapitel 3.1, Abschnitt PMF – Pragmatic Marketing Framework), PDMA (siehe Kapitel 3.1, Abschnitt PDMA Body of Knowledge), Referenzmodell für das Produktmanagement (siehe Kapitel 3.1, Abschnitt Referenzmodell für das Produktmanagement bei der Siemens AG), Microsoft Solution Framework (siehe Kapitel 3.1, Abschnitt Microsoft Solution Framework), SPMBoK (siehe Kapitel 3.1, Abschnitt ISPMA – Software Product Management Body of Knowledge (SPMBoK))

[324] IEEE Standard 24748-1-2011 2011 (siehe Kapitel 3.1, Abschnitt IEEE Standard 24748-1-2011 – Systems and Software Engineering - Life Cycle Management - Part 1: Guide for Life Cycle Management), ITIL (siehe Kapitel 3.1, Abschnitt ITIL – Information Technology Infrastructure Library und ISO 20 000 ITSM), AIPMM (siehe Kapitel 3.1, Abschnitt AIPMM Seven Phase Product Lifecycle Framework/280 Group Optimal Product Process), Pragmatic Marketing Framework (siehe Kapitel 3.1, Abschnitt PMF – Pragmatic Marketing Framework), Microsoft Solution Framework (siehe Kapitel 3.1, Abschnitt Microsoft Solution Framework)

ohne Bezug zum Produktmanagement. AIPMM beinhaltet eine Rolle des Produktmanagements, welche jedoch nicht näher definiert und ohne IT-Bezug ist. Das Pragmatic Marketing Framework teilt ein in einen strategischen, technischen und marketingorientierten Produktmanager, jedoch ebenfalls ohne IT-Bezug. Das Microsoft Solution Framework weist das Product Management als Teil des Teammodells aus, geht jedoch nicht näher auf die Rolle ein. Der Grundgedanke des Rollenmodells wird für das $SIMO_{IT\text{-}PM}$ übernommen werden, ähnlich wie die Einteilung durch das Pragmatic Marketing Framework. Es wird jedoch stärker in den Fokus gestellt werden anhand einer Typisierung und Bildung von Referenztypen des IT-Produktmanagements (siehe Kapitel 6.1 und 6.2). Ebenfalls soll eine Einteilung in primäre, organisatorische und unterstützende Bereiche stattfinden, wie durch drei der Modelle[325] vorgeschlagen (siehe Kapitel 4.2.4 und 6.1). Auch die Einbeziehung der unterschiedlichen Stakeholder[326] des IT-Produktmanagements erscheint sinnvoll und wird übernommen. Lediglich zwei der untersuchten Modelle[327] beziehen situative Rahmenbedingungen mit ein, welche die Grundlage für das $SIMO_{IT\text{-}PM}$ bilden sollen. Das Referenzmodell für das Produktmanagement bei der Siemens AG durch eine anfängliche Situationsanalyse, aus welcher die anschließenden Tätigkeiten abgeleitet werden sollen, das SPMBoK durch situative Faktoren, d.h. Faktoren, die relevant für Produktentwicklung und Dienstleistungen erscheinen. Diese Faktoren werden in Form von Rahmenbedingungen Einfluss in das $SIMO_{IT\text{-}PM}$ finden (siehe Kapitel 4.2.3).

Aus diesen Ausführungen lassen sich zusammenfassend folgende Erkenntnisse für die Gestaltung des $SIMO_{IT\text{-}PM}$ ziehen:

- Das $SIMO_{IT\text{-}PM}$ soll sowohl Produktmanagement- als auch IT-Bezug beinhalten,
- die Ausrichtung soll auf sämtliche Strukturen von IT-Produkten erfolgen,

325 SPICE (siehe Kapitel 3.1, Abschnitt SPICE – Software Process Improvement and Capability dEtermination - ISO/IEC 15504/SPICE), Referenzmodell für das Produktmanagement (siehe Kapitel 3.1, Abschnitt Referenzmodell für das Produktmanagement bei der Siemens AG), SPMBoK (siehe Kapitel 3.1, Abschnitt ISPMA – Software Product Management Body of Knowledge (SPMBoK))

326 DIN EN ISO 9000 ff. (siehe Kapitel 3.1, Abschnitt Normenfamilie DIN EN ISO 9000 ff. – Qualitätsmanagement), ISO/IEC 20000 (siehe Kapitel 3.1, Abschnitt ISO/IEC 20000 – IT-Service-Management), IEEE Standard 24748-1-2011 2011 (siehe Kapitel 3.1, Abschnitt IEEE Standard 24748-1-2011 – Systems and Software Engineering - Life Cycle Management - Part 1: Guide for Life Cycle Management), PDMA PDMA (siehe Kapitel 3.1, Abschnitt PDMA Body of Knowledge), Microsoft Solution Framework (siehe Kapitel 3.1, Abschnitt Microsoft Solution Framework), SPMBoK (siehe Kapitel 3.1, Abschnitt ISPMA – Software Product Management Body of Knowledge (SPMBoK))

327 Referenzmodell für das Produktmanagement (siehe Kapitel 3.1, Abschnitt Referenzmodell für das Produktmanagement bei der Siemens AG), SPMBoK (siehe Kapitel 3.1, Abschnitt ISPMA – Software Product Management Body of Knowledge (SPMBoK))

- das $SIMO_{IT\text{-}PM}$ soll nicht in Form eines Reifegradmodells, sondern als Lebenszyklusmodell ausgestaltet sein
- sowie nicht in Form eines Prozessmodells, sondern als Funktionsmodell und Rollenmodell,
- es soll eingeteilt werden in primäre, organisatorische und unterstützende Bereiche,
- die Stakeholder mit einbeziehen
- sowie situative Rahmenbedingungen.

4. Die Stelle des IT-Produktmanagements aus wissenschaftlicher Perspektive

Im Folgenden soll der Untersuchungsbereich, d.h. der Gestaltungsbereich der Stelle des IT-Produktmanagements (siehe Kapitel 1.5) mit den Zielen, Rahmenbedingungen, Aufgaben und Problemen/Effizienzkriterien aus der wissenschaftlichen Perspektive beleuchtet werden. Hierzu wird zunächst eine systematische Literaturanalyse durchgeführt, um die zum Thema relevanten Publikationen zu identifizieren, anschließend erfolgt die Betrachtung des Gestaltungsbereichs. Einfluss finden zudem die Ausführungen zur systematischen Herleitung eines Instrumentariums zur Verortung organisationaler Strukturtypen (siehe Kapitel 2) sowie die Erkenntnisse aus der Recherche der Normen und Standards im Umfeld des IT-Produktmanagements (siehe Kapitel 3).

4.1 Systematische Literaturanalyse zur Erhebung des Gestaltungsbereichs des IT-Produktmanagements

Eine systematische Literaturanalyse dient dem Zwecke der Sammlung, Selektion, Bewertung, Interpretation und Darstellung der verfügbaren Veröffentlichungen, um einen Themenbereich zu erfassen, von anderen Bereichen abzugrenzen und die Nachvollziehbarkeit der Analyse sicherzustellen.[328] Sie zählt zu den Forschungsformen der Inhaltsanalyse, welche sich mit der Auswertung von Material in Form fixierter, reproduzierbarer Kommunikation befasst (schriftliche Kommunikationsinhalte/Texte, Videofilme, Bilder, akustisches Material etc.).[329] Die quantitative Inhaltsanalyse zieht akzidentale Dokumente[330] zur Durchführung der Auswertung heran.[331]

Bedeutend für das Ziel dieser Arbeit ist die Gewinnung eines umfassenden literaturbasierten Hintergrunds[332] zum Thema IT-Produktmanagement. Die Analyse erfolgt in Anlehnung an Richtlinien zur Durchführung von systematischen Literaturrecherchen, welche einem ähnlichen Muster folgen.[333] Zu Zwecken der Recherche werden diese Ansätze in-

328 Vgl. Kitchenham und Charters (2007), S. 3
329 Vgl. zur Inhaltsanalyse Lamnek (2010), S. 434 ff.
330 Bestehende, nicht zum Zwecke einer wissenschaftlichen Auswertung geschaffene Dokumente, durch deren Auswertung die Nonreaktivität einer Inhaltsanalyse sichergestellt werden kann durch den fehlenden Kontakt von Forscher und Untersuchungsobjekt(en).
331 Vgl. Lamnek (2010), S. 449
332 Vgl. Kitchenham und Charters (2007), S. 8
333 Siehe die unterschiedlichen Ansätze zur Durchführung von systematischen Literaturrecherchen nach Maglyas u.a. (2011), vom Brocke u.a. (2009), Kitchenham und Charters (2007) und Schnell u.a. (2008), S. 407 ff.

tegriert, an das Ziel der Analyse der Literatur zum Thema IT-Produktmanagement angepasst und in den folgenden Kapiteln detailliert dargestellt und erläutert (siehe zum Ablauf der Analyse Abbildung 38).

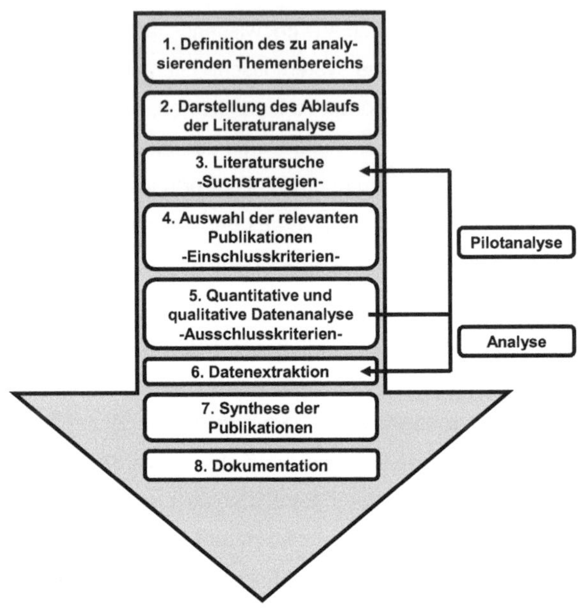

Abbildung 38: Ablauf der systematischen Literaturanalyse zum Thema IT-Produktmanagement[334]

4.1.1 Schritt 1: Definition des zu analysierenden Themenbereichs

Der erste Schritt einer systematischen Literaturanalyse ist die Definition des zu analysierenden Themenbereichs, welcher sich aus dem Forschungsvorhaben der Arbeit ergibt (siehe Kapitel 1). Der Fokus der Analyse liegt demnach innerhalb des Themenbereichs IT-Produktmanagement. Abgeleitet aus den Kriterien für eine Organisationsstruktur für das Produktmanagement[335] lassen sich folgende Faktoren aufstellen, die bezüglich des Gestaltungsbereichs des IT-Produktmanagements berücksichtigt werden sollen und sich auch in dem in Kapitel 1.5 vorgestellten Bezugsrahmen der Arbeit wiederfinden:[336]

[334] Eigene Darstellung

[335] Vgl. Köhler (2007), S. 741 ff.

[336] Vgl. zu den Einflussfaktoren die in Kapitel 1.6 aufgezeigten Gestaltungsbedingungen einer Organisation, die daraus abgeleitetem Forschungsfragen nach Kubicek (1975), S. 22 und die darauf aufbauenden Ausführungen zum Produktmanagement nach Köhler (2007), S. 741 ff.

Zum einen sind die *Rahmenbedingungen* zu beachten, welche sowohl die Situation innerhalb einer Organisation als auch deren Umfeld einschließen. Weiterhin soll die Organisationsstruktur die Erfüllung der *Aufgaben* des IT-Produktmanagements unterstützen und dessen *Ziele* absichern. Um *Probleme* zu verhindern und erfolgreich zu sein, soll die Organisationsform zusätzlich *Effizienzkriterien* erfüllen, welche sich häufig aus *Problemen* ergeben.

Um den Gestaltungsbereich umfassend zu erforschen, wird im Folgenden die Erhebung bezüglich dieser Faktoren in Form einer systematischen Literaturanalyse vorgestellt.

4.1.2 Schritt 2: Darstellung des Ablaufs der Literaturanalyse

Nach der Definition des zu analysierenden Themenbereichs zur Vorbereitung der Analyse in Schritt 1 erfolgt Schritt 2, die Darstellung des Analyseablaufs (siehe Abbildung 38, Kapitel 4.1):

In Schritt 3 werden die Suchstrategien festgelegt, um die Literatursuche durchführen zu können. Dies beinhaltet zudem die Wahl der relevanten digitalen Bibliotheken/weiteren Quellen, die für die jeweilige Analyse geeignet erscheinen. Die Auswahl der relevanten Publikationen wird in Schritt 4 durch Festlegung der Einschlusskriterien ausgeführt, worauf in Schritt 5 die quantitative und qualitative Selektion durch Bestimmung geeigneter Ausschlusskriterien erfolgt. Daraufhin empfiehlt sich die Durchführung einer Pilotanalyse, um die für die Analyse definierten Rahmenbedingungen zu überprüfen, gegebenenfalls anzupassen und für die eigentliche Suche zu verfeinern. Nach erfolgreichem Durchlauf der Pilotanalyse schließt sich die eigentliche Literaturrecherche und Analyse der Datenbanken an. Schritt 6 beinhaltet die Datenextraktion durch Review der Publikationen, Schritt 7 die Kategorisierung und Synthese der Publikationen und Schritt 8 die Dokumentation der Ergebnisse. Zum Zwecke dieser Analyse werden Schritt 6 bis 8 gemeinsam in einem Kapitel dargestellt.

4.1.3 Schritt 3: Literatursuche

Dritter Schritt im Ablauf der Literaturanalyse ist die Suche nach der maßgeblichen Literatur, um einen Überblick über die Publikationen zu geben und die relevanten Publikationen für das Themengebiet zu ermitteln. Zu diesem Zweck werden verschiedene elektronischen Datenbanken mit Bezug zum Thema herangezogen (siehe Tabelle 3).[337] Eine spezielle Suche in Publikationen aus Konferenzen wird nicht durchgeführt, da diese in aller Regeln in den Datenbanken enthalten sind (z.B. ICSOB in ELSEVIER, IEEE in IEEE Xplore, ECIS in Cite Seerx library, IWSPM in ACM DL, MKWI und WI in Google Scholar etc.).

Datenbank	Schwerpunkt	Inhalte/Besonderheit	Internetquelle
Association for Computing Machinery (ACM DL)	Informatik, Elektro-, Mess- und Regelungstechnik	-Erste wissenschaftliche Gesellschaft für Informatik -Recherche in den elektronischen Publikationen der ACM: Zeitschriften, Kongressberichte, Newsletters, Reviews, Special Interest Groups u.a. -Zugriff auf den Volltext, i. d. R. als pdf-Datei angeboten	http://portal.acm.org/dl.cfm
CiteSeerx library	Informatik und Informationswissenschaft	-Über 720.000 Dokumente -Viele der Publikationen als pdf-Dokumente angeboten -Referenzierte Literatur ist verlinkt	http://citeseerx.ist.psu.edu/index
Ebsco Host / Business Source Premier BSP	Politologie und Wirtschaftswissenschaften	-Umfassende Sammlung an Literaturhinweisen und Volltexten zu allen Disziplinen der Wirtschaftswissenschaften	http://search.ebscohost.com
ELSEVIER → Science Direct	Naturwissenschaft, Medizin, Recht und Bildung	-Teil der Reed Elsevier Gruppe (einer der international führenden Wissenschaftsverlage und Informationsanbieter) -Umfasst Inhalte von 1.800 Zeitschriften aus 24 Fachdisziplinen in über 7 Millionen Volltextartikeln	http://www.sciencedirect.com
FIZ Karlsruhe (io-port.net)	Forschungsgebiete der Informatik	-Zeitschriftenartikel, Konferenzbeiträge, Dissertationen oder technische Berichte zu den Forschungsgebieten der Informatik -Bündelung der weltweiten Bestände (über 2 Mio. Publikationen) -Zugriff auf elektronische Volltexte der LNI-Reihe (Lecture Notes in Informatics) der GI (Gesellschaft für Informatik)	http://www.io-port.net/index.php?id=358
Google Scholar	Allgemeine Suche nach wissenschaftlicher Literatur	-Seminararbeiten, Magister-, Diplom- sowie Doktorarbeiten, Bücher, Zusammenfassungen und Artikel aus Quellen wie akademischen Verlagen, Berufsverbänden, Magazinen für Vorabdrucke, Universitäten und anderen Bildungseinrichtungen	http://scholar.google.de/
Institute of Electrical and Elecronics Engineers (IEEE Xplore)	Elektrotechnik und Informatik	-Weltweit größter technischer Berufsverband -Umfassender Zugriff auf Publikationen des IEEE -Mehr als 2 Millionen Dokumente aus allen Fachgebieten der Ingenieurwissenschaften	http://ieeexplore.ieee.org/Xplore/dyhome.jsp
ISI Web of Science	Kunst, Natur-, Sozial- und Geisteswissenschaften	-Eine der führenden Forschungs-Datenbanken -Umfasst mehr als 12.000 der einflussreichsten Zeitschriften weltweit (einschließlich Open-Access-Zeitschriften) und über 150.000 Tagungsbände -Viele der Publikationen als pdf-Dokumente angeboten	http://apps.isiknowledge.com/
SpringerLink	Wissenschaft, Technik, Medizin	-Zweitgrößter Verlag in seinem Bereich -Eine der weltweit größten digitalen Sammlungen von eBooks und eJournals.	http://www.springerlink.com/

Tabelle 3: Relevante Datenbanken für die Literatursuche zum Thema IT-Produktmanagement[338]

Als Bestandteil und zur Unterstützung der Literatursuche werden Suchstrategien festgelegt. Hierfür werden zunächst Suchbegriffe definiert, die sich aus dem Kontext ergeben. Da die Mehrheit der Quellen zum Thema in englischer Sprache publiziert sind, wird ebenso nach den übersetzten Begriffen gesucht mit folgenden Abfragen, welche unterstützt werden durch die Bool'schen Operatoren OR, um alternative Schreibweisen bzw. Synonyme zu integrieren und AND, um Begriffe zu verknüpfen:

337 In früheren Arbeiten im Themengebiet der IT werden die aufgeführten Datenbanken zur Literatursuche als relevant erachtet: vgl. Maglyas u.a. (2011), S. 27, Turner u.a. (2010), S. 466 und Yavuz (2011), S. 12. Hinzugefügt im Zuge dieser Arbeit werden die Datenbanken FIZ Karlsruhe und SpringerLink.

338 Eigene Darstellung

- (IT OR Software) AND (Produktmanagement OR Produktmanager)

- (IT OR software) AND ("product management" OR "product manager")

Eine Pilotstudie in drei der Datenbanken (ELSEVIER, Science Direct und ACM Portal) ergibt, dass die Suchabfragen das gewünschte Ergebnis liefern und somit die Literaturrecherche in vorgestellter Form durchgeführt werden kann.

4.1.4 Schritt 4: Auswahl der relevanten Publikationen

Die Auswahl der relevanten Publikationen aus dem Ergebnis der Literaturrecherche erfolgt anhand vorab definierter Einschlusskriterien (siehe Tabelle 4).

Einschlusskriterium	Ausprägung
(1) Publikationsart	Buch Artikel
(2) Sprache	Deutsch Englisch
(3) Schlagwörter	IT- oder Softwareproduktmanagement IT- oder Softwareproduktmanager IT oder software product management IT oder software product manager
(4) Vorkommen der Schlagwörter	Titel Abstract Keywords

Tabelle 4: Einschlusskriterien für Publikationen im Rahmen der Literaturrecherche[339]

Berücksichtigt werden sowohl Bücher als auch Artikel (1) in deutscher und englischer Sprache (2), in welchen die Wörter IT- oder Softwareproduktmanagement/-manager bzw. IT oder software product manager/management (3) in Titel, Abstract oder Keywords (4) vorkommen.[340] Von einer Volltextsuche wird abgesehen, da diese eine unüberschaubare Menge an Publikationen aufgrund der Tatsache liefert, dass die Schlagworte „software" und „product management" in den unterschiedlichsten Artikeln im Bereich der Wirtschaftswissenschaften vorkommen, jedoch nicht zwangsläufig im Zusammenhang stehen. Wie im Stand der Forschung (siehe Kap. 1.1) dargelegt, stellt das Thema IT-

---

[339] Eigene Darstellung

[340] Einschränkend wird bei der Recherche in der Datenbank Ebsco Host/Business Source Premier aufgrund der sich ergebenden unüberschaubaren Anzahl von Publikationen eine weitere Einschränkung auf „Scholarly (Peer Reviewed) Journals" vorgenommen. In der Datenbank google scholar wird nach den Begriffen lediglich im Titel gesucht, da Abstract- und Keywordsuche nicht angeboten werden.

Produktmanagement ein noch weitgehend unerforschtes Gebiet dar, weshalb keine Einschränkung bezüglich des Veröffentlichungsdatums vorgenommen wird. Die Literaturrecherche erfolgt kontinuierlich, so dass die jeweils aktuellsten Erkenntnisse zum Thema in die Ergebnisse dieser Arbeit aufgenommen werden können.[341]

Die Anzahl der identifizierten Publikationen pro Datenbank sowie die Verteilung der gefundenen Publikationen anhand der definierten Suchbegriffe zeigt Tabelle 4. Insgesamt können 3014 Veröffentlichungen verzeichnet werden.

Suchbegriff	ACM DL	Cite Seerx	EBSCO	ELSE-VIER/SD	FIZ	Google scholar	IEEE Xplore	ISI Web of Science	Springer Link
Software Produktmanagement	0	1	0	0	11	4	0	0	74
Software Produktmanager	0	1	0	0	1	0	0	0	66
IT Produktmanagement	0	2	0	2	1	3	0	0	78
IT Produktmanager	0	2	0	0	1	0	0	0	46
IT-Produktmanagement	0	0	0	2	0	0	0	0	0
IT-Produktmanager	0	0	0	0	0	0	0	0	0
software "product management"	149	58	28	164	34	145	70	30	117
software "product manager"	31	58	11	102	1	3	10	5	81
IT "product management"	66	270	83	407	12	8	55	9	177
IT "product manager"	39	270	26	328	1	3	12	6	114
Publikationen je Datenbank	**285**	**662**	**148**	**1005**	**62**	**166**	**147**	**50**	**489**
Publikationen insgesamt					**3014**				

Tabelle 5: Verteilung der eingeschlossenen Publikationen innerhalb der Datenbanken[342]

4.1.5 Schritt 5: Quantitative und qualitative Datenanalyse

In der quantitativen Datenanalyse erfolgt die Aussortierung der mehrfach vorkommenden Publikationen, d.h. eine Doublettenbereinigung. Nach Durchführung der quantitativen Datenanalyse verbleiben 1769 Veröffentlichungen.

Zur Durchführung der qualitativen Datenanalyse werden zunächst einige Ausschlusskriterien in einem Kriterienkatalog festgelegt, um die relevante Literatur zu identifizieren und eine Qualitätsbewertung vornehmen zu können (siehe Tabelle 6).

---

341 Die letzte Recherche erfolgt am 31.10.2013, aktuelle Ergebnisse können bis zu diesem Zeitpunkt berücksichtigt werden.

342 Eigene Darstellung

Die Kriterien beziehen sich auf die Frage, ob die Publikation das Produktmanagement mit Bezug zum Thema IT behandelt und einen oder mehrere der vorgegebenen Themenbereiche darlegt. Die Themenbereiche ergeben sich aus den Forschungsfragen (siehe Kapitel 1.6) der Arbeit und dem Bezugsrahmen für das IT-Produktmanagement (siehe Kapitel 1.5), welcher die Rahmenbedingungen/situativen Faktoren (2.a), Ziele (2.b), Aufgaben (2.c) und Probleme/Effizienzkriterien (2.d) des IT-Produktmanagements beinhaltet. Aus den Forschungsfragen ergibt sich zusätzlich der relevante Bereich einer möglichen Typenbildung (2.e). Zur Gewichtung werden die sich ergebenden Fragen mit den Ausprägungen „ja" (= 1 Punkt), „nein" (= 0 Punkte) oder „teilweise" (= 0,5 Punkte) beantwortet. Ausgeschlossen werden Publikationen, die mit weniger als 1 Punkt bewertet werden. Eine Publikation kann somit bis zu 5 Punkte erreichen, je nachdem, wie viele der Themenbereiche abgedeckt werden.

Ausschlusskriterien	**Ausprägung**
Werden die relevanten Themenbereiche behandelt?	
(a) Rahmenbedingungen/situative Faktoren	ja/nein/teilweise
(b) Ziele	ja/nein/teilweise
(c) Aufgaben	ja/nein/teilweise
(d) Probleme/Effizienzkriterien	ja/nein/teilweise
(e) Typen(bildung)	ja/nein/teilweise

Tabelle 6: Ausschlusskriterien für Publikationen im Rahmen der Literaturrecherche[343]

Nach kritischem Durchlesen der Titel und Abstracts erfolgt die Bewertung: 1692 Publikationen mit 0-0,5 Punkten werden ausgeschlossen, da kein (ausreichender) Themenbezug zu IT zu erkennen ist, die Quellen eine Software zur Durchführung des IT-Produktmanagements beschreiben, Informationen enthalten über Workshops, Konferenzen oder Autoren im Bereich IT-Produktmanagement oder kein Zugang[344] zu bekommen ist.

[343] Eigene Darstellung

[344] Hier handelt es sich um vier Publikationen: Gorchels (2003), wesentliche Erkenntnisse hieraus können jedoch wahrscheinlich aus dem in der vorliegenden Arbeit verwendeten Buch über Produktmanagement des Autors gezogen werden (Gorchels (2011)), Huang (2003), Kelly und Hise (1979) und Eckles und Novotny (1984).

4.1.6 Schritt 6-8: Datenextraktion, Synthese der Publikationen und Dokumentation

Während der Datenextraktion werden die verbliebenen 104 Quellen sorgfältig anhand der Ausschlusskriterien kategorisiert, synthetisiert und dokumentiert (siehe Abbildung 39, Abbildung 40 und Abbildung 41, die Reihenfolge erfolgt alphabetisch nach dem Titel der Quellen, die ausführlichen Quellenangaben sind im Literaturverzeichnis am Ende der Arbeit zu finden). Die Dokumentation der Ergebnisse der systematischen Literaturanalyse kann zum einen als Überblick dienen, welche Erkenntnisse zum Gestaltungsbereich des IT-Produktmanagements bereits gewonnen werden konnten, zum anderen können diese somit als Grundlage für weiterführende Forschungsarbeiten herangezogen werden. Auffallend ist, dass die Mehrheit der Publikationen Aufgaben des IT-Produktmanagements behandeln (72), ungefähr die Hälfte beschäftigt sich mit Problemen/Effizienzkriterien des IT-Produktmanagements (47), wohingegen situative Faktoren (9), Ziele (11) und vor allem eine mögliche Typisierung (4) relativ wenig Beachtung finden. Vorrangig in diesen Bereichen scheint weiterer Forschungsbedarf zu existieren, was sich mit den Ausführungen zum Stand der Forschung in Kapitel 1.1 deckt. Ferner sollen die gewonnenen Erkenntnisse aus den Publikationen in Kapitel 4.2 und 4.3 in die Ergebnisse dieser Arbeit einfließen, welche darauf abzielen, die Stelle des IT-Produktmanagers aus der wissenschaftlichen Perspektive darzustellen. Hierzu soll das in Kapitel 2 entwickelte, theoriegeleitete Modell zur Verortung organisationaler Strukturtypen um die hier gewonnenen Erkenntnisse zum IT-Produktmanagement angereichert werden.

Nr.	a	b	c	d	e	Jahr	Autoren	Titel
1			1	1		2006	Schackmann, H. und Lichter, H.	A Cost-Based Approach to Software Product Line Management
2				1		2010	Bekkers, W., van de Weerd, I., Spruit, M. und Brinkkemper, S.	A Framework for Process Improvement in Software Product Management
3				1		2013	Pietsch, W.	A Framework for Strategic Positioning of IT-Products
4			1	1		2010	Gorschek, T., Fricker, S., Palm, K. und Kunsman, S.	A Lightweight Innovation Process for Software-Intensive Product Development
5			1	1	1	2011	Khurum, M. und Gorschek, T.	A method for alignment evaluation of product strategies among stakeholders (MASS) in software intensive product development
6				1		2007	Khurum, M., Aslam, K. und Gorschek, T.	A Method for Early Requirements Triage and Selection Utilizing Product Strategies
7			1			2010	Iqbal, M., Zaidi, A. und Murtaza, S.	A New Requirement Prioritization Model for Market Driven Products Using Analytical Hierarchical Process
8				1		1997	Tessler, S. und Barr, A.	A Pilot Survey of Software Product Management - SCIP Software Industry Study
9			1			2012	Ricken, A. und Meinberg, T.	A Process Reference for Product Innovation and Lifecycle Management
10		1	1	1		2008	Barney, S., Aurum, A. und Wohlin, C.	A Product Management Challenge: Creating Software Product Value through Requirements Selection
11				1		2006	van de Weerd, I., Versendaal, J. und Brinkkemper, S.	A Product Software Knowledge Infrastructure for Situational Capability Maturation: Vision and Case Studies in Product Management
12			1	1		2006	van de Weerd, I., Brinkkemper, S., Nieuwenhuis, R., Versendaal, J. und Bijlsma, L.	A Reference Framework for Software Product Management
13			1	1		2010	Bekkers, W., Spruit, M., van de Weerd, I., van Vliet, R. und Mahieu, A.	A Situational Assessment Method for Software Product Management
14	1					2009	van de Weerd, I.	Advancing in Software Product Management: An Incremental Method Engineering Approach
15			1			1978	Pfau, P.	Applied Quality Assurance Methodology
16			1			2012	Regnell, B.	Are my Features Innovative Enough? – A Multi-Variable Innovation Strategy Model Proposal
17						2011	Bjorner, D.	Believable Software Management
18			1			2012	van Angeren, J., van Bommel, R., Arupia, C. und Brinkkemper, S.	Benchmarking Bundling Practices in the Software Industry
19			1	1		2010	Bebensee, T., van de Weerd, I. und Brinkkemper, S.	Binary priority list for prioritizing software requirements
20		1			1	2010	Manteli, C., van de Weerd, I. und Brinkkemper, S.	Bridging the gap between software product management and software project management
21	1					2012	Maglyas, A., Nikula, U. und Smolander, K.	Comparison of Software Product Management Practices in SMEs and Large Enterprises
22			1			1997	Shinohara, Y., Dohi, T. und Osaki, S.	Comparisons of Optimal Release Policies for Software Systems
23			1	1		2010	Mohamed, S., ElMaddah, I. und Wahba, A.	Criteria-Based Framework for Software Product Management
24			1			2008	Mohamed, S., ElMaddah, I. und Wahba, A.	Criteria-Based Requirements Prioritization for Software Product Management
25			1			2008	Mendonça, M., Bartolomei, T. und Cowan, D.	Decision-making coordination in collaborative product configuration
26			1			2011	Botzenhardt, A., Maedche, A. und Wiesner, J.	Developing a domain ontology for software product management
27			1	1		2008	Ben-Menachem, M. und Gavious, I.	Economic Desirability and Traceability of Complex Products
28		1		1		2013	Stallinger, F. und Neumann, R.	Enhancing ISO/IEC 15288 with reuse and product management: An add-on process reference model
29			1			2007	Berander, P.	Evolving prioritization for software product management
30			1	1		2011	Regnell, B. und Kuchcinski, K.	Exploring Software Product Management decision problems with constraint solving - opportunities for prioritization and release planning
31			1			2009	Konig, S.	Finance as a Stakeholder in Product Management
32		1	1			2012	Stallinger, F. und Neumann, R.	From Software to Software System Products: An Add-on Process Reference Model for Enhancing ISO/IEC 12207 with PM and S-LR
33			1	1		2008	Herzwurm, G. und Pietsch, W.	Guidelines for the Analysis of IT Business Models and Strategic Positioning of IT-Products
34			1			2007	Fricker, S., Gorschek, T. und Myllyperkiö, P. (2007)	Handshaking Between Software Projects and Stakeholders Using Implementation Proposals
35			1			2010	Fricker, S., Gorschek, T., Byman, C. und Schmidle, A.	Handshaking with Implementation Proposals: Negotiating Requirements Understanding

Abbildung 39: Dokumentation der Ergebnisse der systematischen Literaturanalyse zur Erhebung des Gestaltungsbereichs des IT-Produktmanagements – Teil 1[345]

[345] Eigene Darstellung

Nr.	a	b	c	d	e	Jahr	Autoren	Titel
36				1		2012	Savio, D. und Suryanarayana, G.	How to Avoid Taking Three Lefts When You Can Go Right: Making the Architectural Perspective Count
37				1		2010	Coman, A. und Ronen, B.	Icarus' predicament: Managing the pathologies of overspecification and overdesign Original Research Article
38			1			2012	Yang, L.-R.	Implementation of project strategy to improve new product development performance
39			1			2011	Jagroep, E., van de Weerd, I., Brinkkemper, S. und Dobbe, T.	Implementing Software Product Portfolio Management
40		1	1	1		1998	Kilpi, T.	Improving Software Product Management Process: Implementation of a Product Support System
41	1					2013	Vlaanderen, K., van de Weerd, I. und Brinkkemper, S.	Improving Software Product Management: a Knowledge Management Approach
42				1		2010	van de Weerd, I., Brinkkemper, S. und Versendaal, J. (2010)	Incremental method evolution in global software product management: A retrospective case study
43			1	1		2012	Gorschek, T., Gomes, A., Pettersson, A. und Torkar, R.	Introduction of a process maturity model for market-driven product management and requirements engineering
44			1			2004	Spitta, T. und Borchers, J.	IT-Controlling und Outsourcing, GI-Conference Software Management 2004 - Outsourcing and Integration
45			1			2000	Shani, A. und Sena, J.	Knowledge management and new product development: learning from a software development firm
46				1		2012	Maglyas, A., Nikula, U. und Smolander, K.	Lean solutions to software product management problems
47			1	1		2006	Albourae, T., Ruhe, G. und Moussavi, M.	Lightweight Replanning of Software Product Releases
48	1	1	1	1	1	2009	Herzwurm, G. und Pietsch, W.	Management von IT-Produkten - Geschäftsmodelle, Leitlinien und Werkzeugkasten für softwareintensive Systeme und Dienstleistungen
49				1		2008	Ebert, C., Murthy, B. und Jha, N.	Managing Risks in Global Software Engineering: Principles and Practices
50			1			2012	Gietema, S. und Brinkkemper, S.	Managing the Product Release Cycle Ten factors determining success in project management of product release cycles
51			1			2006	Zanker, M. und Gordea, S.	Measuring, monitoring and controlling software maintenance efforts
52			1			2012	Manuel, J., Vázquez, G., Appelrath, H. und Sauer, J.	Methods to Manage Information Sources for Software Product Managers in the Energy Market
53				1		2010	Vlaanderen, K., van de Weerd, I. und Brinkkemper, S.	Model-Driven Assessment in Software Product Management
54			1			2005	Sandusky, R. und Gasser, L.	Negotiation and the coordination of information and activity in distributed software problem management
55			1	1		1997	Kilpi, T.	New Challenges for Version Control and Configuration Management: a Framework and Evaluation
56			1	1		2006	van de Weerd, I., Brinkkemper, S., Nieuwenhuis, R., Versendaal, J. und Bijlsma, L.	On the Creation of a Reference Framework for Software Product Management: Validation and Tool Support
57			1			2009	van de Weerd, I. und Katchow, R.	On the integration of software product management with software defect management in distributed environments
58			1	1		2010	Bjarnason, E., Wnuk, K. und Regnell, B.	Overscoping: Reasons and consequences - A case study on decision making in software product management
59			1			2010	Müller, J.	Preismanagement für Software-Produktlinien - State of the Art
60			1	1		2008	Hanssen, G. und Fægri, T.	Process fusion: An industrial case study on agile software product line engineering
61			1	1		2001	van Zyl, J.	Process innovation imperative
62			1			2008	Saaksvuori, A. und Immonen, A.	Product Lifecycle Management
63		1				2007	Ebert, C.	Product Management: Assuring Business Success from R&D
64				1		1997	Kilpi, T.	Product Management Challenge to Software Change Process: Preliminary Results from Three SMEs Experiment
65			1			2006	Helferich, A., Schmid, K. und Herzwurm, G.	Product management for software product lines: an unsolved problem?
66			1			2003	Grynberg, A. und Goldin, L.	Product Management in Telecom Industry - Using Requirements Management Process
67			1	1		1997	Kilpi, T.	Product Management Requirements for SCM Discipline
68	1			1		2010	Herzwurm, G.	Produktmanagement in der IT: Geschäftsmodelle und Produktpositionierung
69			1			2011	Huber, M. und Huber, G.	Prozess- und Projektmanagement für ITIL® - Nutzen Sie ITIL® optimal
70			1			2003	Dayani-Fard, H.	Quality-based software release management

Abbildung 40: Dokumentation der Ergebnisse der systematischen Literaturanalyse zur Erhebung des Gestaltungsbereichs des IT-Produktmanagements – Teil 2[346]

[346] Eigene Darstellung

Nr.	a	b	c	d	e	Jahr	Autoren	Titel
71			1	1		2006	Helferich, A., Schmid, K. und Herzwurm, G.	Reconciling Marketed and Engineered Software Product Lines
72				1		2012	Adolpha, S., Kruchtena, P. und Hall, W.	Reconciling perspectives: A grounded theory of how people manage the process of software development
73			1	1		2006	Gorschek, T. und Wohlin, C.	Requirements Abstraction Model
74	1					2012	Bekkers, W.	Situational Process Improvement in Software Product Management
75			1			2009	Kittlaus, H.-B. und Clough, P.	Software Product Management and Pricing
76			1			2011	Suomalainen, T., Outi, O. S., Abrahamsson, P. und Similä, J.	Software product roadmapping in a volatile business environment
77		1	1			2005	Sneed, H., Hasitschka, M. und Teichmann, M.	Software Produktmanagement – Wartung und Weiterentwicklung bestehender Anwendungssysteme
78			1			2012	Didar-Al-Alam, S., Zhi, J. und Ruhe, G.	Software Release Planning Incorporating Technological Change – The Case of Considering Software Inspections
79			1			2004	Greer, D. und Ruhe, G.	Software release planning: an evolutionary and iterative approach
80		1	1			2004	Kittlaus, H.-B., Rau, C. und Schulz, J.	Software-Produkt-Management
81			1			2008	Helferich, A. und Herzwurm, G.	Softwaretechnische Ansätze für die Entwicklung flexibler Anwendungssysteme – Ergebnisse einer explorativen Studie
82			1			2012	ISPMA	SPM Body of Knowledge, Auf den Seiten International Software Product Management Association
83			1			2006	Striebeck, M.	Ssh! We are adding a process...
84				1		2009	Khurum, M.	Strategic Decision Support for Software Intensive Product Management
85				1		2011	Vlaanderen, K., Jansen, S., Brinkkemper, S. und Jaspers, E.	The agile requirements refinery: Applying SCRUM principles to software product management
86		1	1	1		2007	Ebert, C.	The impacts of software product management
87				1		2012	Blijleven, V., Andalibi, F., Pap, A. und Brinkkemper, S.	The Influence of Internationalization on Software Product Management
88	1					2008	Bekkers, W., van de Weerd, I., Brinkkemper, S. und Mahieu, A.	The Influence of Situational Factors in Software Product Management: An Empirical Study
89			1			2013	Sudhakar, G.	The Key Functions and Best Practices of Software Product Management
90			1			2004	Harness, D. und Harness, T.	The new customer relationship management tool - product elimination
91			1			2012	O'Leary, P., Santana de Almeida, E. und Richardson, I.	The Pro-PD Process Model for Product Derivation within software product lines
92	1					2008	Bekkers, W., van de Weerd, I., Brinkkemper, S. und Mahieu, A.	The Relevance of Situational Factors in Software Product Management
93				1		2010	Bekkers, W. und Spruit, M.	The Situational Assessment Method put to the test: Improvements based on case studies
94	1					2012	Clarke, P. und O'Connor, R.	The situational factors that affect the software development process: Towards a comprehensive reference framework
95			1	1		2011	Jansen, S., Popp, K. und Buxmann, P.	The Sun also Sets: Ending the Life of a Software Product
96			1			2010	Botzenhardt, A. und Maedche, A.	Towards a Performance Measurement Reference Model for Software Product Management
97			1			2006	van de Weerd, I., Brinkkemper, S., Nieuwenhuis, R., Versendaal, J. und Bijlsma, L.	Towards a Reference Framework for Software Product Management
98		1				2013	Penzenstadler, B., Khurum, M. und Petersen, K.	Towards Incorporating Sustainability while Taking Software Product Management Decisions
99			1			2008	Mohamed, S., ElMaddah, I. und Wahba, A.	Towards Value-Based requirements prioritization for software product management
100				1		2009	Kalliney, M.	Transitioning from Agile Development to Enterprise Product Management Agility
101			1	1		2008	Mohamed, S. und Wahba, A.	Value estimation for software product management
102					1	2013	Maglyas, A., Nikula, U. und Smolander, K.	What are the roles of software product managers? An empirical investigation
103			1			2011	Maglyas, A., Nikula, U. und Smolander, K.	What Do We Know about Software Product Management? - A Systematic Mapping Study
104			1	1		2001	Humphrey, W.	Winning with Software: An Executive Strategy
	9	11	72	47	4			

Abbildung 41: Dokumentation der Ergebnisse der systematischen Literaturanalyse zur Erhebung des Gestaltungsbereichs des IT-Produktmanagements – Teil 3[347]

[347] Eigene Darstellung

4.2 Darstellung des Gestaltungsbereichs aus wissenschaftlicher Perspektive

Organisationen, die sich auf ein softwareintensives Geschäftsmodell stützen, weisen häufig ein vielfältiges Leistungsprogramm auf, das mehrere heterogene Produkte mit verschiedenen Marktbedingungen beinhaltet. Dies wird von Schulte-Zurhausen als eine Voraussetzung für die Etablierung des Produktmanagements in einer Organisation gesehen: Speziell IT-Produkte zeichnen sich durch vielfältige Beziehungen zu einzelnen Teilmärkten aus, ebenso ist die Anpassungsfähigkeit des Unternehmens von besonderer Wichtigkeit, da sich die Marktbedingungen häufig ändern (siehe Kapitel 1.2). Auch bei hoher Marktkomplexität und -dynamik erscheint es zweckmäßig, Produktmanagement in der Organisation zu betreiben.[348] Das in Kapitel 2.4 hergeleitete Instrumentarium zur Verortung organisationaler Strukturtypen soll im Folgenden systematisch auf die Stelle des IT-Produktmanagers übertragen werden. Hierfür wird zunächst ein Zusammenhang hergestellt mit Ansätzen zum Produktmanagement aus der theoretischen Literatur. Auf dieser Basis werden die Stelle und deren Organisationsformen, die Funktionsbereiche und resultierende Strukturtypen des IT-Produktmanagements abgeleitet, welche die Grundlage für die weitere Typisierung der Stelle bilden. Diese Ergebnisse werden weiter angereichert um die Erkenntnisse zum Gestaltungsbereich des IT-Produktmanagements aus der systematischen Literaturanalyse aus (siehe Kapitel 4.1).

4.2.1 Die Stelle des IT-Produktmanagements und deren Organisationsformen

Das IT-Produktmanagement selbst als organisatorische Einheit im Rahmen der Aufbauorganisation kann anhand der Ausführungen aus Kapitel 2.1.2 als Singulärstelle ($IT\text{-}PM_{Singulär}$) oder als Stellenmehrheit, d.h. als Gruppe ($IT\text{-}PM_{Gruppe}$) oder Abteilung mit Abteilungsleiter ($IT\text{-}PM_{Abteilung}$), ausgestaltet sein und bezeichnet den Funktions- und Kompetenzbereich eines oder mehrerer gedachter Handlungsträger.

Das Bestreben des Produktmanagements ist es, produktorientiertes Denken in Organisationen zu etablieren, wobei die Objekt- oder spezieller die Produktorientierung mit Outputorientierung und somit Erfolgsorientierung gleichzusetzen ist, kundenseitig und konkurrenzseitig.[349] Organisatorische Produkteinheiten (Strategische Produkt-/-ions-Einheiten, Geschäftseinheiten/Business Units, Center) lassen sich gewinnorientiert steuern, vor allem durch eine Gleichsetzung von Stelle und Produkt.[350] Verfügt eine Organisation über

---

[348] Vgl. Schulte-Zurhausen (2005), S. 310
[349] Vgl. Köhler (2007), S. 743 ff.
[350] Vgl. zum folgenden Absatz Reiß (1991), S. 21-32

ein vielfältiges Produktportfolio, welchem unterschiedliche Marktbedingungen gegenüberstehen und die Märkte durch eine hohe Komplexität und Dynamik gekennzeichnet sind, werden spezifische Stellen benötigt, die sich auf diese Gegebenheiten konzentrieren und schnell auf Marktveränderungen reagieren können. Das Produktmanagement übernimmt produktbezogene, funktionsbereichsübergreifende Aufgaben durch Produktmanager, die häufig als Stabsstelle der Organisationsleitung zugeordnet sind. Werden dem Produktmanager fachliche Weisungsbefugnisse erteilt, nähert sich diese Organisationsform der Matrixorganisation an. Reiß beschreibt drei unterschiedliche Ansätze der Produktorientierung:[351]

- Das klassische Produktmanagement entstammt der Konsumgüterindustrie zur Vermarktung von Markenartikeln (*Brand Management*), ist demnach im Marketing verortet und hat die vorrangige Aufgabe, den Einsatz der Marketing-Instrumente für das Produkt/die Produktgruppe abzustimmen (Marketing-Mix). Dieser Ansatz weitete sich von der Anwendung auf Konsumgüter auf langlebige Gebrauchs- und Investitionsgüter aus.
- *Fertigungssegmente* sind produktorientierte Einheiten, die als relativ autarke und autonome Organisationen innerhalb der Organisation den Produktionsprozess und Materialfluss fragmentieren und über Einflussmöglichkeiten auf die Produktentwicklung und -vermarktung verfügen.
- *Unternehmensintern bereitgestellte Leistungen* in der Wertschöpfungskette werden als Produkte und/oder Dienstleistungen definiert und zunächst der organisationsinternen Kundschaft bereitgestellt, als Produkte gemanagt und verrechnet. Diese indirekten Produkte können auch zu direkten Produkten werden, wenn sie in einem weiteren Schritt an externe Kunden vermarktet werden.

Produktorientierte Einheiten bilden demnach den gemeinsamen Nenner der drei historischen Entwicklungsrichtungen und somit stellt sich die Einrichtung der Stelle(n) von Produktverantwortlichen als zentraler Punkt der Produktmanagement-Organisation heraus. Die in Kapitel 2.2.3 aufgeführten Modelle der Aufbauorganisation bilden die Basis für jene

[351] Vgl. zur folgenden Aufzählung Reiß (1991), S. 21-22

Organisationsformen, welche den für das IT-Produktmanagement notwendigen Produktgedanken berücksichtigen und deren Grundgedanke besagt, dass die Struktur einer Organisation an dem jeweiligen Produktziel ausgerichtet sein sollte.

Die Eingliederung des Produktmanagements in die Primärorganisation als Linieninstanz verleiht vollberechtigte Mitwirkung und bereichsübergreifende Koordinationsbefugnisse, es entstehen stärker autorisierte Wechselbeziehungen durch die horizontale Einwirkungsmöglichkeit mit anderen Funktionsbereichen.[352] Diese Form der Eingliederung als Instanz ist als Idealmodell einzuordnen und kommt relativ selten vor:

– *Produktspartenorganisation* – Diese Form der Produktgliederung entspricht der Divisional- bzw. Spartenorganisation.[353] Die Organisation ist in Produktsparten untergliedert, somit ist das für eine Sparte zuständige Produktmanagement jeweils unmittelbar unter der Geschäftsleitung aufgehängt.

Die Einordnung des Produktmanagements erfolgt i.d.R. in die Sekundärorganisation.[354] Ansoff und Brandenburg stellen die Produktmanager-Organisationsform als Variante der funktionalen Organisation dar, welche sowohl die operative wie auch die strategische Reagibilität für einzelne Produkte durch eine enge Perspektive gewährleistet, die auf die Produkte der Organisation ausgerichtet ist.[355] Es werden in der Literatur drei typische Organisationsformen des Produktmanagements unterschieden, welche sich aus den beiden extremen Formen der Spartenstruktur und der klassischen funktionsorientierten Organisationsstruktur ableiten:[356]

---

[352] Vgl. zum folgenden Absatz Arnold (1984), S. 438, zitiert nach Köhler (2007), S. 752 und Wild (1982), S. 210 f. Die reine funktionsorientierte Organisation wird der Vollständigkeit halber aufgeführt, im Folgenden jedoch nicht näher betrachtet, da hier keine Ausrichtung auf das Produktziel gegeben ist.

[353] Diese Form der Produktgliederung wird von einigen Vertretern nicht als Produktmanagement-Organisationsform betrachtet, sondern als eigenständige Strukturierungsmöglichkeit. Siehe zu dieser Einschätzung: Brockhoff (1999), S. 338 ff. oder Kieser (1981), S. 58. Zur Erforschung der Gestaltung des IT-Produktmanagements in Wissenschaft und Praxis soll diese Möglichkeit der Einbettung in die Organisation jedoch nicht verworfen werden und wird deshalb mit aufgenommen.

[354] Vgl. Bea und Göbel (2010), S. 384, siehe auch Diller (1975), S. 53, Hofbauer und Sangl (2011), S. 304 ff. und Schulte-Zurhausen (2005), S. 309 ff.

[355] Vgl. Ansoff und Brandenburg (1978), S. 282 f.

[356] Vgl. zur folgenden Aufzählung Homburg (2012), S. 1129, weitere Beschreibungen finden sich in Brockhoff (1999), S. 338 ff., Frese (1981), S. 56 ff., Kieser (1981), S. 56-58 und Matys (2005), S. 27 ff. Verschiedene Vertreter ordnen das Produktmanagement neben der Geschäftsleitung vorrangig dem Marketing zu, was vermutlich durch die relativ homogenen Aufgaben von Produkt- und Marktaktivitäten bedingt ist, siehe hierzu z.B. Arnold (1984), S. 435 ff., Brockhoff (1999), S. 337 ff., Frese u.a. (2012), S. 204 f. oder Köhler (2007), S. 748. Ansoff und Brandenburg z.B. schreiben dem Produktmanager sogar explizit einige betriebliche Grundaktivitäten zu, vorrangig das Marketing selbst, vgl. Ansoff und Brandenburg (1978), S. 282 f.

- *Stabs-Produktorganisation* – Einrichtung produktorientierter Stabsstellen im Rahmen einer funktionalen Grundstruktur: Der Produktmanager ist der Unternehmens- oder einer Funktionsleitung direkt zugeordnet, übernimmt die Rolle des Beraters und hat Einfluss auf produktpolitische Entscheidungen.[357]
- *Linien-Produktorganisation* – Einrichtung produktorientierter Leitungsstellen neben den funktionalen Leitungsstellen: Der Produktmanager hat den Status eines Abteilungsleiters mit Handlungsvollmacht. In kleinen und mittleren Organisationen ist er häufig direkt der Geschäftsleitung unterstellt, in größeren meist der Marketingabteilung untergeordnet, teils aber auch Vertrieb, Forschung und Entwicklung oder F&E-Abteilung.
- *Matrix-Produktorganisation* – Einrichtung eines nach Produkten gegliederten Teilbereichs in einer funktionsorientierten Grundstruktur: Der Produktmanager profitiert hier von kürzeren Instanzen- und Entscheidungswegen, kämpft aber mit Kompetenzüberschneidungen und unterschiedlichen Anforderungen der einzelnen Produktmanager an die Funktionsbereiche.[358]

Zusätzlich wird eine weitere Produktmanagement-Organisationsform mit dem Ziel der Selbstabstimmung beschrieben:

- *Produktausschuss* – Einrichtung als produktbezogene Form der Selbstabstimmung, welcher sich aus Vertretern der Bereiche einer funktional aufgestellten Organisation zusammensetzt.[359] So werden die Fachkenntnisse zentralisiert und die Umsetzung der Produktziele in den Funktionseinheiten durch die gemeinsam gefassten Beschlüsse begünstigt.[360]

Die Organisation des IT-Produktmanagements kann analog zu den Ausführungen dieses Kapitels vorgenommen werden.[361] Abbildung 42 zeigt mögliche Organisationsformen für das IT-Produktmanagement auf, erweitert um die Prinzipien der Koordination bzw. Kommunikation: Je nach Grad der Ausrichtung der Organisation auf das Produktziel ergeben sich unterschiedliche Anforderungen der Kommunikation zwischen den Teilbereichen der

[357] Vgl. Köhler (2007), S. 748, siehe auch Schulte-Zurhausen (2005), S. 311
[358] Vgl. Hofbauer und Sangl (2011), S. 289 f., siehe auch Schulte-Zurhausen (2005), S. 311
[359] Vgl. Schulte-Zurhausen (2005), S. 311
[360] Vgl. Vahs (2009), S. 187
[361] Siehe hierzu auch Kapitel 2.1 (Funktion und Aufgabe, Stelle, Stellenarten und Strukturtypen) und Kapitel 2.2.3 (Grundmodelle der Aufbauorganisation)

Organisation und damit sinkt der Koordinationsaufwand tendenziell mit zunehmender Ausrichtung auf das Produktziel.

Grad der Ausrichtung auf Produktziel	Keine Ausrichtung $KA_{IT\text{-}PM}$	IT-Produktmanagement $ST_{IT\text{-}PM}$	$MA_{IT\text{-}PM}$	$PA_{IT\text{-}PM}$	$LI_{IT\text{-}PM}$/ $LF_{IT\text{-}PM}$	Volle Ausrichtung $PS_{IT\text{-}PM}$
Organisationsform	Funktionsorientierte Organisation	Stabs-Produkt-Organisation	Matrix-Produkt-Organisation	Produktausschuss	Linien-Produktorganisation	Produktspartenorganisation
Organisatorische Einbindung	GL; FB 1, FB 2, FB ...	GL, IT-PM; FB 1, FB 2, FB ..., IT-PM	GL; FB 1, FB 2, FB ...; IT-PM	GL, IT-PM; FB 1, FB 2, FB	GL; FB 1, FB 2, FB ..., IT-PM; IT-PM	GL; PS 1, PS 2, PS ...; IT-PM, IT-PM, IT-PM
Koordination	Kommunikation unmittelbar zwischen Teilbereichen	Kommunikation zwischen Teilbereichen, durch Stabsstelle IT-Produktmanagement unterstützt	Kommunikation zwischen Teilbereichen über besondere Leitungseinheiten	Kommunikation zwischen Teilbereichen über Vertreter aus den Funktionsbereichen	Keine unmittelbare Kommunikation zwischen produktorientierten Teilbereichen (bezogen auf Teil einer Organisation)	Keine unmittelbare Kommunikation zwischen produktorientierten Teilbereichen (bezogen auf die gesamte Organisation)

GL = Geschäftsleitung FB = Funktionsbereich IT-PM = IT-Produktmanagement PS = Produktsparte

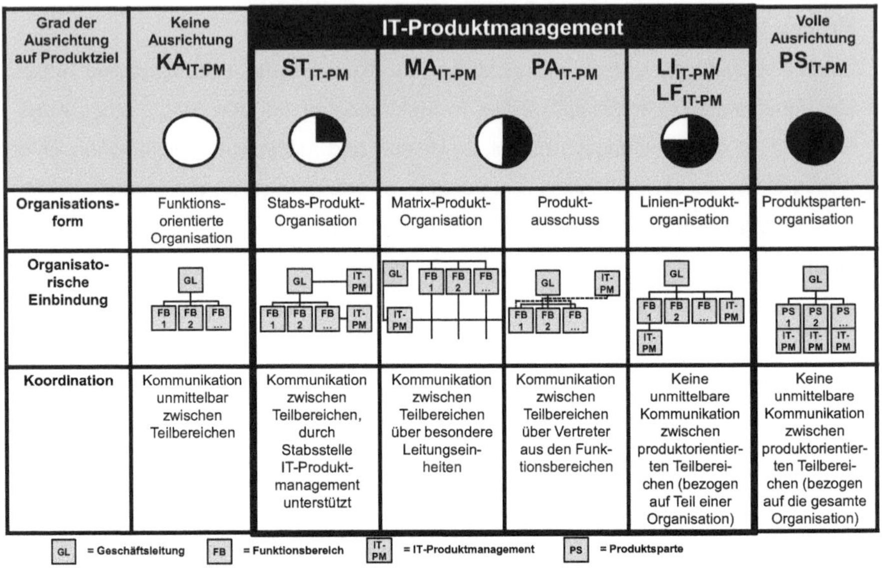

Abbildung 42: Systematik der Organisationsformen des IT-Produktmanagements[362]

Bei der funktionsorientierten Organisation erfolgt keine Ausrichtung auf das Produktziel, es ist kein IT-Produktmanagement im Organigramm implementiert ($KA_{IT\text{-}PM}$).

Ist eine Stabsstelle IT-Produktmanagement ($ST_{IT\text{-}PM}$) in einer Organisation der Geschäftsleitung oder einem Funktionsbereich direkt zugeordnet, werden dessen Aufgaben hauptsächlich in der Sammlung von Informationen, Entwicklung von Vorschlägen zur Entscheidungsvorbereitung und Erarbeitung alternativer Pläne für die IT-produkt-orientierten Themen, die in der Organisation auftreten, gesehen. In diesem Fall hat der Stelleninhaber keine Weisungsbefugnis, unterstützt jedoch die Kommunikation zwischen den Funktionsbereichen der Organisation.

In der Matrix-Produkt-Organisation überlagern sich die funktionale und produktorientierte Form in gleichberechtigter Weise: die funktionalen Leitungseinheiten verwalten die Ressourcen und die Mitarbeiter sind disziplinarisch unterstellt, die IT-Produktmanager ($MA_{IT\text{-}}$

[362] Eigene Darstellung, in Anlehnung an Kieser (1981), S. 58

PM) haben jedoch ein sach- bzw. produktbezogenes Weisungsrecht, sind als Servicestellen zu verstehen und hauptsächlich koordinierend tätig. Je mehr Funktionsbereiche zu koordinieren sind, desto komplexer wird die Kommunikation zwischen den Teilbereichen.

Bei der Einrichtung des IT-Produktmanagements als Produktausschuss ($PA_{IT\text{-}PM}$) nehmen die Leitungsstellen/Instanzen der Funktionsbereiche im oberen/mittleren Management die Aufgaben im Themengebiet IT-Produktmanagement wahr. Ihr fachlicher Sachverstand wird im Ausschuss zusammengeführt, anschließend werden die Beschlüsse durch die Richtlinienkompetenzen des Ausschusses in den Funktionsbereichen kommuniziert, umgesetzt und weiter delegiert.

Als produktorientierter Teilbereich der Linie hat das IT-Produktmanagement ($LI_{IT\text{-}PM}$) ein instanzielles Weisungsrecht über die ihm zugeteilten Ressourcen. Ist das Produktmanagement jedoch auf niedrigerer hierarchischer Stufe innerhalb eines Funktionsbereiches eingegliedert und hat Linienkompetenz ($LF_{IT\text{-}PM}$), gilt es als produktbezogene Leitungseinheit und hat Weisungsrecht über einen Teil aller zur Erbringung des Produktes notwendigen Funktionen. Je nach Aufhängung und Kompetenz kann die Stelle hier als Leitungsstelle des oberen/mittleren Managements oder als Ausführungsstelle ausgestaltet sein.

Innerhalb einer Produktspartenorganisation ist das IT-Produktmanagement in einem dezentralen Verantwortungsbereich (einer Sparte) angesiedelt, häufig in einer Leitungsfunktion mit direkter Ergebnisverantwortung ($PS_{IT\text{-}PM}$). I.d.R. sind gemeinsame, gleichartige Funktionen außerhalb der Sparten zentralisiert (wie z.B. Beschaffung, Marketing, Vertrieb etc.)

4.2.2 Ziele des IT-Produktmanagements

Um eine Erhöhung der Wertschöpfung ihrer Investitionen zu erreichen, ist es für IT-intensive Organisationen notwendig, die Organisationsziele in Teilziele herunterzubrechen.[363] Hierzu werden die Ziele des IT-Produktmanagements entsprechend dem IT-Alignment aus den Organisationszielen abgeleitet.[364] In der Betriebswirtschaft existieren unterschiedliche Zielkategorien, zum einen *finanzwirtschaftliche* Ziele wie Erfolg oder Liquidität, zum anderen *leistungswirtschaftliche* Ziele, zu denen Produktziele (Art, Menge

---

[363] Vgl. Barney u.a. (2008), S. 576 f. und Ebert (2007a), S. 850
[364] Vgl. Barney u.a. (2008), S. 576 f. und Maglyas u.a. (2011), S. 26

und Qualität), Kundenziele (Wiederverkäufe, Cross-Selling-Potenziale) und Marktziele (Branche, Marktanteil) gezählt werden und zuletzt *soziale* Ziele, mitarbeiterbezogen (wie Mitbestimmung) oder gesellschaftsbezogen (wie Umweltschutz).[365]

Da für das IT-Produktmanagement die Kundenzufriedenheit eine herausragende Rolle spielt,[366] wird die häufig für Dienstleistungsorganisationen genannte *psychographische* Zielkategorie hinzugefügt, welche marktgerichtet (Kundenzufriedenheit/-bindung, Imagesteigerung, Markteintrittsbarrieren) oder organisationsgerichtet sein kann (Kundenorientierung, Qualitätsbewusstsein, Mitarbeiterzufriedenheit).[367] Die während der in Kapitel 4.1 durchgeführten systematischen Literaturanalyse ermittelten Ziele werden im Folgenden den beschriebenen Zielkategorien zugeordnet (siehe Abbildung 43).

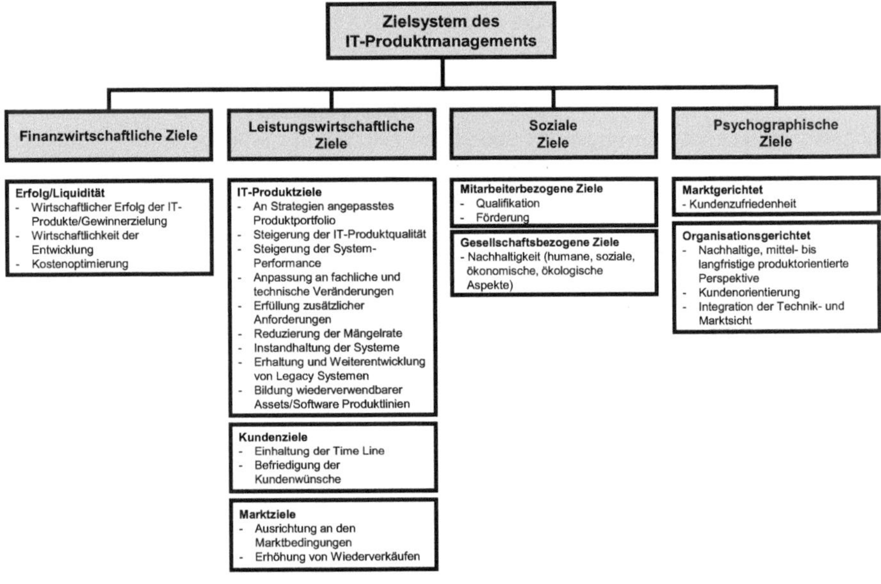

Abbildung 43: Zielsystem des IT-Produktmanagements[368]

[365] Vgl. Brühl (2012), S. 18 f., Ulrich (1978), S. 107 f. und Züger (2008), S. 57
[366] Vgl. Herzwurm und Pietsch (2009), S. 73 f., Kittlaus u.a. (2004), S. 40 f. und Lorenz (2006), S. 84
[367] Vgl. Bruhn (1998), S. 40 und Schneider (2007b), S. 37
[368] Eigene Darstellung

4.2.2.1 Finanzwirtschaftlich

Wie in den vorangegangenen Kapitel erläutert stellt das IT-Produktmanagement eine produktbezogene Organisationsform dar, [369] deren Grundgedanke besagt, dass Sach- und/oder Dienstleistungen die Erfolgsträger einer Organisation sind und deshalb Gegenstand von objektbezogener Planung, Marktbearbeitung und Kontrolle sein sollten.[370] Der so angestrebte nachhaltige Produkterfolg kann der finanzwirtschaftlichen Perspektive zugeschrieben werden, weshalb das IT-Produktmanagement grundsätzlich eine unternehmerische Komponente beinhaltet.[371] Vorrangiges Ziel des IT-Produktmanagements ist demnach der *wirtschaftliche Erfolg* der IT-Produkte, d.h. der erzielbare Gewinn.[372] Weiterhin ist es wichtig, die Wirtschaftlichkeit der Entwicklung zu gewährleisten.[373] Gleichzeitig soll dies durch möglichst minimale Kostenaufwände umgesetzt werden.[374]

4.2.2.2 Leistungswirtschaftlich

IT-Produktziele

Um Zukunftsfähigkeit in einer IT-Organisation zu etablieren, ist die Schaffung und Verwaltung eines an die Strategien angepassten Produktportfolios notwendig, da auf dieser Basis systematisch geplante Produktreleases und -updates angeboten werden können.[375] IT-produktbezogene Ziele sind vielfältig, sie reichen von der Steigerung der IT-*Produktqualität* über die Steigerung der *System-Performance*, Anpassung an *fachliche* und *technische Veränderungen*, Erfüllung *zusätzlicher* Anforderungen, Reduzierung der *Mängelrate*, *Instandhaltung* der Systeme bis hin zur Erhaltung und Weiterentwicklung von *Legacy Systemen.*[376] Durch den Übergang zu produktorientiertem Denken kann die systematische Wiederverwendung unterstützt werden, indem *wiederverwendbare Assets* (z.B. Konzepte, Architekturen, Dokumentationen oder gesamte Systemelemente) gebildet werden bis hin zur Etablierung von Produktlinien.[377]

---

[369] Vgl. Fließ (2006), S. 410
[370] Vgl. Köhler (2007), S. 743
[371] Vgl. Herzwurm und Pietsch (2009), S. 73 f.
[372] Vgl. Kittlaus u.a. (2004), S. 38 ff. und S. 148 und Rosenau und Moran (1993), S. 3
[373] Vgl. Maglyas u.a. (2011), S. 26
[374] Vgl. Sneed u.a. (2005), S. 54
[375] Vgl. Stallinger und Neumann (2012), S. 310 f.
[376] Vgl. Sneed u.a. (2005), S. 2 und S. 54
[377] Vgl. Niehaus u.a. (2005), S. 163 ff. und Stallinger und Neumann (2012), S. 311

Kundenziele

Ziel des IT-Produktmanagements ist es zudem, den Kunden die IT-Produkte unter Einhaltung der Time Line zur Verfügung zu stellen.[378] Auch die Befriedigung der Kundenwünsche ist Ziel des IT-Produktmanagements, um so den wechselnden Anforderungen des Marktes gerecht zu werden.[379] Hierbei wird es zum Bindeglied zwischen den unterschiedlichen Organisationsbereichen und dem Markt.[380]

Marktziele

Um auf nationalen und internationalen Märkten bestehen zu können, sollten das IT-Produktmanagement selbst sowie dessen Ziele konsequent auf die jeweiligen Marktbedingungen ausgerichtet werden.[381] Die Erhöhung von Wiederverkäufen am Markt kann als weiteres leistungswirtschaftliches Ziel betrachtet werden.[382]

4.2.2.3 Sozial

Mitarbeiterbezogene Ziele

Qualifikation und Förderung sind ein wichtiges Ziel, der Erfolg eines IT-Produkts hängt letztlich insbesondere von einem kompetenten und fähigen IT-Produktmanager ab, der als Informationsdrehscheibe die Kommunikation unterstützt und ein effektives und effizientes Produkt-Team leitet.[383]

Gesellschaftsbezogene Ziele

Sustainability umfasst nachhaltiges Handeln durch das IT-Produktmanagement und die Einbeziehung nachhaltiger Themen in die Entscheidungen und Prozesse, um gesellschaftliches Wachstum, Wohlstand und Lebensqualität zu fördern.[384] Hierbei sollten humane, soziale, ökonomische und ökologische Aspekte Einfluss finden.

---

[378] Vgl. Sneed u.a. (2005), S. 54
[379] Vgl. Kilpi (1998), S. 4, siehe auch Microsoft Solution Framework (siehe Kapitel 3.1, Abschnitt Microsoft Solution Framework)
[380] Vgl. Kittlaus u.a. (2004), S. 40 f., siehe auch Herzwurm und Pietsch (2009), S. 73 f.
[381] Vgl. Pietsch (2006), S. 211
[382] Vgl. Stallinger und Neumann (2012), S. 310
[383] Vgl. Ebert (2007b), S. 9
[384] Vgl. zu gesellschaftsbezogene Ziele Penzenstadler u.a. (2013), S. 71 ff.

4.2.2.4 Psychographisch

Marktgerichtet

Die *Kundenzufriedenheit* ist ein wesentliches Ziel des IT-Produktmanagements, welches sich am Markt ausrichtet.[385]

Organisationsgerichtet

Um die Zukunftsfähigkeit zu gewährleisten, ist es notwendig, dass durch das IT-Produktmanagement eine *langfristige, nachhaltige, mittel- bis langfristige produktorientierte Perspektive* verfolgt wird.[386] Das marktgerichtete, psychographische Ziel der Kundenzufriedenheit kann durch eine konsequente *Kundenorientierung* innerhalb der Organisation erreicht werden. [387] Da sich die Nachfrage seitens der Kunden jedoch häufig und schnell ändert, kann weder die *Markt-* noch die *Techniksicht* allein den Anforderungen der Kundenzufriedenheit gerecht werden. Es ist Ziel des IT-Produktmanagements, diese beiden Sichten zu *integrieren.*[388]

Das IT-Produktmanagement steht unter Spannung, da es sich im Spannungsfeld der konkurrierenden Kräfte Wirtschaftlichkeit (finanzwirtschaftliches Ziel), Professionalität (leistungswirtschaftliches Ziel), Zukunftsfähigkeit (soziales Ziel) und Kundenzufriedenheit (psychographisches Ziel) befindet.[389] Soll z.B. der Faktor Kundenzufriedenheit stärker berücksichtigt werden, indem Spezialanpassungen gemacht oder auch Rabatte gewährt werden, wirkt sich das i.d.R. negativ auf die Wirtschaftlichkeit aus. Wird die Wirtschaftlichkeit ins Visier genommen und der Fokus auf die Produkte gelegt, welche im Moment den höchsten Gewinn erzielen, werden eventuelle Investitionen in Neuentwicklungen verpasst und die Zukunftsfähigkeit des Unternehmens leidet darunter. Ebenso fehlt dem IT-Produktmanagement häufig die notwendige Professionalität, da meist wenige Kenntnisse über die Ausgestaltung dieser Stelle vorhanden sind. Aufgrund dieser Spannungen können keine allgemeingültigen Ziele des IT-Produktmanagements festgelegt werden, sondern jede Organisation sollte sich vor dem Hintergrund ihrer individuellen Situation in das Kräftefeld einordnen und festlegen, welche Ziele vorrangig verfolgt werden sollen und bei

---

[385] Vgl. Herzwurm und Pietsch (2009), S. 73 f., Kittlaus u.a. (2004), S. 40 f. und Lorenz (2006), S. 84

[386] Vgl. Herzwurm und Pietsch (2009), S. 73 f., Kittlaus u.a. (2004), S. 38 ff. und 148, Rosenau und Moran (1993), S. 3 und Stallinger und Neumann (2012), S. 310 f.

[387] Vgl. Herzwurm und Pietsch (2009), S. 73 f., Kittlaus u.a. (2004), S. 40 f. und Lorenz (2006), S. 84

[388] Vgl. Helferich u.a. (2006), S. 237 f.

[389] Vgl. zum folgenden Absatz Herzwurm und Pietsch (2007), S. 23 und Herzwurm und Pietsch (2009), S. 73 f.

welchen Zielen vor diesem Hintergrund eine Verschlechterung in Kauf genommen werden kann.

Matys beschreibt zusätzlich *drei wesentliche Einflussfaktoren* auf die Ziele des Produktmanagements (siehe Abbildung 44).

Die Organisationsziele, an welche die Ziele des IT-Produktmanagements angepasst werden sollten, die aktuelle Produkt- und Marktsituation des Produkts auch im Vergleich zu den Wettbewerbern und die persönlichen Ziele des IT-Produktmanagers selbst.[390] Bei der Definition der Ziele des IT-Produktmanagements ist es demnach wichtig, dass eine Organisation diese Einflussfaktoren, die jeweils unterschiedlich ausgeprägt sein können, in der Entscheidungsfindung berücksichtigt.

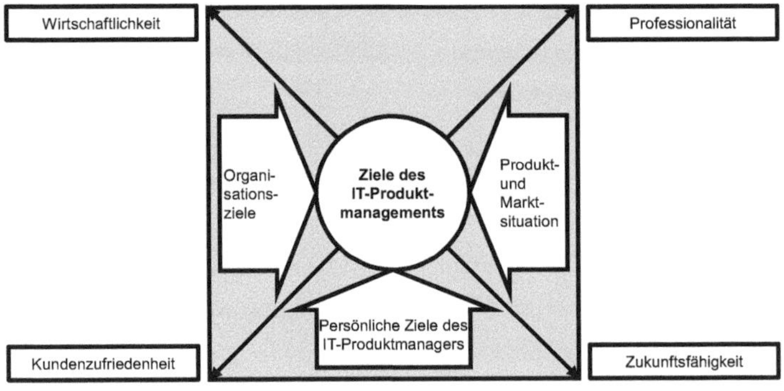

Abbildung 44: Spannungsfeld der Ziele des IT-Produktmanagements und deren Einflussfaktoren[391]

4.2.3 Rahmenbedingungen des IT-Produktmanagements

Die in Kapitel 2.3 aufgezeigten organisationalen Rahmenbedingungen bilden einen weit gefächerten Überblick von möglichen Faktoren, die Einfluss auf eine Organisation und somit auf eine Stelle haben können. Josten hat in seiner Arbeit den Fokus auf das Produktmanagement gelegt und zeigt die als relevant identifizierten Einflussfaktoren auf das Produktmanagement der externen und internen Situation sowie des Verhaltens der Or-

390 Vgl. Matys (2005), S. 50-52

391 Eigene Darstellung, in Anlehnung an Herzwurm und Pietsch (2007), S. 73 und S. 74 sowie Matys (2005), S. 51

ganisationsmitglieder auf und fügt zusätzlich Produktmanagement Subsystemkomponenten hinzu, welchen er eine direkte Wirkung auf das Produktmanagement zuschreibt.[392] Zu den Einflussfaktoren der *externen Situation* auf das Produktmanagement zählt er die Produkte (Produkt A, B, etc.) und deren jeweiligen Markt, Technologie, Beschaffung, Komplexität und Dynamik. Zu den Dimensionen der *internen Situation* gehören Unternehmensgröße, Unternehmensstrategie und historische Entwicklung sowie Diversifikationsgrad und Umsatzverteilung des jeweiligen Leistungsprogramms. Das *Verhalten der Organisationsmitglieder* setzt sich zusammen aus Persönlichkeitsmerkmalen und Informationssteuerung. Im Gegensatz zu den Rahmenbedingungen der Organisationstheorie im Allgemeinen (Kapitel 2.3) grenzt er die speziell für das Produktmanagement relevanten Bedingungen ab als *Subsystemkomponenten*:

- Struktur der Weisungsbeziehungen, d.h. von welchen Stellen in der Organisation erhält der Produktmanager seine Anweisungen und an welche Stellen gibt er Anweisungen weiter,
- Grad und Dauer objektgerichteter Ressourcenverselbstständigung, d.h. Anzahl und Dauer der dem Produktmanager zugeordneten Ressourcen,
- Entscheidungskompetenzumfang, d.h. Umfang des Entscheidungsspielraums und Grad der Entscheidungsautonomie,
- Eingliederung in das Organigramm der jeweiligen Organisation, d.h. die hierarchische und abteilungsmäßige Eingliederung der Stelle des Produktmanagers,
- Machtstruktur, d.h. die Möglichkeit, auf Handlungsfelder anderer Stelleninhaber einzuwirken,
- Leitungsstruktur, d.h. die Stellengliederung innerhalb des produktbezogenen Funktionsbereichs und
- Produktspanne, d.h. die Anzahl der Produkte, die durch den Produktmanager betreut werden.

Während der systematischen Literaturanalyse (siehe Kapitel 4.1) können zusätzlich konkrete Rahmenbedingungen des IT-Produktmanagements identifiziert werden:

---

392 Vergleiche zu diesem Absatz und den folgenden Aufzählungen Josten (1979), S. 18 ff. Die Struktur der Weisungsbeziehungen, Grad und Dauer objektgerichteter Ressourcenverselbstständigung, Entscheidungskompetenzumfang und Leitungsstruktur werden ebenfalls genannt durch Maglyas u.a. (2013), S. 27

Herzwurm und Pietsch zeigen fünf Rahmenbedingungen für Organisationen im IT-Bereich auf, welche hier in das Modell von Josten integriert werden sollen, um es auf die Spezifika des IT-Produktmanagements anzupassen:[393]

- Die Vielfalt (Anzahl, Unterschiedlichkeit) der IT-Produkte und Leistungen, welche in den von Josten definierten Diversifikationsgrad integriert werden.
- Die Anzahl der externen Elemente im IT-Produktmanagement des Umfeldes, welche implizit in den Dimensionen der externen Situation zu finden sind.
- Die Verfügbarkeit der Ressourcen, die durch Grad und Dauer der objektgerichteten Ressourcenverselbständiung abgedeckt werden.
- Die Geschwindigkeit und das Ausmaß der Veränderung, die sich in der Dynamik und Komplexität der externen Dimensionen wiederfinden.
- Das Ausmaß der verfügbaren Information bezüglich des Auftretens und der Art des Wandels wichtiger Einflussgrößen/Umfeldparameter, welches durch die Informationssteuerung im Verhalten der Organisationsmitglieder berücksichtigt ist.

Weiter aufgeführt durch Herzwurm und Pietsch werden die Komplexität, Heterogenität und technische bzw. marktliche Dynamik und Unsicherheit als Rahmenbedingungen der Branchen.[394] Diese werden im Folgenden übernommen als Dimensionen der externen Situation für ein bestimmtes IT-Produkt.

Zusätzlich gibt es Bestrebungen des ISPMA, Rahmenbedingungen zu identifizieren: Entwickelt wurde eine Basisliste von situativen Faktoren im Umfeld des Software Produktmanagements.[395] Diese Faktoren sind in fünf wesentliche Rahmenbedingungen mit jeweils zugehörigen spezifischeren Faktoren eingeteilt:[396]

[393] Vgl. zur folgenden Aufzählung Herzwurm und Pietsch (2009), S. 312

[394] Vgl. Herzwurm und Pietsch (2009), S. 312 f. Die Branche wird aufgenommen in die Dimensionen der externen Situation, wie dies auch in den Rahmenbedingungen der allgemeinen Organisationstheorie üblich ist.

[395] Vgl. Bekkers u.a. (2008a), S. 45 und Bekkers u.a. (2008b), URL siehe Literaturverzeichnis

[396] Vgl. zur folgenden Aufzählung Bekkers (2012), S. 82, Bekkers u.a. (2008a), S. 45, Bekkers u.a. (2008b), URL siehe Literaturverzeichnis, S. 92 f., Maglyas u.a. (2012a), S. 15 ff., van de Weerd (2009), S. 172 ff. und Vlaanderen u.a. (2013), S. 3 ff. Die Liste beruht auf einer nicht weiter spezifizierten Literaturrecherche zu Einflussfaktoren und einer darauffolgenden zweiten Literaturrecherche, welche Einflussfaktoren am ehesten Methodenfragmente des Software-Produktmanagements beschreiben. Diese Liste wurde angepasst durch Ergebnisse aus 14 Interviews innerhalb eines Konzerns (dessen 14 Divisionen innerhalb der Niederlande weitgehend autark agieren).

- Bedingungen der *Geschäftseinheiten* mit Entwicklungsphilosophie und Größe des Abteilungs-/Entwicklungsteams,
- Bedingungen der *Kunden* mit Kundenbindung, -zufriedenheit, -variabilität, -anzahl und -arten,
- Bedingungen der *Märkte* mit Hosting-Anforderungen, Zielmarkt, Marktwachstum und -größe, Releasehäufigkeit, Sektor, Grad der Marktabdeckung und Variabilität der Anforderungen,
- Bedingungen der *Produkte* mit Alter der Applikation, Defekte pro Jahr insgesamt und gravierende, Reife der Entwicklungsplattform, Rate neuer Anforderungen, Anzahl der Produkte, Produktlebensdauer, -größe, -toleranz und Softwareplattform und
- Bedingungen der *Stakeholder* mit Unternehmenspolitik, Einbeziehung der Kunden, Gesetzgebung und Einbeziehung der Partner.

Drei der fünf wesentlichen Einflussfaktoren sind bereits in den durch Josten und Herzwurm/Pietsch dargestellten Rahmenbedingungen enthalten (Dimensionen der externen Situation beinhalten die Bedingungen der Märkte, die der internen Situation die Bedingungen der Produkte und Geschäftseinheiten). Eine Bedingung soll der internen Situation jedoch hinzugefügt werden, welche sich nicht nur auf die Größe und Ziele der jeweiligen Organisation selbst, sondern auch explizit auf die des IT-Produktmanagements bezieht. Die weiteren durch ISPMA definierten wesentlichen Rahmenbedingungen der Kunden und Stakeholder werden in dieser Arbeit zudem in die Dimensionen der externen Situation aufgenommen durch die Kunden- und die Stakeholderstruktur.[397]

Um die Struktur der Rahmenbedingungen einer Organisation auf das IT-Produktmanagement zu übertragen, werden die Dimensionen der internen Situation weiter eingeteilt in gegenwartsbezogene Faktoren (d.h. die bereits beschriebene Organisationsgröße und -ziele sowie die Größe und Ziele des IT-Produktmanagements) und vergangenheits-

[397] Die den wesentlichen Rahmenbedingungen zugeteilten Faktoren beziehen sich teilweise explizit auf den Erstellungsprozess von Software (siehe z.B. Softwareplattform, Reife der Entwicklungsplattform, Defekte pro Jahr etc.), teilweise spielen sich die Einflussfaktoren auf einer tieferen granularen Ebene ab als die Rahmenbedingungen, die von Josten bzw. Herzwurm und Pietsch genannt werden (siehe z.B. Produktlebensdauer, Produkttoleranz, Anzahl Kunden, Anzahl Endnutzer, Variabilität, etc.), und werden deshalb nicht in die folgende Darstellung der Rahmenbedingungen mit aufgenommen bzw. sind implizit darin integriert. Weiterhin gibt es einen Ansatz von Clarke und O'Connor (2012), die 40 situative Faktoren mit 170 Subfaktoren identifizieren. Diese sind jedoch nicht speziell auf das IT-Produktmanagement ausgerichtet, sondern beeinflussen den Software-Entwicklungsprozess und reichen bis zu einer sehr detaillierten Ebene, weshalb sie an dieser Stelle nicht integriert werden.

bezogene Faktoren, welche sich auf die historische Entwicklung stützen. Da dieser Aspekt in den aufgeführten Ausführungen zu Rahmenbedingungen des (IT-)Produktmanagements nicht weiter spezifiziert wird, sollen hier die Faktoren der allgemeinen Organisationstheorie (Kapitel 2.3) aufgenommen und auf IT-Produktmanagement übertragen werden: Entwicklungsstadium (bezogen auf das Alter) und Art der Gründung des IT-Produktmanagements. Als Kontext dienen die Aufgaben des IT-Produktmanagements, aus denen sich die IT-Produktmanagement Subsystem-Komponenten ergeben und auf welche zum einen die bereits erläuterten Dimensionen der externen und internen Situation Einfluss haben, zum anderen auch das Verhalten der Organisationsmitglieder (Bedeutung/Unterstützung des IT-Produktmanagements und Informationssteuerung). Die so identifizierten Rahmenbedingungen des IT-Produktmanagements sind dargestellt in Abbildung 45.

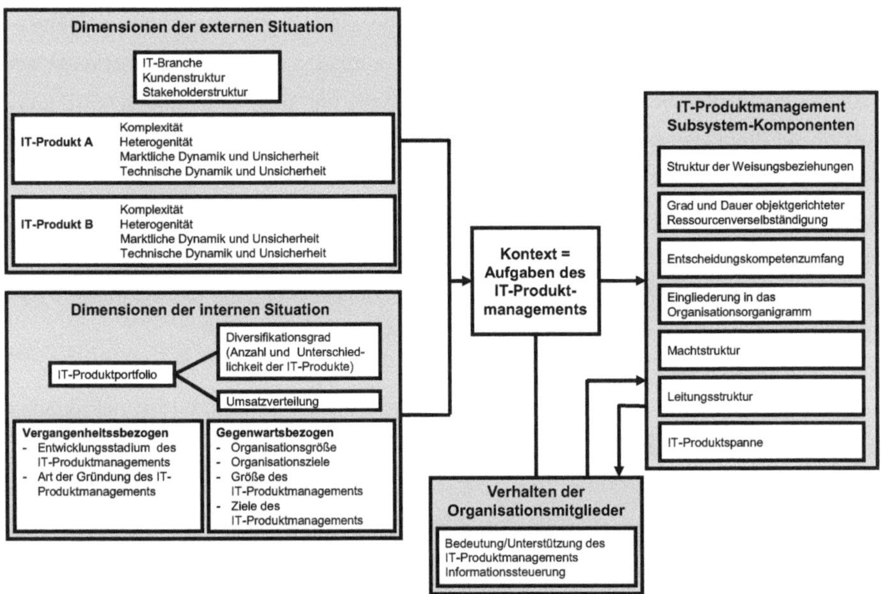

Abbildung 45: Rahmenbedingungen des IT-Produktmanagements[398]

[398] Eigene Darstellung, in Anlehnung an Josten (1979), S. 44

4.2.4 Gestaltungsalternativen des IT-Produktmanagements – Autarkiegrad

Abgeleitet aus der Abgrenzung aus der Organisationstheorie ist der Autarkiegrad neben dem Autonomiegrad eine der wesentlichen Gestaltungsalternativen des IT-Produktmanagements (siehe Kapitel 2.2.4) und stellt das Funktionenspektrum mit den Grundfunktionen, den Querschnitts- und den Servicefunktionen dar. Je nachdem, aus wie vielen unterschiedlichen Funktionen zugeschriebene Aufgaben der Stelle des IT-Produktmanagements zugeordnet werden, kann die Stelle bezüglich der Funktionsbereiche ein-, mehr oder vollstufig aufgestellt sein. Aus den Ausführungen der Organisationsliteratur (siehe Kapitel 2.1.1) und abgeleitet aus der Literatur zum Produktmanagement[399] und dem IT-Produktmanagement[400] wird im Folgenden das Funktionsspektrum des IT-Produktmanagements dargestellt.

Funktionsbereiche einer Organisation sind a) die strategisch ausgerichtete Organisationsleitung, -planung und -organisation, b) die leistungsorientierten Bereiche wie Beschaffung, Entwicklung, Produktion, Marketing/Vertrieb, Professional Services und c) ressourcenorientierte Bereiche wie Finanzwirtschaft oder Informationswirtschaft.[401] In der Literatur werden die Aufgabenbereiche des IT-Produktmanagements sehr unterschiedlich und vielfältig dargestellt, die beschriebenen Funktionsbereiche finden sich jedoch in unterschiedlichen Quellen wieder: Die Aufgabenschwerpunkte liegen nach Bruhn und Hadwich in den Bereichen der Planung, Kontrolle, Koordination und Information.[402] Planung, Strategie und Support (Professional Services) gehören nach einer qualitativen Studie von Botzenhardt, Maedche und Wiesner ebenfalls zu den Aufgaben, die in der Literatur zum Thema IT-Produktmanagement am häufigsten genannt werden.[403] Zusätzlich werden hier jedoch der Bereich Entwicklung/Design und die Produkteinführung durch das Marketing identifiziert.

Nach Bruhn und Hadwich sind der Entwurf produktbezogener Strategien und der Realisierungsschritte sowie die Erfolgsplanung wesentlicher Bestandteil der strategischen Ma-

399 Vgl. Bruhn und Hadwich (2006), S. 333-336, Diller (1975), S. 67 ff., Handscombe (1989), S. 4 ff., Köhler (2007), S. 744 und Meffert (1987), Sp. 1732

400 Vgl. Herzwurm und Pietsch (2009), S. 49, ISPMA (2014a), URL siehe Literaturverzeichnis, S. 9 und Peine u.a. (2012), S. 42

401 Vgl. Schulte-Zurhausen (2005), S. 259 ff.

402 Vgl. Bruhn, Hadwich (2007), S. 333-336

403 Vgl. Botzenhardt u.a. (2011), S. 11-13: Planung - 2165 Nennungen, Strategie - 1102 Nennungen, Support - 1601 Nennungen, Entwicklung/Design - 3966 Nennungen, Produkteinführung durch das Marketing - 897 Nennungen.

nagement- und Planungsfunktionen. Der Produktmanager legt im *strategischen Management* das Budget[404] fest, die *Produktstrategie* und den operativen *Produktplan*, unter den Kontrollaufgaben sind Ablauf- und Ergebniskontrollen zu verstehen. *Informationsaufgaben* umfassen durch die Erschließung (neuer) produktrelevanter Informationsquellen unter anderem die Marktbeobachtung, Marktanalyse sowie die Erfolgsprognose eines Produkts. Es werden Verbesserungspotenziale für bestehende Produkte gesucht und neue Produktchancen festgestellt, jedoch auch Restriktionen z.B. durch rechtliche Auflagen. Koordinations- bzw. *Organisationsaktivitäten* regeln die Zusammenarbeit von internen Organisationsbereichen und externen Partnern. *Professional Services* bzw. Schnittstellenmanagement ist der Bereich, welcher typischerweise zum Arbeitsgebiet des Produktmanagers gehört.[405] Nach Kilpi existieren dagegen vier Funktionsbereiche, in denen das Produktmanagement tätig ist: *Entwicklung/Design*, d.h. die Verwaltung des Veränderungsprozesses des Produktes durch Analyse der Rückmeldungen, der gesammelten Ideen zur Produktentwicklung und der Planung der Releaseprojekte, *Produktion*, d.h. der eigentlichen Erstellung und Wartung der Produkte, *Marketing*, d.h. der Information des Marktes und der Kunden über die IT-Produkte und Releases und *Vertrieb*, d.h. dem Management der Auslieferung und der eigentlichen Auslieferung an die Kunden.[406] Schulte-Zurhausen gibt als weiteren Funktionsbereich des Produktmanagements das *Finanzwesen* an mit der Erstellung von produkt- und produktgruppenspezifischen Umsatz-, Kosten- und Ergebnisplänen.[407] Diesen Funktionsbereichen fügt Hapke mit der *Beschaffung* einen weiteren hinzu.[408] Die ermittelten Funktionsbereiche werden nach den in Kapitel 2.1.1 aufgezeigten Kriterien den dort ausgemachten organisatorischen Funktionen zugeordnet und übersichtlich in einem Funktionendiagramm in Abbildung 46 dargestellt.

---

[404] Siehe Schulte-Zurhausen (2010), S. 312
[405] Vgl. Bruhn, Hadwich (2007), S. 333-336
[406] Vgl. Kilpi (1997c), S. 184 ff. und Kilpi (1998), S. 4
[407] Vgl. Schulte-Zurhausen (2005), S. 309 f.
[408] Vgl. Hapke (1993), S. 247 ff.

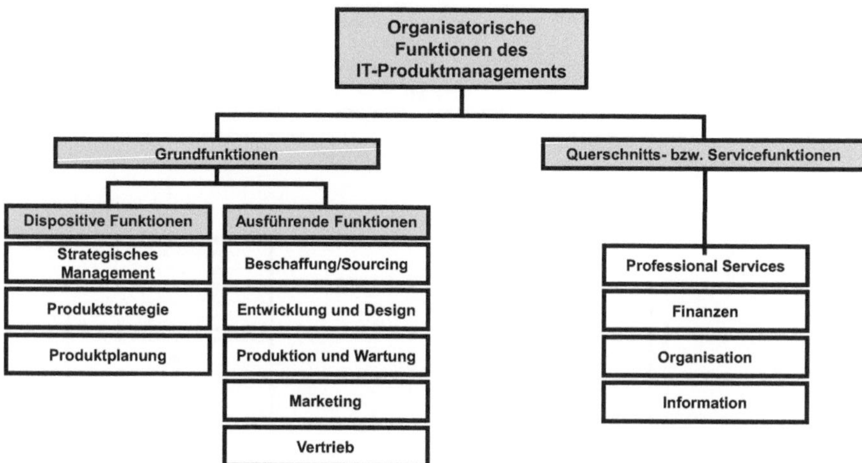

Abbildung 46: Funktionendiagramm des IT-Produktmanagements[409]

Das erstellte Funktionendiagramm des IT-Produktmanagements wird nun durch die in der Literaturanalyse (siehe Kapitel 4.1) ermittelten Aufgaben des IT-Produktmanagements vervollständigt. Letztere werden kurz beschrieben und sind jeweils durch Fußnoten um die relevanten Quellen ergänzt, so dass diese zur Vertiefung der einzelnen Punkte herangezogen werden können. Eine Übersicht über die Funktionen und Aufgaben zeigt Abbildung 47.

[409] Eigene Darstellung

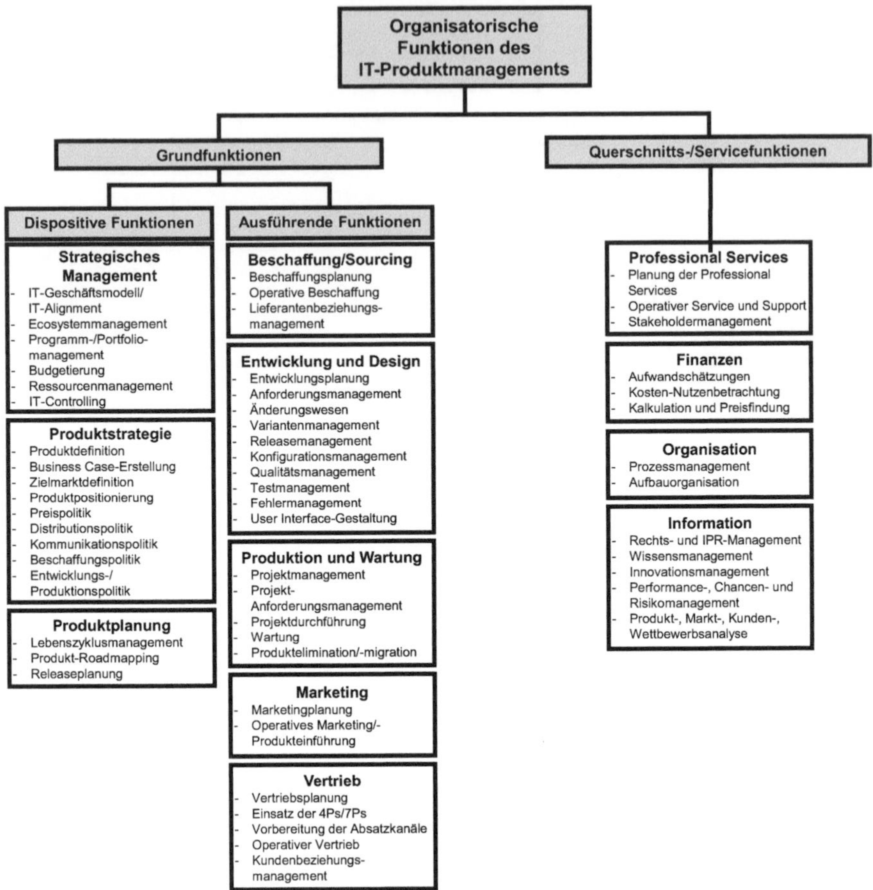

Abbildung 47: Autarkiegrad – Funktionsbereiche und Aufgaben des IT-Produktmanagements[410]

4.2.4.1 Grundfunktionen – Dispositiv

Die dispositiven Grundfunktionen sind die Elemente innerhalb eines Organigramms, die strategisch und planerisch ausgerichtet sind und werden eingeteilt in das strategische Management, die Produktstrategie und die Produktplanung mit den jeweils zugehörigen Aufgaben. Die Aufgaben innerhalb der Funktionsbereiche sind nach dem Umfang der strategischen Ausrichtung aufgelistet, von allgemeinen, weit gefassten bis hin zu speziellen Tätigkeiten.

[410] Eigene Darstellung, eine frühere Version des Autarkiegrads des IT-Produktmanagements konnte bereits veröffentlicht werden in Peine u.a. (2013), S. 61

4.2.4.1.1 Strategisches Management

IT-Geschäftsmodell/IT-Alignment

Das IT-Geschäftsmodell ist ein schematisches, langfristiges Strategiemodell und formt die IT-Vision und -Strategie.[411] Im Vordergrund steht das IT-Alignment, d.h. die Abstimmung der IT-Strategie mit der Strategie der Organisation.[412] Daraus folgt, dass diese möglichst konsistent definiert und verstanden werden sollten und somit die Grundlage für weitere Planung, Entwicklung, Vermarktung etc. des IT-Produkts oder der IT-Produkte bilden.

Ecosystemmanagement

Ein IT-Ecosystem ist das informelle Netzwerk von (rechtlich selbständigen) Einheiten, die einen positiven Einfluss auf den wirtschaftlichen Erfolg eines oder mehrerer IT-Produkte haben und auch davon profitieren.[413] Hier gilt es, eine Strategie und die Rolle festzulegen, die eine Organisation innerhalb ihres Ecosystems einnehmen soll (z.B. Dominator, Keystone-Player oder Nischenanbieter). Diese Entscheidung leitet sich aus der Organisationsstrategie ab und hat zum einen direkten Einfluss auf IT-Produktstrategie und -planung (siehe Kapitel 4.2.4.1.3 und 4.2.4.1.2), zum anderen dient sie dem Lieferantenbeziehungs-, Kundenbeziehungs- und Stakeholdermanagement (siehe Kapitel 4.2.4.2.1, 4.2.4.2.5 und 4.2.4.3.1) als Richtlinie. Die strukturellen Bestandteile des IT-Ecosystems sind Stakeholder, Beziehungen, Grenzen, Verhalten und Strategien, sie entstehen typischerweise um Produkte oder Technologietrends herum.

Programm-/Portfoliomanagement

Das Portfoliomanagement wird auch als Programmpolitik bezeichnet – Einzelprodukte werden durch eine übergeordnete Strategieentwicklung vernetzt, es wird über die Programmbreite (Anzahl der offerierten Produktarten) und die Programmtiefe (Anzahl der

---

[411] Vgl. zu IT-Geschäftsmodell/IT-Alignment Kittlaus und Clough (2010), S. 54 ff., weitere Ausführungen finden sich in ISPMA (2014a), URL siehe Literaturverzeichnis, S. 12, siehe auch ISPMA (2014b), URL siehe Literaturverzeichnis

[412] Vgl. zu IT-Alignment auch Khurum und Gorschek (2011), S. 494 ff.

[413] Vgl. zu Ecosystemmanagement ISPMA (2014a), URL siehe Literaturverzeichnis, S. 12 f., weitere Ausführungen finden sich in Kittlaus und Clough (2010), S. 25 ff. und S. 63 f., siehe auch ISPMA (2014b), URL siehe Literaturverzeichnis

Ausführungen eines Produktes) entschieden, d.h. die Produktvariation, Produktdifferenzierung, Produktdiversifikation und Produktelimination.[414] Hier gilt es demnach, Investitionsentscheidungen zu treffen: Die Sammlung der strategischen Informationen über das gesamte Produktportfolio ist ebenso Teil des Portfoliomanagements wie die Entscheidungsfindung.[415] Das Portfoliomanagement bezieht seine Daten aus den Business Cases (siehe Kapitel 4.2.4.1.2), dem Lebenszyklusmanagement, wo die Informationen über die einzelnen Produkte erfasst werden (siehe Kapitel 4.2.4.1.3), und der Finanz- und Informationsabteilung (siehe Kapitel 4.2.4.3.2 und 4.2.4.3.4) und ist nach Jagroep dadurch abhängig von der Güte dieser Daten. Basierend auf den Daten wird für die Ausrichtung und Optimierung des Portfolios die Wahl getroffen, welche Produkte im Einklang mit der Organisationsstrategie stehen sowie profitabel erscheinen und somit in das Portfolio aufgenommen werden sollten. Dies beinhaltet die Überprüfung des aktuellen Portfolios, also auch, ob bestehende Produkte eliminiert werden.[416] Besonders hervorzuheben ist in diesem Fall auch das Product Line Balancing, bei welchem es darum geht, verschiedene Produktlinien und ihre Features in eine Organisation zu integrieren, um die richtigen Produkte zur richtigen Zeit an den Markt zu bringen – durch die gespeicherten Daten werden die Entscheidungsträger dabei unterstützt, aus betriebswirtschaftlicher Sicht die richtigen Produkte und Projekte zu verfolgen.[417]

Budgetierung

Das Management der betriebswirtschaftlichen Aspekte ist wichtig für den Erfolg von IT-Produkten.[418] Hierzu gehört u.a. die Budgetierung. Zu deren Durchführung erfolgt die Zuweisung eines bestimmten Budgets, welches für eigenverantwortliches Wirtschaften zur

[414] Vgl. zu Programm-/Portfoliomanagement Herzwurm und Pietsch (2009), S. 52 und S. 116 ff., weitere Ausführungen finden sich in Bekkers u.a. (2010b), S. 5, Ebert (2007a), S. 853, ISPMA (2014a), URL siehe Literaturverzeichnis, S. 24, Kittlaus und Clough (2010), S. 54 ff., Ricken und Meinberg (2012), URL siehe Literaturverzeichnis, S. 4 f., Sudhakar (2013), S. 16 f., van de Weerd u.a. (2006b), S. 3 und van de Weerd u.a. (2006c), S. 320 f., siehe auch siehe auch ISPMA (2014b), URL siehe Literaturverzeichnis sowie ISO/IEC 12207-2008 (Kapitel 3.1, Abschnitt ISO/IEC 12207-2008 – Systems and Software Engineering – Software Life Cycle Processes, enhanced with I-PRM)

[415] Vgl. van de Weerd u.a. (2006a), S. 5

[416] Vgl. Jagroep u.a. (2011), S. 70 ff. Hier wird die Definition und Zuweisung der Aufgaben des Produktmanagements als Teil des Portfoliomanagements beschrieben, welches im Produkt-Lebenszyklusmanagement angesiedelt ist. Dies widerspricht dem situativen Ansatz dieser Arbeit, welcher dem IT-Produktmanagement, je nach dessen Ausgestaltung in einer Organisation, die Aufgabe des Portfoliomanagements zuschreibt.

[417] Vgl. van Zyl (2001), S. 458

[418] Vgl. zu Budgetierung Kittlaus und Clough (2010), S. 53 f. und S. 76 f., weitere Ausführungen finden sich in ISPMA (2014a), URL siehe Literaturverzeichnis, S. 13

Verwendung steht. Dieses Budget wird daraufhin unterteilt auf die unterschiedlichen beteiligten Funktionen in einer Organisation, um diesen einen finanziellen Rahmen zuzuweisen.

Ressourcenmanagement

Das Ressourcenmanagement geschieht auf der strategischen Organisationsebene, um sicherzustellen, dass die bestehenden oder auch neuen Ressourcen in der benötigten Menge und Qualität zur richtigen Zeit an den erforderlichen Stellen verfügbar sind, so dass die Organisations- und die an ihr ausgerichteten Produktstrategien umgesetzt werden können.[419] Dies gilt insbesondere für die menschlichen Ressourcen, sowohl in Bezug auf deren Anzahl als auch Know-how.

IT-Controlling

Im IT-Controlling werden produktbezogene Tätigkeiten und relevante Key Performance Indicators (KPIs) bzw. Leistungskennzahlen überprüft.[420] Das IT-Controlling beinhaltet zwei hauptsächliche Aufgabenfelder, das strategische und das operative Controlling. Das strategische Controlling überwacht die Effektivität, d.h. werden die richtigen Dinge getan, z.B. erfolgt die Informationsverarbeitung konsequent im Rahmen der Organisationsstrategie oder wird in die langfristig richtigen und wichtigen Ressourcen investiert. Im operativen Controlling wird die Effizienz beaufsichtigt, d.h. werden die Dinge richtig getan, z.B. Controlling der Produkte/Projekte/Infrastruktur etc.

4.2.4.1.2 Produktstrategie

Produktdefinition

Die Produktdefinition bildet die Grundlage für sämtliche produktbezogenen Aufgaben innerhalb einer Organisation.[421] Sie ist demnach die zentrale Aufgabe innerhalb der Produktstrategie. Ein IT-Produkt kann unterschiedliche Strukturen aufweisen, weshalb zu

---

[419] Vgl. zu Ressourcenmanagement Ebert (2007a), S. 850, weitere Ausführungen finden sich in Hanssen und Fægri (2008), S. 850, Kittlaus und Clough (2010), S. 53 f. und S. 76 f. und Ricken und Meinberg (2012), URL siehe Literaturverzeichnis, S. 4 f., siehe auch ISPMA (2014b), URL siehe Literaturverzeichnis

[420] Vgl. zu IT-Controlling Spitta und Borchers (2004), S. 139 ff., ein Messmodell zeigen Botzenhardt und Maedche (2010), S. 26 ff. auf, siehe auch ISO/IEC 12207-2008 (Kapitel 3.1, Abschnitt ISO/IEC 12207-2008 – Systems and Software Engineering – Software Life Cycle Processes, enhanced with I-PRM)

[421] Vgl. zu Produktdefinition Herzwurm und Pietsch (2009), S. 30 ff., weitere Ausführungen finden sich in Ebert (2007a), S. 858, Grynberg und Goldin (2003), S. 63 und S. 65, ISPMA (2014a), URL siehe

entscheiden ist, welche Art von IT-Produkt(en) angeboten werden soll (substanzielles, durch Dienstleistungen erweitertes, generisches und/oder hybrides Produkt, siehe hierzu Kapitel 1.2). Ebenso beinhaltet die Produktdefinition die Produktdifferenzierung, um die für das Produkt relevanten Anforderungen festzulegen (häufig in Pflichtenheften) und kurzfristige Produkt- und Marketingziele mit den langfristigen Organisationszielen in Einklang zu bringen unter Einbeziehung der erfolgskritischen Stakeholder und den Vorschlägen aus dem Anforderungs- und Innovationsmanagement (siehe Kapitel 4.2.4.3.4).

Business Case-Erstellung

Ein Business Case fasst die entscheidungsrelevanten Aspekte eines IT-Produkts (oder Teile davon) zusammen mit dem Ziel, eine Grundlage für eine Investitionsentscheidung zu schaffen.[422] Er beinhaltet zum einen eine monetäre Seite wie Aufwandsschätzungen, Kosten-Nutzenbetrachtungen oder Kalkulationen, zum anderen eine nicht-monetäre Seite, d.h. eine Performance-und Risiko-Analyse, um eine möglichst umfassende Kosten-Nutzenbetrachtung zu ermöglichen. Hierfür werden Daten aus der Finanz- und Informationsabteilung (siehe Kapitel 4.2.4.3.2 und 4.2.4.3.4) herangezogen.

Zielmarktdefinition

Die Zielmarktdefinition steckt ab, welcher Markt von einer Organisation bedient werden soll.[423] Festgelegt wird der Funktionsumfang von wettbewerbsfähigen Produkten bezogen auf deren (auch internationale) Marktanteile. Hierfür werden Markt-, Kunden- und Daten über Wettbewerber ausgewertet (siehe Kapitel 4.2.4.3.4).[424] Für die Zielmarktdefinition ist es hilfreich, sich auf Vermarktungsstrategien aus dem Marketing (siehe Kapitel 4.2.4.2.4) zu stützen.

Literaturverzeichnis, S. 10 und Yang (2012), S. 766, siehe auch ISPMA (2014b), URL siehe Literaturverzeichnis sowie ISO/IEC 12207-2008 (Kapitel 3.1, Abschnitt ISO/IEC 12207-2008 – Systems and Software Engineering – Software Life Cycle Processes, enhanced with I-PRM) und Microsoft Solution Framework (siehe Kapitel 3.1, Abschnitt Microsoft Solution Framework)

[422] Vgl. zu Business Case-Erstellung ISPMA (2014a), URL siehe Literaturverzeichnis, S. 13 f., weitere Ausführungen finden sich in Ebert (2007a), S. 850 ff., Huber und Huber (2011), S. 107 und Kittlaus und Clough (2010), S. 62, siehe auch ISPMA (2014b), URL siehe Literaturverzeichnis

[423] Vgl. zu Zielmarktdefinition ISPMA (2014a), URL siehe Literaturverzeichnis, S. 11, weitere Ausführungen finden sich in Ebert (2007a), S. 850, Herzwurm und Pietsch (2009), S. 86 ff. und Kittlaus und Clough (2010), S. 47 ff. und 53 ff.

[424] Vgl. Kilpi (1997c), S. 184 ff. und Kilpi (1998), S. 5 f.

Produktpositionierung

Die Produktpositionierung erfolgt durch eine mehrdimensionale Strategiekombination unter Einbeziehung der Zielmarktdefinition.[425] Aufbauend auf der Produktdefinition werden gezielt die Stärken und Qualitäten eines IT-Produktes hervorgehoben, durch welche es sich von anderen Produkten unterscheidet, vor allem aus Sicht der Kunden.[426] Eine zielgerichtete und fokussierte Produktpositionierung unterstützt die Integration unterschiedlicher Perspektiven auf die IT-Produkte innerhalb einer Organisation, die strategischen Aspekte werden auf Produktebene gebracht und sämtliche Einzelalternativen bzw. Bausteine der Produktstrategie miteinander verbunden. Hierfür werden Daten aus dem Funktionsbereich Information herangezogen (siehe Kapitel 4.2.4.3.3).

Preispolitik

Die Preispolitik befasst sich mit dem gezielten Planen, Steuern und Durchsetzen von Preisen.[427] Eine Grundlage für die Preispolitik bilden die Daten aus der Kalkulation und Preisfindung (siehe Kap.4.2.4.3.2). Die Preispolitik geschieht auf strategischer Ebene, es wird entschieden, ob diese z.B. kosten-, nutzen- oder wettbewerbsorientiert ablaufen soll und ist abhängig von den angebotenen Strukturen von IT-Produkten (siehe Kapitel 1.2).[428] Gemäß Herzwurm und Pietsch sind Gründe für die Entscheidung für eine Preisgestaltung u.a. die Einführung neuer IT-Produkte/-varianten, Veränderungen der Kostenstruktur oder der Nachfrage. Eine positive Kaufentscheidung ist demnach abhängig vom Nettonutzen, d.h. vom Preis-Leistungsverhältnis. Der Angebotspreis kann nach mikroökonomischen Prinzipien oder nach kosten-, nachfrage- oder konkurrenzorientierten Grundsätzen bestimmt werden.[429] Es ist wichtig, hier das gesamte Portfolio zu beachten, um z.B. eine Kannibalisierung unter den IT-Produkten zu vermeiden oder strategische Organisationsziele zu unterstützen.[430] Zusätzlich sollte eine Preisstrategie festgelegt werden, Beispiele hierfür sind die Festpreisstrategie (Hoch-/Niedrigpreisstrategie), die

---

[425] Vgl. Herzwurm und Pietsch (2009), S. 52 f. und S. 100 ff., welche als effektives Instrument zur Durchführung der Zielmarktdefinition den Produktkompass nahelegen.

[426] Vgl. zu Produktpositionierung Kittlaus und Clough (2010), S. 53 und S. 60 ff., weitere Ausführungen finden sich in ISPMA (2014a), URL siehe Literaturverzeichnis, S. 11 und Ricken und Meinberg (2012), URL siehe Literaturverzeichnis, S. 4 f., siehe auch ISPMA (2014b), URL siehe Literaturverzeichnis

[427] Vgl. zu Preispolitik Müller (2010), URL siehe Literaturverzeichnis, S. 2, weitere Ausführungen finden sich in Bjørner (2011), S. 26-28, Ebert (2007a), S. 850, ISPMA (2014a), URL siehe Literaturverzeichnis, S. 13, Ricken und Meinberg (2012), URL siehe Literaturverzeichnis, S. 4 f. und van Angeren u.a. (2012), S. 243 ff., siehe auch ISPMA (2014b), URL siehe Literaturverzeichnis

[428] Vgl. Herzwurm und Pietsch (2009), S. 292 ff.

[429] Vgl. Herzwurm und Pietsch (2009), S. 118 ff.

[430] Vgl. Kittlaus und Clough (2010), S. 62 und 117 ff.

Preiswettbewerbsstrategie (Preisführer, -folger, -kämpfer) oder die Preisabfolgestrategie (Skimming-, Penetrationsstrategie).[431]

Distributionspolitik

Die Distributionspolitik legt die Auslieferungsstrategie fest, d.h. wie eine Leistung vom Anbieter zum Abnehmer gelangt, und beinhaltet auch die Redistribution (Rücktransport bei Reparaturen, Recycling etc.).[432] Die Auslieferungs- und Servicestrategie beinhaltet u.a. Entscheidungen über Lizenzprodukte vs. Serviceangebot (z.B. Software-as-a-Service (SaaS)/Angebote in der Cloud, Standardprodukte vs. Customizing, Verpackung (auf Speichermedium, als Download, Kombination mit Services etc.) oder Dienstleistungen als Teil des Gesamtproduktes.[433] Dieses Auslieferungsmodell hat ebenso Auswirkungen auf die Preisgestaltung. Die beiden Extremformen sind auf der einen Seite das Supply on demand (Lieferung wird auf Anfrage freigegeben), auf der anderen der feste Lieferzyklus (Lieferung erfolgt in festgelegten periodischen Abständen).[434]

Kommunikationspolitik

Abgeleitet aus der Produktdefinition ergibt sich die Kommunikationspolitik der Produktvision und -strategie.[435] Im Rahmen der Kommunikationspolitik erfolgt demnach die Bekanntmachung einer Leistung bei den Abnehmern durch operatives Marketing und Vertrieb (siehe Kapitel 4.2.4.2.4 und 4.2.4.2.5) – dies schließt den Aufbau bzw. die Steigerung der Bekanntheit von Marken und der gesamten Organisation mit ein ebenso wie die Vermittlung von Informationen und das Beeinflussen von Emotionen zur Kaufentscheidung, die Abgrenzung zu Wettbewerbern etc.[436]

---

[431] Vgl. Herzwurm und Pietsch (2009), S. 300

[432] Vgl. zu Distributionspolitik Herzwurm und Pietsch (2009), S. 121 ff., weitere Ausführungen finden sich in ISPMA (2014a), URL siehe Literaturverzeichnis, S. 28 f. und Ricken und Meinberg (2012), URL siehe Literaturverzeichnis, S. 4 f., siehe auch ISPMA (2014b), URL siehe Literaturverzeichnis

[433] Vgl. Kittlaus und Clough (2010), S. 54, S. 59 und S. 104 ff.

[434] Vgl. Sneed u.a. (2005), S. xxv und S. 71 ff.

[435] Vgl. zu Kommunikationspolitik Ebert (2007a), S. 853, weitere Ausführungen finden sich in Ricken und Meinberg (2012), URL siehe Literaturverzeichnis, S. 4 f., siehe auch ISO/IEC 12207-2008 (Kapitel 3.1, Abschnitt ISO/IEC 12207-2008 – Systems and Software Engineering – Software Life Cycle Processes, enhanced with I-PRM)

[436] Vgl. Herzwurm und Pietsch (2009), S. 123 ff.

Beschaffungspolitik

Die Beschaffungspolitik beschäftigt sich mit strategischen Make or Buy-Entscheidungen.[437] Gründe für eine Kaufentscheidung eines IT-Produkts oder eines Teils davon sind wirtschaftlicher Natur, dies kann kostengünstiger sein als eine Eigenentwicklung, aber auch eine schnellere Time to Market, Fachkräfte- oder Ressourcenknappheit können zu einer Kaufentscheidung führen. Diese Argumente stehen einer eventuellen Abhängigkeit von den Lieferanten entgegen.

Entwicklungs-/Produktionspolitik

Die Entwicklungs- bzw. Produktionspolitik beschreibt die langfristige, evolutionäre Weiterentwicklung von IT-Produkten.[438] Dies beinhaltet die Festlegung der Basisgrundsätze und Richtungen der IT-Entwicklung sowie die Festsetzung eines bestimmten Vorgehensmodells, welches sämtliche Entwicklungs-, Betriebs- und Wartungsaktivitäten von der Initiierung eines IT-Produkts bis zu dessen Außerdienststellung enthält.

4.2.4.1.3 Produktplanung und -kontrolle

Lebenszyklusmanagement

Das Lebenszyklusmanagement ist ein ganzheitliches Geschäftskonzept – es werden ein oder mehrere IT-Produkte vom Konzept an geleitet und verwaltet bis zu jener Phase, in der sie auslaufen, um während des Lebenszyklus den größtmöglichen geschäftlichen Nutzen zu generieren.[439] Das IT-Produktmanagement ist (im Gegensatz zum IT-Projektmanagement) zeitlich unbegrenzt, beginnt mit der Idee eines Produkts und endet mit dessen Elimination, begleitet es somit während des gesamten Lebenszyklus.[440] Hierfür ist es notwendig, über die einzelnen Phasen der Produkte ein weitreichendes Verständnis

---

[437] Vgl. zu Beschaffungspolitik Kittlaus und Clough (2010), S. 59 f., weitere Ausführungen finden sich in ISPMA (2014a), URL siehe Literaturverzeichnis, S. 11, siehe auch ISPMA (2014b), URL siehe Literaturverzeichnis

[438] Vgl. zu Entwicklungs-/Produktionspolitik Herzwurm und Pietsch (2009), S. 185 ff., weitere Ausführungen finden sich in Bjørner (2011), S. 26-28, siehe auch ISO/IEC 12207-2008 (Kapitel 3.1, Abschnitt ISO/IEC 12207-2008 – Systems and Software Engineering – Software Life Cycle Processes, enhanced with I-PRM)

[439] Vgl. zu Lebenszyklusmanagement Ebert (2007a), S. 852, weitere Ausführungen finden sich in Huber und Huber (2011), S. 107, ISPMA (2014a), URL siehe Literaturverzeichnis, S. 22, Mohamed u.a. (2010), S. 29 ff., Saaksvuori und Immonen (2008), S. 1 ff., Sudhakar (2013), S. 4 f., siehe auch ISPMA (2014b), URL siehe Literaturverzeichnis

[440] Vgl. Sneed u.a. (2005), S. 2 f.

und einen genauen Überblick zu erlangen.[441] Am Ende steht die Produktelimination, wobei die Herausforderung darin besteht, die betroffenen Kunden weiterhin an die Organisation durch die Wahl einer geeigneten Strategie zu binden (Verkauf eines anderen Produkts, Attraktivität des zu eliminierenden Produkts reduzieren, um Migration zu fördern, etc.).[442] Das Lebenszyklusmanagement beinhaltet das Konzept der kontinuierlichen Sammlung und Speicherung aller Informationen über die Produkte einer Organisation,[443] hierfür können die Informationen aus dem Wissensmanagement genutzt und weitere dort eingepflegt werden (siehe Kapitel 4.2.4.3.4).

Produkt-Roadmapping

Die mittel- bis langfristige Ablaufplanung der unterschiedlichen Releases steht im Produkt-Roadmapping im Vordergrund.[444] Um eine Roadmap zu erstellen, werden zunächst aus dem Portfoliomanagement (siehe Kapitel 4.2.4.1.1) die Investitionsentscheidungen und das Kerngeschäft identifiziert (Theme and Core Asset Identification), um auf deren Basis die Roadmap zu konstruieren (Roadmap construction).[445] Während des Produkt-Roadmapping werden Informationen von unterschiedlichen Stakeholdern (siehe Kapitel 4.2.4.3.1) bezogen. Die Roadmap ist ein strategisch ausgerichtetes Dokument in Form eines Zeitplans, in dem Bedürfnisse, Ideen und Möglichkeiten für zukünftige Entwicklungen festgehalten werden.[446] Es werden Wachstumschancen, die wichtigsten Herausforderungen und Strategien ebenso wie die Verbesserungs- und Erweiterungsvorschläge auf abstraktem Niveau definiert und es werden konkrete Vorschläge inklusive der Personalausstattung (z.B. Anzahl Entwickler pro Projekt) ausgearbeitet.[447] Die Roadmap beinhaltet eine langfristige Sicht, z.B. werden Daten aus dem Releaseplan festgehalten sowohl für anstehende wie auch nachfolgende Releases. Sie beschreibt demnach, wann Versionen oder IT-Produkte auf der Grundlage einer Zeitleiste freigegeben werden.[448]

---

[441] Vgl. Ebert (2007a), S. 852
[442] Vgl. Harness und Harness (2004), S. 67 ff. und Jansen u.a. (2011), S. 154 ff.
[443] Vgl. Zanker und Gordea (2006), S. 103 ff.
[444] Vgl. zu Produkt-Roadmapping Suomalainen, T., u.a. (2011), S. 958, weitere Ausführungen finden sich in Ebert (2007a), S. 850, ISPMA (2014a), URL siehe Literaturverzeichnis, S. 21 und Mohamed u.a. (2010), S. 35 ff., siehe auch ISPMA (2014b), URL siehe Literaturverzeichnis sowie ISO/IEC 12207-2008 (Kapitel 3.1, Abschnitt ISO/IEC 12207-2008 – Systems and Software Engineering – Software Life Cycle Processes, enhanced with I-PRM) und Microsoft Solution Framework (Kapitel 3.1, Abschnitt Microsoft Solution Framework)
[445] Vgl. van de Weerd u.a. (2006c), S. 321, siehe auch van de Weerd u.a. (2006b), S. 5 und van de Weerd u.a. (2006a), S. 3 ff.
[446] Vgl. Bjørner (2011), S. 26-28
[447] Vgl. Hanssen und Fægri (2008), S. 850
[448] Vgl. Grynberg und Goldin (2003), S. 65

Releaseplanung

Die Releaseplanung beantwortet im Wesentlichen die Fragen „wann“ und „was“, d.h. wie häufig wird ein neues Release erscheinen und welche zusätzlichen Anforderungen erfüllt es im Gegensatz zum vorherigen Release.[449] Einen Rahmen hierfür setzt das Programm-/Portfoliomanagement (siehe Kapitel 4.2.4.1.1). Geliefert werden demnach eine Beschreibung, ein Programm und ein Zeitplan für bestehende und kommende Releases.[450] Die Anforderungsbündel werden aus dem Releasemanagement (siehe Kapitel 4.2.4.2.2) übernommen, es erfolgt die mittelfristige Planung der Releases: Welches spezifizierte Anforderungsbündel ist zu welcher Zeit fertiggestellt und zur Auslieferung bereit.[451] Dies wird an das Produkt-Roadmapping weitergeleitet, welches die langfristige Release-Ablaufplanung erstellt.

4.2.4.2 Grundfunktionen – Ausführend

Die ausführenden Grundfunktionen dienen direkt der Erfüllung des Sachziels einer Organisation zur Ausführung der Aufgaben im betrieblichen Transformationssystem, zu ihnen zählen Beschaffung/Sourcing, Entwicklung und Design, Produktion, Marketing und Vertrieb. Die einzelnen ausführenden Funktionen sind so aufgebaut, dass zunächst eine planerische Einheit für die Konsistenz der einzelnen Aufgaben innerhalb der jeweiligen Funktion zuständig ist (Beschaffungsplanung, Entwicklungsplanung, Projektmanagement, Marketing- und Vertriebsplanung). Im Rahmen der hier vorgegebenen Pläne laufen daraufhin die weiteren Aufgaben der Funktionsbereiche ab.

---

[449] Vgl. zu Releaseplanung Herzwurm und Pietsch (2009), S. 196 f., weitere Ausführungen finden sich in Albourae u.a. (2006), S. 27, Bekkers und Spruit (2010), S. 7 ff., Berander (2007), S. 1 ff., Mohamed u.a. (2010), S. 29 ff., Regnell und Kuchcinski (2011), S. 47, siehe auch ISO/IEC 12207-2008 (Kapitel 3.1, Abschnitt ISO/IEC 12207-2008 – Systems and Software Engineering – Software Life Cycle Processes, enhanced with I-PRM) und Microsoft Solution Framework (Kapitel 3.1, Abschnitt Microsoft Solution Framework)

[450] Vgl. Kilpi (1997c), S. 190

[451] Vgl. Kittlaus und Clough (2010), S. 77 ff.

4.2.4.2.1 Beschaffung/Sourcing

Beschaffungsplanung

Durch die Planung der Beschaffung entsteht eine Auflistung der potenziellen Beschaffungsmöglichkeiten, auf deren Basis eine Eruierung der Vor- und Nachteile jeder Möglichkeit abgehalten werden kann.[452] In Abstimmung mit der durch die Beschaffungspolitik getroffenen Make or Buy-Entscheidung (siehe Kapitel 4.2.4.1.2) werden daraufhin Pläne für die operative Beschaffung ausgearbeitet. Im Vordergrund steht hierbei die kostenoptimale Bereitstellung von (Vor-)Produkten und/oder Dienstleistungen für eine bestimmte Planungsperiode.

Operative Beschaffung

Die operative Beschaffung erfolgt im Rahmen der durch die Beschaffungsplanung vorgeschriebenen Pläne.[453] Im Falle einer Kaufentscheidung wird die Verteilung der Beschaffung einzelner IT-Produkte/-Komponenten auf einzelne Lieferanten festgelegt und vertraglich abgesichert (durch Einbeziehung des Rechts- und IPR-Managements, Kapitel 4.2.4.3.4).

Lieferantenbeziehungsmanagement

Im Lieferantenbeziehungsmanagement (Supplier Relationship Management – SRM) werden die Interaktionen mit Lieferanten systematisch verwaltet.[454] Im Vordergrund stehen die Vergabe und Abwicklung von Aufträgen an und mit den Lieferanten, die Suche nach neuen potenziellen Lieferanten sowie die (häufig langfristig angelegte) Pflege der bestehenden Lieferantenbeziehungen. Ein wechselseitiger Austausch mit dem Wissensmanagement (siehe Kapitel 4.2.4.3.4) trägt zu einer systematischen und transparenten Datenbasis bei.

[452] Vgl. zu Beschaffungsplanung Kittlaus und Clough (2010), S. 59 f. und in Anlehnung an die Vertriebs- und Marketingplanung S. 104 ff. und S. 96 f., siehe auch ISPMA (2014b), URL siehe Literaturverzeichnis

[453] Vgl. zu Operative Beschaffung Kittlaus und Clough (2010), S. 59 f., siehe auch ISPMA (2014b), URL siehe Literaturverzeichnis

[454] Vgl. zu Lieferantenbeziehungsmanagement Kittlaus und Clough (2010), S. 59 f. und S. 104 ff., weitere Ausführungen finden sich, analog zum Kundenbeziehungsmanagement, in Herzwurm und Pietsch (2009), S. 96 f., siehe auch ISPMA (2014b), URL siehe Literaturverzeichnis

4.2.4.2.2 Entwicklung und Design

Entwicklungsplanung

In Entwicklungsplänen werden innerhalb der vorgegebenen Entwicklungspolitik (siehe Kapitel 4.2.4.1.2) sämtliche Aspekte zusammengefasst, die während der Entwicklung relevant sind.[455] Hierzu gehören u.a. die Festlegung der Architektur, der Vorgehensmodelle und Instrumente und die Einbeziehung des Konfigurationsmanagements. Berücksichtigt werden auch das Ressourcenmanagement (siehe Kapitel 4.2.4.1.1), das Wissensmanagement (siehe Kapitel 4.2.4.3.4) und die Beschaffungsplanung (siehe Kapitel 4.2.4.2.1). Dies kann zudem die Entscheidung für eine einheitliche Plattform oder die Bereitstellung eines Prototyps beinhalten.

Anforderungsmanagement

Das Anforderungsmanagement (Requirements Management) ist die Kernaufgabe in Entwicklung und Design und steht am Anfang eines Entwicklungsprozesses.[456] Einen Schwerpunkt bildet die Anforderungsanalyse (Requirements Engineering),[457] die Ermittlung der qualitativen und quantitativen Anforderungen an ein IT-Produkt. Zum Anforderungsmanagement gehört die Verwaltung der Inhalte und (Meta-)Daten einer jeden Anforderung – Dies beinhaltet die kontinuierliche Verwaltung der Anforderungen (ohne auf deren Auswirkungen auf die Releases zu achten) und besteht aus drei Kernelementen:[458]

- Der Sammlung von Anforderungen von externen und internen Stakeholdern[459] (Requirements Gathering),
- der Identifikation und Definition der relevanten Anforderungen bzw. Anforderungsidentifikation, indem die Anforderungen des Marktes in möglichst unmissverständliche

455 Vgl. zu Entwicklungsplanung Sudhakar (2013), S. 8 f., weitere Ausführungen finden sich in Yang (2012), S. 766

456 Vgl. zu Anforderungsmanagement Herzwurm und Pietsch (2009), S. 49 f., weitere Ausführungen finden sich Berander (2007), S. 1 ff., Fricker u.a. (2010), S. 72 ff., Gorschek u.a. (2012), S. 83 ff., Khurum und Gorschek (2011), S. 495, Mohamed u.a. (2010), S. 29 ff., O'Leary u.a. (2012), S. 1080 ff., Sudhakar (2013), S. 4 und Yang (2012), S. 766, siehe auch Microsoft Solution Framework (siehe Kapitel 3.1, Abschnitt Microsoft Solution Framework)

457 Vgl. Barney u.a. (2008), S. 576 f., Gorschek u.a. (2012), S. 83 ff. und ISPMA (2014b), URL siehe Literaturverzeichnis

458 Vgl. zur folgenden Aufzählung Bekkers u.a. (2010b), S. 4, Grynberg und Goldin (2003), S. 63, van de Weerd u.a. (2006a), S. 3 ff., van de Weerd u.a. (2006b), S. 3 oder van de Weerd u.a. (2006c), S. 321 f.

459 Herzwurm und Pietsch (2009), S. 49 f. und Kittlaus und Clough (2010), S. 84 weisen darauf hin, dass die Anforderungen aus der Entwicklung oft technisch perfekt, jedoch nicht immer wirtschaftlich sind. Auch die Anforderungen von Markt und Kunden sollten nicht außer Acht gelassen werden, denn die Akzeptanz steigt mit der Erfüllung der Anforderungen an ein IT-Produkt.

Produktanforderungen überführt und Anforderungen gebündelt werden, die dieselben Funktionalitäten betreffen (Requirements Identification),

- und der Organisation der Anforderungen nach gemeinsamen Aspekten während ihres gesamten Lebenszyklus durch Zusammenfassung, Kategorisierung etc. (Requirements Organising).

Auch Filterung und Nachverfolgung der Anforderungen werden genannt. Die Priorisierung der Anforderungen ist demnach eine wichtige Aufgabe innerhalb des Anforderungsmanagements.[460] Die Anforderungen, die mit den übergeordneten Geschäftszielen übereinstimmen, sollten identifiziert und die anderen so früh wie möglich aussortiert werden.[461] Die Herausforderung besteht unter anderem darin, die abstrakten Anforderungen der (internen oder externen) Kunden zu übersetzen in die technisch detaillierte Sprache der Entwickler.[462]

Änderungswesen

Verbesserungen, Probleme oder neue Anforderungen im Entwicklungsprozess ziehen Änderungen nach sich.[463] Diese sollten bezüglich eines IT-Produktes kontrolliert durchgeführt werden von der Dokumentation der Änderungswüsche über deren Priorisierung, Information und Rückmeldung. Für eine konsistente Datenhaltung sollten Änderungen mit dem Wissensmanagement (siehe Kapitel 4.2.4.3.4) ausgetauscht werden.

Variantenmanagement

Die Ermittlung der optimalen Anzahl an Varianten eines IT-Produkts ist notwendig, denn weder eine unübersichtliche Verbreiterung der Produktpalette noch das Vermeiden neuer Varianten „um jeden Preis" ist ökonomisch sinnvoll.[464] So können ganze Produktlinien, welche durch das Programm-/Portfoliomanagement (siehe Kapitel 4.2.4.1.1) vorgegeben werden, unter Betrachtung der Kosten-Nutzenaspekte einfacher verwaltet und zusammengestellt werden.

---

[460] Vgl. Bebensee u.a. (2010), S. 67, Berander (2007), S. 1 ff., Ebert (2007a), S. 850, Khurum und Gorschek (2011), S. 495, Mohamed u.a. (2008a), S. 587 und Regnell und Kuchcinski (2011), S. 47

[461] Vgl. Iqbal u.a. (2010), S. 142

[462] Vgl. Gorschek und Wohlin (2006), S. 4

[463] Vgl. zu Anderungswesen Herzwurm und Pietsch (2009), S. 51

[464] Vgl. zu Variantenmanagement Schackmann und Lichter (2006), S. 13 ff., weitere Ausführungen finden sich in Helferich und Herzwurm (2008), S. 1741 ff.

Releasemanagement

Im Releasemanagement werden die Anforderungen aus dem Anforderungsmanagement (siehe Kapitel 4.2.4.2.2) zu Anforderungsbündeln für einzelne Releases zusammengefasst und pro Release verwaltet, so dass diese erfolgreich ausgeliefert werden können.[465]

Somit werden die Anforderungsbündel der einzelnen Releases gemanagt. Es werden die erforderlichen Fähigkeiten bereitgestellt, um ein Release erfolgreich zu erstellen und zu starten: Nach der Priorisierung der Anforderungen für ein Release werden diese ausgewählt, um die Releasedefinition zu erstellen. Hierauf folgt die Validierung der Definition, wobei das Scope Change Management die inhaltliche Verträglichkeit mit den bestehenden Releases sicherstellen soll.[466] Zuletzt wird der Release-Launch vorbereitet, was die Kommunikation mit sämtlichen Stakeholdern, die Dokumentation, das Training, einen Entwurf für die Implementierung etc. beinhaltet.

Konfigurationsmanagement

Im Konfigurationsmanagement wird eine gemeinsame Basis für die Entwicklungsaktivitäten geschaffen.[467] Verwaltet werden die Konfigurationsdaten, d.h. welche Komponenten gehören zu einem bestimmten Produkt und zusätzlich welche Mittel werden für die Erstellung des Produktes benötigt. Durch das Konfigurationsmanagement soll eine möglichst korrekte und fehlerfreie Zusammensetzung eines IT-Produkts erreicht werden und eine vollständige Transparenz durch eine einheitliche Kennzeichnung und durchgängige Rückverfolgbarkeit, wobei die Sicherung wichtiger IT-Produktstände notwendig ist. Dies beinhaltet die Versionskontrolle, in der die Konfigurationsobjekte verwaltet und verfolgt werden (d.h. sämtliche Dokumente, die während eines Software-Entwicklungsprozesses erstellt und konfiguriert werden sollen wie Anforderungslisten, Datenflussdiagramme,

---

[465] Vgl. zu Releasemanagement van de Weerd u.a. (2006c), S. 321 f., weitere Ausführungen finden sich in Cohen (2010), S. 11, Bekkers u.a. (2010b), S. 4, Didar-Al-Alam u.a. (2012), S. 222 ff., Ebert (2007a), S. 850, Gietema und Brinkkemper (2012), S. 207 ff., Gorschek u.a. (2012), S. 83 ff., Grynberg und Goldin (2003), S. 65, Herzwurm und Pietsch (2009), S. 196 ff., Mohamed u.a. (2010), S. 29 ff., Shinohara u.a. (1997), S. 813, van de Weerd u.a. (2006a), S. 3 ff., van de Weerd u.a. (2006b), S. 3 und Zanker und Gordea (2006), S. 103

[466] Vgl. Bjarnason u.a. (2010), S. 30 ff.

[467] Vgl. zu Konfigurationsmanagement Herzwurm und Pietsch (2009), S. 51 und 197 f., weitere Ausführungen finden sich in Kilpi (1997c), S. 184 ff., Mendonça u.a. (2008), S. 108 ff. und Sneed u.a. (2005), S. xxvi und S. 287 ff.

Design-Dokumente, Quellcode, Testergebnisse, Schulungs- und Marketingunterlagen, etc.).[468]

Qualitätsmanagement

Im Qualitätsmanagement wird der Aktivitätenplan autorisiert, der zur Ermittlung der Diskrepanz zwischen angefordertem und aktuellem Stand eines IT-Produktes notwendig ist.[469] Bei der Bewertung und Verbesserung der Qualität ist zum einen der Entwicklungsprozess selbst zu betrachten, zum anderen das eigentliche IT-Produkt durch ein systematisches Testmanagement (siehe Kapitel 4.2.4.2.2). Während der Validierung wird demnach überprüft, ob sich die entwickelten Features im neuen Produkt bzw. der neuen Produktversion mit den zuvor festgelegten Anforderungen decken. Zusätzlich erfolgt eine Qualitätssicherung der zugehörigen Dokumente wie Schulungs- und Marketingunterlagen.[470] Hierzu werden sämtliche Berichte über Leistung und Zuverlässigkeit des IT-Produkts in einer Datenbank gesammelt und bewertet sowie Prognosen für die Qualität gestellt.

Testmanagement

Testmanagement wird verfolgt mit dem Ziel, in einem IT-Produkt enthaltene Mängel aufzudecken und zu entfernen und gibt somit eine Richtlinie für das Fehlermanagement (siehe Kapitel 4.2.4.2.2) vor.[471] Je früher ein Mangel erkannt wird, desto weniger kostenintensiv ist dessen Beseitigung und desto eher kann das Ziel, ein möglichst fehlerfreies IT-Produkt zu entwickeln, erreicht werden. Ein systematisches Vorgehen ist von großer Wichtigkeit, Tests können zum einen im Labor erfolgen (sog. Alpha-Tests), jedoch auch im Anwendungsfeld (sog. Beta-Tests). Die Bedeutung des Regressionstests wird besonders hervorgehoben, da ein einmaliger Test der IT-Produkte vor Auslieferung nicht ausreichend ist – oft stehen diese (insbesondere Unternehmenssoftware) noch am Anfang ihres Lebenszyklus, sind noch jahrelang im Einsatz und werden angepasst und

---

[468] Vgl. Kilpi (1997a), S. 33

[469] Vgl. zu Qualitätsmanagement ISPMA (2014a), URL siehe Literaturverzeichnis, S. 27, weitere Ausführungen finden sich in Cohen (2010), S. 11, Grynberg und Goldin (2003), S. 65 f., Herzwurm und Pietsch (2009), S. 251 ff. und S. 362, Humphrey (2001), S. 1 ff., Kittlaus und Clough (2010), S. 94 ff., Sneed u.a. (2005), S. xxvi und S. 357 ff. und Yang (2012), S. 766

[470] Vgl. Pfau (1978), S. 3 f.

[471] Vgl. zu Testmanagement Herzwurm und Pietsch (2009), S. 50, weitere Ausführungen finden sich in Cohen (2010), S. 11, Kilpi (1997c), S. 191 und Sudhakar (2013), S. 12-16

verändert – Hier können Regressionstests (auch automatisiert) für neue Releases unterstützen.[472]

Fehlermanagement

Software-Fehler entstehen während des Entwicklungsprozesses, werden häufig während des Einsatzes der IT-Produkte entdeckt und sind durch ein systematisches Fehlermanagement (Defect Management) in möglichst effizienter Weise zu beheben.[473] Dies hat Auswirkungen auf das Anforderungs- und Releasemanagement, denn Fehler werden während der Testphasen (siehe Testmanagement, Kapitel 4.2.4.2.2), häufig aber auch erst nach der Freigabe eines Releases, erkannt. Fehler können während der Spezifikation, der Designphase oder der Programmierphase entstehen und resultieren, je nach dem, in unterschiedlichen Fehlerarten.[474] Wesentliche Prozesse des Fehlermanagements sind a) Fehleridentifikation und -bericht an die Stakeholder, b) Fehlerbericht-Triage (Fehler werden zurückverfolgt und rekonstruiert, priorisiert und an die entsprechenden Softwareexperten weitergereicht), c) Expertenanalyse, Fixing, Testen und Entwicklung und d) Fehlerbericht-Verifikation und Schließung des Prozesses.[475]

User Interface-Gestaltung

Während der User Interface-Gestaltung werden, zusammen mit User Interface-Designern und Usability-Spezialisten, Pilot-Interfaces hergestellt.[476] Anhand unterschiedlicher Kriterien wird entschieden, welches Interface für das IT-Produkt übernommen wird (z.B. hohe Benutzerfreundlichkeit und Attraktivität, effiziente und fehlerfreie Bedienung, leichte Erlernbarkeit, aktuelle Standards und Trends etc.).

---

[472] Vgl. Sneed u.a. (2005), S. xxvi und S. 257 ff.
[473] Vgl. zu Fehlermanagement van de Weerd und Katchow (2009), S. 167 ff.
[474] Vgl. IEEE Std 729-1983 (1983)
[475] Vgl. Sandusky und Gasser (2005), S. 187 ff.
[476] Vgl. zu User Interface-Gestaltung Striebeck (2006), S. 193 ff.

4.2.4.2.3 Produktion und Wartung

Projektmanagement

IT-Produkte werden üblicherweise in Form von Projekten weiterentwickelt.[477] Das Projektmanagement ist zuständig für die Verwaltung und Organisation dieser Projekte, die während des Lebenszyklus eines IT-Produktes stattfinden, entlang des Releaseplans (siehe Kapitel 4.2.4.1.3). Das Projektmanagement ist eng mit dem Releasemanagement verbunden (siehe Kapitel 4.2.4.2.2). Inhaltich handelt es sich um Führungsaufgaben, -organisation, -techniken und -mittel, die für die Abwicklung eines Projektes notwendig sind.[478] Hierbei sind die Vorgaben der Entwicklungsplanung zu Architektur sowie Entwicklungsmethoden (traditionell wie das Wasserfallmodell bzw. iterative Entwicklungsmodelle oder aber neuere Ansätze wie agile Methoden, z.B. SCRUM) zu beachten (siehe Kapitel 4.2.4.2.2).

Projektanforderungsmanagement

Das Projektanforderungsmanagement ist ein ähnlicher Prozess wie das Anforderungsmanagement (siehe Kapitel 4.2.4.2.2) für Produkte, jedoch bezogen auf Projekte.[479] Produktanforderungen werden in Projektanforderungen überführt und weiter verfeinert, diese werden kontinuierlich verfolgt und synchronisiert.

Projektdurchführung

In dem durch das Projektmanagement gesetzten Rahmen erfolgt die Umsetzung der im Projektanforderungsmanagement festgelegten Anforderungen in der Projektdurchführung, wobei jeder Zustandswechsel eines IT-Produktes als Resultat eines Projektes gesehen werden kann.[480] Entwicklungsprojekte können hintereinander oder parallel ablaufen. Während des Lebenszyklus des IT-Produktes finden somit verschiedene Projekte statt.

---

[477] Vgl. zu Projektmanagement ISPMA (2014a), URL siehe Literaturverzeichnis, S. 26, weitere Ausführungen finden sich in Huber und Huber (2011), S. 107, Kittlaus und Clough (2010), S. 94 ff., O'Leary u.a. (2012), S. 1014 ff. und Sudhakar (2013), S. 9-12

[478] Vgl. Herzwurm und Pietsch (2009), S. 51 und S. 229 ff.

[479] Vgl. zu Projektanforderungsmanagement ISPMA (2014a), URL siehe Literaturverzeichnis, S. 17 und S. 26 f., weitere Ausführungen finden sich in Kittlaus und Clough (2010), S. 94 ff., siehe auch ISPMA (2014b), URL siehe Literaturverzeichnis

[480] Vgl. zu Projektdurchführung Herzwurm und Pietsch (2009), S. 51 f. und S. 229 ff., weitere Ausführungen finden sich in Kilpi (1997c), S. 191, Kittlaus und Clough (2010), S. 94 ff. und Sudhakar (2013), S. 16

Wartung

Die Wartung von IT-Produkten dient deren Erhalt und umfasst sämtliche Aktivitäten, die erforderlich sind, um ein System im Betrieb zu halten – IT-Produkte werden überwacht, kontinuierlich gewartet und weiterentwickelt, um für den Kunden von dauerhaftem Nutzen zu sein.[481] Die Wartung wird in vier Bereiche eingeteilt: Corrective Maintenance (dient der Fehlerbehebung im Code), Adaptive Maintenance (passt ein IT-Produkt an eine neue Umgebung an), Perfective Maintenance (übernimmt durch Kundenanforderungen anfallende Updates) und Preventive Maintenance (überarbeitet die Dokumentation und verbessert die Wartbarkeit eines IT-Produkts). Die durchgeführten Wartungsarbeiten werden an das Konfigurationsmanagement weitergeleitet (siehe Kapitel 4.2.4.2.2).

Produktelimination-/migration

Am Ende des Lebenszyklus eines IT-Produktes wird das Produkt vom Markt genommen.[482] Es folgen die Freisetzung von Teammitgliedern, Abschluss von Projekten, Verträgen und administrativen Tätigkeiten. Im Gegensatz zu einer Elimination (Abschaltung des Produkts) wird bei einer Migration das IT-Produkt in ein Nachfolgeprodukt migriert.[483] Dieser Zeitpunkt kann bestimmt werden anhand unterschiedlicher Indikatoren wie sinkende Absatzzahlen, unzufriedene Kunden, sinkende Qualität des Produkts durch veraltete Technologien etc.

4.2.4.2.4 Marketing

Marketingplanung

Die Marketingplanung befasst sich mit der Entwicklung und Verhandlung von Plänen für sämtliche Marketing-Aktivitäten in einem bestimmten Zeitraum (häufig für ein Jahr), wobei hier die zugeteilten Budgets und Ressourcen (siehe Kapitel 4.2.4.1.1) zu berücksichtigen sind.[484] Pläne können innerhalb der Vorgaben durch die Kommunikationspolitik (siehe Kapitel 4.2.4.1.2) für einzelne IT-Produkte oder IT-Produktgruppen erstellt und mit den Vorgaben des strategischen Managements und der Vertriebsplanung abgestimmt

---

[481] Vgl. zu Wartung Sneed u.a. (2005), S. 13 ff., weitere Ausführungen finden sich in Bjørner (2011), S. 26-28, ISPMA (2014a), URL siehe Literaturverzeichnis, S. 29 f. und Zanker und Gordea (2006), S. 103

[482] Vgl. zu Produktelimination-/migration Sudhakar (2013), S. 17

[483] Vgl. Harness und Harness (2004), S. 67 ff.

[484] Vgl. zu Marketingplanung ISPMA (2014a), URL siehe Literaturverzeichnis, S. 27 f., weitere Ausführungen finden sich in Kittlaus und Clough (2010), S. 96 f., siehe auch ISPMA (2014b), URL siehe Literaturverzeichnis

werden. Geplant werden die Aspekte, die für die Vorbereitung und Unterstützung der Vertriebsaktivitäten notwendig sind.

Operatives Marketing/Produkteinführung

Im Fokus des operativen Marketings steht die Produkteinführung, d.h. die im Programm-, Varianten- und Releasemanagement (siehe Kapitel 4.2.4.1.1 und 4.2.4.2.2) definierten IT-Produkte, Varianten oder Releases einer Organisation auf den Markt zu bringen und demnach die Ausführung des Marketingplans innerhalb des in der Produktstrategie (siehe Kapitel 4.2.4.1.2) festgelegten Rahmens.[485] Hierfür stehen die Vermarktungsstrategien zur Verfügung: Marktfeld-, Marktstimulierungs-, Marktareal- und Marktparzellierungsstrategien.[486] Insbesondere gilt es, Kunden und Markt durch Werbeträger und Marketing-Events über die IT-Produkte zu informieren nach den in der Kommunikationspolitik vorgegebenen Richtlinien (siehe Kapitel 4.2.4.1.2).[487]

4.2.4.2.5 Vertrieb

Vertriebsplanung

Die Vertriebsplanung befasst sich mit der Entwicklung und Verhandlung von Plänen für sämtliche vertrieblichen Aktivitäten während eines bestimmten Zeitraums (oft ein Jahr) einschließlich Zielwerten und -anreizen.[488] Die Pläne können produktspezifisch oder auch für eine Produktgruppe aufgestellt sein und sollten sowohl mit den Organisations- und Produktstrategien als auch mit der Marketingplanung abgestimmt werden.

Einsatz der 4Ps/7Ps

Bei der Zusammenstellung des Marketingmixes werden die in der Produktstrategie definierten absatzpolitischen Instrumente möglichst optimal kombiniert und daraufhin eingesetzt. Der Marketingmix besteht aus den 4 P's (Product, Price, Place, Promotion: siehe

---

485 Vgl. zu Operatives Marketing/Produkteinführung ISPMA (2014a), URL siehe Literaturverzeichnis, S. 28, weitere Ausführungen finden sich in Bjørner (2011), S. 26-28, Kilpi (1997c), S. 195 ff., Kittlaus und Clough (2010), S. 96 f. und Sudhakar (2013), S. 15

486 Zu einer näheren Beschreibung der Vermarktungsstrategien siehe Herzwurm und Pietsch (2009), S. 52

487 Vgl. Kilpi (1998), S. 5 f.

488 Vgl. zu Vertriebsplanung ISPMA (2014a), URL siehe Literaturverzeichnis, S. 28, weitere Ausführungen finden sich in Kittlaus und Clough (2010), S. 104 ff., siehe auch ISPMA (2014b), URL siehe Literaturverzeichnis

Kapitel 4.2.4.1.1 – Programm-/Portfoliomanagement und Kapitel 4.2.4.1.2 – Preis-, Distributions- und Kommunikationspolitik) und der Erweiterung zu den 7 P's (Process, Personnel: siehe Kapitel 4.2.4.3.3 – Prozessmanagement und Kapitel 4.2.4.1.1 – Ressourcenmanagement) für dienstleistungsintensive Produkte.[489] So gibt es keinen allgemeingültigen Marketingmix für sämtliche IT-Produkte, da dieser von deren Struktur abhängig ist (siehe Kapitel 1.2).

Vorbereitung der Vertriebskanäle

Das Management der ausgewählten Vertriebskanäle beinhaltet deren Vorbereitung, um zur richtigen Zeit ein neues IT-Produkt, eine neue Version oder ein Release zu verkaufen.[490] Hierzu zählen die Verwaltung der Kompetenzen, die Bereitstellung von Materialien, der Webseiten, Referenzartikel, etc.[491]

Operativer Vertrieb

Operativer Vertrieb bedeutet die Ausführung der Vertriebsplanung und die Ergreifung von Maßnahmen, wenn es zu Abweichungen von dieser Planung kommt.[492] Hierzu gehört die Angebotsabwicklung ebenso wie die Verhandlung von Konditionen für Verträge (durch Einbeziehung des Rechts- und IPR-Managements, siehe Kapitel 4.2.4.3.4) und deren Verwaltung. Weiterhin gilt es, für reibungslose Vertriebsprozesse zu sorgen, d.h. z.B. eine einfache und stabile Onlinebestellung zu ermöglichen, und eine unkomplizierte und korrekte Abrechnungsmöglichkeit bereitzustellen.

---

[489] Vgl. zu Einsatz der 4Ps/7Ps Herzwurm und Pietsch (2009), S. 53 und 112 ff., weitere Ausführungen finden sich in ISPMA (2014a), URL siehe Literaturverzeichnis, S. 27 f., Kittlaus und Clough (2010), S. 96 ff., siehe auch ISPMA (2014b), URL siehe Literaturverzeichnis

[490] Vgl. zu Vorbereitung der Vertriebskanäle ISPMA (2014a), URL siehe Literaturverzeichnis, S. 28, weitere Ausführungen finden sich in Kilpi (1997c), S. 196 und Kittlaus und Clough (2010), S. 104 ff. und S. 112 siehe auch ISPMA (2014b), URL siehe Literaturverzeichnis

[491] Vgl. Herzwurm und Pietsch (2009), S. 94

[492] Vgl. zu Operativer Vertrieb Kittlaus und Clough (2010), S. 104 ff., weitere Ausführungen finden sich in Bjørner, D. (2011), S. 26-28, Kilpi (1997c), S. 194 ff., Kilpi (1998), S. 5 f., O'Leary u.a. (2012), S. 1014 ff. und Ricken und Meinberg (2012), URL siehe Literaturverzeichnis, S. 4 f., siehe auch ISPMA (2014b), URL siehe Literaturverzeichnis

Kundenbeziehungsmanagement

Das Kundenbeziehungsmanagement (Customer Relationship Management – CRM) leistet die systematische Verwaltung der Interaktionen mit Kunden, Klienten und Interessenten.[493] Es steht in engem Austausch mit dem Stakeholder Management (siehe Kapitel 4.2.4.3.1). Während der Kundenkommunikation werden auch die Anforderungen gesammelt und an das Wissensmanagement (siehe Kapitel 4.2.4.3.4) weitergeleitet, so dass das Anforderungsmanagement (siehe Kapitel 4.2.4.2.2) dadurch Zugriff auf die Daten hat. Bei der Interaktion mit dem Kunden sollte sich das Kundenbeziehungsmanagement nicht nur auf kurzfristige Verkaufserfolge konzentrieren, sondern auch auf langfristige Kundenbeziehungen und die Ermittlung neuer, potentieller Kundengruppen.

4.2.4.3 Querschnitts- bzw. Servicefunktionen

Querschnitts- bzw. Servicefunktionen unterstützen die direkt am Erstellungsprozess beteiligten Funktionen innerhalb einer Organisation bei der Wertschöpfung mit Dienstleistungen und sind in der Technostruktur angesiedelt. Ihnen werden die Professional Services, Finanzen, Organisation und Information zugeordnet.

4.2.4.3.1 Professional Services

Planung der Professional Services

Aus betriebswirtschaftlicher Sicht sind Professional Services wissensintensive Dienstleistungen bzw. Beratungsleistungen und dienen der Unterstützung von internen und externen Kunden mit dem Ziel, Nutzen zu stiften.[494]

Support und weitere ergänzende (technische) Dienstleistungen sind Bestandteil der Services.[495] Die Professionalisierung von Service und Support erfolgt durch eine Service-

493 Vgl. zu Kundenbeziehungsmanagement ISPMA (2014a), URL siehe Literaturverzeichnis, S. 28, weitere Ausführungen finden sich in Herzwurm und Pietsch (2009), S. 96 f., Kittlaus und Clough (2010), S. 104 ff. und Yang (2012), S. 766, siehe auch ISPMA (2014b), URL siehe Literaturverzeichnis sowie ISO/IEC 12207-2008 (Kapitel 3.1, Abschnitt ISO/IEC 12207-2008 – Systems and Software Engineering – Software Life Cycle Processes, enhanced with I-PRM)

494 Vgl. zu Planung der Professional Services Vertriebskanäle ISPMA (2014a), URL siehe Literaturverzeichnis, S. 29, weitere Ausführungen finden sich in Bjørner (2011), S. 26, Herzwurm und Pietsch (2009), S. 55 und S. 357, Huber und Huber (2011), S. 124 f., Kilpi (1998), S. 5 f., Kittlaus und Clough (2010), S. 112 ff., siehe auch ISPMA (2014b), URL siehe Literaturverzeichnis

495 Vgl. Kilpi (1997c), S. 184 ff.

und Supportstrategie, welche deren Planung und Verwaltung einschließt.[496] In die Planung einbezogen werden produktbegleitende Dienstleistungen wie Schulungen, Installation, Anpassung, Betrieb und ein User Help Desk zur Behandlung von technischen und nicht-technischen Problemen.[497] Nutzer-Supporteinheiten bieten technische Unterstützung für Kunden (i.d.R. durch Wartungsverträge abgesteckt) und Unterstützung für interne Stakeholder.

Operativer Service und Support

Der operative Service- und Support ist zuständig für die Bereitstellung sämtlicher angebotener Dienstleistungen und für die internen und externen Kunden.[498] Es erfolgt die Ausführung des Service-und Supportplans sowie die Überwachung und ggf. das Einschreiten, sofern die Maßnahmen von der Planung abweichen. Kundenkontakte werden kategorisiert, dokumentiert und dem Wissensmanagement (siehe Kapitel 4.2.4.3.4) zugetragen. Unterstützt werden auch die anderen Funktionsbereiche in der Organisation durch fachliches Know-how: das Marketing z.B. bei der Produktion und Verbreitung von Marketingmaterialien und Vorbereitung und Durchführung von Events, der Vertrieb z.B. durch die Einrichtung eines Call Centers und durch Hilfe bei der Organisation und Durchführung von Verkaufsveranstaltungen, Entwicklung und Design durch Informationen zu Fehlern oder Kundenwünschen, die Informationsabteilung bei der Durchführung von Kundenumfragen oder der Wettbewerbsanalyse z.B. durch Informationen über die Stärken/Schwächen der eigenen Produkte im Vergleich zu Wettbewerbern etc.

Stakeholdermanagement

Stakeholder sind die (internen und externen) Kunden, welche Nutzen durch die Professional Services erfahren.[499] Die Aufgabe des Stakeholdermanagements resultiert aus der Vielfalt der Akteure der unterschiedlichen Funktionen in einer Organisation, die am Produktmanagementprozess beteiligt und durch das Ecosystemmanagement (siehe Kapitel 4.2.4.1.1) bestimmt sind:[500] Hierzu zählen z.B. Management, Beschaffung, Entwicklung,

---

[496] Vgl. Herzwurm und Pietsch (2009), S. 55
[497] Vgl. Kittlaus und Clough (2010), S. 113 f.
[498] Vgl. zu Operativer Service und Support Kittlaus und Clough (2010), S. 112 ff., weitere Ausführungen finden sich in Herzwurm und Pietsch (2009), S. 55, Kilpi (1997c), S. 184 ff. und Kilpi (1998), S. 5 f., siehe auch ISPMA (2014b), URL siehe Literaturverzeichnis
[499] Vgl. zu Stakeholdermanagement Herzwurm und Pietsch (2009), S. 149, weitere Ausführungen finden sich in Ebert (2007a), S. 850, Grynberg und Goldin (2003), S. 66, Kittlaus und Clough (2010), S. 25 ff. und S. 63 f. und Mohamed u.a. (2010), S. 29
[500] Vgl. Kittlaus und Clough (2010), S. 25 ff.

Produktion, Marketing, Vertrieb, Finanzen, Software-Anbieter (Komponenten, Plattformen, Plug-Ins, Add-Ons), Marketing- und Vertriebspartner (Value Added Resellers (VARs), Kunden, Berater, Independent Software Vendors (ISVs), Original Equipment Manufacturers (OEMs), Systemintegratoren (SI), Marktforschungsinstitute, Journalisten, etc. Zum einen ist es notwendig, das Gewicht der unterschiedlichen Stakeholder festzulegen, wonach unter anderem die Anforderungen priorisiert werden können. Weiterhin gilt es zu bestimmen, welche Kunden bzw. Lieferanten in Entwicklungsprojekte einbezogen werden können und sollen und es gilt, die Beziehung zu diesen Stakeholdern zu pflegen und aufrecht zu halten.[501] Entscheidungen und Daten aus dem Stakeholdermanagement werden über das Wissensmanagement an das Lieferanten- und Kundenbeziehungsmanagement (siehe Kapitel 4.2.4.2.1 und 4.2.4.2.5) weitergegeben.

4.2.4.3.2 Finanzen

Aufwandschätzung

Aufwandschätzungen sind Teil der Wirtschaftsanalyse und fließen in den Business Case (siehe Kapitel 4.2.4.1.2), in die Kosten-Nutzenbetrachtung (siehe Kapitel 4.2.4.3.2) und in die Performance-/Risikobetrachtungen (siehe Kapitel 4.2.4.3.4) mit ein.[502] Geschätzt werden vorrangig Kosten und der monetäre Wert der benötigten Ressourcen als Grundlage für die Entscheidungen des Ressourcenmanagements (siehe Kapitel 4.2.4.1.1).

Kosten-Nutzenbetrachtung

Kosten-Nutzenbetrachtungen dienen der Ermittlung des bestmöglichen Verhältnisses zwischen Kosten und Nutzen, z.B. bevor eine neue Funktionalität für das nächste Release angekündigt wird.[503] Um sicherzustellen, dass relevante Einflussgrößen nicht vernachlässigt werden, sollten bei der Betrachtung von IT-Produkten sowohl quantitative wie auch qualitative Daten mit einbezogen werden, ebenso sollten die eventuell angebotenen

---

[501] Vgl. Hanssen und Fægri (2008), S. 851

[502] Vgl. zu Aufwandschätzung Herzwurm und Pietsch (2009), S. 55 und S. 245 f.

[503] Vgl. zu Kosten-Nutzenbetrachtung Herzwurm und Pietsch (2009), S. 55, weitere Ausführungen finden sich in Ebert (2007a), S. 851, Huber und Huber (2011), S. 107, Konig (2009), S. 15 ff., Schackmann und Lichter (2006), S. 13 ff., Mohamed und Wahba (2008), S. 2196, Mohamed u.a. (2008b), S. 35, siehe auch ISPMA (2014b), URL siehe Literaturverzeichnis sowie ISO/IEC 12207-2008 (Kapitel 3.1, Abschnitt ISO/IEC 12207-2008 – Systems and Software Engineering – Software Life Cycle Processes, enhanced with I-PRM) und Microsoft Solution Framework (siehe Kapitel 3.1, Abschnitt Microsoft Solution Framework)

Dienstleistungen (die auch nach dem Verkauf auftreten können wie eventuelle nachträgliche Anpassungen) berücksichtigt werden.[504] Verschiedene Geschäftsmodelle (siehe Kapitel 4.2.4.1.1) bedingen unterschiedliche Betrachtungsweisen. Um die Wirtschaftlichkeit eines IT-Produkts zu gewährleisten und letztendlich die Entscheidung zu treffen, ob ein IT-Produkt weiter entwickelt, gewartet oder eliminiert werden soll, ist eine Gegenüberstellung von Kosten und Nutzen unerlässlich.[505]

Kalkulation und Preisfindung

Die Kalkulation der Preise orientiert sich an der festgelegten Preispolitik (siehe Kap. 4.2.4.1.2). Ziel einer Kalkulation ist die Feststellung der Herstellkosten.[506] Soll die Kalkulation stückbezogen erfolgen, werden zunächst die dem Produkt direkt zurechenbaren Einzelkosten ermittelt und danach die Gemeinschaftskosten der betrachteten Leistungseinheit mittels eines Verteilerschlüssels hinzugerechnet, um so die Stückkosten zu erhalten. Retrograde Verfahren wie das Target Costing gehen von einem angestrebten Marktpreis aus, welcher die Kostengrenze für die Herstellung eines Produktes bildet.

4.2.4.3.3 Organisation

Prozessmanagement

Durch das Prozessmanagement werden die für die Entwicklung, Erhaltung und Evolution eines IT-Produkts erforderlichen Prozesse einander angepasst, festgelegt und organisationsweit zur Verfügung gestellt.[507] Kernaufgabe des Prozessmanagements ist vor allem die Prozessbewertung und -verbesserung, jedoch ebenfalls deren Definition, Dokumentation, Planung, Kontrolle und Steuerung.

Aufbauorganisation

Für die organisatorische Einbindung der Stelle des IT-Produktmanagers sind verschiedene Rahmenbedingungen zu beachten, in welcher sich die Organisation befindet, weshalb keine allgemeingültige Regelung existiert.[508] Sie richtet sich nach dem jeweiligen

---

504 Vgl. Mohamed u.a. (2010), S. 29 ff.
505 Vgl. Sneed u.a. (2005), S. 37 ff.
506 Vgl. zu Kalkulation und Preisfindung Herzwurm und Pietsch (2009), S. 55 und S. 296 ff., weitere Ausführungen zu Preisfindung finden sich in ISPMA (2014a), URL siehe Literaturverzeichnis, S. 13 f.
507 Vgl. zu Prozessmanagement Herzwurm und Pietsch (2009), S. 251 ff., weitere Ausführungen finden sich in Sneed u.a. (2005), S. 137 ff.
508 Vgl. zu Aufbauorganisation Herzwurm und Pietsch (2009), S. 54

Grad der Ausrichtung auf das Produktziel sowie der jeweiligen Koordinationsform und dem entstehenden Kommunikationsaufwand (siehe Kapitel 4.2.1). Ebenso schlägt sich die Struktur des oder der IT-Produkte einer Organisation (siehe Kapitel 1.2) häufig in der Aufbauorganisation nieder.[509]

4.2.4.3.4 Information

Rechts- und IPR-Management

Das Rechts- und IPR-Management (Intellectual Property Rights – Recht am geistigen Eigentum) hat Einfluss auf die unterschiedlichsten Tätigkeiten innerhalb einer Organisation.[510] Es leitet Informationen weiter an sämtliche Funktionsbereiche, vor allem an das Ecosystemmanagement (siehe Kapitel 4.2.4.1.1), das Stakeholdermanagement (siehe Kapitel 4.2.4.3.1) sowie Beschaffung und Vertrieb (siehe Kapitel 4.2.4.2.1 und 4.2.4.2.5).

Wissensmanagement

Das IT-Produktmanagement hat die Aufgabe, produktbezogenes Wissen zu schaffen, zu nutzen, zu replizieren und zu managen, da Wissen eine weitreichende strategische Bedeutung hat und notwendig ist, um organisatorische Maßnahmen erfolgreicher durchzuführen und Organisationen dabei unterstützt, nachhaltige Wettbewerbsvorteile zu erlangen.[511] Durch Aufbau und Pflege eines IT-Produkt-Repository, in welchem sämtliche produktbezogenen Daten einheitlich und zentral gespeichert und den Funktionseinheiten einer Organisation zur Verfügung gestellt werden, kann erreicht werden, dass alle IT-Produktstände aktuell und möglichst automatisiert dokumentiert werden – Es entsteht Transparenz durch die Möglichkeit der Erstellung individueller Abfragen und Standardberichte über ein oder mehrere IT-Produkt(e).[512]

Ideen- und Innovationsmanagement

Die Bedeutung des Innovationsmanagements ist für die Erstellung von IT-Produkten besonders gravierend, da hier die Geschwindigkeit der Produktinnovationen sehr hoch

---

509 Vgl. Sneed u.a. (2005), S. xxv und S. 107 ff.

510 Vgl. zu Rechts- und IPR-Management ISPMA (2014a), URL siehe Literaturverzeichnis, S. 11 und S. 15, weitere Ausführungen finden sich in Kittlaus und Clough (2010), S. 53 f., siehe auch ISPMA (2014b), URL siehe Literaturverzeichnis

511 Vgl. zu Wissensmanagement Shani und Sena (2000), S. 19-1 , weitere Ausführungen finden sich in Dayani-Fard (2003), S. 1 ff.

512 Vgl. Herzwurm und Pietsch (2009), S. 54 und Sneed u.a. (2005), S. xxvi und S. 321 ff.

ist.[513] Es gilt, sogenannte "Wunschlisten" anzulegen, die potenzielle Features oder Funktionalitäten enthalten.[514] Diese können mit Hilfe eines Ideenmanagements erstellt werden, wobei die Ideen von Messe- oder Kundenbesuchen, einer Weiterbildung etc. stammen können – was nicht heißt, dass sämtliche Features aus einer Wunschliste unbedingt in das Produkt aufgenommen werden. Ebenso können Kundenwünsche und die Nachfrage des Marktes durch das Ideenmanagement aufgenommen und in das Innovationsmanagement eingebunden werden, welches sich am IT-Geschäftsmodell (siehe Kapitel 4.2.4.1.1) ausrichten sollte und Vorschläge in Form einer priorisierten Liste an die Produktdefinition weiterleitet (siehe Kapitel 4.2.4.1.2).[515] So werden aus einer breiten Masse von Möglichkeiten die neuen Produktideen ausgewählt, die die Geschäftsstrategie unterstützen und finanziellen Gewinn bringen, was ebenso für Vorschläge für die Verbesserung der Entwicklungsprozesse gilt. Demnach reichen Produktideen von neuen Softwarefeatures für ein bestehendes Produkt, über vollkommen neue Produkte für ein anderes Marktsegment oder auch interne Innovationen wie ein weniger komplexes Softwaredesign oder reduzierte Entwicklungskosten durch einen verbesserten Prozess.

Performance-, Chancen- und Risikomanagement

Performancemanagement bedeutet die kontinuierliche Überwachung und Analyse von ausgewählten relevanten Messgrößen bezüglich der Leistung eines IT-Produktes.[516] Risikomanagement bedingt die kontinuierliche Verfolgung und Analyse der Risiken im Zusammenhang mit der Entwicklung, Vertrieb und der Nutzung des IT-Produkts durch die Kunden. So können rechtzeitig die richtigen Maßnahmen ergriffen werden, um einen langfristigen Erfolg für das IT-Produkt zu gewährleisten. Das Chancenmanagement beinhaltet die kontinuierliche Verfolgung der identifizierten Geschäftschancen mit dem Ziel,

---

[513] Vgl. zu Ideen- und Innovationsmanagement Gorschek u.a. (2010), S. 37 ff., weitere Ausführungen finden sich in Regnell (2012), S. 237 ff. und van Zyl (2001), S. 456-458, siehe auch ISO/IEC 12207-2008 (Kapitel 3.1, Abschnitt ISO/IEC 12207-2008 – Systems and Software Engineering – Software Life Cycle Processes, enhanced with I-PRM)

[514] Vgl. Kilpi (1998), S. 6 f.

[515] Vgl. ISPMA (2014a), URL siehe Literaturverzeichnis, S. 8, siehe auch ISPMA (2014b), URL siehe Literaturverzeichnis

[516] Vgl. zu Performance-, Chancen- und Risikomanagement ISPMA (2014a), URL siehe Literaturverzeichnis, S. 12 und S. 27, weitere Ausführungen finden sich in Kittlaus und Clough (2010), S. 50 ff. und S. 96 ff. (Performancemanagement), Herzwurm und Pietsch (2009), S. 239 ff. (Risikomanagement) und ISPMA (2014a), URL siehe Literaturverzeichnis, S. 27 (Chancenmanagement)

diese Chancen über das Ideen- und Innovationsmanagement in konkrete Produktideen umzusetzen.[517]

Produkt-, Markt-, Kunden-, Wettbewerbsanalyse

Analysen können unterschiedlich und je nach Notwendigkeit mit verschiedenen Schwerpunkten durchgeführt werden.[518] Nach der Einführung eines Produktes ist es von großer Wichtigkeit, über dessen Performanz, Güteeigenschaften, Gestaltung und Konkurrenzfähigkeit Bescheid zu wissen – Zur Produktanalyse zählen harte Fakten, die aus der Finanzabteilung bezogen werden können, sowie weiche Faktoren, die durch ein Feedback aus Markt- und Kundenanalyse gewonnen werden können, jedoch auch durch Wettbewerbsanalysen, Informationen aus der freien Presse etc. ermittelt werden können, um eine kontinuierliche Überprüfung und Verbesserung eines IT-Produktes zu erreichen.[519] Für eine Marktanalyse werden sowohl Informationen aus den unterschiedlichen Abteilungen Beschaffung, Entwicklung, Produktion, Marketing, Vertrieb und Professional Services als auch aus direkten Kontakten mit Angehörigen des Ecosystems und weiteren Marktteilnehmern bezogen – Aufgenommen werden zum einen Werte aus der Kunden- und Wettbewerbsanalyse, zum anderen können auch Ergebnisse externer Marktforscher einfließen.[520] Ebenso wie bei der Marktanalyse werden für die Kundenanalyse Daten aus den verschiedensten Bereichen herangezogen – Zusätzlich gilt es jedoch, eine Kundenzufriedenheitsmessung bezüglich der IT-Produkte und Dienstleistungen durchzuführen durch Kundendaten und -feedback.[521] Weiterhin werden die bestehenden und potentiellen Kunden oder -gruppen hinsichtlich zusätzlicher Geschäftsmöglichkeiten und Bindungen analysiert.[522] Während einer Wettbewerbsanalyse werden die Produkte, eventuell auch deren Anforderungen bzw. Lösungen, hinsichtlich der eigenen Produkte bewertet

---

[517] Vgl. ISPMA (2014a), URL siehe Literaturverzeichnis, S. 27, siehe auch ISPMA (2014b), URL siehe Literaturverzeichnis

[518] Vgl. zu Produkt-, Markt-, Kunden-, Wettbewerbsanalyse ISPMA (2014a), URL siehe Literaturverzeichnis, S. 8, siehe auch ISPMA (2014b), URL siehe Literaturverzeichnis sowie ISO/IEC 12207-2008 (Kapitel 3.1, Abschnitt ISO/IEC 12207-2008 – Systems and Software Engineering – Software Life Cycle Processes, enhanced with I-PRM)

[519] Vgl. ISPMA (2014a), URL siehe Literaturverzeichnis, S. 25, weitere Ausführungen finden sich in Kittlaus und Clough (2010), S. 50 ff.

[520] Vgl. ISPMA (2014a), URL siehe Literaturverzeichnis, S. 25, weitere Ausführungen finden sich in Kittlaus und Clough (2010), S. 47 ff., siehe auch ISPMA (2014b), URL siehe Literaturverzeichnis

[521] Vgl. Herzwurm und Pietsch (2009), S. 165 ff., weitere Ausführungen finden sich in Kilpi (1997c), S. 195 und Kittlaus und Clough (2010), S. 51 ff.

[522] Vgl. ISPMA (2014a), URL siehe Literaturverzeichnis, S. 27

innerhalb eines definierten Marktsegments – So kann die eigene Stellung gegenüber dem Wettbewerb zum Vergleich und zur Optimierung der eigenen Produkte genutzt werden.[523]

Die am Anfang des Kapitels 4.2 in Abbildung 47 aufgezeigten 12 Funktionsbereiche und 56 Aufgaben des IT-Produktmanagements stellen den Autarkiegrad der Gestaltungsalternativen dar. Die Stelle des IT-Produktmanagements kann somit ein-, mehr oder vollstufig bezüglich der Funktionsbereiche aufgestellt sein.

4.2.5 Gestaltungsalternativen des IT-Produktmanagements – Autonomiegrad

Zu den Gestaltungsalternativen wird neben dem in Kapitel 4.2.4 dargestellten Autarkiegrad weiterhin der Autonomiegrad gezählt, welcher eine Einteilung der produktbezogenen Entscheidungskomponenten vorsieht (siehe Kapitel 2.2.4).

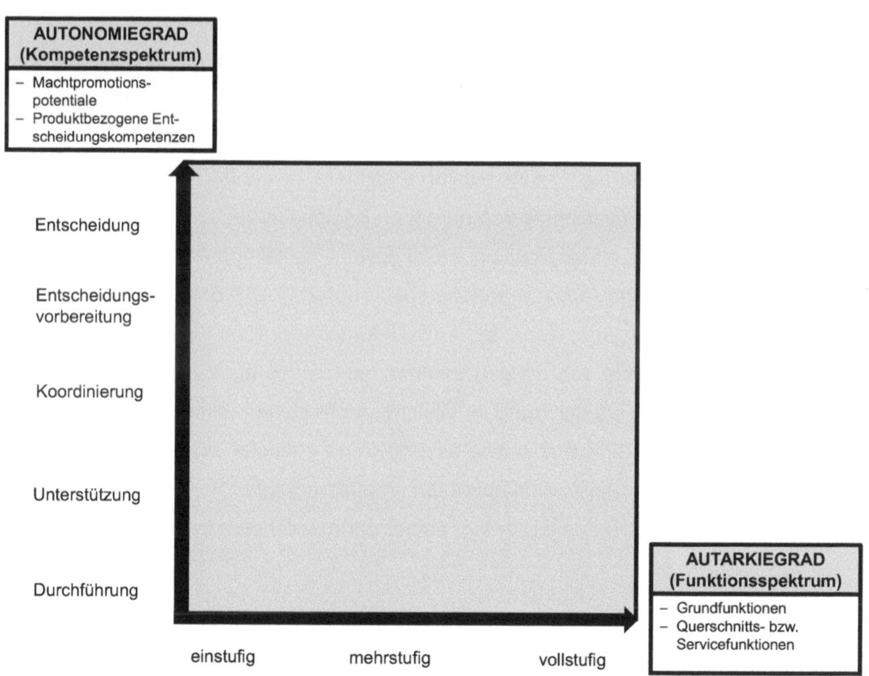

Abbildung 48: Gestaltungsalternativen des IT-Produktmanagements[524]

[523] Vgl. Herzwurm und Pietsch (2009), S. 171, siehe auch ISPMA (2014a), URL siehe Literaturverzeichnis, S. 25 und Kittlaus und Clough (2010), S. 47 ff.

[524] Eigene Darstellung, in Anlehnung an Reiß (1991), S. 24

Die Aufgaben des IT-Produktmanagements können auf unterschiedliche Weise wahrgenommen werden. Wie in Kapitel 2.2 beschrieben, kann die Aufgabenanalyse in fünf Dimensionen eingeteilt werden – die Dimension, welche auf die Art der Verrichtung einer Aufgabe abzielt, ist die Ranganalyse, die eine Einteilung in Entscheidungs- und Ausführungsaufgaben vorsieht.[525] Ein weiteres Kriterium für den Rang einer Aufgabe im Rahmen der Leitungshierarchie kann nach folgender Stelleneinteilung vorgenommen werden: Instanz, Ausführungsstelle, Stabs- und Dienstleistungsstelle.[526] Eine Instanz ist mit fachlichen Leistungsbefugnissen, d.h. mit Entscheidungs- und Weisungsbefugnissen ausgestattet, es handelt sich oft um Planungs-, Organisations- und Kontrolltätigkeiten im Organisationsgesamtzusammenhang.[527] Die Aufgabenverrichtung erfolgt bei Instanzen im oberen Management eher leitend durch „echte Führungsentscheidungen“[528] und wird in dieser Arbeit demnach eher als *entscheidend* (e) eingestuft. Mittlere Instanzen bekommen Weisung von höheren Instanzen und geben diese weiter,[529] ihre Tätigkeit wird im Folgenden als vorrangig *koordinierend* (k) bezeichnet. Ist der IT-Produktmanager koordinierend tätig, ist er Informationsdrehscheibe, sorgt für die Angleichung und Abstimmung unterschiedlicher Aktivitäten, bringt die beteiligten Aufgabenträger zusammen, delegiert Aufgaben und ist für die Bereitstellung sämtlicher wichtiger Informationen für die beteiligten Aufgabenträger zuständig.[530] Eine Ausführungsstelle ist mit der Wahrnehmung von Aufgaben betraut,[531] die Verrichtung von Aufgaben erfolgt demnach *durchführend* (d). Ist der IT-Produktmanager in dieser Position, hat er sowohl die Kompetenz als auch die Verantwortung für die jeweilige Aufgabe, welche er zu erfüllen hat.[532] Schwierigkeiten bereitet die Erfüllung einer Aufgabe, wenn der IT-Produktmanager zwar für das Ergebnis verantwortlich ist, jedoch nicht den nötigen Einfluss hat, dieses durchzusetzen – deshalb sollten Kompetenz und Verantwortung im Gleichgewicht stehen (siehe zum Kongruenzprinzip Kapitel 2.2.4).[533] Eine Stabsstelle assistiert und entlastet eine oder mehrere Instanzen[534] und ist somit dem *Vorschlagswesen* (v) zuzurechnen. Die Verantwortung liegt hier nicht beim IT-Produktmanager, er legt seiner übergeordneten Instanz eine entspre-

---

[525] Vgl. Schulte-Zurhausen (2005), S. 41 ff.
[526] Vgl. Bea und Göbel (2010), S. 265-276 oder Bühner (2004), S. 66-69
[527] Vgl. Bea und Göbel (2010), S. 265 oder Bühner (2004), S. 66 f.
[528] Bühner (2004), S. 68
[529] Vgl. Bühner (2004), S. 68
[530] Vgl. Herzwurm und Pietsch (2009), S. 62
[531] Vgl. Bea und Göbel (2010), S. 266
[532] Vgl. Herzwurm und Pietsch (2009), S. 62
[533] Vgl. Herzwurm und Pietsch (2009), S. 62
[534] Vgl. Bea und Göbel (2010), S. 266

chende Entscheidungsgrundlage vor und steht beratend zur Seite. Eine Dienstleistungsstelle unterstützt andere Stellen in der Leistungserbringung[535] und verrichtet Aufgaben somit *unterstützend* (u). Auch hier trägt der IT-Produktmanager nicht die Verantwortung für das Ergebnis einer Aufgabe, sondern bringt sich hilfreich ein mit seinen fachlichen Kenntnissen.[536] Abbildung 48 stellt den Zusammenhang des Autonomie- und Autarkiegrads des IT-Produktmanagements dar.

4.2.6 Probleme/Effizienzkriterien des IT-Produktmanagements

Die Probleme des IT-Produktmanagements stellen sich sehr vielschichtig dar. In der Literatur werden zudem unterschiedliche Lösungsansätze angeboten, welche den identifizierten Problemen im Folgenden in Form von Effizienzkriterien zugewiesen werden. Probleme können den weiteren Komponenten des Gestaltungsbereichs der Stelle des IT-Produktmanagements (siehe Kapitel 1.5) zugeordnet werden. Darauf aufbauend wird eine Einteilung vorgenommen in zielbezogene Probleme, in Probleme, die aufgrund der gegebenen Rahmenbedingungen entstehen und in Probleme, die sich auf konkrete Aufgaben des IT-Produktmanagements beziehen (angeordnet in der Reihenfolge der in Kapitel 4.2.4 aufgestellten Funktionsbereiche und Aufgaben). In dieser Reihenfolge werden im Folgenden die während der systematischen Literaturanalyse (siehe Kapitel 5.3) ermittelten Ergebnisse beschrieben und dargestellt in Abbildung 49.

Die Effizienzkriterien sind sehr unterschiedlich und reichen von einfachen Handlungsempfehlungen bis hin zu einem speziellen Tool für die Unterstützung des IT-Produktmanagements. Somit können sie als erste Hilfestellung zur Lösung existierender Probleme dienen, wobei die angegebenen Quellen als Einstieg zu weiterer Recherche nützen.

---

535 Vgl. Bea und Göbel (2010), S. 268

536 Vgl. Herzwurm und Pietsch (2009), S. 62

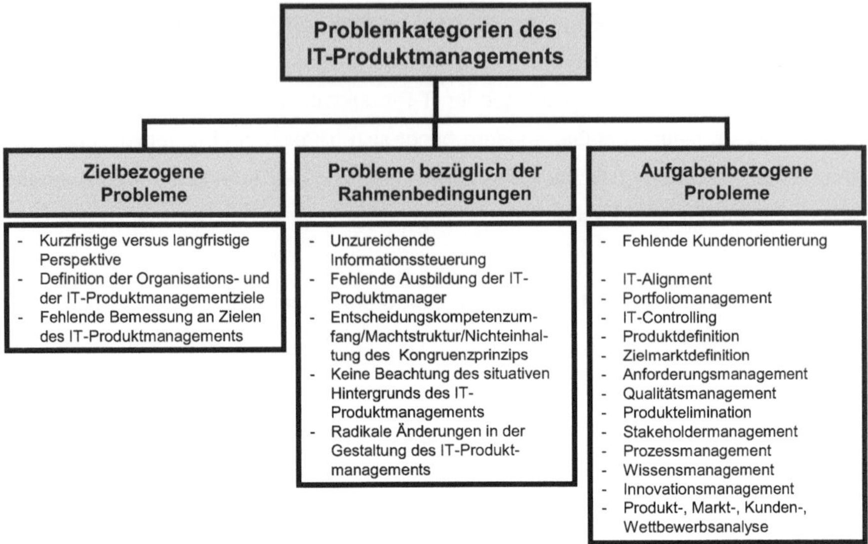

Abbildung 49: Problemkategorien und Probleme des IT-Produktmanagements[537]

4.2.6.1 Zielbezogene Probleme und Effizienzkriterien

Bezüglich der Ziele wird ein erfolgreiches IT-Produktmanagement insbesondere verhindert durch eine ausschließlich kurzsichtige Perspektive und durch gleichzeitige Vernachlässigung einer *langfristigen Sicht*:[538] Viele Organisationen orientieren sich an kurzfristigen Zielen (ca. ein Quartal oder Jahr), z.B. wird ein moderner Entwicklungsprozess angestrebt, ohne dessen Ergebnis zu berücksichtigen oder es werden unterschiedliche Produkte parallel entwickelt, ohne das Kerngeschäft der Organisation mit einzubeziehen etc. Somit werden Organisationsziele jährlich verändert und an externe Gegebenheiten angepasst, um kurzfristige Gewinne einzufahren. Diesem Problem kann begegnet werden, indem eine langfristige Strategie verfolgt wird, welche sich an den Alleinstellungsmerkmalen der Organisation orientiert, um sich so vom Wettbewerb abheben zu können. Die KPIs (Key Performance Indicators) sollten an langfristigen Zielen ausgerichtet werden, da sonst die Stelleninhaber im IT-Produktmanagement kurzfristige Erfolge anstreben, um den eigenen Gewinn zu erhöhen und ihre persönlichen Ziele zu erreichen.[539] Schwierig-

[537] Eigene Darstellung
[538] Vgl. zum folgenden Absatz Maglyas u.a. (2012b), S. 44 f.
[539] Vgl. Maglyas u.a. (2012b), S. 43 f.

keiten bereitet auch häufig die *fehlende Definition der Organisations- und IT-Produktmanagementziele*, welche häufig nicht verstanden oder gar nicht bzw. falsch umgesetzt werden.[540] Häufig erfolgt auch *keine Bemessung an den Zielen des IT-Produktmanagements*, da validierte Metriken zur Bewertung der Arbeit (KPIs) fehlen – Werden Ziele gemessen, fehlen vielmals festgelegte Feedbackprozesse, so dass die gemessenen Daten nicht genutzt werden, um Verbesserungen zu erwirken.[541] Es ist nicht einfach, die Leistung des IT-Produktmanagements zu bemessen, die KPIs sollten die Organisationsziele widerspiegeln und den Produktgedanken einbeziehen.[542]

4.2.6.2 Probleme und Effizienzkriterien bezüglich der Rahmenbedingungen

Erfolgreiches IT-Produktmanagement scheitert häufig an mangelnder Professionalität der Informationssteuerung, d.h. an fehlender Abstimmung zwischen den Bereichen (wie Entwicklung, Marketing, Vertrieb, Anwendungswissen und Technologie) – so sind schätzungsweise 30% der Entwicklungskosten auf Änderungsaufwendungen zurückzuführen, die durch *mangelnde Kommunikation* zwischen den organisatorischen Schnittstellen entstehen.[543] Wegen der oft komplexen IT-Produkte sind viele verschiedene Stellen involviert, wodurch die Kommunikation erschwert wird und es zu Abweichungen zwischen der Produktstrategie und dem entwickelten IT-Produkt kommen kann.[544] Deshalb sollten die Kommunikationskanäle (vor allem auch international) wohl durchdacht und definiert sein.[545] Durch die Koordination aller produktbezogenen Aktivitäten wird die Arbeitseffizienz erhöht.[546] Wenn sich das IT-Produktmanagement als zentrale Ansprechstelle und Informationsdrehscheibe versteht, wird die abteilungsübergreifende Zusammenarbeit optimiert und die Vorgehensweise kann besser auf die Bedürfnisse des Marktes abgestimmt werden, wodurch wiederum die Kundenzufriedenheit steigt. Auch kann die Wirksamkeit des Vorgehens für jedes einzelne Produkt eher beurteilt und somit die Selbsteinschätzung der jeweiligen Organisation präzisiert werden.

Um IT-Produktmanagement erfolgreich zu etablieren, ist eine breitgefächerte Perspektive notwendig – sowohl die *Technik-* als auch die *Marktsicht* sollte berücksichtigt werden, vor

[540] Vgl. Khurum und Gorschek (2011), S. 505
[541] Vgl. Maglyas u.a. (2012b), S. 43 f.
[542] Vgl. Khurum und Gorschek (2011), S. 505
[543] Vgl. Kairies (2007), S. 2 f.
[544] Vgl. Khurum und Gorschek (2011), S. 505
[545] Vgl. Blijleven u.a. (2012), S. 206
[546] Vgl. zum folgenden Absatz Matys (2005), S. 47 f.

allem, wenn IT-Produkte auf einer gemeinsamen Produktplattform aufbauen oder als Produktlinien angeboten werden.[547] Eine Pilotstudie zum Thema IT-Produktmanagement weist auf den Konflikt zwischen Marketing- versus Entwicklungszielen hin: Marketingorientierte Manager sahen ihren Markterfolg eher gebunden an die Anzahl bereitgestellter Features, den Preis und den Ruf der Organisation, entwicklungsorientierte Manager dagegen waren eher bereit, Feature-Funktionalitäten zugunsten von Qualitätsansprüchen zu reduzieren.[548] Ohne die Integration der beiden Sichten durch das IT-Produktmanagement fokussieren sich IT-Organisationen häufig primär auf die Technologie statt auf die Kunden.[549] Dabei wird die Wirtschaftlichkeit schnell aus den Augen verloren.[550] Oftmals fehlt jedoch auch die technische Sicht bei der Formulierung von Strategien zu Softwarequalität, Innovationen, Architekturplänen oder einer Roadmap.[551] In ihrer Funktion als Schnittstelle zum Kunden geschieht es so, dass IT-Produktmanager über den Vertrieb Lösungen versprechen, ohne die oftmals weitreichenden Änderungen für die IT-Produktentwicklung zu bedenken oder gar zu kennen.[552] Durch gegenseitige Schulungen der Stakeholder des IT-Produktmanagements und definierte Protokolle der freigegebenen Anforderungen kann dieser Konflikt verbessert werden, so werden seitens des IT-Produktmanagers keine Versprechungen an den Kunden gegeben, die ohne weitreichende Änderungen nicht mit der Architektur des IT-Produkts vereinbar sind.[553] Ebenso kann eine klare Produktpositionierung dabei unterstützen, die entstehenden Missverständnisse zu vermeiden, z.B. durch Anwendung des IT-Produktkompasses, durch den eine Zuordnung der IT-Produkte zu unterschiedlichen idealtypischen Geschäftsmodellen vorgenommen werden kann.[554]

Das IT-Produktmanagement unterstützt die enge Zusammenarbeit zwischen einer Organisation und deren Kunden, vor allem bei der Aufnahme von Anforderungen an ein IT-Produkt.[555] Jedoch sind nicht alle Organisationen in sich *kundenorientiert* aufgestellt, oftmals werden die Kunden bei der Anforderungsfindung übergangen. Das Lean-Prinzip

[547] Vgl. Helferich u.a. (2006b), S. 23 ff.
[548] Vgl. Tessler und Barr (1997), S. 1 ff. Obwohl die Ergebnisse auf einer relativ kleinen Stichprobe basieren und die Ergebnisse statistisch nicht repräsentativ sind, zeigen sie doch interessante Ergebnisse auf.
[549] Vgl. Windley (2002), S. 1
[550] Vgl. Herzwurm und Pietsch (2008), S. 1 ff.
[551] Vgl. Khurum und Gorschek (2011), S. 505
[552] Vgl. Savio und Suryanarayana (2012), S. 31
[553] Vgl. Savio und Suryanarayana (2012), S. 34
[554] Vgl. Herzwurm und Pietsch (2008), S. 2 ff. und Pietsch (2013), S. 102 ff.
[555] Vgl. zum folgenden Absatz Maglyas u.a. (2012b), S. 44

„Pull“ besagt, dass der Lebenszyklus eines Produktes mit einer Kundenbefragung beginnt und viel Zeit und Kosten eingespart werden können, wenn die Kunden während des gesamten Zyklus mit eingebunden werden. Ebenfalls zur Kundenorientierung trägt die Methode SCVM (Software Customer Value Management) bei, welche im letzten Abschnitt des folgenden Kapitels 4.2.6.3 der aufgabenbezogenen Probleme und Effizienzkriterien zur Aufgabe der Produkt-, Markt-, Kunden- und Wettbewerbsanalyse näher beschrieben wird.[556]

In vielen Organisationen haben IT-Produktmanager wenig Autorität, dafür jedoch umso mehr Verantwortung zu tragen.[557] Dies hat Einfluss auf Machtstruktur und Entscheidungskompetenzumfang. Wichtig ist deshalb der Ausgleich von Kompetenz und Verantwortung, was sich im *Kongruenzprinzip* niederschlägt (siehe hierzu auch Kapitel 2.2.4): Der IT-Produktmanager kann die Verantwortung für die Erfüllung oder Nicht-Erfüllung einer Aufgabe nur übernehmen, wenn ihm auch die notwendige Entscheidungs- und Handlungskompetenz zugesprochen wird. Ist z.B. die dem IT-Produktmanager zugeschriebene Kompetenz im Bereich Entwicklung die Entwicklungsplanung/-steuerung, sollte er verantwortlich sein für die System- und Prozessqualität. Würde im Bereich Marketing die Kommunikation zu seinen Pflichten zählen, wäre er zuständig für das Marktpotenzial.[558]

Die bloße Einführung verschiedener Tools ist nicht zielführend für ein erfolgreiches IT-Produktmanagement, der *situative Hintergrund* einer Organisation spielt ebenfalls eine große Rolle.[559] Durch die Produkt Software Knowledge Infrastructure (PSKI, siehe Kapitel 3.1, Abschnitt ISPMA – Software Product Management Body of Knowledge (SPM-BoK)) sollen Software-Unternehmen, die Standardsoftware vertreiben, in die Lage versetzt werden, ihre Prozesse schrittweise zu verbessern.[560] Ein weiterer Ansatz, um das IT-Produktmanagement in einer Organisation zu verbessern, ist SAM-SPM (Situational Assessment Method for Software Product Management): Hier werden Tätigkeitsschwerpunkte und situative Faktoren miteinander verknüpft und Verbesserungsvorschläge abgeleitet.[561]

---

[556] Vgl. Herzwurm und Pietsch (2009), S, 165 ff., zitiert nach Herzwurm (2000)
[557] Vgl. Herzwurm und Pietsch (2009), S. 57 und van de Weerd u.a. (2006d), S. 8
[558] Vgl. Herzwurm und Pietsch (2009), S. 57-59
[559] Vgl. Kilpi (1998), S. 11 f.
[560] Vgl. van de Weerd u.a. (2006d), S. 1 ff. und van de Weerd (2009), S. 23 ff.
[561] Vgl. Bekkers u.a. (2010a), S. 1 ff. und Bekkers und Spruit (2010), S. 7 ff.

Ein großes Problem für IT-Produktmanager resultiert daher, dass sie diese Stelle häufig übernehmen, ohne eine *Ausbildung* oder *Schulung* für ihre daraus erwachsenden Aufgaben zu bekommen – oftmals werden sie direkt aus einer Entwicklungsposition oder dem Projektmanagement an diese Stelle gesetzt.[562] Dadurch fehlt es ihnen an Wissen, wie sie die Aufgaben ihrer neuen Stellung erfüllen können – Wollen (vor allem kleinere) Organisationen eine Verbesserung ihrer IT-Produktmanagement-Prozesse erreichen, kann es hilfreich sein, die umgesetzten Lösungen anderer, ähnlich strukturierter Organisationen zu vergleichen und an die eigene Situation anzupassen.[563]

Zuletzt sei darauf hingewiesen, dass *radikale Änderungen* der Ausgestaltung des IT-Produktmanagements in einer Organisation nicht unbedingt zu dessen Verbesserung führen. Änderungen sollten geplant, vorbereitet und inkrementell in kleinen Schritten vollzogen werden unter Berücksichtigung der benötigten Ressourcen.[564] Je größer und globaler eine Organisation aufgestellt ist, desto verteilter sind die Prozesse im IT-Produktmanagement:[565] Die Anpassung dieser Prozesse an die Größe sollte inkrementell erfolgen, um das Risiko eines Fehlschlags zu minimieren. Eine kontinuierliche Dokumentation ist notwendig einschließlich exakter Erläuterungen zu den Änderungen und die beteiligten Akteure sollten auf dem Laufenden gehalten werden.

Agiles IT-Produktmanagement wird in der Literatur als weiterer möglicher Erfolgsfaktor beschrieben, es existieren jedoch wenige Ansätze,[566] welche zudem eher auf die Art der IT-Produktentwicklung abzielen[567] bzw. auf die Gründe, warum IT-Produktmanager direkt von der Arbeit mit agilen Teams profitieren.[568] Agiles IT-Produktmanagement wird von unterschiedlichen Autoren als eine alternative, schnellere und kostensparendere Möglichkeit genannt, um qualitativ hochwertigere IT-Produkte zu erstellen.[569] Anstatt einem

---

562 Vgl. Vlaanderen u.a. (2010), S. 18

563 Vgl. Kilpi (1997b), S. 165

564 Vgl. Maglyas u.a. (2012b), S. 45 f.

565 Vgl. zum folgenden Absatz van de Weerd u.a. (2010b), S. 720 ff.

566 Vgl. Vlaanderen u.a. (2011), S. 59

567 Eine Fallstudie zu agilem Anforderungsmanagement beschreiben Pichler u.a. (2006), eine Verbindung zwischen langfristiger Produktplanung und agiler Entwicklung schaffen Vähäniitty und Rautiainen (2008). Greer und Ruhe (2004) beschreiben eine agile Releaseplanung und Fricker u.a. (2010) die Zusammenarbeit zwischen Produktmanagern und Entwicklungsteams. Fogelström u.a. (2010) legen dar, dass agile Entwicklungsmethoden ein effektives IT-Produktmanagement eher behindern können. Vlaanderen u.a. (2011) zeigen einen Weg auf, um den agilen SCRUM-Prozess auf das Anforderungsmanagement anzupassen.

568 Vgl. Cohen (2010), S. 13

569 Vgl. Cohen (2010), S. 7 ff. und Kalliney (2009), S. 209 ff.: Besserer Einblick des IT-Produktmanagements in den Fortschritt eines Releases, da Projekte durch eine Software anstatt durch

linearen Pfad zu folgen (wie ihn z.B. das Wasserfallmodell vorgibt), wird hier auf häufigere und kleinere Iterationen gesetzt. Diese Ansätze zeigen ein Verbesserungspotenzial auf, sind jedoch noch nicht in ausreichendem Umfang auf Aufgaben und Prozesse des IT-Produktmanagements angepasst, das IT-Produktmanagement selbst wird wenig direkt einbezogen, weshalb im Folgenden nicht weiter darauf eingegangen wird.

4.2.6.3 Aufgabenbezogene Probleme und Effizienzkriterien

IT-Alignment ist problematisch, wenn die Organisationsstrategie falsch aufgefasst und nicht oder verändert in die Produktstrategie übernommen wird.[570] Ein Ansatz des IT-Produktmanagements besteht darin, statt individuellen Projekten gebündelte, marktgerechte IT-Produkte zu erstellen, indem die Kenntnis der eigenen Organisationsziele und produkt(gruppen)bezogenen Geschäftsmodelle durch eine stringente Kundenorientierung ausgebaut und angewandt wird.[571] Um ein organisationsweit einheitliches Verständnis von der Strategie zu erlangen und das Anforderungsmanagement effektiver zu gestalten, wird die Methode MERTS (Method for Early Requirements Triage and Selection) empfohlen, welche auf bewährten Konzepten für die Formulierung von Strategien basiert: Die Methode ermöglicht dem IT-Produktmanagement eine strukturierte Vorgehensweise, um Strategien für softwareintensive Produkte zu formulieren, Anforderungen zu Priorisieren und unterschiedliche Ziele der Stakeholder in Einklang zu bringen.[572] Eine weitere Methode, um das Alignment zwischen Top Management und IT-Produktmanagement zu unterstützen, ist MASS (Method for Alignment Evaluation of Product Strategies among Stakeholders), um ein gemeinsames Verständnis der Organisations- und Produktstrategie zu erreichen.[573]

Schwierigkeiten macht auch häufig die Gestaltung des *Produktportfolios* – Organisationen, die IT-Produkte anbieten, sehen sich mit Kunden konfrontiert, die individuelle Produktwünsche haben, jedoch gleichzeitig Standardprodukte kaufen möchten – es werden gebündelte, standarisierte Produkte nachgefragt.[574] Eine wachsende Zahl Organisationen stützt ihr Geschäftsmodell auf Softwareproduktlinien, es entstehen mehr und mehr

---

Statusreporte überwacht werden; Höhere Flexibilität, um mit Änderungen während der Entwicklung eines Releases umzugehen, da diese mit jeder Iteration angepasst werden können; Höhere Qualität und signifikant kürzere Testzyklen.

[570] Vgl. Khurum und Gorschek (2011), S. 505
[571] Vgl. Herzwurm (2010), S. 195 ff.
[572] Vgl. Khurum u.a. (2007), S. 97 ff. und Khurum (2009), S. 78-103
[573] Vgl. Khurum und Gorschek (2011), S. 499 ff. und Khurum (2009), S. 105-144
[574] Vgl. Herzwurm (2010), S. 195

IT-Produktvarianten und dadurch Komplexität – dies bedingt, dass es zudem schwieriger wird, IT-Produktmanager aus daraus resultierenden Aktivitäten herauszuhalten (z.B. aus dem Kundensupport), was die Effektivität des gesamten IT-Produktgeschäfts zusätzlich behindert.[575] Durch die wachsende Komplexität der IT-Produkte entstehen lange Releasezyklen – Oftmals ist es für IT-Produktmanager schon schwierig, den Produktlebenszyklus aufgrund der Komplexität überhaupt zu beschreiben, da Organisationen häufig divisional aufgestellt sind, der Produktfokus fehlt und so die Zusammenarbeit der einzelnen Organisationseinheiten erschwert wird, was wiederum zu längeren Releasezyklen führt.[576] Gut definierte Produkteigenschaften können ein essentieller Erfolgsfaktor für das IT-Produktmanagement sein, da sie zu funktional und finanziell erfolgreichen IT-Produkten führen können.[577] Um das Verständnis der beteiligten Akteure und die Kommunikation zu fördern, kann die Modellierung eines Domain Models hilfreich sein, welches die Produkte einer Organisation enthält, deren Anforderungen und Gemeinsamkeiten, eine einheitliche Terminologie, typische Probleme und Lösungen etc.[578] Ebenso wichtig ist die Identifikation der Releaseinhalte.[579] Die geeignete Auslieferungsstrategie hängt von der Größe und Komplexität des IT-Produktes ab: Je weniger komplex, desto eher kann eine Supply on Demand-Strategie verwirklicht werden, während bei umfangreichen Produkten eher ein fester Lieferzyklus zu empfehlen ist.[580] Dem Problem langer Releasezyklen kann begegnet werden, indem der Leangedanke eingeführt wird mit kurzen Iterationen, in welchen das Hinzufügen neuer Features verboten ist und die Organisationseinheiten durch den Flow-Gedanken besser zusammenarbeiten.[581]

Jedoch ist es häufig schwierig, zu erkennen, ob die Ziele der festgelegten Strategie erreicht werden, da diese wegen der sowohl quantitativen als auch qualitativen Daten häufig nicht messbar sind.[582] Wird kein kontinuierliches *IT-Controlling* durchgeführt, werden Marktziele, -chancen und -volumen lediglich intuitiv geschätzt, wodurch die Märkte häufig nicht segmentiert und Markteintrittsbarrieren nicht berücksichtigt, Kosten und Termine vage geschätzt werden.[583] Es fehlen dann validierte Metriken zur Bewertung der Arbeit

[575] Vgl. Kilpi (1998), S. 4
[576] Vgl. Maglyas u.a. (2012b), S. 42 f.
[577] Vgl. Albourae u.a. (2006), S. 27
[578] Vgl. Stallinger und Neumann (2012), S. 310 f.
[579] Vgl. Mohamed u.a. (2008a), S. 587
[580] Vgl. Sneed u.a. (2005), S. 71
[581] Vgl. Maglyas u.a. (2012b), S. 42 f.
[582] Vgl. Khurum und Gorschek (2011), S. 505.
[583] Vgl. Kairies (2007), S. 2 f.

(KPIs).[584] Allein durch die Einführung eines abteilungsübergreifenden IT-Produktmanagements kann ein produktbezogenes Controlling leichter realisiert werden – Die gängigen Methoden für die Bewertung von Produkten sind statisch (wie z.B. NPV und ROI), wodurch Schwierigkeiten bei der Betrachtung von Kosten und Nutzen für komplexe IT-Produkte entstehen.[585] Eine Methode nach Schackmann und Lichter für die Kosten-Nutzenbetrachtung von IT-Produkten mit einer Vielzahl an Varianten begründet sich einerseits auf den Activity Based Costing-Ansatz, andererseits bezieht sie auch den Nutzen der Varianten für die Kunden ein.[586] Dagegen kann auch ein für die dynamische Betrachtung konzipiertes Modell für komplexe IT-intensive Produkte ein Erfolgsfaktor sein: Der Value Point Counting Process nach Ben-Menachem und Gavious ist ein dynamisches Modell, welches Risiken und Unsicherheiten in die Betrachtung mit einbezieht.[587] Mohamed stellt ein Modell vor, welches quantitative und qualitative Daten unterstützt und so dazu beitragen kann, Probleme wie Fehler aus Benutzereingaben, unrealistische Erwartungen, unklare Ziele und unvollständige Anforderungen zu vermeiden.[588]

Unsicherheiten bezüglich der *Produktdefinition* können dazu führen, dass Funktionen entwickelt werden, die von Kunden nicht benötigt werden und somit Überspezifikation und -dimensionierung, nicht notwendige Entwicklungsanstrengungen, verpasste Termine und nicht beendete Projekte nach sich ziehen sowie in höheren Lebenszykluskosten enden.[589] Andererseits ist es typisch für Organisationen, die ein softwareintensives Geschäftsmodell verfolgen, dass seitens der Kunden ungleich mehr Anforderungen gewünscht werden als im Produkt umgesetzt werden können.[590] Es ist nicht immer möglich, auf die Anforderungen des Kunden einzugehen und exakt das zu liefern, was erwartet wird, da die Eigenschaften, mit denen ein Produkt ausgestattet wird, auch von der Situation einer Organisation abhängen – beispielsweise vom gesamten Produktportfolio oder den zur Verfügung stehenden Ressourcen.[591] Um den Erfolg eines IT-Produkts im Standardbereich sicherzustellen, ist es notwendig, Kundenanforderungen, die sich langfristig negativ auf die Entwicklung des Produktes auswirken, abzulehnen.[592]

---

584 Vgl. Maglyas u.a. (2012b), S. 43 f.
585 Vgl. Kairies (2007), S. 10 ff.
586 Vgl. Schackmann und Lichter (2006), S. 13 ff.
587 Vgl. Ben-Menachem und Gavious (2008), S. 155 ff.
588 Vgl. Mohamed u.a. (2010), S. 35 ff.
589 Vgl. Coman und Ronen (2010), S. 237-239
590 Vgl. Bebensee u.a. (2010), S. 67
591 Vgl. van Zyl (2001), S. 458
592 Vgl. Blijleven u.a. (2012), S. 206

Durch Vielzahl an Varianten und steigende Komplexität der IT-Produkte fällt es schwer, eine *Zielmarktdefinition* und Marktsegmentierung durchzuführen. Weiterhin sollten für unterschiedliche Märkte (v.a. auch international) verschiedene Differenzierungspotenziale und Unique Selling Points erarbeitet werden.[593] Die Einführung von Differenzierungs-, operativen und Qualitätsstrategien durch das IT-Produktmanagement führt zu höherer Leistung der IT-Produkte und Wettbewerbsvorteilen am Markt, wohingegen eine Kostenstrategie für Projekte weniger Auswirkungen zeigt.[594]

Häufig hat das IT-Produktmanagement mit Problemen während der zentralen Aufgabe des *Anforderungsmanagements* zu kämpfen. Es entstehen Schwierigkeiten durch nicht verstandene Bedürfnisse, Anforderungen und Veränderungen, Terminüberschreitungen, haushaltspolitische Verpflichtungen und steigende Komplexität durch Globalisierung.[595] Vor allem weltweit verteilte Softwareentwicklung verursacht Risiken wie schlechten Service, Probleme durch die räumliche Entfernung und fremde Kultur, nicht fertig gestellte Projekte, unzureichende Qualität, geringe Kompetenzen, Lohn- und Kosteninflation, Instabilität durch zu hohe Änderungsraten und unzureichendes IPR-Management.[596] Nicht selten werden Entwicklungen initiiert, bevor die Anforderungen an ein IT-Produkt aus Markt- und Kundensicht exakt spezifiziert sind oder es entstehen Pflichtenhefte, während das Produkt schon fast fertig entwickelt ist.[597] Ein Instrument des Anforderungs- und Lösungsmanagements ist QFD (Quality Function Deployment), definiert als Planungs-, Analyse- und Kommunikationsinstrument zur Entwicklung kundenorientierter IT-Produkte.[598] Ein weiterer Ansatz ist das RAM (Requirements Abstraction Model), welches das IT-Produktmanagement bei der Durchführung des Anforderungsmanagements unterstützen kann.[599] Ein weiter gefasstes Modell ist das MDRE (Market Driven Requirements Engineering): Hier werden Daten aus Marktanalyse, Support, Marketing und Vertrieb bei der kontinuierlichen Anforderungsanalyse berücksichtigt.[600] Eine Methode, durch welche mit relativ geringem Aufwand und guten Ergebnissen die Priorisierung von Anforderungen durchgeführt werden kann, ist die BPL (Binary Priority List), in die der IT-Produktmanager intuitiv Anforderungen eingibt und bewertet.[601] Zur Entscheidungsfindung in Fragen der

[593] Vgl. Blijleven u.a. (2012), S. 206
[594] Vgl. Yang (2012), S. 767
[595] Vgl. Ebert (2007a), S. 850
[596] Vgl. Ebert u.a. (2008), S. 133 f.
[597] Vgl. Kairies (2007), S. 2 f.
[598] Vgl. Herzwurm und Pietsch (2009), S. 352
[599] Vgl. Gorschek und Wohlin (2006), S. 79 ff.
[600] Zur weiteren Vertiefung siehe Gorschek u.a. (2012), S. 83 ff.
[601] Vgl. Bebensee u.a. (2010), S. 67 ff.

Anforderungspriorisierung und Releaseplanung kann auch ein constraint-basierter Ansatz herangezogen werden: Anstatt einen bestimmten Algorithmus anzuwenden, wird die Entscheidungsfindung als CSP (Constraint Satisfaction Problem) modelliert, indem relative und absolute Prioritäten, Beziehungen und andere Abhängigkeiten als Relationen zwischen Variablen abgebildet werden, welche Entitäten repräsentieren wie priorisierte Features, Stakeholderpräferenzen oder Ressourcen.[602]

Qualitätsmanagement und somit der Qualitätsaspekt wird im IT-Produktmanagement zu wenig umgesetzt.[603] Ist der IT-Produktmanager in das Qualitätsmanagement involviert, sollten in der Ausbildung Instrumente des Qualitätsmanagements erlernt werden, um gute IT-Produkte an den Markt bringen zu können.

Die *IT-Produktelimination* ist schon allein deshalb problematisch, da ihr keine besondere Beachtung zukommt, weder in Wissenschaft noch in Praxis.[604] Die Durchführung erfolgt meist ohne Planung. Einen Weg, um eine Produktelimination strategiegeleitet durchzuführen, stellt die Methode Product Software Discontinuation Method (PSDM) zur Verfügung.

Während des *Stakeholdermanagements* gilt es, eine Vielzahl von Verantwortlichkeiten und Informationen zu koordinieren und analysieren, was eine hohe Flexibilität voraussetzt, da keine standardisierte Vorgehensweise existiert.[605] Probleme während des Managements einer IT-Produktentwicklung treten auf, wenn die Perspektiven der involvierten Stakeholder divergieren – dies geschieht durch mangelnde Kommunikation der Teammitglieder und wenn es keine Person mit Führungsfähigkeiten und -verantwortung gibt, die einen Konsens herstellt.[606] Um diesen Problemen zu begegnen, ist es von Vorteil, wenn ein IT-Produktmanager eingestellt wird, der die persönliche Stärke aufweist, die unterschiedlichen Perspektiven der Stakeholder zusammenzubringen und fähig ist, einen Konsens zu finden. Denn je mehr Gespräche und Verhandlungen zu einem IT-

[602] Vgl. Regnell und Kuchcinski (2011), S. 47 ff.
[603] Vgl. zum folgenden Absatz Humphrey (2001), S. 1 ff.
[604] Vgl. zum folgenden Absatz Jansen u.a. (2011), S. 154 ff.
[605] Vgl. Ebert (2007b), S. 9
[606] Vgl. zum folgenden Absatz Adolpha u.a. (2012), S. 1285

Produkt stattfinden, desto erfolgreicher wird das Produkt sein. Hierauf wirken sich ebenfalls Schulungen der Teammitglieder aus, um deren Verhandlungsgeschick und Fähigkeit, dadurch zu einem Konsens zu gelangen, zu stärken.

Vor allem kleinen und mittleren Organisationen mit softwareintensivem Geschäftsmodell fällt es schwer, ein *Prozessmanagement* und dadurch Prozessverbesserungen umzusetzen, da durch die komplexen Abläufe im IT-Produktmanagement Prozesse oft weder identifiziert noch definiert sind.[607] Dadurch gestaltet sich die Prozessdokumentation ebenfalls häufig problematisch – zudem fehlt es hierfür an Toolunterstützung, da es keine Werkzeuge gibt, die sämtliche IT-Produktmanagementprozesse abdecken.[608] Es ist wichtig, die eigentlichen Kernprozesse zu ermitteln und Informationen darüber zu sammeln, so dass diese in den Fokus der Verbesserungsmaßnahmen gerückt werden können.[609] Um diesem Problem einen kleinen Schritt entgegenzuwirken, wird eine Evaluierung bestehender Tools für einzelne Prozessschritte des IT-Produktmanagements vorgenommen (die Wahl fällt auf das PVCS-Tool).[610]

Durch die häufig schwierig durchzuführenden IT-Produkt- und Prozessdefinitionen ist ein stringentes *Wissensmanagement* nicht einfach umzusetzen.[611] Um das Wissensmanagement effektiv zu gestalten erscheint die Einführung eines Software Data-Warehouses sinnvoll. Dieses wird in den Entwicklungsprozess eingebunden, die Business Intelligence-Technologien (BI) können die Performanz von Software-Entwicklungsprojekten erhöhen.

Innovationsmanagement wird erschwert durch den schnelllebigen IT-Markt und den dadurch entstehenden Wandel.[612] Es bereitet Probleme, Trends frühzeitig zu erkennen und die Chancen neuer Technologien für Produktinnovationen zu nutzen. Durch eine regelmäßige Durchführung von Produkt-, Markt-, Kunden- und Wettbewerbsanalysen können neue Umfeldbedingungen am Markt früher erkannt werden, demnach dient IT-

---

[607] Vgl. Kilpi (1997b), S. 165

[608] Vgl. Kilpi (1997a), S. 33 ff.

[609] Vgl. Kilpi (1997b), S. 165

[610] Für eine nähere Beschreibung siehe Kilpi (1997a), S. 33 ff. Diese Evaluierung ist bereits einige Jahre alt, jedoch können während der systematischen Literaturanalyse keine neueren Erkenntnisse bezogen auf das Prozessmanagement im IT-Produktmanagement identifiziert werden.

[611] Vgl. zum folgenden Absatz Dayani-Fard (2003), S. 1 ff.

[612] Vgl. Gorschek u.a. (2010), S. 37 ff.

Produktmanagement als Frühwarnsystem.[613] Insgesamt werden produkt- und marktpolitische Entscheidungen fundierter vorbereitet und dadurch sicherer getroffen. Unterstützung erfährt das IT-Produktmanagement auch durch den „Lightweight Innovation Process", ein Modell, bei dem jeder Schritt so konzipiert ist, dass Ideen generiert werden und die Schritte klar beschrieben sind.[614]

Für kundenorientierte *Produkt-, Markt-, Kunden- und Wettbewerbsanalysen* kann das Instrument SCVM (Software Customer Value Management) eingesetzt werden, durch welches die Kundenorientierung bei der Erstellung von IT-Produkten unterstützt werden kann.[615] Es besteht aus den vier unterschiedlichen Komponenten Customer Value Analysis (CVA – Ermittlung der Kundenanforderungen), Customer Satisfaction Survey (CSS – Ermittlung der Kundenzufriedenheit mit dem Produkt), Customer Solution Planning (CSP – Planung der Produktmerkmale) und Benchmarking (detaillierter Vergleich mit dem Wettbewerb). Diese Komponenten werden, je nach der Struktur der zu entwickelnden IT-Produkte (siehe Kapitel 1.2), in unterschiedlicher Reihenfolge durchlaufen. Vorrangig fließen die Informationen in das Anforderungsmanagement (siehe Kapitel 4.2.4.2.2) ein, können jedoch auch an weiteren unterschiedlichen Stellen Einfluss auf den Herstellungsprozess der IT-Produkte haben.

4.3 Situative Einflussfaktoren und Typenbildung des IT-Produktmanagements

Zu situativen Einflussfaktoren und resultierender Ausgestaltung der Rahmenbedingungen des IT-Produktmanagements können nur wenige Aussagen gefunden und eher allgemein gehaltene Schlüsse daraus gezogen werden:

- Je höher – besonders in großen Organisationen – die Komplexität der Rahmenbedingungen ist, desto eher sollte die organisatorische Ausrichtung auf das Produktziel ausgerichtet sein (vgl. Kapitel 4.2.1, Abbildung 42), da ausschließlich funktionale Zuständigkeiten überfordert wären.[616]

[613] Vgl. Matys (2005), S. 47 f.
[614] Vgl. Gorschek u.a. (2010), S. 37 ff.
[615] Vgl. zum folgenden Absatz Herzwurm und Pietsch (2009), S, 165 ff., zitiert nach Herzwurm (2000)
[616] Vgl. Schwan (2003), S. 308 f., siehe auch Titscher u.a. (2008), S. 51

- Ist die Gesamtaufgabe einer Organisation sehr komplex und durch vielfältige und wichtige Interdependenzen gekennzeichnet, spricht das für eine zentrale Instanz, welche die Gesamtkoordination der Teilaufgaben übernimmt.[617] Bei umfangreichen Aufgaben mit vielen Interdependenzen entstehen Koordinationsaufgaben und damit eine Tendenz zur Bildung größerer organisatorischer Einheiten, um die Koordination zentral durchführen zu können und die Komplexität zu bewältigen – Je mehr Aufgaben somit dem IT-Produktmanagement zugeordnet werden, desto eher sollte die Stelle als Stellenmehrheit mit übergeordnetem Kontrollorgan ausgestaltet sein (siehe Kapitel 4.2.1).[618]
- Je höher der Anteil an routinemäßigen Tätigkeiten und je standardisierter die eingesetzten Verfahren der Fertigungstechnologie sind, desto eher ist eine Spezialisierung und Formalisierung des IT-Produktmanagements sinnvoll.[619]

Bezüglich einer Typisierung können ebenfalls nur wenige Ansätze festgehalten werden. Khurum und Gorschek stellen das IT-Produktmanagement in ihrer Pyramide "Strategic pyramid from formulation to implementation" in die Mitte als diejenige Instanz, welche die Strategie umsetzt, die von oben, durch das zentrale Management, formuliert und nach unten weitergegeben wird, hin zu der ausführenden Instanz, welche die Strategie umsetzt, also für Implementierung und Entwicklung zuständig ist. In der Rolle des „Strategy realizers" ist das IT-Produktmanagement für das Alignment zuständig, so dass sämtliche Entscheidungen, die die Entwicklung und Implementierung betreffen, mit der Gesamtstrategie einhergehen.[620]

Herzwurm und Pietsch stellen vier Typen von IT-Produktmanagern vor, welche sich anhand der unterschiedlichen Wirkungs- und Interessenbereiche (Scope) sowie der unterschiedlichen Ebenen, in denen sie tätig sind, unterscheiden lassen (siehe Abbildung 50).[621]

---

[617] Vgl. Schwan (2003), S. 303
[618] Vgl. Jost (2009), S. 432 ff.
[619] Vgl. Titscher u.a. (2008), S. 51
[620] Vgl. Khurum und Gorschek (2011), S. 502 f.
[621] Vgl. Herzwurm und Pietsch (2009), S. 60 ff.

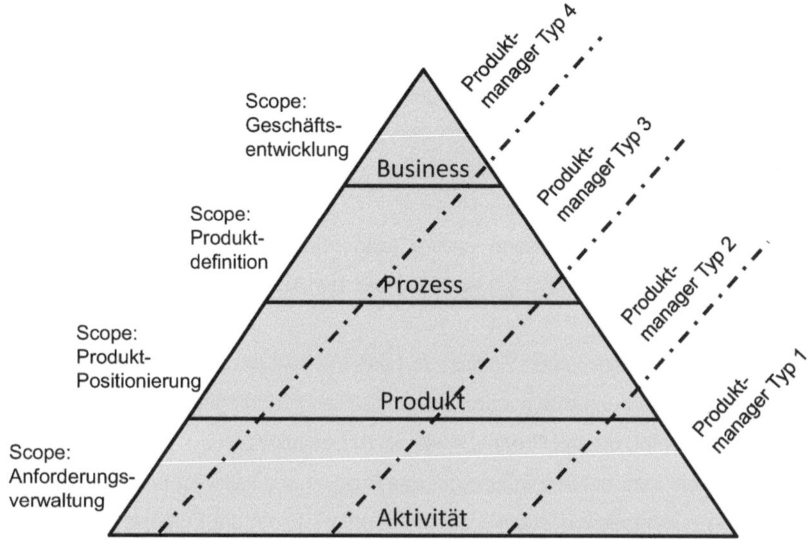

Abbildung 50: Die IT-Produktmanagement-Pyramide nach Herzwurm und Pietsch[622]

Maglyas u.a. gehen zum einen von einer Einteilung anhand der Rahmenbedingung Organisationsgröße aus. Sie argumentieren, dass die Aufgaben des IT-Produktmanagements von der Organisationsgröße abhängen und teilen ein in

- Aufgaben, die unabhängig von der Organisationsgröße sind: Entwicklung, Lebenszyklusmanagement, Geschäftsanalyse, Anforderungsmanagement, Vertrieb;
- Aufgaben, die je nach Organisationsgröße anders angegangen werden: Marketing, Releaseplanung, Roadmapping, strategische und die taktische Planung;
- Aufgaben, die spezifisch für große Organisationen sind: Nutzenanalyse, Kundenorientierung, Portfolioanalyse, Ressourcenplanung, Support;
- Aufgaben, die spezifisch für kleine Organisationen sind (eher technisch orientiert): Konfigurationsmanagement, Markt- und Produktanalyse.[623]

[622] Herzwurm und Pietsch (2009), S. 60
[623] Vgl. Maglyas u.a. (2012a), S. 15 ff.

In einer weiteren Publikation wird von vier Rahmenbedingungen ausgegangen, die das IT-Produktmanagement beeinflussen und aus denen eine Typisierung abgeleitet wird:[624] Einfluss auf das Produkt, Autorität, Zugang zu Ressourcen und Einfluss auf die Zusammenarbeit. Je nach Ausprägung der Einflussfaktoren werden vier stereotypische Profile identifiziert:

- Der Expert, der über viel Wissen verfügt, jedoch in sämtlichen Einflussfaktoren ein geringes Level einnimmt und somit wenig auf die Aktivitäten des Produktmanagements einwirken kann.
- Der Strategist, der sehr hohen Einfluss auf das Produkt hat und mittlere Autorität besitzt sowie aktiv an der strategischen und taktischen Produktplanung teilnimmt. Er hat genügend Autorität, um die Produktstrategie zu beeinflussen.
- Der Leader, der sehr hohen Einfluss auf das Produkt und Autorität besitzt sowie einen mittelmäßig ausgeprägten Zugang zu Ressourcen. Er ist die Folgestufe des Strategist, im nächsten Schritt könnte er zu einem „mini-CEO" werden, hier fehlt ihm lediglich der Einfluss auf die Zusammenarbeit innerhalb der Organisation.
- Der Problem Solver, der hohen Einfluss auf die Zusammenarbeit und sehr hohe Autorität hat, sein Einfluss auf Produktmanagement und Entwicklung wird dagegen als sehr gering beschrieben. Er vermittelt zwischen den Funktionsbereichen einer Organisation.

[624] Vgl. zur folgenden Aufzählung Maglyas u.a. (2013), S. 26 ff., die Typisierung erfolgt auf empirischer Basis nach den Prinzipien der Grounded Theory losgelöst von Theorie und basiert auf Interviews (sechs Organisationen in der ersten, sieben in der zweiten Runde).

5. Wahrnehmung der Stelle des IT-Produktmanagements in der Praxis

Um Erkenntnisse über die Wahrnehmung der Stelle des IT-Produktmanagements in der Praxis zu gewinnen (siehe zweiter Teil der Forschungsfrage 0, Kapitel 1.6), werden im Folgenden drei empirische Forschungsformen gewählt. Zunächst wird eine Stellenanzeigenanalyse anhand verschiedener Synonyme des IT-Produktmanagements vorgenommen (siehe Kapitel 5.1). Diese ermöglicht erste Einblicke in Anforderungen an die Stelle des IT-Produktmanagements und Aufgaben, die ein potenzieller Stelleninhaber erfüllen sollte. Des Weiteren kann ein vertieftes Verständnis gewonnen werden durch eine Studie im Bereich des IT-Produktmanagements, in welcher Aufgaben und Rollen des IT-Produktmanagers, die aktuelle Einbettung in der Organisation, Probleme und Effizienzfaktoren beleuchtet werden (siehe Kapitel 5.2). Daraufhin wird eine vergleichende Feldstudie zur Erforschung der Stelle des IT-Produktmanagements in der Praxis durchgeführt (siehe Kapitel 5.3).

5.1 Analyse von Stellenanzeigen des IT-Produktmanagements

Dieses Kapitel berichtet von einer Analyse des Anforderungsprofils von IT-Produktmanagern anhand aktueller Stellenanzeigen aus Deutschland. Diese veranschaulichen, wie die Stelle in Organisationen integriert ist und welche Qualifikationen durch die Praxis an die Stelle gestellt werden. Die Stellenanzeigenanalyse gilt als quantitativ-empirischer Forschungsansatz aus dem Bereich der Qualifikations- bzw. der Berufsbildungsforschung – dieser Ansatz ermöglicht es, Qualifikationsprofile unterschiedlicher Bildungsverläufe und deren Zutrittsbedingungen an den Arbeitsmarkt zu untersuchen sowie die Erwartungen der Arbeitgeber an zukünftige Bewerber.[625] Zur Durchführung der Analyse erfolgt zunächst eine Recherche nach einer geeigneten Online-Jobbörse anhand bestimmter Kriterien (siehe Kapitel 5.1.1). Stellenangebote enthalten i.d.R. eine Beschreibung der Organisation sowie eine Beschreibung des angebotenen Arbeitsplatzes inklusive der anfallenden Aufgaben.[626] Zum einen erfolgt eine quantitative Analyse und Gegenüberstellung der Häufigkeit der Stellenanzeigen für den IT-Produktmanager und dessen Synonyme für Deutschland. Hierfür werden zunächst die für die angestrebte Analyse relevanten Suchbegriffe definiert und in die Suchmaske der ausgewählten Online-Jobbörse eingegeben (siehe Kapitel 5.1.2). Zum anderen wird eine qualitative Auswertung von durch eine Stich-

[625] Vgl. Sailer (2009), S. 21 f.
[626] Vgl. Wickel-Kirsch u.a. (2008), S. 40

probe bestimmten Stellenanzeigen durchgeführt hinsichtlich der erwarteten Anforderungen und Aufgaben der Stelle des IT-Produktmanagements (siehe Kapitel 5.1.3). Zuletzt werden Ergebnisse zusammenfassend dargestellt (siehe Kapitel 5.1.4).

5.1.1 Identifizierung einer geeigneten Jobbörse zu Analysezwecken

Seit Mitte der 90er Jahre werden Stellenanzeigen in hohem Maße auch über Onlinejobbörsen im Internet veröffentlicht.[627] Jobbörsen ermöglichen Stellenanbietern und Arbeitsuchenden, sich zusammenzufinden, wobei durch den Einsatz des Internets neue Instrumente und Methoden zur Rekrutierung von Personal entstanden sind. Laut „Crosswater Job Guide" verzeichnet Deutschland derzeit eine Anzahl von rund 956 Online-Jobbörsen,[628] was auf eine hohe Anzahl von Stellenanzeigen im Internet hinweist. Zur Identifizierung einer geeigneten Jobbörse, um die Stellenanzeigen zum IT-Produktmanagement zu analysieren, kann eine Dreiteilung der Auswahlkriterien vorgenommen werden: Die erste Kategorie fasst beschreibende Merkmale bezüglich des Umfangs des Informationsangebotes, des Bekanntheitsgrades und der Dienstleistungen der Betreiber zusammen. In die zweite Kategorie werden Aufbau und Navigation auf den Internetseiten eingeordnet und in der dritten hauptsächlich unterschiedliche Suchfunktionen und deren Qualität getestet.

Um eine Analyse von Stellenanzeigen deutschlandweit durchzuführen, sollte die Jobbörse unterschiedliche Stellenangebote aggregieren und zusätzlich den beschriebenen Kriterien weitgehend entsprechen. Laut einem unabhängigen Pressebericht vom 14.09.2012 zählt SimplyHired.com zu den drei der 10 besten Karrierewebseiten[629] und gilt als eine der größten und intelligentesten Jobsuchmaschinen im Internet. Für eine deutschlandweite Suche erwies sich SimplyHired.de als leistungsstarke und integrierte Stellenbörse und entspricht am ehesten den aufgestellten Auswahlkriterien: Hervorgehoben wird vor allem die schnelle und effiziente Suche nach Stellenanzeigen. SimplyHired.de wird als Google-ähnliche Metasuchmaschine beschrieben, da sie einen Überblick über eine sehr umfangreiche Anzahl von Stellenangeboten bietet mit der Besonderheit, dass Informationen verschiedener Jobbörsen (z.B. monster.de oder stepstone.de), Content-Seiten, Zeitungen, Organisationen und firmeninterner Job-Webseiten aggregiert

[627] Vgl. zum folgenden Absatz Mülder u.a. (2000), S. 451 ff.: Allein im deutschsprachigen Raum gab es im Jahre 2000 bereits 300 Online-Jobbörsen. Stellenanzeigen.de, Jobworld.de und Stepstone.de zählen zu den Pionieren des bis heute rasant anwachsenden Marktes.

[628] Crosswater Job Guide (2012), URL siehe Literaturverzeichnis

[629] Vgl. zum folgenden Absatz Adams (2012), URL siehe Literaturverzeichnis

werden, die zusätzlich direkt mit den Anzeigen verlinkt sind. Bei der letzten Zählung konnten 30 Millionen Besucher pro Monat verzeichnet werden.

5.1.2 Quantitative Anzeigenanalyse zur Stelle des IT-Produktmanagements

Um einen Überblick der derzeitigen Arbeitsmarktsituation im Hinblick auf die Anzahl der ausgeschriebenen Stellen des IT-Produktmanagements zu geben, wird am 20.02.2013 eine quantitative Anzeigenanalyse durchgeführt. Hierfür erfolgt zunächst die Definition synonym genutzter Begriffe, um diese in die Suchmaske der Jobbörse SimplyHired.de einzugeben (siehe Abbildung 51):[630]

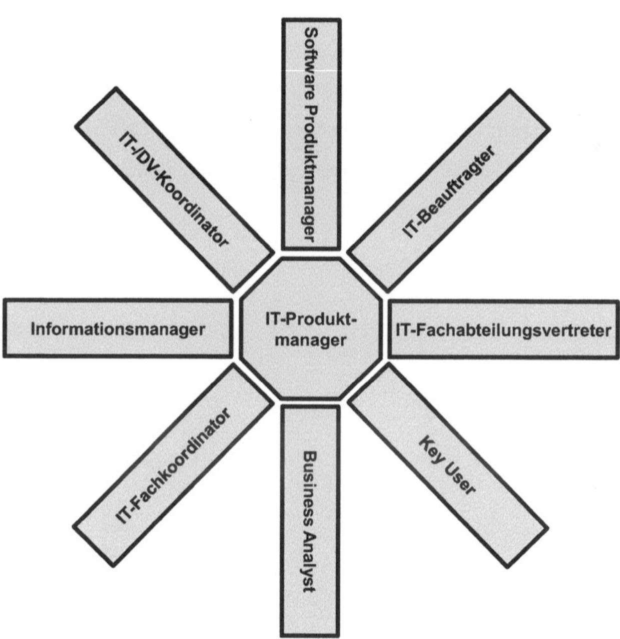

Abbildung 51: Synonyme der Stelle des IT-Produktmanagements[631]

[630] Die Synonyme sind übernommen aus Herzwurm und Pietsch (2009), S. 70, Kittlaus und Clough (2010), S. 42 f. und Osterried (2005), URL siehe Literaturverzeichnis, S. 1. Bei der Eingabe in die Suchmaske von SimplyHired.de spielt die Groß-/Kleinschreibung der Suchbegriffe keine Rolle. Jedoch erfolgt die Eingabe der Synonyme ohne Bindestrich, da die Reihenfolge der Suchbegriffe nicht in allen Anzeigen identisch ist (siehe z.B. Abbildung 53, S-PM9: „Senior Produktmanager IT"). Die mögliche Erweiterung der Suchfunktion nach Standort der angebotenen Stelle, Entfernung vom jeweiligen Wohnort oder Eingabe des jeweiligen Bewerberprofils z.B. durch Berufserfahrung oder Stand der Ausbildung wird nicht in Anspruch genommen, um die Ergebnisse der Analyse nicht im Voraus einzuschränken.

[631] Eigene Darstellung

Während der quantitativen Analyse können Stellenanzeigen zu sämtlichen Synonymen gefunden werden, lediglich für den Begriff IT-Fachabteilungsvertreter wird keine Anzeige ausgeschrieben (siehe Abbildung 52). Weiterhin kann festgehalten werden, dass die Synonyme Business Analyst und Key User die am Häufigsten gesuchten Begriffe in Deutschland sind. Mit deutlichem Abstand folgen der IT-Produktmanager, der IT-Koordinator und der Software Produktmanager, wohingegen Stellen des IT-Beauftragten, IT-Fachkoordinatoren und DV-Koordinatoren weniger häufig angeboten werden. Dies lässt darauf schließen, dass diese Synonyme (wie auch der IT-Fachabteilungsvertreter) weniger gebräuchlich sind oder durch neuere Begriffe ersetzt werden und daher in der Praxis eine eher untergeordnete Rolle spielen. Bezüglich der Begriffe Business Analyst und Key User scheint es, dass diese recht allgemein Stellen im IT-Bereich bezeichnen und weiter gefasst sind als die Stellenbezeichnungen IT-Produktmanager, IT-Koordinator und Software Produktmanager, welche sich im Mittelfeld bewegen. Zusammenfassend stellt sich heraus, dass in der Praxis viele unterschiedliche Bezeichnungen der Stelle des IT-Produktmanagements gebräuchlich und in den unterschiedlichen Organisationen heterogene Sichten auf die Stelle gewachsen sind.

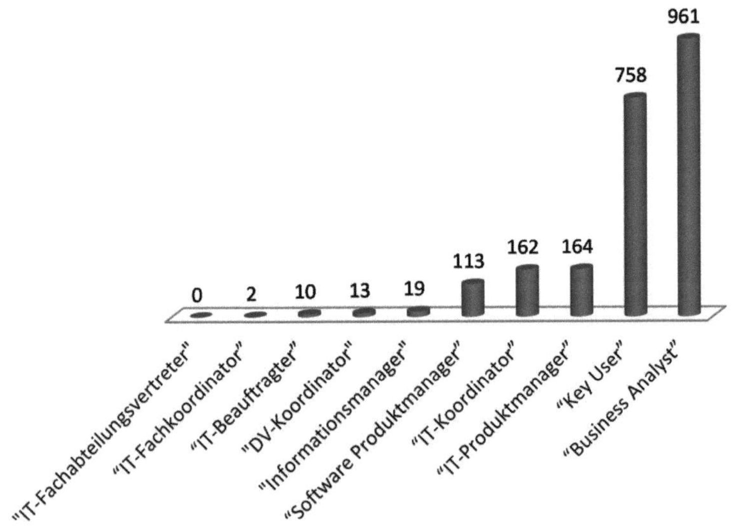

Abbildung 52: Anzahl der Anzeigen für Synonyme der Stelle des IT-Produktmanagers[632]

[632] Eigene Darstellung

5.1.3 Qualitative Anzeigenanalyse zur Stelle des IT-Produktmanagers

Die folgende Untersuchung ermöglicht eine qualitativ-hermeneutische Auswertung aufgrund strukturierter Kategorien, welche den Text der Stellenanzeigen interpretativ einbezieht mit dem Ziel, die in Kapitel 5.1.2 vorgestellte quantitative Analyse zu ergänzen. Die Analyse erfolgt auf Basis einer Inferenz- oder schließenden Statistik in Form einer einfachen zufallsstichprobenhaften Datenerhebungsmethode aus der Grundgesamtheit der in der quantitativen Analyse ermittelten Anzeigen zur Stelle des IT-Produktmanagements:[633] die empirische Untersuchung ist darauf ausgerichtet, induktiv erkannte, allgemein gültige Aussagen zu treffen, die über die Gruppe der verhältnismäßig kleinen Anzahl der untersuchten Stellenanzeigen hinausgehen. Die Stichprobengröße umfasst Stellenangebote zu einigen der im vorherigen Kapitel aufgestellten Synonyme. Diese lassen sich unterteilen in IT-Produktmanager, die intern in einer Organisation agieren (IT-Fachabteilungsvertreter, IT-Fachkoordinator, IT-Beauftragter, DV-Koordinator, Informationsmanager, IT-Koordinator, Key User und Business Analyst) und die organisationsübergreifend tätig sind (Software Produktmanager und IT-Produktmanager). Im Fokus dieser Arbeit stehen letztere, weshalb für die qualitative Analyse die Synonyme IT-Produktmanager und Software Produktmanager ausgewählt werden. Da der IT-Koordinator trotz seiner eher internen Ausrichtung jedoch von der Häufigkeit der Nennungen am ehesten als Synonym des IT-Produktmanagers/Software Produktmanagers gelten kann, werden zusätzlich Stellenanzeigen zum IT-Koordinator in die Analyse aufgenommen.[634] Diese drei Synonyme bewegen sich im Mittelfeld der quantitativen Analyse (113-164 Stellenangebote). Die Erhebung der Stichprobe erfolgt ebenfalls am 20.02.2013 und umfasst die jeweils 20 aktuellsten Stellenanzeigen zu den gewählten Synonymen, d.h. insgesamt 60 Anzeigen. Abbildung 53 zeigt die Liste der Anzeigen zur qualitativen Analyse der Stelle des IT-Produktmanagers, hier werden die im Folgenden genutzten Abkürzungen (ID), die in den Stellenanzeigen genannten Synonyme sowie die Informationen zu den jeweiligen Organisationen, sofern diese in den Anzeigen öffentlich gemacht werden, genannt.

[633] Vgl. zum folgenden Absatz Bortz und Schuster (2010), S. 79 ff. Unter einer Grundgesamtheit werden die potenziell untersuchbaren Elemente verstanden, die ein gemeinsames Merkmal aufweisen. Über die Verteilung der Aufgaben der Stellen des IT-Produktmanagements ist nichts bekannt, somit wird eine einfache Zufallsstichprobe gezogen, welche am ehesten gewährleistet, dass die Stichprobe die Verteilungseigenschaften in der Grundgesamtheit hinreichend repräsentiert.

[634] Hier wird zusätzlich angestrebt, den Erkenntnishorizont zu erweitern bezüglich Erfahrungen zur IT-Koordination, welche häufig mit dem IT-Produktmanagement assoziiert wird.

ID	Synonym	Organisation - Tätigkeitsbereich
IT-PM1	IT-Produktmanager	Dataport - BAföG- und Statistiklösungen
IT-PM2	IT Produktmanager/Product Owner	Zalando - Online-Shop
IT-PM3	IT-Produktdesigner/IT-Produktmanager	Jobleads - Personalwirtschaftssoftware
IT-PM4	(Junior) Produktmanager Kfz-Versicherungen	CHECK24 - Vergleichsportal im Internet
IT-PM5	Senior IT Produktmanager	Nicht genannt - Sichere Infrastrukturen
IT-PM6	Senior IT-Produktmanager	Nicht genannt - nicht genannt
IT-PM7	IT-Produktmanager	IPSER - Inter Personal Service - Leiter IT
IT-PM8	IT-Produktmanager Business Intelligence	Bauer Systems KG - Medienhaus
IT-PM9	Produktmanager - Monitoring	Goodgame Studios - EDV/IT
IT-PM10	Berater für Anwendungssoftware	FIO SYSTEMS AG - Anwendungssoftware in der Wohnungswirtschaft
IT-PM11	Business Analyst Produktstammdaten und -Prozesse	MARKANT Handels und Service GmbH - Handels- und Dienstleistungskooperation
IT-PM12	Business Partner Manager IT/Retail	Media-Saturn IT Services GmbH - Technologie plus Service
IT-PM13	IT Produktmanager Backend/Frontend	Zalando Lounge - Shopping Club
IT-PM14	Produktmanager Apothekenmanagement	Orizon GmbH - Personaldienstleister
IT-PM15	Produktmanager	Flaconi GmbH - E-Commerce
IT-PM16	Produktmanager	Höft & Wessel AG - IT-Hard- und Softwarespezialist
IT-PM17	Produktmanager	top itservices AG - Personaldienstleistungsunternehmen
IT-PM18	Produktmanager für Cloud Dienste	top itservices AG - Personaldienstleistungsunternehmen
IT-PM19	Produktmanager Shop-Plattform	Axel Springer AG - Medienunternehmen
IT-PM20	Produktmanager Webi	Wolters Kluwer Deutschland GmbH - Wissens- und
IT-K1	IT- Techniker als IT-Koordinator OEM	Nicht genannt - OEM Brennstoffzellensysteme
IT-K2	IT Koordinator	Nicht genannt - Logistikunternehmen
IT-K3	IT-Koordinator	Availo GmbH - Automobilzulieferindustrie
IT-K4	IT-Koordinator	Nicht genannt - Transport- und Logistikdienstleister
IT-K5	IT-Teilkonzern-Koordinator	BIT Group - Services: Auftrag/After-Sales
IT-K6	Junior IT-Koordinator	DIS AG - Handel und Dienstleistung
IT-K7	Koordinator/IT-Demandmanagement	EOS Deutschland - Forderungsmanagement, Marketing-, Risikoinformationen, Payment Services
IT-K8	IT-Koordinator	AachenMünchener Lebensversicherung - Strategische DV-Entwicklung/Planung
IT-K9	SAP Manager/IT Koordinator	Nicht genannt- Anlagen- und Maschinenbau
IT-K10	IT-Koordinator am Produktionsstandort	Nicht genannt - Werkstoff-Engineering
IT-K11	IT-Koordinator	top itservices AG - Personaldienstleistungsunternehmen
IT-K12	T-Koordinator	Nicht angegeben - Ver- und Entsorgung
IT-K13	IT-Koordinator	Nicht angegeben - Medien, Informationsdienste
IT-K14	IT-Koordinator im Bereich IT-Infrastruktur	Hays Temp GmbH - Rekrutierung von Spezialisten
IT-K15	IT-Koordinator	Nicht angegeben - Medien, Informationsdienste
IT-K16	IT-Koordinator	Nicht angegeben - Metall, Maschinenbau, Feinmechanik, Optik
IT-K17	IT-Koordinator	Nicht angegeben - Elektro
IT-K18	IT-Koordinator	Experis - Finanzen und IT
IT-K19	SAP/IT Koordinator - International	Nicht angegeben - Information Technology
IT-K20	IT-Koordinator bzw. IT-Projektmitarbeiter	Bundesverwaltungsamt (BVA) - Zentraler Dienstleister der Bundesregierung
S-PM1	Senior Software-Produktmanager	Compart AG - Output-Management-Lösungen
S-PM2	Software Produktmanager	msgGillardon AG - Software-Finanzdienstleister
S-PM3	Alliance Manager Citrix	COMPAREX AG - Software, Consulting und Services/Product Management
S-PM4	Produktmanager	DOCUFY - Software zur Erstellung von Risikobeurteilungen
S-PM5	Produktmanager/Business Development Manager	Kiwigrid GmbH - IT- und Softwarebereich
S-PM6	Produktmanager	Heidelberg Engineering - Medizintechnik
S-PM7	Produktmanager SAM	Amadeus Fire - Software Assisted Medicine
S-PM8	Software Product Manager Consultant	M&M - Dienstleister Softwareprodukte
S-PM9	Senior Produktmanager IT - Software	AXIT AG - IT-Produkte im Bereich SCM
S-PM10	(Inhouse) Produktmanager Web/Mobile	Nicht genannt - Internetunternehmen im Bereich New Media
S-PM11	IT-Mitarbeiter/IT-Experte für Entwicklungsaufgaben in Internetprojekten	Dr. Schnell & Dr. Hensel GmbH - Marketing, Prozessoptimierung und CRM
S-PM12	Produktmanager	computeruniverse.net GmbH - Online-Shop
S-PM13	Informatiker/in - SaaS Produktmanager	toptecs GmbH - Ingenieurdienstleister
S-PM14	Product Manager	M-Way Solutions GmbH - Mobile Enterprise Software und Mobile Automotive Solutions
S-PM15	Product Manager/Owner - Smart Home	Bosch Software Innovations GmbH - Software- und Systemhaus
S-PM16	Produktmanager	CGM SYSTEMA Deutschland GmbH - eHealth
S-PM17	Produktmanager mit technischer Affinität	Nicht genannt - Edelstahlprodukte
S-PM18	Produktmanager Integrationsschnittstellen	Bisnode Deutschland Holding GmbH - Wirtschaftsinformationen
S-PM19	Produktmanager für Systemdienstleistungen Real Estate	TÜV SÜD Industrie Service GmbH - Dienstleistungskonzern
S-PM20	Technischer Redakteur/Produktmanager PLM Lösungen	CENIT AG - Optimierung von Geschäftsprozessen

Abbildung 53: Liste der Anzeigen zur qualitativen Analyse der Stelle des IT-Produktmanagements[635]

---

[635] Eigene Darstellung

Die Liste der Anzeigen verdeutlicht die Vielzahl der unterschiedlichen Bezeichnungen der Stelle des IT-Produktmanagements in der Praxis. Weiterhin kann aus den Organisationsinformationen herausgelesen werden, dass Organisationen aus den unterschiedlichsten Branchen Bedarf an IT-Produktmanagement haben, d.h. nicht nur Organisationen aus dem Bereich der Softwareentwicklung (siehe z.B. IT-PM10, Abbildung 53), sondern ebenfalls Anwenderunternehmen und Organisationen mit softwareintensivem Geschäftsmodell (siehe z.B. IT-PM2, Abbildung 53).

Ebenfalls keine Rolle für die Integration der Stelle des IT-Produktmanagements in einer Organisation spielt deren Größe (siehe z.B. S-PM9, Abbildung 53 < 50 Mitarbeiter, IT-PM8, Abbildung 53 > 11.000 Mitarbeiter).

Die Stellenanzeigen werden weiterhin analysiert nach den Anforderungen an die Stelle des IT-Produktmanagements. Diese werden erfasst, kategorisiert und dargestellt nach der Häufigkeit ihrer Nennung (siehe Abbildung 54).[636]

Die wichtigsten Anforderungen an die Stelle des IT-Produktmanagements sind die Kommunikationsfähigkeit, die (meinst mehr als dreijährige) Berufserfahrung, ein abgeschlossenes Studium der Wirtschaftsinformatik/Betriebswirtschaftslehre oder ein vergleichbarer Abschluss und ein technisches Grundverständnis/IT-Affinität. Dies verdeutlicht den hohen Anspruch und die vielseitigen Anforderungen, die an das IT-Produktmanagement gestellt werden. Es folgen die Teamfähigkeit und Sozialkompetenz sowie das eigenverantwortliche, selbstständige Arbeiten, analytische Fähigkeiten und Durchsetzungsvermögen. Zusätzlich zu den hier aufgeführten Anforderungen wird in sämtlichen untersuchten Stellenanzeigen spezifisches Vorwissen in der jeweiligen Branche erwartet, in welcher das jeweilige Stellengesuch aufgegeben wird.[637] Darüber hinaus unterscheidet sich die Gruppierung der Anforderungen für jeden einzelnen Stellenträger (siehe hierzu die ausführliche Analyse in Anhang A: Ausführliche Stellenanzeigenanalyse: Anforderungen). Das hier aufgezeigte umfangreiche und gleichzeitig differenzierte Spektrum an Anforderungen zeigt, wie unterschiedlich sich der Bedarf des Marktes nach einem IT-

[636] Die Kategorisierung der Anforderungen an die Stelle des IT-Produktmanagements ist ausführlich dargestellt in Anhang A: Ausführliche Stellenanzeigenanalyse: Anforderungen. Die Kategorien werden nicht im Voraus festgelegt, sondern iterativ auf Basis der gewonnenen Daten identifiziert und definiert nach den Prinzipien der Grounded Theory, siehe hierzu Corbin und Strauss (2008), S. 1 ff.

[637] Dieses branchenspezifische Wissen ist jedoch nicht eigens charakteristisch für die Stelle des IT-Produktmanagers, sondern allgemein gültig für jede Art von Stellenanzeige und wird deshalb nicht in die Analyse einbezogen.

Produktmanagement darstellt. Dies lässt darauf schließen, dass in der Praxis kein einheitliches Bild auf die Stelle des IT-Produktmanagements existiert.

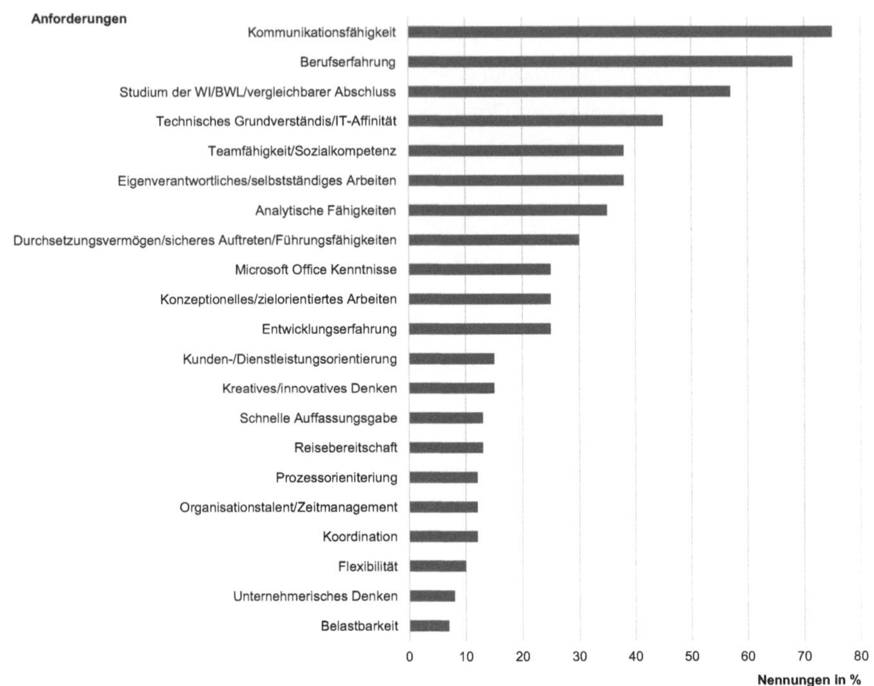

Abbildung 54: Anforderungen an die Stelle des IT-Produktmanagements[638]

Um eine Analyse der in den Stellenanzeigen dargestellten Aufgaben des IT-Produktmanagements durchzuführen, werden diese Aufgaben den in Kapitel 4.2.4 aufgestellten Funktionsbereichen des IT-Produktmanagements zugeordnet (siehe Abbildung 55).[639] Hier wird ein sehr heterogenes Bild der geforderten Aufgaben innerhalb der Funktionen des IT-Produktmanagements in der Praxis aufgeworfen. Auffällig ist die hohe Anzahl der Stellenanzeigen, die Aufgaben in der Funktion Entwicklung und Design ausweisen. Ebenfalls häufig genannt werden Aufgaben innerhalb der Professional Services. Im mittleren Feld liegen die Funktionsbereiche Information, Produktion und Wartung, Produktplanung,

[638] Eigene Darstellung

[639] Die Zuordnung der Synonyme der IT-Produktmanager zu den Funktionsbereichen ist ausführlich und übersichtlich dargestellt in Anhang B-D, um die Nachvollziehbarkeit der hier dargestellten Relationen zu gewährleisten.

Produktstrategie und Organisation, gefolgt von strategischem Management, Vertrieb, Beschaffung/Sourcing und Marketing. Zuletzt werden Tätigkeiten innerhalb des Funktionsbereichs Finanzen gefordert.

	Organisatorische Funktionen des IT-Produktmanagements											
	Grund-/Kernfunktionen								Querschnitts-/Servicefunktionen			
	Dispositive Funktionen			Ausführende Funktionen								
	Strategisches Management	Produktstrategie	Produktplanung	Beschaffung/ Sourcing	Entwicklung und Design	Produktion und Wartung	Marketing	Vertrieb	Professional Services	Finanzen	Organisation	Information
IT-PM1						x			x			
IT-PM2			x						x		x	
IT-PM3					x							
IT-PM4					x	x			x			x
IT-PM5		x			x		x					x
IT-PM6	x	x	x									
IT-PM7	x		x		x							
IT-PM8	x	x	x		x						x	
IT-PM9	x				x				x		x	
IT-PM10		x			x	x			x			
IT-PM11		x			x						x	
IT-PM12		x			x	x						x
IT-PM13					x	x					x	x
IT-PM14					x	x			x			x
IT-PM15					x	x			x			
IT-PM16	x	x	x				x		x			
IT-PM17	x				x		x		x			x
IT-PM18			x				x	x	x			
IT-PM19				x	x	x			x			x
IT-PM20		x	x	x	x			x	x			
IT-K1	x	x		x	x				x		x	x
IT-K2			x			x			x			
IT-K3			x		x	x			x			
IT-K4				x	x	x			x			
IT-K5	x	x							x		x	
IT-K6			x		x				x			
IT-K7	x				x	x					x	x
IT-K8		x										x
IT-K9	x		x		x	x						
IT-K10					x				x		x	
IT-K11				x				x	x	x	x	
IT-K12						x			x			x
IT-K13					x	x		x				
IT-K14					x	x			x			
IT-K15			x			x					x	
IT-K16						x					x	x
IT-K17						x				x		x
IT-K18	x			x		x		x			x	x
IT-K19						x					x	
IT-K20				x	x				x		x	
S-PM 1	x		x		x			x	x		x	
S-PM 2								x			x	
S-PM 3							x	x	x			x
S-PM 4	x	x	x		x				x			x
S-PM 5	x				x	x						x
S-PM 6		x	x		x				x			x
S-PM 7	x	x			x						x	
S-PM 8		x	x		x				x		x	x
S-PM 9	x	x	x		x	x			x	x	x	x
S-PM 10		x	x		x				x	x		x
S-PM 11		x	x	x	x	x		x	x			x
S-PM 12		x	x	x			x	x				x
S-PM 13			x		x	x		x	x			
S-PM 14		x	x		x	x						x
S-PM 15		x	x		x				x			
S-PM 16		x	x		x		x	x	x	x		x
S-PM 17					x		x	x	x			x
S-PM 18			x		x	x	x	x	x			
S-PM 19	x	x		x	x						x	x
S-PM 20		x					x	x				x
Summe	**17**	**24**	**25**	**10**	**41**	**27**	**10**	**15**	**36**	**5**	**21**	**28**

Abbildung 55: Funktionen des IT-Produktmanagements aus Stellenanzeigen[640]

[640] Eigene Darstellung

Insgesamt kann festgestellt werden, dass jeder der Funktionsbereiche mindestens einmal durch die Stellenanzeigen genannt wird und sämtliche Aufgaben eingeordnet werden können. Dies trägt zur Evaluierung der in Kapitel 4.2.4, Abbildung 47 dargestellten Übersicht über die Funktionsbereiche und zugehörigen Aufgaben des IT-Produktmanagements aus wissenschaftlicher Perspektive bei. Zum anderen kann die durch die Anforderungen an die Stelle des IT-Produktmanagements aufgeworfene Hypothese, dass zu dieser kein einheitliches Bild in der Praxis existiert, unterstützt werden. Durch die qualitative Analyse der Stellenanzeigen kann weder eine Häufung oder Muster noch sich herausbildende Typen festgestellt werden, die sich aufgrund ihrer Aufgaben voneinander abgrenzen, auch nicht zwischen den Synonymen des IT-Produktmanagers untereinander.

5.1.4 Zusammenfassende Ergebnisse der Stellenanzeigenanalyse und Validitätsbetrachtung

Bezüglich der zur quantitativen Analyse herangezogenen Synonyme zur Stelle des IT-Produktmanagements kann festgestellt werden, dass die Anzeigen für IT-Produktmanager, IT-Koordinator und Software Produktmanager im Mittelfeld der untersuchten Begriffe liegen. Zudem werden Stellenanzeigen zum IT-Produktmanagement in unterschiedlichen Branchen und von Organisationen unterschiedlicher Größe geschaltet. Die an Bewerber gestellten Anforderungen sind vielseitig, breit gefächert und anspruchsvoll, wobei die verschiedenen Stellenanzeigen Wert auf unterschiedliche Anforderungen legen. Diese Sicht setzt sich bezüglich genannten Aufgaben innerhalb der Funktionsbereiche fort. Am häufigsten werden Aufgaben innerhalb der Bereiche Entwicklung und Design und Professional Services angeführt, selten dagegen im Bereich Finanzen. Insgesamt entsteht ein äußerst heterogenes und vielseitiges Bild der Stelle des IT-Produktmanagers in der Praxis. Die unterschiedlichen der Stelle zugeschriebenen Anforderungen und Aufgaben weisen auf deren uneinheitliche Auffassung durch die Praxis hin.

Bezüglich der Validität kann zum einen gesagt werden, dass das Datenmaterial nicht speziell für die durchgeführte Anzeigenanalyse erstellt wird, sondern um kompetente Bewerber für das jeweilige Angebot zu gewinnen und somit nicht die realen Anforderungen und Tätigkeitsfelder innerhalb der Organisationen darstellen.[641] Diese hängen ab von der Organisation und dem Bewerber selbst und zeigen eventuell lediglich die Hauptaufgaben oder sämtliche möglichen Aufgaben, die zum Tätigkeitsfeld gehören könnten. Weiterhin

[641] Vgl. zum folgenden Absatz Herrmann (2013), S. 358 f.

werden Stellenanzeigen gerade in großen Organisationen von der Human Resource Abteilung verfasst, welcher die notwendige Erfahrung fehlt, um eine realitätsgetreue Stellenausschreibung zu verfassen. Weiterhin sind die Ergebnisse von der Güte der Kodierung und der gewählten Kategorisierung abhängig. Eine feinere Kodierung würde zu weiteren Anforderungen und Aufgaben führen. Zudem ist davon auszugehen, dass die Stichprobe die Verteilung der Aufgaben nicht exakt wiedergibt, da die ermittelten statistischen Kennwerte auf einer vergleichsweise kleinen Anzahl von Stellenanzeigen beruht. Würde jedoch eine breiter gefächerte Auswertung, auch unter Einbeziehung der weiteren definierten Synonyme des IT-Produktmanagers (siehe Kapitel 5.1.2, Abbildung 51), durchgeführt werden, würde vermutlich analog ein noch viel breiter gefächertes Bild der Stelle entstehen. Die Hypothese über die Unterschiedlichkeit der Auffassung der Stelle des IT-Produktmanagements in den einzelnen Organisationen würde durch eine solche ausführlichere Auswertung vermutlich weiter gestützt werden.

5.2 Ergebnisse einer Studie im Bereich des IT-Produktmanagements

Um einen breit gefächerten Einblick in das IT-Produktmanagement aus Sicht der Praxis zu erlangen, wird weiterhin eine Studie in diesem Bereich durchgeführt in Form einer Auswertung von Protokollen, die durch Befragungen von Teilnehmern an Schulungen zum IT-Produktmanagement entstanden sind.[642] Die insgesamt 30 Schulungen finden in den Jahren 2004 bis 2012 statt, an denen ca. 275 Experten (im Schnitt 8-10 pro Schulung) aus Anwender- und Softwareunternehmen des deutschsprachigen Raums zu Aufgaben und Rollen, aktuellen Problemen, Effizienzkriterien und Einbettung des IT-Produktmanagements ihrer jeweiligen Organisation befragt werden. Die Studie aus Praxissicht hat den Fokus, die wichtigsten Kernpunkte zu identifizieren. Aus diesem Grund ist die Befragung der Seminarteilnehmer nicht als tiefgreifende Analyse angelegt, sondern es sollen kurz die Schwerpunkte genannt werden. Die Ergebnisse sind somit explorativ und sagen weder etwas aus über eine Beziehung der Aussagen zueinander noch über die individuellen Umfelder der Organisationen, aus welchen die Befragten kommen. Zudem hat sich ein gewisser Sättigungsgrad eingestellt, so dass sich durch eine weitere Befragung, bezogen sowohl auf die Aussagen selbst wie auch die Häufigkeit der Nennung,

[642] Die Schulungen werden im Auftrag der Management Circle AG gehalten, die zu den rennomiertesten Schulungsagenturen im deutschsprachigen Raum zählt. Teilnehmer sind Experten aus Industrie und öffentlicher Verwaltung mit mehrjähriger Berufserfahrung im Bereich IT-Produktmanagement. 25 der Seminarprotokolle enthalten Aufgaben des IT-Produktmanagements, 21 Protokolle können bezüglich der Einbettung ausgewertet werden, 25 Protokolle enthalten Probleme und drei enthalten Effizienzkriterien des IT-Produktmanagements.

keine grundlegenden Erkenntnisse mehr ergeben hätten. Auch wenn eine gewisse Verzerrung durch Vorselektion (die Teilnahme an den Seminaren war kostenpflichtig) nicht ausgeschlossen werden kann, so sollten die Antworten der Teilnehmer ein stimmiges Abbild des IT-Produktmanagements in der Praxis geben.

5.2.1 Aufgaben und Rollen des IT-Produktmanagements in der Praxis

Die Analyse der Aufgaben und Rollen des IT-Produktmanagements aus Praxissicht hat den Fokus, die wichtigsten Aufgabenfelder zu identifizieren. Für die Auswertung der Aufgaben des IT-Produktmanagements stehen insgesamt 25 Protokolle zur Verfügung, welche die kurz gehaltenen Antworten zu den Rollen und Aufgabenschwerpunkten des IT-Produktmanagements in der jeweiligen Organisation enthalten. Diese zeigt Abbildung 56 prozentual, absteigend sortiert nach Anzahl der Nennungen in Prozent.

Die Befragung erbringt insgesamt 30 Rollen bzw. Aufgaben, mit denen das IT-Produktmanagement in der derzeitigen Organisationspraxis vorrangig betraut ist. Hierbei ist es wichtig, nach Rollen (Koordination/Schnittstelle/Leitstelle, Auftraggeberrolle für Entwicklung, Kümmerer/Allrounder/Feuerwehr/Mädchen für Alles) und den genannten Aufgaben zu unterscheiden. Die bezeichneten Rollen charakterisieren das IT-Produktmanagement in seiner Position als Nahtstelle zwischen den unterschiedlichen Stakeholdern in einer Organisation, insbesondere als Koordinator aller produktbezogenen Maßnahmen zwischen Kunde und Entwicklung. Somit sorgt es für die Verbesserung des produkt- und marktrelevanten Informationsflusses, der Kommunikation und Kooperation der einzelnen Stellen im Unternehmen und des Marktes.

Die Aufgaben des IT-Produktmanagements stellen sich sehr vielfältig dar und erstrecken sich über die verschiedensten Funktionsbereiche in einer Organisation. So liegt zum einen die strategische Ausrichtung des Produktes häufig im Verantwortungsbereich sowie das Lebenszyklusmanagement. Oft werden auch Aufgaben des Marketings und Vertriebs erfüllt. Ebenfalls von besonderer Bedeutung ist die Verwaltung der Kundenanforderungen an das Produkt (sowohl interner als auch externer Kunden). Durch Einbeziehung der weiteren durch die Experten genannten Aufgaben ergibt sich (wie auch durch die Analyse von Stellenanzeigen des IT-Produktmanagements in Kapitel 5.1) die These, dass sich die Ausgestaltung des IT-Produktmanagements in verschiedenen Organisationen unterscheidet.

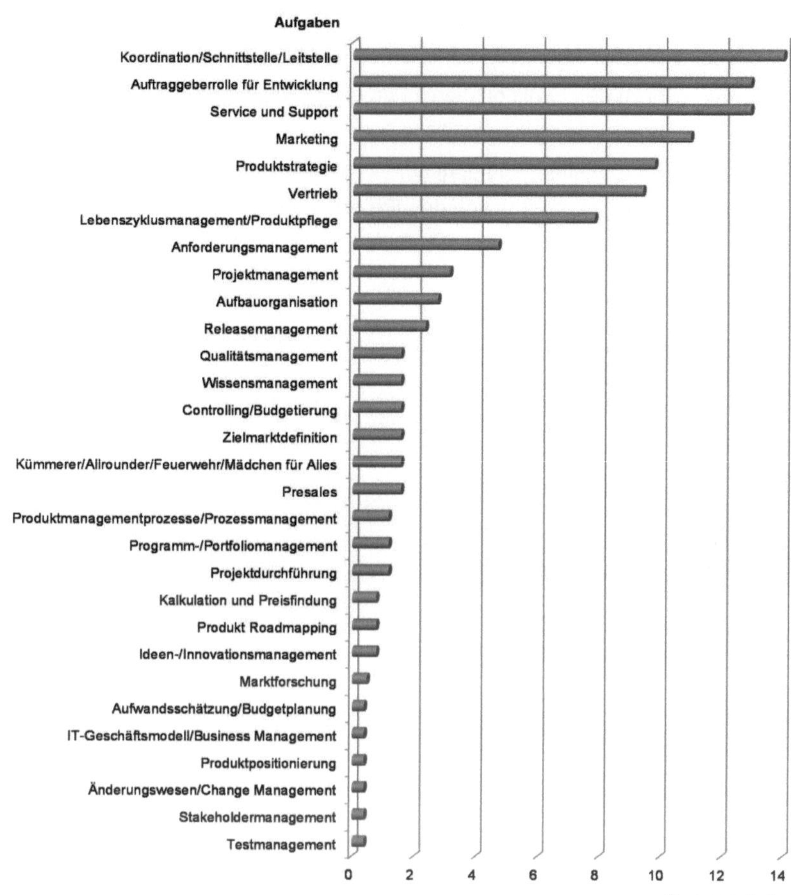

Abbildung 56: Ergebnisse der Studie zu den Aufgaben des IT-Produktmanagements aus Schulungen im IT-Produktmanagement-Umfeld[643]

5.2.2 Aktuelle Einbettung des IT-Produktmanagements in der jeweiligen Organisation

Bezüglich der aktuellen Einbettung des IT-Produktmanagements in der jeweiligen Organisation können 21 Seminare ausgewertet werden nach unterschiedlichen Gesichtspunkten. Zum einen wird die Beziehung des IT-Produktmanagements zu den Funktionsberei-

---

643 Eigene Darstellung

chen in einer Organisation dargestellt, welche meistens genannt werden (siehe Abbildung 57, Abbildung 58 und Abbildung 59), zum anderen die Art der Beziehung des IT-Produktmanagements zu den Funktionsbereichen (siehe Abbildung 60).

Die Beziehung des IT-Produktmanagements zur Entwicklung bezüglich der organisatorischen Einbettung wird am häufigsten von den Experten erwähnt (insgesamt 42%, siehe Abbildung 57).

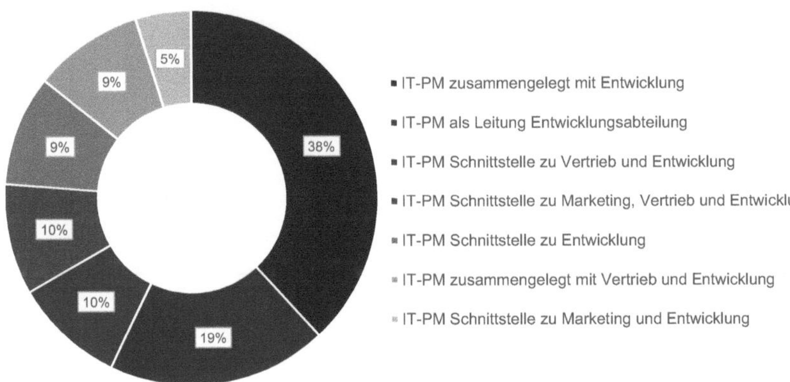

Abbildung 57: Organisatorische Einbettung des IT-Produktmanagements – Beziehung zum Funktionsbereich Entwicklung[644]

Meist sind die beiden Abteilungen zusammengelegt, oder das IT-Produktmanagement ist mit der Leitung der Entwicklung betraut. Dies lässt auf eine recht enge Verflechtung der Aufgaben des IT-Produktmanagements mit denen der Entwicklung schließen.

Ebenfalls häufig genannt wird die Beziehung des IT-Produktmanagements zum Marketing (insgesamt 30%). Abbildung 58 veranschaulicht, dass die beiden Abteilungen in der Praxis ebenfalls sehr oft zusammengelegt sind, nicht selten zusätzlich mit der Vertriebsabteilung. Eine Leitungsfunktion des IT-Produktmanagements gegenüber dem Marketing wird jedoch nicht erwähnt. Dies deckt sich mit der Vermutung, dass auch hier viele Aufgaben ähnlicher Art sind, jedoch nicht so grundlegend wie zwischen der Entwicklung und dem IT-Produktmanagement.

[644] Eigene Darstellung

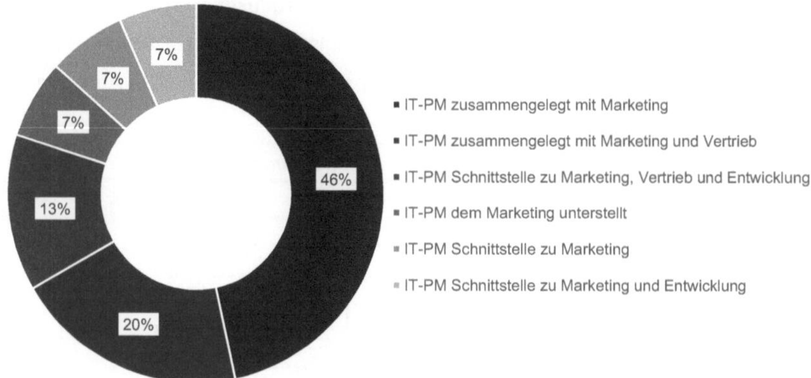

Abbildung 58: Organisatorische Einbettung des IT-Produktmanagements – Beziehung zum Funktionsbereich Marketing[645]

Fast genau so häufig wie zum Marketing steht das IT-Produktmanagement in Beziehung mit dem Funktionsbereich Vertrieb (28%). Wie Abbildung 59 zeigt, sind die Funktionsbereiche in der Praxis meist zusammengelegt oder zumindest als Schnittstelle ausgestaltet. Besonders zu erwähnen ist hier, dass das IT-Produktmanagement auch dem Vertrieb unterstellt sein kann oder dessen Aufgaben durch die Geschäftsleitung und den Vertrieb wahrgenommen werden können. Auch hier ist es offensichtlich, wie eng verbunden sich die Aufgaben dieser beiden Funktionsbereiche darstellen.

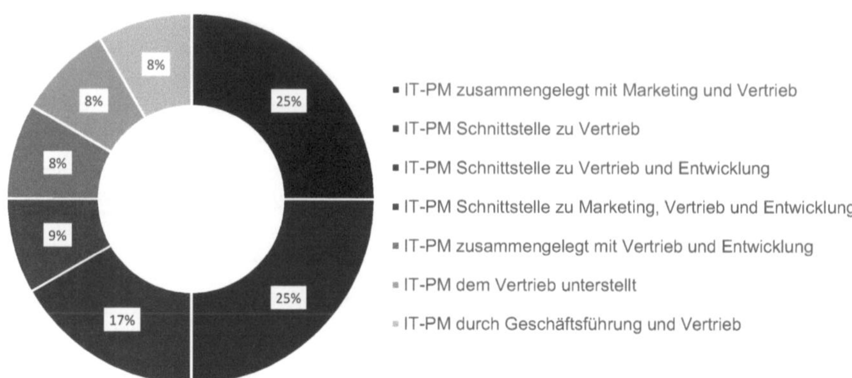

Abbildung 59: Organisatorische Einbettung des IT-Produktmanagements – Beziehung zum Funktionsbereich Vertrieb[646]

645 Eigene Darstellung
646 Eigene Darstellung

Interessant, um die Eigenschaft der Einbettung des IT-Produktmanagements zu den unterschiedlichen Funktionsbereichen zu untersuchen, ist die Frage zur Art der Beziehung des IT-Produktmanagements zu den Bereichen, prozentual dargestellt in Abbildung 60.

Art der Beziehung	Nennungen in %	
Zusammengelegt		32,26%
IT-PM zusammengelegt mit Entwicklung	12,90	
IT-PM zusammengelegt mit Marketing	11,29	
IT-PM zusammengelegt mit Marketing und Vertrieb	4,84	
IT-PM zusammengelegt mit Vertrieb und Entwicklung	3,23	
Eigener Funktionsbereich/eigene Abteilung		17,75%
Für ein Produkt	9,68	
Für ein Teilprodukt	4,84	
Für mehrere Produkte	3,23	
Schnittstelle		14,52%
IT-PM Schnittstelle zu Vertrieb	4,84	
IT-PM Schnittstelle zu Marketing, Vertrieb und Entwicklung	3,23	
IT-PM Schnittstelle zu Vertrieb und Entwicklung	3,23	
IT-PM Schnittstelle zu Marketing	1,61	
IT-PM Schnittstelle zu Marketing und Entwicklung	1,61	
Als		12,90%
IT-PM als Leitung Entwicklungsabteilung	6,45	
IT-PM als Stabsstelle	4,84	
IT-PM als Profit-Center	1,61	
Durch		11,30%
IT-PM durch Geschäftsführung	3,23	
IT-PM durch Dienstleister (Outsourcing)	3,23	
IT-PM durch Gremium	3,23	
IT-PM durch Linienfunktionen	1,61	
Unklare Einbettung		8,05%
Unklare/keine Einbettung/Abgrenzung	8,05	
Unterstellt		3,22%
IT-PM dem Marketing unterstellt	1,61	
IT-PM dem Vertrieb unterstellt	1,61	

Abbildung 60: Organisatorische Einbettung des IT-Produktmanagements – Art der Beziehung zu unterschiedlichen Funktionsbereichen[647]

Auffällig ist, dass das IT-Produktmanagement häufiger mit einem oder mehreren der anderen Funktionsbereiche zusammengelegt ist (Entwicklung, Marketing, Vertrieb; 32,26%), als dass ein eigener Funktionsbereich existiert (17,75%). Es kann jedoch aus

[647] Eigene Darstellung

der Art der Beziehung „Schnittstelle“ geschlossen werden, dass hier das IT-Produktmanagement ebenso einen eigenständigen Bereich bildet, der an andere Funktionsbereiche angrenzt (14,52%). Addiert man diesen Wert zu der Beziehung „Eigener Funktionsbereich/Abteilung“ hinzu, kommt man auf denselben prozentualen Anteil, wie ihn die Beziehung „Zusammengelegt“ aufweist. D.h. nach dieser Auswertung ist das IT-Produktmanagement mindestens ebenso oft mit einem anderen Funktionsbereich zusammengelegt, wie es einen eigenen Bereich bildet. Ebenfalls häufig ist das IT-Produktmanagement als Leitung der Entwicklungsabteilung in Organisationen eingebettet. Daraus leitet sich die eher strategische Ausrichtung des IT-Produktmanagements ab, da für die Erfüllung einer Leitungsfunktion eine längerfristige Sicht notwendig ist. Koordinierend kann das IT-Produktmanagement tätig werden durch die Positionierung als Stabsstelle. Nicht sehr überraschend ist die Angabe mit immerhin 8,05%, dass das IT-Produktmanagement in der Organisation unklar oder darüber hinaus gar nicht abgegrenzt ist. Dies findet sich auch in den durch die Experten genannten Problemen mit dem IT-Produktmanagement wieder (siehe 5.2.3). Relativ selten (3,22%) ist das IT-Produktmanagement einem anderen Funktionsbereich unterstellt, was den Fokus auf die meist gewollt autarke Arbeitsweise des IT-Produktmanagements lenkt, um selbstständig und produktbezogen agieren zu können. Diese Vermutung wird auch durch die Beziehung „durch“ unterstützt. Hier wird das IT-Produktmanagement durch die Geschäftsführung selbst, einen autarken Dienstleister, Gremium oder durch eine Linienfunktion wahrgenommen.

5.2.3 Probleme des IT-Produktmanagements

Zur Analyse der Schwierigkeiten mit dem IT-Produktmanagement stehen 25 Seminare zur Verfügung, aus denen 34 Probleme identifiziert werden können. Die Experten werden nach den Schwierigkeiten befragt, die sie im Zusammenhang mit Ihrer Funktion in der jeweiligen Organisation sehen. Diese werden kategorisiert und prozentual dargestellt in Abbildung 61, sortiert nach der Häufigkeit der Nennung.

Das durch die Experten am häufigsten genannte Problemfeld ist das *Portfoliomanagement*, wenn es darum geht, komplexe, neue Produkte bzw. Daten zu integrieren und gleichzeitig die Legacysysteme zu pflegen. Ebenfalls kritisch gesehen wird der *Differenzierungsgrad* der IT-Produkte, es stellt sich die Frage, welche Anforderungen und Technologien in den Standard überführt werden sollten und welche nicht. Dies reicht bis zu der Frage eines Experten, wie er „Standardprodukte individualisieren" könne. Die Ausführung des IT-Produktmanagements wird zudem durch die oft unklare *Definition der Schnittstellen* erschwert, wenn die Abgrenzung zu anderen Abteilungen unklar oder gar nicht gegeben ist. Da IT-Produkte vielfach aus Projekten entstehen, ist der Weg vom *Projekt-* zum *Produktgeschäft* für die Experten mangels Erfahrung häufig ungewiss. Weiterhin wird bemängelt, dass in vielen Organisationen die einheitliche *Definition des IT-Produktmanagements* selbst nicht gegeben ist und die Funktion dadurch unstrukturiert abläuft, da die Rollen der Beteiligten nicht klar festgelegt sind. Die häufig dem IT-Produktmanagement zugeschriebene Aufgabe des *Anforderungsmanagements* bereitet ebenfalls Probleme hinsichtlich der Fragen, wie Kundenwünsche bzw. -anforderungen überhaupt zu erfahren sind und wie anschließend deren einheitliche Benennung und Priorisierung erfolgen kann, um diese in ein IT-Produkt aufzunehmen. Weiterhin wird beklagt, dass häufig das *Kongruenzprinzip* nicht erfüllt ist und aus diesem Grund das IT-Produktmanagement nicht in der Lage ist, die ihm zugeschriebenen Aufgaben durchzusetzen. Zusätzlich entsteht durch die fehlende Abgrenzung und die vielen unterschiedlichen Stakeholder und Anforderungen an das IT-Produktmanagement selbst häufig eine *Aufgabenüberlast*. Die Experten beschreiben es als schwierig, „alle Bälle in der Luft zu halten". Die *Vertriebsaufgaben*, welche das IT-Produktmanagement oftmals bezüglich der betreuten IT-Produkte zu erfüllen hat, werden ebenfalls genannt, was auf eine mangelnde Erfahrung bzw. Ausbildung der betrauten Stelleninhaber in diesem Funktionsbereich schließen lässt. Auch hervorgehoben wird die *Konkurrenz* zwischen Abteilungen, die offenbar häufig zwischen den unterschiedlichen Funktionsbereichen und dem IT-Produktmanagement entsteht, wohl durch die Überschneidung der Aufgabenbereiche, die der koordinierenden Arbeit des IT-Produktmanagements zugeschrieben werden kann. Notwendig ist nach den Aussagen der Experten ebenfalls eine klare *Produktstrategie und -definition*. Dies würde auch der oft fehlenden *produktspezifischen Denke* Vorschub leisten, die den unterschiedlichen Sichten (u.a. genannt werden die Technik-, BWL- und Vertriebssicht) auf das IT-Produktmanagement geschuldet ist und dazu führt, dass das IT-Produktmanagement in einer Organisation nicht gelebt wird. *Kommunikationsprobleme* treten ebenfalls auf, welche zu Missverständnissen zwischen den unterschiedlichen Abteilungen und auch dem Vorstand in einer Organisation führen können. Da (interne und externe) Kunden immer schnellere Lösungen erwarten, ist es für das IT-Produktmanagement nicht einfach, die „*Time Line*" einzuhalten, zudem wird gerade hier erwartet, dass die Aufgaben „nebenher laufen". *Koordinationsprobleme* entstehen durch die notwendigen Abstimmungsprozesse zwischen den Abteilungen. Dies hat auch Auswirkungen auf das *Prozessmanagement*, das für die Definition und Kontrolle der Abläufe verantwortlich ist. Komplexität wird ebenfalls durch die *Internationalisierung bzw. Globalisierung* erzeugt, hier wird nach möglichen Synergien gesucht. Das IT-Produktmanagement steht aufgrund fehlender finanzieller Ressourcen häufig unter *Kostendruck*, durch die fehlende produktspezifische Denke werden in diesem Bereich schnell Mittel gekürzt. Hinzu kommt, dass das IT-Produktmanagement im Gegensatz zu anderen Funktionen eine recht junge Disziplin ist und den Beteiligten somit die notwendige *Erfahrung* fehlt, häufig werden neue Stelleninhaber nicht eingelernt und es können wenig Vergleiche zu anderen Organisationen gezogen werden. Durch die starke und schnelle Konkurrenz in der IT-Branche steht auch das IT-Produktmanagement unter einem enormen *Wettbewerbsdruck*. Weiterhin zählen zu den Tätigkeiten der Funktion oftmals *Wirtschaftlichkeitsbetrachtungen*, welche Kosten-/Nutzenbetrachtungen, Aufwandschätzungen, aber auch die Preisfindung für neue Produkte beinhaltet. In diesem Gebiet haben die Stelleninhaber selten ausreichende Erfahrung. In Organisationen entsteht bei Knappheit eine Konkurrenz um *Ressourcen*, die nach Erfahrung der Experten häufig nicht dem IT-Produktmanagement zugesprochen werden. Ebenfalls wichtig ist ein effektives *Innovations- bzw. Ideenmanagement*, um Produktpotenziale und -ideen ausschöpfen zu können. Gerade im IT-Produktmanagement ist es wichtig, im Gegensatz zum Projektmanagement, die *langfristige Strategie* im Auge zu behalten und sich nicht nur auf kurzfristige Anforderungen zu konzentrieren. Hierbei ist auch zu entscheiden, wie intensiv die *Kundenorientierung* verfolgt werden sollte. Das IT-Produktmanagement bewegt sich innerhalb *gesetzlicher Rahmenbedingungen*. Diese verbindlichen Vorlagen sind nicht immer konform mit der eigenen Abbildung der Prozesse in der Organisation bzw. in der Software selbst und müssen dennoch eingehalten werden, auch bezüglich des Datenschutzes. In einigen Organisationen ist es weiterhin schwierig, die Sichtweise auf *Dienstleistungen* zu verändern und diese *als Produkte* zu gestalten (genannt werden u.a. IT-Services oder Consulting). Der Aufbau eines Produktbereichs aus der Dienstleistung heraus bereitet Probleme. Ebenfalls wichtig für das IT-Produktmanagement ist dessen Einbindung in die Organisation: als eigene Abteilung kann zwar autark entschieden und gehandelt werden, jedoch bezeichneten einige Experten das IT-Produktmanagement unter diesen Umständen als *„Insel im Konzern“*. Gemeint ist hiermit, dass eine zu starke Trennung zu den anderen Abteilungen wie Marketing, Vertrieb, Entwicklung oder Professional Services entsteht, welche die Koordination und bereichsübergreifende Arbeit erschwert oder gar verhindert. Weiterhin suchen die Experten nach Wegen, die *richtigen Prioritäten* zu setzen bezüglich Produkten, Produktideen, Aufgaben etc. Erschwert wird die Ausführung der Aufgaben auch im *Änderungswesen*, die Experten beklagen das hohe Aufkommen von unstrukturierten Änderungen auf Zuruf. Bezüglich des *Erfolgs* der angebotenen IT-Produkte kann festgestellt werden, dass es den Experten an Know-how fehlt, wie sie ihre Produkte zum Erfolg führen und die Kunden dazu animieren können, die Produkte zu kaufen und zu nutzen. Zuletzt genannt werden die *Virtualisierung*, das *Lebenszyklusmanagement* und die *Vielzahl unterschiedlicher Auslieferzyklen*, welche dem IT-Produktmanagement ebenfalls Probleme bereiten, da sie die Komplexität der Aufgaben erhöhen.

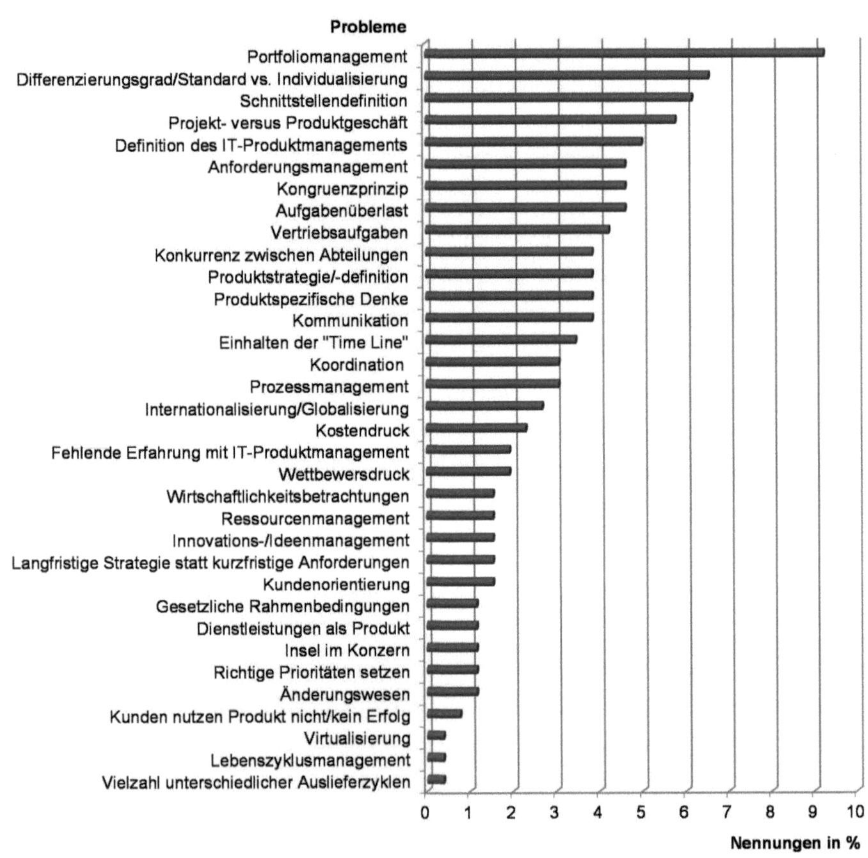

Abbildung 61: Ergebnisse einer Untersuchung zu den Problemen des IT-Produktmanagements aus Schulungen im IT-Produktmanagement-Umfeld[648]

[648] Eigene Darstellung

5.2.4 Effizienzkriterien des IT-Produktmanagements

Zur Analyse von Effizienzkriterien des IT-Produktmanagements können drei Seminare dienen, diese sind in Abbildung 62 prozentual dargestellt, Mehrfachnennungen waren explizit erwünscht.

Abbildung 62: Ergebnisse der Studie zu den Effizienzkriterien des IT-Produktmanagements[649]

Auffällig ist, dass die Kompetenzen des IT-Produktmanagers selbst weit im Vordergrund stehen mit 28,13%. Seine Kommunikations-, Überzeugungs- und Durchsetzungsfähigkeiten werden als äußerst wichtig erachtet, um das IT-Produktmanagement erfolgreich umsetzen zu können. Eine klare Prozessdefinition spielt ebenfalls eine große Rolle, wie auch koordinierende Tätigkeiten, die durch das IT-Produktmanagement erfüllt werden sollten. Notwendig erscheint auch die Ausrichtung auf die (internen und externen) Kunden, wofür Wissen sowohl über das Produkt als auch den Markt vorteilhaft sind. Weiter von Bedeutung sind wiederum die klare Definition der wesentlichen Kernpunkte, Unternehmensziele und -strategien, Verantwortungsbereiche und Rollen.

[649] Eigene Darstellung

5.3 Vergleichende Feldstudie zur Erhebung explorativer Erkenntnisse über die Ausgestaltung der Stelle des IT-Produktmanagements in der Praxis

Um umfangreiche Erkenntnisse zur Ausgestaltung der Stelle des IT-Produktmanagements in der Praxis unterschiedlicher Organisationen zu erlangen, wird *die vergleichende Feldstudie* als empirische Forschungsmethode[650] herangezogen. Diese stellt ein Basisdesign der qualitativen Forschung dar,[651] bezieht sich auf mehrere Untersuchungsobjekte[652] und erscheint somit geeignet, die Erkenntnisziele zu erreichen.[653] Wie sich durch die Ausführungen zu der wissenschaftlichen Perspektive auf die Stelle des IT-Produktmanagements (siehe Kapitel 4) und ebenso durch die bereits dargestellten praktischen Erkenntnisse dieses Kapitels herausgestellt hat, ist wenig bekannt über die Zusammenhänge von Rahmenbedingungen, Zielen, Aufgaben und Problemen/Effizienzkriterien des IT-Produktmanagements. Die Erkenntnisgewinnung folgt demnach einem *explorativen Forschungsziel*, da Einblick in unstrukturierte Situationen gewonnen werden soll. Die qualitative Forschung arbeitet mit nicht standardisierten und offenen Erhebungswerkzeugen zur Erreichung explorativer Ziele, somit wird im Umfeld von Forschungsarbeiten mit neuartigem Erkenntnisbereich bzw. bei Arbeiten explorativen Charakters der Bereich lediglich grob abgegrenzt:[654] Ziel ist nicht die Prüfung von bereits erstellten Hypothesen, sondern deren Generierung aus empirisch erhobenem Datenmaterial.[655]

5.3.1 Qualitatives, leitfadengeführte Experteninterview als Erhebungswerkzeug des empirischen Datenmaterials

Um eine vergleichende Feldstudie durchzuführen, sollen Erkenntnisse zur Stelle des IT-Produktmanagements aus der Perspektive unterschiedlicher Organisationen gegenübergestellt werden. Laut Gläser und Laudel eignen sich standardisierte Vorgehensweisen nicht dafür, das spezifische Wissen eines Experten über eine Situation zu erfahren, diese würden die Ermittlung der Besonderheiten eher abschwächen oder sogar unterbinden.[656] Zum Zwecke der Beantwortung der Frage, wie die Stelle des IT-Produktmanagements in

---

[650] Vgl. Müller-Böling (1992), S. 1495-1496, der empirische Forschungsmethoden unterteilt in Fallstudien, vergleichende Feldstudien, Experimente, Forschung durch Entwicklung und Aktionsforschung.

[651] Vgl. Müller-Böling (1992), S. 1495-1496. Zu den verschiedenen Basisdesigns der qualitativen Forschung siehe Flick (2009), S. 252 ff.

[652] Anders als die Fallstudie, welche sich auf nur ein Untersuchungsobjekt konzentriert.

[653] Vgl. Lamnek (2010), S. 460 ff.: Im Gegensatz zur quantitativen Inhaltsanalyse, welche sich auf die Auswertung akzidentaler Dokumente stützt (siehe Kapitel 4.1), wird in der qualitativen Inhaltsanalyse der Fokus auf wenige, für den Analysezweck als typisch anzusehende systematische Dokumente gelegt, welche speziell zum Zwecke der Analyse erstellt werden (hier leitfadengeführte Experteninterviews).

[654] Vgl. Kromrey (2006), S. 71 und S. 209, Atteslander u.a. (2006), S. 129 und Diekmann (2007), S. 34

[655] Vgl. Diekmann (2007), S. 188

[656] Vgl. Gläser und Laudel (2010), S. 36 ff.

der Praxis wahrgenommen wird, welche Ziele verfolgt werden, welche Gestaltungsalternativen üblich sind und welche Rahmenbedingungen existieren (siehe Kapitel 1.6, Forschungsfrage 0-3) wird aus diesem Grund das Interview ausgewählt, da der Einsatz *qualitativer Interviews* als Methode der Erkenntnisgewinnung innerhalb der Organisationsanalyse weit verbreitet ist,[657] weil zudem die Flexibilität, die bei der Neuartigkeit des vorliegenden Themenkomplexes erforderlich ist, durch mündliche Befragungen gegeben ist[658] und die sog. „weichen Verfahren" dem Forscher großen Spielraum bieten bei der Stellung von Fragen.[659]

Sowohl halbstandardisierte als auch freie *Experteninterviews* erlauben es dem Interviewer, sich der Situation des Befragten und der Organisation anzupassen, z.B. im Hinblick auf Begriffe, die durch die Neuartigkeit der Thematik noch nicht standardgemäß und einheitlich genutzt werden. Dementgegen ist sicherzustellen, dass die Objektivität gewahrt wird, welche unter dem direkten Kontakt leiden kann.[660] Als *Experten* werden diejenigen Personen bezeichnet, welche über das gesuchte „Betriebswissen" oder „Deutungswissen" verfügen[661] bzw. als „Menschen, die ein besonderes Wissen über soziale Sachverhalte besitzen"[662] und Experteninterviews als „Methode, dieses Wissen zu erschließen".[663] Um die Situation der Stelle des IT-Produktmanagements innerhalb der begrenzten Dauer eines Interviews zu rekonstruieren, erscheint es außerdem zweckmäßig, über einen Leitfaden sicherzustellen, dass sich der Experte zu allen wichtigen Aspekten äußert.[664] *Leitfadeninterviews* werden als eine Ausprägung der nichtstandardisierten Interviews charakterisiert, denen eine Liste offener Fragen (Leitfaden) zu Grunde gelegt wird, wobei weder die Frageformulierungen, die Reihenfolge noch Antwortmöglichkeiten im Leitfaden vorgegeben sind.[665] Der Interviewer hat so einen größeren Spielraum, auf den Befragten und seine Antworten einzugehen und bei bestimmten Themen intensiver nachzufragen sowie bestimmte Themenschwerpunkte zu setzen.[666] Als Erhebungswerkzeug des empirischen Datenmaterials zur Erreichung der vorliegenden Erkenntnisziele wird

---

[657] Vgl. von Rosenstiel (2009), S. 233
[658] Vgl. Vahs (2009), S. 481 f.
[659] Vgl. Kromrey (2006), S. 389 und S. 548
[660] Vgl. Vahs (2009), S. 481 f.
[661] Vgl. Przyborski und Wohlrab-Sahr (2009), S. 134
[662] Gläser und Laudel (2010), Gläser und Laudel (2010) S. 12
[663] Gläser und Laudel (2010), S. 12
[664] Vgl. Bogner und Menz (2005), S. 37, Gläser und Laudel (2010), Gläser und Laudel (2010), S. 37-43 und Schnell u.a. (2008), S. 387
[665] Vgl. Gläser und Laudel (2010), S. 111
[666] Vgl. Friedrichs (1990), S. 224 und Kromrey (2006), S. 389

somit das halbstandardisierte, leitfadengeführte Experteninterview gewählt (siehe zur Erstellung des Leitfadens Kapitel 5.3.4).

Während der Erhebung der einzelnen Experteninterviews werden Tonbandaufzeichnungen erstellt, um Informationsverluste und -veränderungen und die zusätzliche Belastung der Erstellung eines Gedächtnisprotokolls für den Interviewer zu vermeiden.[667] Anschließend werden die Interviews vollständig transkribiert[668] nach dem System der wörtlichen Transkription, bei welcher das gesamte sprachlich erhobene Material niedergeschrieben wird, wobei der Fokus auf den Inhalten liegt und überflüssige Füllwörter bzw. Lautäußerungen außer Acht gelassen werden.[669] Soweit möglich werden die Interviews zusätzlich vervollständigt durch Angaben aus den Internetseiten der Organisationen bezüglich Anzahl der Mitarbeiter, Organisationsgröße oder Kundenstruktur.

5.3.2 Theoretische Grundlagen der qualitativen Inhaltsanalyse des empirischen Datenmaterials

Die Erkenntnisgewinnung aus dem durch die Interviews gewonnenen empirischen Datenmaterial erfolgt durch *sensibilisierende Konzepte* und Integration *theoretischen Vorwissens* (siehe hierzu das Verfahren der Fallkontrastierung, Kapitel 5.3.3).[670] Sensibilisierende Konzepte stellen den Theoriebildungsprozess in den Vordergrund:[671] durch eine heuristische Vorgehensweise werden Erkenntnisse durch Interaktionen kontinuierlich bestätigt oder modifiziert.[672] Somit kann mit vagen Ausgangsthesen aus der Betrachtung der Gestaltung der Stelle des IT-Produktmanagements in der Theorie (siehe Kapitel 2), den Erkenntnissen aus den Industriestandards und Normen im Umfeld des IT-Produktmanagements (siehe Kapitel 3), der Analyse von Stellenanzeigen (siehe Kapitel 5.1) und den Ergebnissen der Studie im Bereich des IT-Produktmanagements (siehe Kapitel 5.2) in die Empirie eingegangen werden, wobei die Hypothesen sukzessive in Auseinandersetzung mit dem Datenmaterial empirischen Gehalt erlangen bis hin zur theoretischen

---

667 Vgl. Gläser und Laudel (2010), S. 157 f.

668 Sowohl Flick u.a. als auch Gläser und Laudel bezeichnen die Transkription als unabdingbare Brückenfunktion zwischen den erhobenen Daten und der folgenden Auswertung, vgl. Gläser und Laudel (2010), S. 193 f. und Flick u.a. (1995), S. 161

669 Vgl. Hugl (1995), S. 88

670 Im Gegensatz zum induktivistischen Verständnis der Grounded Theory, welche dem Forscher immer wieder nahelegt, seine Ergebnisse nicht durch sein theoretisches Vorwissen zu verfälschen und die Ergebnisse zu abstrahieren, vgl. hierzu Glaser und Strauss (1967), S. 47

671 Im Gegensatz zu definitiven Konzepten, welche untersuchen, ob vorab definierte Eigenschaften vorhanden sind oder nicht.

672 Vgl. Strübing (2005), S. 157 ff. Nach Blumer sensibilisieren diese offenen Konzepte den Forscher für die Erfassung von Situationen in konkreten Handlungsfeldern, vgl. Blumer (1954), S. 3 ff.

Sättigung (wenn keine wesentlichen Erkenntnisse mehr aufzufinden sind). Die Konzepte werden demnach nicht vor der empirischen Untersuchung festgelegt und anschließend untersucht, sondern entstehen während der Auseinandersetzung mit dem gewonnenen Datenmaterial durch Integration des theoretischen Vorwissens. Begonnen wird mit unscharfen Begriffen, die im Laufe der Untersuchung sukzessive präzisiert werden durch die Integration von empirischen und theoretischen Arbeitsschritten.[673]

Experte	Stellenbezeichnung	Branche	Experte	Stellenbezeichnung	Branche
1	IT-Produktmanager	Telekommunikation	16	Product Manager & Consultant	Dienstleistungen der Informationstechnologie (Softwareentwicklung/Beratung)
2	Chief Marketing Officer	Finanzdienstleistungen	17	IT Prozesse Organisation / IT Prozessmanagement	Dienstleistungen der Informationstechnologie (Softwareentwicklung/Beratung)
3	Vice President	Dienstleistungen der Informationstechnologie (Softwareentwicklung/Beratung)	18	Leiter SAP-Lösungen	Dienstleistungen der Informationstechnologie (Softwareentwicklung/Beratung)
4	Produkt Manager	Dienstleistungen der Informationstechnologie (Softwareentwicklung/Beratung)	19	Infrastructure and Cloud Solutions	Dienstleistungen der Informationstechnologie (Softwareentwicklung/Beratung)
5	Director Business Development	Finanzdienstleistungen	20	International Key Account Manager	Einzelhandel
6	Vorstand Technik	Telekommunikation	21	Produktmanagerin	Erziehung und Unterricht
7	IT-Produktmanager	Versicherungen, Rückversicherungen und Pensionskassen	22	Produktmanagerin	Finanzdienstleistungen
8	Automationsreferat, Bereich DV-Organisation	Rechts- und Steuerberatung, Wirtschaftsprüfung	23	Marketing Manager	Gesundheitswesen
9	Product Manager	Dienstleistungen der Informationstechnologie (Softwareentwicklung/Beratung)	24	Leiter Business Development	Dienstleistungen der Informationstechnologie (Softwareentwicklung/Beratung)
10	IT/Asset/Development	Dienstleistungen der Informationstechnologie (Softwareentwicklung/Beratung)	25	Healthcare Sector, Customer Solutions	Gesundheitswesen
11	Business Manager	Gesundheitswesen	26	IT Business Analyst	Dienstleistungen der Informationstechnologie (Softwareentwicklung/Beratung)
12	Produktmanager	Dienstleistungen der Informationstechnologie (Softwareentwicklung/Beratung)	27	Solution Owner	Dienstleistungen der Informationstechnologie (Softwareentwicklung/Beratung)
13	Head of Product Management	Verlagswesen	28	Senior Product Manager	Herstellung von Datenverarbeitungsgeräten, elektronischen und optischen Erzeugnissen
14	Product Management	Versicherungen, Rückversicherungen und Pensionskassen	29	Sachbearbeiterin Organisation	Finanzdienstleistungen
15	Produktmanager	Dienstleistungen der Informationstechnologie (Softwareentwicklung/Beratung)	30	Produktmanager	Grundstücks- und Wohnungswesen

Tabelle 7: Interviewsample zur Erhebung explorativer Erkenntnisse zur Stelle des IT-Produktmanagements[674]

Die Auswahl des Samples für die angestrebte Fallkontrastierung erfolgt nach dem Prinzip des *Theoretischen Samplings*, ein von Glaser und Strauss beschriebenes Verfahren für

[673] Vgl. Kelle und Kluge (2010), S. 30 und S. 38 ff.

[674] Eigene Darstellung, einige Bezeichnungen werden im Rahmen der Anonymisierung verkürzt.

die Auswahl von Fällen zur empirischen Datenerhebung:[675] Der Vorgehensweise von Kelle und Kluge folgend wird auf einen vorweg bestimmten Auswahlplan der Fälle verzichtet zugunsten einer iterativen Entwicklung des Samples, orientiert an dem im Forschungsprozess schrittweise entwickelten theoretischen Vorwissen, währenddessen die Daten parallel erhoben, kodiert und analysiert werden. Erkenntnisse können jederzeit modifiziert werden, bis eine theoretische Sättigung erreicht wird. Das Sample wird demnach so lange erweitert, bis keine theoretisch relevanten Ähnlichkeiten und Unterschiede mehr entdeckt werden können, wobei die theoretische Relevanz eines ausgesuchten Falles für dessen Einbeziehung im Vordergrund steht. Das Sample umfasst 30 Fälle, wobei die Nennung von Namen oder Daten, die Rückschlüsse auf die jeweilige Organisation zulassen, dem Interesse einiger der Interviewpartner entgegen steht, weshalb die gewonnenen Erkenntnisse anonymisiert dargestellt werden.[676] Tabelle 7 ordnet die Interviews und Experten durch Abkürzungen in alphabetischer Reihenfolge ein und weist zusätzlich deren Stellenbezeichnung und Branche aus. Die Benennung der Branchen erfolgt analog der Klassifikation des Statistischen Bundesamtes.[677]

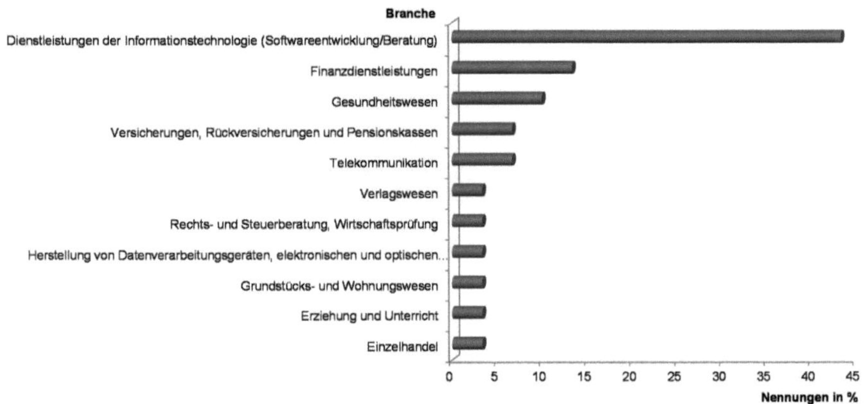

Abbildung 63: Branchenverteilung der Interviewpartner der vergleichenden Feldstudie[678]

Aus den empirischen Daten kann gefolgert werden, dass IT-Produktmanagement in den unterschiedlichsten Branchen betrieben wird (siehe Abbildung 63). Neben der Branche

[675] Vgl. Glaser und Strauss (1998), S. 53
[676] Vgl. Kelle und Kluge (2010), S. 48 f.
[677] Vgl. Statistisches Bundesamt (2008), URL siehe Literaturverzeichnis, S. 3 ff.
[678] Eigene Darstellung

der Dienstleistungen der Informationstechnologie[679] können Experten aus verschiedenen Branchen zur Stelle des IT-Produktmanagements in ihren Organisationen befragt werden. Dies legt nahe, dass die IT in den unterschiedlichsten Geschäftsfeldern von Bedeutung ist, als Katalysator für den Einstieg branchenfremder Industrien in das IT-Geschäft dient und darüber hinaus Rückgrat für neue Geschäftsfelder sein kann.

5.3.3 Verfahren der Fallkontrastierung

Zur weiteren Kontrastierung der durch theoretisches Sampling ausgewählten Fälle wird nach dem Vorgehen von Kelle und Kluge das Datenmaterial mit Hilfe von Kodierkategorien *indiziert*,[680] wodurch ein synoptischer Vergleich[681] von Textstellen erfolgen kann. Die qualitative Kodierung zielt hierbei darauf ab, dass Textsegmente permanent verglichen und Kategorien zugeordnet werden – es wird zeilenweise vorgegangen und jedes in den Daten auftauchende Ereignis wird so vielen *Kodier(sub)kategorien* wie möglich zugeordnet. Jedes neu kodierte Ereignis wird mit den bereits kodierten verglichen, um so die gebildeten Kategorien und Subkategorien zu entwickeln und zu modifizieren.[682] Die Bildung der Kodierkategorien orientiert sich an der Vorgehensweise nach Miles und Huberman: Ex ante wird ein Kategorienschema konstruiert, um die Datenmenge beherrschbar zu machen.[683] Um der Gefahr entgegenzuwirken, dass die Relevanzansetzung der Interviewpartner durch die vorgegebenen Kategorien überblendet wird, wird für das zu entwickelnde Kategorienschema ein heuristischer Rahmen mit empirisch gehaltlosen theoretischen Kategorien genutzt, ausgerichtet am Bezugsrahmen der Arbeit (Rahmenbedingungen, Ziele, Aufgaben, Probleme/Effizienzkriterien, siehe Kapitel 1.5) und weiteren, auf theoretischem Vorwissen basierenden Subkategorien. Um zu einer theoriegeleiteten Kodierung und Strukturierung des Materials zu kommen, werden diesem Schema während der Kodierung ad hoc empirisch gehaltvolle (Sub-)Kategorien hinzugefügt oder bestehende (Sub-)Kategorien aufgegeben/modifiziert, basierend auf den durch die Daten gewonnenen Erkenntnissen und entdeckten Zusammenhängen.[684]

---

679 Experten 3, 4, 9, 15, 16, 17, 18, 19, 24, 26, 27

680 Die eingefügten Indizes widerspiegeln die Zeilennummern des jeweiligen transkribierten Interviews.

681 Für eine Synopse werden Textpassagen für eine vergleichende Analyse nebeneinander gestellt.

682 Vgl. Kelle und Kluge (2010), S. 56 ff. und Becker und Geer (1979), S. 155, zitiert nach Kelle und Kluge (2010), S. 58

683 Vgl. Miles und Huberman (1994), S. 155, zitiert nach Kelle und Kluge (2010), S. 62

684 Vgl. Kelle und Kluge (2010), S. 69 ff., die Kodierkategorien finden sich konsequenter Weise im Aufbau des Interviewleitfadens wieder, siehe hierzu Kapitel 5.3.4.

Im Gegensatz zur quantitativen Auswertung, welche auf die Häufigkeit des Auftretens von Informationen abzielt, werden bei der qualitativen Analyse die Inhalte der Informationen herausgefiltert und diese mit dem ex ante theoretisch abgeleiteten Kategoriensystem abgeglichen und überprüft.[685] Gläser und Laudel führen den Begriff der *Extraktion* ein. Durch die Extraktion kann die Komplexität der qualitativen Inhaltsanalyse[686] von Texten reduziert werden, indem die auszuwertenden Texte als Material behandelt werden, in welchem Daten enthalten sind, die während der qualitativen Inhaltsanalyse als Rohdaten extrahiert, aufbereitet und ausgewertet werden. Die Informationsbasis unterscheidet sich demnach von den Ursprungstexten dahingehend, dass sie reduziert wird durch die Anwendung eines Suchrasters (ex ante entwickeltes Kategoriensystem) auf die für die Untersuchungsfragen relevanten Informationen. Wie bereits gezeigt ist dieses Suchraster offen, es kann durch während der Analyse aufgefundene Informationen verändert werden.[687] Aufbauend auf diesen Ausführungen zur Extraktion werden für eine systematische, regelgeleitete Vorgehensweise und zur weiteren Erhöhung der Nachvollziehbarkeit der Herkunft des Kategorienschemas zusätzlich die spezielle qualitative Technik der zusammenfassenden Inhaltsanalyse genutzt, welche der qualitativen Inhaltsanalyse entstammt.[688] Um eine Reduktion des Analysematerials auf die wesentlichen Inhalte zu erlangen, die ein Abbild des Grundmaterials darstellen, werden die folgenden Verfahrensweisen der Reduktion durchlaufen:

- die Paraphrasierung, bei welcher die Kodiereinheiten in eine auf den Inhalt beschränkte, beschreibende Form in einer einheitlichen Sprachebene umgeschrieben werden und nichtinhaltstragende Textbestandteile wegfallen,
- die Generalisierung, welche eine Verallgemeinerung der vorliegenden Paraphrasen zum Ziel hat, und
- die Bündelung, bei welcher über das Material verstreute Paraphrasen zusammengefasst werden.

[685] Mayring (2010), S. 48 ff.
[686] Die qualitative Inhaltsanalyse ist ein regelgeleitetes und systematisches Verfahren, sie hält sich an Reihenfolge und Inhalt von fünf Schritten (Theoretische Vorüberlegungen, Vorbereitung der Extraktion, Extraktion, Aufbereitung und Auswertung) und an Regeln, die für die einzelnen Schritte gelten. Ein weiterer Vorzug der qualitativen Inhaltsanalyse ist das theoriegeleitete Vorgehen, da das Suchraster, welches im Schritt der Vorbereitung der Extraktion erstellt wird, auf theoretische Vorüberlegungen zurückgreift.
[687] Vgl. Gläser und Laudel (2010), S. 191 ff.
[688] Vgl. zur folgenden Aufzählung Mayring (2010), S. 63 ff., die qualitative Inhaltsanalyse nach Mayring beinhaltet drei spezielle qualitative Techniken (Zusammenfassung, Explikation und Strukturierung). Hier wird auf die Techniken der Explikation und der Strukturierung zugunsten der strukturierten Kategorienfindung des Modells von Kelle und Kluge verzichtet.

Zuletzt erfolgt die *Dimensionalisierung*, d.h. die Ausprägung der Subkategorien, welche zum einen vor der Analyse des empirischen Materials durch eine begriffliche Explikation des Vorwissens festgelegt, zum anderen während der Auswertung durch empirisch begründete Konstruktion entwickelt werden kann.[689] Für die Auswertung der Interviews werden Subkategorien und deren Dimensionalisierung durch das theoretische Vorwissen gebildet und während der Analyse weiter präzisiert und ergänzt (siehe Kapitel 5.3.5).

Durch das in diesem Kapitel erläuterte Verfahren der Fallkontrastierung kann das zentrale Ziel der qualitativen Analyse, Hypothesen durch Aufdeckung von Relevanzen, Weltdeutungen und Sichtweisen der Befragten zu generieren, unterstützt werden. Die Entwicklung und iterative Modifizierung des Kategorienschemas kann darüber hinaus als Grundlage zur Konstruktion einer empirisch begründeten Typologie dienen, wie sie in dieser Arbeit angestrebt wird (siehe Kapitel 6).[690]

5.3.4 Systematische Erstellung eines theoriegeleiteten Leitfadens zur Durchführung der Experteninterviews

Ziel dieses Kapitels ist es, die Erstellung eines Leitfadens zu beschreiben, welcher als Grundlage für die angestrebten explorativen Interviews mit IT-Produktmanagern dienen kann, um das IT-Produktmanagement in der jeweiligen Organisation aus Sicht der Praxis situativ zu erforschen. Die Erstellung des Leitfadens soll systematisch erfolgen, weshalb sich die Fragen aus den Forschungsfragen ergeben und nach dem Bezugsrahmen der Arbeit (siehe Kapitel 1.5) eingeteilt werden in Fragen zum Untersuchungsbereich (Organisation) und zum Gestaltungsbereich (Stelle des IT-Produktmanagers mit Rahmenbedingungen, Zielen, Aufgaben und Problemen/Effizienzkriterien). Zudem werden diese in eine für den Interviewten logische und nachvollziehbare Reihenfolge gebracht.

Laut Ullrich existieren vier Regeln, welche bei der Erstellung eines Leitfadens Beachtung finden sollten:[691]

1. Warum wird diese Frage gestellt, wobei es in diesem Fall um die theoretische Relevanz oder technische Funktion geht. Dieser Anspruch soll durch die folgenden Ausführungen

[689] Vgl. Kelle und Kluge (2010), S. 74 ff.
[690] Vgl. Kelle und Kluge (2010), S. 56 ff.
[691] Vgl. zur folgenden Aufzählung Ullrich (1999), S. 436 f.

dieses Kapitels über die Herleitung der Fragen des Leitfadens erfüllt werden. Aus diesem Vorgehen ergibt sich auch die Erfüllung von Regel 2:

2. Wonach wird gefragt/was wird erfragt, womit die inhaltliche Dimension und das Spektrum der möglichen Antworten überprüft werden soll und ebenso im Weiteren festgehalten wird.

1. Fragen bezüglich der Rahmenbedingungen der Stelle des IT-Produktmanagers
1.a Wie werden in Ihrem Unternehmen IT-Produktmanagement bzw. IT-Produktmanager bezeichnet?
1.b In welcher Branche/welchen Branchen ist Ihre Organisation tätig?
1.c Wie hoch ist die Beschäftigtenzahl in Ihrer Organisation (<10, <50, <=250, >250)?
1.d Wie viele IT-Produktmanager sind in Ihrer Organisation beschäftigt?
1.e Wie ist der Aufbau innerhalb des IT-Produktmanagements?
1.f Wie lange gibt es das IT-Produktmanagement in Ihrer Organisation schon und wie lange ist der IT-Produktmanager als solcher beschäftigt?
1.g Welches sind die IT-Produkte? Um welche Art IT-Produkt(e) handelt es sich?
1.h Wie viele Produkte werden durch einen IT-Produktmanager betreut?
1.i Gibt es in der Organisation weitere Stellen, die außerdem Aufgaben des IT-Produktmanagements übernehmen?
1.j Wo steht der IT-Produktmanager in Ihrem Organigramm? Wie ist die aktuelle Einbettung?
1.k Welche Bedeutung hat das IT-Produktmanagement in der Organisation?
1.l Ist das IT-Produktmanagement etabliert bzw. wird es von der Geschäftsführung unterstützt?
1.m Ist das Kongruenzprinzip erfüllt, so dass Kompetenz und Verantwortung nicht auseinanderfallen?
1.n Wie gestaltet sich die aktuelle Produkt- und Marktsituation des Produkts (auch im Vergleich zu den Wettbewerbern)?
1.o Wie ist das Produktmanagement bei Ihnen entstanden? Folgte die Bildung der Stelle der persönlichen oder der sachlichen Bildung und Verteilung von Aufgaben?
1.p Warum ist das IT-Produktmanagement bei Ihnen entstanden?
1.q Gibt es regelmäßige Treffen mit den höheren Instanzen und innerhalb des IT-Produktmanagements?
1.r Gibt es weitere Rahmenbedingungen der Stelle des IT-Produktmanagements in Ihrer Organisation?
2. Fragen bezüglich der Ziele des IT-Produktmanagements
2.a Wie lautet die Gesamtplanung/-strategie der Organisation? Welches sind die Organisationsziele?
2.b Welche Ziele werden in Ihrer Organisation mit dem IT-Produktmanagement verfolgt?
2.c Korrelieren diese Ziele mit dem Gesamtziel der Organisation (siehe Frage 3.a)?
2.d Welches sind die persönlichen Ziele der IT-Produktmanager/Werden die IT-Produktmanager an diesen Zielen bemessen?
3. Fragen bezüglich der Aufgaben des IT-Produktmanagements
3.a Welches sind die Gesamt-/Hauptaufgaben des IT-Produktmanagements?
3.b Welches sind die Funktionsbereiche und Aufgaben des IT-Produktmanagements?
3.c Wie wird die jeweilige Aufgabe verrichtet (entscheidend, vorschlagend, koordinierend, unterstützend, durchführend)?
4. Fragen bezüglich der Probleme/Effizienzkriterien des IT-Produktmanagements
4.a Welches sind die aktuellen Probleme des IT-Produktmanagements in Ihrer Organisation?
4.b Welches sind die Effizienzkriterien/Erfolgsfaktoren des IT-Produktmanagements in Ihrer Organisation?
5. Fragen bezüglich der Verbesserungsmöglichkeiten/Gestaltungsmöglichkeiten des IT-Produktmanagements
5.a Sehen Sie Verbesserungsmöglichkeiten im Hinblick auf das IT-Produktmanagement?
5.b Gibt es etwas über das Thema IT-Produktmanagement, das Sie mir gerne noch erzählen möchten? Haben Sie das Gefühl, ich habe versäumt, nach etwas Bestimmtem zu fragen?

Abbildung 64: Leitfaden als Grundlage für die Experteninterviews bezüglich der Ausgestaltung der Stelle des IT-Produktmanagements in der Praxis[692]

3. Im Folgenden wird ebenfalls gezeigt, warum eine Frage so und nicht anders formuliert ist, worauf Regel 3 abzielt.

692 Eigene Darstellung

4. Die letzte Regel bezieht sich darauf, warum eine Frage im Leitfaden an einer bestimmten Stelle steht. Dies ergibt sich aus dem Bezugsrahmen der Arbeit, welcher auch den Rahmen für den Interviewleitfaden bildet (Einteilung der Fragen bezüglich der Rahmenbedingungen, Ziele, Aufgaben, Probleme/Effizienzkriterien/Verbesserungs-/Gestaltungsmöglichkeiten der Stelle des IT-Produktmanagements).[693]

Durch die Einhaltung dieser Regeln entsteht ein durch systematisches Vorgehen erstellter, theoriegeleiteter Leitfaden, welcher in Abbildung 64 zusammenfassend dargestellt wird und als Grundlage für die Durchführung und anschließende Auswertung und Aufarbeitung der Experteninterviews dienen kann.

5.3.4.1 Fragen bezüglich der externen und internen Situation

Wie in den Kapiteln zur Wahrnehmung der Stelle des IT-Produktmanagements in der Praxis (Kapitel 5.1 und 5.2) dargelegt, kann bislang eine einheitliche Definition und Begriffsabgrenzung für das IT-Produktmanagement nicht zufriedenstellend erreicht werden. Diekmann hebt die Notwendigkeit einer gemeinsamen Sprache zwischen Interviewer und befragter Person für das Gelingen eines Interviews hervor.[694] Deshalb gilt es zunächst, ein einheitliches Begriffsverständnis zu schaffen, was durch Frage 1.a des Leitfadens nach der *Bezeichnung* des IT-Produktmanagements bzw. der Stelle des IT-Produktmanagements erreicht werden soll. Die Fragen bezüglich der internen und externen Situation ergeben sich aus den theoretisch hergeleiteten Rahmenbedingungen des IT-Produktmanagements (siehe Kapitel 4.2.5):

Die Dimensionen der *externen Situation* setzen sich zusammen aus Branche (siehe Interviewfrage 1.b) und Kunden-/Stakeholderstruktur, Komplexität, Heterogenität und marktliche/technische Dynamik und Unsicherheit von IT-Produkten (siehe Interviewfrage 1.n).

Zentrale Dimension der *internen Situation* ist das Produktportfolio, d.h. dessen Diversifikationsgrad und die Umsatzverteilung auf die IT-Produkte (siehe Interviewfragen 1.g und 1.n), wobei sich die Art der IT-Produkte aus der Anzahl und Unterschiedlichkeit ergibt. Zu

[693] Trotz der hier als sinnvoll beschriebenen Reihenfolge der Fragen für den Leitfaden kann bei der Durchführung der Interviews auf das Prinzip der halbstandardisierten, leitfadengeführten Experteninterviews zurückgegriffen werden, welches dem Interviewer erlaubt, flexibel auf den Interviewpartner einzugehen (siehe Kapitel 5.3.1).

[694] Vgl. Diekmann (2007), S. 377

den *vergangenheitsbezogenen Faktoren* zählt zunächst das Alter des IT-Produktmanagements (siehe Interviewfrage 1.f) und das Entwicklungsstadium (siehe Interviewfrage 1.p). Jedoch hat auch die Art der Gründung des IT-Produktmanagements Einfluss auf die Ausgestaltung des IT-Produktmanagements (siehe Interviewfrage 1.o), d.h. die Prinzipen der Aufgabenbildung und -verteilung:[695]

- Die persönliche Bildung und Verteilung von Aufgaben, bei welcher eine Person innerhalb der Organisation den Ausgangspunkt darstellt, auf welche die Aufgaben individuell zugeschnitten werden (in diesem Fall der IT-Produktmanager)
- und die sachliche Bildung und Verteilung von Aufgaben, bei welcher der Ausgangspunkt der technologische Arbeitsprozess ist.

Die *gegenwartsbezogenen Faktoren* spielen sich zum einen auf der Organisationsebene ab. Wichtig ist die Frage nach der Größe der jeweiligen Organisation, welche in Zusammenhang mit der Organisationsstruktur zweckmäßig über die Anzahl der Mitarbeiter gemessen werden kann (siehe Interviewfrage 1.c).[696] Ebenso sind die Organisationsziele/-strategien von Bedeutung (siehe Interviewfrage 2.a). Zum anderen sind gegenwartsbezogene Faktoren auch auf der Funktionsebene zu finden, d.h. Größe und Ziele/Strategien des IT-Produktmanagements selbst (siehe Interviewfragen 1.d und 2.b).

5.3.4.2 Fragen bezüglich des Verhaltens der Organisationsmitglieder

Das Verhalten der Organisationsmitglieder ergibt sich zum einen aus der Bedeutung und Unterstützung des IT-Produktmanagements innerhalb der jeweiligen Organisation (siehe Interviewfragen 1.k und 1.l). Zum anderen spielt jedoch auch die Informationssteuerung eine Rolle, welche durch den Turnus der stattfindenden Meetings mit höheren Instanzen und ebenfalls innerhalb des IT-Produktmanagements abgebildet werden kann (siehe Interviewfrage 1.q).

---

[695] Vgl. zur folgenden Aufzählung Kosiol (1962), S. 80-89, es werden an dieser Stelle neben der persönlichen und sachlichen auch die formale, mittelbezogene und raum- und zeitbezogene Bildung und Verteilung von Aufgaben näher beschrieben, welche jedoch für die Ausgestaltung der Stelle des IT-Produktmanagements eine untergeordnete Rolle spielen und deshalb hier nicht näher erläutert werden.

[696] Vgl. Kieser und Walgenbach (2007), S. 316 f., welche die Beschränkung auf einen Indikator neben Umsatz, Anlagevermögen etc. für Untersuchungen von Zusammenhängen zwischen Organisationsgröße und -struktur empfehlen.

5.3.4.3 Fragen bezüglich der IT-Produktmanagement Subsystem-Komponenten

Die Struktur der Weisungsbeziehungen des IT-Produktmanagements sowie dessen Einbettung in das Organisationsorganigramm ergeben sich aus der hierarchischen und abteilungsmäßigen Eingliederung (siehe Interviewfrage 1.j). Grad und Dauer objektgerichteter Ressourcenverselbständigung ergibt sich aus der Bedeutung und Unterstützung des IT-Produktmanagements (siehe Interviewfragen 1.k und 1.l). Entscheidungskompetenzumfang und Machtstruktur werden bestimmt durch Einhaltung/Nichteinhaltung des Kongruenzprinzips (siehe Interviewfrage 1.m). Über den Aufbau innerhalb des IT-Produktmanagements lässt sich die Leitungsstruktur bestimmen (siehe Interviewfrage 1.e und über die Anzahl der betreuten Produkte je IT-Produktmanager die Produktspanne (siehe Interviewfrage 1.h).

Die Rahmenbedingungen des IT-Produktmanagements werden wie beschrieben in den Interviewleitfaden mit aufgenommen zuzüglich der allgemeinen Frage nach weiteren Rahmenbedingungen der Stelle des IT-Produktmanagements (siehe Interviewfrage 1.r), um den explorativen Charakter der Interviews weiter auszubauen und um seither eventuell nicht durch die Fragen abgedeckte Rahmenbedingungen auffinden zu können.

5.3.4.4 Fragen bezüglich der Ziele des IT-Produktmanagements

Neben den Rahmenbedingungen sind die Ziele des IT-Produktmanagements ein wesentlicher Bestandteil des Untersuchungsbereichs dieser Arbeit. Da diese in der Theorie den Rahmenbedingungen (gegenwartsbezogene Faktoren der internen Situation) zugeschrieben werden, werden die Fragen nach den Zielen der Organisation und des IT-Produktmanagements bereits genannt (siehe Interviewfragen 2.a und 2.b). Wie das durch Abbildung 44 (siehe Kapitel 4.2.2.4) veranschaulichte Spannungsfeld der Ziele des IT-Produktmanagements zeigt, haben die Gesamtziele der Organisation (siehe Interviewfrage 2.a), die aktuelle Produkt- und Marktsituation des Produkts (auch im Vergleich zu den Wettbewerbern, siehe Interviewfrage 1.n) und die persönlichen Ziele des Produktmanagers (siehe Interviewfrage 2.d) Einfluss auf die Ziele des IT-Produktmanagements (siehe Interviewfrage 2.b). Weiterhin betrachtet werden hier die Fragen, ob die Ziele des IT-Produktmanagements mit denen der Organisation korrelieren (siehe Interviewfrage 2.c) und ob die IT-Produktmanager an ihren Zielen bemessen werden (siehe Interviewfrage 2.d).

5.3.4.5 Fragen bezüglich der Aufgaben des IT-Produktmanagements

Die Aufgaben des IT-Produktmanagers sind ebenfalls eine wesentliche Komponente des Untersuchungs-/Gestaltungsbereichs des IT-Produktmanagements und spielen eine zentrale Rolle bei dessen situativer Gestaltung (siehe Kapitel 1.5). Aus diesem Grund und um die Aufgaben des IT-Produktmanagements aus der Gesamtaufgabe einer Organisation während der Experteninterviews zu extrahieren, erfolgt der Zugang, um diesen Teil des Leitfadens zu erstellen, über die Aufgabenextraktion aus der Organisationsanalyse der Organisationstheorie (siehe Kapitel 2.2.1):[697] Im Kontext der situativen Gestaltung des IT-Produktmanagements dieser Arbeit stehen nicht sämtliche Aufgaben einer Organisation im Fokus, sondern die synthetischen Teilaufgaben der Stelle des IT-Produktmanagements. Deshalb ist der Ausgangspunkt nicht die Gesamtaufgabe der Organisation, sondern die des IT-Produktmanagements. Die Aufbauorganisation wird bereits erfasst durch Fragen bezüglich der Rahmenbedingungen des IT-Produktmanagements, auf welche zurückgegriffen werden kann (siehe Interviewleitfragen 1.d, 1.e, 1.I und 1.j). Angestrebt wird, zusammen mit dem Interviewpartner, die „synthetische Kombination von Aufgaben im Hinblick auf die Erfüllung durch Personen“[698] zu extrahieren, d.h. die Aufgaben des IT-Produktmanagementss als Funktionenträger (siehe Interviewleitfragen 3.a und 3.b) systematisch zu erfragen und zu erfassen. Zusätzlich wird erörtert, auf welche Art und Weise die jeweilige durch einen Experten genannte Aufgabe wahrgenommen wird (siehe Interviewleitfrage 3.c).

5.3.4.6 Fragen bezüglich der Probleme/Effizienzkriterien und Verbesserungs-/ Gestaltungsmöglichkeiten des IT-Produktmanagements

Weitere Komponenten des Gestaltungsbereichs der Stelle des IT-Produktmanagements bilden die Probleme und Effizienzkriterien des IT-Produktmanagements (siehe Interviewfragen 4.a und 4.b). Weiterhin interessant erscheint die Frage nach Möglichkeiten, das IT-Produktmanagement in der jeweiligen Situation zu verbessern bzw. zu gestalten (siehe Interviewfrage 5.a). Das Interview endet mit einer allgemeinen Frage danach, ob der Interviewpartner noch irgendetwas über das Thema IT-Produktmanagement erzählen

---

[697] Vgl. Schmidt (1994), S. 205-226. Die umfassende Technik der Aufgabenanalyse nach Schmidt aus seinem Buch „Methoden und Techniken der Organisation“ zeigt, wie sowohl die Erhebung wie auch die Analyse von Aufgaben direkt während eines Interviews eingesetzt werden kann.

[698] Kosiol (1962), S. 76

möchte bzw. der Interviewer es versäumt hat, nach etwas Bestimmtem zu fragen (siehe Interviewfrage 5.b).

5.3.5 Kategorien, Subkategorien und Dimensionalisierung

Dieses Kapitel zeigt detailliert die Ergebnisse der Experteninterviews auf. Zur übersichtlichen Veranschaulichung werden Kategorien (Ziele, Rahmenbedingungen, Aufgaben, Probleme, Effizienzkriterien), die jeweiligen Subkategorien und deren Dimensionalisierung dargestellt. Die Experten können während der Interviews jeweils frei über ihre Situation sprechen, somit wird nicht auf jede Frage genau eine Antwort verlangt, sondern es können teilweise mehrere Subkategorien genannt werden oder auch keine.[699]

5.3.5.1 Ziele des IT-Produktmanagements

Die Ziele des IT-Produktmanagements gelten als eine der Rahmenbedingungen und werden deshalb ausführlich dargestellt im folgenden Kapitel (Kapitel 5.3.5.2), da sie als gegenwartsbezogene Faktoren der internen Situation definiert werden. Besonderes Augenmerk wird auf die Frage gelegt, ob die Organisationsziele) mit denen des IT-Produktmanagements korrelieren (siehe Tabelle 8). Mit nein bewertet werden die Aussagen der Experten, die angeben, keine Kenntnis über die Ziele zu haben (siehe z.B. Experte 14), jedoch geben die meisten Experten eine Korrelation der Ziele an ([ID 2], siehe z.B. Experte 25).

> *Experte 14: „... da möchte man die Marktführerschaft erreichen. Dieses Ziel ist nicht bekannt, sag ich mal so, dass dieses Gesamtunternehmensziel effektiv auf die Bereiche runtergebrochen wird ..., dass im Produktmanagement zumindest ein ungutes Gefühl besteht, dass das auch objektiv gesehen nicht der Fall ist."*

> *Experte 25: „Die korrelieren auf jeden Fall miteinander, die werden nämlich von oben nach unten runtergebrochen."*

ID	Korrelation der Ziele des IT-Produktmanagements mit den Organisationszielen	Experten
2	Korrelation gegeben	1, 2, 3, 4, 5, 6, 7, 8, 9, 10, 11, 12, 13, 15, 16, 17, 18, 19, 22, 23, 24, 26, 27, 30
1	Keine Korrelation	14, 28, 29

Tabelle 8: Korrelation der Ziele des IT-Produktmanagements mit denen der Organisation[700]

[699] Aufgrund des beschränkten Zeitfensters, welches für die einzelnen Interviews zur Verfügung steht, kann nicht immer sichergestellt werden, dass der jeweilige Experte zu jeder Frage eine Antwort geben kann.
[700] Eigene Darstellung

Zusätzlich wird aus dem Datenmaterial erhoben, ob das IT-Produktmanagement durch einen variablen Gehaltsanteil an den vorgegebenen IT-Produktmanagementzielen bemessen wird oder nicht (siehe Tabelle 9).

ID	Bemessung an IT-Produktmanagementzielen	Experten
2	Bemessung gegeben	3, 4, 10, 14, 15, 16, 17, 18, 19, 20, 21, 23, 24, 25, 26, 27, 28, 30
1	Keine Bemessung	6, 7, 8, 9, 12, 13, 22

Tabelle 9: Bemessung an den Zielen des IT-Produktmanagements[701]

5.3.5.2 Rahmenbedingungen des IT-Produktmanagements

5.3.5.2.1 Dimensionen der externen Situation

IT-Branche

Zur Einteilung der Branchen wird als Grundlage die Kategorisierung nach Gerhardt herangezogen, der fünf unterschiedliche Typen von IT-Branchen definiert, welche folgende Schwerpunkte aufweisen:[702] Den Softwarespezialisten, den Branchenspezialisten, den Dienstleister, den Spezialisten für Querschnittsfunktionen und den Berater (siehe Tabelle 10).

ID	IT-Branche	Experten
5	Berater	3, 17
4	Spezialisten für Querschnittsfunktionen	2, 9, 18
3	Dienstleister	1, 10, 11, 16, 19, 20, 24, 26
2	Branchenspezialisten	5, 7, 8, 13, 14, 15, 21, 22, 23, 25, 28, 29
1	Softwarespezialist	4, 6, 12, 27, 30

Tabelle 10: IT-Branchen für das IT-Produktmanagement[703]

[701] Eigene Darstellung
[702] Vgl. zur folgenden Einteilung Gerhardt (1992), S. 146-152
[703] Eigene Darstellung

Fünf der Experten können zu Kategorie [1] der Softwarespezialisten gezählt werden (z.B. Experte 4). Sie haben große Kompetenzen in systemnaher Software und innovativer sowie ausgereifter Produkte (Technologieführer) oder auch individueller Anwendungssoftware. Die softwaretechnische Umsetzung steht im Vordergrund.

> *Experte 4: „Wir sind ein Spezialistenanbieter im Nischenmarkt, wir haben kein Massenprodukt, was sie an jede Firma verkaufen können, wir sind in einer speziellen Nische drin... sind wir relativ konkurrenzlos in diesem Bereich."*

Die Branchenspezialisten bilden die umfangreichste Kategorie [2] (z.B. Experte 13). Sie haben sich auf branchenorientierte Anwendungssoftware mit hohem Standardisierungsgrad spezialisiert, d.h. (vertikale) Branchenlösungen, welche hochwertiges Branchen-Know-how integrieren.

> *Experte 13: „...die Software, die wir im Rahmen von Standardsoftware produzieren, ist Verlagsbranche."*

Zu Kategorie [3] der Dienstleister können die Experten gezählt werden, bei denen individuelle Anwendungssoftware und die Unterstützung fremder Pakete im Vordergrund stehen (z.B. Experte 19). Sie zeichnen sich durch ein sehr breites, stark an individuellen Kunden orientiertes Leistungsangebot aus.

> *Experte 19: „Wir sind Dienstleister." ... „Vom User Helpdesk, also Call Management über Serverdienstleistungen, also Bereitstellung von Servern und Storage, Endgerätebetreuung, also Desktopmanagement, Telefonanlagenbetreuung, SAP-betreuung, Datenbankbetreuung, Maildienste, Anmeldedienste usw."*

Als Spezialisten für Querschnittsfunktionen [4] können drei der Experten bezeichnet werden, hier liegt die funktionsorientierte Standardanwendungssoftware bzw. branchenunabhängige (horizontale) Software im Fokus (z.B. Experte 18).

> *Experte 18: „Diese (Anforderungen) koordinieren und in Einklang bringen, dass die in ein Standardprodukt passen. Sonst kommen Sie ja in eine individuelle Entwicklung rein."*

Berater [5] unterstützen individuelle Anwendungssoftware und fremde Pakete im Rahmen des Lösungsgeschäfts und zeichnen sich durch intensive Beratung (auch nicht-DV-bezogen) mit fundiertem Branchen- oder Anwendungs-Know-how aus (z.B. Experte 17).

> *Experte 17: „Wir machen Beratung, ..."*

Zusätzliche Kategorien können aus den Interviews nicht gewonnen werden, weshalb die Einteilung wie beschrieben übernommen wird.

Kundenstruktur

Bezüglich der Kundenstruktur kann aus dem empirischen Datenmaterial zum einen unterschieden werden in interne und externe Kunden. Einige der Experten beliefern nach eigenen Aussagen einen Markt innerhalb ihrer Organisation (z.B. Experte 7).

> *Experte 7: „...sind es ebenso im Wesentlichen Individuallösungen, die teilweise selbst entwickelt sind, teilweise gekauft sind. Und das wird nur innerhalb des Konzerns vertrieben."*

Zum anderen kann das Merkmal Kundengröße identifiziert werden – so konzentrieren sich einige der Experten sowohl auf kleine, mittelständische als auch große Organisationen (z.B. Experte 4).

> *Experte 4: „Unser größter Kunde ist „...",[704] das ist wohl der viert größte der Welt, was Verlage angeht, die setzen unser System an 2000 Arbeitsplätzen ein. Und unser kleinster Kunde, das ist das gleiche System mehr oder weniger, setzt es an vier Arbeitsplätzen ein, wir können das sowohl für Große als auch für Kleine."*

Weitere Experten legen den Fokus vorrangig auf mittelständische und große Organisationen (z.B. Experte 3).

> *Experte 3: „Kunden vom mittelständischen Betrieb bis zum Weltkonzern."*

Die Experten, die eine interne Kundengruppe betreuen, konzentrieren sich im Wesentlich auf große Organisationen, ebenso wie die Experten 4 und 18, was sich aus den Internetseiten der Organisationen ergibt, während der Experte 30 vorwiegend kleine und mittelständische Organisationen der Wohnungswirtschaft bedient (siehe Tabelle 11).

[704] Anmerkung: Begriff im Rahmen der Anonymisierung entfernt.

ID	Kundenstruktur	Experten
5	Große Organisationen	1, 2, 3, 4, 5, 6, 7, 8, 9, 10, 11, 12, 13, 14, 15, 16, 17, 18, 19, 20, 21, 22, 23, 24, 25, 26, 27, 28, 29
4	Mittelständische Organisationen	1, 2, 3, 5, 6, 9, 12, 13, 14, 16, 18, 19, 21, 24, 25, 27, 29, 30
3	Kleine Organisationen	1, 5, 9, 13, 14, 18, 21, 24, 25, 29, 30
2	Externe Kunden	1, 2, 3, 4, 5, 6, 9, 12, 13, 14, 16, 18, 19, 21, 24, 25, 27, 29, 30
1	Interne Kunden	7, 8, 10, 11, 15, 17, 20, 22, 23, 26, 28

Tabelle 11: Kundenstruktur des IT-Produktmanagements[705]

Stakeholderstruktur

Die Struktur der Stakeholder besteht i.d.R. aus den Einheiten der Wertschöpfungskette der jeweiligen Organisation wie den externen Lieferanten und Kunden und den internen Funktionsbereichen wie Geschäftsleitung, Entwicklung, Marketing, Vertrieb, Organisation etc. und weist im empirischen Datenmaterial soweit keine Abweichungen auf, weshalb keine eigene Kategorie gebildet wird. Einige Besonderheiten können jedoch ausfindig gemacht werden (siehe Tabelle 12): So geben Experten den Gesetzgeber mit rechtlichen Aspekten als besonderen Stakeholder an (z.B. Experte 8).

> *Experte 8: „Wenn der Gesetzgeber zum Beispiel gesetzliche Vorgaben macht, die wir in Software umsetzen müssen, dann ist das kein Vertun, dann ist das Finanzielle zweitrangig, denn die gesetzliche Vorgabe hat immer oberste Priorität."*

Weiter benannt werden die Partner, welche starken Einfluss nehmen (z.B. Experte 10).

> *Experte 10: „Schnittstelle zwischen der Supplierseite, also dem Lieferanten, unseren Rahmenvertragspartnern und den Anwendern."*

Zusätzlich nennt ein Experte den Fördergeber als Stakeholder, der durchaus Einfluss auf das IT-Produktmanagement hat.

> *Experte 24: „...also gegenüber dem Fördergeber, aber ich muss einen Zettel abgeben können, wir haben so und so viel Tage geleistet, wie vereinbart, sonst bekommt man kein Geld. ... Tendenziell auch für Sachen, die einem Projekt zu Gute kommen, aber das ist natürlich nicht im Sinne des Unternehmens."*

[705] Eigene Darstellung

ID	Stakeholderstruktur	Experten
3	Fördergeber	24
2	Partner	3, 4, 10, 12, 14, 18, 26
1	Gesetzgeber	5, 8, 23, 25, 26

Tabelle 12: Stakeholderstruktur des IT-Produktmanagements[706]

IT-Produkte – Komplexität, Heterogenität sowie marktliche/technische Dynamik und Unsicherheit

Ausgehend von der Einteilung der Branche können die Komplexität, Heterogenität, die technische und die marktliche Dynamik und Unsicherheit abgeleitet werden (siehe Tabelle 13).[707]

ID	IT-Produkte	Ausprägung	Experten
3	Komplexität	Hoch	1, 2, 3, 4, 6, 9, 10, 11, 12, 16, 17, 18, 19, 20, 24, 26, 27, 30
2		Reduziert	5, 7, 8, 13, 14, 15, 21, 22, 23, 25, 28, 29
1		Mittel	
3	Heterogenität	Hoch	1, 3, 4, 6, 10, 11, 12, 16, 17, 19, 20, 24, 26, 27, 30
2		Reduziert	2, 5, 7, 8, 9, 13, 14, 15, 18, 21, 22, 23, 25, 28, 29
1		Mittel	
3	Marktliche Dynamik und Unsicherheit	Hoch	2, 4, 6, 9, 12, 18, 27, 30
2		Reduziert	1,3, 5, 7, 8, 10, 11, 13, 14, 15, 16, 17, 19, 20, 21, 22, 23, 24, 25, 26, 28, 29
1		Mittel	
3	Technische Dynamik und Unsicherheit	Hoch	4, 6, 12, 27, 30
2		Reduziert	1,3, 5, 7, 8, 10, 11, 13, 14, 15, 16, 17, 19, 20, 21, 22, 23, 24, 25, 26, 28, 29
1		Mittel	2, 9, 18

Tabelle 13: IT-Produkte – Komplexität, Heterogenität, marktliche/technische Dynamik und Unsicherheit[708]

Für den Softwarespezialisten als Innovator werden zum einen die technische und marktliche Dynamik und Unsicherheit durch seine Vorreiterrolle als hoch eingestuft, zum anderen auch die Komplexität und Heterogenität der zum einen systemnahen als auch individuellen Produkte (z.B. Experte 12).

> *Experte 12: „Problematisch ist auf jeden Fall, dass das Umfeld sehr komplex ist, wir haben einfach mit den ganzen Partnern einen relativ komplexen Aufbau, was Kommunikation angeht, Planung, die Absprachen angeht, das ist sehr, sehr schwierig. ... Bei uns gibt es einen relativ hohen*

---

706 Eigene Darstellung
707 Vgl. zur folgenden Einteilung Gerhardt (1992), S. 148-152 und Herzwurm und Pietsch (2009), S. 312
708 Eigene Darstellung

Projektanteil immer noch, weil gerade die „…“projekte[709] und -lösungen immer einen relativ hohen Anteil an individueller Entwicklung erfordern.“

Der Branchenspezialist kann auf die Innovationen des Softwarespezialisten zurückgreifen und sie an die Bedürfnisse seiner Branche anpassen, wodurch sowohl Komplexität und Heterogenität durch Beschränkung des Anwendungsbereichs als auch technische und marktliche Dynamik und Unsicherheit reduziert sind (z.B. Experte 23).

Experte 23: „Also unsere Branche ist ja recht langsam, wir können kaum Versionen berücksichtigen oder verschiedene Konfigurationen, da wir sie alle getrennt durch ein Zulassungsverfahren mit den Behörden schleusen müssten.“

Der Dienstleister hat ein breit gestreutes Leistungsangebot und dadurch ein komplexes und heterogenes Umfeld. Gleichzeitig werden individuelle Anwendungen bereitgestellt und fremde Pakete unterstützt, wodurch eine Spezialisierung bzw. Vorreiterrolle zweitrangig wird und somit die technische und marktliche Dynamik und Unsicherheit reduziert sind (z.B. Experte 16).

Experte 16: „Dass der Standardisierungsgrad der Produkte, die wir dort anbieten, nicht sehr hoch ist, sondern es sehr viele Angebote und Produkte gibt, die man nicht so einfach aus einem Webkatalog bestellen könnte, sondern dass da viele verschiedene Spezialitäten dabei sind. … Aufgrund dieser langjährigen intensiven Geschäftsbeziehungen … ist die Arbeitsweise eher sehr reaktiv und nicht so proaktiv, in diesem Sinne, es kommen Anfragen vom Kunden rein, man baut eine entsprechende Lösung zusammen, entwickelt da auch weitere Ideen, um es dem Kunden gegenüber noch anzureichern.“

Bei den Spezialisten für Querschnittsfunktionen findet die Entwicklung der größtenteils standardisierten, branchenunabhängigen, funktionsbezogenen Software in Zusammenarbeit mit dem Kunden statt und weist eine hohe Komplexität auf. Durch die Kundennähe werden statt technischer i.d.R. anwendungsbezogene Standards entwickelt, was zu einer mittleren technischen Dynamik und Unsicherheit führt. Die marktliche Dynamik und Unsicherheit ist bei Standardprodukten hoch, im Gegensatz zu individuellen Produkten. Durch den eher geringen Anteil an Individualsoftware ist die Heterogenität dagegen reduziert (z.B. Experte 2).

Experte 2: „ … Wir sind schon in einem Bereich, der jetzt nicht so weit verbreitet ist oder wo es nicht das breite Wissen darüber gibt. … Die Ent-

[709] Anmerkung: Begriff im Rahmen der Anonymisierung entfernt.

wicklung war ein bisschen so, man beginnt natürlich mit Softwareengineering, kommt dann zu den ersten Kunden, wo die fachlichen Spezialisten einem dann erklären, was die eigentlich haben wollen. Man versteht das dann auf die eine oder andere Art, setzt es dann so um wie der Kunde eins das haben möchte, kommt dann zum Kunden zwei.“

Der Berater gleicht dem Dienstleister in vielen Punkten, jedoch steht die Beratung und Unterstützung der Anwender vor und nach der Leistungserstellung im Mittelpunkt. Somit sind Komplexität und Dynamik als hoch einzustufen, technische und marktliche Dynamik und Unsicherheit als reduziert (z.B. Experte 17).

Experte 17: „Wir machen Beratung, wir machen Kostenmanagement, wir machen Projekte oder beauftragen/organisieren Projekte und wir machen Betrieb. Wir machen alles.“

5.3.5.2.2 Dimensionen der internen Situation - gegenwartsbezogene Faktoren

IT-Produktportfolio

Das Produktportfolio setzt sich zusammen aus dem Diversifikationsgrad, der sich wiederum aus der Anzahl und Unterschiedlichkeit der IT-Produkte in einer Organisation ergibt, und der Umsatzverteilung der Produkte. Zunächst wird die Art der IT-Produkte bestimmt (siehe Tabelle 14), eingeteilt in Lizenz, Lizenz plus Service, Projekte/Dienstleistungsbündel und IT-Systemservicegeschäft.[710]

ID	Produktportfolio	Experten
4	IT-Systemservicegeschäft	1, 2, 13, 15, 16, 17, 19, 22, 25
3	Projekte/Dienstleistungsbündel	1, 3, 8, 11, 12, 15, 16, 17, 19, 20, 24, 25, 28
2	Lizenz plus Service	1, 2, 3, 4, 5, 6, 7, 8, 9, 12, 13, 14, 15, 17, 18, 20, 21, 22, 25, 26, 27, 29, 30
1	Lizenz	4, 6, 7, 8, 10, 11, 13, 14, 17, 20, 23

Tabelle 14: Produktportfolio (Art der IT-Produkte)[711]

Diversifikationsgrad (Anzahl und Unterschiedlichkeit der IT-Produkte)

Die Kategorisierung der Anzahl der IT-Produkte einer Organisation wird auf der Basis signifikanter Datensprünge innerhalb des empirischen Materials gebildet. So können die

[710] Siehe zu dieser Einteilung die Ausführungen aus Kapitel 1.2.
[711] Eigene Darstellung

Experten zu einer Kategorie zusammengefasst werden mit ein bis zehn IT-Produkten, die Experten mit elf bis 100 IT-Produkten und die Experten mit mehr als 100 IT-Produkten (siehe Tabelle 15).

ID	Anzahl IT-Produkte	Experten
3	> 100	8, 23, 28
2	<= 100	1, 2, 7, 12,16, 17, 19, 20, 25, 26, 27, 29, 30
1	<= 10	1, 3, 4, 5, 6, 9, 13, 14, 15, 18, 21, 22, 24

Tabelle 15: Anzahl der IT-Produkte in einer Organisation[712]

Die Unterschiedlichkeit wird aus der Menge der verschiedenen angebotenen Strukturen von IT-Produkten (siehe Kapitel 1.2) innerhalb einer Organisation ermittelt. Einige Organisationen bieten eine Art, weitere zwei Arten, andere drei Arten und eine bietet vier Arten an (siehe Tabelle 16).

ID	Unterschiedlichkeit der IT-Produkte	Experten
4	4 Arten IT-Produkte	17
3	3 Arten IT-Produkte	1, 8, 13, 15, 20, 25
2	2 Arten IT-Produkte	2, 3, 4, 6, 7, 11, 12, 14, 16, 19, 22, 24
1	1 Art IT-Produkt	5, 9, 10, 18, 21, 23, 26, 27, 28, 29, 30

Tabelle 16: Unterschiedlichkeit der IT-Produkte in einer Organisation[713]

Umsatzverteilung

Bezüglich der Umsatzverteilung (siehe Tabelle 17) ergeben die empirischen Daten im Wesentlichen zwei Unterscheidungsmerkmale: Zum einen kann die Umsatzverteilung der angebotenen IT-Produkte einiger Organisation als eher homogen eingestuft werden, von anderen Experten dagegen wird die Umsatzverteilung explizit als eher heterogen beschrieben (z.B. Experte 12).

> *Experte 12: „Es gibt ein Produkt, das läuft extrem gut, da sind wir auch schon auf dem Weg zum Marktführer, und es gibt Produkte, da läuft es eher gar nicht."*

[712] Eigene Darstellung
[713] Eigene Darstellung

Des Weiteren ergibt sich eine Kategorie von Experten, welche sich dadurch auszeichnet, dass die IT-Produkte keinen Umsatz generieren, da sie ohne Verrechnungspreise und vorrangig auf Anforderung des internen Kunden für diesen durch Zukauf oder Eigenentwicklung bereitgestellt werden (z.B. Experte 23).[714]

Experte 23: „... die IT-Produkte sind eben Zusatzprodukte, mit denen wir letztlich keinen Umsatz machen."

ID	Umsatzverteilung der IT-Produkte	Experten
3	Kein Umsatz	7, 8, 10, 11, 17, 20, 23, 26
2	Eher heterogen	3, 12, 14, 16, 22, 19, 22, 27, 28, 30
1	Eher homogen	1, 2, 4, 5, 9, 13, 15, 18, 21, 24, 25, 29

Tabelle 17: Umsatzverteilung der IT-Produkte in einer Organisation[715]

Organisationsgröße

Zur Dimensionalisierung der Subkategorie Organisationsgröße wird die Einteilung nach Empfehlung des HGB laut § 267 in kleine, mittlere und große Organisationen vorgenommen, basierend auf dem Kriterium Beschäftigtenzahl.[716] Da während der Auswertung der Interviews ab einer Mitarbeiteranzahl von mehr als 5000 (siehe Experte 26: > 5000, Experte 25: 49.000, Experte 23: 80.000) ein Sprung zu verzeichnen ist, wird diese Einteilung erweitert um den Organisationstyp Mega, welcher Organisationen mit mehr als 5000 Mitarbeitern bezeichnet (siehe Tabelle 18).

---

[714] Die Experten 22 und 28 beliefern zwar ebenfalls lediglich interne Kunden, sprechen aber dennoch von einer heterogenen Umsatzverteilung. Sie befinden sich trotzdem in einer Konkurrenzsituation, da der eigene Konzern Produkte auch von Extern beziehen kann und somit interne Verrechnungspreise existieren, Experte 22: „Es gibt eins, das gesetzt ist, unsere Cash Cow, dann gibt es die Babys, die tummeln sich da rum.".

[715] Eigene Darstellung

[716] Wie in Kapitel 5.3.4.1 bereits erläutert, können Aussagen bezüglich einer Organisationsstruktur zweckmäßig über die Dimension „Anzahl der Mitarbeiter" getroffen werden.

ID	Organisations-größe	Anzahl Beschäftigte	Experten
4	Mega	> 5000	1, 8, 10, 11, 20, 23, 25, 26
3	Groß	<= 5000	7, 14, 15, 16, 17, 19, 22, 27, 30
2	Mittel	<= 250	2, 3, 5, 9, 12, 13, 28, 29
1	Klein	<= 50	4, 6, 18, 21, 24

Tabelle 18: Einteilung der Organisationsgröße anhand der Beschäftigtenzahl[717]

Organisationsziele

Ziele einer Organisation können eingeteilt werden in finanzwirtschaftliche, leistungswirtschaftliche, soziale und psychographische Ziele (siehe Kapitel 4.2.2). Aus den Aussagen der Experten können zehn Ziele ermittelt und in das Zielsystem eingeordnet werden (siehe Abbildung 65).

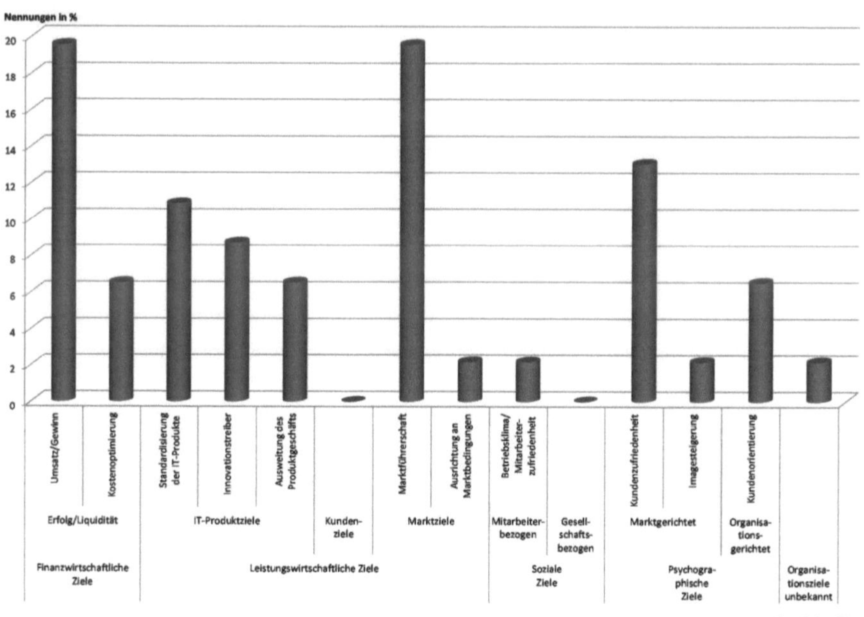

Abbildung 65: Organisationsziele[718]

[717] Eigene Darstellung
[718] Eigene Darstellung

Am häufigsten genannt werden finanzwirtschaftliche Ziele wie Umsatzentwicklung und Gewinnmaximierung[719] (z.B. Experte 27).

> *Experte 27: „In der Regel recht einfach, Unternehmen haben das Ziel, Gewinn zu machen."*

Zum anderen genannt wird das leistungswirtschaftliche Marktziel angestrebte Marktführerschaft,[720] egal, ob bei internen oder externen Kunden (z.B. Experte 2).

> *Experte 2: „Die Unternehmensziele richten sich nicht unbedingt an die Ausprägung des Produktes, sondern die sind eher an die Positionierung des Unternehmens im Markt angelehnt, sprich, da geht's dann um Märkte, die definiert werden, um Ziele innerhalb dieser Märkte, die Marktführerschaft".*

Am zweithäufigsten genannt werden das marktgerichtete psychographische Ziel der Kundenzufriedenheit[721] (z.B. Experte 9), die leistungswirtschaftlichen IT-Produktziele Standardisierung der IT-Produkte der Organisation[722] (z.B. Experte 17) und Innovationstreiber[723] (z.B. Experte 30).

> *Experte 9: „Natürlich geht es dann einher mit dem Ziel der Geschäftsführung: Kundenzufriedenheit."*
>
> *Experte 17: „Standardisierung, Kostenoptimierung."*
>
> *Experte 30: „... wir sehen uns da als Marktführer und sehen uns da auch als Innovator und als Treiber neuer Themen."*

Weiter angestrebt werden das finanzwirtschaftliche Ziel der Kostenoptimierung[724] (z.B. Experte 10), das leistungswirtschaftliche IT-Produktziel der Ausweitung des Produktgeschäfts[725] (z.B. Experte 6) und das psychographische organisationsgerichtete Ziel der Kundenorientierung[726] (z.B. Experte 23).

> *Experte 6: „Schwerpunkt ist eben für dieses Jahr das Produktgeschäft oder das Lizenzgeschäft, ... der Schwerpunkt der Investitionen ..."*
>
> *Experte 10: „Ganz wichtiges Ziel ... ist der Kostenfaktor ..."*

[719] Experten 1, 4, 5, 6, 13, 20, 21, 22 und 27
[720] Experten 2, 7, 12, 14, 15, 18, 28, 29 und 30
[721] Experten 1, 9, 16, 22, 25 und 26
[722] Experten 8, 9, 10, 17 und 29
[723] Experten 11, 16, 23 und 30
[724] Experten 10, 17 und 23
[725] Experten 3, 6 und 24
[726] Experten 23, 25 und 26

> *Experte 23: „Wir haben festgestellt, das wird bewertet, wie können wir uns verbessern. Das war einfach ein Thema, dass wir teilweise Sachen entwickelt haben, die uns ganz toll vorkamen, dann aber am Markt nicht den entsprechenden Anklang fanden. Das heißt, wir mussten einfach noch mehr Aufwand da rein stecken, die Kundenbedürfnisse zu erforschen und die auch klar zu kommunizieren innerhalb des Unternehmens."*

Experte 2 nennt die Ausrichtung an den Marktbedingungen als leistungswirtschaftliches Marktziel und ein gutes Betriebsklima/Mitarbeiterzufriedenheit als mitarbeiterbezogenes Sozialziel, Experte 7 die Imagesteigerung als psychorgraphisches, marktgerichtetes Ziel.

> *Experte 2: „...sprich, da geht's dann um Märkte, die definiert werden, um Ziele innerhalb dieser Märkte."*

> *Experte 2: „...dass wir ein gutes Betriebsklima haben, ... Wir messen das mit unserer Mitarbeiterumfrage, wo wir eigentlich sehr, sehr gute Zufriedenheitswerte der Mitarbeiter kriegen, das ist schon auch ein Unternehmensziel, was vom Management her gefördert und gefordert wird, ..."*

> *Experte 7: „...Und natürlich die Außendarstellung als ein einheitliches Unternehmen, im Endeffekt als „...",[727] was auch bedeutet, dass die Anwendungen intern und entsprechend extern wahrgenommen werden müssen...."*

Experte 19 kann über die Organisationsziele keine Auskunft geben.

> *Experte 19: „... die Unternehmensziele kenne ich natürlich nicht."*

Nicht durch die Experten genannt werden leistungswirtschaftliche Kundenziele sowie gesellschaftsbezogene Ziele der Nachhaltigkeit.

Größe des IT-Produktmanagements

Die Dimensionalisierung der Größe des IT-Produktmanagements wird anhand der Anzahl der IT-Produktmanager gemessen und ergab sich ausschließlich aus dem Datenmaterial. So können Organisationen unterschieden werden, die gar keine (z.B. Experte 29), eins, zwei bis zehn, elf bis 100 und mehr als 100 IT-Produktmanager beschäftigt haben (siehe Tabelle 19).

> *Experte 29: „Eine Stelle gibt es nicht"*

[727] Anmerkung: Begriff im Rahmen der Anonymisierung entfernt.

Auffallend ist, dass die Anzahl von den Interviewten nicht mehr genau bestimmt werden kann, je mehr IT-Produktmanager in ihrer Organisation beschäftigt sind[728] (z.B. Experte 23).

Experte 23: „Keine Ahnung, es sind ja zahllose Produkte in einem weltweiten Konzern."

ID	Anzahl IT-Produktmanager	Experten
5	>100	9, 20, 28
4	<=100	1, 7, 8, 10, 14, 15, 16, 17, 22, 23, 24, 25, 26, 27
3	<=10	2, 5, 6, 11, 12, 13, 19, 30
2	1	4, 18, 21
1	0	3, 29

Tabelle 19: Größe des IT-Produktmanagements[729]

Ziele des IT-Produktmanagements

Die Ziele des IT-Produktmanagements können, wie auch die Organisationsziele (siehe oben), in das in Kapitel 4.2.2 vorgestellte Zielkategoriensystem eingeordnet werden (siehe Abbildung 66). Ein Vergleich mit den Organisationszielen zeigt, dass die genannten finanzwirtschaftlichen Ziele (Umsatz/Gewinn und Kostenoptimierung[730]) deckungsgleich sind. Leistungswirtschaftliche IT-Produktziele sind dagegen diverser: neben der Standardisierung der IT-Produkte, Ausweitung des Produktgeschäfts und Innovationstreiber[731] können die Ziele Steigerung der IT-Produktqualität (intern wie auch extern, z.B. Experte 7),[732] Anforderungen in IT-Produkten abbilden (intern wie auch extern, z.B. Experte 5),[733] Ausweitung des Servicegeschäfts (siehe Experte 16), Verkürzung der Durchlaufzeit und Systemverfügbarkeit (siehe jeweils Experte 26) identifiziert werden.

---

728 Experten 1, 22 und 23

729 Eigene Darstellung

730 Umsatz/Gewinn: Experten 1, 3, 4, 13, 19, 21, 27, 28 und 30; Kostenoptimierung: Experten 10, 11, 17, 18 und 20

731 Standardisierung der IT-Produkte: Experten 7, 8, 9, 10, 11, 17, 19, 22 und 24; Innovationstreiber: 2, 11, 16, 21 und 27; Ausweitung des Produktgeschäfts: 3 und 6

732 Experten 7, 15, 16, 18, 21 und 22

733 Experten 2, 5, 20 und 23

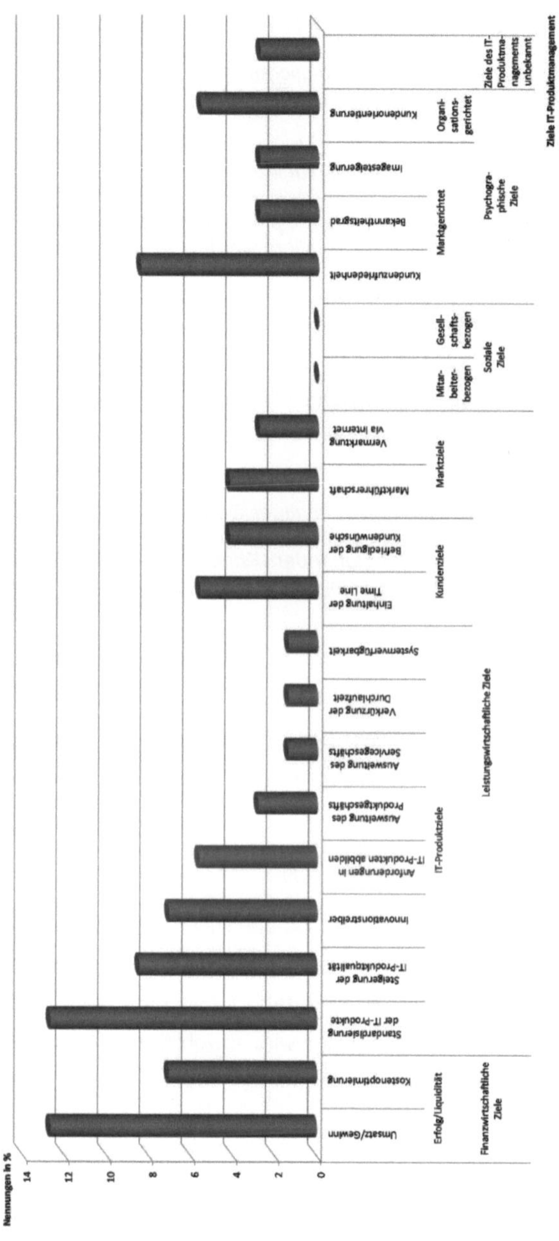

Abbildung 66: Ziele des IT-Produktmanagements[734]

[734] Eigene Darstellung

Experte 7: „… Modernisierung der IT-Anwendungslandschaft …“

Experte 5: „… mit den unterschiedlichen Anforderungen, die sie haben. Und diese in einem Produkt abzubilden…“

Experte 16: „… den Anspruch zu haben, führend zu sein im Sinne von neue IT Services den Kunden anzubieten, …“

Experte 26: „… ein großes Thema die Systemverfügbarkeit, …“, „Ja, wir werden auch bemessen, und vor allem werden wir seitens der IT gemessen … die Durchlaufzeit …“

Leistungswirtschaftliche Kundenziele können während der Analyse der Organisationsziele nicht identifiziert werden, bei den Zielen des IT-Produktmanagements hingegen zwei: die Einhaltung der Time Line (siehe z.B. Experte 15)[735] und die Befriedigung der Kundenwünsche (siehe z.B. Experte 16).[736]

Experte 15: „…pünktlich und in richtiger Qualität ausliefern“

Experte 16: „… für den bestehenden Kundenkreis gilt es natürlich, ein verlässlicher IT-Partner zu sein, also ich muss verlässlich meine zugesagten Leistungen einhalten, …“

Das leistungswirtschaftliche Marktziel Marktführerschaft wird ebenfalls genannt, jedoch durch weniger Experten,[737] zusätzlich wird das Marktziel Vermarktung der IT-Produkte via Internet aufgeworfen[738] (siehe Experte 6). Das Marktziel der Ausrichtung an Marktbedingungen wird nicht genannt, ebenso wie soziale Ziele.

Experte 6: „Und die Vermarktungswege und Vertriebskanäle sollen vornehmlich über das Internet geschehen, …“

Dagegen nennen die Experten das psychographische marktgerichtete Ziel der Kundenzufriedenheit recht häufig,[739] die Imagesteigerung wird ebenfalls genannt, das Ziel Bekanntheitsgrad[740] kommt hinzu (z.B. Experte 27). Das organisationsgerichtete psychographische Ziel der Kundenorientierung[741] wird sowohl bei den Organisations- als auch bei den IT-Produktmanagementzielen genannt.

---

[735] Experten 8, 15, 16 und 26
[736] Experten 16, 21 und 24
[737] Experten 1, 12 und 15
[738] Experten 6 und 11
[739] Experten 1, 9, 15, 21, 25 und 26
[740] Experten 11 und 27
[741] Experten 12, 22, 24 und 25

> *Experte 27: „Fachliche Ziele ... wie Bekanntheitsgrad, auch bei Analysten, ...“*

Zwei der Experten geben an, dass Ihnen keine expliziten Ziele des IT-Produktmanagements[742] bekannt seien (z.B. Experte 14).

> *Experte 14: „Aber wir haben jetzt keine formalisierten Ziele, der Bereich ist ja noch relativ neu und noch nicht so stark formalisiert.“*

5.3.5.2.3 Dimensionen der internen Situation - vergangenheitsbezogene Faktoren

Entwicklungsstadium des IT-Produktmanagements

Das durch die Experten beschriebene Entwicklungsstadium des IT-Produktmanagements in ihren Organisationen kann in drei Subkategorien eingeteilt werden (siehe Tabelle 20). Zunächst werden die Organisationen zusammengefasst, bei welchen noch kein IT-Produktmanagement in das Organigramm implementiert ist. Weiter die Organisationen, bei welchen das Entwicklungsstadium des IT-Produktmanagements noch im Aufbau steht, dieses kann ca. in den ersten fünf Jahren ausgemacht werden (z.B. Experte 14).

> *Experte 14: „Es ist etabliert, es ist aber an manchen Stellen strategisch noch zwar gewollt, aber nicht wirklich bis zum Ende durchgesetzt.“*

Nach über fünf Jahren erscheint das IT-Produktmanagement eher etabliert zu sein (z.B. Experte 15).

> *Experte 15: „Bestimmt schon seit 10 Jahren. ... Jaja, es wird unterstützt und ist etabliert, es gibt eigene Prozesse dazu...“*

ID	Entwicklungsstadium des IT-Produktmanagements	Experten
3	Etabliert (ca. > 5 Jahre)	5, 8, 10, 13, 15, 18, 19, 20, 21, 25, 30
2	Im Aufbau/noch nicht vollständig etabliert (ca. <= 5 Jahre)	4, 6, 7, 9, 11, 12, 14, 16, 17, 24, 27, 28
1	Noch kein IT-Produktmanagement implementiert	3, 29

Tabelle 20: Entwicklungsstadium des IT-Produktmanagements[743]

[742] Experten 14 und 29

[743] Eigene Darstellung

Art der Gründung des IT-Produktmanagements

Die Art der Gründung bezieht sich darauf, inwieweit die Persönlichkeit des Stelleninhabers beim Aufbau eine Rolle spielt (siehe hierzu Kapitel 2.3 und Kapitel 5.3.4.1), d.h. dessen bisherige Tätigkeitsschwerpunkte, Fähigkeiten, Persönlichkeit etc. Tabelle 21 zeigt die Einteilung in die persönliche Gründung (z.B. Experte 5) und sachliche Gründung, bei welcher die Stelle aufgrund strategischer Entscheidungen in das Organigramm eingefügt und anschließend nach einer passenden Besetzung gesucht wird (z.B. Experte 13).

> *Experte 5: „Ja, abhängig von dem damaligen Abteilungsleiter, um den rankte sich diese Aktivität."*

> *Experte 13: „Nein, bei uns war es so, dass sich die Stelle aus einer Notwendigkeit heraus entwickelt hat, ..."*

Experte 30 kann in beide Subkategorien eingestuft werden.

> *Experte 30: „... also einmal grundsätzlich die Entscheidung, dass wir einmal Produktmanagement haben wollen und dann war klar, dass es genau einen gibt, dem man das ans Bein bindet. Eigentlich so `ne Kombination aus beiden."*

ID	Art der Gründung des IT-Produktmanagements	Experten
2	Sachlich	2, 3, 4, 6, 7, 8, 11, 12, 13, 14, 16, 18, 20, 21, 30
1	Persönlich	1, 5, 9, 30

Tabelle 21: Entwicklungsstadium des IT-Produktmanagements[744]

5.3.5.2.4 IT-Produktmanagement Subsystem-Komponenten

Struktur der Weisungsbeziehungen

Die Struktur der Weisungsbeziehungen kann eingeteilt werden in die zwei idealtypischen Grundformen des Einliniensystems, welches auf der Einheit der Auftragserteilung beruht, und des Mehrliniensystems, das nach dem Prinzip der Mehrfachunterstellung aufgebaut

[744] Eigene Darstellung

ist, wobei jede der untergeordneten Stellen von mehreren höheren Stellen Anweisungen bekommen kann.[745]

Annähernd sämtliche Organisationen können dem Einlinienprinzip zugeordnet werden, lediglich eine Organisation dem Mehrlinienprinzip (siehe Tabelle 22). Die Organisation von Experte 4 war zunächst nach dem Mehrlinienprinzip ausgestaltet, wurde jedoch in ein Einliniensystem überführt. Einen weiteren Sonderfall bilden die Weisungsbeziehungen in der Organisation des Experten 16, in welcher IT-Produktmanager zum einen in einem Cross-Center zusammengefasst sind, zum anderen verteilt sind auf Fachbereiche.

> *Experte 16: „Also wir haben einen Bereich, der sich hauptsächlich um diese Hostingprodukte gekümmert hat, das waren sechs Produktmanager … und im Bereich der individuellen Softwareprodukte sitzen die Leute mehr in den Fachbereichen, das ist jetzt kein Bereich, und ich denke mal, das müssten ungefähr acht weitere Produktmanager sein.“*

ID	Struktur der Weisungsbeziehungen	Experten
2	Mehrliniensystem	4, 28
1	Einliniensystem	1, 2, 3, 4, 5, 6, 7, 8, 9, 10, 11, 12, 13, 14, 15, 16, 17, 18, 19, 20, 21, 22, 23, 24, 25, 26, 27, 29, 30

Tabelle 22: Struktur der Weisungsbeziehungen des IT-Produktmanagements[746]

Grad und Dauer objektgerichteter Ressourcenverselbständigung

Die Anzahl und Dauer der dem IT-Produktmanagement zugeordneten Ressourcen ergibt sich aus der Ressourcenverfügbarkeit (siehe Tabelle 23). Diese wird durch die Experten in einigen Organisationen als hoch beschrieben und spielt sich i.d.R. innerhalb eines vorgegebenen Rahmens ab wie einem durch die Geschäftsleitung überantworteten Budget oder Zeitfenster (z.B. Experte 6).

> *Experte 6: „Ja, wo Sie auch in einem gewissen Rahmen Ressourcen verwenden können, eigene, aber auch fremde.“*

---

[745] Vgl. Schierenbeck und Wöhle (2012), S. 138-14, diese Idealformen werden in der Praxis häufig aufgeweicht, z.B. durch Kombinationen oder die Einführung von Stabsstellen zur Unterstützung von Instanzen. Zur Einordnung der Organisationen der Experten werden die beiden Idealformen herangezogen und die Organisationen nach ihrer grundlegenden Ausrichtung kategorisiert.

[746] Eigene Darstellung

In anderen Organisationen wird die Verfügbarkeit von Ressourcen als reduziert bezeichnet. Dies kann an einer mangelnden Bedeutung des IT-Produktmanagements liegen, an einer Überlastung der Mitarbeiter oder an den Rahmenbedingungen der Organisation selbst (z.B. Experte 22).

> *Experte 22: „... wenn dann wichtige Produkte entwickelt werden, die auch wichtig für das Unternehmen sind und dann Ressourcen nicht zur Verfügung stehen oder abgezogen werden. Deswegen ja, prinzipiell schon, man hat auch eine große Verantwortung, aber oft ist es eben eine große One Man Show."*

ID	Grad und Dauer objektgerichteter Ressourcenverselbständigung	Experten
2	Hoch	2, 6, 10
1	Reduziert	9, 13, 15, 22

Tabelle 23: Grad und Dauer objektgerichteter Ressourcenverselbständigung des IT-Produktmanagements[747]

Entscheidungskompetenzumfang

Der Entscheidungskompetenzumfang wird bestimmt durch Entscheidungsspielraum sowie -autonomie und zeigt sich deutlich durch die Budgetverantwortung des IT-Produktmanagements (siehe Tabelle 24). In einigen Organisationen hat das IT-Produktmanagement einen hohen Entscheidungskompetenzumfang, es kann innerhalb eines bestimmten, vorgegebenen Rahmens frei über sein Budget verfügen und Entscheidungen treffen (z.B. Experte 27).

> *Experte 27: "... ist eine echte Managementfunktion mit Gewinnverantwortung."*

In anderen Organisationen kann ein reduzierter Entscheidungskompetenzumfang festgestellt werden, das IT-Produktmanagement hat hier keine Budgetverantwortung. Dies kann an der flachen Struktur einer Organisation liegen, wo Entscheidungen gemeinsam mit anderen Funktionsbereichen getroffen werden. In einigen Organisationen hat das IT-Produktmanagement eine Richtlinienkompetenz für die IT-Produkte, dagegen keine Budgethoheit, und in anderen Organisationen ein Vorschlagsrecht für die IT-Budgetplanung,

[747] Eigene Darstellung

wobei die Entscheidungshoheit bei der übergeordneten Stelle oder einem Gremium liegt (z.B. Experte 3).

> *Experte 3: „Nein, er hat keine disziplinarische Verantwortung über irgendwelche Entwickler oder ähnliches, er hat auch keine direkte Budgetverantwortung, …"*

ID	Entscheidungs-kompetenzumfang	Experten
2	Hoch	5, 11, 15, 17, 20, 22, 26, 27
1	Reduziert	1, 2, 3, 4, 6, 7, 8, 9, 10, 12, 13, 14, 16, 18, 19, 21, 23, 24, 25, 28, 29, 30

Tabelle 24: Entscheidungskompetenzumfang des IT-Produktmanagements[748]

Eingliederung in das Organisationsorganigramm

Die Aufhängung des IT-Produktmanagements innerhalb des Organigramms der jeweiligen Organisation kann übernommen werden aus den Ausführungen aus Kapitel 4.2.1 zur Systematik der Organisationsformen des IT-Produktmanagements (siehe Tabelle 25). Diese leitet sich aus der Ausrichtung auf das Produktziel ab und impliziert den Grad an notwendiger Koordination, welche mit höherer Produktorientierung abnimmt.

Keine der Organisationen der interviewten Experten ist gänzlich ohne Ausrichtung auf das Produktziel aufgestellt ($KA_{IT\text{-}PM}$), die IT-Produkte spielen überall eine Rolle. Einige Organisationen haben das IT-Produktmanagement als Stabsstelle implementiert ($ST_{IT\text{-}PM}$), welche die Funktionsbereiche bei der produktbezogenen Kommunikation unterstützt, je nach den zugesprochenen Kompetenzen (z.B. Experte 26).

> *Experte 26: „Früher, als wir noch beim Business waren, hatten wir direkt mehr Einfluss auf die Prozesse … und dort konnten wir mehr, sag ich mal, Druck ausüben. … Heute ist es ein wenig anders … Wir haben eigentlich außer der Überzeugungskraft, die zu motivieren, haben wir nichts mehr in der Hand, … wenn uns die Argumente ausgehen, stehen wir eigentlich auf verlorenem Posten. … Ja, die IT ist eine Stabsstelle, das ist richtig."*

Eine mittlere Ausrichtung auf das Produktziel wird durch eine Matrixorganisation verfolgt ($MA_{IT\text{-}PM}$), bei welcher das IT-Produktmanagement als besondere Leistungseinheit die

---

748 Eigene Darstellung

produktbezogene Kommunikation zwischen den Funktionsbereichen übernimmt, was einen hohen Koordinationsaufwand impliziert. Bemerkenswert ist hier auch die Aussage des Experten 4, in dessen Organisation von einer mittleren Ausrichtung auf das Produktziel durch eine Matrixorganisation auf eine hohe Ausrichtung umstrukturiert wird, indem das IT-Produktmanagement mit in die Linie aufgenommen wird.

> *Experte 4: „Das Organigramm ist so aufgestellt, dass wir eine eigene Marketingabteilung haben, eine eigene Vertriebsabteilung, dann haben wir eine Entwicklungsabteilung, in der die Produkte entwickelt werden, und daneben ursprünglich den Produktmanager, der quasi zwischen den Bereichen koordiniert. Das war der initiale Start und mit der Veränderung, die ich angesprochen habe, vor einem dreiviertel Jahr, wurde der Bereich Produktentwicklung und Produktmanagement zusammengeführt. Jetzt nehme ich zum einen die klassischen Produktmanagementtätigkeiten wahr, wie Produktmarketing und Vertrieb, habe aber gleichzeitig die Verantwortung für den operativen Bereich."*

Ebenfalls eine mittlere Ausrichtung auf das Produktziel wird durch einen Produktausschuss erreicht (PA_{IT-PM}), bei welchem die produktbezogene Kommunikation durch Vertreter aus den Funktionsbereichen übernommen wird.

> *Experte 29: „Eine Stelle gibt es nicht – die Aufgaben werden von der Abteilung Organisation sowie teilweise von Vertrieb und diversen Fachbereichen übernommen."*

Ist das IT-Produktmanagement in der Linie angeordnet, ist eine hohe Ausrichtung auf das Produktziel gegeben, das IT-Produktmanagement ist als Abteilung aufgestellt (LI_{IT-PM}, z.B. Experte 15) bzw. an einen Funktionsbereich angehängt (LF_{IT-PM}, z.B. Experte 2). Zwischen den Funktionsbereichen gibt es keine unmittelbare Kommunikation in Teilen einer Organisation, was den Koordinationsaufwand geringer macht. In der Praxis scheint die Linienorganisation die am häufigsten gewählte Organisationsform für das IT-Produktmanagement zu sein.

> *Experte 15 (LI_{IT-PM}): „Also es gibt eine Abteilung, die sich Produktmanagement nennt ... fasst dann die Produktmanager für die einzelnen Produkte in diesem Bereich zusammen."*

> *Experte 2 (LF_{IT-PM}): „... sind wir von der Organisation her so aufgestellt, dass das Produktmanagement gemeinsam mit dem Softwareengineering in diesem Bereich Product Development angesiedelt ist."*

Eine volle Ausrichtung auf das Produktziel ergibt sich durch eine an den IT-Produkten ausgerichtete vertikale Organisationsstruktur ($PS_{IT\text{-}PM}$) mit geringem Koordinationsaufwand, da hier, bezogen auf die gesamte Organisation, nur eine geringe Kommunikation zwischen den Funktionsbereichen notwendig erscheint (z.B. Experte 27).

> *Experte 27: „Spezialisierung der Tiefe ist ja gerade der Grund, warum wir die … Produktlinien … gebildet haben.“*

ID	Eingliederung in das Organisationsorganigramm	Experten
5	Volle Ausrichtung auf Produktziel ($PS_{IT\text{-}PM}$)	8, 25, 27
4	Hohe Ausrichtung auf Produktziel ($LI/LF_{IT\text{-}PM}$)	1, 2, 3, 4, 5, 6, 10, 11, 13, 14, 15, 16, 17, 18, 19, 20, 21, 22, 23, 24
3	Mittlere Ausrichtung auf Produktziel ($MA/PA_{IT\text{-}PM}$)	28, 29
2	Geringe Ausrichtung auf Produktziel ($ST_{IT\text{-}PM}$)	7, 9, 12, 26, 30
1	Keine Ausrichtung auf Produktziel ($KA_{IT\text{-}PM}$)	

Tabelle 25: Eingliederung des IT-Produktmanagements in das Organisationsorganigramm[749]

Machtstruktur

Die Machtstruktur wird bestimmt durch die Aussagen der Experten zur Einhaltung/Nichteinhaltung des Kongruenzprinzips (siehe Kapitel 2.2.4), d.h. ob dem IT-Produktmanagement die Kompetenzen zugesprochen sind, die es benötigt, um die Aufgaben zu erfüllen, die ihm zugeteilt werden. Ist das Kongruenzprinzip erfüllt, ist dem IT-Produktmanagement die Möglichkeit gegeben, auf die Handlungsfelder anderer Stelleninhaber in entsprechend notwendiger Weise einzuwirken (z.B. Experte 13). Kompetenz- und Verantwortungsumfang der Stelle des IT-Produktmanagements werden somit an die jeweilige Aufgabenstellung angepasst oder nicht (siehe Tabelle 26).

> *Experte 13: „Ja, eindeutig, ohne Produktmanagement funktioniert es hier nicht, absolut mega wichtig. Kongruenzprinzip ja, also der Produktmanager grundsätzlich hat erst mal gegenüber der Softwareabteilung die Kompetenz, die Idee, die er umgesetzt haben möchte, durchzusetzen. … Da mischt sich im Endeffekt auch nicht die Geschäftsleitung ein … bezogen auf die Entwicklung, würde ich mal sagen, sind die Produktmanager diejenigen, die am meisten Machtposition haben in diese Richtung.“*

---

[749] Eigene Darstellung

ID	Machtstruktur	Experten
2	Möglichkeit, auf Handlungsfelder anderer Stelleninhaber einzuwirken, gegeben	1, 2, 4, 5, 6, 7, 8, 9, 10, 11, 13, 15, 17, 18, 19, 20, 21, 22, 23, 24, 25, 27, 30
1	Möglichkeit, auf Handlungsfelder anderer Stelleninhaber einzuwirken, reduziert	3, 12, 14, 16, 26, 28, 29

Tabelle 26: Machtstruktur des IT-Produktmanagements[750]

Leitungsstruktur

Die Leitungsstruktur gibt Auskunft über die Gliederung innerhalb des IT-produktbezogenen Systems (siehe Tabelle 27). Ausgehend von den in Kapitel 4.2.1 gebildeten organisatorischen Einheiten des IT-Produktmanagements im Rahmen der Aufbauorganisation werden die Experten kategorisiert in Singulärstellen ($\text{IT-PM}_{\text{Singulär}}$, z.B. Experte 21), Gruppen ($\text{IT-PM}_{\text{Gruppe}}$, z.B. Experte 6) und Abteilungen mit Abteilungsleiter ($\text{IT-PM}_{\text{Abteilung}}$, z.B. Experte 27).

> *Experte 21: „Einen. Mich."*
>
> *Experte 6: „Wir haben zwei Produktmanager, den Herrn ... und mich, die jeweils für verschiedene Produkte oder Produktgruppen zuständig sind."*
>
> *Experte 27: „Es gibt eine Solution und die hat eben einen Owner, den Chef der Solution sozusagen, darunter gibt es ... sieben Mitarbeiter, ..."*

Weiter gibt es Organisationen, welche keine dedizierte Stelle und somit Leitungsstruktur ausweisen. Zusätzlich kann eine Struktur ausgemacht werden, bei welcher ein übergeordnetes Koordinationsorgan, i.d.R. stabsähnlich ohne Weisungsbefugnis, zur Koordination der als Abteilung oder Gruppe ausgestalteten IT-Produktmanagementstruktur eingesetzt wird ($\text{IT-PM}_{\text{Koordinationsorgan}}$, z.B. Experte 7).[751]

> *Experte 7: „... und es gibt diese Stabsfunktion des zentralen Produktmanagers, der hat durch die Rolle eine gewisse Zuständigkeit, aber kein Weisungsrecht, wo wir dran gebunden wären, das ist eine sehr lose Kopplung. Gewisse Richtlinienkompetenz in diesem Bereich ja, wir müssen unser Produkt natürlich mit ihm abstimmen, ansonsten keine disziplinarischen oder fachlichen Mitspracherechte."*

[750] Eigene Darstellung

[751] Ein erster Hinweis auf diese Form der Leitungsstruktur kann in Kapitel 2.2.2 zum Schnittstellenmanagement und Koordinationsorganen gefunden werden.

ID	Leitungsstruktur	Experten
5	IT-PMKoordinationsorgan	7, 23, 25, 30
4	IT-PMAbteilung	1, 2, 5, 8, 9, 12, 13, 14, 15, 17, 20, 23, 26, 25, 27, 30
3	IT-PMGruppe	6, 10, 11, 16, 22, 24
2	IT-PMSingulär	4, 18, 21
1	Keine dedizierte Stelle	3, 29

Tabelle 27: Leitungsstruktur des IT-Produktmanagements[752]

IT-Produktspanne

Die IT-Produktspanne sagt aus, wie viele IT-Produkte von einem IT-Produktmanager betreut werden (siehe Tabelle 28). Die Spanne reicht von genau einem IT-Produkt (siehe z.B. Experte 1) über mehrere IT-Produkte bzw. einer IT-Produktgruppe (siehe z.B. Experte 2) bis hin zu sämtlichen IT-Produkten einer Organisation (siehe z.B. Experte 9).

> *Experte 1: „Es ist immer nur einer für ein Produkt zuständig."*
>
> *Experte 2: „… gibt es immer einen spezifischen Produktmanager für ein Modul, aber ein Produktmanager hat auch immer mehr Module in seiner Verantwortung."*
>
> *Experte 9: „Nein, also es gibt bei uns keine Aufteilung zwischen den Produkten."*

Mehrfachnennungen in Tabelle 28 entstehen in Organisation wie der von Experte 30, in welcher es IT-Produktmanager gibt, die ein IT-Produkt betreuen und welche, die für sämtliche IT-Produkte zuständig sind.

> *Experte 30: „… das sind dann Spezialthemen, die über alle Produkte entsprechend gerichtet sind. Stellen Sie sich das dann so als Matrixstruktur vor. Einmal quer die Produktlinien und einmal die Sonderthemen, die in der Senkrechten liegen.".*

[752] Eigene Darstellung

ID	IT-Produktspanne	Experten
3	Sämtliche IT-Produkte	7, 9, 18, 21, 27, 30
2	Mehrere IT-Produkte	2, 4, 6, 8, 12, 16, 19, 20, 23, 25, 28, 29
1	Ein IT-Produkt	1, 5, 7, 8, 13, 14, 17, 22, 25, 30

Tabelle 28: IT-Produktspanne[753]

5.3.5.2.5 Verhalten der Organisationsmitglieder

Bedeutung/Unterstützung des IT-Produktmanagements

In den meisten Organisationen wird dem IT-Produktmanagement eine hohe Bedeutung und Unterstützung zugesprochen (siehe Tabelle 29, z.B. Experte 30).

> *Experte 30: „Das Produktmanagement hängt direkt unter dem Vorstand ... Also das ist schon deutlich mit Gewicht aufgehängt.“*

In einigen Organisationen erfährt das IT-Produktmanagement geringere Unterstützung und hat eine reduzierte Bedeutung (z.B. Experte 14).

> *Experte 14: „Andererseits gibt es einen Vorstand, ... der beharrt auf seine Rechte, ohne das Produktmanagement einzubeziehen, was natürlich zu Schwierigkeiten führt.“*

ID	Bedeutung/Unterstützung des IT-Produktmanagements	Experten
2	Hoch	1, 2, 4, 5, 6, 7, 8, 9, 10, 11, 12, 13, 15, 17, 18, 19, 20, 22, 23, 24, 25, 26, 27, 30
1	Reduziert	3, 14, 16, 21, 28, 29

Tabelle 29: Bedeutung/Unterstützung des IT-Produktmanagements[754]

Informationssteuerung

Das Informationsverhalten sagt aus, wie Informationen durch das IT-Produktmanagement als Informationsdrehscheibe gesteuert werden und wird unter anderem ersichtlich

[753] Eigene Darstellung
[754] Eigene Darstellung

aus dem Turnus der Meetings und dem Informationsverhalten der Organisationsmitglieder untereinander. Hier kann unterschieden werden in eine hohe und eine reduzierte Informationssteuerung (siehe Tabelle 30). Während einige Experten ein hohes bis sehr hohes Informationsverhalten innerhalb ihrer Organisation beschreiben (z.B. Experte 11, 17 oder 12), bemängeln andere dieses (z.B. Experte 22).

Experte 11: „Und alle anderen Kontakte, die von den Fachbereichen kommen, laufen über meinen Tisch. Insofern ist die Rolle für die Fachbereiche ein sehr wichtiger Ansprechpartner, weil ich das dann an die richtigen Bereiche weiterkanalisiere."

Experte 22: „Und ein Problem ist Wissensmanagement und der Austausch untereinander. Es ist einfach schwierig, weil jeder so unter Feuer ist und so viel zu tun hat, dass jeder nur sein Produkt im Fokus hat."

ID	Informationssteuerung	Experten
2	Hoch	2, 4, 5, 7, 10, 11, 12, 13, 14, 15, 16, 17, 18, 19, 20, 21, 24, 26, 27, 30
1	Reduziert	22, 28

Tabelle 30: Informationssteuerung durch das IT-Produktmanagement[755]

5.3.5.3 Gestaltungsalternativen und Aufgaben des IT-Produktmanagements

Bezüglich der Gestaltungsalternative Autarkiegrad können sämtliche Aufgaben des Funktionsspektrums, welche während der wissenschaftlichen Recherche identifiziert werden (siehe Kapitel 4.2.4) durch die Experten validiert werden, jede der Aufgaben wird durch einen oder mehrere Experten genannt,[756] weitere Aufgaben können nicht identifiziert werden. Auf die Frage nach den wesentlichen bzw. Hauptaufgaben werden von den Experten im Bereich des strategischen Managements das Programm-/Portfoliomanagement,[757] die Budgetierung[758] sowie das IT-Controlling[759] genannt. Im Bereich Produktstrategie werden sämtliche Aufgaben mindestens einmal durch einen Experten als Hauptaufgabe bezeichnet. Zusätzlich beschreiben die Experten die Ausführung der ihnen

[755] Eigene Darstellung

[756] Die einzige Ausnahme bildet das Ecosystemmanagement, was jedoch durch die Neuartigkeit des Begriffes bedingt sein könnte.

[757] Experten 1, 6, 7 und 11

[758] Experten 1, 2, 10 und 11

[759] Experte 4

zugeschriebenen Aufgaben sowohl durchführend, unterstützend, koordinierend, entscheidungsvorbereitend als auch entscheidend, wodurch das in Kapitel 4.2.5 hergeleitete Kompetenzspektrum ebenfalls validiert werden kann. Hierbei kann festgestellt werden, dass der Autarkiegrad „entscheidend" im Wesentlichen lediglich innerhalb des strategischen Managements und im Bereich der Produktstrategie genannt wird, die anderen Autarkiegrade kommen in den jeweiligen Autonomiegraden in unterschiedlicher Weise vor.[760] Dies weist darauf hin, dass verschiedenen IT-Produktmanagern unterschiedliche Aufgaben zugeschrieben werden und sie unterschiedliche Kernaufgaben wahrnehmen, zusätzlich werden die Aufgaben auf unterschiedliche Art und Weise ausgeführt. Daraus lässt sich schließen, dass unterschiedliche Typen des IT-Produktmanagements existieren mit unterschiedlichen Autarkie- und Autonomiegraden.

5.3.5.4 Probleme des IT-Produktmanagements

Von einigen der Experten wird eine umfangreiche Liste an Problemen des IT-Produktmanagements genannt, während andere nicht auf Schwierigkeiten eingehen wollen oder höchstens von Herausforderungen sprechen.[761] Abbildung 67 zeigt die Übersicht über die Probleme, von denen die Experten berichten, aufgeteilt in ziel- bzw. aufgabenbezogene Probleme und Probleme bezüglich der Rahmenbedingungen.[762]

5.3.5.4.1 Zielbezogene Probleme

Bezüglich der Ziele wird es vor allem als problematisch angesehen, wenn für das IT-Produktmanagement *keine eigenen Ziele* bestimmt werden. Somit entfällt auch eine entsprechende Bemessungsgrundlage (z.B. Experte 14).[763]

> *Experte 14: „Wir haben keine eigenen Ziele. Es gibt kein Runterbrechen an sich. Wir schauen, dass wir mit dem, was von außen kommt, irgendwie zurechtkommen. Wenn überhaupt, müssen wir uns an den Unternehmenszielen orientieren. Jeder einzelne dann."*

[760] Näher eingegangen auf Autarkie- und Autonomiegrad wird in Kapitel 6.2, weshalb die Gestaltungsalternativen an dieser Stelle lediglich kurz beschrieben werden.

[761] Experten 1, 19, 20 und 30

[762] Der übergeordnete Funktionsbereich Produktstrategie selbst wird durch drei Experten genannt (Experten 1, 5 und 7).

[763] Experte 14

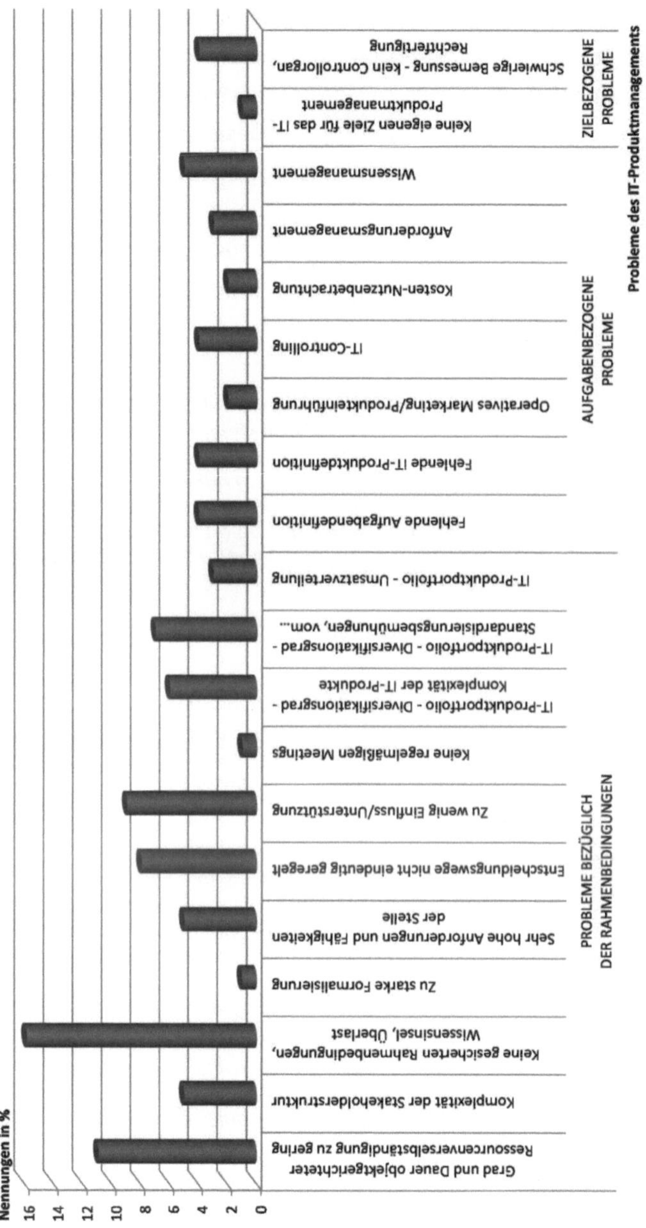

Abbildung 67: Problemkategorien und Probleme des IT-Produktmanagements[764]

[764] Eigene Darstellung

Eine *Bemessung* der Ziele des IT-Produktmanagements ist nicht einfach, da es sich häufig um weiche Ziele und Zahlen handelt wie z.B. die Leistung oder die Kundenzufriedenheit.[765] Häufig ist das Anwenderfeld so komplex, dass es nur schwer überschaubar ist (vor allem bei einer internen Kundenstruktur). Aus dieser Situation bedingt ist die Kosten-Nutzenbetrachtung erschwert und es fehlt häufig ein Steuermechanismus für das IT-Controlling bzw. ein übergeordnetes Kontrollorgan. Die Gefahr entsteht, dass das IT-Produktmanagement nicht den Stellenwert hat, welchen es eigentlich einnehmen sollte bzw. der Stelleninhaber sich ungeachtet der Kosten in seinen IT-Produkten verwirklichen möchte (z.B. Experte 7).

> *Experte 7: „... genaue Nutzerzahlen herauszubekommen ist schon mal sehr schwierig ... Und dass wir Steuerungszahlen im Endeffekt auch nur in einem begrenzten Umfang haben. Wenn das Produkt auf dem Markt abgesetzt würde, wäre das sicherlich deutlich besser ... Fragen der Wirtschaftlichkeit, Kosten-Nutzenbetrachtung nur in einem sehr eingeschränkten Bereich, weil wir teilweise die Daten auch nicht voll umfänglich haben ... eine wirkliche Kosten-Nutzenbetrachtung der Anwendung kann ich nicht durchführen."*

5.3.5.4.2 Aufgabenbezogene Probleme

Bezüglich der Aufgaben gibt es zunächst das umspannende Problem, dass diese häufig *nicht definiert* und dem IT-Produktmanagement eindeutig zugeordnet sind, insbesondere, wenn ein neuer Stelleninhaber hinzukommt (z.B. Experte 4).[766]

> *Experte 4: „Es wäre wichtig, dass eine Aufgabenklarheit herrscht, gerade wenn man neue in diesem Bereich implementiert, da dauert es auch, wenn man eine Rolle definiert, eine Weile, bis die Rolle richtig implementiert ist. Es dauert eine Weile, das Aufgabenspektrum zu finden und zu definieren, auch, was sich hinter einer Aufgabe entsprechend verbirgt."*

Von den Experten hervorgehoben werden Schwierigkeiten mit der *IT-Produktdefinition*, d.h., was gehört zu einem IT-Produkt, was wird nicht dazu gezählt (z.B. Experte 7).[767]

> *Experte 7: „... eine Anwendung ist ein Produkt, aber ein Produkt ist ja schon ein bisschen umfassender. Also wir haben ja mehrere Anwendungen, die zu einem Produkt zusammengefasst werden, und da sollten wir mit Begrifflichkeiten ein bisschen mehr auch unterscheiden, in welchem Verantwortungsbereich ich gerade bin."*

---

[765] Experten 7, 9, 13 und 21
[766] Experten 4, 9, 12 und 28
[767] Experten 7, 8, 14 und 21

Weitere Experten weisen auf die Schwierigkeit im *operativen Marketing/Produkteinführung* hin, die komplexen IT-Produkte nach außen darzustellen und zu vermitteln (z.B. Experte 9).[768]

> *Experte 9: „... es im Moment noch unser größtes Manko ist, ... wir haben zum Glück sehr viele Funktionen, die leider schlecht präsentiert sind ...“*

Aufgrund der häufig weichen Kennzahlen sind *IT-Controlling*[769] sowie *Kosten-Nutzenbetrachtungen*[770] erschwert (siehe die Aussagen der Experten zu den zielbezogenen Problemen der Bemessung, Kapitel 5.3.5.4.1).

Auch das *Anforderungsmanagement*[771] bereitet Probleme, vor allem bei der Trennung von Anforderungen und Lösungen (z.B. Experte 13).

> *Experte 13: „... da gibt es zwar oft das Problem, ob Consultants wirklich Anforderungen aufnehmen für das, was sie tun, oder meistens nehmen sie Lösungen auf. Das ist in dem Bereich eines der größten Probleme, weil die eine Lösung vorgegeben kriegen, die sie machen sollen, und nicht den Grund beschrieben, ich möchte dieses Ziel erreichen, wie kann ich das machen.“*

Ebenso werden Schwierigkeiten mit dem *Wissensmanagement*[772] beschrieben, da das Wissen häufig nicht einheitlich, zentral und nachhaltig festgehalten wird bzw. festgehalten werden kann (z.B. Experte 18).

> *Experte 18: „Das Wissen ist aufgeschrieben, aber trotzdem befindet sich das Wissen noch zu viel in den Köpfen. Das Wissen besteht aus bestimmten Erfahrungen, die man nicht so zu Papier bringen kann. Das rein technische ist alles dokumentiert. Aber wie das Produkt im Umfeld benutzt wird, welche Vorteile gesehen werden usw. ist zum Teil in den Köpfen der Mitarbeiter. Das Bestreben des Produktbereiches ist es, dieses Wissen zu zentralisieren, das ist eine schwere Aufgabe.“*

---

[768] Experten 9 und 14
[769] Experten 7, 9, 13 und 21
[770] Experten 7 und 13
[771] Experten 6, 13 und 14
[772] Experten 11, 14, 18, 21 und 22

5.3.5.4.3 Probleme bezüglich der Rahmenbedingungen

Die *komplexe Stakeholderstruktur*[773] wird als Dimension der externen Situation definiert, durch welche Kommunikation und Planung häufig erschwert werden, speziell auch zu Kunden, Partnern und Lieferanten (z.B. Experte 12).

> *Experte 12: „...Problematisch ist auf jeden Fall, dass das Umfeld sehr komplex ist, wir haben einfach mit den ganzen Partnern einen relativ komplexen Aufbau, was Kommunikation angeht, Planung, die Absprachen angeht, das ist sehr, sehr schwierig."*

Die zentrale Dimension der internen Situation ist das *IT-Produktportfolio*, das mit *Anzahl und Unterschiedlichkeit* und der Umsatzverteilung als problematisch beschrieben wird. Vor allem zeigt sich die Unterschiedlichkeit der IT-Produkte in deren Komplexität. Diese wird weiter erhöht durch veraltete IT-Produkte bzw. Hintergrundsysteme, welche zusätzlichen Wartungsaufwand bedingen (z.B. Experte 5).[774]

> *Experte 5: „Also Problem ist eigentlich, dass wir ein sehr weit konfigurierbares System haben, was die Anforderungen der Kunden durch Konfiguration im Wesentlichen weitgehend oder fast vollständig abdeckt. Aber natürlich sind die Konstellationen so ungeheuer vielfältig, auch die Anforderungen so disjunkt, dass es schwierig ist für einen Produktmanager, alle Konstellationen immer fachlich zu überreißen."*

Die Anzahl und Unterschiedlichkeit der IT-Produkte führt ebenfalls zu Problemen durch die daraus entstehenden *Standardisierungsbemühungen*. Hier werden auch die Schwierigkeiten auf dem Weg von Projekten zu Produkten beschrieben (z.B. Experte 7).[775]

> *Experte 7: „Wir sind eigentlich sehr stark projektgetrieben ... Da ist jetzt eben das Ziel, diese Produktwelten zusammenzubringen oder zu vereinheitlichen ... Die Struktur in den Köpfen muss geändert werden, ja."*

Zudem spielt eine mögliche fehlende Zahlungsbereitschaft seitens der Kunden eine Rolle, welche sich in der *Umsatzverteilung* widerspiegelt (z.B. Experte 3).[776]

> *Experte 3: „Wir sind einerseits von der Produktidee überzeugt, zum Zweiten sind wir davon überzeugt, dass die Software auch einen echten Mehrwert für den Kunden bietet, es gelingt uns aber bisher nicht, das Geschäft*

[773] Experten 10, 11, 12, 13 und 16
[774] Experten 5, 11, 14, 16, 23 und 24
[775] Experten 3, 7, 8, 12, 14, 22 und 26
[776] Experten 3, 9 und 12

> *so anzukurbeln, dass es ein in sich geschlossenes System ist, das einen Produktmanager trägt, ...“*

Probleme entstehen auch aus dem Verhalten der Organisationsmitglieder gegenüber dem IT-Produktmanagement, indem es *zu wenig Unterstützung* seitens leitender Stellen und geringe Einflussmöglichkeiten zugesprochen bekommt. Der geringe *Einfluss* kann ebenfalls aus einer großen und dadurch oftmals unübersichtlichen oder trägen Konzernlandschaft entstehen, welche Vorgaben bestimmt, nach denen sich das IT-Produktmanagement zu richten hat (z.B. Experte 26).[777]

> *Experte 26: „... heute kommen die Anträge oder Requests zu uns und die setzen wir dann um. Wir haben eigentlich außer der Überzeugungskraft, die zu motivieren, haben wir nichts mehr in der Hand, ...“*

Ebenso wirkt sich die fehlende Vernetzung und *Unregelmäßigkeit der Meetings* negativ auf die Informationssteuerung aus (z.B. Experte 22).[778]

> *Experte 22: „... regelmäßige Treffen oder Austausch, ... Nein, gibt es nicht ... Das ist sehr schlecht.“*

Häufig fehlt eine *klare Definition der Rahmenbedingungen* des IT-Produktmanagements, v.a. der Subsystem-Komponenten (d.h. keine klare Eingliederung in das Organigramm, keine klare Macht- und Leitungsstruktur etc.), zum einen, wenn die Stelle noch im Aufbau bzw. nicht ausreichend etabliert ist, zum anderen, wenn es an der erforderlichen Formalisierung fehlt (z.B. Experte 22). Daraus folgt oft ein nicht abgegrenztes Aufgabenfeld, eine Art Feuerwehrmentalität des IT-Produktmanagements und somit eine Überlast bis hin zum „Sündenbock“ für anfallende Fehler. Die *Überlastung* rührt daher, dass die Stelle aus sich heraus eine *Wissensinsel* bezüglich der IT-Produkte darstellt und somit sämtliche IT-produktbezogenen Aufgaben und Probleme häufig dort aufschlagen (z.B. Experte 15).[779]

> *Experte 22: „Das ist eigentlich das Wesentliche, also dass es keine gesicherten Rahmenbedingungen gibt, in denen man laufen kann.“*

> *Experte 15: „Ich denke, das Problem ist bereits der Erfolgsfaktor, nämlich dass wir halt alles machen. ... Das ist ein zweischneidiges Schwert. Da*

---

[777] Experten 11, 14, 16, 17, 21, 22, 25, 26 und 28
[778] Experte 22
[779] Experten 2, 3, 4, 6, 7, 9, 11, 12, 14, 15, 17, 21, 22, 24, 28 und 29

machen halt ein oder zwei Personen alles, kümmern sich um alle Themen, sind eigentlich immer am rumrudern, aber das, was wir machen, machen wir mit einem sehr, sehr hohen Know-how.“

Der beschriebene Sachverhalt kann jedoch auch ins Gegenteil umschlagen, sobald eine *zu starke Formalisierung* der Rahmenbedingungen erfolgt. Dies führt zu einer verstärkten Komplexität des IT-Produktmanagements und hemmt die notwendige Innovationskraft (z.B. Experte 8).[780]

Experte 8: „Das einzige, was auf der Strecke … bleibt, je komplexer oder organisierter man das macht, …, desto weniger innovativ kann man dann auch mal handeln. Innovation bleibt dann auch ein Stück weit auf der Strecke.“

Als problematisch beschrieben wird auch, wenn der *Grad und Dauer objektgerichteter Ressourcenverselbständigung* zu gering bzw. nicht definiert ist[781] (z.B. Experte 23). Andere Experten nennen Zeit- und Ressourcenprobleme für bestimmte Aufgaben wie das strategische IT-Produktmanagement,[782] Kosten-Nutzenbetrachtungen,[783] Innovationsmanagement[784] und Marktforschung[785] (z.B. Experte 6).

Experte 23: „Also ein Punkt ist natürlich immer, dass man sich ausreichend Ressourcen sichern muss aus dem Gesamttopf, … ein internes Thema, der Kampf um Ressourcen.“

Experte 6: „Kosten-Nutzenbetrachtungen? … Soll da sein, wird nicht gemacht. Das ist ein ganz großes Loch. Warum? Weil komm ich nicht dazu, das Tagesgeschäft usw. “

Die *Anforderungen an die Stelle* des IT-Produktmanagements werden als sehr hoch beschrieben. Zum einen ist technisches Wissen erforderlich, zum anderen sollte auch die Marktsicht nicht vernachlässigt werden. Durch die vielschichtigen Aufgabenbereiche sollten ebenso unterschiedlichste Fähigkeiten durch den Stelleninhaber abgedeckt werden. Dies macht es auch schwierig, diese Stelle geeignet zu besetzen (z.B. Experte 2).[786]

Experte 2: „… Produktmanagement zu wenig technisches Wissen hat, im Sinne von Umsetzbarkeit. … schwertun, ist, dass wir im Recruiting Fachspezialisten kriegen. Unsere Strategie, von den Unis unsere Rekruten

[780] Experte 8
[781] Experten 3, 16, 21, 22, 23 und 27
[782] Experten 7, 9 und 14
[783] Experte 6
[784] Experten 7 und 12
[785] Experte 27
[786] Experten 2, 6, 12, 17 und 21

> *selbst auszubilden, kommt auch ein bisschen daher, ... den ausgebildeten Produktmanager ... gibt's einfach nicht ..."*

Die Machtstruktur legt fest, inwiefern auf Handlungsfelder anderer Stelleninhaber eingewirkt werden kann.[787] Sind die *Entscheidungswege nicht eindeutig geregelt*, entstehen Abstimmungsschwierigkeiten und Kompetenzgerangel. Häufig wird beschrieben, dass die Rollen nicht klar definiert sind und es vor allem bei flachen Hierarchien fast zu viel Kommunikation gibt, was eventuell sogar zu einer Überflutung von Informationen führen kann. Weiterhin werden die reduzierten Einflussmöglichkeiten des IT-Produktmanagements auf die Entwicklung/den technischen Bereich oftmals als zu gering bezeichnet (z.B. Experte 4).

> *Experte 4: „Probleme sind, dass öfters Entscheidungswege nicht klar definiert sind ... die Abstimmung würde besser funktionieren, wenn klar definiert wäre, in welchem Rahmen die Entscheidung getroffen werden muss."*

5.3.5.5 Effizienzkriterien des IT-Produktmanagements

Effizienzkriterien benennen die Experten zum einen, indem sie erklären, warum etwas in ihrer Organisation besser läuft durch das oder im IT-Produktmanagement, zum anderen zeigen sie auf, auf welche Weise das IT-Produktmanagement besser ablaufen könnte bzw. geben konkrete Verbesserungsvorschläge (siehe Abbildung 68, in Klammern die Anzahl der Experten, die sich für das jeweilige Effizienzkriterium ausgesprochen haben).

Allem übergeordnet geben einige Experten, in deren Organisationen das IT-Produktmanagement anfänglich nicht integriert war, an, dass durch die *Einführung der Stelle* ein reibungsloserer Ablauf, Kontinuität und ein roter Faden bezüglich der produktbezogenen Aufgaben und Prozesse in die Organisationen gebracht werden kann (z.B. Experte 12).[788]

> *Experte 12: „... da gab es keinen Plan, nur Ad hoc Anfragen, Ad hoc Entwicklungen, Eskalationen, es hat an jeder Ecke geknallt und gebrannt, das tut es zwar jetzt immer noch relativ häufig, aber es ist trotzdem so, dass wir irgendwo einen roten Faden haben und einer Linie folgen."*

[787] Experten 4, 9, 11, 12, 14, 16, 21 und 28

[788] Experten 6, 7, 12, 26

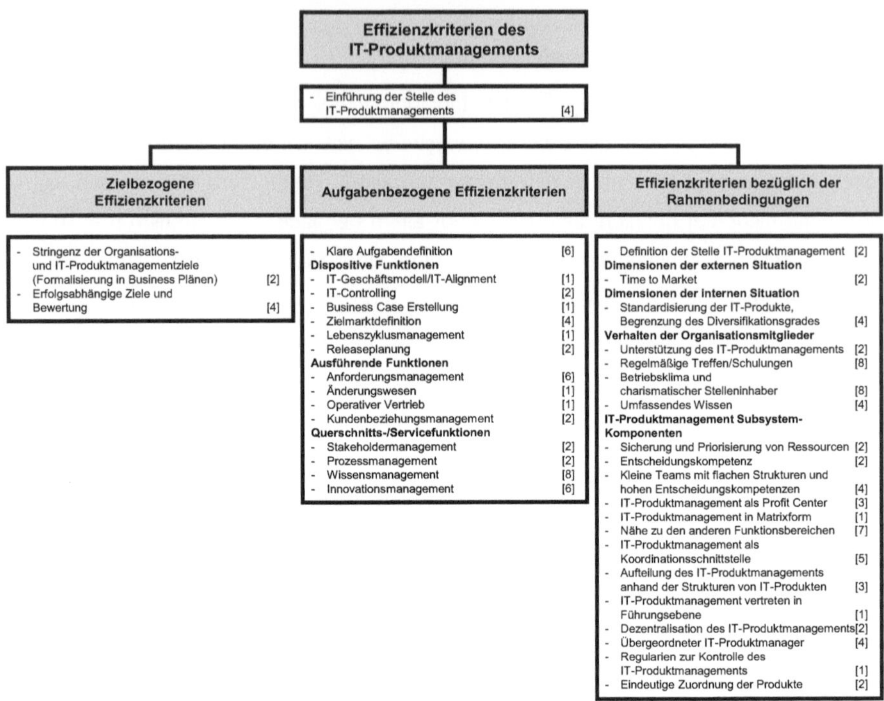

Abbildung 68: Effizienzkriterien des IT-Produktmanagements[789]

5.3.5.5.1 Zielbezogene Effizienzkriterien

Zum einen wird *Stringenz der Organisations- und IT-Produktmanagementziele*[790] als wichtig beschrieben, d.h. die Ableitung von oben nach unten, zum anderen deren Formalisierung in *Business Plänen* (z.B. Experte 5).[791]

> *Experte 5: „Ziele… im Einzelnen in den Business-Plänen festgelegt, …"*

Ebenfalls als wichtig beschrieben werden *erfolgsabhängige Ziele* und die *Bewertung* der Stelleninhaber daran (z.B. Experte 7).[792]

---

[789] Eigene Darstellung, die in eckigen Klammern angegebenen Zahlen spiegeln die Häufigkeit der Nennungen durch die Experten wider.

[790] Experten 1 und 5

[791] Experte 5

[792] Experten 1, 7, 13 und 21

> *Experte 7: „Ja, wir versuchen derzeit das Zielsystem im Produktmanagement auszubauen, d.h. wir haben im Moment keine erfolgsabhängigen Ziele, da sind wir aber dabei, das Schritt für Schritt aufzubauen.“*

5.3.5.5.2 Aufgabenbezogene Effizienzkriterien

Allgemein wird von den Experten häufig darauf hingewiesen, dass eine *klare Aufgabendefinition* ein wichtiges Effizienzkriterium sei, um die Stelle des IT-Produktmanagements vor einer Überlast an Aufgaben zu bewahren (z.B. Experte 25).[793]

> *Experte 25 „...klar definierte Aufgaben. Das ist wichtig. Ein Produktmanager muss wissen, was sind seine Aufgaben, wo sind seine Grenzen auch.“*

Als ein Effizienzfaktor des IT-Produktmanagements wird das *IT-Geschäftsmodell/IT-Alignment* genannt, um die Ziele und Strategien der Organisation in Einklang zu bringen mit der IT (z.B. Experte 17).[794]

> *Experte 17: „... ein Produktmanager muss Management machen ... Also der muss mehr wissen als nur sein Produkt, er muss Manager sein und immer das Ganze sehen. In den Kontexten, in denen er arbeitet, also mehr das Management, was ist für das Unternehmen wichtig und seine Kundschaft, weniger sein eigenes Produkt oder so, wo man sagt, Hauptsache ich habe viele im Einsatz. Für uns ist es wichtig, dass er weiß, was im Unternehmen abgeht und dass er einen Beitrag leistet ... was ist für das Unternehmen das Beste.“*

Das *IT-Controlling* wird als Erfolgsfaktor beschrieben, einerseits, um eine durchgängige Bewertung zu gewährleisten, andererseits, um den monetären Nutzen des IT-Produktmanagements sichtbar zu machen (z.B. Experte 6).[795]

> *Experte 6: „Wo wir jetzt gestalten und damit das Produktmanagement besser wird ist das Controlling letztendlich ... Dass da ein Regelkreis entsteht. Wenn das PM irgendetwas tut, dass es relativ schnell den monetären Erfolg oder Misserfolg sehen kann, dass so ein Prozess entsteht, der im Moment noch nicht funktioniert ... auch mit dem Gedanken, dass es eventuell bis zum eigenen Gehalt geregelt ist – Zielerreichung.“*

---

[793] Experten 5, 12, 18, 20, 22 und 25
[794] Experte 17
[795] Experte 6 und 17

Zur kontrollierten und schnelleren Fertigstellung der IT-Produkte und Vorbereitung von Investitionsentscheidungen wird die anfängliche *Business-Case-Erstellung* genannt (z.B. Experte 1).[796]

> *Experte 1: „Also kein Projekt und Produkt kann beginnen, ohne eine Art Business Case zu machen, … also eine neutrale, unbewertete, lösungsneutrale … das das also komplett am Anfang steht, … Wir haben festgestellt, dass so ein Projekt viel schneller fertig wird und auch kontrolliert fertig wird, wir wissen über das Projekt Bescheid."*

Zielmarktdefinition durch Marktbeobachtung und -bearbeitungsstrategien werden ebenfalls als wichtig erachtet, auch unter Einbeziehung von Stärken und Schwächen (z.B. Experte 18).[797]

> *Experte 18: „… diese Ausrichtung, bestimmte Marktsegmente, die wir angehen, klarer herauszuarbeiten, dort sind unsere Stärken, dort haben wir Alleinstellungsmerkmale, …"*

Als weiterer Effizienzfaktor wird das *Lebenszyklusmanagement* genannt, um einen Überblick über die IT-Produkte zu schaffen, so dass diese in sämtlichen Phasen durch das IT-Produktmanagement begleitet und gelenkt werden (z.B. Experte 30).[798]

> *Experte 30: „…, dass man die gesamte Lieferkette noch mal ins Auge nimmt, dass man alles, was letztendlich zum Produkterfolg beiträgt, von Anfang an mit berücksichtigt, da gibt es immer wieder Punkte, wo man feststellt, nach der reinen Lehre hätte man da was besser machen können … Wenn ich einem Kollegen was mit auf den Weg geben soll … Ganz stringent für die verantworteten Produkte eintreten und sich nicht scheuen, auch diesen Kümmerer zu spielen. Denn wenn es so einen nicht gibt, werden die Produkte, auch die neuen, nur ganz schwer erfolgreich."*

Während der *Releaseplanung* kann die Einführung von kürzeren Releasezyklen zu häufigeren Qualitätskontrollen und schnelleren Informationsrückflüssen führen. Diese Schnelligkeit wird durch Geschäftsmodelle wie Cloud Computing immer wichtiger durch die technischen Möglichkeiten und gesteigerten Kundenerwartungen (z.B. Experte 2).[799]

> *Experte 2: „… und eine Maßnahme, die ganz neu ist … unser Entwicklungsprozess war eigentlich immer so, dass wir halbjährliche Releases raus bringen, also die Major Releases, … Wir haben jetzt die Prinzipien*

[796] Experte 1
[797] Experte 1, 17, 18 und 21
[798] Experte 30
[799] Experte 2 und 17

> *runtergebrochen auf monatliche Versionen, die intern gebaut werden, d.h. früher gab's wirklich bei Auslieferung die fertige Version, da wurde mit dem Test losgelegt. Jetzt gibt's eine monatliche Version, d.h. wir haben nicht mehr diesen Gap von vier Monaten, wo quasi kein Rückfluss der Informationen ist, also auch die werden getestet usw., da gehen wir davon aus, dass wir die Qualität steigern können, weil wir eine frühere Transparenz haben ..."*

Das *Anforderungsmanagement* zu Beginn des Lebenszyklusses eines IT-Produktes und einhergehend die Priorisierung wird ebenfalls häufig erwähnt, eventuell unterstützt durch spezielle Tools zur Prozessverbesserung (z.B. Experte 17).[800]

> *Experte 17: „... das interne Anforderungsmanagement, das Bewerten von Anforderungen. Erkennen, wo liegen Chancen, wo liegen Risiken, wo liegen Kosten, wo liegen Nutzen bei jedem einzelnen. Das ist der erste wichtige Punkt, das Einschätzen von Anforderungen, die Priorisierung, was ist wichtig, was ist unwichtig, warum macht man's, warum nicht und wo muss ich gegebenenfalls auch was tun, wovon ich nicht unbedingt überzeugt bin, was aber insgesamt wichtig ist."*

Eine systematische Erfassung von Änderungen und deren klare Dokumentation im *Änderungswesen* werden als Erfolgsfaktor genannt, um die Folgen der Änderungen kontrollierbarer zu machen (z.B. Experte 5).[801]

> *Experte 5: „Wir geben uns große Mühe, ... die Änderungen von Release zu Release klar nachvollziehbar zu dokumentieren und die Konsequenz abzuschätzen, das ist schon ein Erfolgsfaktor."*

Zur Effizienzsteigerung und Automatisierung der Aufgaben im *operativen Vertrieb* wird die Unterstützung durch spezielle Tools genannt (z.B. Experte 16).[802]

> *Experte 16: „Und das andere ist, Automatisierung des Vertriebsprozesses voranzutreiben durch Tools."*

Zu den Vertriebsaufgaben zählt auch das *Kundenbeziehungsmanagement*, welches als essentiell beschrieben wird, um die Kundenbindung zu erhalten oder sogar zu erhöhen, auch schon vor der Presalesphase wie durch Events (z.B. Experte 5).[803]

> *Experte 5: „Sicher, das ganze Thema Kundenbindung ist ein Erfolgsfaktor, das liegt daran, dass der Markt überschaubar ist, wir haben zwar viele Kunden, aber die Verantwortlichen ... in Deutschland kennen sich*

---

[800] Experte 1, 2, 6, 13, 17 und 28
[801] Experten 5
[802] Experte 16
[803] Experten 5 und 27

> *untereinander alle. Man hat dann eben Kontakt, und den halten wir, das ist ein ganz wesentlicher Erfolgsfaktor. Auch mit Events.“*

Zur Sicherung von Wettbewerbsvorteilen ist das *Stakeholdermanagement* ebenso wichtig für das IT-Produktmanagement, speziell auch zu Partnern und zu Dienstleistern (z.B. Experte 5).[804]

> *Experte 5: „Ein weiterer Erfolgsfaktor ist sicher der Kontakt zu den Wirtschaftsprüfern, ...“*

Um den Fokus nicht allein auf die funktionalen Fähigkeiten einer Organisation zu lenken, wird zusätzlich die Formalisierung der Abläufe durch das *Prozessmanagement* bis hin zur Prozessorientierung als erfolgsversprechend genannt (z.B. Experte 25).[805]

> *Experte 25: „...wenn ich die Kiste oder den Service anbiete, der sieht nach 4P so und so aus, so ist er nicht beschrieben, sondern man macht sich eigentlich von Anfang an auch darüber Gedanken, wie muss der Prozess aussehen, der da dazugehört, und zwar von der Bestellung bis zur Auslieferung ... deshalb ist es sicherlich ein Erfolgsfaktor.“*

Häufig erwähnt zur Schaffung von Transparenz in einer Organisation durch *Wissensmanagement* wird der durchgängige Einsatz eines Wissensmanagementsystems, welche sämtliche produktbezogenen Daten in Echtzeit zur Verfügung stellt. So kann u.a. ein starker Austausch zwischen den IT-Produktmanagern und Stakeholdern über ein Organisations-Wiki stattfinden (z.B. Experte 13).[806]

> *Experte 13: „... firmeninternes Content Management System ... Über dieses System ist jeder Produktmanager gezwungen, ... er darf seine Konzepte nur noch in diesem Content Management System erstellen. Das hat auch bestimmte Strukturen, ein Konzept sieht bei allen gleich aus ... In dem Sinne ist es die Aufgabe des Produktmanagers, genau diese Dokumente so zu erstellen, aus dem Content Management System werden dann wieder relativ einfach zusätzliche Handbücher und andere Dinge gemanagt, organisiert und produziert ...“*

Die Aufgabe des *Innovationsmanagements* wird als erfolgskritisch angesehen, wobei hierfür vorgeschlagen wird, die IT-Produktmanager für Innovationsprojekte aus ihrem Alltagsgeschäft für eine gewisse Zeit herauszulösen (z.B. Experte 27).[807].

---

[804] Experten 5 und 22
[805] Experten 16 und 25
[806] Experten 1, 5, 6, 7, 10, 13, 16 und 20
[807] Experten 1, 2, 7, 16, 27 und 30

> *Experte 27: „Dann kann ich sie nicht in diesen Rollen stehen lassen und gleichzeitig erwarten, dass sie ein Innovationsprojekt betreuen, da muss ich sie herauslösen aus ihrem Tagesgeschäft. Sonst funktioniert die Innovationsentwicklung nicht."*

5.3.5.5.3 Effizienzkriterien bezüglich der Rahmenbedingungen

Allgemeines Effizienzkriterium ist die eindeutige *Definition der Stelle des IT-Produktmanagements* und somit der Subsystem-Komponenten, um so den Stelleninhabern zum einen eine gewisse Struktur und einen Leitfaden an die Hand zu geben, zum anderen vor einer Überlast zu bewahren (z.B. Experte 22).[808]

> *Experte 22: „... Definition der Rolle ... Also es kann halt nicht sein, wenn dann Leute fehlen, alles doch wieder beim Produktmanagement landet. Dann weiß man mal, für was bin ich denn jetzt wirklich verantwortlich und was sind meine Aufgaben."*

Um der marktlichen Dynamik und Unsicherheit als Dimension der externen Situation etwas entgegenstellen zu können, wird die *Time to Market* und Schnelligkeit (unter Umständen trotz träger Organisationslandschaft), als Effizienzkriterium betrachtet (z.B. Experte 11).[809]

> *Experte 11: „... Schnelllebigkeit meiner Fachbereiche, auf der anderen Seite eine ganz normal, relativ träge Konzernlandschaft, das ist einfach so, wenn Sie 50-80-100 Länder versuchen müssen, unter einen Hut zu bringen, können Sie nicht so schnell sein wie eine einzelne Marketing-Company ..."*

Weiterhin wird dazu geraten, den Diversifikationsgrad der IT-Produkte (unabhängig von der Art) des IT-Produktportfolios als Dimension der internen Situation nicht zu hoch werden zu lassen und eine gewisse *Standardisierung* anzustreben (z.B. Experte 6).[810]

> *Experte 6: „Wir hatten also individuelle Produkte, aber verkauft zu Preisen, als wenn es ein Standardprodukt wäre, was nie laufen kann. Da wurde gesagt, wir brauchen ein Produktmanagement, das entscheidet, was die Schnittmenge für das Produkt ist."*

Die *Unterstützung* des IT-Produktmanagements ist Effizienzkriterium und hängt ab vom Verhalten der Organisationsmitglieder. Zum einen Unterstützung durch die Geschäftsleitung, zum anderen auch durch die anderen Organisationsmitglieder. Diese Unterstützung

[808] Experten 17 und 22
[809] Experten 11 und 7
[810] Experten 5, 6 und 24

kann u.a. durch interne Werbungsmaßnahmen für das IT-Produktmanagement verstärkt werden (z.B. Experte 16).[811]

> *Experte 16: „… das funktioniert auch glaub ich nur, weil es wirklich von der Geschäftsführung kommt, wenn man sagt, so machen wir das jetzt. Also da wäre schon etwas Unterstützung noch notwendig … Also es gibt ja häufig so eine Art Sponsorenprinzip, ... Es geht um menschliche Beziehungen, die zum einen auch dahinterstecken, und zum anderen doch noch durch eine Imagekampagne oder internen Werbefeldzug, um den Nutzen, was das Produktmanagement wirklich bedeutet, welchen er für jede Abteilung hat, um das noch mal deutlich zu machen.“*

Zur Vertiefung der Informationssteuerung werden *regelmäßige Treffen* zwischen den unterschiedlichen Stakeholdern und unter den IT-Produktmanagern selbst als Erfolgsfaktor benannt, um die Kommunikation und Transparenz zu fördern. Dies reicht hin bis zu gegenseitigen Schulungen (z.B. Experte 26).[812]

> *Experte 26: „Also ein dringendes Problem ist immer unter dem Titel ‚Kenntnis bringt Verständnis‘. Das heißt vielfach wird aneinander vorbeigeredet, vielfach, wenn ein Problem auftaucht, kann man das erklären, darlegen, neue Lösungen, dann, wenn die Leute es verstehen, geht es viel einfacher … Um das zu lösen haben wir … periodische Meetings mit dem Business, wo wir hören oder schauen, wo der Schuh drückt …“*

Zum Verhalten der Organisationsmitglieder kann ein weiteres Effizienzkriterium gezählt werden: die Eingebundenheit des IT-Produktmanagements in ein internes Netzwerk, ein *gutes Betriebsklima* mit Vertrauen und Motivation. Dies kann unter anderem durch die Besetzung und die Persönlichkeit eines *charismatischen Stelleninhabers* selbst erreich werden (z.B. Experte 2).[813]

> *Experte 2: „…dass wir ein gutes Betriebsklima haben, das sicher förderlich ist für die Motivation der Mitarbeiter, die dann auch einen guten Output liefern … Dann hatten wir auch schon den charismatischen Produktmanager, der das Ganze aufgebaut hat, ...“*

Weiterhin hat der Stelleninhaber ein *umfassendes Wissen*, was aus den vielfältigen Aufgabenbereichen, in die das IT-Produktmanagement involviert ist, resultiert (z.B. Experte 21).[814]

---

[811] Experten 1, 16, 26 und 28
[812] Experten 1, 5, 7, 10, 12, 17, 18 und 30
[813] Experten 1, 2, 3, 12, 17, 21, 22 und 28
[814] Experten 2, 3, 15 und 21

Experte 21: „Erfolgsfaktoren auf der anderen Seite können sicherlich auch sein, dass man eben auch so viele verschiedene Dinge macht und auch das einbringen kann, ist ja auch durchaus ein Vorteil, wenn man nicht so einen abgegrenzten Bereich hat, sondern auch über den Tellerrand hinausschauen kann."

Ein Effizienzkriterium ist auch ein ausgewogener Grad und Dauer objektgerichteter Ressourcenverselbständigung, d.h. die *Sicherung und Priorisierung von Ressourcen* für die Tätigkeiten des IT-Produktmanagements (z.B. Experte 2).[815]

Experte 2: „... die Verfügbarkeit von Ressourcen, ... das ist die richtige Balance von Manpower oder von Ressourcen, die da dahinter steckt, um eine gute Arbeit leisten zu können."

Wichtig für ein effizientes Arbeiten ist für die Stelle des IT-Produktmanagements die Zuweisung einer angemessenen *Entscheidungskompetenz*, so dass diese nicht von einer anderen Stelle übersteuert wird (z.B. Experte 5).[816]

Experte 5: „Also wenn der Produktmanager entscheidet, diese Komponente zu verbessern ist wichtiger als die andere, wird er nicht übersteuert, das ist seine Verantwortung und Entscheidung. Oder wenn er sagt, hier braucht es neue Konfigurationen. Also alles, was sich rund um die fachliche Seite des Produktes rankt, ist seine Entscheidung."

Bezüglich der Eingliederung in das Organisationsorganigramm wird die Empfehlung abgegeben, *kleine Teams* mit *flachen Strukturen* und *hohen Entscheidungskompetenzen* zu implementieren, vor allem in kleinen Organisationen mit flacher Hierarchie, um Schnelligkeit und Flexibilität zu wahren. Um in größeren Organisationen die Übersichtlichkeit zu bewahren, sollten auch hier die Teams, die durch das IT-Produktmanagement geleitet werden, nicht zu groß sein (z.B. Experte 8).[817]

Experte 8: „Das ist, weil wir einfach zu viel haben und zu viele Personen dazwischen hängen, ... acht bis 12 Personen kann einer als Produktmanager managen. Das ging bei uns teilweise bei den Produktmanagern darüber hinaus, ... Da hat man eben auf dieser Produktmanagerebene die Personenzahl kleiner gemacht auf acht bis 12 Personen und dazwischen noch einmal einen Multi-Produktmanager eingeführt, die dann wieder drei bis fünf Produktmanager koordinieren, ... Aber von der Funktion her hat der Multi-Produktmanager auch nichts anderes zu tun wie der Produktmanager, weil er auch selber noch Produkte betreut, direkt."

---

[815] Experte 2 und 22
[816] Experten 5 und 28
[817] Experten 8, 18, 21 und 24

Um dem IT-Produktmanagement einen hohen Entscheidungskompetenzumfang zuzuordnen, wird die Ausgestaltung der Stelle als *Profit Center* mit zunehmender Ausrichtung auf das Produktziel empfohlen, da hier das Kongruenzprinzip erfüllt ist, d.h. $LI/LF_{IT\text{-}PM}$ oder sogar $PS_{IT\text{-}PM}$ (z.B. Experte 5).[818]

> *Experte 5: „... von Profit Centern, wenn es heißt, ein Verantwortlicher steuert alle Aktivitäten, das ist jetzt halt aufgesplittet und wird koordiniert von der Geschäftsleitung direkt."*

Wird der Fokus eher auf die Parallelen gelegt, welche zwischen den IT-Produkten existieren, und die redundant anfallenden Tätigkeiten, wird zu einer Aufhängung des IT-Produktmanagements in *Matrixform* geraten, um die Querschnittsaufgaben einheitlich abwickeln zu können, d.h. $MA_{IT\text{-}PM}$ (z.B. Experte 14).[819]

> *Experte 14: „... ich habe jetzt z.B. ... eine Matrixorganisation schon eingeführt, weil wir sechs oder acht ... Produkte haben, die zum Teil das gleiche machen, es gibt Querschnittsaufgaben, die Funktionen müssen wir eigentlich vereinheitlichen ... über die Produkte hinweg, da wo die Prozesse z.B. gleich sind, wo es gleiche Themen gibt über alle Produkte hinweg ... alles, was produktübergreifend, einheitlich ist, versuche ich zu vereinheitlichen, weil wir dadurch uns einiges ersparen können, ... weil die meisten Aufgaben, haben wir festgestellt, sind nicht produktspezifisch."*

Die *Nähe zu* den anderen *Funktionsbereichen* innerhalb der Organisation wird als weiterer Erfolgsfaktor genannt, da das IT-Produktmanagement so vom Wissen v.a. der Entwicklung,[820] des Marketings[821] und des Vertriebs[822] profitieren kann (z.B. Experte 23).

> *Experte 23: „Wir haben auf jeden Fall in den letzten Jahren die Zusammenarbeit verbessert bei den Schnittstellen, vor allem zwischen Marketing und Produktmanagement. Das ist wirklich deutlich besser geworden. Auch die Reaktion auf Kundenwünsche und das Erfassen der Anforderungen der Kunden und die Umsetzung in die Produktentwicklung ist besser geworden, der Produktmanagementprozess."*

---

[818] Experten 4, 5 und 27
[819] Experte 14
[820] Experten 2, 5, 6, 15 und 26
[821] Experten 6 und 23
[822] Experte 9

Zwischen den Funktionsbereichen innerhalb der Organisation wird eine produktbezogene *Koordinationsschnittstelle* benötigt, welche durch das IT-Produktmanagement wahrgenommen werden sollte (z.B. Experte 7).[823]

> *Experte 7: „Die meisten Erfolgsfaktoren des Produktmanagements sind eigentlich ein kontinuierlicher Posten, der ... als Koordinator und Ansprechpartner zur Verfügung steht und der gewisse Maßnahmen ergreift, die gerade anliegen. Da haben wir z.B. vom Vertrieb die Rückmeldung bekommen, dass die Zusammenarbeit in dem Bereich deutlich besser läuft als zuvor."*

Die Einordnung in das Organisationsorganigramm betreffend wird weiterhin die *Aufteilung innerhalb des IT-Produktmanagements* anhand der vorhandenen *Strukturen von IT-Produkten* angeraten, z.B. nach Lizenz- und Projektgeschäft (z.B. Experte 6).[824]

> *Experte 6: „Wir haben zwei Produktmanager, ... die jeweils für verschiedene Produkte oder Produktgruppen zuständig sind ... Es ist Licence plus Service bei mir in meinem Bereich und reine Lizenzprodukte bei Herrn ... Das sind unterschiedliche Ansätze. Die Aufgaben sind bei Herrn ... viel mehr weborientiert, also marketingorientiert, und bei mir in dem eher Licence plus Service, wo schon ein gewisser Projektanteil dabei ist, ist es eher Vertriebsunterstützung ..."*

Die Machtstruktur zeichnet sich aus durch die Möglichkeit, auf Handlungsfelder anderer Stelleninhaber einzuwirken. Dies kann am ehesten gewährleistet werden, wenn das *IT-Produktmanagement* in der *Führungsebene* einer Organisation *vertreten* ist (z.B. Experte 7).[825]

> *Experte 7: „... auf der Führungsebene ist das vertreten und wird auch sehr deutlich kommuniziert, prinzipiell in einem Stufenmodell gehört der Produktmanager auch eigentlich dann in diesen Kreis mit rein, wo die Leute eine Ebene drunter eigentlich das Doing machen"*

Eine effiziente Leitungsstruktur der Stelle wird von den Experten unterschiedlich beschrieben:

---

823 Experten 7, 11, 25, 26 und 28
824 Experten 6, 9 und 12
825 Experte 7

Steht die Schnelligkeit und Time to Market im Fokus, wird eine *Dezentralisation* der Stelle favorisiert zu einer IT-PM$_{Gruppe}$, die einzelnen IT-Produktmanager sind hier den Fachbereichen zugeordnet, um so die bessere Zusammenarbeit und die Nähe zu den Fachbereichen zu fördern (z.B. Experte 16).[826]

> *Experte 16: „Also was geändert worden ist, ist, dass wir die Produktmanager jetzt dezentralisiert haben, also ich selber bin jetzt in einer kleinen Business Unit von neun Leuten, die jetzt gerade ein neues Produkt an den Markt bringen. Also Produktmanagement und Beratung … Also näher zu den Fachbereichen. Was man sich davon verspricht, ist erstens schnellere Reaktionszeiten, gerade bei Kundenanfragen oder auch bei der Produktentwicklung, weil sie näher mit den Fachbereichen zusammen sind in der Verantwortung. Also Vorteil ist, das merke ich in meinem Bereich ganz deutlich, wenn man mit ein paar Leuten zusammensitzt, gehen Dinge viel, viel schneller, Nachteil ist, dass die Gesamtübersicht im Sinne eines Portfoliomanagements eher verloren geht, da muss man natürlich immer besonders drauf achten."*

Zum anderen wird nicht selten empfohlen, bei einem zunehmenden Diversifikationsgrad der IT-Produkte einen *übergeordneten IT-Produktmanager* zu implementieren in einer IT-PM$_{Abteilung}$, um die Übersicht, vor allem über das Gesamtportfolio, nicht zu verlieren und eine klare Regelung der Kompetenzen zu erlangen (z.B. Experte 22).[827]

> *Experte 22: „Also für mich wäre ganz wichtig, weil wir ja eigentlich ein Oberprodukt haben mit vier Modulen, gehört für mich da ein übergeordneter Produktmanager hin, der vorgibt, was wird in welchem Produkt mit welchem Release umgesetzt … Verkaufen nach draußen beim Kunden ist schwierig, da ist es halt schlecht, wenn es keinen Übergeordneten gibt, der das Produkt im Ganzen im Blick hat und den Fokus der Produktstrategie auf dem gesamten Produkt legt."*

Bei allen Freiheitsgraden und Kompetenzen, welche dem IT-Produktmanagement zugesprochen werden sollten, sollte jedoch nicht vergessen werden, entsprechende *Regularien zur Kontrolle* der Stelle einzuführen (z.B. Experte 13).[828]

> *Experte 13: „Weil es geht nicht da drum, dass der Produktmanager sich selber verwirklicht in der Software … egal, was es kostet, egal, ob es nötig ist, aber da haben wir schon Regularien, die das verhindern. Zum einen werden größere Konzepte diskutiert, also es geht jetzt nie um zehn oder 20 oder 30 Tage, das ist Quatsch, aber größere Konzepte werden*

[826] Experten 2 und 16
[827] Experten 5, 8, 22 und 26
[828] Experte 13

diskutiert, und wir haben eben diese erwähnten Netzwerke, denen würde es auffallen, ob sich da einer profilieren möchte.“

Zur Festlegung der IT-Produktspanne wird eine *eindeutige Zuordnung der Produkte* auf einen IT-Produktmanager angeraten. Gleichzeitig sollten jedoch mehrere Personen für das Produkt zuständig sein, um Ausfälle auffangen zu können (z.B. Experte 24).[829]

Experte 24: „Weil wir letztendlich Probleme bekommen in Vertretungsregelungen an der Stelle, ... es kann ja sein, das Thema „vom Bus überfahren“ oder so ... Es fühlt sich einer verantwortlich für das Produkt und beeinflusst das maßgeblich, das wäre an der Stelle der Produktmanager, aber jedes Produkt hat auch mehrere Aspekte und ich würde sagen, dass für jedes Produkt mindestens zwei oder drei dieser vier bis sechs Personen das Produkt kennen ...“

5.3.6 Kritische Beurteilung der vorliegenden Erhebung

Zur Validierung der Forschungsergebnisse werden die auf die Untersuchungsmethode abgestimmten sechs inhaltsanalytischen Gütekriterien der qualitativen Forschung nach Mayring herangezogen:[830]

- Verfahrensdokumentation: Die Durchführung der vergleichenden Feldstudie zur Erhebung explorativer Erkenntnisse über die Ausgestaltung der Stelle des IT-Produktmanagements in der Praxis wird in Kapitel 5.3.3 ausführlich und möglichst detailliert beschrieben, um die Nachvollziehbarkeit der Erkenntnisgewinnung zu gewährleisten. Eine genaue Aufführung des Verfahrens der Bildung der Kodier(sub)kategorien ist in diesem Rahmen nicht möglich, die Interviews und Auswertungsschritte sind jedoch dokumentiert und können auf Anfrage vorgezeigt werden.
- Argumentative Interpretationsabsicherung: Durch möglichst stringente argumentative Begründungen der Interpretationen, die eine qualitative Inhaltsanalyse mit sich bringt, wird versucht, die Ergebnisse weitgehend nachvollziehbar darzustellen. Zusätzlich werden die prägnantesten Antworten der Experten den jeweiligen Aussagen im Originaltext hinzugefügt.
- Regelgeleitetheit: Die systematische Erstellung des Leitfadens zur Durchführung der Interviews (siehe Kapitel 5.3.4) sowie die folgenden Analyseschritte, d.h. die Bildung der Kodier(sub)kategorien (siehe Kapitel 5.3.3), werden anhand methodischer Regeln durchgeführt.

[829] Experten 19 und 24

[830] Vgl. zur folgenden Aufzählung Mayring (2010), S. 118 ff.

- Nähe zum Gegenstand: Die Interessen des Forschers und der Experten können durch die offene Herangehensweise der Leitfadeninterviews in Einklang gebracht werden. Die Experten können sämtliche Informationen und Antworten, die sie für wichtig und interessant halten, während der Interviews anbringen, es wird an deren alltägliche Lebenswelt angeknüpft. Gleichzeitig werden die dem Forscher als relevant erscheinenden Fragen durch den Leitfaden abgedeckt.
- Kommunikative Validierung: Die Gültigkeit der Ergebnisse und Interpretationen werden nicht durch eine nochmalige direkte Kommunikation mit den Experten validiert, jedoch wird versucht, durch eine abschließende Sichtung der transkribierten Interviews bezüglich der gewonnenen Ergebnisse die Erkenntnisse weitestgehend abzusichern.
- Triangulation: Während der vergleichenden Feldstudie werden mehrere Analysegänge durchgeführt, um die Interviews gegenüberzustellen, wodurch die Qualität der Ergebnisse erhärtet werden kann. Hierfür werden die in Kapitel 2 und 4 gewonnenen theoretischen Erkenntnisse als Grundlage verwendet. Gleichzeitig werden die Webseiten der Organisationen als weitere Datenquelle herangezogen.

Dennoch weisen die Ergebnisse aus Interviews allgemein gewisse Einschränkungen bezüglich ihrer Aussagefähigkeit auf. Außer Acht gelassen werden bestimmte Persönlichkeitsmerkmale der Experten, welche Einfluss auf die Beantwortung der Fragen haben können.[831] Eine direkte Befragung bringt die Gefahr der Überschätzung der eigenen Autorität bezüglich der Kompetenzen mit sich. Auch können semantische Missverständnisse zwischen Interviewer und Befragten auftreten. Dem wird versucht, durch die Aufnahme und anschließende Transkription der Interviews entgegenzugehen. Durch die Auswertung der Interviews kann ein Überblick geschaffen werden über die Ziele, Rahmenbedingungen, Aufgaben, Probleme und Effizienzkriterien des IT-Produktmanagements in der Praxis. Um eine Typisierung und Aussagen über mögliche Zusammenhänge oder sogar Gestaltungsempfehlungen geben zu können, ist es jedoch notwendig, die Ergebnisse in einen situativen Zusammenhang zu bringen.

[831] Vgl. zum folgenden Absatz Lucas (1972), S. 41 ff.

6. Situatives Modell für das IT-Produktmanagement ($SIMO_{IT\text{-}PM}$)

Um das Ziel dieser Arbeit zu erreichen und ein situatives Modell für das IT-Produktmanagement (im Folgenden $SIMO_{IT\text{-}PM}$ genannt) zu entwickeln, wird angestrebt, aufbauend auf den bisherigen Erkenntnissen aus Theorie und Praxis, Beziehungen von Autarkie- und Autonomiegrad der von den Experten skizzierten Porträts von IT-Produktmanagern zu identifizieren und daraus eine Typisierung abzuleiten. Anschließend sollen prägnante situative Einflussfaktoren auf die einzelnen Typen gefunden werden, welche sich aus den Zielen, Rahmenbedingen und Problemen/Effizienzkriterien ergeben. Eine Typologie ist Ergebnis eines Gruppierungsprozesses, welcher eine Zusammenfassung von Phänomenen nach bestimmten Merkmalen in Typen intendiert.[832] Die interne Homogenität besagt dabei, dass sich Elemente innerhalb einer Gruppe möglichst ähneln, die externe Heterogenität zielt auf eine möglichst starke Unterscheidung der Gruppen untereinander ab.[833] Die theoretische Typisierung verfolgt das Ziel, *Idealtypen*[834] des IT-Produktmanagements zu definieren (siehe Kapitel 6.1). Idealtypen werden durch Hervorheben des Wesentlichen und Weglassen des Unwesentlichen gebildet. Sie sind real nicht existent und demnach gedankliche Konstrukte, um soziale Phänomene begrifflich zu erfassen und im Vergleich mit einem Idealtyp einzuordnen. Die Bildung der Idealtypen soll im Forschungsprozess als Grundlage dienen, um eine Einordnung der durch die Experten während der Interviews skizzierten *Realtypen*,[835] welche die Realität abbilden, zu ermöglichen. Bei dieser Einordnung treten Schwierigkeiten auf, da sich die in der Praxis existierenden Realtypen nicht ohne Weiteres den eher plakativen theoretischen Idealtypen zuweisen lassen. Aus diesem Grund wird zusätzlich eine empirisch begründete Typisierung auf Basis der theoretischen Überlegungen vorgenommen, um so modellhaft *Referenztypen* des IT-Produktmanagements herleiten zu können. Diese haben zum einen deskriptiven Gehalt durch die Charakterisierung der Typen. Treten jedoch Abweichungen eines Realtyps zu einem der Referenztypen auf, können daraus Empfehlungen zu einer Angleichung an den jeweiligen Referenztypen oder gar zu einem Wechsel zu einem anderen Referenztypen entstehen. Darauf aufbauend werden Gestaltungsempfehlungen entwickelt mit Empfehlungscharakter für die Ausgestaltung des IT-Produktmanagements in der Praxis.

[832] Vgl. Lamnek (2010), S. 205 ff. und Sodeur (1974), S. 24
[833] Vgl. Kelle und Kluge (2010), S. 85
[834] Vgl. zu den Idealtypen Weber (1988), S. 146 ff., siehe auch Lamnek (2010), S. 205 f.
[835] Vgl. zu den Realtypen Knoblich (1972), S. 145., siehe auch Lamnek (2010), S. 206

Auf diese Weise sollen Antworten auf die Forschungsfragen vier und fünf gefunden werden.

Das $SIMO_{IT-PM}$, welches in diesem Kapitel dargestellt wird, ist eine sprachliche Beschreibung des Gestaltungsbereichs des IT-Produktmanagements, d.h. eine strukturähnliche Abbildung dieses Bereiches und somit ein isomorphes, deskriptives Modell.[836] Es kann deswegen als Modell bezeichnet werden, weil es sich um ein zusammengesetztes Gedankengebilde handelt, da es realen Bezug hat sowie prägnante Teilaspekte aus der Wirklichkeit darstellt.[837]

Das $SIMO_{IT-PM}$ besteht aus sechs hergeleiteten Referenztypen des IT-Produktmanagements (siehe Kapitel 6.2), welche sich ergeben aus

- dem Kategorienschema der Gestaltungsalternativen des IT-Produktmanagements (Abbildung 72),
- dem Kategorienschema der Rahmenbedingungen des IT-Produktmanagements (Abbildung 73 und Abbildung 74) und dem
- Kategorienschema der Probleme/Effizienzkriterien des IT-Produktmanagements (Abbildung 75),

sowie dem Katalog mit Gestaltungsempfehlungen für das IT-Produktmanagement (siehe Kapitel 6.3, Abbildung 83 und Abbildung 84 sowie Abbildung 85 und Abbildung 86).

Zur Veranschaulichung der Funktionalität und um gleichzeitig den praxeologischen Nutzen zu erhöhen, wird das $SIMO_{IT-PM}$ in Form eines Self-Assessment Tools in einen Prototypen überführt, dargestellt in Kapitel 6.4.

6.1 Theoretisch begründete Bildung von Idealtypen des IT-Produktmanagements

Die Herleitung von Idealtypen des IT-Produktmanagements soll auf Basis der gewonnenen theoretischen Erkenntnisse, insbesondere zu Stellen, Stellenarten und Strukturtypen (siehe Kapitel 2.1.2), erfolgen.[838] Die Grundlage bildet demnach die Stelle als kleinste,

---

836 Vgl. Strahringer (2013), URL siehe Literaturverzeichnis

837 Vgl. Kosiol (1961), S. 319, Ludewig und Lichter (2010), S. 5 ff., Schneider (2007a), S. 153 f. und Thomas (2006), S. 54 f.

838 Siehe zu diesem Kapitel die Ausführungen und Herleitung aus Kapitel 2, insbesondere 2.1.2, erste Schritte in Richtung einer theoretisch begründeten Typisierung konnten bereits veröffentlicht werden in Peine u.a. (2012) und Peine u.a. (2013)

selbständig handelnde Organisationseinheit, ausgestattet mit Zuständigkeiten und Kompetenzen zur Wahrnehmung von Aufgaben des IT-Produktmanagements. Demnach beschreibt die Stelle des IT-Produktmanagements als organisatorische Einheit im Rahmen der Aufbauorganisation den Kompetenzbereich eines oder mehrerer gedachter Stelleninhaber, wobei die Aufgaben des IT-Produktmanagements auf unterschiedliche Weise synthetisiert und wahrgenommen werden können. Hierbei wird auf die Ausgestaltung des Autonomiegrads hingewiesen (siehe Kapitel 4.2.5), wonach eine Aufgabe entscheidend (e), vorschlagend (v), koordinierend (k), durchführend (d) oder unterstützend (u) wahrgenommen werden kann.

Die organisatorische Einbettung einer Stelle richtet sich nach den Gestaltungsbedingungen der organisationalen Rahmenstruktur und kann anhand der fünf Basiskomponenten einer Organisation (siehe Kapitel 2.1.2) umgesetzt werden: Instanz und mittlere Instanz/Management, Ausführungsstelle, Stabsstelle und Servicestelle. Diese Abgrenzung beschreibt die Ausgestaltung der Stelle des IT-Produktmanagements in einer Organisation (siehe hierzu die Übersicht in Abbildung 69 und die darauf folgenden Erläuterungen).

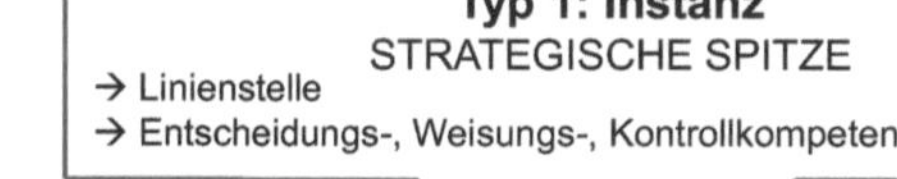

Abbildung 69: Strukturtypen des IT-Produktmanagements[839]

Anhand der organisationstheoretischen Strukturtypen werden anschließend Idealtypen des IT-Produktmanagements bestimmt. Zum Gestaltungsbereich einer Stelle gehört

[839] Eigene Darstellung, in Anlehnung an Mintzberg (1992), S. 28

ebenso der Autarkiegrad, welcher den Idealtypen in Form von zugehörigen Funktionsbereichen zugewiesen wird (siehe Abbildung 70). Hierbei wird ein Realtyp nicht zwingend sämtliche Aufgaben, die ihm im Folgenden zugeschrieben werden, wahrnehmen, dies variiert je nach Situation der jeweiligen Organisation. Die vorgestellten Typen bilden im Sinne von Hypothesen eine Grundlage für weitere empirische Forschungsarbeit.

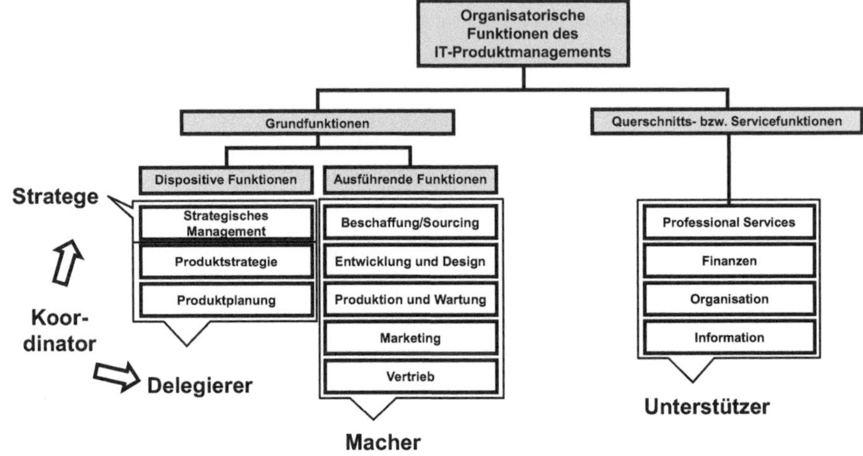

Abbildung 70: Idealtypen des IT-Produktmanagements und zugehörige Funktionsbereiche[840]

Die Strategische Spitze und die Mittellinie einer Organisation erfüllen Planungs-, Organisations- und Kontrollaufgaben und sind besetzt durch Instanzen, d.h. Managern mit Entscheidungs- sowie Weisungsbefugnis und Führungsautorität (e) und koordinierende mittlere Instanzen (k). Ist das IT-Produktmanagement als Instanz in der Linie (LI/LF$_{IT\text{-}PM}$/PA$_{IT\text{-}PM}$)[841] einer Organisation verankert, gleicht es verschiedene Aufgaben einander an und delegiert diese. Der *Stratege* an der Spitze nimmt somit dispositive Funktionen im strategischen Management wahr, der *Delegierer* weist Aufgaben anhand der von ihm entwickelten Produktstrategie und -planung zu. Stratege und Delegierer sind demnach auf die Geschäftsentwicklung fokussiert und haben eine langfristige Sicht auf die Dinge. Es werden vornehmlich strategische Aufgaben erfüllt, Budgetierung und IT-Alignment werden geplant und festgelegt, so dass die Ziele der Organisation mit der Produktstrategie und

[840] Eigene Darstellung

[841] Siehe Abbildung 42, Kapitel 4.2.1 zur Systematik der Organisationsformen des IT-Produktmanagements

dem IT-Produktmanagement selbst korrelieren, häufig mit Zuarbeit durch eine Stabsstelle.

Stabsstellen liegen im Hilfsstab außerhalb des Produktionsflusses ($ST_{IT\text{-}PM}$). Als *Koordinator* auf diese Weise in die Organisation eingebunden assistiert das IT-Produktmanagement einer Instanz in der Entscheidungsvorbereitung (v). Hierbei hat es eine Vorschlagsrolle in den dispositiven Funktionen strategisches Management, Produktstrategie und Produktplanung mit entsprechend mittel- bis langfristiger Perspektive. Der Koordinator kann als zentrale Kommunikationsplattform gesehen werden, die produktbezogene Entscheidungen abstimmt und kommuniziert. Er wirkt unterstützend und bereitet Grundlagen für übergeordnete Instanzen zur Entscheidungsfindung vor.

Eine Servicestelle ist in die Technostruktur außerhalb der formalen Linie in Form einer Matrixorganisation als *Unterstützer* eingebettet ($MA_{IT\text{-}PM}$), definiert und überwacht Prozesse und passt die Organisationsstruktur an die Umgebung an. Das IT-Produktmanagement als Servicestelle erfüllt Aufgaben unterstützend und bringt ein umfangreiches Fachwissen ein (u). Sein Schwerpunkt liegt bei den Querschnitts- und Servicefunktionen Professional Services, Finanzen, Organisation und Information. Der Unterstützer hat eine mittelfristige Sicht auf die Transaktionen, die mit den IT-Produkten verbunden sind, konzentriert sich auf die Produktpositionierung, kennt die Produktdefinition und weiß um die strategische Ausrichtung der Produkte und der Organisation. Vor allem aber unterstützt er mit seinen Fachkenntnissen und stellt anderen Stellen Services bereit.

Eine Ausführungsstelle ist in der Linie ($LI/LF_{IT\text{-}PM}$) im Betrieblichen Kern einer Organisation angesiedelt und mit der operativen Umsetzung von Aufgaben betraut (d). Dieser Typ des IT-Produktmanagements ist ein *Macher* mit Durchführungskompetenzen bezüglich seines Autarkiegrads. Ihm werden demnach die ausführenden Funktionsbereiche Beschaffung/Sourcing, Entwicklung und Design, Produktion und Wartung, Marketing und Vertrieb zugeschrieben. Dabei ist es wichtig, dass das Kongruenzprinzip[842] eingehalten wird, d. h. dass der Macher in dieser Situation sowohl die Kompetenz als auch die Verantwortung für eine Aufgabe innehat, die erfüllt werden soll. Somit hat der Macher eine eher kurzfristige Perspektive, sein Fokus liegt in der eigentlichen Erfüllung der Aufgaben,

[842] Siehe Kapitel 2.2.4

die ihm von höheren Stellen übertragen werden. Aus diesem Grund wird er häufig nicht als IT-Produktmanager wahrgenommen.

6.2 Referenztypen des IT-Produktmanagements

Bei dem Versuch der Zuordnung der aus den Experteninterviews gewonnenen Realtypen zu einem bestimmten Idealtyp wird deutlich, dass sich die Ausprägungen der Gestaltungsbereiche als zu vielschichtig herausstellen. Ein Vergleich zeigt deutlich, dass die theoretisch hergeleiteten Idealtypen eine Richtung bezüglich des Autonomie- und Autarkiegrads eines Typs aufweisen, die Wirklichkeit jedoch nicht in dieser Form geschaffen ist. So ist einem Realtyp nicht ein bestimmter Kompetenzbereich zugewiesen noch kann er einem einzelnen Funktionsbereich zugeordnet werden. Basierend auf den theoretischen Überlegungen wird daraufhin eine empirisch begründete Bildung von Referenztypen (siehe Kapitel 6.2.1-6.2.6) durchgeführt nach dem Stufenmodell der empirisch begründeten Typenbildung.

Die systematische Fallkontrastierung spielt eine bedeutende Rolle in der qualitativen Sozialforschung (siehe hierzu auch die Ausführungen in Kapitel 5.3.3).[843] Solch eine Fallkontrastierung basiert auf Vergleichsdimensionen bzw. Kategorien, auf deren Basis ein Vergleich erst möglich wird.[844] Durch Bildung von Typologien wird eine komplexe Realität reduziert auf eine beschränkte und dadurch überschaubarere Anzahl von Gruppen, deren inhaltliche Zusammenhänge mit Hilfe allgemeiner Hypothesen erklärbar werden. Durch die Darstellung der zentralen Ähnlichkeiten und Unterschiede im vorliegenden Datenmaterial regen Typologien zur Hypothesenformulierung an, wirken dadurch unterstützend bei der Entwicklung von Theorien und werden deshalb auch als Heuristiken der Theoriebildung bezeichnet.[845] Diese begründet sich auf der Methode der hypothetischen Schlussfolgerung bzw. Abduktion, die die kontrollierte Verknüpfung von theoretischem Vorwissen mit empirischem Beobachtungswissen unterstützt.[846]

Um zu einer empirisch begründeten Typenbildung zu gelangen, werden demnach zunächst signifikante Gemeinsamkeiten und Unterschiede aus den Aussagen der in Kapitel 5.3 vorgestellten Experten identifiziert, um darauf basierend eine Typisierung vornehmen

[843] Vgl. Becker (1968), Bohnsack (2007), Gerhardt (1995) oder auch Glaser und Strauss (1967)
[844] Vgl. zum folgenden Absatz Kelle und Kluge (2010), S. 10-15 und S. 25
[845] Vgl. Kelle und Kluge (2010), S. 11
[846] Vgl. Wollnik (1977), S. 43 und Bortz und Döring (2006), S. 30

zu können. Hierfür wird das Stufenmodell empirisch begründeter Typenbildung nach Kelle und Kluge aus der Sozialforschung herangezogen (siehe Abbildung 71).

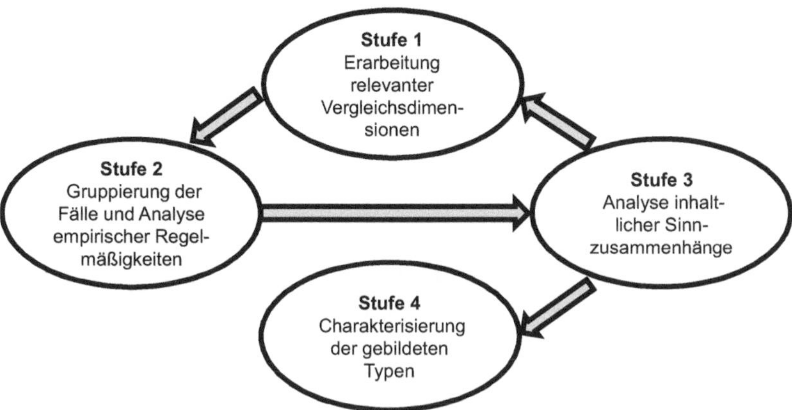

Abbildung 71: Stufenmodell empirisch begründeter Typenbildung[847]

Stufe 1 – Erarbeitung relevanter Vergleichsdimensionen

Um zu entsprechenden Vergleichsdimensionen zu gelangen, gehen Kelle und Kluge wie auch Mayring von Kategorien im Zentrum der Analyse aus, welche als Grundlage für die empirische Bildung von Typen des IT-Produktmanagements dienen.[848]

Durch die Analyse und Auswertung des Datenmaterials, welches aus den 30 Experteninterviews entstanden ist, können in Kapitel 5.3.5 bereits die relevanten Kategorien und deren Dimensionen zur Erschließung der jeweiligen Situation eines IT-Produktmanagements gebildet werden. Zur Identifikation von Realtypen des IT-Produktmanagements werden diese in zwei Kategorienschemata eingeteilt:

Zum einen das Schema der Gestaltungsalternativen des IT-Produktmanagements (siehe Abbildung 72), welches die Grundlage für die Typisierung bildet (siehe Kapitel 2.2.4). Die horizontale Achse zeigt den Autarkiegrad mit den Funktionsbereichen und Aufgaben des IT-Produktmanagements, die vertikale Achse den Autonomiegrad, d.h. den Kompetenzbereich des IT-Produktmanagements.

847 Vgl. Kelle und Kluge (2010), S. 92
848 Vgl. Kelle und Kluge (2010), S. 92 und Mayring (2010), S. 48 ff.

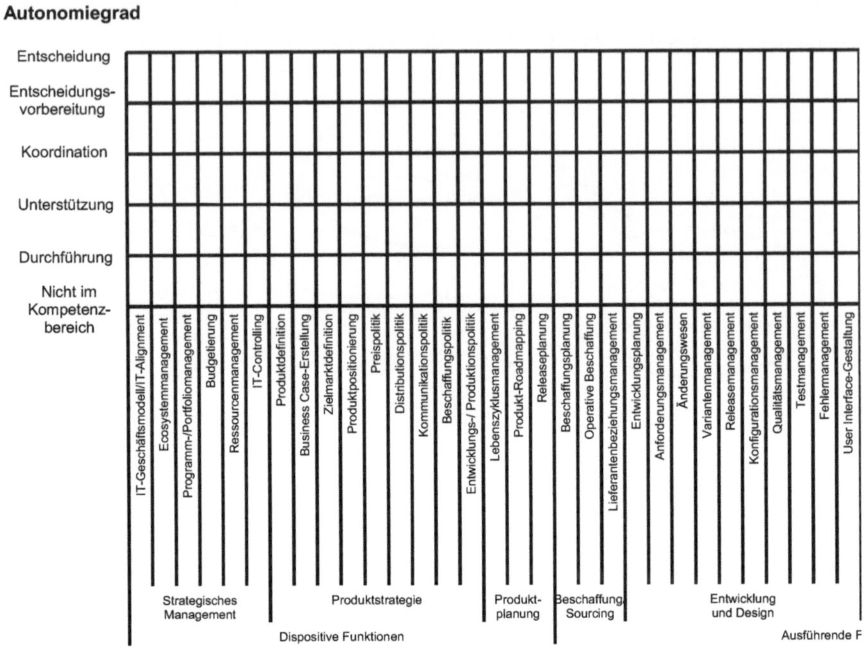

Autonomiegrad

Entscheidung

Entscheidungs-vorbereitung

Koordination

Unterstützung

Durchführung

Nicht im Kompetenz-bereich

IT-Geschäftsmodell/IT-Alignment
Ecosystemmanagement
Programm-/Portfoliomanagement
Budgetierung
Ressourcenmanagement
IT-Controlling
Produktdefinition
Business Case-Erstellung
Zielmarktdefinition
Produktpositionierung
Preispolitik
Distributionspolitik
Kommunikationspolitik
Beschaffungspolitik
Entwicklungs-/ Produktionspolitik
Lebenszyklusmanagement
Produkt-Roadmapping
Releaseplanung
Beschaffungsplanung
Operative Beschaffung
Lieferantenbeziehungsmanagement
Entwicklungsplanung
Anforderungsmanagement
Änderungswesen
Variantenmanagement
Releasemanagement
Konfigurationsmanagement
Qualitätsmanagement
Testmanagement
Fehlermanagement
User Interface-Gestaltung

Strategisches Management
Produktstrategie
Produkt-planung
Beschaffung/ Sourcing
Entwicklung und Design

Dispositive Funktionen
Ausführende F

Projektmanagement	Projekt-Anforderungsmanagement	Projektdurchführung	Wartung	Produktelimination/-migration	Marketingplanung	Operatives Marketing/-Produkteinführung	Vertriebsplanung	Einsatz der 4Ps/7Ps	Vorbereitung der Absatzkanäle	Operativer Vertrieb	Kundenbeziehungsmanagement	Planung der Professional Services	Operativer Service und Support	Stakeholdermanagement	Aufwandschätzungen	Kosten-Nutzenbetrachtung	Kalkulation und Preisfindung	Prozessmanagement	Aufbauorganisation	Rechts- und IPR-Management	Wissensmanagement	Innovationsmanagement	Performance-, Chancen- und Risikomanagement	Produkt-, Markt-, Kunden-, Wettbewerbsanalyse
Produktion und Wartung					Marke-ting		Vertrieb					Professional Services			Finanzen			Orga-nisation		Information				
unktionen												Querschnittsfunktionen												

Autarkiegrad

Abbildung 72: Kategorienschema der Gestaltungsalternativen des IT-Produktmanagements[849]

Zum anderen wird ein Kategorienschema mit den Rahmenbedingungen (siehe Abbildung 73 und Abbildung 74) und eines mit den Problemen/Effizienzkriterien des IT-Produktmanagements gebildet (siehe Abbildung 75), welche als situative Faktoren Einfluss auf die Gestaltungsparameter ausüben können (siehe Kapitel 5.3.5.1, 5.3.5.2, 5.3.5.4, 5.3.5.5).

[849] Eigene Darstellung

RAHMENBEDINGUNGEN	
Dimensionen der externen Situation	
IT-Branche	1 = Softwarespezialist 2 = Branchenspezialist 3 = Dienstleister 4 = Spezialist für Querschnittsfunktionen 5 = Berater
Kundenstruktur	1 = Interne Kunden 2 = Externe Kunden 3 = Kleine Organisationen 4 = Mittelständische Organisationen 5 = Große Organisationen
Stakeholderstruktur	(neben der Wertschöpfungskette) 1 = Gesetzgeber 2 = Partner 3 = Fördergeber
IT-Produkte: Komplexität	1 = Mittel 2 = Reduziert 3 = Hoch
Heterogenität	1 = Mittel 2 = Reduziert 3 = Hoch
Marktliche Dynamik und Unsicherheit	1 = Mittel 2 = Reduziert 3 = Hoch
Technische Dynamik und Unsicherheit	1 = Mittel 2 = Reduziert 3 = Hoch

Dimensionen der internen Situation	
Gegenwartsbezogene Faktoren	
Produktportfolio (Art der IT-Produkte)	1 = Lizenz 2 = Lizenz plus Service 3 = Projekte/Dienstleistungsbündel 4 = IT-Systemservicegeschäft
Diversifikationsgrad (Anzahl der IT-Produkte)	1 = <= 10 2 = <= 100 3 = > 100
Diversifikationsgrad (Unterschiedlichkeit der IT-Produkte)	1 = 1 Art IT-Produkt 2 = 2 Arten IT-Produkte 3 = 3 Arten IT-Produkte 4 = 4 Arten IT-Produkte
Umsatzverteilung	1 = Eher homogen 2 = Eher heterogen 3 = Kein Umsatz
Organisationsgröße	1 = <= 50 (klein) 2 = <= 250 (mittel) 3 = <= 5000 (groß) 4 = > 5000 (mega)
Organisationsziele: Finanzwirtschaftliche Ziele	1 = Erfolg (z.B. Gewinn) 2 = Liquidität (z.B. Kostenoptimierung)
Leistungswirtschaftliche Ziele	3 = IT-Produktziele (z.B. Standrdisierung) 4 = Kundenziele (z.B. Befriedigung der Kundenwünsche) 5 = Marktziele (z.B. Marktführerschaft)
Soziale Ziele	6 = Mitarbeiterbezogen (z.B. Mitarbeiterzufriedenheit) 7 = Gesellschaftsbezogen (z.B. Ökologische Ziele)
Psychographische Ziele	8 = Marktgerichtet (z.B. Kundenzufriedenheit) 9 = Organisationsgerichget (z.B. Kundenorientierung)
	10 = Organisationsziele unbekannt
Größe des IT-Produktmanagements/ **Anzahl IT-Produktmanager**	1 = 0 2 = 1 3 = <= 10 4 = <= 100 5 = > 100
Ziele des IT-Produktmanagements: Finanzwirtschaftliche Ziele	1 = Erfolg (z.B. Gewinn) 2 = Liquidität (z.B. Kostenoptimierung)
Leistungswirtschaftliche Ziele	3 = IT-Produktziele (z.B. Standrdisierung) 4 = Kundenziele (z.B. Befriedigung der Kundenwünsche) 5 = Marktziele (z.B. Marktführerschaft)
Soziale Ziele	6 = Mitarbeiterbezogen (z.B. Mitarbeiterzufriedenheit) 7 = Gesellschaftsbezogen (z.B. Ökologische Ziele)
Psychographische Ziele	8 = Marktgerichtet (z.B. Kundenzufriedenheit) 9 = Organisationsgerichget (z.B. Kundenorientierung)
	10 = Ziele des IT-Produktmanagements unbekannt
Vergangenheitsbezogene Faktoren	
Entwicklungsstadium	1 = Noch kein IT-Produktmanagement implementiert 2 = Im Aufbau/noch nicht vollständig etabliert (ca. <= 5 Jahre) 3 = Etabliert (ca. > 5 Jahre)
Art der Gründung des **IT-Produktmanagements**	1 = Persönlich 2 = Sachlich

Abbildung 73: Kategorienschema der Rahmenbedingungen des IT-Produktmanagements – Teil 1[850]

[850] Eigene Darstellung

IT-Produktmanagement Subsystemkomponenten	
Struktur der Weisungsbeziehungen	1 = Einliniensystem 2 = Mehrliniensystem
Grad und Dauer objektgerichteter Ressourcenverselbständigung	1 = Reduzierter Zugriff auf Ressourcen 2 = Hoher Zugriff auf Ressourcen innerhalb eines vorgegebenen Rahmens
Entscheidungskompetenzumfang	1 = Reduziert 2 = Hoch
Eingliederung in das Organisationsorganigramm	1 = Keine Ausrichtung auf Produktziel (KAIT-PM) 2 = Geringe Ausrichtung auf Produktziel (STIT-PM) 3 = Mittlere Ausrichtung auf Produktziel (MA/PAIT-PM) 4 = Hohe Ausrichtung auf Produktziel (LI/LFIT-PM) 5 = Volle Ausrichtung auf Produktziel (PSIT-PM)
Machtstruktur (Erfüllung des Kongruenzprinzips)	1 = Möglichkeit, auf Handlungsfelder anderer Stelleninhaber einzuwirken, reduziert 2 = Möglichkeit, auf Handlungsfelder anderer Stelleninhaber einzuwirken, gegeben
Leitungsstruktur	1 = Keine dedizierte Stelle 2 = Singulärstelle (IT-PMSingulär) 3 = Gruppe (IT-PMGruppe) 4 = Abteilung mit Abteilungsleiter (IT-PMAbteilung) 5 = Zentrale Koordinationsabteilung ohne Weisungsbefugnis für Produktmanagementabteilung (IT-PMKoordinationsorgan)
Produktspanne (Anzahl der betreuten Produkte pro IT-Produktmanager)	1 = 1 IT-Produkt 2 = Mehrere IT-Produkte 3 = Sämtliche IT-Produkte (keine Aufteilung)
Verhalten der Organisationsmitglieder	
Bedeutung/Unterstützung des IT-Produktmanagements	1 = Reduziert 2 = Hoch
Informationssteuerung (Tournus Meetings)	1 = Reduziert 2 = Hoch
ZIELE	
Organisationsziele	Siehe oben
Ziele des IT-Produktmanagements	Siehe oben
Korrelation der Ziele	1 = Keine Korrelation 2 = Koorelation gegeben
Bemessung des IT-Produktmanagements an Zielen	1 = Keine Bemessung 2 = Bemessung gegeben

Abbildung 74: Kategorienschema der Rahmenbedingungen des IT-Produktmanagements – Teil 2[851]

[851] Eigene Darstellung

Die Aussagen der 30 Experten (Realtypen, siehe Kapitel 5.3) des IT-Produktmanagements werden auf Basis des während der Kapitel 2, 0 und 4 gewonnenen Vorwissens codiert. Anschließend werden die Kategorienschemata (Abbildung 73, Abbildung 74 und Abbildung 75) für jeden Realtypen als Grundlage für die darauf aufbauende Stufe 2 der empirisch begründeten Typenbildung ausgefüllt.

PROBLEME	
Probleme des IT-Produktmanagements	1 = Keine Probleme **PROBLEME BEZÜGLICH DER RAHMENBEDINGUNGEN** 2 = Grad und Dauer objektgerichteter Ressourcenverselbständigung zu gering 3 = Komplexe Stakeholderstruktur 4 = Keine gesicherten Rahmenbedingungen, Wissensinsel, Überlast 5 = Zu starke Formalisierung 6 = Hohe Anforderungen und Fähigkeiten 7 = Entscheidungswege nicht eindeutig geregelt 8 = Zu wenig Einfluss/Unterstützung 9 = Keine regelmäßigen Treffen 10 = IT-Produktportfolio - Diversifikationsgrad - Komplexität der IT-Produkte 11 = IT-Produktportfolio - Diversifikationsgrad - Standardisierungsbemühungen, vom Projekt zum Produkt 12 = IT-Produktportfolio - Umsatzverteilung **AUFGABENBEZOGENE PROBLEME** 13 = Aufgaben nicht definiert 14 = IT-Produktdefinition 15 = Operatives Marketing/Produkteinführung 16 = IT-Controlling 17 = Kosten-Nutzenbetrachtungen 18 = Anforderungsmanagement 19 = Wissensmanagement **ZIELBEZOGENE PROBLEME** 20 = Keine eigenen Ziele für das IT-Produktmanagement 21 = Schwierige Bemessung-kein Controllorgan, Rechtfertigung 22 = ...

Effizienzkriterien des IT-Produktmanagements	1 = Einführung der Stelle des IT-Produktmanagements **ZIELBEZOGENE EFFIZIENZKRITERIEN** 2 = Stringenz der Organisations- und IT-Produktmanagementziele und deren Formalisierung in Business Plänen 3 = Erfolgsabhängige Ziele und Bewertung **AUFGABENBEZOGENE EFFIZIENZKRITERIEN** 4 = Klare Aufgabendefinition 5 = IT-Geschäftsmodell/IT-Alignment, z.B. Ziele und Strategien in Einklang bringen 6 = IT-Controlling 7 = Business Case Erstellung 8 = Zielmarktdefinition, z.B. durch Marktbeobachtung und -bearbeitungsstrategien 9 = Lebenszyklusmanagement, z.B. Kümmerer während sämtlicher Phasen 10 = Releaseplanung, z.B. kürzere Releasezyklen 11 = Anforderungsmanagement, z.B. durch Toolunterstützung 12 = Änderungswesen, z.B. durch klare Dokumenation 13 = Operativer Vertrieb, z.B. durch spezielle Tools 14 = Kundenbeziehungsmanagement, z.B. durch Events 15 = Stakeholdermanagement 16 = Prozessmanagement, z.B. durch Formalisierung 17 = Wissensmanagement, z.B. durch Systeme/Wikis 18 = Innovationsmanagement, z.B. getrennt von Alltagsgeschäft **EFFIZIENZKRITERIEN BEZÜGLICH DER RAHMENBEDINGUNGEN** 19 = Definition der Stelle des IT-Produktmanagements 20 = Time to Market 21 = Standardisierung der IT-Produkte, Begrenzung des Diversifikationsgrades 22 = Unterstützung des IT-Produktmanagements 23 = Regelmäßige Treffen/Schulungen 24 = Betriebsklima und charismatischer Stelleninhaber 25 = Umfassendes Wissen 26 = Sicherung und Priorisierung von Ressourcen 27 = Entscheidungskompetenz 28 = Kleine Teams mit flachen Strukturen und hohen Entscheidungskompetenzen 29 = IT-Produktmanagement als Profit Center 30 = IT-Produktmanagement in Matrixform 31 = Nähe zu den anderen Funktionsbereichen 32 = IT-Produktmanagement als Koordinationsschnittstelle 33 = Aufteilung innerhalb des IT-Produktmanagements anhand der vorhandenen Strukturen von IT-Produkten 34 = IT-Produktmanagement in Führungsebene vertreten 35 = Dezentralisation des IT-Produktmanagements 36 = Übergeordneter IT-Produktmanager 37 = Regularien zur Kontrolle des IT-Produktmanagements 38 = Eindeutige Zuordnung der Produkte 39 = ...

Abbildung 75: Kategorienschema der Probleme/Effizienzkriterien des IT-Produktmanagements[852]

[852] Eigene Darstellung

Stufe 2 – Gruppierung der Fälle und Analyse empirischer Regelmäßigkeiten

In Stufe 2 erfolgen die Gruppierung der Experteninterviews anhand der Gestaltungsparameter sowie die Analyse empirischer Regelmäßigkeiten durch Aufdecken von Zusammenhängen und Korrelationen von Aufgaben und Art der Erfüllung.[853] Hierbei dienen Affinitätsdiagramme, um diese große Menge an Informationen aus den Kategorienschemata der Experten zu verdichten.[854] So werden zu jedem Schema Ideen, Gedanken, Fakten etc. gesammelt, auf Karten notiert und anschließend zu Clustern zusammengefasst, für welche jeweils eine Überschrift (Benennung der resultierenden Referenztypen) erarbeitet wird.[855] Wichtig für die Typisierung der Realtypen ist zum einen die Minimierung von Unterschieden (da dies zu einer höheren Wahrscheinlichkeit führt, ähnliche Daten zu einer bestimmten Kategorie aufzufinden), zum anderen die Maximierung von Unterschieden (da dies zu einer höheren Wahrscheinlichkeit führt, Heterogenität und Varianz abzubilden).[856]

Stufe 3 – Analyse inhaltlicher Sinnzusammenhänge

Stufe 3 zielt auf das Aufdecken sozialer Strukturen ab, die durch die betrachteten Merkmalskombinationen des Gestaltungsspielraums auftreten. Innerhalb der gebildeten Cluster werden Korrelationen und Zusammenhänge der Realtypen bezüglich der Gestaltungsparameter analysiert und nach Zusammenhängen bezüglich der Ziele, Rahmenbedingungen und Probleme/Effizienzkriterien gesucht. Aus diesen Zusammenhängen entstehen sechs Referenztypen des IT-Produktmanagements: Der Expertise Backer (Experten 2, 3, 7b, 8, 13, 14, 16, 20b, 27b, 28), der Single Striker (Experten 4, 12, 18, 21), der Coordinating Networker (Experten 1, 5b , 6, 7a, 11, 20a), der Multifunctional Generalist (Experten 7b, 10, 15, 19, 22, 26, 30), der Product Promotor (Experten 9, 17, 23, 24, 25, 29) sowie der Delegating Supervisor (Experten 5a , 27a).

[853] Einige der Experten berichten von mehreren Typen des IT-Produktmanagements, welche in ihren Organisationen etabliert sind, z.B. durch die Ausgestaltung der Stelle als Abteilung mit Abteilungsleiter und -mitarbeitern. Diese werden im Folgenden getrennt ausgewiesen, z.B. Experte 27a für den Abteilungsleiter in der Organisation des Experten 27, 27b für die Mitarbeiter der Abteilung.

[854] Vergleiche zum folgenden Absatz der Affinitätsdiagramme Martin und Hanington (2012), S. 12 f. oder Theden und Colsman (2005), S. 45-48

[855] Beispielsweise sind die Experten 4, 12, 18 und 21 in sämtliche Funktionsbereiche involviert, sie nehmen die ausführenden Funktionen im Wesentlichen durchführend wahr und sind im strategischen Management eher im Vorschlagswesen.

[856] Im Kategorienschema der Experten, die eine interne Kundenstruktur bedienen, fallen häufig Aufgaben im Marketing- und Vertriebsbereich weg und Aufgaben im Funktionsbereich Beschaffung kommen hinzu. Dies ist abhängig von der jeweiligen Wertschöpfungskette einer Organisation, hat jedoch keine Auswirkungen auf deren Zuteilung zu den einzelnen Clustern.

Stufe 4 – Charakterisierung der gebildeten Typen

Zuletzt werden in Stufe 4 die gebildeten Referenztypen des IT-Produktmanagements charakterisiert und beschrieben anhand der Vergleichsdimensionen, Merkmalskombinationen und der rekonstruierten Sinnzusammenhänge, um eine Darstellung und ein stimmiges Bild für jeden Referenztypen geben zu können:

- Der *Expertise Backer* steht anderen Stellen oder Funktionsbereichen einer Organisation (ähnlich einem Back Up) als Unterstützer mit seinem IT-produktbezogenem Expertenwissen und seinen Fachkenntnissen zur Seite.
- Der *Single Striker* ist ein Einzelkämpfer, nimmt sämtliche in einer Organisation anfallenden Aufgaben des IT-Produktmanagements eigens wahr und stimmt sich mit der ihm übergeordneten Stelle ab.
- Der *Coordinating Networker* ist für die Abstimmung und Anpassung, d.h. die Koordination, der anfallenden IT-produktbezogenen Aufgaben in einer Organisation zuständig und dient als Informationsdrehscheibe.
- Der *Multifunctional Generalist* führt die anfallenden Aufgaben des IT-Produktmanagements für „seine" IT-Produkte eigens durch, hat jedoch gleichzeitig umfangreiche Einflussmöglichkeiten durch seine produktbezogenen Entscheidungskompetenzen bezüglich der Produktstrategie.
- Der *Product Promotor* ähnelt dem Multifunctional Generalist, unterscheidet sich jedoch darin, dass sein Aufgabenbereich vorranging in der Planung und Erstellung der IT-Produkte liegt, von weiteren Aufgaben wie Marketing und Vertrieb ist er weitgehend entlastet und somit speziell auf die IT-Produkte fokussiert.
- Der *Delegating Supervisor* hat als Managementfunktion für die IT-Produkte die Budget- und Gewinnverantwortung und fällt Entscheidungen bezüglich der Produktstrategie, welche er an ihm untergeordnete Stellen weitergibt.

Dennoch ist es eher unwahrscheinlich, dass sich ein Realtyp exakt einem konstruierten Referenztypen zuordnen lässt, da es in der Praxis meist zu Abweichungen kommt. Jedoch zielt die Gruppierung zu Referenztypen einerseits darauf ab, diese in sich möglichst homogen, nach außen hin möglichst heterogen zu gestalten. Andererseits können aus entstehenden Abweichungen Handlungsempfehlungen entstehen, den Realtyp an den jeweiligen Referenztypen anzupassen. Zur Verdeutlichung der Abgrenzung und um einen durchsichtigeren Bezug zur Praxis herzustellen wird im Folgenden zu jedem Referenztypen beispielhaft ein Kurzporträt aufgeführt, abgeleitet aus den Kategorienschemata der jeweilig zugeordneten Realtyen.[857]

6.2.1 Referenztyp – Expertise Backer

Dieser Typ IT-Produktmanager ist vor allem im Bereich der ausführenden Funktionen und der Querschnitts- und Servicefunktionen innerhalb des Organigramms einer Organisation verankert.[858] Er ist den anderen Abteilungen einer Organisation (wie Beschaffung, Entwicklung, Produktion, Marketing und Vertrieb) mit seinem umfassenden produktbezogenen Wissen behilflich und nimmt somit die ausführenden Funktionen, bis auf das Anforderungsmanagement, welches er eigens durchführt, unterstützend wahr. Innerhalb der Querschnittsfunktionen ist er in den (meist third level) Support involviert, treibt das Wissens- und Innovationsmanagement voran und macht Marktanalysen, im Wesentlichen jedoch übernimmt er den Bereich Finanzen für seine IT-Produkte durchführend. Mit diesen Kenntnissen unterstützt er wiederum bei Aufgaben im strategischen Management ihm übergeordnete Stellen, von denen ihm auch die Produktstrategie vorgegeben wird. Diese setzt er um in der Produktplanung, die er durchführt. Sein Autarkiegrad ist demnach eher vollstufig, sein Autonomiegrad im Wesentlichen unterstützend durch seine fachliche Expertise und kann somit als *Expertise Backer* bezeichnet werden (siehe Abbildung 76).

Der Expertise Backer kann in unterschiedlichen Konstellationen im Organigramm verankert sein – in einer Produktspartenorganisation ($\text{PS}_{\text{IT-PM}}$), in einer Linie ($\text{LI/LF}_{\text{IT-PM}}$) oder in Matrixform ($\text{MA}_{\text{IT-PM}}$), i.d.R. als Mitglied einer Stellenmehrheit unter einem übergeordneten Delegating Supervisor, Product Promotor oder Multifunctional Generalist ($\text{IT-PM}_{\text{Abteilung}}$/$\text{IT-PM}_{\text{Koordinationsorgan}}$). Er wird eingesetzt in größeren Organisationen (Organisationsgröße > 250) mit eher komplexen, zahlreichen IT-Produkten und mehreren IT-Produkten, die ein IT-Produktmanager zu betreuen hat (Produktspanne = mehrere). Die Strategien sind vorgegeben, Entscheidungsbefugnisse liegen bei übergeordneten Stellen (Entscheidungskompetenzumfang = reduziert). Dadurch wird die Stelle häufig als nicht ausgereift empfunden und beschrieben (Entwicklungsstadium = noch nicht vollständig

[857] Die wesentlichen Einflussfaktoren bezüglich eines jeden Realtyps stehen jeweils in Klammern hinter den Ausführungen, abgeleitet aus den Kategorienschemata (siehe Abbildung 73 und Abbildung 74 sowie Abbildung 75).

[858] Experten 2, 3, 7b (interne Kunden), 8 (interne Kunden), 13, 14, 16, 20b (interne Kunden), 27b und 28 (interne Kunden)

etabliert). Auch erleben die Experten den Rückhalt ihrer Stelle durch die Geschäftsleitung durchgängig als zu gering (Bedeutung/Unterstützung = reduziert).

Gleichzeitig entstehen wenig Differenzen zwischen den Organisations- und IT-Produktmanagementzielen, da diese durch die übergeordneten Stellen ebenfalls vorgegeben werden (Korrelation = ja). Durch die im Wesentlichen unterstützenden Tätigkeiten gegenüber den anderen Funktionsbereichen werden die Stelleninhaber eher dezentral zugeordnet, um eine Nähe zu den anderen Abteilungen herzustellen, wodurch die Kommunikationsdichte zunimmt (Informationssteuerung = hoch). Probleme entstehen häufig durch die anderen Funktionsbereiche, die die Unterstützung durch den IT-Produktmanager einfordern, wodurch eine Art Feuerwehrmentalität der Stelle entsteht, was schnell zu einer Überlast führen kann.

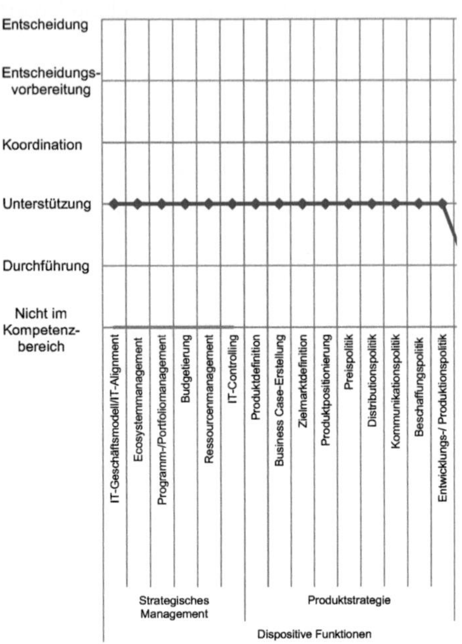
Autonomiegrad
Entscheidung
Entscheidungs-vorbereitung
Koordination
Unterstützung
Durchführung
Nicht im Kompetenz-bereich
IT-Geschäftsmodell/IT-Alignment
Ecosystemmanagement
Programm-/Portfoliomanagement
Budgetierung
Ressourcenmanagement
IT-Controlling
Produktdefinition
Business Case-Erstellung
Zielmarktdefinition
Produktpositionierung
Preispolitik
Distributionspolitik
Kommunikationspolitik
Beschaffungspolitik
Entwicklungs-/ Produktionspolitik
Strategisches Management
Produktstrategie
Dispositive Funktionen

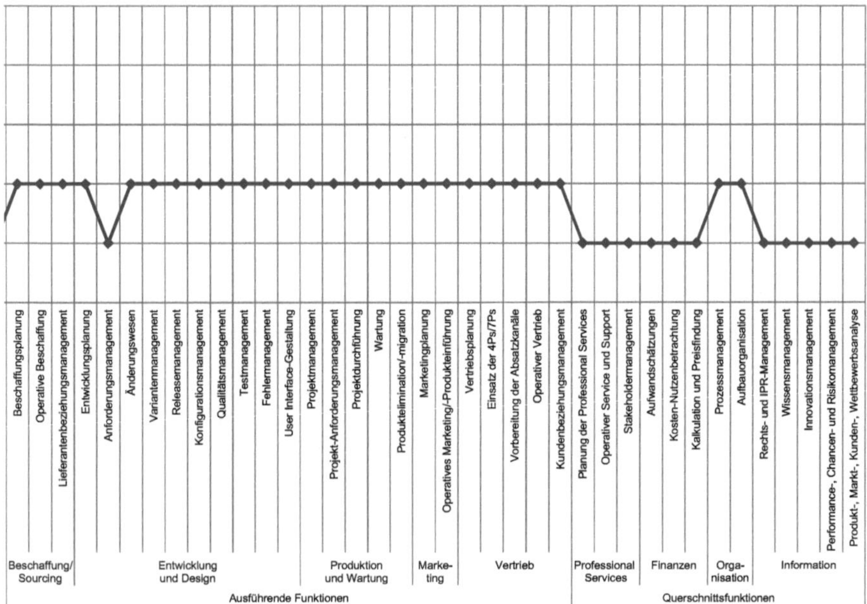

Abbildung 76: IT-Produktmanager Referenztyp: Expertise Backer[859]

[859] Eigene Darstellung

6.2.2 Referenztyp – Single Striker

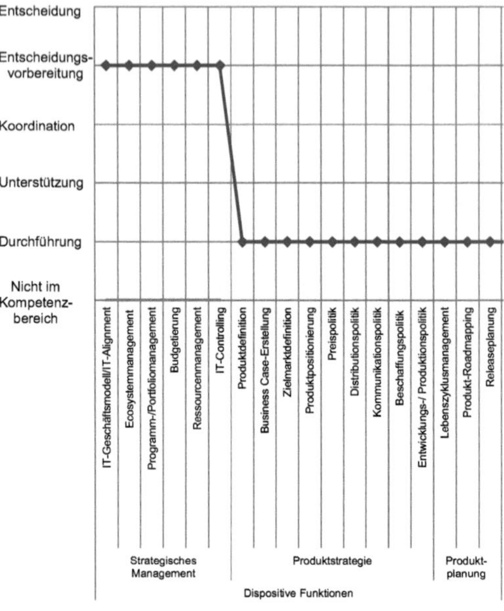

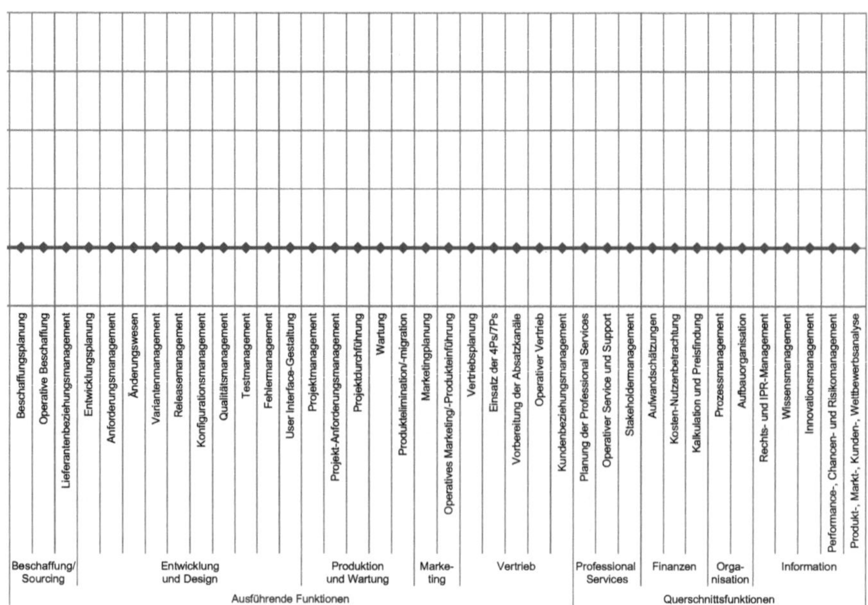

Autarkiegrad

Abbildung 77: IT-Produktmanager Referenztyp: Single-Striker[860]

[860] Eigene Darstellung

Dieser Typ IT-Produktmanager ist in sämtlichen Funktionsbereichen einer Organisation tätig, sein Autarkiegrad ist vollstufig ausgestaltet, er ist in alle anfallenden Aufgaben des IT-Produktmanagements involviert.[861] Für die Aufgaben im strategischen Management ist er vorrangig im Vorschlagswesen tätig, die endgültige Entscheidung liegt bei der Organisationsleitung. Jedoch ist der Autonomiegrad dieses Typs hauptsächlich durchführend: Produktstrategie und Produktplanung werden von ihm ausgearbeitet, häufig wird die Entscheidung hier mit der Organisationsleitung oder im Team mit anderen Funktionsleitern wie Entwicklung, Vertrieb und/oder Marketing gemeinsam getroffen.

Die weiteren Bereiche der ausführenden und Querschnitts-/Servicefunktionen werden von ihm mindestens unterstützend, sonst aber kontrollierend oder vorrangig durchführend wahrgenommen, je nach Ausgestaltung der Funktionsbereiche innerhalb der jeweiligen Organisation. Dieser Typ ist ein Vielseitigkeitstalent und Einzelkämpfer für seine IT-Produkte und kann somit als *Single Striker* bezeichnet werden (siehe Abbildung 77).

Die Gestaltungsalternativen des Single Strikers stellen sich als äußerst komplex dar. Diese Stelle kommt meist in Organisationen mit wenigen Beschäftigten (Organisationsgröße < 50) vor, deren Anzahl und Unterschiedlichkeit der IT-Produkte weniger hoch sind (Diversifikationsgrad <= 10) und die flache Hierarchien aufweisen, wodurch viel Austausch stattfindet (Informationssteuerung = hoch). Die entscheidende Rahmenbedingung ist, dass die Leitungsstruktur meist als Singulärstelle (IT-PM$_{\text{Singulär}}$) ausgestaltet ist oder als sehr kleine Stellenmehrheit. So verkörpert der Single Striker als Einzelkämpfer die alleinige produktbezogene Einheit innerhalb einer Organisation.

Meist entsteht dort der Bedarf, produktbezogene Aktivitäten zusammenzuführen und es folgt die Schaffung einer Stelle des IT-Produktmanagements (Art der Gründung = sachlich). Sie ist häufig als Instanz im mittleren Management oder als Stabsstelle integriert (LI/LF$_{\text{IT-PM}}$/ST$_{\text{IT-PM}}$) mit produktbezogenen Weisungskompetenzen, jedoch werden in kleinen Organisationen mit flachen Hierarchien weitreichende strategische Entscheidungen von der Organisationsleitung selbst oder im Team getroffen (Entscheidungskompetenzumfang = reduziert). Durch die umfassenden produktbezogenen Kenntnisse und Fähigkeiten des Single Strikers auf vielen Gebieten bildet er eine Wissensinsel innerhalb der Organisation. In kleinen Organisationen mit flachen Hierarchien korrelieren die (eher monetären) Organisations- und IT-Produktmanagementziele miteinander durch die Nähe

[861] Experten 4, 12, 18 und 21

der beteiligten Personen und den regen Austausch (Korrelation = ja). Problem des Single Strikers ist das umfangreiche Aufgabenspektrum, das häufig nicht exakt definiert ist. Jedoch ist dieses nicht gravierend, da die Stelle gut integriert ist und in einer kleinen Organisation mit geringem Diversifikationsgrad trotzdem überschaubar bleibt. Die Flexibilität und Kompetenz bezüglich der umfangreichen Tätigkeiten ist hier gleichzeitig ein Effizienzkriterium.

6.2.3 Referenztyp – Coordinating Networker

Dieser Typ IT-Produktmanager bereitet im strategischen Management sowie in der Produktstrategie Entscheidungen für die Organisationsleitung oder eine andere ihm übergeordnete Stelle vor.[862] In der Produktplanung ist er durchführend tätig, wohingegen er in den ausführenden Funktionen die Tätigkeiten der unterschiedlichen Funktionsbereiche assimiliert und sie einander angleicht, so dass sie in eine einheitliche und konsistente Produktstrategie münden, ebenso wie die Tätigkeiten im Bereich Information. In den Bereichen Finanzen und Organisation legt er ebenfalls ausgearbeitete Werte und Konzepte zur Entscheidung vor. Der Autarkiegrad ist somit vollstufig ausgebaut, der Autonomiegrad hauptsächlich koordinierend. Dieser Typ sorgt somit für die Abstimmung aller Tätigkeiten, die mit den IT-Produkten zu tun haben, wofür er auch die Kompetenz und Weisungsbefugnis besitzt. Hierfür erstellt er einen Produktplan und legt die Strategie der ihm übergeordneten Stelle vor, welche darüber entscheidet, und kann somit als *Coordinating Networker* bezeichnet werden (siehe Abbildung 78).

Der Coordinating Networker ist für das Zusammenspiel der einzelnen Funktionsbereiche innerhalb einer Organisation verantwortlich. Er gestaltet die Produktplanung und gibt diese als IT-produktbezogenes Koordinationsorgan weiter.

[862] Experten 1, 5b , 6, 7a (interne Kunden), 11 (interne Kunden) und 20a (interne Kunden)

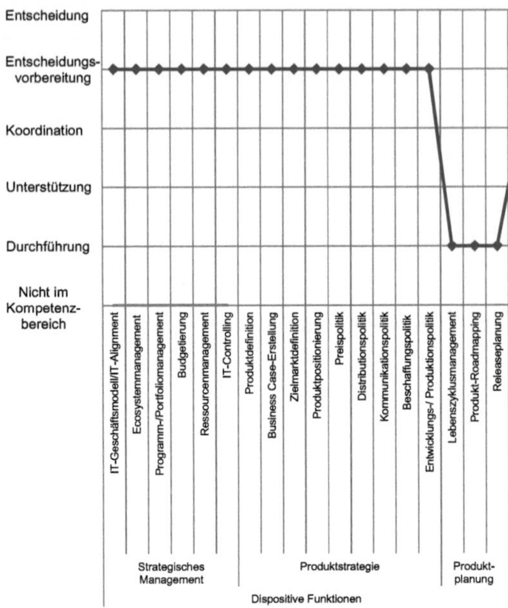
Autonomiegrad
Entscheidung
Entscheidungs-vorbereitung
Koordination
Unterstützung
Durchführung
Nicht im Kompetenz-bereich
IT-Geschäftsmodell/IT-Alignment
Ecosystemmanagement
Programm-/Portfoliomanagement
Budgetierung
Ressourcenmanagement
IT-Controlling
Produktdefinition
Business Case-Erstellung
Zielmarktdefinition
Produktpositionierung
Preispolitik
Distributionspolitik
Kommunikationspolitik
Beschaffungspolitik
Entwicklungs-/ Produktionspolitik
Lebenszyklusmanagement
Produkt-Roadmapping
Releaseplanung
Strategisches Management
Produktstrategie
Produkt-planung
Dispositive Funktionen

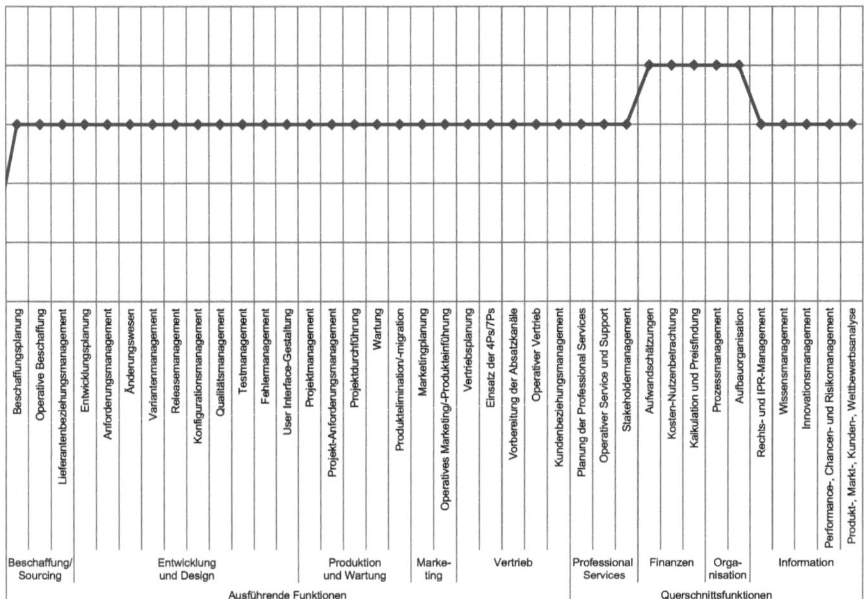

Abbildung 78: IT-Produktmanager Referenztyp: Coordinating Networker[863]

Als Informationsdrehscheibe kommt ihm eine hohe Bedeutung zu (Bedeutung/Unterstützung = hoch), er ist zuständig für die Weitergabe seines Wissens. Meist ist er innerhalb einer Stellenmehrheit in die Linie ($LI/LF_{IT\text{-}PM}$) eingebettet ($IT\text{-}PM_{Gruppe}/IT\text{-}PM_{Abteilung}/IT\text{-}PM_{Koordinationsorgan}$). Als Ansprechpartner für sämtliche Stakeholder des IT-Produktmanagements wird er sehr stark nachgefragt von anderen Bereichen oder, je nach Ausgestaltung, seiner eigenen Abteilung (Informationssteuerung = hoch). Obwohl der Coordinating Networker auf strategischer Ebene seinen Einfluss lediglich durch Vorschläge geltend machen kann, empfindet er seine Entscheidungsrechte nicht dezimiert (Entscheidungskompetenzumfang = hoch), vor allem, da für ihn eine hohe fachbezogene Richtlinienkompetenz charakteristisch ist (Kongruenzprinzip erfüllt, Möglichkeit, auf Handlungsfelder anderer Stelleninhaber einzuwirken, gegeben). So wird er häufig als letzte Instanz und Eskalationsstufe für IT-produktbezogene Angelegenheiten gesehen.

[863] Eigene Darstellung

6.2.4 Referenztyp – Multifunctional Generalist

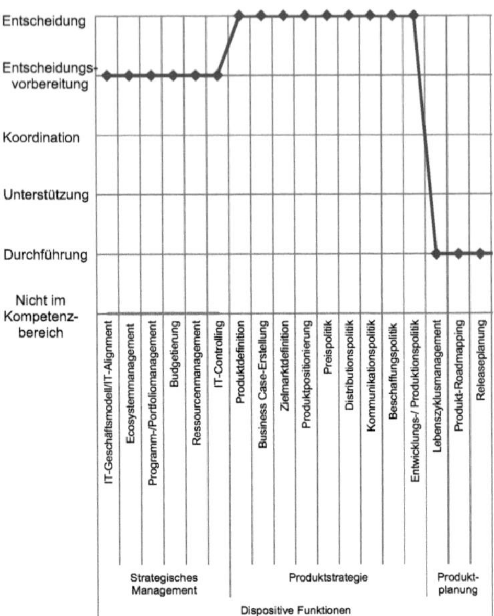

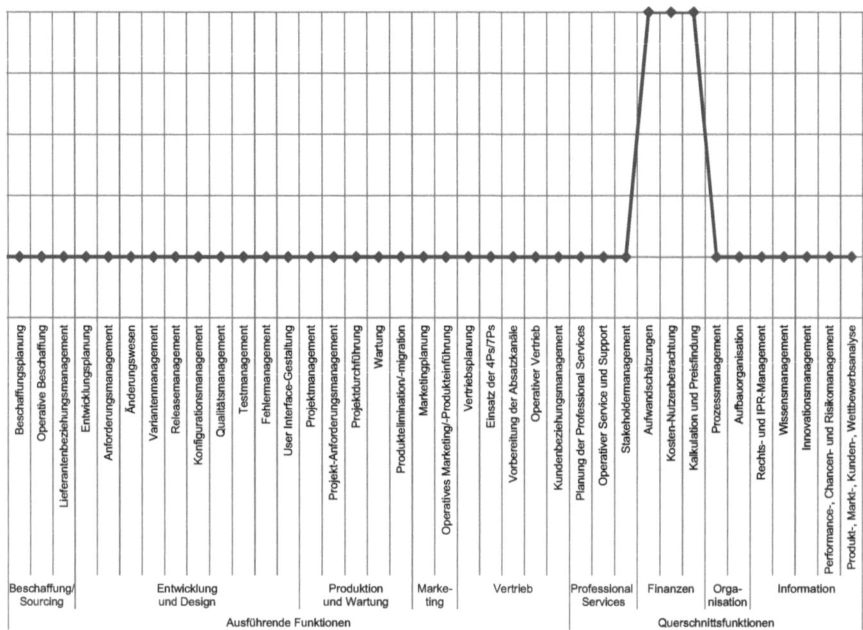

Abbildung 79: IT-Produktmanager Referenztyp: Multifunctional Generalist[864]

Entscheidend für diesen Typ IT-Produktmanager ist die Verantwortung für die Produktstrategie (zumindest in einem gewissen vorgegebenen Rahmen), während er für Aufgaben im strategischen Management Entscheidungsvorschläge für ihm übergeordnete Stellen einbringt.[865] Der Autarkiegrad ist vollstufig ausgestaltet: In andere Funktionsbereiche der Organisation ist er involviert. Dort führt er die IT-Produktmanagement-Aufgaben auch koordinierend oder unterstützend aus, im Wesentlichen ist sein Autonomiegrad hier jedoch durchführend. Eine Ausnahme bildet der Bereich Finanzen, hier hat er die Entscheidungshoheit. Dieser Typ ist somit an sämtlichen Aufgaben des IT-Produktmanagements einer Organisation beteiligt und gleichzeitig recht hoch aufgehängt mit produktbezogenen

[864] Eigene Darstellung

[865] Experten 7b (interne Kunden), 10 (interne Kunden), 15 (interne Kunden), 19, 22 (interne Kunden), 26 (interne Kunden) und 30

Entscheidungskompetenzen und demnach ein *Multifunctional Generalist* (siehe Abbildung 79).

Der Multifunctional Generalist wird von eher großen Organisationen (Organisationsgröße > 250) sowohl für das interne IT-Produktmanagement eingesetzt als auch für IT-Produkte, die an externe Kunden vertrieben werden. In beiden Fällen erfolgt die Eingliederung der Stellenmehrheit des IT-Produktmanagements in das Organigramm zumeist als Stab oder in der Linie ($ST_{IT\text{-}PM}$/LI/$LF_{IT\text{-}PM}$) mit unterschiedlich ausgeprägter Leitungsstruktur ($IT\text{-}PM_{Gruppe}$/$IT\text{-}PM_{Abteilung}$/$IT\text{-}PM_{Koordinationsorgan}$), vornehmlich mit hohem Rückhalt durch die Organisationsleitung (Bedeutung/Unterstützung = hoch). Der Austausch mit den anderen Funktionsbereichen ist durch seinen umfassenden Autarkiegrad umfangreich (Informationssteuerung = hoch). Vorrangig erfolgt die Auftragserteilung einheitlich (Struktur der Weisungsbeziehungen = Einliniensystem), wodurch ebenfalls die Ziele der Organisation von oben nach unten weitergegeben werden (Korrelation = ja). Der Multifunctional Generalist ist ein Allrounder und durch sein umfangreiches Aufgabenfeld innerhalb der Organisation eine Wissensinsel bezüglich seiner IT-Produkte. Er bezeichnet sich häufig als „Kümmerer“ und „Mädchen für Alles“, was schnell zu Zeit- und Ressourcenproblemen führen kann. Wegen seiner weitreichenden Kompetenzen läuft er leicht Gefahr, über seine Kapazitäts- und Belastungsgrenze hinaus gefordert zu sein.

6.2.5 Referenztyp – Product Promotor

Der Gestaltungsbereich dieses Typs ist dem des Multifunctional Generalists ähnlich, jedoch ist der Autarkiegrad nicht vollstufig ausgebaut.[866] Aufgaben im Bereich Marketing und Vertrieb entfallen weitgehend, die Funktionsbereiche Entwicklung und Design sowie Produktion und Wartung bilden den Schwerpunkt seiner Tätigkeiten. Er übernimmt vorrangig die Aufgaben, die direkt mit der Erstellung der IT-Produkte zu tun haben, weitere Tätigkeiten sind an andere Funktionsbereiche innerhalb der Organisation ausgelagert. Der Autonomiegrad ist bezüglich der Produkte recht hoch ausgestaltet, im Bereich strategisches Management ist dieser Typ meist im Vorschlagswesen tätig, während er über die Produktstrategie und die Finanzen entscheidet und die Produktplanung durchführt. Der Gestaltungsbereich ist demnach speziell auf seine IT-Produkte ausgerichtet, er begleitet diese als *Product Promotor* (siehe Abbildung 80).

[866] Experten 9, 17 (interne Kunden), 23, 24, 25 und 29

Die Ausgestaltung der Rahmenbedingungen des Product Promotors ist, wie auch die der Gestaltungsbedingungen, ebenfalls mit der des Multifunctional Generalist vergleichbar (Organisationsgröße > 250, $ST_{IT\text{-}PM}$/LI/$LF_{IT\text{-}PM}$, $IT\text{-}PM_{Gruppe}$/$IT\text{-}PM_{Abteilung}$/$IT\text{-}PM_{Koordinationsorgan}$, Bedeutung/Unterstützung = hoch, Struktur der Weisungsbeziehungen = Einliniensystem, Korrelation = ja). Anders als der Multifunctional Generalist empfindet er sein Aufgabengebiet jedoch häufig als klar definiert, er ist explizit von Marketing- und Vertriebsaufgaben entlastet (und zwar nicht, weil das IT-Produktmanagement ausschließlich interne Kunden bedient), es gibt einen Marketing-/Vertriebsbereich, welcher diese Aufgaben übernimmt. Der Product Promotor konzentriert sich auf die technik-/produktbezogenen Aktivitäten und empfindet sich somit weniger als „Mädchen für Alles“. Gelegentlich wird bemängelt, dass er zu sehr in die Technikschiene gleitet und die strategischen Aufgaben eher auf der Strecke bleiben.

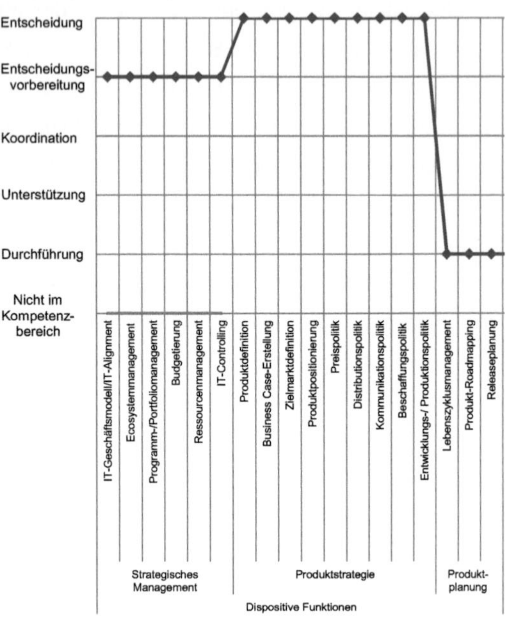
Autonomiegrad
Entscheidung
Entscheidungs-vorbereitung
Koordination
Unterstützung
Durchführung
Nicht im Kompetenz-bereich
IT-Geschäftsmodell/IT-Alignment
Ecosystemmanagement
Programm-/Portfoliomanagement
Budgetierung
Ressourcenmanagement
IT-Controlling
Produktdefinition
Business Case-Erstellung
Zielmarktdefinition
Produktpositionierung
Preispolitik
Distributionspolitik
Kommunikationspolitik
Beschaffungspolitik
Entwicklungs-/ Produktionspolitik
Lebenszyklusmanagement
Produkt-Roadmapping
Releaseplanung
Strategisches Management
Produktstrategie
Produkt-planung
Dispositive Funktionen

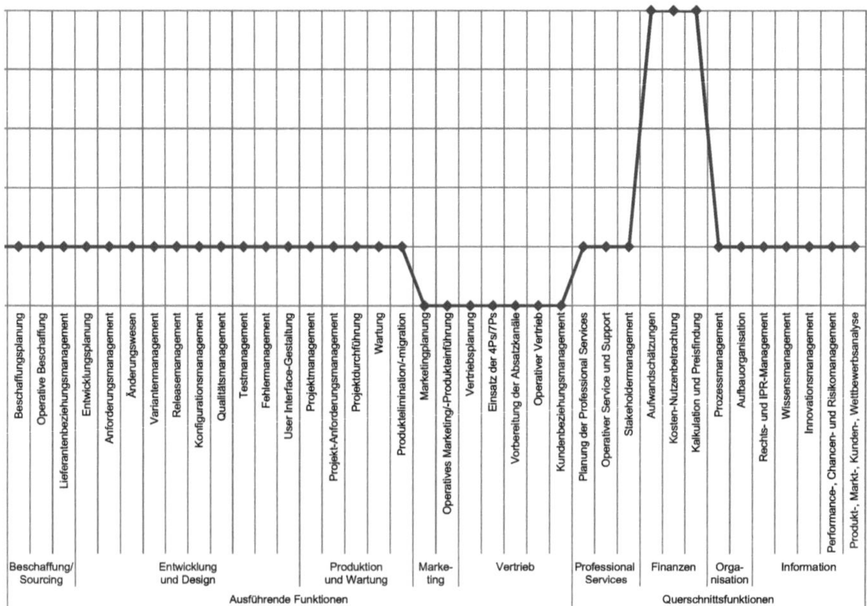

Abbildung 80: IT-Produktmanager Referenztyp: Product Promotor[867]

[867] Eigene Darstellung

6.2.6 Referenztyp – Delegating Supervisor

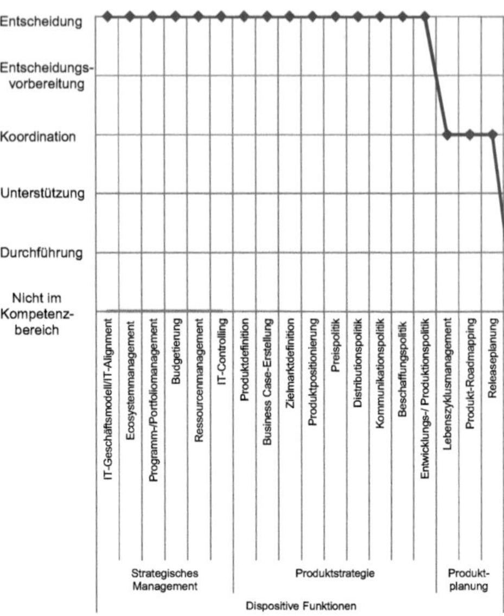

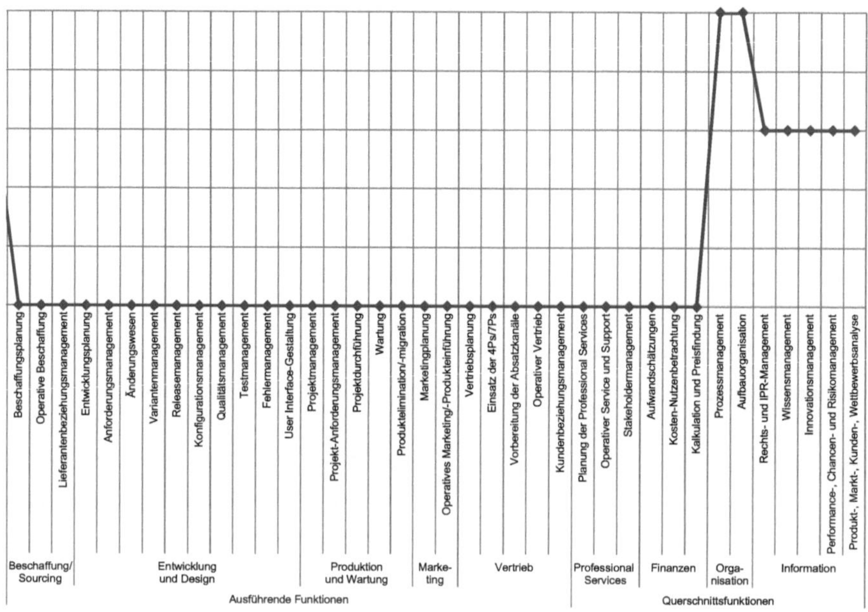

Abbildung 81: IT-Produktmanager Referenztyp: Delegating Supervisor[868]

[868] Eigene Darstellung

Bezüglich der IT-Produkte, die er betreut, nimmt dieser Typ IT-Produktmanager eine Managementfunktion mit Budget- und Gewinnverantwortung ein.[869] Für die weiteren Aufgaben des strategischen Managements und Aufgaben in der Produktstrategie hat er häufig die Entscheidungshoheit (vor allem, wenn er selbst in der Organisationsleitung verankert ist), ist dort aber mindestens entscheidungsvorbereitend für die ihm fakultativ übergeordnete(n) Stelle(n) tätig. Bezüglich der Produktplanungstätigkeiten sowie Aufgaben in der Information koordiniert er die ihm untergeordneten Stellen, welche diese Aufgaben erfüllen. Der Autarkiegrad ist jedoch nicht vollstufig ausgestaltet, da dieser Typ sich mit den ausführenden Funktionen, den Professional Services und den Finanzen weniger beschäftigt, hier sind die ihm untergeordneten Stellen oder eigene Funktionsabteilungen zuständig. Dahingegen entscheidet er weitgehend über die Aufgaben in der Organisation. Somit ist der Autonomiegrad überwiegend entscheidend oder auch koordinierend, dieser Typ nimmt somit die Position eines *Delegating Supervisors* ein (siehe Abbildung 81).

Durch die hohe Aufhängung des Supervisors in der Organisationsstruktur wird dem IT-Produktmanagement eine gewichtige Rolle zuteil (Bedeutung/Unterstützung = hoch). Die Eingliederung in das Organigramm richtet sich nahe am Produktziel aus (LI/LF$_{IT\text{-}PM}$/PS$_{IT\text{-}PM}$). Der Supervisor delegiert Aufgaben an andere Funktionsbereiche bzw. Mitarbeiter, meist ist er Leiter einer Abteilung (IT-PM$_{Abteilung}$). Daraus ergibt sich eine hierarchische Machtstruktur (Einfluss auf das Handlungsfeld anderer Stelleninhaber = hoch). Ebenfalls sind dem Supervisor die Organisations- und IT-Produktmanagementziele geläufig, die er (mit)gestaltet und die er für seine Mitarbeiter herunterbricht (Korrelation = ja). Durch seine Nähe zur Organisationsleitung erhält er die für das IT-Produktmanagement wichtigen Informationen und kann diese weiterleiten (Informationssteuerung = hoch). Bezüglich des IT-Produktmanagements hat der Supervisor weniger Probleme als Herausforderungen, die seine Managementfunktion mit sich bringt, um für die Verteilung der ihm zugänglichen Ressourcen die richtige Priorisierung zu finden.

6.3 Gestaltungsempfehlungen für das IT-Produktmanagement

Ein Vergleich macht deutlich, dass die theoretisch hergeleiteten Idealtypen des IT-Produktmanagements teilweise große Ähnlichkeit mit den empirisch ermittelten Referenztypen aufweisen, die Wirklichkeit jedoch nicht in dieser Form geschaffen ist. So ist einem

[869] Experten 5a und 27a

Referenztypen i.d.R. nicht ein bestimmter Autonomiegrad zugewiesen noch kann er einem einzelnen Funktionsbereich zugeordnet werden. Es hat sich gezeigt, dass statt der fünf eher plakativen Idealtypen sechs empirisch begründete Referenztypen identifiziert werden können mit unterschiedlich ausgeprägten Gestaltungsalternativen und verschiedenen situativen Einflussfaktoren. Die Gestaltungsbedingungen können aus den situativen Faktoren abgeleitet werden, die Einfluss auf den jeweiligen Typ des IT-Produktmanagements haben.

Wie in Kapitel 2.3 beschrieben haben unterschiedliche Rahmenbedingungen, d.h. situative Einflussfaktoren, Auswirkungen auf den Gestaltungsbereich und somit auf die Typisierung des IT-Produktmanagements. So wird im Folgenden versucht, basierend auf den in Kapitel 2.2.4 erläuterten Zusammenhängen mit Autarkie- und Autonomiegrad und den in Kapitel 4.2 dargelegten situativen Faktoren auf Basis der in Kapitel 4.3 aufgeführten wissenschaftlichen Ausführungen zur Ausgestaltung des IT-Produktmanagements, Thesen und deren Korrelationen und Auswirkungen aufzustellen (siehe Abbildung 82). Diese können als Empfehlung zur Ausgestaltung des IT-Produktmanagements bezüglich der Referenztypen herangezogen werden:

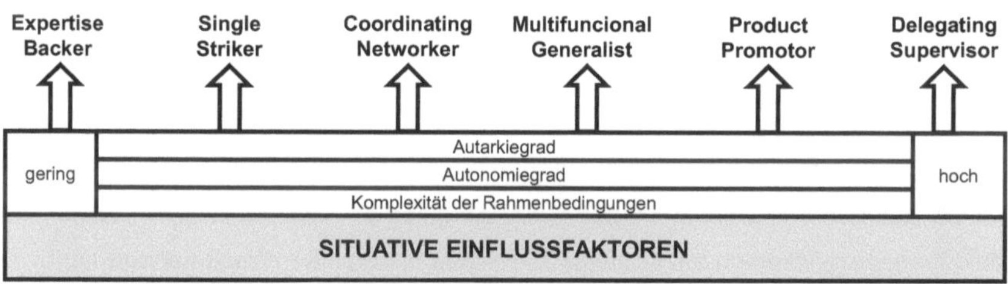

Abbildung 82: Situative Einflussfaktoren auf die Referenztypen des IT-Produktmanagements

- Empfehlung 1: Je höher der Autarkiegrad, desto mehr Interdependenzen entstehen, weshalb die Leitungsstruktur des IT-Produktmanagements umfangreicher ausgestaltet werden sollte (von einer Singulärstelle hin zu einer Stellenmehrheit mit einer strategisch ausgerichteten Instanz).

Je mehr Aufgaben das IT-Produktmanagement zu bewältigen hat, desto schwieriger ist es für einen Expertise Backer, der im Wesentlichen unterstützend tätig ist, oder für eine Single Striker als Einzelkämpfer, diese zu bewältigen. Dies mag in einer kleineren Organisation funktionieren, in welcher das IT-Produktmanagement durch die Organisationsleitung selbst gesteuert wird, mit steigender Organisationsgröße und steigender Komplexität der Rahmenbedingungen scheint dies unrealistisch. Hier sollte zusätzlich ein strategisch orientierter Typ des IT-Produktmanagements mit mehr Autonomie und mit Überblick über die Aktivitäten des IT-Produktmanagements eingesetzt werden, z.B. der häufig im Management angesiedelte Delegating Supervisor, welcher durch den Expertise Backer unterstützt werden kann. Auch der speziell auf seine IT-Produkte fokussierte Product Promotor ist nicht unbedingt im Management einer Organisation vertreten, hat aber dennoch einen hohen Autonomiegrad bezüglich der Produktstrategie.

- Empfehlung 2: Je komplexer die Rahmenbedingungen, desto weniger standardisiert läuft das IT-Produktmanagement ab und desto höher sollte der Autonomiegrad ausgestaltet sein.

Je weniger Routineaufgaben zu erfüllen sind, desto mehr Entscheidungen fallen an, wobei eine Zuteilung von Entscheidungsbefugnissen für das IT-Produktmanagement hilfreich ist. Je komplexer demnach die Rahmenbedingungen sind, desto eher sollte ein strategisch agierender Typ IT-Produktmanager eingesetzt werden wie der Delegating Supervisor, Product Promotor oder Multifunctional Generalist.

- Empfehlung 3: Mit der Organisationsgröße steigt die Komplexität der Rahmenbedingungen des IT-Produktmanagements, desto eher sollte die Ausrichtung der Organisation auf das Produktziel erfolgen hin zu einer Linienprodukt- oder sogar Produktspartenorganisation mit strategisch ausgerichtetem IT-Produktmanagement.

Bei weniger komplexen Rahmenbedingungen, wie z.B. in einer kleinen Organisation, kann ein Single Striker die beste Alternative sein, da er durch seine umfassenden Kenntnisse die IT-produktbezogenen Aufgaben effektiv und effizient erfüllen kann, auch wenn er nicht im strategischen Management vertreten ist. Steigt jedoch die Komplexität, kann er nicht mehr sämtliche Tätigkeiten allein bewältigen und es wird notwendig, eine Stellenmehrheit mit einem Coordinating Networker oder einem entscheidungsbefugten Multifunctional Generalist, Product Promotor oder Delegating Supervisor einzuführen.

Um die passende Ausgestaltung des IT-Produktmanagements für eine Organisation zu finden, ist es weiterhin erforderlich, die eigene Situation des IT-Produktmanagements überhaupt zu kennen bzw. zu erkennen, um den in Kapitel 5.2.3 in der Praxis häufig genannten Problemen wie Schnittstellendefinition oder Definition des IT-Produktmanagements allgemein entgegenzuwirken. Dabei kann die Anwendung der in Kapitel 6.2 entwickelten Kategorienschemata der Gestaltungsalternativen (Abbildung 72), Rahmenbedingungen (Abbildung 73 und Abbildung 74) und Ziele, Probleme/Effizienzkriterien (Abbildung 75) dabei unterstützen, das Bild des IT-Produktmanagements zu schärfen. Als problematisch wird auch beschrieben, dass Erfahrungen mit dem IT-Produktmanagement fehlen und es hilfreich wäre zu sehen, „wie es andere machen" (siehe Kapitel 5.2.3). Hierbei kann die Einordnung in die Schemata aufzeigen, welche(r) Referenztyp(en) des IT-Produktmanagements in der Organisation integriert ist/sind und inwiefern Abweichungen zu dem jeweiligen Referenztyp bestehen. Somit dient die Anwendung des in Kapitel 6.2 dargestellten SIMO$_{IT\text{-}PM}$ als Diskussionsgrundlage auch mit der Organisationsleitung für die weitere Ausgestaltung des IT-Produktmanagements und ist eine zusätzliche Empfehlung zur Verbesserung des IT-Produktmanagements einer Organisation.

Wie die spezifischen Rahmenbedingungen lassen sich einzelne Ziele und Probleme/Effizienzkriterien nicht genau einem bestimmten Referenztyp zuweisen. Im Hinblick auf Verbesserungsmöglichkeiten sollte jeder Realtyp des IT-Produktmanagements die Gestaltungsempfehlungen wählen, welche in seiner speziellen Situation als hilfreich eingestuft werden können, um Problemen entgegenzuwirken. Um Gestaltungsempfehlungen geben zu können und diese übersichtlich darzustellen, werden im Folgenden beschriebene Empfehlungen entwickelt, welche den ermittelten Problemen[870] die entsprechenden Effizienzkriterien[871] aus Wissenschaft und Praxis zuordnen. Diese Vorgehensweise, Empfehlungen zu entwickeln, erhebt keinesfalls den Anspruch auf Vollständigkeit, sondern kann als erster Schritt gewertet werden, um das SIMO$_{IT\text{-}PM}$ um Gestaltungsempfehlungen zu erweitern (Katalog der zielbezogenen Gestaltungsempfehlungen und Empfehlungen bezüglich der Rahmenbedingungen, siehe Abbildung 83 und Abbildung 84, und Katalog der Gestaltungsempfehlungen bezüglich der Aufgaben des IT-Produktmanagements, Abbildung 85 und Abbildung 86).

[870] Vgl. Kapitel 4.2.6, 5.2.3 und 5.3.5.4
[871] Vgl. Kapitel 4.2.6, 5.2.4 und 5.3.5.5

6.3.1 Zielbezogene Gestaltungsempfehlungen und Empfehlungen bezüglich der Rahmenbedingungen

Abbildung 83 und Abbildung 84 zeigen die zielbezogenen Gestaltungsempfehlungen sowie die Empfehlungen bezüglich der Rahmenbedingungen in Form eines Katalogs, auf welche im Folgenden detaillierter eingegangen wird.

Zielbezogene Gestaltungsempfehlungen

Ziele entstammen unterschiedlichen Zielkategorien und können finanzwirtschaftlich (Erfolg/Liquidität), leistungswirtschaftlich (kundenbezogen/marktbezogen), sozial (mitarbeiterbezogen/gesellschaftsbezogen) oder psychographisch (marktgerichtet/organisationsgerichtet) ausgerichtet sein (siehe Kapitel 4.2.6). Ein Vergleich der theoretischen (siehe Kapitel 4.2.2) und der empirisch identifizierten *Ziele* (siehe Kapitel 5.3.5.2.2) des *IT-Produktmanagements* zeigt, dass sich die finanzwirtschaftlichen und leistungswirtschaftlichen Ziele weitgehend decken, soziale Ziele werden dahingegen in der Praxis vernachlässigt.[872] Eine Organisation sollte sich explizit für eine oder mehrere dieser Kategorien entscheiden (wobei es sinnvoll erscheint, neben finanzwirtschaftlichen und leistungswirtschaftlichen Zielen ebenfalls soziale Ziele zu berücksichtigen: Mitarbeiterbezogene Ziele wie Qualifikation und Förderung sowie gesellschaftsbezogene Ziele wie humane, soziale, ökonomische und ökologische Nachhaltigkeit) und sowohl die *Organisations-* wie auch *IT-Produktmanagementziele* nach dieser Entscheidung ausrichten, um deren *Korrelation* zu sichern.[873] Oftmals sind die Organisationsziele sowie die *Ziele* des IT-Produktmanagements *nicht eindeutig definiert* und festgehalten oder das IT-Produktmanagement selbst hat keine eigenen Ziele.[874] Die Ziele werden nicht richtig weitergegeben bzw. verstanden und dadurch falsch umgesetzt. Deshalb sollte auf die Stringenz der Organisations- sowie IT-Produktmanagementziele geachtet werden und die Ziele sollten in Business Plänen formalisiert werden sowie allen zugänglich sein.[875] Zusätzlich sollten bei der Entscheidung die Einflussfaktoren auf die IT-Produktmanagementziele berücksichtigt werden: die Organisationsziele, an welche die Ziele des IT-Produktmanagements angepasst werden sollten, die aktuelle Produkt- und Marktsituation der IT-Produkte (auch im Vergleich zu den Wettbewerbern) und die persönlichen Ziele des IT-Produktmanagers selbst.

---

[872] Ein weiteres finanzwirtschaftliches Ziel aus der Theorie ist die Wirtschaftlichkeit der Entwicklung, ein leistungswirtschaftliches IT-Produktziel ist ein an Strategien angepasstes Produktportfolio.

[873] Vgl. Kapitel 4.2.6.1, 5.2.4 und 5.3.5.5.1

[874] Vgl. Kapitel 4.2.6.1 und 5.3.5.4.1

[875] Vgl. zum folgenden Absatz Kapitel 4.2.2, 4.2.6.1, 5.2.4 und 5.3.5.5.1

Empfohlene Gestaltungs-empfehlungen	Katalog mit Gestaltungsempfehlungen für das IT-Produktmanagement – Ziele und Rahmenbedingungen –	
	ZIELBEZOGENE PROBLEME	ZIELBEZOGENE GESTALTUNGSEMPFEHLUNGEN
1	Korrelation der Organisationsziele und der Ziele des IT-Produktmanagements	-Einordung der Ziele in die unterschiedlichen Zielkategorien finanzwirtschaftlich (Erfolg/Liquidität), leistungswirtschaftlich (kundenbezogen/marktbezogen), sozial (mitarbeiterbezogen/gesellschaftsbezogen) und psychographisch (marktgerichtet/organisationsgerichtet) -Entscheidung für eine oder mehrere dieser Kategorien sowohl für die Organisations- wie auch für die IT-Produktmanagementziele. Neben finanzwirtschaftlichen und leistungswirtschaftlichen Zielen wird angeraten, soziale Ziele ebenfalls zu berücksichtigen: mitarbeiterbezogene Ziele wie Qualifikation und Förderung und gesellschaftsbezogene Ziele wie humane, soziale, ökonomische und ökologische Nachhaltigkeit
2	Definition der Organisations- und der IT-Produktmanagementziele	-Stringenz der Organisations- und IT-Produktmanagementziele -Formalisierung der Ziele in Business Plänen
3	Kurzfristige versus langfristige Perspektive	-Verfolgung einer langfristigen Strategie, welche sich an den Alleinstellungsmerkmalen der Organisation orientiert
4	Keine Bemessung des IT-Produktmanagements	-Erfolgsabhängige Bewertung und Bemessung des IT-Produktmanagements -Ausrichtung von KPIs (Key Performance Indicators) an langfristigen Zielen des IT-Produktmanagements

Abbildung 83: Katalog mit zielbezogenen Gestaltungsempfehlungen und Empfehlungen bezüglich der Rahmenbedingungen für das IT-Produktmanagement – Teil 1[876]

[876] Eigene Darstellung

Empfohlene Gestaltungs-empfehlungen	Katalog mit Gestaltungsempfehlungen für das IT-Produktmanagement – Ziele und Rahmenbedingungen –	
	PROBLEME BEZÜGLICH DER RAHMENBEDINGUNGEN	GESTALTUNGSEMPFEHLUNGEN BEZÜGLICH DER RAHMENBEDINGUNGEN
	Dimensionen der externen Situation	
5	Koordinationsprobleme durch komplexe Kunden-/Stakeholderstruktur	-Unterstützung der internen und externen Kundenzufriedenheit durch das IT-Produktmanagement als Schnittstelle und Koordination sämtlicher Stakeholder -Stärkung der gemeinsamen Sicht und Identifikation mit den IT-Produkten durch das IT-Produktmanagement als Moderator und Ansprechpartner für eine kürzere Time to Market
6	Technik- versus Marktsicht, Kosten-/Wettbewerbsdruck	-Stelleninhaber des IT-Produktmanagements mit Know How bezüglich Produkt und Markt -Gegenseitige Schulungen -Definierte Protokolle der freigegebenen Anforderungen -Klare Produktpositionierung -Produktkompass – Methode zur Abgrenzung von IT-Produkten in unterschiedliche Geschäftsmodelle
	Dimensionen der internen Situation	
7	IT-Produktportfolio – Diversifikationsgrad, Komplexität der IT-Produkte/Standardisierung vs. Individualisierung – Umsatzverteilung	-Möglichst umfassenden Standardisierung der angebotenen IT-Produkte zur Begrenzung des Diversifikationsgrades und Verringerung der Komplexität, eventuell durch Bildung von Software Produktlinien -Weitgehend exakte Produktabgrenzung und -positionierung -Steigerung des Umsatzes der eher schwach an diesem beteiligten IT-Produkte des Portfolios oder deren Elimination
8	Entwicklungsstadium des IT-Produktmanagements – Fehlendes Wissen/Erfahrung/mangelnde Ausbildung der Stelleninhaber – Bloße Einführung von Tools – Radikale Änderungen	-Vergleich mit dem IT-Produktmanagement in ähnlich strukturierten Organisationen, Anpassung des Konzepts an die eigene Situation anzupassen (z.B. auch über die Einordnung in das situative Modell des IT-Produktmanagements), Leute mit fachlichem Know-how bezüglich IT-Produktmanagement einstellen bzw. Hilfe von Extern einholen und so eine möglichst klar abgegrenzte Rollenverteilung schaffen -Beschränkung auf das Wesentliche, Einbeziehung der beteiligten Akteure -Überschaubare, klar definierte Prozesse (z.B. über PSKI - Methode zur schrittweisen Prozessverbesserung unter Einbeziehung der Situation) oder SAM-SPM (Methode zur schrittweisen Prozessverbesserung, in der Tätigkeitsschwerpunkte und situative Faktoren verknüpft werden) -Änderungen des IT-Produktmanagements geplant, vorbereitet und inkrementell durchführen unter Berücksichtigung der zur Verfügung stehenden Ressourcen, kontinuierliche Dokumentation einschließlich exakter Erläuterungen zu den Änderungen
9	Art der Gründung (sachlich/persönlich) – Besetzung der Stelle des IT-Produktmanagements – Hohe Erwartungen/Anforderungen an Stelleninhaber	-Suche nach einem Stelleninhaber, intern oder extern ausgeschrieben, kann folgende Anforderungen und Fähigkeiten berücksichtigen: Kommunikationsfähigkeit, einschlägige Berufserfahrung, Studium der Wirtschaftsinformatik/ Betriebswirtschaftslehre oder einen vergleichbaren Abschluss, technisches Grundverständnis/IT-Affinität, Teamfähigkeit/Sozialkompetenz, eigenverantwortliches und selbstständiges Arbeiten, analytische Fähigkeiten, Durchsetzungsvermögen/sicheres Auftreten/Führungsfähigkeiten
10	Größe des IT-Produktmanagements	-Je größer die Organisation ist, je komplexer sind die Rahmenbedingungen ausgestaltet. Somit korreliert die Organisationsgröße mit der Größe des IT-Produktmanagements

	Verhalten der Organisationsmitglieder	
11	Geringe Bedeutung/Unterstützung des IT-Produktmanagements	-Öffentlicher und offensichtlicher Rückhalt des IT-Produktmanagements durch die Organisationsleitung -Einflussreiche Eingliederung des IT-Produktmanagements innerhalb des Organigramms, eventuell in der Führungsebene -Transparenz der Arbeit des IT-Produktmanagements -Organisationsinterne Eigenwerbungsmaßnahmen durch das IT-Produktmanagement selbst
12	Fehlende Informationssteuerung und Kommunikationsprobleme	-Definition der Kommunikationskanäle (vor allem auch international) -IT-Produktmanagement als zentrale Ansprechstelle und Informationsdrehscheibe -Regelmäßige Treffen/gegenseitige Schulungen -Verbesserung des Betriebsklimas durch charismatischen Stelleninhaber des IT-Produktmanagements -Stelleninhaber des IT-Produktmanagements mit umfangreichem Fachwissen und herausragenden Kommunikations- und Überzeugungsfähigkeiten -Nutzen durch umfassendes Wissen des IT-Produktmanagements
	IT-Produktmanagement Subsystem-Komponenten	
13	Fehlende oder unzureichende Definition des IT-Produktmanagements, ungesicherte Rahmenbedingungen/Aufgabenüberlast versus zu starke Formalisierung/Einschränkung der strategischen und innovativen Ausrichtung	-Möglichst exakte Definition der Stelle des IT-Produktmanagements, z.B. anhand des vorgestellten situativen Modells des IT-Produktmanagements
14	Grad und Dauer objektgerichteter Ressourcenverselbständigung zu gering	-Sicherung und Priorisierung der benötigten Ressourcen
15	Entscheidungskompetenzumfang/Machtstruktur zu gering, unklare Entscheidungswege, kein Ausgleich von Kompetenz und Verantwortung	-Erfüllung des Kongruenzprinzips durch eindeutige Zuweisung der für eine Aufgabe notwendigen Entscheidungs- und Handlungskompetenzen -IT-Produktmanagement kann in der Führungsebene vertreten sein -Einführung von Regularien zur Kontrolle des IT-Produktmanagements
16	Eingliederung in das Organisationsorganigramm unklar	-Abstimmung der Funktionsbereiche durch das IT-Produktmanagement: Koordinationsschnittstelle (STIT-PM) -IT-Produktmanagement als Servicefunktion für sämtliche Funktionsbereiche: Matrix- oder Produktausschussform (MA/PAIT-PM) -Nähe zu den anderen Funktionsbereichen: Dezentralisation des IT-Produktmanagements in die jeweiligen Funktionsbereich einer Organisation, an welchem es im Wesentlichen beteiligt ist (LFIT-PM) -Möglichst hohe Autonomie des IT-Produktmanagements: Eigenständige Abteilung in Linie (LIIT-PM) oder gar Profit Center (PSIT-PM)
17	Leitungsstruktur unklar	-Wahrung der Flexibilität: Kleine Teams mit flachen Strukturen und hohen Entscheidungskompetenzen (IT-PMSingulär/IT-PMGruppe) -Vereinheitlichung und Abstimmung der Tätigkeiten des IT-Produktmanagements: Hierarchisch strukturiertes IT-Produktmanagement mit übergeordneter Instanz und Überblick über das gesamte IT-Produktmanagement (IT-PMAbteilung/IT-PMKoordinationsorgan)
18	IT-Produktspanne unklar	-Eindeutige Zuordnung jedes IT-Produkts zu einem bestimmten IT-Produktmanager -Die Aufteilung des IT-Produktmanagements kann anhand der vorhandenen Strukturen von IT-Produkten erfolgen (d.h. nach Software-Lizenzgeschäft, Software-Lizenz plus Service, Software-Projektgeschäft, IT-Systemservicegeschäft

Abbildung 84: Katalog mit zielbezogenen Gestaltungsempfehlungen und Empfehlungen bezüglich der Rahmenbedingungen für das IT-Produktmanagement – Teil 2[877]

[877] Eigene Darstellung

Häufig ist nicht klar, ob das IT-Produktmanagement eine *langfristige oder kurzfristige Perspektive* verfolgen sollte.[878] Die Ausrichtung in der Praxis besteht meist auf kurzfristigen Zielen/Gewinnen (ca. ein Jahr). Hier wird empfohlen, eher eine langfristige Perspektive einzunehmen, welche sich an den Alleinstellungsmerkmalen der Organisation orientiert.[879] Das IT-Produktmanagement wird häufig nicht an dessen *Zielen* bemessen, da validierte Metriken zur *Bewertung* fehlen oder die gemessenen Daten nicht genutzt werden. Dadurch gibt es auf der einen Seite kein Kontrollorgan, auf der anderen Seite kann das IT-Produktmanagement wegen der fehlenden Wirtschaftlichkeitsbetrachtungen seine Arbeit und Existenz schwer durch Zahlen rechtfertigen.[880] Deshalb wird angeregt, eine erfolgsabhängige Bewertung und Bemessung des IT-Produktmanagements einzuführen mit der Ausrichtung von KPIs (Key Performance Indicators) an den (langfristigen) Zielen des IT-Produktmanagements.[881]

Empfehlungen bezüglich der Rahmenbedingungen

Dimensionen der externen Situation

Sind *Kunden- und Stakeholderstruktur* des IT-Produktmanagements eher *komplex* und kommen zusätzlich erschwerend gesetzliche Rahmenbedingungen hinzu, wird es problematisch, sämtliche produktbezogenen Aktivitäten zu koordinieren.[882] Es fällt zunehmend schwerer, die Time Line einzuhalten. Auch resultiert häufig eine fehlende organisationsweite produktspezifische Denke und Kundenorientierung, was zu Misserfolg führen kann bis dahin, dass die IT-Produkte von den Kunden nicht genutzt werden. Zur Vermeidung dieser Probleme sollte das IT-Produktmanagement die interne sowie externe Kundenzufriedenheit fördern, indem es als Schnittstelle sämtliche Stakeholder koordiniert.[883] Als Moderator und Ansprechpartner sollte das IT-Produktmanagement die gemeinsame Sicht auf die IT-Produkte festigen und so eine Identifikation mit den IT-Produkten ermöglichen. Diese Maßnahmen können dabei unterstützen, eine kürzere Time to Market zu erreichen.

---

[878] Vgl. Kapitel 4.2.6.1 und 5.2.3
[879] Vgl. Kapitel 4.2.6.1
[880] Vgl. Kapitel 4.2.6.1, 5.2.3 und 5.3.5.4.1
[881] Vgl. Kapitel 4.2.6.1 und 5.3.5.5.1
[882] Vgl. Kapitel 4.2.6.2, 5.2.3 und 5.3.5.4.3
[883] Vgl. Kapitel 5.2.4 und 5.3.5.5.3

Typisch für die Situation des IT-Produktmanagements ist die Aufhängung *zwischen Markt und Technik*, was die Stakeholderstruktur häufig noch komplexer macht – überwiegt die Techniksicht, wird die Wirtschaftlichkeit aus den Augen verloren, überwiegt die Marktsicht, werden Kunden Versprechungen gegeben, die weitreichende Auswirkungen auf die Entwicklung nach sich ziehen können.[884] Gleichzeitig herrschen oft *Kosten- und Wettbewerbsdruck*. Hier wird empfohlen, dass keine der beiden Sichten vernachlässigt werden sollte und Stelleninhaber des IT-Produktmanagements über Know-how bezüglich Produkt und Markt verfügen.[885] Hierbei können gegenseitige Schulungen hilfreich sein und eine klare Produktpositionierung durch definierte Protokolle der freigegebenen Anforderungen. Ebenfalls kann die Kommunikation mit und zwischen den Stakeholdern durch Einsatz des Produktkompasses[886] gefördert werden, einer Methode zur Abgrenzung von IT-Produkten in unterschiedliche Geschäftsmodelle.

Dimensionen der internen Situation

Probleme der internen Situation können im Zusammenhang mit dem *IT-Produktportfolio* entstehen.[887] Zum einen spielt der Diversifikationsgrad eine Rolle, der Einfluss auf die oft als zu hoch beschriebene Komplexität der IT-Produkte hat. Hier werden von den Experten Schwierigkeiten mit dem Differenzierungsgrad und den Standardisierungsbemühungen beschrieben. Der Differenzierungsgrad erhöht sich, wenn zudem Dienstleistungen als Produkte angeboten werden. Ebenso kann ein heterogenes Portfolio eine unausgeglichene Verteilung des Umsatzes auf die IT-Produkte nach sich ziehen. Hier wird häufig zu einer möglichst umfassenden Standardisierung der angebotenen IT-Produkte geraten, um so den Diversifikationsgrad zu begrenzen und die Komplexität zu verringern.[888] Zudem ist es von Vorteil, eine weitgehend exakte Produktabgrenzung und -positionierung vorzunehmen und zu versuchen, bei den eher schwach am Umsatz beteiligten IT-Produkten des Portfolios eine Steigerung zu erreichen oder diese zu eliminieren.

Weiter bezeichnend für die interne Situation ist das *Entwicklungsstadium des IT-Produktmanagements*, denn das fehlende Wissen und die fehlende Erfahrung mit dem Themenbereich in der Praxis führt in Organisationen oftmals zu einer mangelnden Ausbildung der

[884] Vgl. Kapitel 4.2.6.2, 5.2.3 und 5.3.5.4.3
[885] Vgl. Kapitel 4.2.6.2 und 5.2.4
[886] Vgl. Kapitel 4.2.6.2 und Herzwurm und Pietsch (2009), S. 52 f. und 100 ff.
[887] Vgl. Kapitel 5.2.4 und 5.3.5.4.3
[888] Vgl. Kapitel 5.2.4 und 5.3.5.5.3

Stelleninhaber, denen dadurch wiederum das Wissen zur Erfüllung der ihnen zugeschriebenen Aufgaben fehlt.[889] Um diese Lücken zu füllen, werden Tools im Bereich IT-Produktmanagement eingeführt, was allein jedoch ebenso wenig zu dessen Professionalisierung beiträgt wie radikale Änderungen der Gestaltung des IT-Produktmanagements. Um der fehlenden Erfahrung entgegenzuwirken, ist es ratsam, Vergleiche zu machen mit dem IT-Produktmanagement in ähnlich strukturierten Organisationen und deren Konzept an die eigene Situation anzupassen, z.B. auch über die Einordnung in das hier beschriebene SIMO$_{IT-PM}$, Leute mit fachlichem Know-how bezüglich IT-Produktmanagement einzustellen bzw. Hilfe von Extern einzuholen und so eine möglichst klar abgegrenzte Rollenverteilung zu schaffen.[890] Hierbei sollte sich zunächst auf das Wesentliche beschränkt und die beteiligten Akteure einbezogen werden. Bedeutend für die Entwicklung des IT-Produktmanagements sind überschaubare, klar definierte Prozesse, hierbei können PSKI (Methode zur schrittweisen Prozessverbesserung unter Einbeziehung der Situation)[891] oder SAM-SPM (Methode zur schrittweisen Prozessverbesserung, in der Tätigkeitsschwerpunkte und situative Faktoren verknüpft werden)[892] unterstützen. Änderungen des IT-Produktmanagements sollten geplant, vorbereitet und inkrementell durchgeführt werden unter Berücksichtigung der zur Verfügung stehenden Ressourcen. Ebenfalls wichtig ist eine kontinuierliche Dokumentation einschließlich exakter Erläuterungen zu den Änderungen.

Die *Art der Gründung*, sachlich oder persönlich, verursachte weniger Probleme als allgemein die Suche nach geeigneten Stelleninhabern des IT-Produktmanagements.[893] Insgesamt werden sehr hohe Erwartungen und Anforderungen an das IT-Produktmanagement gestellt, den Stelleninhabern werden hohe Fähigkeiten abverlangt. Die Suche nach einem Stelleninhaber, intern oder extern ausgeschrieben, berücksichtigt häufig folgende Anforderungen und Fähigkeiten:[894] Kommunikationsfähigkeit, einschlägige Berufserfahrung, Studium der Wirtschaftsinformatik/Betriebswirtschaftslehre oder einen vergleichba-

[889] Vgl. Kapitel 4.2.6.2 und 5.2.3

[890] Vgl. Kapitel 4.2.6.2 und 5.2.4

[891] Vgl. Kapitel 3.1, Abschnitt ISPMA – Software Product Management Body of Knowledge (SPMBoK) und van de Weerd u.a. (2006d), S. 1 ff.

[892] Vgl. Kapitel 4.2.6.2 und Bekkers u.a. (2010a), S. 1 ff. und Bekkers und Spruit (2010), S. 7 ff.

[893] Vgl. Kapitel 5.3.5.4.3

[894] Die Anforderungen und Fähigkeiten werden der qualitativen Stellenanzeigenanalyse aus Kapitel 5.1.3 entnommen und repräsentieren die am häufigsten genannten Punkte.

ren Abschluss, technisches Grundverständnis/IT-Affinität, Teamfähigkeit/Sozialkompetenz, eigenverantwortliches und selbstständiges Arbeiten, analytische Fähigkeiten, Durchsetzungsvermögen/sicheres Auftreten/Führungsfähigkeiten.

Mit der Organisationsgröße steigt die Komplexität der Rahmenbedingungen (siehe Empfehlung 3, Kapitel 6.3). Je komplexer diese ausgestaltet sind, umso größer sollte das IT-Produktmanagement aufgestellt sein, um die anfallenden Aufgaben bewältigen zu können. Aus diesem Grund korreliert die Organisationsgröße mit der *Größe des IT-Produktmanagements*.

Verhalten der Organisationsmitglieder

Die *Bedeutung/Unterstützung* des IT-Produktmanagements ist bedingt durch das Verhalten der Organisationsmitglieder.[895] Ist die Bedeutung/Unterstützung zu *gering*, sollte sich die Organisationsleitung hinter das IT-Produktmanagement stellen, die Bedeutung offensichtlich unterstreichen und so Rückhalt bieten.[896] Dies kann so weit gehen, dass das IT-Produktmanagement in der Führungsebene vertreten ist. Vertrauen entsteht auch, wenn die Arbeit des IT-Produktmanagements transparent gemacht wird. Zudem kann eine Verbesserung durch das IT-Produktmanagement selbst erreicht werden, indem organisationsinterne Eigenwerbung betrieben wird.

Ebenso wie die Bedeutung/Unterstützung des IT-Produktmanagements ist die *Informationssteuerung* Teil des Verhaltens der Organisationsmitglieder. *Kommunikationsprobleme* können entstehen durch die vielen unterschiedlichen Stakeholder des IT-Produktmanagements.[897] Sind die Schnittstellen nicht klar definiert, kommt es zu einer mangelnden Abstimmung untereinander, vor allem, wenn keine regelmäßigen Meetings stattfinden. Unvorteilhaft ist auch die Situation, wenn das IT-Produktmanagement nicht integriert ist und eine Insel in der Organisation bildet, auch bedingt durch Konkurrenzsituationen zwischen den beteiligten Funktionsbereichen. Eine mangelnde Informationssteuerung kann schließlich zu Abweichungen zwischen der Produktstrategie und dem entwickelten IT-Produkt führen. Hier wird empfohlen, die Kommunikationskanäle (vor allem auch in-

[895] Vgl. Kapitel 5.3.5.4.3
[896] Vgl. Kapitel 5.2.4 und 5.3.5.5.3
[897] Vgl. Kapitel 4.2.6.2, 5.2.3 und 5.3.5.4.3

ternational), klar zu definieren und das IT-Produktmanagement als zentrale Ansprechstelle und Informationsdrehscheibe zu implementieren.[898] Ebenfalls sollten regelmäßige Treffen und gegenseitige Schulungen fest in den Organisationsalltag integriert sein, da das umfassende Wissen des IT-Produktmanagements auch Erfolgsfaktor sein kann. Das Betriebsklima kann durch einen charismatischen Stelleninhaber des IT-Produktmanagements verbessert werden, welcher sich durch überzeugendes Fachwissen und herausragende Kommunikations- und Überzeugungsfähigkeiten auszeichnet.

IT-Produktmanagement Subsystem-Komponenten

Eine *fehlende oder unzureichende Definition des IT-Produktmanagements* führt zu *ungesicherten Rahmenbedingungen* und dadurch häufig zu einer *Aufgabenüberlast.*[899] Im Gegensatz dazu kann auch eine zu starke Formalisierung zu Problemen führen, da so die *strategische und innovative Ausrichtung* des IT-Produktmanagements *eingeschränkt* wird.

Weiterhin werden *Grad und Dauer objektgerichteter Ressourcenverselbständigung* (Anzahl und Dauer der dem IT-Produktmanagement zugeordneten Ressourcen) oft als zu gering beschrieben. Bezüglich des Entscheidungskompetenzumfangs und der Machtstruktur wird es schwierig, wenn Entscheidungswege nicht eindeutig geregelt sind und kein Ausgleich von Kompetenz und Verantwortung geschaffen wird, d.h. wenn das IT-Produktmanagement wenig Autorität hat, dagegen aber viel Verantwortung trägt. Auch die Eingliederung in das Organisationsorganigramm ist häufig nicht klar festgehalten, ebenso wie die Leitungsstruktur, d.h. die Aufstellung innerhalb des IT-Produktmanagements, und die IT-Produktspanne.

Gestaltungsempfehlung für die IT-Produktmanagement Subsystem-Komponenten ist zunächst, die Stelle des IT-Produktmanagements möglichst exakt zu definieren, z.B. anhand des vorgestellten $SIMO_{IT\text{-}PM}$.[900] Weiterhin sollten die benötigten Ressourcen gesichert und priorisiert werden. Bezüglich der Entscheidungskompetenz und Machtstruktur ist es sinnvoll, auf die Erfüllung des Kongruenzprinzips zu achten durch eindeutige Zuweisung der für eine Aufgabe notwendigen Entscheidungs- und Handlungskompetenzen

[898] Vgl. Kapitel 4.2.6.2, 5.2.4 und 5.3.5.5.3
[899] Vgl. Kapitel 4.2.6.2, 5.2.3 und 5.3.5.4.3
[900] Vgl. Kapitel 5.3.5.5.3

(siehe hierzu auch die aufgabenbezogenen Gestaltungsempfehlungen, Kapitel 6.3.2).[901] Die Empfehlungen gehen so weit, dass das IT-Produktmanagement in der Führungsebene vertreten sein sollte. Parallel wird als sinnvoll angesehen, Regularien zur Kontrolle des IT-Produktmanagements einzuführen.

Zur *Eingliederung in das Organisationsorganigramm* kann keine allgemein gültige Empfehlung gegeben werden, sondern der jeweilige Organisationskontext sollte berücksichtigt werden sowie die gewünschte Ausrichtung auf das Produktziel (siehe Kapitel 4.2.1). Sollen die Funktionsbereiche durch das IT-Produktmanagement aufeinander abgestimmt werden, sollte es als Koordinationsschnittstelle ausgestaltet sein ($ST_{IT\text{-}PM}$).[902] Steht dagegen die Servicefunktion für sämtliche Funktionsbereiche im Fokus, kann das IT-Produktmanagement in Matrix- oder Produktausschussform sinnvoll sein ($MA/PA_{IT\text{-}PM}$). In der Praxis ist das IT-Produktmanagement häufig mit einem anderen Funktionsbereich zusammengelegt, oft mit der Entwicklung, jedoch auch mit Marketing und Vertrieb.[903] Hier liegt die Empfehlung nahe, die Nähe zu den anderen Funktionsbereichen in den Vordergrund zu stellen durch eine Dezentralisation des IT-Produktmanagements in den jeweiligen Funktionsbereich einer Organisation, an welchem es im Wesentlichen beteiligt ist ($LF_{IT\text{-}PM}$). Wird eine möglichst hohe Autonomie des IT-Produktmanagements angestrebt, kann dieses als eigenständige Abteilung in der Linie ($LI_{IT\text{-}PM}$) oder gar als Profit Center organisiert werden ($PS_{IT\text{-}PM}$).

Auch die *Leitungsstruktur* ist situationsbedingt, zum einen können hier zur Wahrung der Flexibilität kleine Teams mit flachen Strukturen und hohen Entscheidungskompetenzen ($IT\text{-}PM_{Singulär}/IT\text{-}PM_{Gruppe}$) empfohlen werden, zum anderen zur Vereinheitlichung und Abstimmung der Tätigkeiten des IT-Produktmanagements ein hierarchisch strukturiertes IT-Produktmanagement mit übergeordneter Instanz, die den Überblick über das gesamte IT-Produktmanagement inne hat ($IT\text{-}PM_{Abteilung}/IT\text{-}PM_{Koordinationsorgan}$).[904]

Bezüglich der *IT-Produktspanne* wird vor allem eine eindeutige Zuordnung jedes IT-Produkts zu einem bestimmten IT-Produktmanager empfohlen.[905] Zusätzlich kann die Auf-

[901] Vgl. Kapitel 4.2.6.2
[902] Vgl. Kapitel 5.3.5.5.3
[903] Vgl. Kapitel 5.2.2 zur aktuellen Einbettung des IT-Produktmanagements und Kapitel 5.1.3 der qualitativen Stellenanzeigenanalyse.
[904] Vgl. Kapitel 5.3.5.5.3
[905] Vgl. Kapitel 5.3.5.5.3

teilung des IT-Produktmanagements anhand der vorhandenen Strukturen von IT-Produkten erfolgen (d.h. nach Software-Lizenzgeschäft, Software-Lizenz plus Service, Software-Projektgeschäft, IT-Systemservicegeschäft, siehe Kapitel 1.2).

6.3.2 Aufgabenbezogene Gestaltungsempfehlungen

Um aufgabenbezogenen Problemen entgegenwirken zu können, wird zusätzlich ein Katalog mit den in dieser Arbeit durch wissenschaftliche und praktische Erkenntnisse identifizierten aufgabenbezogenen Gestaltungsempfehlungen entwickelt (siehe Abbildung 85 und Abbildung 86). Ziel des Katalogs ist es nicht, zu beschreiben, wie eine Aufgabe durchgeführt werden sollte, sondern es werden die während dieser Arbeit in Theorie und Praxis aufgedeckten ersten unterstützenden Empfehlungen gegeben, welche als Anhaltspunkte zur Erfüllung der Aufgaben dienen können. Die aufgabenbezogenen Gestaltungsempfehlungen sind an dieser Stelle nicht im selben Umfang beschrieben wie die zielbezogenen Gestaltungsempfehlungen sowie die Gestaltungsempfehlungen bezüglich der Rahmenbedingungen, da hier die Probleme, die eine einzelne Aufgabe betreffen, weniger differenziert erscheinen als jene von Zielen oder Rahmenbedingungen: Aufgabenbezogene Probleme sind regelmäßig der Art, dass eine Aufgabe nicht oder nicht richtig erfüllt wird. Zu jeder der in dieser Arbeit identifizierten Aufgaben des IT-Produktmanagements existiert eine Vielzahl an Literatur, wie diese erfüllt werden sollte. Eine umfangreiche Auflistung hierzu findet sich in Kapitel 4.1 und insbesondere in Kapitel 4.2.4 zum Autarkiegrad des IT-Produktmanagements. Hier können durch eine systematische Literaturanalyse viele Quellen zur Verfügung gestellt werden, auf welche an dieser Stelle verwiesen wird.

Empfohlene Gestaltungs-empfehlungen	Katalog mit Gestaltungsempfehlungen für das IT-Produktmanagement – Aufgaben –	
1	Zufriedenstellende Erfüllung der Aufgaben des IT-Produktmanagements	-Festlegung einer an die situativen Rahmenbedingungen angepassten Organisationsstruktur, hier kann z.B. die Anwendung des situativen Modells für IT-Produktmanagement unterstützen
2	Unsicherheiten und Überlast bezüglich der Aufgaben des IT-Produktmanagements	-Klare Aufgabendefinition für das IT-Produktmanagement (z.B. durch Einordnung in das Kategorienschema der Gestaltungsalternativen des IT-Produktmanagements – Vergleich der aktuellen und möglichen Aufgaben innerhalb eines Funktionsbereichs, zusätzlich eventueller Ausschluss von zusätzlich zu erfüllenden Aufgaben -Konkrete Zuordnung jeder Aufgabe zu einem Stelleninhaber
3	Auftretende Probleme bei der Erfüllung einer Aufgabe des IT-Produktmanagements	-Überprüfung, ob das Kongruenzprinzip erfüllt ist, d.h. bei Übertragung einer Aufgabe sollten Kompetenz und Verantwortung dem Umfang der Aufgabe angepasst sein
	Strategisches Management – Probleme	**Strategisches Management – Effizienzkriterien**
4	IT-Alignment –Organisationsstrategie nicht verstanden –Strategie nicht oder falsch umgesetzt in Produktstrategie	-MERTS (Method for Early Requirements Triage and Selection) – Methode zur Strategieformulierung (vgl. Kapitel 4.2.6.3 sowie Khurum, M., u.a. (2007), S. 97 ff. und Khurum, M. (2009), S. 78-103) -MASS (Method for Alignment Evaluation of Product Strategies among Stakeholders) – Methode zur Erlangung eines gemeinsamen Verständnisses der Organisations- und Produktstrategie (vgl. Kapitel 4.2.6.3 sowie Khurum, M. und Gorschek, T. (2011), S. 499 ff. und Khurum, M. (2009), S. 105-144)
5	Portfoliomanagement –Software-Produktlinien, wachsende Anzahl Varianten –Lange Releasezyklen	-Domain Model (vgl. Kapitel 4.2.6.3 sowie Stallinger, F. und Neumann, R. (2012), S. 310 f.) -Definition der IT-Produkte und Releaseinhalte -Wenig komplexe IT-Produkte: eher Supply on Demand-Strategie, umfangreiche IT-Produkte: eher fester Lieferzyklus -Einführung des Leangedankes mit kurzen Iterationen bei langen Releasezyklen
6	IT-Controlling –Fehlende KPIs –Fehlende Metriken zur Bemessung, KPIs werden geschätzt –Fehlende Feedbackprozesse zur Verbesserung	-Wiederspiegelung der Organisationsziele und des Produktgedankens durch Key Performance Indicators (KPIs) -Produktbezogenes Controlling durch Einführung eines abteilungsübergreifenden IT-Produktmanagements -Dynamische Modelle, die qualitative und quantitative Daten einbeziehen - Value Point Counting Process (vgl. Kapitel 4.2.6.3 sowie Ben-Menachem, M. und Gavious, I. (2008), S. 155 ff.)

Abbildung 85: Katalog mit aufgabenbezogenen Gestaltungsempfehlungen für das IT-Produktmanagement – Teil 1[906]

[906] Eigene Darstellung

Empfohlene Gestaltungs-empfehlungen	Katalog mit Gestaltungsempfehlungen für das IT-Produktmanagement – Aufgaben –	
	Produktstrategie – Probleme	**Produktstrategie – Effizienzkriterien**
7	Produktdefinition -Überspezifikation und -dimensionierung -Zu viele Anforderungen seitens der Kunden -Produkteigenschaften abhängig von der Situation einer Organisation	-Definition der IT-Produkte und Releaseinhalte -Ablehnung von Kundenanforderungen, die sich langfristig negativ auf die Entwicklung eines Produktes auswirken
8	Zielmarktdefinition -Vielzahl an Varianten und Komplexität der IT-Produkte -Marktsegmentierung -Verschiedene Differenzierungs-potenziale und Unique Selling Points	-Einführung von Differenzierungs-, operativen und Qualitätsstrategien
	Entwicklung und Design – Probleme	**Entwicklung und Design – Effizienzkriterien**
9	Anforderungsmanagement -Nicht verstandene Bedürfnisse -Entwicklungen initiiert vor Spezifikation der Anforderungen aus Markt- und Kundensicht	-QFD (Quality Function Deployment) – Instrument des Anforderungsmanagements, siehe auch SCVM (vgl. Kapitel 4.2.6.3 sowie Herzwurm, G. und Pietsch, W. (2009), S. 352 und Herzwurm, G. und Pietsch, W. (2009), S, 165 ff., zitiert nach Herzwurm, G. (2000) -RAM (Requirements Abstraction Model) – Methode zur Durchführung des Anforderungsmanagements (vgl. Kapitel 4.2.6.3 sowie Gorschek, T. und Wohlin, C. (2006)) -MDRE (Market Driven Requirements Engineering) – Methode zur kontinuierlichen Anforderungsanalyse (vgl. Kapitel 4.2.6.3 sowie Gorschek, T., u.a. (2012)) -BPL (Binary Priority List) – Methode zur Anforderungspriorisierung (vgl. Kapitel 4.2.6.3 sowie Bebensee, T., u.a. (2010), S. 67 ff.) -CSP (Constraint Satisfaction Problem) – Methode zur Anforderungspriorisierung (vgl. Kapitel 4.2.6.3 sowie Regnell, B. und Kuchcinski, K. (2011), S. 47 ff.)
10	Qualitätsmanagement -Qualitätsaspekt zu wenig umgesetzt	-Ausbildung der IT-Produktmanager mit Instrumenten des Qualitätsmanagements

	Produktion und Wartung – Probleme	**Produktion und Wartung – Effizienzkriterien**
11	Produktelimination -Durchführung erfolgt meist planlos	-PSDM – Methode zur strategiegeleiteten Durchführung einer IT-Produktelimination (vgl. Kapitel 4.2.6.3 sowie Jansen, S., u.a. (2011), S. 154 ff.)
	Professional Services – Probleme	**Professional Services – Effizienzkriterien**
12	Stakeholdermanagement -Viele unterschiedliche Verantwortlichkeiten, Informationen, Perspektiven -Keine standardisierte Vorgehensweise	-IT-Produktmanager mit Fähigkeiten zur Konsensbildung -Schulung der Mitarbeiter in Führung von Verhandlungen und Konsensbildung
	Organisation – Probleme	**Organisation – Effizienzkriterien**
13	Prozessmanagement -Fehlende Prozessidentifikation und -dokumentation -Umfangreichen Abläufe im IT-Produktmanagement -Prozessverbesserungen schwierig umzusetzen -Fehlende Toolunterstützung	-Ermittlung der Kernprozesse -Nutzung bestehender Tools für einzelne Prozessschritte
	Information – Probleme	**Information – Effizienzkriterien**
14	Wissensmanagement -Schwierig durchzuführende IT-Produkt- und Prozessdefinitionen	-Einführung eines Software Data-Warehouses
15	Innovationsmanagement -Schnelllebiger IT-Markt und dadurch entstehender Wandel -Trends frühzeitig erkennen und Chancen neuer Technologien für Produktinnovationen nutzen	-Lightweight Innovation Process – Modell zur Durchführung von Innovationsprozessen (vgl. Kapitel 4.2.6.3 sowie Gorschek, T., u.a. (2010), S. 37 ff.) -Produkt-, Markt-, Kunden- und Wettbewerbsanalyse
16	Produkt-, Markt-, Kunden- und Wettbewerbsanalyse -Fehlende Analysen für das Anforderungsmanagement und weitere Stellen im Herstellungsprozess der IT-Produkte	-SCVM (Software Customer Value Management) - Methode zur kundenorienteren Entwicklung von IT-Produkten durch Analyse-Komponenten (vgl. Kapitel 4.2.6.3 sowie Herzwurm, G. und Pietsch, W. (2009), S, 165 ff., zitiert nach Herzwurm, G. (2000)

Abbildung 86: Katalog mit aufgabenbezogenen Gestaltungsempfehlungen für das IT-Produktmanagement – Teil 2[907]

[907] Eigene Darstellung

Zusätzlich ergeben sich Metaempfehlungen,[908] welche sich auf jede der Aufgaben beziehen lassen:

- Um die Aufgaben des IT-Produktmanagements zufriedenstellend erfüllen zu können, ist es hilfreich, eine an die situativen Rahmenbedingungen angepasste Organisationsstruktur festzulegen. Dabei kann die Anwendung des $SIMO_{IT\text{-}PM}$ unterstützen.
- Unsicherheiten und Überlast entstehen häufig durch die *fehlende Festlegung der Aufgaben* des IT-Produktmanagements.[909] Notwendig ist demnach eine klare Aufgabendefinition und deren konkrete Zuordnung zu einem Stelleninhaber,[910] z.B. durch Einordnung in das Kategorienschema der Gestaltungsalternativen des IT-Produktmanagements (siehe Abbildung 72, Kapitel 6.2). Dies ermöglicht einen Vergleich, welche Aufgaben innerhalb eines Funktionsbereichs das IT-Produktmanagement aktuell in einer Organisation wahrnimmt. Anschließend gilt es abzuwägen, ob es sinnvoll wäre, die weiteren aufgeführten Aufgaben des jeweiligen Funktionsbereichs in das eigene IT-Produktmanagement zu übernehmen bzw. andere, darüber hinaus anfallende Aufgaben an andere Stellen abzugeben.
- Zudem sollte bei auftretenden Problemen bei der Erfüllung einer Aufgabe insbesondere an dieser Stelle überprüft werden, ob das Kongruenzprinzip erfüllt ist, d.h. ob bei Übertragung einer Aufgabe Kompetenz und Verantwortung dem Umfang der Aufgabe angepasst sind.[911]

6.4 Prototypische Realisierung des $SIMO_{IT\text{-}PM}$ in Form eines Self-Assessment Tools

Dieses Kapitel zeigt die prototypische Realisierung des in den Kapiteln 6.1 bis 6.3 vorgestellten $SIMO_{IT\text{-}PM}$ in Form eines Self-Assessment Tools, welches im Rahmen einer Diplomarbeit anhand der Anforderungen aus den Kapiteln 6.2 und 6.3 entwickelt wurde.[912]

---

[908] Vgl. Kapitel 4.2.6.2, 5.2.4 und 5.3.5.5.2
[909] Vgl. Kapitel 5.3.5.4.2
[910] Vgl. Kapitel 5.3.5.5.2
[911] Vgl. Kapitel 2.2.4
[912] Vgl. Czech (2014), S. 1 ff.

Abbildung 87: Screenshot – Startseite des Prototyps für das SIMO$_{IT-PM}$ in Form eines Self-Assessment Tools[913]

Nach Zink kann ein Self-Assessment als Bewertungsmethode von Organisationen selbst oder auch dem unmittelbaren Verantwortungsbereich (in diesem Fall dem IT-Produktmanagement) eingesetzt werden als „interne" Fremdbewertung, als Grundlage für das Management sowie als Voraussetzung für ein Benchmarking.[914] Demnach versetzt die Anwendung eines Self-Assessment Tools Organisationen in die Lage, Stärken und Schwächen hinsichtlich bestimmter Eigenschaften und Geschäftsziele aufzudecken, auf dieser Basis eine Bewertung durchzuführen sowie durch diagnostisches Potential Verbesserungsschritte abzuleiten.[915] Hierfür werden verschiedene Modelle zugrunde gelegt, um einen Vergleich an dem jeweiligen Modell zu ermöglichen und festzustellen, was bereits erreicht wurde und an welcher Stelle weitere Fortschritte erzielt werden könnten.[916] Als Modell für Self-Assessment wurde das SIMO$_{IT-PM}$ herangezogen (siehe Abbildung 87).

Der hierfür entwickelte Prototyp weist drei unterschiedliche Bildschirmmasken auf:[917]

[913] Eigene Darstellung
[914] Vgl. Zink (1995), S. 227
[915] Vgl. Conti (1999), S. 19
[916] Vgl. Hillman (1994), S. 29
[917] Die einzelnen Schritte sind komplex und gestalten sich nicht selbsterklärend, da umfangreiche Erkenntnisse aus Theorie und Praxis in das Modell SIMO$_{IT-PM}$ eingeflossen sind. Für die Durchführung und

– Im ersten Schritt können die Rahmenbedingungen des IT-Produktmanagements erfasst werden, welche im Anschluss zusammengefasst in Tabellenform übersichtlich dargestellt werden (siehe Abbildung 88 und Abbildung 89).

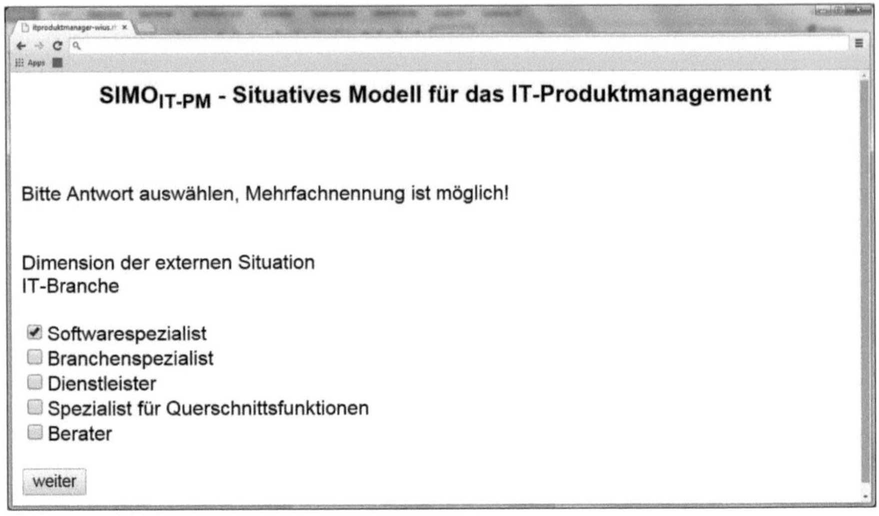

Abbildung 88: Screenshot – Eingabemaske der Rahmenbedingungen[918]

insbesondere die Auswertung sowie die Ableitung von Gestaltungsempfehlungen wird angeraten, einen Experten zur Unterstützung heranzuziehen.

[918] Eigene Darstellung

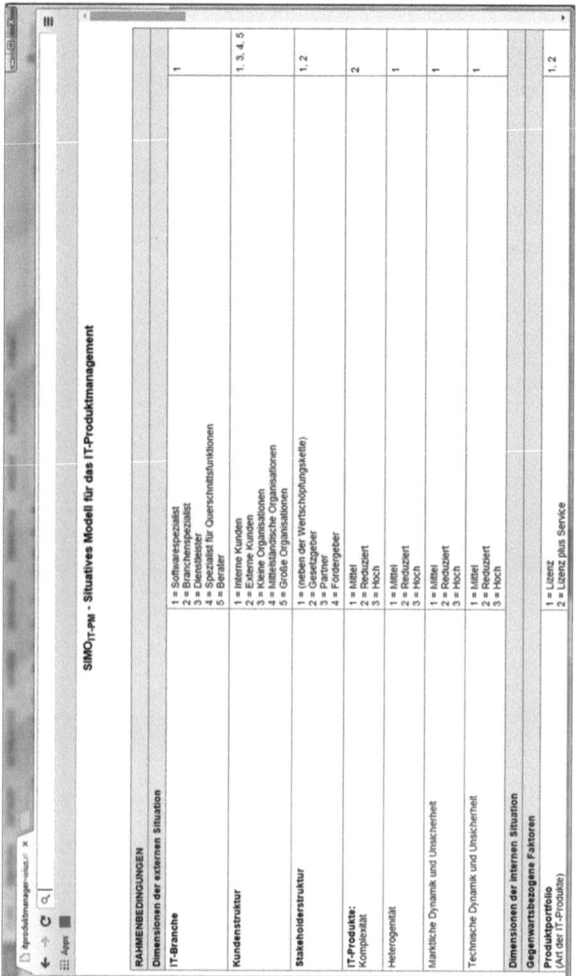

SIMO$_{IT-PM}$ - Situatives Modell für das IT-Produktmanagement

RAHMENBEDINGUNGEN		
Dimensionen der externen Situation		
IT-Branche	1 = Softwarespezialist 2 = Branchenspezialist 3 = Dienstleister 4 = Spezialist für Querschnittsfunktionen 5 = Berater	1
Kundenstruktur	1 = Interne Kunden 2 = Externe Kunden 3 = Kleine Organisationen 4 = Mittelständische Organisationen 5 = Große Organisationen	1, 3, 4, 5
Stakeholderstruktur	1 = (neben der Wertschöpfungskette) 2 = Gesetzgeber 3 = Partner 4 = Fördergeber	1, 2
IT-Produkte: Komplexität	1 = Mittel 2 = Reduziert 3 = Hoch	2
Heterogenität	1 = Mittel 2 = Reduziert 3 = Hoch	1
Marktliche Dynamik und Unsicherheit	1 = Mittel 2 = Reduziert 3 = Hoch	1
Technische Dynamik und Unsicherheit	1 = Mittel 2 = Reduziert 3 = Hoch	1
Dimensionen der internen Situation		
Gegenwartsbezogene Faktoren		
Produktportfolio (Art der IT-Produkte)	1 = Lizenz 2 = Lizenz plus Service	1, 2

Abbildung 89: Screenshot – Auswertung der Rahmenbedingungen[919]

- Im nächsten Schritt werden der Autarkie- und der Autonomiegrad erfasst, d.h. zu jeder Aufgabe des IT-Produktmanagements kann die jeweilige Art der Ausführung angegeben werden. Jede Antwort wird direkt im darunter angezeigten Kategorienschema der Gestaltungsalternativen des IT-Produktmanagements (siehe Abbildung 72, Kapitel 6.2) eingetragen, sodass ein Überblick über die Ausprägung der Gestaltungsalterna-

[919] Eigene Darstellung

tiven des IT-Produktmanagements entsteht (siehe Abbildung 90). Daraufhin erscheinen die sechs Referenztypen des IT-Produktmanagements, welche nacheinander eingeblendet werden können, um so die erfassten Gestaltungsempfehlungen mit dem jeweiligen Referenztypen zu vergleichen. Unterhalb des Kategorienschemas der Gestaltungsalternativen wird zusätzlich eine ausführliche Charakterisierung des jeweiligen Referenztypen eingeblendet (siehe hierfür beispielhaft für den Referenztyp Product Promotor Abbildung 91).

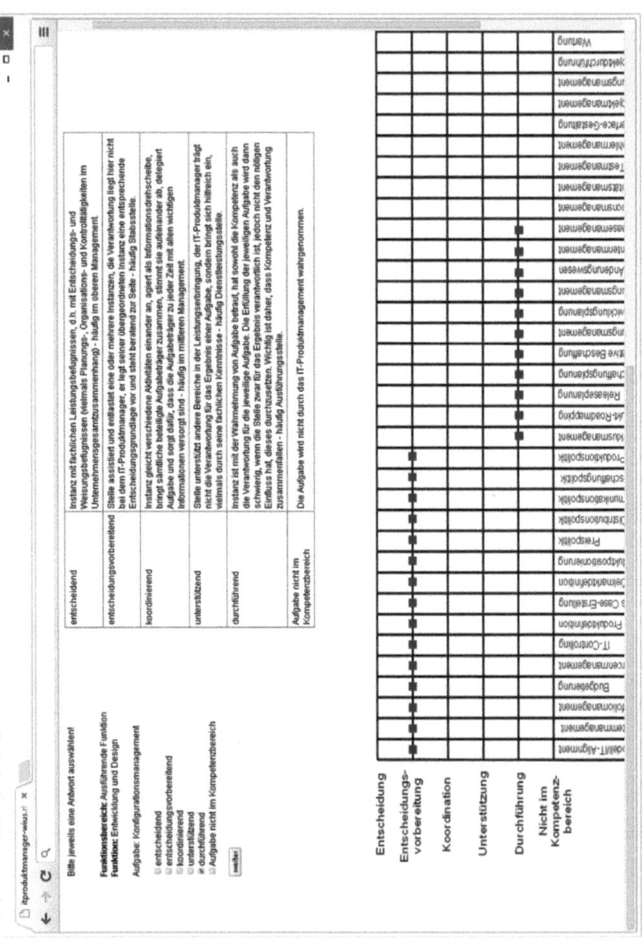

Abbildung 90: Screenshot – Eingabemaske der Gestaltungsalternativen[920]

[920] Eigene Darstellung

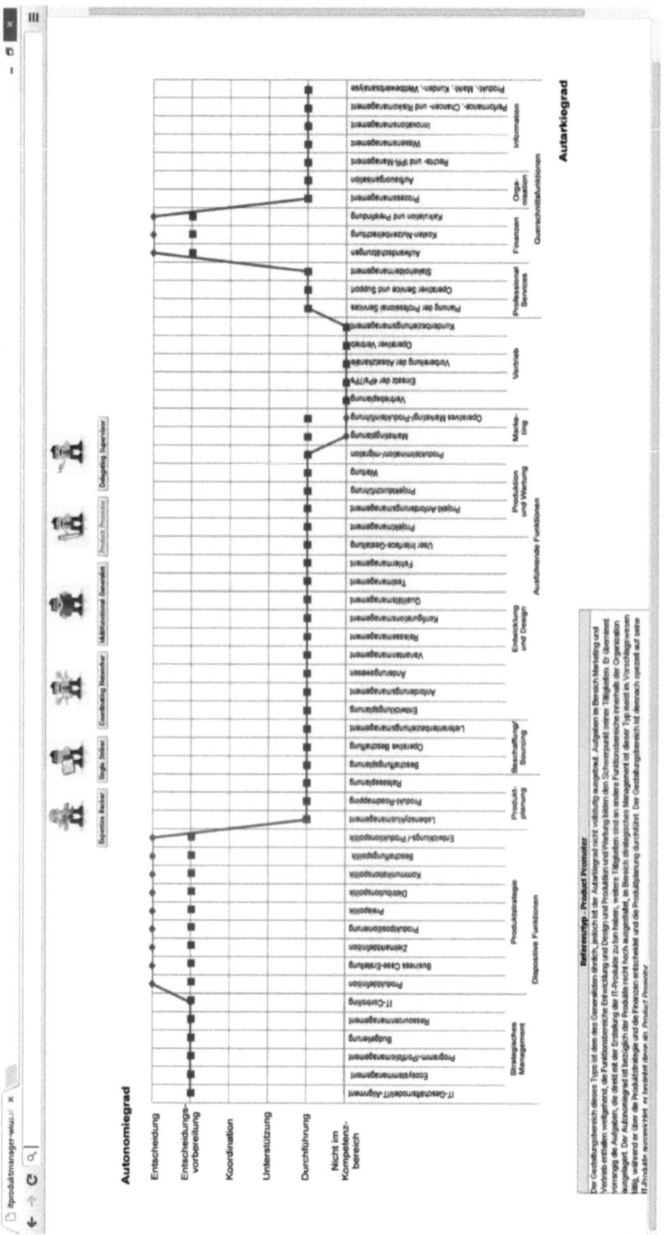

Abbildung 91: Screenshot – Gestaltungsalternativen eines Realtypen im Vergleich zu einem Referenztypen des IT-Produktmanagements[921]

[921] Eigene Darstellung

- Zuletzt können die Gestaltungsempfehlungen eingeblendet werden. Entsprechende Empfehlungen ergeben sich zum einen aus den Abweichungen der erfassten Gestaltungsalternativen zu denen des jeweiligen Referenztypen. So könnte die Empfehlung für das IT-Produktmanagement aus Abbildung 91 lauten, den Autonomiegrad bezüglich der Funktionsbereiche Produktstrategie und Finanzen zu erhöhen und hier Entscheidungsrechte einzuräumen. Gleichzeitig würde angeregt, das IT-Produktmanagement von Marktingaufgaben zu entlasten. Zum anderen können Gestaltungsempfehlungen aus Kapitel 6.3, den angegebenen Rahmenbedingungen und Problemen abgeleitet werden (siehe Abbildung 92).

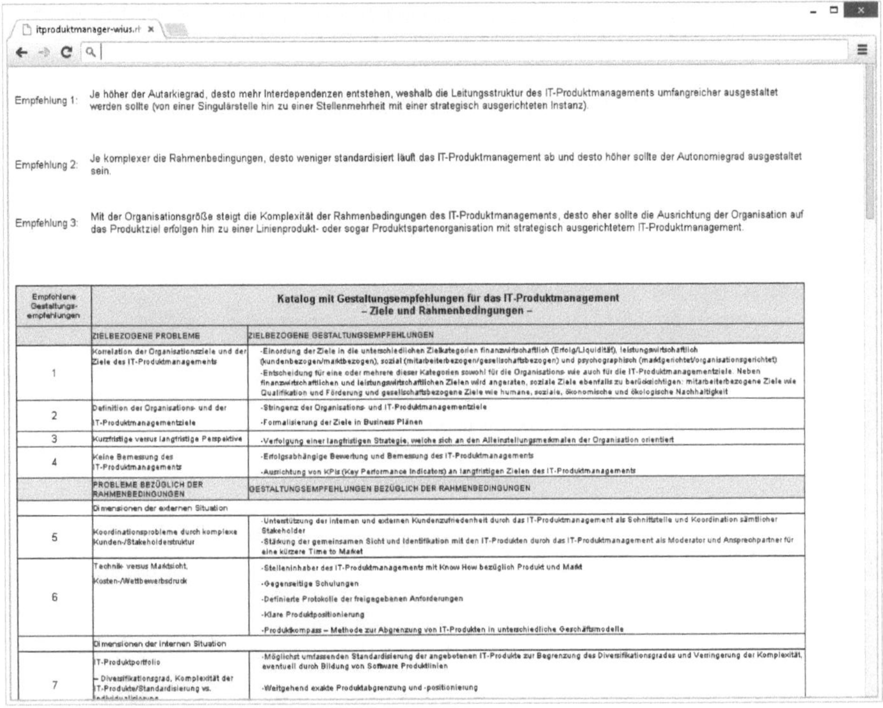

itproduktmanager-wius.r

Empfehlung 1: Je höher der Autarkiegrad, desto mehr Interdependenzen entstehen, weshalb die Leitungsstruktur des IT-Produktmanagements umfangreicher ausgestaltet werden sollte (von einer Singulärstelle hin zu einer Stellenmehrheit mit einer strategisch ausgerichteten Instanz).

Empfehlung 2: Je komplexer die Rahmenbedingungen, desto weniger standardisiert läuft das IT-Produktmanagement ab und desto höher sollte der Autonomiegrad ausgestaltet sein.

Empfehlung 3: Mit der Organisationsgröße steigt die Komplexität der Rahmenbedingungen des IT-Produktmanagements, desto eher sollte die Ausrichtung der Organisation auf das Produktziel erfolgen hin zu einer Linienprodukt- oder sogar Produktspartenorganisation mit strategisch ausgerichtetem IT-Produktmanagement.

Empfohlene Gestaltungs-empfehlungen	Katalog mit Gestaltungsempfehlungen für das IT-Produktmanagement – Ziele und Rahmenbedingungen –	
	ZIELBEZOGENE PROBLEME	ZIELBEZOGENE GESTALTUNGSEMPFEHLUNGEN
1	Korrelation der Organisationsziele und der Ziele des IT-Produktmanagements	-Einordung der Ziele in die unterschiedlichen Zielkategorien finanzwirtschaftlich (Erfolg/Liquidität), leistungswirtschaftlich (kundenbezogen/marktbezogen), sozial (mitarbeiterbezogen/gesellschaftsbezogen) und psychographisch (marktgerichtet/organisationsgerichtet) -Entscheidung für eine oder mehrere dieser Kategorien sowohl für die Organisations- wie auch für die IT-Produktmanagementziele. Neben finanzwirtschaftlichen und leistungswirtschaftlichen Zielen wird angeraten, soziale Ziele ebenfalls zu berücksichtigen: mitarbeiterbezogene Ziele wie Qualifikation und Förderung und gesellschaftsbezogene Ziele wie humane, soziale, ökonomische und ökologische Nachhaltigkeit
2	Definition der Organisations- und der IT-Produktmanagementziele	-Stringenz der Organisations- und IT-Produktmanagementziele -Formalisierung der Ziele in Business Plänen
3	Kurzfristige versus langfristige Perspektive	-Verfolgung einer langfristigen Strategie, welche sich an den Alleinstellungsmerkmalen der Organisation orientiert
4	Keine Bemessung des IT-Produktmanagements	-Erfolgsabhängige Bewertung und Bemessung des IT-Produktmanagements -Ausrichtung von KPIs (Key Performance Indicators) an langfristigen Zielen des IT-Produktmanagements
	PROBLEME BEZÜGLICH DER RAHMENBEDINGUNGEN	GESTALTUNGSEMPFEHLUNGEN BEZÜGLICH DER RAHMENBEDINGUNGEN
	Dimensionen der externen Situation	
5	Koordinationsprobleme durch komplexe Kunden-/Stakeholderstruktur	-Unterstützung der internen und externen Kundenzufriedenheit durch das IT-Produktmanagement als Schnittstelle und Koordination sämtlicher Stakeholder -Stärkung der gemeinsamen Sicht und Identifikation mit den IT-Produkten durch das IT-Produktmanagement als Moderator und Ansprechpartner für eine kürzere Time to Market
6	Technik- versus Marktsicht, Kosten-/Wettbewerbsdruck	-Stelleninhaber des IT-Produktmanagements mit Know How bezüglich Produkt und Markt -Gegenseitige Schulungen -Definierte Protokolle der freigegebenen Anforderungen -Klare Produktpositionierung -Produktkompass – Methode zur Abgrenzung von IT-Produkten in unterschiedliche Geschäftsmodelle
	Dimensionen der internen Situation	
7	IT-Produktportfolio – Diversifikationsgrad, Komplexität der IT-Produkte/Standardisierung vs. Individualisierung	-Möglichst umfassenden Standardisierung der angebotenen IT-Produkte zur Begrenzung des Diversifikationsgrades und Verringerung der Komplexität, eventuell durch Bildung von Software Produktlinien -Weitgehend exakte Produktabgrenzung und -positionierung

Abbildung 92: Screenshot – Gestaltungsempfehlungen[922]

Das Self-Assessment Tool bietet unterschiedliche Möglichkeiten, Nutzen aus der Anwendung zu generieren:[923]

[922] Eigene Darstellung

[923] Vgl. zur folgenden Aufzählung Hillman (1994), S. 31

- Die Möglichkeit der Erfassung des Ist- und Sollzustandes: Durch die Eingabe der Rahmenbedingungen und des jeweiligen Autarkie- und Autonomiegrades in das Self-Assessment Tool kann der Istzustand des IT-Produktmanagements einer Organisation ermittelt werden (siehe Abbildung 90). Anschließend kann ein Vergleich mit den unterschiedlichen Referenztypen den Sollzustand aufzeigen (siehe Abbildung 91).
- Es werden Daten, welche sich etabliert haben, als Vergleichsbasis und zur Initiierung von Lernprozessen angeboten. Wird das Self-Assessment in regelmäßigen Abständen durchgeführt, kann ein Vergleich im Zeitverlauf verfolgt werden: Die während der vorliegenden Arbeit ermittelten Erkenntnisse aus Theorie und Praxis zur situativen Gestaltung des IT-Produktmanagements sind in das prototypische Self-Assessment Tool für das $SIMO_{IT-PM}$ integriert und bieten eine fundierte Vergleichsbasis für das IT-Produktmanagement in Organisationen mit softwareintensivem Geschäftsmodell. Das Tool kann wiederholt zum Einsatz kommen, um einen Vergleich zu vorangegangenen Bewertungen zu ermöglichen und so einen Verbesserungszyklus aufzuzeigen in Form einer Fortschrittskontrolle.
- Manager werden in die Lage versetzt, identifizierte Handlungsbedarfe zu priorisieren: Durch den Abgleich des Realtyps einer Organisation mit dem jeweiligen Referenztypen des IT-Produktmanagements können Handlungsalternativen bezüglich des Autarkie- und Autonomiegrades ermittelt werden. Ebenso können auf Grundlage der angegebenen Probleme Gestaltungsempfehlungen identifiziert werden. Diese Empfehlungen können im Anschluss durch den IT-Produktmanager oder die Organisationsleitung priorisiert werden.
- Die Ergebnisse des Self-Assessments dienen Mitarbeitern und Organisationsleitung als Diskussionsgrundlage: Sie nutzen der Sichtbarmachung der Rahmenbedingungen sowie des Autarkie- und Autonomiegrads des IT-Produktmanagements in einer Organisation. So können die Ergebnisse kommuniziert und sämtliche Beteiligte involviert werden durch Vorschläge, Bekanntgabe der Auswirkungen, dem Fortschrittsprozess, einer Abgrenzung der Aufgaben der Stelle etc.

7. Validierung und kritische Würdigung der Ergebnisse

Eine Validierung macht Aussagen über die Gültigkeit einer Untersuchung.[924] Die Validität stellt neben dem theoriegeleiteten und hypothetischen sowie situativen Charakter eines der Kriterien dar, welches das situative Modell des IT-Produktmanagements erfüllen soll (siehe zum Ziel dieser Arbeit Abbildung 6, Kapitel 1.6). Diesem Kriterium wird nun Rechnung getragen, indem Validitätsbetrachtungen auf zwei unterschiedlichen Ebenen durchgeführt werden. Die wesentlichen Forschungsmethoden dieser Arbeit entstammen der qualitativen Sozialforschung (siehe Kapitel 1.7.2), weshalb für die Validierung ebenfalls Methoden des qualitativen Paradigmas herangezogen werden: zum einen die argumentative, zum anderen die Validierung an der Praxis.[925] Die *argumentative Validierung* zielt darauf ab, eine Intersubjektivität der Ergebnisse herzustellen, indem der Interpret seine Annahmen offenlegt und seine Vorannahmen expliziert, um so die Forschungsergebnisse regelgeleitet und nachvollziehbar darstellen zu können.[926] Als testtheoretisches, hermeneutisches Verfahren konzentriert sich die argumentative Validierung demnach auf die Gültigkeitsermittlung des Auswertungsprozesses. Kapitel 7.1 geht auf die wesentlichen Ergebnisse jedes Entwicklungsschritts des $SIMO_{IT-PM}$ ein, gleicht diese gegeneinander ab und validiert so argumentativ. Auf Grundlage der argumentativen Validierung wird anschließend in Kapitel 7.2 die *Validierung an der Praxis* vorgenommen, indem während einzelner Fallstudien[927] in softwareintensiven Organisationen die Anwendung des $SIMO_{IT-PM}$ erfolgt. Dieses Verfahren wird gewählt, da es auf der einen Seite die direkte Anwendung des $SIMO_{IT-PM}$, auf der anderen Seite eine größere Flexibilität durch die entstehende Interaktion ermöglicht (im Gegensatz zur quantitativen Validierung z.B. durch bloßes Versenden eines Fragebogens) und so Missverständnissen vorgebeugt werden kann bei widersprüchlichen bzw. unerwarteten Ergebnissen.

---

[924] Vgl. Bortz und Döring (2006), S. 200

[925] Vgl. Lamnek (1988), S. 157 ff., hier werden zusätzlich die ökologische, kommunikative und kumulative Validierung angeführt. Die ökologische Validität ist gegeben, da die angestrebte Validierung an der Praxis im natürlichen Lebensraum der Untersuchungspersonen stattfindet, indem keine künstlichen Experimente, sondern eine Validierung durch IT-Produktmanager selbst angestrebt wird. Eine kommunikative Validierung mit den während der Entwicklung des $SIMO_{IT-PM}$ befragten Experten wird aufgrund der hohen Anzahl des Interviewsamples als zu umfangreich eingestuft und deshalb nicht ausgeführt. Eine kumulative Validierung kann aufgrund der Neuartigkeit des Forschungsgegenstandes der Arbeit nicht durchgeführt werden, da keine vergleichbaren Ergebnisse vorliegen, siehe auch Lamnek (2010), S. 138 ff.

[926] Vgl. Terhart (1981), S. 789

[927] Vgl. ebenfalls Bortz und Döring (2006), S 113 und Hellstern und Wollmann (1983), S. 71, welche die Fallstudie als Alternative zur quantitativen Evaluationsstudie empfehlen, da diese die Wirksamkeit einer Methode wie dem $SIMO_{IT-PM}$ besser erkennen lässt und nicht einem einheitlichen methodischen Muster unterliegt.

7.1 Argumentative Validierung der Ergebnisse dieser Arbeit

In Kapitel 1 werden die Voraussetzungen geschaffen, auf deren Grundlage die vorliegende Arbeit entsteht und sich Forschungsergebnisse entwickeln. Die in Kapitel 1.2, Abbildung 2 hergeleiteten Strukturen von IT-Produkten haben sich als brauchbare Basis herausgestellt, auf welche sich die Arbeit an verschiedenen Stellen stützt. Durch die Einbeziehung der unterschiedlichen Strukturen in das Kategorienschema der Rahmenbedingungen des IT-Produktmanagements (siehe Kapitel 6.2, Abbildung 73 und Abbildung 74) ist das SIMO$_{IT\text{-}PM}$ nicht begrenzt auf eine bestimmte Art von IT-Produkten, sondern offen für jede Organisation mit softwareintensivem Geschäftsmodell. Ebenso umfasst das SIMO$_{IT\text{-}PM}$ den gesamten Untersuchungsbereich (siehe Kapitel 1.5) der Arbeit, welcher sich als roter Faden durch die Ausarbeitungen zieht von den Forschungsfragen nach Zielen, Rahmenbedingungen, Aufgaben und Problemen/Effizienzkriterien des IT-Produktmanagements über die Betrachtung dieser Bereiche in der Organisationstheorie und der Literatur zum IT-Produktmanagement sowie in der praktischen Erforschung der Stelle des IT-Produktmanagements in Form des strukturierten Leitfadens bis hin zu der Struktur des SIMO$_{IT\text{-}PM}$. Angestrebt ist, die situative Ausgestaltung der Stelle des IT-Produktmanagements umfassend zu erforschen und aus mehreren Perspektiven zu betrachten, indem Erkenntnisse aus den im Forschungsdesign (siehe Kapitel 1.7) vorgestellten Ansätzen der Theorien der Betriebswirtschaftslehre (Kapitel 2 und 4), der Normen und Industriestandards (Kapitel 3) und der Praxis/Empirie (Kapitel 5) herangezogen werden, um das Ziel der Arbeit, die Entwicklung des SIMO$_{IT\text{-}PM}$, zu erreichen. Diese Art der Triangulation[928] zur Gestaltung der Stelle des IT-Produktmanagements wird bisher nicht in dieser Ausführlichkeit durchgeführt und kann deshalb als neuer Ansatz zu deren Betrachtung gelten.

7.1.1 Validierung des Instrumentariums zur Verortung organisationaler Strukturtypen

Das in Kapitel 2 systematisch erstellte, theoretisch hergeleitete Instrumentarium zur Verortung organisationaler Strukturtypen hat sich als anwendbare Grundlage herausgestellt, welche während der Arbeit sukzessive mit Inhalt gefüllt wird. Dadurch kann das Ziel erreicht werden, ein theoriegeleitetes, an das IT-Produktmanagement angepasstes Modell zu entwickeln. Sowohl der Autarkie- als auch der Autonomiegrad als Gestaltungspara-

928 Siehe zur Einordnung der Triangulation Kapitel 1.7

meter einer Stelle können in das SIMO$_{IT-PM}$ aufgenommen werden ebenso wie Einflussfaktoren in Form von Rahmenbedingungen, um den situativen Charakter des Modells herauszuarbeiten.

Diese Arbeit stützt sich auf die traditionellen Ansätze der Organisationsgestaltung, insbesondere den situativen Ansatz.[929] Organisationstheorien mit neueren Gestaltungsansätzen des Humanbereichs wie verhaltensorientierte[930] oder entscheidungsorientierte[931] Ansätze erscheinen zur Entwicklung des SIMO$_{IT-PM}$ in der Theorie nicht in diesem Umfang geeignet, da hier der vorrangige Fokus nicht auf der Aufbauorganisation und den Aufgaben von Funktionen liegt. Zudem haben sie sich bislang in der Praxis weniger etabliert. Ein Abgleich mit der Praxis wäre deshalb schwer möglich gewesen, um das Modell konstruktiv zu validieren (siehe Kapitel 1.7), weshalb diese Ansätze in die vorliegende Arbeit nicht einbezogen werden. Ebenfalls nicht einbezogen werden jüngere Theorien, die den Netzwerkgedanken aufnehmen, da diese weder in der Wissenschaft noch in der Praxis ausreichend etabliert erscheinen (siehe Kapitel 1.7). Diese Abgrenzung hat sich als zweckmäßig erwiesen, um das Ziel der Arbeit, ein theoriegeleitetes, hypothetisches, validiertes, situatives Modell für das IT-Produktmanagement, welches zusätzlich Gestaltungsempfehlungen für IT-Produktmanager geben kann, zu entwickeln. Das konstruierte Instrumentarium zur Verortung organisationaler Strukturtypen kann daher im Verlauf der Arbeit herangezogen werden, um eine Typisierung des IT-Produktmanagements in Form eines Modells zu erreichen. Dennoch kann nicht ausgeschlossen werden, dass durch Einbeziehung neuerer Organisationstheorien zusätzliche Erkenntnisse gewonnen werden könnten, weshalb hier weiterer Forschungsbedarf besteht.

7.1.2 Validierung der Erkenntnisse von Normen und Industriestandards im Umfeld des IT-Produktmanagements

Die Untersuchung der Normen und Industriestandards in Kapitel 3 zeigt, dass keines der dort identifizierten Modelle die in dieser Arbeit angestrebten Bedingungen für das SIMO$_{IT-PM}$, welche sich aus dem Bezugsrahmen zu Untersuchungs- und Gestaltungsbereich der Stelle des IT-Produktmanagements (siehe Kapitel 1.5, Abbildung 3) mit Zielen, Aufgaben, Rahmenbedingungen und Problemen/Effizienzkriterien ergeben, vollständig abbildet. Auf der einen Seite werden die bestehenden Modelle häufig bezüglich ihres hohen Umfangs

[929] Siehe zur wissenschaftstheoretischen und methodologischen Einordnung Kapitel 1.7.1, zum theoretischen Zugang Kapitel 1.7.2

[930] Verhaltensorientierte Ansätze gehen zurück auf Allport (1933).

[931] Entscheidungsorientierte Ansätze gehen zurück auf Heinen (1962).

kritisiert,[932] auf der anderen Seite werden keine Empfehlungen zur Ausgestaltung der Stelle des IT-Produktmanagements gegeben, insbesondere bezüglich der Aufbauorganisation.[933] Zwar ist die ISPMA auf dem Wege, einen Standard für Software Product Management zu entwickeln, welcher situative Faktoren beinhaltet, jedoch sind die Bemühungen eher auf Standardsoftware fokussiert („product software means products that are not developed for one specific customer, but for an entire market.“[934]) und somit nicht auf die in Kapitel 1.2 dargestellten Strukturen von IT-Produkten ausgerichtet. Die Methode basiert auf Prozessen und Reifegraden, welche Organisationen ein starres Modell aufzwingt. Es wird festgelegt, welches IT-Produktmanagement für eine Organisation am besten geeignet ist. Zudem reagiert die Methode unflexibel auf die individuellen Bedürfnisse einer Organisation und kann deshalb auf Widerstände stoßen. Für die Entwicklung des SIMO$_{IT\text{-}PM}$ wird der Fokus eher auf die Anwendbarkeit gelegt. Das heißt zum einen, dass durch eine übersichtliche Gestaltung und trotz vollständiger Einbeziehung des definierten Untersuchungsbereichs der Stelle des IT-Produktmanagements versucht wird zu vermeiden, das SIMO$_{IT\text{-}PM}$ zu umfangreich und komplex zu gestalten. Das entwickelte Modell zeigt, was wichtig ist, nicht, wie jeder einzelne Schritt im Detail ausgeführt werden sollte.[935] Zum anderen werden der Gestaltungsbereich, d.h. der angestrebte Autonomie- und Autarkiegrad des IT-Produktmanagements, und die Rahmenbedingungen, die auf diese Einwirken, in den Mittelpunkt der Betrachtungen gestellt. Das IT-Produktmanagement einer Organisation wird analysiert und einem oder mehereren Referenztypen zugeordnet. Aufbauend auf dieser identifizierten Situation können Gestaltungsempfehlungen abgeleitet werden, ohne die Organisation durch ein vordefiniertes Konzept zu überfahren. Dennoch können durch die umfangreiche Untersuchung der Standards und Normen zahlreiche Ansätze und Anregungen für die Gestaltung des SIMO$_{IT\text{-}PM}$ identifiziert und übernommen werden (siehe Kapitel 3.2):

– Das SIMO$_{IT\text{-}PM}$ vereinigt, wie der Name schon sagt, sowohl Produktmanagement- als auch IT-Bezug und kann somit als ein Modell speziell für das IT-Produktmanagement gelten.

---

[932] Vgl. Brodman (1994), S. 331 ff., Cusumano (2004), S. 128 ff., Nawrocki u.a. (2002), S. 288, Schürmann (2013), URL siehe Literaturverzeichnis und Sweeney und Bustard (1997), S. 265 ff.

[933] Vgl. z.B. Victor und Günther (2005), S. 19

[934] Xu und Brinkkemper (2005), S. 523 ff. oder van de Weerd u.a. (2006d), S. 1 und van de Weerd u.a. (2010b), S. 720

[935] Die Ausführung hängt von der jeweiligen Situation ab und wird durch verschiedene Organisationen unterschiedlich wahrgenommen, Anregungen aus der Literatur zum IT-Produktmanagement finden sich jedoch in den Quellenangaben in Kapitel 5.3.5.

- Im Gegensatz zu vielen der vorgestellten Modelle ist das $SIMO_{IT\text{-}PM}$ nicht auf eine bestimmte Art von IT-Produkten beschränkt, sondern deckt sämtliche Strukturen von IT-Produkten ab. Somit kann es von Organisationen aus allen Teilbereichen der IT-Branche angewendet werden, ohne dass durch Anpassungen des Modells zu großer Aufwand oder Risiken entstehen.
- Das $SIMO_{IT\text{-}PM}$ ist als Funktionsmodell (Autarkie- und Autonomiegrad) und Rollenmodell (Referenztypen des IT-Produktmanagements) ausgestaltet. Aufwand und Risiken der Fehlinterpretation durch Reifegrad- oder Prozessmodelle können so umgangen werden, wohingegen jedoch keine detaillierten Schritte zur Durchführung von Aufgaben/Prozessen an die Hand gegeben werden können.
- Zusätzlich ist das $SIMO_{IT\text{-}PM}$ ein Lebenszyklusmodell, sämtliche Phasen sind implizit im Autarkiegrad eingeschlossen. Dieser ist zusätzlich in primäre, organisatorische und unterstützende Bereiche eingeteilt und bezieht die Stakeholder sowie situative Rahmenbedingungen mit ein.

7.1.3 Validierung der Ergebnisse aus wissenschaftlicher Perspektive

Umfangreiche Ergebnisse können während der Betrachtung der Stelle des IT-Produktmanagements aus der wissenschaftlichen Perspektive in Kapitel 4 gewonnen werden. Diese werden mit Hilfe einer systematischen Literaturanalyse (Kapitel 4.1), durch welche eine umfassende Anzahl an Publikationen zum Thema gefunden werden kann, identifiziert. Folgerungen aus diesen Ergebnissen können in das in Kapitel 2 hergeleitete Instrumentarium zur Verortung organisationaler Strukturtypen aufgenommen werden, um dieses zu erweitern und auf das IT-Produktmanagement anzupassen. Laut Tunger sowie Wirth und Lauf weist die Methode der systematischen Literaturanalyse jedoch Grenzen auf, da durch die vorher festgelegten Kriterien die Flexibilität während der Untersuchung verloren geht, Veröffentlichungen in Büchern immer noch höheren Stellenwert haben als Journalveröffentlichungen, Veröffentlichungen in anderen Sprachen schwerer zugänglich und Wirkungsprozesse nicht darstellbar sind. Weiterhin wird bemängelt, dass die Recherche durch den Forscher beeinflusst werde, so die Zuverlässigkeit der durch Datenreduktion entstandenen Kategorien fraglich sei und das Verfahren zudem sehr hohen Aufwand verursache.[936] Angelehnt an vom Brocke kann die Literaturanalyse dennoch bei der Identifikation relevanter Quellen aus der Vielzahl an zum Thema existierenden Veröffentli-

[936] Vgl. Tunger (2009), S. 228 f. sowie Wirth und Lauf (2001), S. 157-182

chungen unterstützen. Ebenfalls werden die Quellen strukturiert abgelegt, wodurch belegt werden kann, wo welche Ergebnisse zu einem späteren Zeitpunkt zu finden sind, um die weitere Forschungsarbeit zu intensivieren und mit der jeweiligen Forschungscommunity zu teilen.[937] Um das Ziel dieser Arbeit zu erreichen, wird der entstehende Aufwand in Kauf genommen, Bücher als Quellen können integriert werden durch die hinzugefügte Datenbank SpringerLink, ebenso werden englische Publikationen eingeschlossen. Die Beeinflussung der Ergebnisse durch die Interaktion des Forschers kann dagegen nicht vollständig vermieden werden, jedoch kann der akzidentale Charakter der Publikationen[938] vor der Verfälschung der Ergebnisse schützen.[939] Ebenso entsteht wenig Flexibilität während der Recherche, da der Fokus auf der klaren Definition und Beschreibung der angewandten Methode sowie der Stringenz und Reproduzierbarkeit der Ergebnisse liegt. Zusammengefasst können Aussagen auf einer breiten Datengrundlage gemacht und der Gestaltungsbereich der Stelle des IT-Produktmanagements umfangreich dargestellt werden. Die angegebenen Quellenangaben dienen darüber hinaus als Basis für weitere Forschungsarbeiten in Richtung einer einzelnen Aussage.

Die Ausführungen aus der wissenschaftlichen Perspektive geben einen Überblick über die Elemente des Gestaltungsbereichs der Stelle des IT-Produktmanagements, welchen es seither in der wissenschaftlichen Literatur nicht oder lediglich rudimentär gegeben hat. Die in Kapitel 4.2.1, Abbildung 42 vorgestellten möglichen Organisationsformen für das IT-Produktmanagement, welche zusätzlich um die Prinzipien der Koordination bzw. Kommunikation erweitert werden, zeigen so die Ausrichtung auf das IT-Produktziel einer Organisation. Weiterhin gibt es seither keine ganzheitliche Darstellung von Zielen, Rahmenbedingungen oder Problemen/Effizienzkriterien des IT-Produktmanagements, diese werden bislang nur teilweise, bezogen auf den Themenbereich der jeweiligen Publikation, beleuchtet.[940] Durch die Klassifikation in finanzwirtschaftliche, leistungswirtschaftliche, soziale und psychographische Ziele (siehe Kapitel 4.2.2), in Rahmenbedingungen der externen/internen Situation, Verhalten der Organisationsmitglieder und zusätzlich IT-Produktmanagement Subsystem-Komponenten (siehe Kapitel 4.2.3) sowie zielbezogene, aufgabenbezogene und Probleme/Effizienzkriterien bezüglich der Rahmenbedingungen

---

[937] Vgl. vom Brocke u.a. (2009), S. 11

[938] Publikationen, die nicht speziell zu Zwecken einer Analyse erstellt werden, vgl. Lamnek (2010), S. 460 ff.

[939] Vgl. zum folgenden Absatz Kitchenham und Charters (2007), S. 4 ff.

[940] Siehe hierzu die Publikationen zu Zielen (b) und Problemen/Effizienzkriterien (d) in Abbildung 39, Abbildung 40 und Abbildung 41, Kapitel 4.1.6

(siehe Kapitel 4.2.6) kann in der vorliegenden Arbeit eine einheitliche Gruppierung der einzelnen Daten in organisierter Form erreicht werden.

Bezüglich des Autarkiegrades bestehen in den Publikationen bereits Auflistungen. Ausgereift erscheint die SPM Reference Architecture der ISPMA (siehe Abbildung 34, Kapitel 3.1). Obwohl diese als nützliche Grundlage während der Recherche nach Funktionen und Aufgaben und deren Klassifikation dienen kann, sind nicht sämtliche im Rahmen dieser Arbeit identifizierten Funktionsbereiche und Aufgaben enthalten. Die SPM Reference Architecture teilt ein in Kernaufgaben, in Aufgaben, an denen das SPM teilnimmt und in Aufgaben, die verteilt werden. Dagegen leht sich der in Kapitel 4.2.4, Abbildung 47 aufgestellte Autarkiegrad an die in Kapitel 2.1.1 hergeleitete, theoriegeleiteten Kategorisierung in dispositive/ausführende Grundfunktionen und Querschnitts- bzw. Servicefunktionen an. Er orientiert sich an der funktionalen Sichtweise auf das IT-Produktmanagement, welche in dieser Arbeit verfolgt wird (siehe Kapitel 1.5, Abbildung 4), ist somit funktional ausgerichtet und integriert die während der Literaturanalyse identifizierten Aufgaben des IT-Produktmanagements. Ebenso verhält es sich mit dem Autonomiegrad für das IT-Produktmanagement bezüglich der Ausprägungen entscheidend, entscheidungsvorbereitend, koordinierend, unterstützend und durchführend (siehe Kapitel 4.2.5), welcher den in dieser Form erstmalig aufgestellten Gestaltungsbereich des IT-Produktmanagements vervollständigt. Eine Auflistung von Problemen und Effizienzkriterien, wie sie in Kapitel 4.2.6 entwickelt wird, kann bislang nicht in dieser umfangreichen Form gefunden werden. Auch wenn die Liste nicht den Anspruch auf Vollständigkeit erheben kann, dient sie der Systematisierung, insbesondere durch die Einteilung anhand der weiteren Komponenten des Gestaltungsbereichs der Stelle des IT-Produktmanagements in zielbezogene Probleme/Effizienzkriterien, Probleme/Effizienzkriterien, die aufgrund der gegebenen Rahmenbedingungen entstehen und aufgabenbezogene Probleme/Effizienzkriterien. Die angegebenen Quellen können zusätzlich als Einstieg in eine weitere Recherche herangezogen werden, um eventuelle Lösungsmöglichkeiten zu finden.

Erste Ansätze zu situativen Einflussfaktoren und Typenbildung des IT-Produktmanagements können während der Literaturanalyse ausgemacht werden (siehe Kapitel 4.3). Bezüglich der Einflussfaktoren können eher allgemeine Aussagen aus der Organisationstheorie über die Zusammenhänge von Zielen, Rahmenbedingungen, Aufgaben und Art der Erfüllung der Aufgaben gefunden werden, welche als Grundlage für die situative Gestaltung der Stelle des IT-Produktmanagements herangezogen werden. Weiterhin können zwei Ansätze der Typisierung in die Forschungsarbeiten integriert werden. So wird die Idee der vier Typen von IT-Produktmanagern nach Herzwurm und Pietsch, welche auf Aufgaben und deren Art der Durchführung aufgebaut sind, aufgenommen und in den Autarkie- und Autonomiegrad der Referenztypen überführt. Ebenfalls einige Anhaltspunkte liefern die vier auf Basis der Grounded Theory unter Ausblendung theoretischer Vorkenntnisse des Forschers identifizierten Typen Expert, Strategist, Leader und Problem Solver nach Maglyas u.a., die auf den Einflussfaktoren Produkt, Autorität, Zugang zu Ressourcen und Einfluss auf die Zusammenarbeit basieren. Diese Einflussfaktoren werden als Rahmenbedingungen in das SIMO$_{\text{IT-PM}}$ aufgenommen,[941] erscheinen jedoch zu wenig differenziert, um die Stelle des IT-Produktmanagements vollständig zu erfassen. Aus diesem Grund sind im Vergleich zur Typenbildung nach Herzwurm und Pietsch[942] sowohl der Autarkie- wie auch der Autonomiegrad im SIMO$_{\text{IT-PM}}$ wesentlich umfangreicher dargestellt (siehe hierzu und im Folgenden Kapitel 6.2).[943] Zusätzlich fließen Rahmenbedingungen in das SIMO$_{\text{IT-PM}}$ mit ein wie bei den durch Maglyas identifizierten Typen,[944] jedoch auch hier weitaus umfassender.[945]

7.1.4 Validierung der Ergebnisse aus Praxissicht

Eine Betrachtung des Gestaltungsbereichs der Stelle des IT-Produktmanagements aus Praxissicht ist bislang nicht im Ausmaß dieser Arbeit geschehen, vielmehr fehlt es an empirischen Ergebnissen in diesem Bereich.[946] Diese Lücke kann ein Stück weit gefüllt werden durch die Analyse von 60 Stellenanzeigen zu Synonymen, Anforderungen und Aufgaben des IT-Produktmanagements (Kapitel 5.1), der Studie zum IT-Produktmanagement mit ca. 275 Experten bezüglich Aufgaben und Rollen, Einbettung, Problemen und Effizienzkriterien (Kapitel 5.2) sowie der vergleichenden Feldstudie zum Gestaltungsbereich der Stelle des IT-Produktmanagements anhand 30 Experteninterviews (Kapitel 5.3).

---

[941] IT-Produkt A/B mit Komplexität, Heterogenität, marktlicher und technischer Dynamik und Unsicherheit, Machtstruktur, Grad und Dauer der objektgerichteten Ressourcenverselbständigung sowie Entscheidungskompetenzumfang.

[942] Vgl. Herzwurm und Pietsch (2009), S. 60 ff.

[943] Zwölf Funktionsbereiche und 56 Aufgaben statt sieben Aufgabenbereiche und 25 Aufgaben sowie e, v, k, u, d statt k, u, d.

[944] Maglyas u.a. (2013), S. 26 ff., die Typisierung erfolgt auf empirischer Basis nach den Prinzipien der Grounded Theory losgelöst von Theorie und basiert auf Interviews (sechs Organisationen in der ersten, sieben in der zweiten Runde).

[945] 28 Rahmenbedingungen sowie Probleme/Effizienzkriterien statt vier Einflussfaktoren.

[946] Siehe hierzu Maglyas u.a. (2011), S. 33 und die Ergebnisse der systematischen Literaturanalyse zum IT-Produktmanagement in Kapitel 4.1.6

Es kann gezeigt werden, dass sich die Wahrnehmung der Stelle des IT-Produktmanagements in der Praxis sehr heterogen darstellt. Diese Erkenntnis zieht sich durch sämtliche empirischen Auswertungen: Wie während der Analyse von Stellenanzeigen des IT-Produktmanagements dargelegt werden kann, ist die Benennung der Stelle in vielen Stellenanzeigen unterschiedlich, ebenso die Anforderungen und Aufgaben. Durch eine Analyse weiterer Stellenanzeigen hätten durchaus weitere Erkenntnisse gefunden werden können. Jedoch wären mit großer Wahrscheinlichkeit noch weitaus heterogenere Ergebnisse identifiziert worden, was die Aussage über die Wahrnehmung der Stelle in der Praxis noch verstärkt hätte.

In der ausgeführten Studie im Bereich des IT-Produktmanagements stellen sich die Aufgaben, die einem IT-Produktmanager in der jeweiligen Organisation zugeordnet werden, ebenso heterogen dar wie die Einbettung des IT-Produktmanagements innerhalb einer Organisation. Probleme entstehen zum einen durch diese Vielfalt und Varietät, zum anderen durch die Komplexität der Anforderungen und Aufgaben selbst. Weiterhin wird eine große Anzahl an Effizienzkriterien genannt, welche für jedes IT-Produktmanagement anders aussehen, je nachdem, in welchem Umfeld es sich wiederfindet. Dies und die vielschichtigen identifizierten Rahmenbedingungen zeigen, dass das IT-Produktmanagement in der Praxis eine Disziplin mit gewachsenen Strukturen darstellt und dadurch sehr verschiedenartige Ausprägungen aufweist. Obwohl während der Studie keine tiefergehende Analyse durchgeführt wird, sondern die Seminarteilnehmer lediglich nach den Kernpunkten zu den Aufgaben, zur Einbettung und zu den Problemen des IT-Produktmanagements in ihrer Organisation befragt werden, kann eine solch umfangreiche Umfrage zu diesen Fragestellungen seither in der Literatur nicht verzeichnet werden. Nach Erreichung eines gewissen Sättigungsgrades wird ein stimmiges Bild der Antworten der Teilnehmer gegeben: Aufgrund der unterschiedlichen Sichten und der aufgezeigten Probleme kann davon ausgegangen werden, dass in der Praxis eine weitreichende Unsicherheit, Konfusion und Orientierungslosigkeit der Organisationen und IT-Produktmanager selbst besteht bezüglich der Ausgestaltung der Stelle. Ebenso ist es nicht möglich, eine generelle Aufgabenbeschreibung zu definieren und festzulegen, da diese abhängt von der Organisation selbst und weiteren Rahmenbedingungen, in denen sie sich bewegt.

Die Experteninterviews dienen dem Ziel der Hypothesengenerierung aus empirisch erhobenem Datenmaterial. Sie sollen die bisherigen Ergebnisse aus der Praxis durch eine tiefergehende Analyse von 30 Einzelfällen in Form einer vergleichenden Feldstudie ergänzen. Hierzu werden nichtstandardisierte, leitfadengeführte Experteninterviews gewählt, wobei der Leitfaden nach den Kriterien der systematischen Erstellung nach Ullrich[947] erstellt wird und der Struktur des Untersuchungsbereichs dieser Arbeit (Ziele, Rahmenbedingungen, Aufgaben, Probleme/Effizienzkriterien) folgt (siehe Kapitel 5.3.4). Eine stringente Befragung von 30 Experten zur Gestaltung der Stelle des IT-Produktmanagements in dieser Form wird erstmalig durchgeführt und dient der weiteren Erkenntnisgewinnung, der Beantwortung der Forschungsfragen sowie der Zielerreichung dieser Arbeit. Zur Auswertung der Antworten wird ein Verfahren der qualitativen Inhaltsanalyse, die Fallkontrastierung, gewählt. Im Gegensatz zu einer rein auf den empirischen Ergebnissen beruhenden Auswertung nach den Grundsätzen der Grounded Theory wird hier theoretisches Vorwissen des Forschers explizit eingeschlossen, um zu einer Bildung von Kategorien und Subkategorien sowie deren Dimensionalisierung zu gelangen. Diesem Verfahren werden häufig Verzerrungen durch den Einfluss des Forschers vorgeworfen.[948] Dies kann jedoch verhindert werden, indem die Konzepte für die Untersuchung nicht feststehen, sondern während der Auseinandersetzung mit dem empirischen Datenmaterial durch die Integration von empirischen und theoretischen Arbeitsschritten entstehen.[949] Zudem unterstützt dieses Verfahren so das Ziel dieser Arbeit, ein theoriegeleitetes Modell für die Gestaltung der Stelle des IT-Produktmanagements zu entwickeln. Bezüglich des Gestaltungsbereichs der Stelle des IT-Produktmanagements (siehe hierzu den Untersuchungsbereich dieser Arbeit, Kapitel 1.5, Abbildung 3) können die während der Untersuchung aus der wissenschaftlichen Perspektive definierten Rahmenbedingungen und Aufgaben, resp. der Autarkiegrad, durch die empirischen Erkenntnisse aus den Interviews bestätigt werden (siehe Kapitel 4.2.3 und 4.2.4). Die Ziele und Problem-/Effizienzkriterien dagegen werden in der Praxis wesentlich umfangreicher beschrieben. Diese werden durch die zusätzlichen Ziele und Probleme erweitert, indem sie in die erstellten Kategorien eingeordnet werden (siehe Kapitel 4.2.2 und 4.2.6). Die Ziele und Probleme/Effizienzkriterien aus Praxissicht bieten somit eine ergänzte, zusammenfassende Darstellung, welche dadurch als recht umfassende Grundlage herangezogen werden kann zur Identifizierung von Zielen, Problemen/Effizienzkriterien in einer Organisation.

947 Vgl. Ullrich (1999), S. 436 f.
948 Vgl. Glaser und Strauss (1967), S. 47
949 Vgl. Kelle und Kluge (2010), S. 30 und S. 38 ff.

Die Erkenntnisse unterstützen zum einen die Entscheidung, diese Arbeit in einen situativen Kontext zu stellen (siehe Kapitel 1.7.2), um die unterschiedlichen Rahmenbedingungen von Organisationen einzufangen. Zum anderen kann sich durch sämtliche Ergebnisse aus Praxissicht die Hypothese erhärten, dass kein einheitliches Bild der Stelle des IT-Produktmanagements in der Praxis existiert. Dies bestärkt wiederum die Annahme, dass sich gemeinsame Merkmale bezüglich des Gestaltungsbereichs der Stelle identifizieren lassen können, welche eine Typisierung zulassen.

7.1.5 Validierung des situativen Modells für das IT-Produktmanagement ($SIMO_{IT\text{-}PM}$)

Forschungsfrage 4 zielt darauf ab, eine situative Typisierung aus gemeinsamen Merkmalen bei der Untersuchung von IT-Produktmanagern zu identifizieren. Gleichzeitig wird im Ziel der Arbeit festgehalten, dass das zu entwickelnde Modell theoriegeleitet entstehen soll. Aufgrund dessen wird zunächst eine theoretisch begründete Bildung von Idealtypen des IT-Produktmanagements durchgeführt (siehe Kapitel 6.1), aufbauend auf den fünf Strukturtypen einer Organisation nach Mintzberg (siehe Kapitel 2.1.2) und den Herleitungen aus der Organisationstheorie (siehe Kapitel 2.2). Diese fünf Idealtypen, welche in dieser reinen Form in der Realität nicht existieren, werden entwickelt anhand ihres Autarkiegrads sowie benannt nach ihrem Autonomiegrad und unterscheiden sich durch die Funktionsbereiche, in denen sie tätig sind: Stratege im strategischen Management, Delegierer in Produktstrategie und -planung, Koordinator als Assistenz des Strategen/Delegierers, Macher in den ausführenden Funktionen sowie Unterstützer in den Querschnitts- bzw. Servicefunktionen. Diese Einteilung kann als theoretische Basis übernommen werden, um aufbauend Typen des IT-Produktmanagements in der Praxis zu identifizieren. Hierfür werden aus den in Kapitel 5 dargestellten Ergebnissen zur Stelle des IT-Produktmanagements in der Praxis aus Stellenanzeigen, der Studie im Themenbereich sowie den Experteninterviews und den daraus entwickelten Kategorien (siehe Kapitel 5.3.5) versucht, gemeinsame Merkmale zu identifizieren, welche eine situative Typisierung zulassen. Aus diesen Merkmalen können sechs Referenztypen des IT-Produktmanagements ermittelt werden: Expertise Backer, Single Striker, Coordinating Networker, Multifunctional Generalist, Product Promotor sowie Delegating Supervisor. Diese in Kapitel 6.2 dargestellten Referenztypen bilden die Grundlage für das $SIMO_{IT\text{-}PM}$ und haben durch das sensibilisierende Konzept der Fallkontrastierung hypothetischen Charakter. Im Vergleich zu den wenigen Ansätzen, die bislang zur Typenbildung im IT-Produktmanagement existieren (siehe Kapitel 4.3), basieren die Referenztypen nicht allein auf Praxiserfahrung und empirischen Erkenntnissen, sondern heben sich durch ihren theoriegeleiteten Charakter ab. Durch die Einbeziehung der wissenschaftlichen Perspektive können die existierenden Ansätze jedoch integriert werden.[950] Die sechs Referenztypen des $SIMO_{IT\text{-}PM}$ unterscheiden sich von diesen Ansätzen zudem durch ihre Theoriegeleitetheit aus den traditionellen Organisationstheorien und daraus folgend durch eine Methodentriangulation (siehe hierzu Kapitel 6.1 und 6.2). Zusätzlich kann durch die Praxissicht in Kapitel 5 eine bislang im Bereich fehlende umfangreiche empirische Basis geschaffen werden durch die Betrachtung von 60 Stellenanzeigen, den Aussagen von ca. 275 Seminarteilnehmern und 30 Experteninterviews, auf welche sich das $SIMO_{IT\text{-}PM}$ stützen kann. So können die sechs Referenztypen des IT-Produktmanagements entwickelt werden, welche theoriegeleitet und differenzierter als die bisherigen Typen erscheinen. Zusätzlich wird von wesentlich mehr Einflussfaktoren, d.h. Rahmenbedingungen, ausgegangen. Diese können, wie auch der Autarkie- und Autonomiegrad sowie die umfangreiche Darstellung der Ziele und Probleme/Effizienzkriterien, basierend auf Theorie und erweitert um Erkenntnisse aus der Praxis, aus Kapitel 5 übernommen werden. Autarkie-, Autonomiegrad, Rahmenbedingungen, Ziele und Probleme/Effizienzkriterien sind demnach die Bestandteile des $SIMO_{IT\text{-}PM}$ und dienen als Grundlage, um die Stelle des IT-Produktmanagements einer Organisation in ihrem jeweiligen situativen Kontext einzuordnen. Weiterhin werden aus den in Kapitel 2.2.4 erläuterten Zusammenhängen von Autarkie- und Autonomiegrad und den in Kapitel 4.3 dargelegten situativen Faktoren auf Basis der in Kapitel 4.2 aufgeführten wissenschaftlichen Ausführungen zur Ausgestaltung des IT-Produktmanagements Thesen und deren Korrelationen und Auswirkungen aufgestellt (siehe Abbildung 82). Diese können als Empfehlung zur Ausgestaltung des IT-Produktmanagements bezüglich der Referenztypen herangezogen werden (siehe Kapitel 6.3). Darüber hinaus können Gestaltungsempfehlungen entwickelt werden, indem im ersten Schritt den während der Arbeit ermittelten Problemen aus Wissenschaft und Praxis die entsprechenden Effizienzkriterien des IT-Produktmanagements zugeordnet werden. Im zweiten Schritt wird so das $SIMO_{IT\text{-}PM}$ um den Katalog der zielbezogenen Gestaltungsempfehlungen und Empfehlungen bezüglich der Rahmenbedingungen (siehe Abbildung 83 und Abbildung 84, Kapitel 6.3.1) und den Katalog der Gestaltungsempfehlungen bezüglich der

[950] Siehe hierzu auch die Ausführungen in Kapitel 7.1.3, hier wird auf die Unterschiede der sechs gebildeten Referenztypen zu den vier Typen von IT-Produktmanagern nach Herzwurm und Pietsch eingegangen sowie den vier identifizierten Typen nach Maglyas, die aus einer Managerperspektive heraus gebildet werden, welche eine grundsätzliche Entscheidungsgewalt beinhaltet und in der die Durchführung operativer Aufgaben nicht vorgesehen ist.

Aufgaben des IT-Produktmanagements (siehe Abbildung 85 und Abbildung 86, Kapitel 6.3.2) ergänzt werden. Durch diese Vorgehensweise kann keine vollständige Auflistung an Gestaltungsempfehlungen entwickelt werden. Diese Liste dient eher als erste Orientierung, um die Gestaltung des IT-Produktmanagements zu verbessern sowie als Grundlage für weitere Forschungsarbeiten, die sich speziell mit diesem Thema befassen. Dennoch ist durch die Möglichkeit der Einordnung eines IT-Produktmanagers in das SIMO$_{IT-PM}$ und dadurch das Erkennen der eigenen Situation des IT-Produktmanagements einer Organisation sowie durch die Heranziehung der Kataloge mit den entwickelten Gestaltungsempfehlungen bezüglich der Ziele, Rahmenbedingungen und Aufgaben des IT-Produktmanagements in Form von Hypothesen eine praxeologische Nutzung gegeben, wodurch eine Gestaltung der Realität erfolgen kann. Dieser Nutzen wird zusätzlich erhöht durch die prototypische Realisierung des SIMO$_{IT-PM}$ in Form eines Self-Assessment Tools, welches dabei unterstützt, die eigene Situation des IT-Produktmanagements zu erfassen, mit den Referenztypen zu vergleichen und Handlungsempfehlungen abzuleiten (siehe Kapitel 6.4). Dieser Prototyp kann als erster Versuch gewertet werden, eine lauffähige Software anzubieten, welche die Erkenntnisse aus dieser Arbeit in Form eines situativen Modells für das IT-Produktmanagement abbildet. Dieser Prozess ist jedoch nicht abgeschlossen. Insbesondere ist es wichtig, das SIMO$_{IT-PM}$ und in diesem Zuge den Prototypen kontinuierlich um die neuesten Erkenntnisse zur situativen Gestaltung des IT-Produktmanagements zu erweitern und anzupassen.

Das vorliegende Kapitel beschreibt eine möglichst stringente argumentative Validierung der Ergebnisse dieser Arbeit. Es zeigt, dass die Ergebnisse nicht als kontra-intuitiv einzustufen sind, da sie den wissenschaftlichen Meinungen oder gar Theorien nicht widersprechen. Zusätzlich soll im nächsten Kapitel das SIMO$_{IT-PM}$ an der Praxis validiert werden, indem es in unterschiedlichen Organisationen angewandt wird. Das SIMO$_{IT-PM}$ erfüllt demnach die Zielsetzung dieser Arbeit, ein theoriegeleitetes, hypothetisches, validiertes situatives Modell für das IT-Produktmanagement zu entwickeln, welches zusätzlich Gestaltungsempfehlungen für IT-Produktmanager geben kann (siehe Kapitel 1.6).

7.2 Validierung des SIMO$_{IT-PM}$ an der Praxis

Die Validierung des SIMO$_{IT-PM}$ an der Praxis erfolgt durch vier Fallstudien. Hierfür wird das Modell gemeinsam mit Experten aus unterschiedlichen softwareintensiven Organisationen angewandt und getestet. Zur Vorbereitung werden den Fallstudienpartnern die

Kategorienschemata der Rahmenbedingungen, Gestaltungsalternativen und Probleme/Effizienzkriterien des IT-Produktmanagements (Abbildung 72, Abbildung 73 und Abbildung 74 sowie Abbildung 75, Kapitel 6.2) mit der Bitte zugesandt, diese im Voraus selbstständig auszufüllen und zurückzusenden. Anschließend wird ein gemeinsamer Termin für ein ca. anderthalb bis zweistündiges Experteninterview[951] vereinbart, bei welchem die ausgefüllten Kategorienschemata noch einmal besprochen und ergänzt werden. Auf deren Basis kann die Zuordnung zu einem der Referenztypen des IT-Produktmanagements erfolgen. Dessen Eigenschaften sowie die weiteren Referenztypen werden gemeinsam beleuchtet. Weiterhin werden die aus dem Vergleich der Realtypen mit dem jeweiligen Referenztypen sowie die aus den angegebenen Problemen resultierenden Gestaltungsempfehlungen für das IT-Produktmanagement gegeben. Hierbei kommt es nicht darauf an, dass die Realtypen exakt mit den jeweiligen für sie identifizierten Referenztypen übereinstimmen, besonders bezüglich des Autarkie- und Autonomiegrads. Gerade aus entstehenden Abweichungen können zum einen Probleme des untersuchten Realtyps identifiziert werden. Zum anderen weist z.B. ein höherer Autonomiegrad eines Realtyps darauf hin, dass die dem Referenztypen immanent zugeordneten Probleme erkannt werden und ein anderer, eventuell mit höherem Autonomiegrad ausgestatteter Referenztyp eingeführt werden sollte.

Für die eigentliche Validierung des SIMO$_{IT-PM}$ werden 13 Kriterien festgelegt (siehe Tabelle 31). Diese Kriterien sollen im Anschluss an die Durchführung des SIMO$_{IT-PM}$ durch einen Fragebogen während der Interviews erfasst werden, welcher Fragen mit gebundenem Antwortformat dichotomer Art enthält:[952] Für die Auswahlfragen wird eine verbale, bipolare Skala mit Abstufungen der Zustimmung gewählt: „stimme voll zu“, „stimme zu“, „weder noch“, „lehne ab“, „lehne vollkommen ab“ – zusätzlich wird die Möglichkeit eingeräumt, „keine Antwort“ zu geben. Darüber hinaus wird jeder dichotomen Auswahlfrage eine Ergänzungsfrage mit freiem Antwortformat hinzugefügt, um weitreichendere Informationen über den Hintergrund der Antwort auf die jeweilige Auswahlfrage zu erhalten.[953]

---

[951] Zu den theoretischen Grundlagen des Experteninterviews siehe Kapitel 5.3.1

[952] Vgl. zum folgenden Absatz Moosbrugger und Kelava (2012), S. 36 ff., der Fragebogen wird anhand der intuitiven Konstruktionsstrategie erstellt, da für den neuen Forschungszweig des SIMO$_{IT-PM}$ keine elaborierten Theorien bestehen, an denen sich deduktiv orientiert werden könnte.

[953] Der vollständige Fragebogen ist zu finden in Anhang F: Fragebogen für die Validierung des SIMOIT-PM.

Im Folgenden werden die einzelnen Fallstudien beschrieben, Kapitel 7.2.5 zeigt zusammenfassend die Übersicht und eine kritische Auseinandersetzung der bipolaren Antworten der Experten aus dem Fragebogen.

13 Kriterien für die Validierung des SIMO$_{IT\text{-}PM}$
1. Autarkiegrad vollständig
2. Autonomiegrad stringent
3. Rahmenbedingungen vollständig
4. Ausprägungen/Dimensionen der Rahmenbedingungen plausibel/korrekt
5. Identifizierbarkeit mit Referenztyp des IT-Produktmanagements
6. Nachvollziehbarkeit und Strukturiertheit der Referenztypen des IT-Produktmanagements
7. Gestaltungsempfehlungen hilfreich
8. SIMO$_{IT\text{-}PM}$ anwendbar, verständlich, praktikabel
9. SIMO$_{IT\text{-}PM}$ vollständig
10. Anwendung des SIMO$_{IT\text{-}PM}$ hilfreich zur Erfassung der eigenen Situation des IT-Produktmanagements
11. SIMO$_{IT\text{-}PM}$ trägt zur Verbesserung der Situation bei
12. Zukünftiger Einfluss des SIMO$_{IT\text{-}PM}$
13. Weiterempfehlung des SIMO$_{IT\text{-}PM}$

Tabelle 31: Kriterien für die Validierung des SIMO$_{IT\text{-}PM}$ an der Praxis[954]

7.2.1 Fallstudie 1 – Expertise Backer

Zur Durchführung der Fallstudie 1 wird das SIMO$_{IT\text{-}PM}$ an Fallstudienpartner 1 versandt mit der Bitte, dieses in Eigenregie auszufüllen, um anschließend ein ca. 90 minütiges Interview bezüglich der Auswertung und Ergebnisse zu führen.[955] Fallstudienpartner 1 ist IT-Produktmanager in einer großen Organisation mit ca. 4000 Mitarbeitern. Als Dienstleister bedient das IT-Produktmanagement interne Kunden, die Stakeholderstruktur setzt sich aus der Wertschöpfungskette der Organisation zusammen. Bezüglich der IT-Produkte werden die Komplexität, Heterogenität, marktliche und technische Dynamik und Unsicherheit durchweg als hoch eingestuft. Das Produktportfolio enthält zwei Arten von Produkten: Lizenz plus Service und Dienstleistungsbündel. Der Diversifikationsgrad ist ≤ 100, die Umsatzverteilung eher homogen. Die Organisationsziele sind vielfältig, es sind

[954] Eigene Darstellung

[955] Unklarheiten bezüglich der Anwendung des SIMO$_{IT\text{-}PM}$ werden (wie auch bei den anderen Fallstudienpartnern) während des Interviews angesprochen, die Auswertungsergebnisse angepasst. Die Interviewergebnisse werden wiederum durch die Fallstudienpartner gereviewt und bestätigt. Das resultierende ausgefüllte SIMO$_{IT\text{-}PM}$ ist zu finden in Anhang G: Fallstudienpartner 1 – SIMOIT-PM.

sowohl finanzwirtschaftliche, leistungswirtschaftliche, soziale als auch psychographische Ziele genannt. Ebenso verhält es sich mit den Zielen des IT-Produktmanagements, welche mit den Organisationszielen korrelieren. Fallstudienpartner 1 arbeitet in einer Gruppe (IT-PM_{Gruppe}) mit zwei weiteren Kollegen, eingegliedert im Bereich Entwicklung, wobei der Bereich in Matrixform ausgestaltet ist (MA_{IT-PM}), die Weisungsbeziehungen als Mehrliniensystem. Jeder der IT-Produktmanager ist für die gesamte Produktspanne zuständig. Das IT-Produktmanagement ist noch nicht vollständig etabliert, die Art der Gründung erfolgte persönlich, d.h. es entwickelte sich durch einen der IT-Produktmanager. Grad und Dauer objektgerichteter Ressourcenverselbständigung ist reduziert, ebenso wie der Entscheidungskompetenzumfang und die Machtstruktur. Neben der Informationssteuerung wird dennoch die Bedeutung/Unterstützung des IT-Produktmanagements als hoch eingestuft. Als problematisch bezeichnet wird die komplexe Stakeholderstruktur, die unsicheren Rahmenbedingungen, das IT-Produktmanagement als Wissensinsel und die Überlast, die geringen Einflussmöglichkeiten sowie die Bemühungen zur Standarisierung des Produktportfolios.

Aufgrund der Beschreibung und Auswertung des Autarkie- und Autonomiegrads wird Fallstudienpartner 1 dem Referenztypen Expertise Backer zugeordnet. Nach gemeinsamer Durchsicht der Ausprägungen der Gestaltungsparameter und zugehöriger Rahmenbedingungen dieses Typs (siehe Kapitel 6.2.1) stimmen sämtliche diesem Typen zugeschriebenen wesentlichen Rahmenbedingungen überein bis auf die Leitungsstruktur (bei der Ausgestaltung als IT-PM_{Gruppe} fehlt eine übergeordnete Instanz, was eventuell dem Umstand zuzuschreiben ist, dass das IT-Produktmanagement als noch nicht vollständig etabliert beschrieben wird).

Bezogen auf diese Probleme werden Fallstudienpartner 1 die zugehörigen Gestaltungsempfehlungen des $SIMO_{IT-PM}$ vorgestellt. Da der Autarkiegrad als sehr umfangreich beschrieben wird, wird angeregt, die Aufgabenlast auf einen weiteren Stellenträger auszuweiten hin zu einer Stellenmehrheit als Abteilung unter einer übergeordneten Instanz (siehe Empfehlung 1, Kapitel 6.3). Weiterhin wird angeregt, aufgrund der als komplex eingestuften Rahmenbedingungen sowie des reduzierten Autonomiegrads, Fallstudienpartner 1 mehr Kompetenzen einzuräumen (siehe Empfehlung 2, Kapitel 6.3) sowie aufgrund der Organisationsgröße deren Ausrichtung auf das Produktziel hin zu verstärken und das IT-Produktmanagement in die Linie aufzunehmen (siehe Empfehlung 3, Kapitel 6.3). Dieses spiegelt sich auch im Vergleich des angegebenen Gestaltungsbereichs von

Fallstudienpartner 1 im Vergleich mit dem zugehörigen Referenztypen Expertise Backer wider (siehe Anhang G: Fallstudienpartner 1 – $SIMO_{IT\text{-}PM}$). Weiterhin werden aus dem Katalog mit Gestaltungsempfehlungen für das IT-Produktmanagement – Ziele und Rahmenbedingungen die Empfehlungen 5, 8, und 11 bis 16 und 18 gegeben (siehe Abbildung 83 und Abbildung 84, Kapitel 6.3.1) und zusammengestellt in Abbildung 93.

Fallstudienpartner 1 erklärt, dass der Autarkiegrad vollständig und der Autonomiegrad stringent durch das $SIMO_{IT\text{-}PM}$ abgebildet würden. Die Rahmenbedingungen und deren Ausprägungen/Dimensionen empfindet er zwar als plausibel, jedoch an zwei Stellen als zu umfangreich und feinstufig bezüglich der Punkte Produktportfolio sowie Diversifikationsgrad und entscheidet sich deshalb für die Antwort „lehne ab". Fallstudienpartner 1 kann sich mit dem für ihn definierten Referenztypen Expertise Backer vollkommen identifizieren, wohingegen er zu den anderen Typen keine Antwort gibt, da für deren eingehende Betrachtung zu wenig Zeit bliebe. Die Gestaltungsempfehlungen schätzt Fallstudienpartner 1 als voll hilfreich ein, ebenfalls ist das $SIMO_{IT\text{-}PM}$ in seinen Augen anwendbar, verständlich und praktikabel. Er regt zusätzlich an, die Empfehlungen zu bewerten und zu priorisieren, welche der Punkte durchgesetzt werden können – zum einen durch das IT-Produktmanagement selbst, zum anderen bezogen auf die finanzielle Situation. Fallstudienpartner 1 gibt ebenfalls an, dass seine Situation des IT-Produktmanagements durch das $SIMO_{IT\text{-}PM}$ vollständig erfasst wird und er durch die Anwendung das Bild in seiner Organisation schärfen könne. Zudem habe die Anwendung des $SIMO_{IT\text{-}PM}$ Verbesserungspotential mit sich gebracht (sofern die Empfehlungen nicht im Alltagsgeschäft verflögen) und werde auch in Zukunft Einfluss finden, da durch das klarere Bild und die Empfehlungen für die Umsetzung die Stellung des IT-Produktmanagements in der Organisation gestärkt und gefestigt werden könne. Fallstudienpartner 1 würde das $SIMO_{IT\text{-}PM}$ weiterempfehlen, da durch den ganzheitlichen Blick auf das IT-Produktmanagement die „Scheuklappen" bei der täglichen Arbeit überwunden werden könnten und darüber hinaus eine Checkliste mit Handlungsempfehlungen an die Hand gegeben würde. Zusätzlich weist er darauf hin, dass das $SIMO_{IT\text{-}PM}$ nicht selbsterklärend sei und deshalb begleitet ausgefüllt werden sollte.

Empfohlene Gestaltungs-empfehlungen	Katalog mit Gestaltungsempfehlungen für das IT-Produktmanagement – Ziele und Rahmenbedingungen –	
	PROBLEME BEZÜGLICH DER RAHMENBEDINGUNGEN	GESTALTUNGSEMPFEHLUNGEN BEZÜGLICH DER RAHMENBEDINGUNGEN
	Dimensionen der externen Situation	
5	Koordinationsprobleme durch komplexe Kunden-/Stakeholderstruktur	-Unterstützung der internen und externen Kundenzufriedenheit (intern und extern) durch das IT-Produktmanagement als Schnittstelle und Koordination sämtlicher Stakeholder -Stärkung der gemeinsamen Sicht und Identifikation mit den IT-Produkten durch das IT-Produktmanagement als Moderator und Ansprechpartner für eine kürzere Time to Market
	Dimensionen der internen Situation	
8	Entwicklungsstadium des IT-Produktmanagements – fehlendes Wissen/Erfahrung/mangelnde Ausbildung der Stelleninhaber – bloße Einführung von Tools – radikale Änderungen	-Vergleich mit dem IT-Produktmanagement in ähnlich strukturierten Organisationen, Anpassung des Konzepts an die eigene Situation anzupassen (z.B. auch über die Einordnung in das situative Modell des IT-Produktmanagements), Leute mit fachlichem Know-how bezüglich IT-Produktmanagement einstellen bzw. Hilfe von Extern einzuholen und so eine möglichst klar abgegrenzte Rollenverteilung schaffen -Beschränkung auf das Wesentliche, Einbeziehung der beteiligten Akteure -Überschaubare, klar definierte Prozesse (z.B. über PSKI (Methode zur schrittweisen Prozessverbesserung unter Einbeziehung der Situation) oder SAM-SPM (Methode zur schrittweisen Prozessverbesserung, in der Tätigkeitsschwerpunkte und situative Faktoren verknüpft werden) -Änderungen des IT-Produktmanagements geplant, vorbereitet und inkrementell durchführen unter Berücksichtigung der zur Verfügung stehenden Ressourcen, kontinuierliche Dokumentation einschließlich exakter Erläuterungen zu den Änderungen
	Verhalten der Organisationsmitglieder	
11	Geringe Bedeutung/Unterstützung des IT-Produktmanagements	-Öffentlicher und offensichtlicher Rückhalt des IT-Produktmanagements durch die Organisationsleitung -Einflussreiche Eingliederung des IT-Produktmanagements innerhalb des Organigramms, eventuell in der Führungsebene -Transparenz der Arbeit des IT-Produktmanagements -Organisationsinterne Eigenwerbungsmaßnahmen durch das IT-Produktmanagement selbst

12	Fehlende Informationssteuerung und Kommunikationsprobleme	-Definition der Kommunikationskanäle (vor allem auch international) -IT-Produktmanagement als zentrale Ansprechstelle und Informationsdrehscheibe -Regelmäßige Treffen/gegenseitige Schulungen -Verbesserung des Betriebsklimas durch charismatischen Stelleninhaber des IT-Produktmanagements -Stelleninhaber des IT-Produktmanagements mit umfangreichem Fachwissen und herausragenden Kommunikations- und Überzeugungsfähigkeiten -Nutzen durch umfassendes Wissen des IT-Produktmanagements
	IT-Produktmanagement Subsystem-Komponenten	
13	Fehlende oder unzureichende Definition des IT-Produktmanagements, ungesicherte Rahmenbedingungen/ Aufgabenüberlast versus zu starke Formalisierung/Einschränkung der strategischen und innovativen Ausrichtung	-Möglichst exakte Definition der Stelle des IT-Produktmanagements, z.B. anhand des vorgestellten situativen Modells des IT-Produktmanagements
14	Grad und Dauer objektgerichteter Ressourcenverselbständigung zu gering	-Sicherung und Priorisierung der benötigten Ressourcen
15	Entscheidungskompetenzumfang/Machtstruktur zu gering, unklare Entscheidungswege, kein Ausgleich von Kompetenz und Verantwortung	-Erfüllung des Kongruenzprinzips durch eindeutige Zuweisung der für eine Aufgabe notwendigen Entscheidungs- und Handlungskompetenzen -IT-Produktmanagement sollte in der Führungsebene vertreten sein -Einführung von Regularien zur Kontrolle des IT-Produktmanagements
16	Eingliederung in das Organisationsorganigramm unklar	-Abstimmung der Funktionsbereiche durch das IT-Produktmanagement: Koordinationsschnittstelle (STIT-PM) -IT-Produktmanagement als Servicefunktion für sämtliche Funktionsbereiche: Matrix- oder Produktausschussform (MA/PAIT-PM) -Nähe zu den anderen Funktionsbereichen: Dezentralisation des IT-Produktmanagements in den jeweiligen Funktionsbereich einer Organisation, an welchem es im Wesentlichen beteiligt ist (LFIT-PM) -Möglichst hohe Autonomie des IT-Produktmanagements: Eigenständige Abteilung in Linie (LIIT-PM) oder gar Profit Center (PSIT-PM)
18	IT-Produktspanne unklar	-Eindeutige Zuordnung jedes IT-Produkts zu einem bestimmten IT-Produktmanager -Zusätzlich kann die Aufteilung des IT-Produktmanagements anhand der vorhandenen Strukturen von IT-Produkten erfolgen (d.h. nach Software-Lizenzgeschäft, Software-Lizenz plus Service, Software-Projektgeschäft, IT-Systemservicegeschäft.

Abbildung 93: Gestaltungsempfehlungen Fallstudienpartner 1[956]

[956] Eigene Darstellung

7.2.2 Fallstudie 2 – Coordinating Networker

Für Fallstudie 2 können drei IT-Produktmanager aus einer Organisation für die Anwendung des SIMO$_{IT\text{-}PM}$ gewonnen werden (siehe Anhang H: Fallstudienpartner 2a – SIMO$_{IT\text{-}PM}$, Anhang I: Fallstudienpartner 2b – SIMO$_{IT\text{-}PM}$ und Anhang J: Fallstudienpartner 2c – SIMO$_{IT\text{-}PM}$), welche unabhängig voneinander interviewt werden, weshalb aus den Ergebnissen interessante Vergleiche gezogen werden können. Fallstudie 2 wird in einer mittelständischen Organisation mit ca. 200 Beschäftigten durchgeführt, welche zum einen als Branchenspezialist, zum anderen als Berater eingeordnet werden kann mit externen Kunden aller Größen. Die Stakeholder verteilen sich über die gesamte Wertschöpfungskette, wobei Fallstudienpartner 2a zusätzlich den Gesetzgeber erwähnt, welcher über die Kundenanforderungen Einfluss nimmt. Während Fallstudienpartner 2a vier Produkte (Lizenz plus Service und Projekte/Dienstleistungsbündel) mit eher heterogener Umsatzverteilung betreut, die aufgrund ihrer stabilen Basis mittelmäßig komplex und dynamisch/unsicher erscheinen, sich jedoch sehr heterogen darstellen, ist Fallstudienpartner 2b für zwei sehr komplexe Produkte der gleichen Art zuständig, die mittelmäßig heterogen sind und eine mittlere marktliche Dynamik und Unsicherheit aufweisen sowie eine reduzierte technische Dynamik und Unsicherheit mit eher homogener Umsatzverteilung. Fallstudienpartner 2c betreut hoch komplexe, heterogene Produkte mit hoher marktlicher, jedoch reduzierter technischer Dynamik und Unsicherheit. Im Gegensatz zu den Fallstudienpartnern 2a und 2c beschreibt Fallstudienpartner 2b die Art der Gründung des IT-Produktmanagements als persönlich, da er von Anfang an involviert gewesen sei. Die Leitungsstruktur des IT-Produktmanagements wird als etablierte Gruppe von drei IT-Produktmanagern charakterisiert, die jeweils mehrere Produkte betreuen und in einem Einliniensystem dem Bereichsleiter als Stabsstellen zugeordnet sind. Aus diesem Grund wird die Bedeutung und Unterstützung des IT-Produktmanagements hoch eingestuft, ebenso wie die Informationssteuerung. Die Ziele sind recht detailliert aufgestellt, die Organisationsziele sowie die IT-Produktmanagementziele decken sämtliche Zielkategorien ab, die Ziele korrelieren und die IT-Produktmanager werden daran bemessen. Obwohl die Eingliederung in das Organisationsorganigramm als Stabsstelle erfolgt, beschrieben die Experten die Ausrichtung auf das Produktziel einheitlich als hoch, ebenso wie Grad und Dauer der objektgerichteten Ressourcenverselbständigung, den Entscheidungskompetenzumfang und die Machtstruktur – den Entwicklern können direkt Anweisungen gegeben werden, das IT-Produktmanagement „steuert mit dem Bereichsleiter den Bereich“ (Fallstudienpartner 2b) und ist hier „Mädchen für Alles“ (Fallstudienpartner 2a). Dies lässt darauf schließen, dass diese Stabsstellen mit viel informeller Autorität ausgestattet sind.

Alle drei Fallstudienpartner werden aufgrund ihres beschriebenen Autonomie- und Autarkiegrades dem Referenztyp Coordinating Networker zugeordnet. Die entscheidenden Rahmenbedingungen können jeweils in den beschriebenen Profilen wiedergefunden werden bis auf die erwähnte Einordnung als Stabsstelle. Aufgrund der aus den beschriebenen Gestaltungsparametern im Vergleich zu den Referenztypen gezogenen Vergleiche kann festgestellt werden, dass der Autonomiegrad an einigen Stellen eher gering ausgestaltet ist. Hier unterstützen die IT-Produktmanager eher, als dass sie koordinieren. Aufgrund der angegebenen eher autonomen Aufhängung wird empfohlen, das IT-Produktmanagement formal in die Linie mit aufzunehmen und die beschriebenen gewachsenen Rechte zu institutionalisieren. Sowohl Fallstudienpartner 2a als auch Fallstudienpartner 2b können keine gravierenden Probleme des IT-Produktmanagements feststellen – Fallstudienpartner 2a erwähnt die komplexe Stakeholderstruktur, die Eigenheit des IT-Produktmanagements als Wissensinsel mit teilweise resultierender Überlast und das Anforderungsmanagement als Herausforderung, Fallstudienpartner 2b die hohen Anforderungen und Fähigkeiten, die er als IT-Produktmanager leisten müsse. Diesbezüglich können nur geringfügig Gestaltungsempfehlungen gegeben werden (Katalog mit Gestaltungsempfehlungen für das IT-Produktmanagement – Ziele und Rahmenbedingungen, siehe Abbildung 83 und Abbildung 84, Kapitel 6.3.1: 5, 6, 9, 13; Katalog mit Gestaltungsempfehlungen für das IT-Produktmanagement – Aufgaben, siehe Abbildung 85 und Abbildung 86, Kapitel 6.3.2: 9), welche zudem laut der Experten in der Organisation bereits größtenteils umgesetzt werden (siehe Abbildung 94).

Empfohlene Gestaltungs-empfehlungen	Katalog mit Gestaltungsempfehlungen für das IT-Produktmanagement – Ziele und Rahmenbedingungen –	
	PROBLEME BEZÜGLICH DER RAHMENBEDINGUNGEN	GESTALTUNGSEMPFEHLUNGEN BEZÜGLICH DER RAHMENBEDINGUNGEN
	Dimensionen der externen Situation	
5	Koordinationsprobleme durch komplexe Kunden-/Stakeholderstruktur	-Unterstützung der internen und externen Kundenzufriedenheit (intern und extern) durch das IT-Produktmanagement als Schnittstelle und Koordination sämtlicher Stakeholder -Stärkung der gemeinsamen Sicht und Identifikation mit den IT-Produkten durch das IT-Produktmanagement als Moderator und Ansprechpartner für eine kürzere Time to Market
6	Technik- versus Marktsicht, Kosten-/Wettbewerbsdruck	-Stelleninhaber des IT-Produktmanagements mit Know How bezüglich Produkt und Markt -Gegenseitige Schulungen -Definierte Protokolle der freigegebenen Anforderungen -Klare Produktpositionierung -Produktkompass – Methode zur Abgrenzung von IT-Produkten in unterschiedliche Geschäftsmodelle
	Dimensionen der internen Situation	
7	IT-Produktportfolio – Diversifikationsgrad, Komplexität der IT-Produkte/Standardisierung vs. Individualisierung – Umsatzverteilung	-Möglichst umfassenden Standardisierung der angebotenen IT-Produkte zur Begrenzung des Diversifikationsgrades und Verringerung der Komplexität, eventuell durch Bildung von Software Produktlinien -Weitgehend exakte Produktabgrenzung und -positionierung -Steigerung des Umsatzes der eher schwach an diesem beteiligten IT-Produkte des Portfolios oder deren Elimination
9	Art der Gründung (sachlich/persönlich) – Besetzung der Stelle des IT-Produktmanagements – hohe Erwartungen/Anforderungen an Stelleninhaber	-Suche nach einem Stelleninhaber, intern oder extern ausgeschrieben, kann folgende Anforderungen und Fähigkeiten berücksichtigen: Kommunikationsfähigkeit, einschlägige Berufserfahrung, Studium der Wirtschaftsinformatik/ Betriebswirtschaftslehre oder einen vergleichbaren Abschluss, technisches Grundverständnis/IT-Affinität, Teamfähigkeit/Sozialkompetenz, eigenverantwortliches und selbstständiges Arbeiten, analytische Fähigkeiten, Durchsetzungsvermögen/sicheres Auftreten/Führungsfähigkeiten
	IT-Produktmanagement Subsystem-Komponenten	
13	Fehlende oder unzureichende Definition des IT-Produktmanagements, ungesicherte Rahmenbedingungen/ Aufgabenüberlast versus zu starke Formalisierung/Einschrän-kung der strategischen und innovativen Ausrichtung	-Möglichst exakte Definition der Stelle des IT-Produktmanagements, z.B. anhand des vorgestellten situativen Modells des IT-Produktmanagements
14	Grad und Dauer objektgerichteter Ressourcenverselbständigung zu gering	-Sicherung und Priorisierung der benötigten Ressourcen

Empfohlene Gestaltungs-empfehlungen	Katalog mit Gestaltungsempfehlungen für das IT-Produktmanagement – Aufgaben –	
	Entwicklung und Design – Probleme	Entwicklung und Design – Effizienzkriterien
9	Anforderungsmanagement -Nicht verstandene Bedürfnisse –Entwicklungen initiiert vor Spezifikation der Anforderungen aus Markt- und Kundensicht	-QFD – Quality Function Deployment als Instrument des Anforderungs- und siehe auch SCVM (vgl. Kapitel 4.2.6.3 sowie Herzwurm, G. und Pietsch, W. (2009), S. 352 und Herzwurm, G. und Pietsch, W. (2009), S, 165 ff., zitiert nach Herzwurm, G. (2000) -RAM – Methode zur Durchführung des Anforderungsmanagements (vgl. Kapitel 4.2.6.3 sowie Gorschek, T. und Wohlin, C. (2006)) -MDRE – Methode zur kontinuierlichen Anforderungsanalyse (vgl. Kapitel 4.2.6.3 sowie Gorschek, T., u.a. (2012)) -BPL – Methode zur Anforderungspriorisierung (vgl. Kapitel 4.2.6.3 sowie Bebensee, T., u.a. (2010), S. 67 ff.) -CSP – Methode zur Anforderungspriorisierung (vgl. Kapitel 4.2.6.3 sowie Regnell, B. und Kuchcinski, K. (2011), S. 47 ff.)

Abbildung 94: Gestaltungsempfehlungen Fallstudienpartner 2[957]

[957] Eigene Darstellung

Dies jedoch empfinden beide Fallstudienpartner nicht als störend, sondern fassen es sogar eher als Bestätigung auf, dass die Ausgestaltung des IT-Produktmanagements in ihrer Organisation auf dem richtigen Weg sei und sie zu Recht zufrieden sein können. Fallstudienpartner 2c beschreibt die Situation des IT-Produktmanagements ebenfalls als sehr zufriedenstellend, dennoch ist er gewillt, jedes mögliche Verbesserungspotential auszuschöpfen. Deshalb werden einige Probleme angegeben, jedoch eher als Herausforderungen beschrieben in Form von möglichen Ansatzpunkten zur Verbesserung. So wird zum einen der Wettbewerb unterschiedlicher Funktionsbereiche um Ressourcen im gemeinsam genutzten Entwicklerpool genannt, ebenfalls die Überlast durch die starke Nachfrage als Wissensinsel in der Organisation sowie die hohen Anforderungen und Fähigkeiten, die das IT-Produktmanagement zu leisten habe. Ebenfalls erwähnt werden die Komplexität der IT-Produkte sowie die Verbesserung des Anforderungsmanagements. Bezüglich des Gestaltungsbereichs wird Empfehlung 2 (siehe Kapitel 6.3) aufgrund der komplexen Rahmenbedingungen und der Belastung gegeben und so ein höherer Autonomiegrad vorgeschlagen (eher koordinierend als unterstützend sowie die Institutionalisierung der informalen Weisungs- und Entscheidungsrechte). Ebenfalls wird Empfehlung 3 (siehe Kapitel 6.3) herangezogen, um das IT-Produktmanagement von der momentanen Ausgestaltung als Stabsstelle in die Linie mit aufzunehmen und die Einordnung an die Ausrichtung nach dem Produktziel anzugleichen. Zudem empfindet Fallstudienpartner 2c die gegebenen Empfehlungen aus dem Katalog – Ziele und Rahmenbedingungen 5, 7, 9 und 14 (siehe Abbildung 83 und Abbildung 84, Kapitel 6.3.1) sowie Empfehlung 9 aus Katalog – Aufgaben (siehe Abbildung 85 und Abbildung 86, Kapitel 6.3.2) als hilfreich (siehe Abbildung 94).

Fallstudienpartner 2a und 2b stimmen voll zu bezüglich der Vollständigkeit des Autarkiegrads. Fallstudienpartner 2c stimmt zu, jedoch verweist er auf die fehlende Aufgabe „Querschnittsfunktion zu anderen Produkten". Wegen der begrenzten Zeitspanne für das Interview bleibt an dieser Stelle zu wenig Zeit, um diesen Punkt näher zu analysieren. Fallstudienpartner 2b und 2c empfinden den Autonomiegrad nach gemeinsamem Durchgehen als voll stringent, während Fallstudienpartner 2a einen Abstrich macht und lediglich zustimmt, da für ihn eine Ausprägung fehlt in Form eines inoffiziellen, gewachsenen Entscheidungsrechts wie z.B. „kümmern". Diese Ausprägung ist jedoch nicht für das $\text{SIMO}_{\text{IT-PM}}$ vorgesehen, da sie wähend der Herleitung des Autonomiegrads (siehe Kapitel 4.2.5) nicht als erfolgsversprechend identifiziert werden konnte, um zu einer effektiven und effizienten Gestaltung des IT-Produktmanagements beizutragen. Dies spiegelt sich in der Empfehlung wider, das IT-Produktmanagement in die Linie aufzunehmen und mit formellen Entscheidungsrechten auszustatten, um so eine klare Richtlinienkompetenz zu schaffen. Sämtliche Fallstudienpartner können sich zudem voll in den Rahmenbedingungen wiederfinden und beschreiben deren Ausprägungen als voll plausibel und korrekt bis auf Fallstudienpartner 2c, der angibt, dass ihm das Ausfüllen schwer gefallen sei, was durch eine gemeinsame Anwendung des $\text{SIMO}_{\text{IT-PM}}$ einfacher gewesen wäre, und stimmt deshalb lediglich zu. Während Fallstudienpartner 2b und 2c sich voll mit dem Referenztyp Coordinating Networker identifizieren können und ihn als „durchaus stimmig" bezeichnen, stimmt Fallstudienpartner 2a hier nur zu, da er im Bereich Entwicklung einige Aufgaben eigens durchführt statt koordiniert. Da er das Problem der Wissensinsel und Überlast nennt, kann diesbezüglich die Empfehlung gegeben werden, die Durchführung der Aufgaben in der Entwicklung abzugeben, diese eher koordinierend wahrzunehmen und so die Stelle zu entlasten. Bezüglich der Nachvollziehbarkeit und Strukturiertheit der weiteren Referenztypen stimmt Fallstudienpartner 2a zu, wobei er angibt, dass der Typ Product Promotor für ihn nicht in Gänze nachvollziehbar sei. Fallstudienpartner 2c stimmt ebenfalls zu, gibt jedoch an, dass die Betrachtung mangels Zeit recht schnell erfolgte und deshalb keine volle Zustimmung gegeben werden kann. Fallstudienpartner 2b stimmt „weder noch", da er sich für eine gewichtete Aussage mit dem Thema näher befassen müsse und es nach seiner ersten Empfindung weitere Typen geben könne. Die Gestaltungsempfehlungen nehmen Fallstudienpartner 2a und 2c als hilfreich wahr, Fallstudienpartner 2b als voll hilfreich. Fallstudienpartner 2a beschreibt das $\text{SIMO}_{\text{IT-PM}}$ als voll anwendbar, verständlich und praktikabel, jedoch nicht selbsterklärend, während Fallstudienpartner 2b und 2c zustimmen und anregen, das $\text{SIMO}_{\text{IT-PM}}$ in einer realen Situation von Anfang an gemeinsam mit einem Sachverständigen auszufüllen. Die Experten 2a und 2b stimmen voll zu, dass ihre Situation des IT-Produktmanagements durch das Modell vollständig erfasst werden könne, Experte 2c stimmt zu. Bei der Erfassung der eigenen Situation des IT-Produktmanagements stuft Fallstudienpartner 2a das $\text{SIMO}_{\text{IT-PM}}$ als voll hilfreich, Fallstudienpartner 2b und 2c als hilfreich ein. Bezogen auf eine Verbesserung der Situation des IT-Produktmanagements ist die Aussage von Fallstudienpartner 2a „weder noch", von Fallstudienpartner 2b „lehne ab", da beide die derzeitige Situation als so gut einstufen, dass es nichts zu verbessern gäbe. Im Gegensatz dazu gibt Fallstudienpartner 2c an, dass das $\text{SIMO}_{\text{IT-PM}}$ durchaus Verbesserungspotential für das IT-Produktmanagement mit sich bringe, was augenscheinlich aus der Offenlegung der beschriebenen Herausforderungen an die Stelle resultiert. Ebenso wird der zukünftige Einfluss des $\text{SIMO}_{\text{IT-PM}}$ durch Fallstudienpartner 2a als neutral bewertet, da solch formelle Dinge im

Alltag häufig zu kurz kämen und hinter wichtigeren Themen zurückstünden. Zusätzlich fehle die Motivation, da alles gut liefe. Fallstudienpartner 2a stimmt zu, da er das Ergebnis als Bestärkung für seine Arbeit sieht, ähnlich wie Experte 2c. Fallstudienpartner 2a und 2b stimmen voll zu und würden das $SIMO_{IT\text{-}PM}$ weiterempfehlen, Fallstudienpartner 2c stimmt zu – Fallstudienpartner 2a fügt hinzu, weil das Modell die Möglichkeit bietet, sich selbst zu reflektieren und die Referenztypen als sinnvoller Anhaltspunkt anzusehen seien, um das eigene IT-Produktmanagement neu zu strukturieren. Ebenso hebt er die Übersichtlichkeit des Modells hervor, welches ohne immensen monetären und temporären Aufwand angewandt werden könne. Fallstudienpartner 2b weist vor allem darauf hin, dass sämtliche Facetten des IT-Produktmanagements durch das Modell beleuchtet würden und es Ergebnisse produziere – er kann sich mit dem ihm zugeordneten Referenztypen identifizieren mit der Einschränkung, dass er dies nicht für andere Typen von IT-Produktmanagern beurteilen könne. Die Praktikabilität des $SIMO_{IT\text{-}PM}$ wird zusätzlich dadurch unterstrichen, dass für alle drei Experten, die sich in der Organisation dieser Fallstudie in derselben Situation des IT-Produktmanagements befinden, derselbe Typ IT-Produktmanager identifiziert werden kann.

7.2.3 Fallstudie 3 – Expertise Backer und Product Promotor

Fallstudienpartner 3 ist in einer großen Organisation mit über 600 Mitarbeitern beschäftigt, die als Branchenspezialist, Dienstleister und Berater eine Kundenstruktur aller Größen bedient, wobei neben der Wertschöpfungskette der Gesetzgeber zur Stakeholderstruktur gezählt werden kann. Die IT-Produkte weisen eine hohe Komplexität und Heterogenität auf sowie eine mittlere marktliche und technische Dynamik und Unsicherheit. Das IT-Produktportfolio reicht von Lizenz plus Service über Projekte bis hin zum IT-Systemservicegeschäft. Die drei Arten von IT-Produkten teilen sich auf mehr als 10 IT-Produkte auf, deren Umsatzverteilung eher heterogen erscheint. Dies entsteht durch die besondere Konstellation der Organisation, dass die Kunden (mit-)entscheiden, welche IT-Produkte und welche Märkte beliefert werden. So werfen IT-Produkte, die für Nischen entwickelt werden, weniger Umsatz ab als andere Produkte, sollen jedoch laut Kunden dennoch beliefert werden. Das IT-Produktmanagement ist etabliert, die Art der Gründung erfolgte sachlich und es besteht ein hoher Zugriff auf Ressourcen. Unterstützung und Bedeutung sowie der Entscheidungskompetenzumfang sind hoch, die Möglichkeit, auf Handlungsfelder anderer Stelleninhaber einzuwirken, ist gegeben. Die IT-Produktmanagementziele sind finanzwirtschaftlicher, leistungswirtschaftlicher, sozialer sowie psychographischer Art und leiten sich aus den Organisationszielen ab. Kennzahlen werden hierbei aufwändig erfasst und die IT-Produktmanager daran bewertet. In der Organisation sind 30 IT-Produktmanager beschäftigt, die jeweils mehrere IT-Produkte betreuen und als Gruppe ($\text{IT-PM}_{\text{Gruppe}}$) den unterschiedlichen Funktionsbereichen zugeordnet und in der Linie eingeordnet sind. Gleichzeitig nimmt Fallstudienpartner 3 eine zusätzliche Stellung mit der Besonderheit ein, dass er als Process Owner fungiert (siehe Anhang K: Fallstudienpartner 3 – $\text{SIMO}_{\text{IT-PM}}$) und somit als zentrales Koordinationsorgan ohne Weisungsbefugnis in Form eines Matrixorganisationsorgans, wodurch ein Mehrliniensystem entsteht. In seiner Sonderrolle als Process Owner nimmt er das Prozessmanagement wahr und macht Entscheidungsvorbereitungen für das IT-Alignment, Ecosystemmanagement, Portfoliomanagement und Lebenszyklusmanagement. Im Wesentlichen jedoch unterstützt er die anderen IT-Produktmanager in sämtlichen Bereichen, führt das Stakeholdermanagement, Wissens- und Informationsmanagement eigens durch und kann somit als Expertise Backer bezeichnet werden. Durch seine besondere Stellung sind einige Rahmenbedingungen eher untypisch, so ist er den anderen IT-Produktmanagern eher über- als untergeordnet und Unterstützung und Entscheidungskompetenzumfang empfindet er nicht als reduziert. Auch ist seine Stelle in der Organisation etabliert. Dennoch werden ihm die Strategien von oben vorgegeben, die Ziele sind festgeschrieben und korrelieren. Er betreut komplexe, zahlreiche IT-Produkte und unterstützt die anderen IT-Produktmanager in sämtlichen Belangen durch sein fachliches Know-how.

Die anderen IT-Produktmanager seiner Organisation beschreibt er eindeutig als Typ Product Promotor mit Erlösverantwortung. Diese sind direkt einzelnen Abteilungen in der Linie zugeordnet und dort verantwortlich für ihre Produkte. Hier stimmen sämtliche zugeschriebenen Rahmenbedingungen überein mit der Besonderheit, dass die Struktur der Weisungsbeziehungen als Mehrliniensystem ausgestaltet ist durch die Rolle von Fallstudienpartner 3. Als problematisch wird die komplexe Stakeholderstruktur beschrieben, die v.a. durch die Situation entsteht, dass die Kunden mitbestimmen können und somit eine intensive Gremienarbeit notwendig ist. Dadurch sind auch Entscheidungswege nicht eindeutig geregelt, da viele Stellen angehört werden müssen und Prozesse sich dadurch regelmäßig verzögern. Auch die Komplexität der IT-Produkte sowie die Standardisierungsbemühungen und Umsatzverteilung gestalten sich durch den Einfluss der Kunden als schwierig, da letztere auf gewisse, wirtschaftlich nicht immer nachvollziehbare Kriterien bestehen. Gleichzeitig ist die Organisation einer Konkurrenzsituation ausgesetzt.

Die vorgeschlagenen Gestaltungsempfehlungen (Katalog mit Gestaltungsempfehlungen für das IT-Produktmanagement – Ziele und Rahmenbedingungen, siehe Abbildung 83 und Abbildung 84, Kapitel 6.3.1: 5, 7, 15) werden in der Organisation bereits weitgehend umgesetzt (siehe Abbildung 95), das zentrale Koordinationsorgan, vertreten durch Fallstudienpartner 3, wird weiter aufgebaut zur Schnittstelle sämtlicher Stakeholder.

Eine Steigerung könnte hier durch Empfehlung 2 (siehe Kapitel 6.3) erreicht werden, indem der Autonomiegrad von Fallstudienpartner 3 erhöht würde, z.B. zu Typ Delegating Supervisor, welcher den anderen IT-Produktmanagern vom Typ Product Promotor vorsteht. So könnten ebenfalls die durch das IT-Produktportfolio verursachten Probleme Standardisierung und Steigerung des Umsatzes der eher schwach am Profit beteiligten IT-Produkte angegangen werden. Dies wird jedoch als schwierig beschrieben aufgrund der Vormachtstellung der Kunden. Bezüglich der Empfehlung, zur Regelung der Entscheidungswege das IT-Produktmanagement in der Führungsebene zu verankern und Regularien einzuführen, sei die Organisation bereits auf einem guten Weg.

Empfohlene Gestaltungs-empfehlungen	Katalog mit Gestaltungsempfehlungen für das IT-Produktmanagement – Ziele und Rahmenbedingungen –	
	PROBLEME BEZÜGLICH DER RAHMENBEDINGUNGEN	GESTALTUNGSEMPFEHLUNGEN BEZÜGLICH DER RAHMENBEDINGUNGEN
	Dimensionen der externen Situation	
5	Koordinationsprobleme durch komplexe Kunden-/Stakeholderstruktur	-Unterstützung der internen und externen Kundenzufriedenheit (intern und extern) durch das IT-Produktmanagement als Schnittstelle und Koordination sämtlicher Stakeholder -Stärkung der gemeinsamen Sicht und Identifikation mit den IT-Produkten durch das IT-Produktmanagement als Moderator und Ansprechpartner für eine kürzere Time to Market
	Dimensionen der internen Situation	
7	IT-Produktportfolio – Diversifikationsgrad, Komplexität der IT-Produkte/Standardisierung vs. Individualisierung – Umsatzverteilung	-Möglichst umfassenden Standardisierung der angebotenen IT-Produkte zur Begrenzung des Diversifikationsgrades und Verringerung der Komplexität, eventuell durch Bildung von Software Produktlinien -Weitgehend exakte Produktabgrenzung und -positionierung -Steigerung des Umsatzes der eher schwach an diesem beteiligten IT-Produkte des Portfolios oder deren Elimination
	IT-Produktmanagement Subsystem-Komponenten	
15	Entscheidungskompetenzumfang/Machtstruktur zu gering, unklare Entscheidungswege, kein Ausgleich von Kompetenz und Verantwortung	-Erfüllung des Kongruenzprinzips durch eindeutige Zuweisung der für eine Aufgabe notwendigen Entscheidungs- und Handlungskompetenzen -IT-Produktmanagement sollte in der Führungsebene vertreten sein -Einführung von Regularien zur Kontrolle des IT-Produktmanagements

Abbildung 95: Gestaltungsempfehlungen Fallstudienpartner 3[958]

[958] Eigene Darstellung

Fallstudienpartner 3 stimmt voll zu, was die Vollständigkeit des Autarkie- und Autonomiegrads des SIMO$_{\text{IT-PM}}$ angeht. Bezüglich der Vollständigkeit der Rahmenbedingungen stimmt er zu, seine gesonderte Rolle als Process Owner wird nicht abgedeckt. Die Ausprägungen der Rahmenbedingungen erscheinen ihm vollkommen plausibel/korrekt. Zustimmung erhält auch das Kriterium der Identifizierbarkeit mit dem Referenztypen Expertise Backer, wobei er hier auf die bei ihm höher eingestufte Bedeutung und Kompetenzumfang hinweist, welche jedoch aus der Sonderrolle Process Owner resultieren. Hinsichtlich der Nachvollziehbarkeit und Strukturiertheit der anderen Referenztypen des IT-Produktmanagements, insbesondere des Product Promotor, welchem er die anderen IT-Produktmanager der Organisation eindeutig zuordnet, kann Fallstudienpartner 3 seine volle Zustimmung geben. Weiterhin stimmt er zu, dass die Gestaltungsempfehlungen hilfreich für ihn seien, wobei die Organisation theoretisches Vorgehen bereits in großem Umfang in die Prozesse integriert habe. Er hält das SIMO$_{\text{IT-PM}}$ für vollkommen anwendbar, verständlich und praktikabel. Bezüglich der Vollständigkeit des Modells stimmt er zu, auch hier verweist er auf das Fehlen der Sonderrolle. Es ist jedoch nicht vorgesehen, Sonderrollen in das SIMO$_{\text{IT-PM}}$ aufzunehmen. Wie diese Fallstudie zeigt, können diese jedoch durch den Gestaltungsbereich und die Rahmenbedingungen durch das SIMO$_{\text{IT-PM}}$ identifiziert und eingeordnet werden, was nicht zu einer reduzierten Funktionalität führt. Fallstudienpartner 3 stimmt ebenfalls zu, dass das SIMO$_{\text{IT-PM}}$ hilfreich sei zur Erfassung der eigenen Situation des IT-Produktmanagements, wobei er den eingeschränkten Neuheitsgrad erwähnt, da die Kernpunkte des SIMO$_{\text{IT-PM}}$ in der Organisation an anderer Stelle bereits durch Kennzahlen bzw. in der Policy erfasst würden. Verbesserungspotential bringe das SIMO$_{\text{IT-PM}}$ dennoch mit sich und es werde ihn auch in Zukunft beeinflussen, hier stimmt Fallstudienpartner 3 jeweils voll zu. Er erklärt, dass das Modell zum Innehalten anrege, eine Zusammenschau des IT-Produktmanagements liefere und somit einen guten Überblick über die momentane Situation gäbe. Zusätzlich stimmt er auch voll zu, das SIMO$_{\text{IT-PM}}$ weiter zu empfehlen – zum einen, um eine Bestandsaufnahme durchzuführen, zum anderen kann er sich vorstellen, anzuregen, das SIMO$_{\text{IT-PM}}$ als eine Art Übung für das IT-Produktmanagement zu nutzen.

7.2.4 Fallstudie 4 – Product Promotor

Fallstudie 4 findet in einem ca. 30-köpfigen Bereich eines großen Konzerns statt, welcher als Softwarespezialist und Spezialist für Querschnittsfunktionen kleine, mittelständische und große Organisationen mit hoch komplexen, mittelmäßig heterogenen IT-Produkten und mittlerer marktlicher sowie reduzierter technischer Dynamik und Unsicherheit beliefert. Neben der Wertschöpfungskette wird ein Fördergeber als Stakeholder angegeben, der jedoch einen recht geringen Einfluss ausübt. Die weniger als zehn IT-Produkte entstammen sämtlich derselben Art (Lizenz plus Service), weisen eine eher heterogene Umsatzverteilung auf und werden gemeinsam von den beiden IT-Produktmanagern des Bereichs betreut, welche als Fallstudienpartner gewonnen werden können (siehe Anhang L: Fallstudienpartner 4a – $\text{SIMO}_{\text{IT-PM}}$ und Anhang M: Fallstudienpartner 4b – $\text{SIMO}_{\text{IT-PM}}$). Sie sind als sachlich gebildete, etablierte Abteilung, der Fallstudienpartner 4b vorsteht, in der Linie neben den anderen Abteilungen in einem Einliniensystem aufgehängt, wobei das Marketing außerhalb des Bereichs auf Konzernebene angesiedelt ist. Dadurch werden die Informationssteuerung und der Zugriff auf Ressourcen als eher reduziert empfunden, ebenso wie der Entscheidungskompetenzumfang sowie die Bedeutung und Unterstützung des IT-Produktmanagements. Da für Weiterentwicklungen keine direkte Weisungsbefugnis zwischen den Abteilungen vorgesehen ist, wird auch die Machtstruktur als reduziert beschrieben. Die Organisationsziele werden direkt für das IT-Produktmanagement übernommen, wodurch sie korrelieren. Es sind im Wesentlichen Umsatzziele, an denen die IT-Produktmanager bemessen werden, ohne dass jedoch eine Anpassung an die Bedürfnisse des IT-Produktmanagements erfolgt. Dies wird von beiden Fallstudienpartnern als problematisch dargestellt, ebenso wie die schwierige Bemessung der Ziele. Weiterhin werden die unsicheren Rahmenbedingungen, die Reduzierung des Diversifikationsgrades des IT-Produktportfolios durch Standardisierung sowie die durch die Aufhängung des Marketings schwierig umzusetzende Produkteinführung als schwierig beschrieben.

Nach eingehender Untersuchung des Autarkie- und Autonomiegrads kann für beide Fallstudienpartner der Referenztyp Product Promotor identifiziert werden, wobei der Autonomiegrad von Fallstudienpartner 4b an einigen Stellen höher ausgestaltet ist, er wird als „Vater der Produkte" bezeichnet und steht auch der Abteilung vor. Die dem Product Promotor zugeschriebenen Rahmenbedingungen stimmen weitgehend überein, so umfasst der Konzern mehr als 250 Mitarbeiter, das IT-Produktmanagement ist als Abteilung in der Linie in einem Einliniensystem angeordnet ($\text{IT-PM}_{\text{Abteilung}}$, $\text{LI}_{\text{IT-PM}}$) und von Marketing- und Vertriebsaufgaben weitgehend entlastet. Der Fokus liegt bei den technik- und produktbezogenen Aktivitäten, strategische Aufgaben sind eher untergeordnet. Einige Rahmenbedingungen unterscheiden sich jedoch von denen des Product Promotor: Die Informationssteuerung und Bedeutung/Unterstützung werden nicht als hoch eingestuft.

Im strategischen Bereich sowie im Bereich Finanzen sind beide Fallstudienpartner weder in die Entscheidung noch in die Entscheidungsvorbereitung involviert, sondern unterstützen oder koordinieren im Wesentlichen, was sich mit den beschriebenen Problemen des reduzierten Entscheidungskompetenzumfangs deckt. Hier wird empfohlen, den Autonomiegrad des IT-Produktmanagements diesbezüglich auszuweiten im Sinne des Referenztyps Product Promotor (siehe Empfehlung 2, Kapitel 6.3). Aus dem Katalog mit Gestaltungsempfehlungen für das IT-Produktmanagement – Ziele und Rahmenbedingungen (siehe Abbildung 83 und Abbildung 84, Kapitel 6.3.1) können die Empfehlungen 2, 3, 7 und 13 gegeben werden, welche von beiden Fallstudienpartnern als voll zutreffend anerkannt werden (siehe Abbildung 96).

Beide Fallstudienpartner stimmen bezüglich der Vollständigkeit des Autarkiegrads zu. Da jedoch weitere Aufgaben existieren könnten, welche sie eventuell nicht kennen würden, könnten sie beide keine volle Zustimmung geben. Fallstudienpartner 4a stimmt voll zu, was die Stringenz des Autonomiegrades angeht, Fallstudienpartner 4b dagegen „weder noch“, da er die Ausprägungen aus der Theorie als zu flach empfindet und diese in der erlebten Welt weitaus vielschichtiger erscheinen würden. Auch gibt er keine Antwort auf die Frage nach der Vollständigkeit der Rahmenbedingungen, da er aus dem Stand nicht sagen könne, ob hier eine oder mehrere fehlen würden. Fallstudienpartner 4a dagegen stimmt hier voll zu wie auch für die Plausibilität der Ausprägungen der Rahmenbedingungen. Fallstudienpartner 4b stimmt zu, da er zu Beginn Schwierigkeiten hatte, sämtliche Ausprägungen zu verstehen, welche jedoch nach gemeinsamem Durchgehen beseitigt werden können. Beide Fallstudienpartner stimmen lediglich zu, sich im Product Promotor wiederzufinden, da die oben beschriebenen Diskrepanzen zum Referenztypen bestehen. Wie bereits gezeigt werden konnte, geben eben diese Unterschiede jedoch Potential für Gestaltungsvorschläge. Dagegen stimmen sie voll zu, was die Nachvollziehbarkeit und Strukturiertheit der anderen Referenztypen des IT-Produktmanagements anbelangt, wobei Fallstudienpartner 4a sich überrascht zeigt, dass überhaupt Typen existieren. Er schätzt die Gestaltungsempfehlungen als voll hilfreich ein, Fallstudienpartner 4b als hilfreich. Fallstudienpartner 4a stimmt bezüglich der Anwendbarkeit, Verständlichkeit und Praktikabilität des $SIMO_{IT-PM}$ zu, da er einige Rahmenbedingungen ohne Hilfe nicht als selbsterklärend empfindet, Fallstudienpartner 4b stimmt voll zu, wobei er anregt, den psychographischen Zielen einige erklärende Kommentare hinzuzufügen.

Empfohlene Gestaltungs-empfehlungen	Katalog mit Gestaltungsempfehlungen für das IT-Produktmanagement – Ziele und Rahmenbedingungen –	
	ZIELBEZOGENE PROBLEME	ZIELBEZOGENE GESTALTUNGSEMPFEHLUNGEN
2	Definition der Organisations- und der IT-Produktmanagementziele	-Stringenz der Organisations- und IT-Produktmanagementziele -Formalisierung der Ziele in Business Plänen
3	Kurzfristige versus langfristige Perspektive	-Verfolgung einer langfristigen Strategie, welche sich an den Alleinstellungsmerkmalen der Organisation orientiert
	PROBLEME BEZÜGLICH DER RAHMENBEDINGUNGEN	GESTALTUNGSEMPFEHLUNGEN BEZÜGLICH DER RAHMENBEDINGUNGEN
	Dimensionen der internen Situation	
7	IT-Produktportfolio – Diversifikationsgrad, Komplexität der IT-Produkte/Standardisierung vs. Individualisierung – Umsatzverteilung	-Möglichst umfassenden Standardisierung der angebotenen IT-Produkte zur Begrenzung des Diversifikationsgrades und Verringerung der Komplexität, eventuell durch Bildung von Software Produktlinien -Weitgehend exakte Produktabgrenzung und -positionierung -Steigerung des Umsatzes der eher schwach an diesem beteiligten IT-Produkte des Portfolios oder deren Elimination
	IT-Produktmanagement Subsystem-Komponenten	
13	Fehlende oder unzureichende Definition des IT-Produktmanagements, ungesicherte Rahmenbedingungen/ Aufgabenüberlast versus zu starke Formalisierung/Einschränkung der strategischen und innovativen Ausrichtung	-Möglichst exakte Definition der Stelle des IT-Produktmanagements, z.B. anhand des vorgestellten situativen Modells des IT-Produktmanagements

Abbildung 96: Gestaltungsempfehlungen Fallstudienpartner 4[959]

[959] Eigene Darstellung

Beide beschreiben das SIMO$_{IT-PM}$ als vollständig, Fallstudienpartner 4a kann nicht angeben, ob etwas fehlen würde. Auch stufen sie das SIMO$_{IT-PM}$ als hilfreich ein, um die eigene Situation des IT-Produktmanagements zu erfassen – Fallstudienpartner 4a gibt an, sich vorher über vieles noch keine Gedanken gemacht zu haben, wobei das Modell und die Referenztypen hilfreich seien und bei der Argumentation unterstützen könnten, warum das IT-Produktmanagement auf eine bestimmte Art gestaltet sei sowie bei der Abgrenzung der Zuständigkeiten. Fallstudienpartner 4a lehnt ab, dass das Modell zur Verbesserung der Situation beitragen werde, da sich kurzfristig erst einmal nichts ändern würde, eventuell jedoch langfristig. Aus demselben Grund stimmt er „weder noch" bezüglich des zukünftigen Einflusses des SIMO$_{IT-PM}$, wobei es ihn bei der Abgrenzung der Aufgaben wiederum unterstützen könnte. Fallstudienpartner 4b dagegen stimmt in beiden Fällen zu. Ebenfalls würden beide das SIMO$_{IT-PM}$ weiterempfehlen.

7.2.5 Zusammenfassung der Kriterien zur Validierung des SIMO$_{IT-PM}$ an der Praxis

Um eine möglichst hohe Qualität der Fallstudien zu erreichen, werden diese nach den Gütekriterien von Fallstudien nach Yin durchgeführt und bewertet:[960]

- Für die *Konstruktvalidität* können nicht mehrere Quellen zur Auswertung verwendet werden, da allein das SIMO$_{IT-PM}$ zu dessen Validierung herangezogen wird. Die Entwicklung logischer Gedankenketten zur Konstruktion des Modells wird bereits dargestellt während der argumentativen Validierung des SIMO$_{IT-PM}$ in Kapitel 7.1.5. Dieses wird den Fallstudienpartnern mit der Bitte zur Durchführung im Voraus zugesandt, woraufhin ein ca. 90 minütiges Interview erfolgt zur weiteren Auswertung. Im Anschluss wird jede der Fallstudien im Originaltext an die Beteiligten gesandt mit der Bitte um Bestätigung der Auswertungen, wodurch die Begutachtung der Ergebnisse durch die beteiligten Personen sichergestellt werden kann.
- Zur Erhöhung der *internen Validität* werden vier Techniken vorgeschlagen: die Identifikation von Mustern aus den Daten, der Aufbau von Argumentationsketten, die Betrachtung von konkurrierenden Erklärungen und die Anwendung von Logik. Die angewandte Triangulation zur Betrachtung der Stelle des IT-Produktmanagements, welche die Grundlage für die Erstellung des SIMO$_{IT-PM}$ bildet, erhöht dessen interne Validität (siehe hierzu Kapitel 7.1). Durch die Anwendung des Modells während der Fallstudien

[960] Vgl. zur folgenden Aufzählung Yin (2014), S. 29-36

ergibt sich jeweils eine Kette von Aussagen, durch welche das Bild des IT-Produktmanagements in der jeweiligen Organisation umfassend dargestellt werden kann, wobei hier auf den Datenschutz Rücksicht genommen wird durch eine stringente Anonymisierung. Auf dieser Basis kann jeder der Fallstudienpartner einem Referenztypen des IT-Produktmanagements zugeordnet werden in Form einer Argumentationskette. Abweichungen werden begründet und Gestaltungsempfehlungen abgeleitet.

- Die *externe Validität* zielt auf die Verallgemeinerbarkeit der Ergebnisse und deren Replizierbarkeit auf ähnliche Fälle ab. Diese ist eingeschränkt durch die begrenzte Grundgesamtheit an Fallstudienpartnern, so können nicht alle Referenztypen des IT-Produktmanagements validiert werden. Jedoch kann z.B. während der Fallstudien 2 und 4 gezeigt werden, dass die unabhängig voneinander interviewten Fallstudienpartner sämtlich zu demselben Ergebnis kommen und dem Referenztyp Coordinating Networker/Product Promotor zugeordnet werden können. Ebenso kommen Fallstudienpartner 1 und 3, deren Situation des IT-Produktmanagements sich als ähnlich darstellt, zu demselben Ergebnis, Referenztyp Expertise Backer. Zur Erhöhung der externen Validität sind weitere Fallstudien notwendig.
- Um das Kriterium der *Reliabilität* zu erreichen, wird eine umfassende Dokumentation der Fallstudien empfohlen. Es wird zwar keine Volltranskription der Interviews vorgenommen, da die Antworten der Fallstudienpartner direkt während der Interviews in das Modell und den Fragebogen eingetragen werden, jedoch stehen diese als Audiodateien zur Verfügung. Zusätzlich ist das ausgefüllte $SIMO_{IT\text{-}PM}$ der Fallstudienpartner im Anhang zur Durchsicht zu finden und eine Übersicht der von den Fallstudienpartnern bewerteten Kriterien für die Validierung des $SIMO_{IT\text{-}PM}$ an der Praxis findet sich in Tabelle 32 und Tabelle 33. Ebenfalls sind die bereits aufgezeigten Maßnahmen wie die Erstellung des $SIMO_{IT\text{-}PM}$ und der Feedbackprozess mit den Fallstudienpartnern geeignet, um die Reliabilität des Modells zu erhöhen.

Wie die Zusammenfassung der Validierungsergebnisse bezüglich der in Kapitel 7.2 aufgestellten 13 Kriterien zeigt, erbringt die Validierung des $SIMO_{IT\text{-}PM}$ ein weitgehend positives Ergebnis (siehe Tabelle 32 und Tabelle 33).

	stimme voll zu	stimme zu	weder noch	lehne ab	lehne vollkommen ab	keine Antwort
	Autarkiegrad vollständig					
Fallstudienpartner 1	x					
Fallstudienpartner 2a	x					
Fallstudienpartner 2b	x					
Fallstudienpartner 2c		x				
Fallstudienpartner 3	x					
Fallstudienpartner 4a		x				
Fallstudienpartner 4b		x				
	Autonomiegrad stringent					
Fallstudienpartner 1	x					
Fallstudienpartner 2a		x				
Fallstudienpartner 2b	x					
Fallstudienpartner 2c	x					
Fallstudienpartner 3	x					
Fallstudienpartner 4a	x					
Fallstudienpartner 4b			x			
	Rahmenbedingungen vollständig					
Fallstudienpartner 1				x		
Fallstudienpartner 2a	x					
Fallstudienpartner 2b	x					
Fallstudienpartner 2c		x				
Fallstudienpartner 3		x				
Fallstudienpartner 4a						x
Fallstudienpartner 4b	x					
	Ausprägungen/Dimensionen der Rahmenbedingungen plausibel/korrekt					
Fallstudienpartner 1				x		
Fallstudienpartner 2a	x					
Fallstudienpartner 2b	x					
Fallstudienpartner 2c	x					
Fallstudienpartner 3	x					
Fallstudienpartner 4a		x				
Fallstudienpartner 4b	x					
	Identifizierbarkeit mit Referenztyp des IT-Produktmanagements					
Fallstudienpartner 1	x					
Fallstudienpartner 2a		x				
Fallstudienpartner 2b	x					
Fallstudienpartner 2c	x					
Fallstudienpartner 3		x				
Fallstudienpartner 4a		x				
Fallstudienpartner 4b		x				
	Nachvollziehbarkeit und Strukturiertheit der Referenztypen des IT-Produktmanagements					
Fallstudienpartner 1						x
Fallstudienpartner 2a		x				
Fallstudienpartner 2b			x			
Fallstudienpartner 2c		x				
Fallstudienpartner 3	x					
Fallstudienpartner 4a	x					
Fallstudienpartner 4b	x					
	Gestaltungsempfehlungen hilfreich					
Fallstudienpartner 1	x					
Fallstudienpartner 2a		x				
Fallstudienpartner 2b	x					
Fallstudienpartner 2c		x				
Fallstudienpartner 3		x				
Fallstudienpartner 4a	x					
Fallstudienpartner 4b		x				

Tabelle 32: Vergleich der Validierungsergebnisse der Fallstudienpartner – Teil 1[961]

[961] Eigene Darstellung

	stimme voll zu	stimme zu	weder noch	lehne ab	lehne voll-kommen ab	keine Antwort
	SIMO$_{IT-PM}$ anwendbar, verständlich, praktikabel					
Fallstudienpartner 1	x					
Fallstudienpartner 2a	x					
Fallstudienpartner 2b		x				
Fallstudienpartner 2c		x				
Fallstudienpartner 3	x					
Fallstudienpartner 4a		x				
Fallstudienpartner 4b	x					
	SIMO$_{IT-PM}$ vollständig					
Fallstudienpartner 1	x					
Fallstudienpartner 2a	x					
Fallstudienpartner 2b	x					
Fallstudienpartner 2c		x				
Fallstudienpartner 3		x				
Fallstudienpartner 4a		x				
Fallstudienpartner 4b		x				
	Anwendung des SIMO$_{IT-PM}$ hilfreich zur Erfassung der eigenen Situation des IT-Produktmanagements					
Fallstudienpartner 1	x					
Fallstudienpartner 2a	x					
Fallstudienpartner 2b		x				
Fallstudienpartner 2c		x				
Fallstudienpartner 3		x				
Fallstudienpartner 4a		x				
Fallstudienpartner 4b		x				
	SIMO$_{IT-PM}$ trägt zur Verbesserung der Situation bei					
Fallstudienpartner 1	x					
Fallstudienpartner 2a			x			
Fallstudienpartner 2b				x		
Fallstudienpartner 2c		x				
Fallstudienpartner 3		x				
Fallstudienpartner 4a				x		
Fallstudienpartner 4b		x				
	Zukünftiger Einfluss des SIMO$_{IT-PM}$					
Fallstudienpartner 1		x				
Fallstudienpartner 2a			x			
Fallstudienpartner 2b		x				
Fallstudienpartner 2c		x				
Fallstudienpartner 3	x					
Fallstudienpartner 4a			x			
Fallstudienpartner 4b		x				
	Weiterempfehlung des SIMO$_{IT-PM}$					
Fallstudienpartner 1	x					
Fallstudienpartner 2a	x					
Fallstudienpartner 2b	x					
Fallstudienpartner 2c		x				
Fallstudienpartner 3	x					
Fallstudienpartner 4a		x				
Fallstudienpartner 4b		x				

Tabelle 33: Vergleich der Validierungsergebnisse der Fallstudienpartner – Teil 2[962]

Bei sämtlichen Kriterien stimmen die Fallstudienpartner entweder voll zu oder stimmen zu mit kleinen Abstrichen, welche jedoch meist aus einer Unsicherheit heraus, die ge-

[962] Eigene Darstellung

samte Situation einschätzen zu können, entstehen oder auch durch erwünschte Änderungsvorschläge bezüglich des $SIMO_{IT-PM}$, um dieses an die eigene Situation anzupassen (siehe hierzu die einzelnen Fallstudien), was aber für das hier entwickelte Referenzmodell nicht als sinnvoll einzustufen wäre. Ausnahmen hiervon sollen an dieser Stelle noch einmal kurz diskutiert werden:

Fallstudienpartner 4b stimmt „weder noch“ bezüglich der Stringenz des Autonomiegrads, da ihm die Ausprägungen (e, v, k, u, d) nicht vielschichtig genug erscheinen, um die in der Realität existierenden Gegebenheiten vollständig abzudecken. Es ist ihm jedoch nicht möglich, eine genauere Angabe für deren Ausgestaltung zu geben. Es ist zudem nicht der Anspruch der in Kapitel 4.2.5 und 5.3.5.3 ermittelten Ausprägungen des Autonomiegrads, sämtliche Abstufungen der Realität abzudecken, sondern diese in Einheiten zu bündeln und eine Zuordnung zu der vorrangig erfüllten Ausprägung zu ermöglichen.

Fallstudienpartner 1 beschreibt die Rahmenbedingungen und deren Ausprägungen/Dimensionen zwar als plausibel, hat jedoch ein Problem, dass diese an zwei Stellen (Produktportfolio sowie Diversifikationsgrad) als zu umfangreich und feinstufig ausgestaltet seien und entscheidet sich deshalb für die Antwortmöglichkeit „lehne ab“. Die Vermutung liegt nahe, dass diese Antwort durch das zu Zwecken der Validierung zunächst selbstständige Ausfüllen des $SIMO_{IT-PM}$ entstanden ist, denn bei gemeinsamer Reflektion können diese Unsicherheiten geklärt werden und Fallstudienpartner 1 kann sich in die Rahmenbedingungen einordnen. Fallstudienpartner 4a gibt keine Antwort auf die Frage nach der Vollständigkeit der Rahmenbedingungen, da er es sich nicht zutraut, hier eine richtige Antwort zu geben – er könne nicht sämtliche eventuell existierenden Rahmenbedingungen kennen. Dennoch kann er sich in den gegebenen Rahmenbedingungen wiederfinden und soweit keine nennen, welche nicht durch das $SIMO_{IT-PM}$ abgedeckt würden.

Weiterhin gibt Fallstudienpartner 1 keine Antwort und Fallstudienpartner 2b ein „weder noch“ an auf die Frage nach der Nachvollziehbarkeit und Strukturiertheit der weiteren Referenztypen des IT-Produktmanagements. Beide geben an, sich aus Zeitgründen zu wenig mit den Typen auseinandersetzen zu können, um eine positive Antwort zu geben. Dieses Problem entsteht aus der begrenzten Dauer der Interviews und kann an dieser Stelle nicht gelöst werden.

Da Fallstudienpartner 2a und Fallstudienpartner 2b die Situation des IT-Produktmanagements in ihrer Organisation als so gut beschreiben, dass diese wenig ausbaufähig sei, stimmen sie „weder noch" bzw. „lehne ab", was die Verbesserung durch das SIMO$_{IT-PM}$ anbelangt, wobei Fallstudienpartner 2c die Situation anders einstuft und hier zustimmt. Während Fallstudie 2 (siehe Kapitel 7.2.2) können jedoch durchaus einige Verbesserungspotentiale identifiziert werden. Fallstudienpartner 4a lehnt ebenfalls ab, da die Erkenntnisse des SIMO$_{IT-PM}$ im Alltagsgeschäft untergehen würden und sich deshalb höchstens langfristig etwas ändern könnte. Diese Antworten berühren jedoch nicht das Verbesserungspotential des SIMO$_{IT-PM}$ für Organisationen allgemein und können an dieser Stelle vernachlässigt werden. Aus denselben Gründen, dass die Auswirkungen des SIMO$_{IT-PM}$ im Alltagsgeschäft untergehen würden, bewertet Fallstudienpartner 2a die Frage nach dem zukünftigen Einfluss des Modells als neutral, genau wie Fallstudienpartner 4a – wobei dieser dennoch bemerkt, dass das SIMO$_{IT-PM}$ zur Abgrenzung seiner Tätigkeiten zum Einsatz kommen werde.

Insgesamt kann gezeigt werden, dass das SIMO$_{IT-PM}$ anwendbar und funktionsfähig ist sowie Verbesserungspotential für die jeweilige Organisation mit sich bringt (die Gestaltungsempfehlungen werden durchweg als hilfreich eingestuft). Bezüglich der Erfahrungswahrheit können die Ergebnisse dieser Arbeit intersubjektiv eindeutig bestätigt werden, sind erneut bestätigungsfähig und besitzen somit Gültigkeit auch über einen Einzelfall hinaus. Das SIMO$_{IT-PM}$ kann an der Realität geprüft werden und hat sich dort bestätigt. Für eine weitere statistische Absicherung müsste jedoch eine großzahligere, quantitative Anwendung des SIMO$_{IT-PM}$ erfolgen. Zudem ist es im Rahmen dieser Arbeit nicht möglich, sämtliche sechs Referenztypen an der Praxis zu validieren (Expertise Backer – Fallstudie 1 und 3, Coordinating Networker – Fallstudie 2, Product Promotor – Fallstudie 3 und 4) wegen des entstehenden Umfangs sowie des erschwerten Zugriffs auf weitere Fallstudienpartner. Jedoch beschreiben die Fallstudienpartner die weiteren Referenztypen (Single Striker, Multifuctional Generalist, Delegating Supervisor) als durchaus nachvollziehbar und strukturiert. Das SIMO$_{IT-PM}$ trägt dazu bei, die eigene Situation des IT-Produktmanagements zu erfassen und sämtliche Fallstudienpartner würden das Modell weiterempfehlen.

Aufgrund der Neuartigkeit des Themas kann das SIMO$_{IT-PM}$ nicht mit anderen, bereits geprüften und bestätigten Aussagen in einen systematischen Theorienzusammenhang gestellt werden, jedoch kann dem Modell eine gewisse theoretische Basis durch die angewandten Methoden zugesprochen werden (siehe hierzu Kapitel 7.1 der argumentativen Validierung).

7.3 Zusammenfassung und weiterer Forschungsbedarf

Wie in Kapitel 1.7.1 beschrieben ist diese Arbeit der gestaltungsorientierten Wirtschaftsinformatik zuzuordnen, welche sich auf folgende Prinzipien stützt:[963]

- Die *Abstraktion*, welche dadurch erfüllt ist, dass das $\text{SIMO}_{\text{IT-PM}}$ als Artefakt auf die Klasse von Problemen bezüglich der Gestaltung des IT-Produktmanagements anwendbar ist: Wie in Problemstellung und Stand der Forschung (siehe Kapitel 1.1) beschrieben ist das $\text{SIMO}_{\text{IT-PM}}$ zum einen anwendbar auf Probleme der Wissenschaft, da hier seither keine Erforschung der Stelle des IT-Produktmanagements wie in dieser Arbeit erfolgt ist, welche zur Gestaltung der Stelle in Form eines derart umfassenden Modells geführt hätte. Zum anderen ist es anwendbar auf Probleme in der Praxis, welcher bislang kein Modell in dieser Form zur Gestaltung der Stelle des IT-Produktmanagements im situativen Kontext zur Verfügung stand.
- Die *Originalität*, da die Untersuchung der situativen Gestaltung des IT-Produktmanagements einen innovativen Beitrag zum bisher publizierten Wissensstand leistet, was ein Vergleich der Ausführungen der systematischen Literaturanalyse (siehe Kapitel 4.1) zum Thema IT-Produktmanagement deutlich macht.
- Die *Begründung*, welche gegeben ist durch das rigorose Vorgehen bei der Erstellung des Modells anhand bestehender wissenschaftlicher Theorien (siehe Kapitel 2) sowie durch die stringente Verfolgung unterschiedlicher Forschungsmethoden der Einbeziehung anerkannter Normen (siehe Kapitel 3), der durchgeführten systematischen Literaturanalyse zum Thema und der daraus abgeleiteten Erkenntnisse aus der wissenschaftlichen Literatur (siehe Kapitel 4), der Analyse von Stellenanzeigen sowie der quantitativen Auswertungen einer Studie im Themenbereich und der vergleichenden Feldstudie zur Erhebung von explorativen Erkenntnissen durch systematisch erstellte, qualitative Leitfadeninterviews und Fallkontrastierung (siehe Kapitel 5) sowie der Herleitung des $\text{SIMO}_{\text{IT-PM}}$ aus Theorie und Praxis durch die Bildung von Idealtypen und der Entwicklung von Referenztypen nach dem Stufenmodell empirisch begründeter Typenbildung und der Ableitung von Gestaltungsempfehlungen (siehe Kapitel 6). Die

[963] Vgl. zur folgenden Aufzählung Österle u.a. (2010), S. 5 f.

Theorien und Methoden werden ausführlich in den jeweils angegebenen Kapiteln begründet und tragen demnach zur Nachvollziehbarkeit des Artefakts $SIMO_{IT-PM}$ bei. Zusätzlich zeigt die argumentative Validierung sowie die Validierung anhand der Praxis nach den Gütekriterien für Fallstudien die Validierbarkeit des $SIMO_{IT-PM}$ (siehe Kapitel 7.1 und 7.2).

- Der *Nutzen* entsteht für die wissenschaftliche Forschungscommunity in Form des innovativen Beitrags zur situativen Gestaltung der Stelle des IT-Produktmanagements (siehe argumentative Validierung, Kapitel 7.1). Zudem profitiert die Praxis als Anspruchsgruppe von den Ergebnissen durch den Beitrag des $SIMO_{IT-PM}$ zur Gestaltung der Stelle in den Organisationen und den Gestaltungsempfehlungen (siehe Validierung an der Praxis, Kapitel 7.2), insbesondere auch durch die Überführung des $SIMO_{IT-PM}$ in einen Prototypen als Self-Assessment Tool (siehe Kapitel 6.4).

Ebenfalls können die Iterationen des Prozesses der gestaltungsorientierten Wirtschaftsinformatik weitgehend eingehalten werden:[964]

Zunächst erfolgt die *Analyse*, während der die mangelnde Erforschung der situativen Gestaltung der Stelle des IT-Produktmanagements als relevantes Problem identifiziert wird. Weiterhin werden Forschungsziele und -fragen definiert. Diese verfolgen zum einen begleitend die Beschreibungs- und Erklärungsziele, zum anderen verfolgen sie vor allem ein gestaltungsorientiertes Ziel (siehe Kapitel 1.6) bezüglich der Ziele, Gestaltungsalternativen und Rahmenbedingungen der Stelle des IT-Produktmanagements sowie eventueller gemeinsamer Merkmale, die zu einer Typisierung führen können sowie sich ergebende Verbesserungsmöglichkeiten in Wissenschaft und Praxis. Diese Forschungsfragen führen zu dem gewünschten Ergebnis: der Entwicklung eines theoriegeleiteten, hypothetischen, validierten, situativen Modells für das IT-Produktmanagement ($SIMO_{IT-PM}$), welches zusätzlich Gestaltungsempfehlungen für IT-Produktmanager geben kann. Die Erstellung dieses Artefakts kann durch das gewählte Forschungsdesign unterstützt werden (siehe Kapitel 1.7).

Im Anschluss an die Analyse folgt der *Entwurf* des $SIMO_{IT-PM}$ anhand der sechs Grundsätze der ordnungsmäßigen Modellierung:[965]

[964] Vgl. zum folgenden Absatz Becker (2010), S. 13 ff.
[965] Vgl. zur folgenden Aufzählung Becker (2010), S. 15 f.

- Grundsatz der Richtigkeit: Die syntaktische Richtigkeit wird über die möglichst umfassende Offenlegung und Diskussion der angewandten Forschungsmethoden weitgehend sichergestellt (siehe hierzu die argumentative Validierung, Kapitel 7.1). Ein Konsens von Sachkundigen der Sprachgemeinschaft kann ebenfalls gefunden werden während der Validierung an der Praxis, siehe Kapitel 7.2. Nicht durchgeführt werden kann eine quantitativ empirische Richtigkeit mit weitaus mehr Praxispartnern, diese steht jedoch nicht unbedingt im Vordergrund der gestaltungsorientierten Wirtschaftsinformatik. Dennoch besteht hier weiterer Forschungsbedarf.
- Grundsatz der Relevanz: Es werden sämtliche Aspekte in die Abstraktion aufgenommen, welche durch den Untersuchungsbereich in Kapitel 1.5 definiert und deshalb als relevant erachtet werden. Diese haben sich im Laufe der Forschungsarbeiten als sehr umfangreich herausgestellt, v.a. bezüglich der Aufgaben und Rahmenbedingungen des IT-Produktmanagements. An dieser Stelle können durch weitere Forschungsarbeiten, insbesondere durch eine großzahlige Anwendung des $SIMO_{IT-PM}$, weitere Erkenntnisse gewonnen werden bezüglich der Relevanz der Aufgaben und Rahmenbedingungen, die auf die Ausgestaltung der Stelle des IT-Produktmanagements sowie die identifizierten Referenztypen Einfluss haben.
- Grundsatz der Wirtschaftlichkeit: Die Abstraktion des $SIMO_{IT-PM}$ hätte in weiten Teilen noch verfeinert werden können, v.a. beispielsweise in der Beschreibung von Aufgaben und Prozessen des IT-Produktmanagements, wie es u.a. in Reifegradmodellen wie der Situational Assessment Method for Software Product Management der ISPMA (siehe Kapitel 3.1, Abbildung 35) geschieht. Dies soll jedoch vermieden werden, da Wirtschaftlichkeit in diesem Fall mit der Anwendbarkeit des $SIMO_{IT-PM}$ gleichgesetzt werden kann, welche unter einer weiteren Detaillierung leiden würde. Es wird angestrebt, den Umfang des $SIMO_{IT-PM}$ nicht zu groß werden zu lassen, um die Anwendbarkeit durch Organisationen zu unterstützen, was auch durch ein positives Feedback der Fallstudienpartner bestärkt wird (siehe Kapitel 7.2.5).
- Grundsatz der Klarheit: Die Abstraktion, welche durch das $SIMO_{IT-PM}$ dargestellt wird, soll in den Augen des Nutzers verständlich und handhabbar sein, was ebenfalls durch die Fallstudienpartner bestätigt werden kann (siehe Kapitel 7.2.5).
- Grundsatz der Vergleichbarkeit: Die unterschiedlich hergeleiteten Erkenntnisse aus Theorie und Wissenschaft können ineinander überführt und in Form des $SIMO_{IT-PM}$ integriert werden.
- Grundsatz des systematischen Aufbaus: Ebenfalls können die unterschiedlichen Sichten auf die Gestaltung der Stelle des IT-Produktmanagements integriert werden,

u.a. durch die Methode der qualitativen Inhaltsanalyse sowie der empirisch begründeten Typenbildung, bei welcher theoretisches Vorwissen explizit einbezogen werden soll (siehe Kapitel 5.3.2 und 6.2).

Weiterhin verlangt die Rigorosität eine *Evaluation*, welche ausführlich in Kapitel 7 dargestellt ist. Die argumentative Evaluation des $SIMO_{IT\text{-}PM}$ zeigt unter der Anwendung von Logik die einzelnen Schritte der angewandten Triangulation zur Betrachtung der Stelle des IT-Produktmanagements bis hin zur Erstellung des Modells. Die Evaluation des $SIMO_{IT\text{-}PM}$ an der Praxis erfolgt durch Fallstudien, die nach den Gütekriterien für Fallstudien[966] und anhand von vorher festgelegten 13 Kriterien[967] durchgeführt werden. So kann eine umfangreiche Evaluation des Modells ausgeführt werden.[968]

Zuletzt wird das Prinzip der *Diffusion* angeführt. Neben dieser Arbeit können bereits zwei Teilschritte mit der Forschungscommunity in zwei unterschiedlichen Sprachen geteilt werden:

- Peine, K., Helferich, A. und Schockert, S. (2012), Nachhaltige Anwendungssysteme dank IT-Produktmanagement, Bielefeld 2012,
- Peine, K., Helferich, A. und Schockert, S. (2013), Towards the identification of types of software product managers: tasks and situational factors, Duisburg-Essen 2013.

Zusätzlich soll das Modell Verbreitung durch die Möglichkeit der Anwendung über das Internet erfahren. Zu diesem Zweck wird angestrebt, das Self-Assessment Tool für $SIMO_{IT\text{-}PM}$ als webbasierte Anwendung zu verbreiten. So entsteht die Möglichkeit, das Modell remote anzuwenden und den Nutzerkreis zu erhöhen. Dennoch besteht hier ein Defizit. Es wird angestrebt, die weitere Diffusion der Erkenntnisse dieser Arbeit zu verfolgen, um den Prozess der gestaltungsorientierten Wirtschaftsinformatik abzurunden.

Die Ergebnisse der Arbeit bilden darüber hinaus eine Grundlage für die Forschungscommunity, weitere Forschungsarbeiten durchzuführen, zum einen zu den einzelnen Zielen, Rahmenbedingungen, Aufgaben und Problemen/Effizienzkriterien der Stelle des IT-Produktmanagements, zum anderen bezüglich einer großzahligen, quantitativ angelegten

966 Vgl. Yin (2014), S. 29-36, siehe auch Kapitel 7.2.5
967 Vgl. Kapitel 7.2, Tabelle 31
968 Mit der Einschränkung, dass lediglich drei der sechs Referenztypen des IT-Produktmanagements durch eine Fallstudie validiert werden konnten (siehe Kapitel 7.2.5).

empirischen Evaluation und Weiterentwicklung der Referenztypen des IT-Produktmanagements sowie der diese betreffenden Rahmenbedingungen.

Bislang existiert kein wissenschaftlich fundiertes, situatives Modell für das IT-Produktmanagement in der hier vorgestellten Form. Die Stelle des IT-Produktmanagements wird in der Literatur zudem nicht in ausreichendem Umfang diskutiert, um daraus Handlungsempfehlungen für die Praxis ableiten zu können. Ebenfalls zeigt die Befragung von Praktikern nach Problemen des IT-Produktmanagements, dass hier kein klares Bild der Stelle existiert. Aus diesem Grund wird dieser Arbeit die übergeordnete Forschungsfrage 0 vorangestellt, welche lautet:

FF 0: Wie wird die Stelle des IT-Produktmanagements in der Praxis wahrgenommen, wie in der Wissenschaft beschrieben?

Diese wird zum einen in Kapitel 2 durch die systematische Herleitung eines Instrumentariums (Modells) zur Verortung organisationaler Strukturtypen sowie in Kapitel 4 beantwortet, wo durch eine systematische Literaturanalyse die relevante wissenschaftliche Literatur identifiziert wird, um aus dieser den Gestaltungsbereich der Stelle des IT-Produktmanagements aus der wissenschaftlichen Perspektive darzustellen. Zum anderen wird die Wahrnehmung in der Praxis ausführlich in Kapitel 5 dargestellt durch eine Analyse von 60 Stellenanzeigen, einer Studie im Bereich mit ca. 275 Teilnehmern sowie einer vergleichenden Feldstudie durch 30 Experteninterviews.

Forschungsfragen 1 bis 3 beziehen sich auf die einzelnen Komponenten des Gestaltungsbereichs der Stelle des IT-Produktmanagements:

- Ziele:

  FF 1: Welche Ziele verfolgt das IT-Produktmanagement in der Praxis, welche sollte es laut Wissenschaft verfolgen?

  Die Frage nach den Zielen in der Wissenschaft kann in Kapitel 4.2.2 gezeigt werden, die Ziele aus der Praxis in Kapitel 5.3.5.1.

- Gestaltungsalternativen:

FF 2: Welche Gestaltungsalternativen sind in der Praxis üblich, um die Ziele zu erreichen, und was ist der Stand der Forschung zur Erreichung der Ziele?

Die Gestaltungsalternativen zur Erreichung der Ziele können als Autarkie- und Autonomiegrad des IT-Produktmanagements identifiziert werden. Sie sind aus Sicht der Wissenschaft dargestellt in Kapitel 4.2.4 sowie 4.2.5, aus Sicht der Praxis in Kapitel 5.3.5.3.

- Gestaltungsbedingungen:

  FF 3: Welche hemmenden/fördernden Rahmenbedingungen existieren in verschiedenen Organisationen für die situative Gestaltung des IT-Produktmanagements?

  Diese Einflussfaktoren auf die Gestaltungsalternativen werden als wissenschaftliche Rahmenbedingungen in Kapitel 4.2.3, als Rahmenbedingungen in der Praxis in Kapitel 5.3.5.2 festgehalten.

Durch Forschungsfrage 4 kann auf Basis von Gemeinsamkeiten und Unterschieden eine Identifikation von Typen des IT-Produktmanagements erforscht werden:

FF 4: Können bei der Untersuchung von IT-Produktmanagern gemeinsame Merkmale identifiziert werden, welche eine situative Typisierung zulassen?

Diese Typisierung kann erfolgreich durchgeführt werden anhand der Gemeinsamkeiten und Unterschiede der Gestaltungsalternativen, d.h. des Autarkie- und Autonomiegrads der IT-Produktmanager. Zudem können gemeinsame Rahmenbedingungen eines jeden Typs identifiziert werden. Die Typisierung begründet sich auf wissenschaftlich hergeleiteten Strukturtypen des IT-Produktmanagements in Kapitel 6.1 sowie auf den entwickelten Kategorien der vergleichenden Feldstudie in Kapitel 5.3 und ist dargestellt in Kapitel 6.2. Die entwickelten Referenztypen weisen einen normativen Charakter gegenüber Realtypen auf, sofern sich Abweichungen zu deren Autarkie- und Autonomiegrad ergeben, woraus sich erste Gestaltungsempfehlungen ergeben.

Um Gestaltungsmaßnahmen integrieren zu können, wird Forschungsfrage 5 gestellt:

FF 5: Wie kann ein bestehendes IT-Produktmanagement im Hinblick auf Verbesserungsmöglichkeiten organisiert werden?

Die Gestaltungsmaßnahmen haben Empfehlungscharakter und werden zum einen abgeleitet aus theoretischen Erkenntnissen über den Zusammenhang von Autarkie- und Autonomiegrad, zum anderen aus der Zuordnung von Problemen und Effizienzkriterien des IT-Produktmanagements (Probleme/Effizienzkriterien in der Wissenschaft: Kapitel 4.2.6, Probleme/Effizienzkriterien in der Praxis - Kapitel 5.2.3/5.2.4 und 5.3.5.4/5.3.5.5). Die Gestaltungsempfehlungen für das IT-Produktmanagement sind in Kapitel 6.3 aufgezeigt.

Somit können sämtliche Forschungsfragen beantwortet werden. Ziel dieser Arbeit ist es, ein theoriegeleitetes, hypothetisches, validiertes, situatives Modell für das IT-Produktmanagement ($SIMO_{IT-PM}$) zu entwickeln, welches zusätzlich Gestaltungsempfehlungen für IT-Produktmanager geben kann. Die Ergebnisse sind demnach kontra-deduktiv, indem sie bisherige Erkenntnisse ergänzen: Das angestrebte Ziel kann erreicht werden durch die Integration der anhand der Forschungsfragen identifizierten Komponenten des Gestaltungsbereichs der Stelle des IT-Produktmanagements.

Zur Erstellung des Modells wird zum einen das Instrumentarium zur Verortung organisationaler Strukturtypen (siehe Kapitel 2) herangezogen, zum anderen weitere Erkenntnisse aus Normen und Industriestandards im Umfeld des IT-Produktmanagements (siehe Kapitel 3). Das $SIMO_{IT-PM}$ beinhaltet die im Bezugsrahmen der Arbeit aufgestellten Komponenten des Gestaltungsbereichs der Stelle des IT-Produktmanagements: den Autarkie- und Autonomiegrad des IT-Produktmanagements sowie Ziele, Rahmenbedingungen und Probleme/Effizienzkriterien, welche darauf Einfluss haben. Durch die jeweilige Betrachtung aus der wissenschaftlichen Perspektive (siehe Kapitel 4) sowie durch die Praxis (siehe Kapitel 5) und die Heranziehung der entsprechenden wissenschaftlichen Methodik durch sensibilisierende Konzepte und Integration theoretischen Vorwissens (siehe Kapitel 1.7.2) kann das Modell somit als theoriegeleitet bezeichnet werden. Die Grundlage des $SIMO_{IT-PM}$ bilden die sechs identifizierten Referenztypen des IT-Produktmanagements, welche neuartig sind und hypothetischen Charakter haben. Zudem wird durch die Einordnung in das Modell die jeweilige Situation einer Organisation berücksichtigt. Die Ziele können somit im Zuge dieser Arbeit erfüllt werden. Der praxeologische Nutzen wird unterstützt durch das prototypische Self-Assessment Tool für das $SIMO_{IT-PM}$ (siehe Kapitel 6.4). Die Validität des Modells wird auf zwei unterschiedliche Weisen sichergestellt, zum einen durch eine ausführliche argumentative Validierung der Ergebnisse der Arbeit, zum anderen durch eine Validierung des SIMO$_{IT\text{-}PM}$ an der Praxis durch verschiedene Fallstudien (siehe Kapitel 7). Hier besteht weiterer Forschungsbedarf, da nicht jeder der sechs Referenztypen während einer Fallstudie validiert werden kann. Zudem ist eine quantitative Validierung im Umfang dieser Arbeit nicht möglich. Weiterhin können durch eine großzahligere Validierung die Erkenntnisse bezüglich der wesentlichen Rahmenbedingungen, die auf einen Referenztypen einwirken, erhärtet und erweitert werden. Zusätzlich erheben die entwickelten Gestaltungsempfehlungen keinen Anspruch auf Vollständigkeit. Es wird versucht, mögliche Empfehlungen herzuleiten, die eine Grundlage und Richtung aufweisen, um aufbauend weitere Forschungsarbeiten wahrnehmen zu können, welche sich rein auf diesen Gestaltungsbereich konzentrieren. Darüber hinaus sind die aufgezeigten Erweiterungen des SIMO$_{IT\text{-}PM}$ kontinuierlich zu überführen in das entwickelte Self-Assessment Tool für IT-Produktmanagement.

Weiterer Forschungsbedarf ergibt sich zudem aufgrund der Auswertungen in Kapitel 5.1 bezüglich der Stelle des IT-Koordinators. Während dieser Arbeit wird die Stelle des IT-Koordinators in die Betrachtungen integriert (interner IT-Produktmanager). Sieht man sich den Autarkiegrad des IT-Koordinators an, stellt sich dieser ähnlich vielschichtig dar wie der des IT-Produktmanagers. Die während dieser Arbeit gestellten Fragen können auf die Stelle des IT-Koordinators übertragen werden und eröffnen so ein weiteres Forschungsfeld.

Die Ergebnisse für den folgenden Anhang sind für eine nähere Betrachtung unter dem Link http://www.eul-verlag.de/pdf-wz/9783844103731_Anhang.pdf zum Download bereitgestellt.

Anhang

Anhang A: Ausführliche Stellenanzeigenanalyse: Anforderungen

	Analytische Fähigkeiten	Belastbarkeit	Berufserfahrung	Durchsetzungsvermögen/ sicheres Auftreten/ Führungsfähigkeiten	Eigenverantwortliches/ selbstständiges Arbeiten	Entwicklungserfahrung	Flexibilität	Kommunikationsfähigkeit	Konzeptionelles/ zielorientiertes Arbeiten	Koordination	Kreatives/Innovatives Denken	Kunden-/ Dienstleistungsorientierung	Microsoft Office Kenntnisse	Organisationstalent/ Zeitmanagement	Prozessorientierung	Reisebereitschaft	Schnelle Auffassungsgabe	Studium der WI/BWL/ vergleichbarer Abschluss	Teamfähigkeit/ Sozialkompetenz	Technisches Grundverständnis/ IT-Affinität	Unternehmerisches Denken
IT-PM 1	x							x	x									x	x	x	
IT-PM 2	x		x		x	x		x									x	x		x	
IT-PM 3			x		x				x									x	x		
IT-PM 4	x		x		x			x					x					x	x	x	
IT-PM 5			x															x			
IT-PM 6	x		x					x	x			x					x				
IT-PM 7			x		x				x				x					x		x	
IT-PM 8	x			x	x		x	x					x	x	x			x	x		
IT-PM 9	x		x					x										x			x
IT-PM 10		x	x	x	x	x							x							x	
IT-PM 11						x		x	x						x			x			
IT-PM 12			x					x									x	x			
IT-PM 13	x		x		x	x		x			x				x		x	x		x	
IT-PM 14			x	x	x			x	x			x						x	x	x	
IT-PM 15	x		x					x			x		x					x		x	
IT-PM 16			x	x		x		x	x									x			x
IT-PM 17			x	x				x					x					x			
IT-PM 18			x																	x	
IT-PM 19	x		x	x		x					x		x					x		x	
IT-PM 20			x	x	x			x					x					x	x	x	
IT-K 1			x					x	x				x						x	x	
IT-K 2			x		x													x			
IT-K 3			x		x											x		x	x	x	
IT-K 4										x											
IT-K 5			x			x		x								x				x	
IT-K 6	x			x		x		x												x	
IT-K 7	x		x	x	x			x	x				x	x	x		x	x			
IT-K 8								x		x									x		
IT-K 9			x					x										x		x	
IT-K 10	x	x	x				x	x						x					x		
IT-K 11			x		x			x				x	x					x			
IT-K 12								x		x											
IT-K 13								x				x									
IT-K 14			x			x		x				x	x								
IT-K 15										x											
IT-K 16						x				x											
IT-K 17										x										x	
IT-K 18			x			x		x		x		x	x								
IT-K 19								x							x	x			x	x	
IT-K 20	x		x	x			x	x	x		x	x		x		x		x	x	x	
S-PM 1	x		x	x	x	x		x	x			x				x	x		x	x	
S-PM 2	x							x	x									x	x		
S-PM 3			x	x	x			x						x		x		x			
S-PM 4			x		x				x									x		x	
S-PM 5					x			x			x							x	x	x	x
S-PM 6			x	x	x			x						x				x		x	
S-PM 7																					x
S-PM 8	x		x	x				x								x		x			
S-PM 9			x				x	x			x							x			
S-PM 10			x			x		x											x		
S-PM 11	x					x		x						x			x		x		
S-PM 12	x	x	x	x	x		x	x	x										x	x	x
S-PM 13								x								x				x	
S-PM 14	x		x		x			x			x							x	x	x	
S-PM 15			x	x	x	x		x									x	x	x		
S-PM 16	x		x	x	x			x			x								x		
S-PM 17				x				x					x		x				x	x	
S-PM 18	x	x	x		x		x	x	x		x	x	x					x			
S-PM 19			x					x							x			x	x		
S-PM 20																					
Nennungen in %	35	7	68	30	38	25	10	75	25	12	15	15	25	12	12	13	13	57	38	45	8

Anhang B: Ausführliche Stellenanzeigenanalyse: IT-Produktmanager

ID	Aufgaben	Aufgaben
IT-PM1	Projektmanagement/Steuerung komplexer IT-Projekte	Servicemanagement
IT-PM2	Bündelung und Priorisierung von Anforderungen (intern/extern)	Teams durch eigenentwickelte Tools unterstützen
	Spezifizierung von Entwicklungspaketen	Spezifizierung und Koordination der Umsetzung neuer Features, Flows und Prozesse
	Taktung des Entwicklungs- und Release-Zyklus	Projektverantwortung
	Prozesse und Abläufe	Abstimmung mit Partnern
	Weiterentwicklung der Plattform	Betreuung der Entwicklungsprozesse
IT-PM3	Entwicklung	Design
IT-PM4	Übernahme von eigenständigen Projekten im Bereich Produktentwicklung	Enge Zusammenarbeit mit der IT (intern/extern)
	Unterstützung bei Großprojekten	Schnittstelle zu den Callcenter Teams und dem Fachbereich
	Weiterentwicklung bestehender Reportingtools	Pflege und Entwicklung von Tarifdatenbanken im Bereich Kfz-Versicherungen
	Fortlaufende Qualitätssicherung (Prozesscontrolling)	Erarbeitung kreativer Ideen zur Produktoptimierung
	Durchführen von Analysen und Auswertungen	
IT-PM5	Projektleitung und -entwicklung	Analysen zur Prozessoptimierung und Marktsituation
	Spezifikation von neuen Features	Entwicklungstätigkeiten
	Koordination der Anforderungen	
IT-PM6	Eigenständiges Managen bestimmter Kernprodukte/Services über den gesamten Produktlebenszyklus	Verantwortung für die Erstellung von Produkt-Roadmaps, technischen Konzeptunterlagen und Produktspezifikationen
	Strategische Weiterentwicklung des Produkt- und Leistungsportfolios	Aktive Unterstützung der Abteilungen Sales und Pre-Sales bei technischen Fragestellungen
	Technische Koordination der Unternehmensbereiche Software-Entwicklung, IT Operations	Leitung von ausgesuchten (Kunden)Projekten, z.B. Einführung von neuen Funktionen/Leistungen
	Kundenbetreuung und Sales zur Erreichung der jeweiligen Produkt- und Service Ziele	
IT-PM7	Vorbereitung der Integration neuer Systeme	Projektübergreifende Steuerung des IT-Personaleinsatzes
	Entwicklung und Planung der Softwarearchitektur	Budgetierung und Kostenkontrolle im IT-Bereich
	Zeitplan-Überwachung	Sicherstellung der Qualität
IT-PM8	Produktverantwortung , -definition, -leistungsumfang, -weiterentwicklung	Steuerung von Prozessen im IT-Bereich (z. B. Incident-Management)
	SLA-Definition	IT-Budgetplanung des Produkts
	Beratung (Prozessberatung, Lösungsvorschläge) und Konzeption (fachlich, teilweise technisch)	
IT-PM9	Inhaltliche Planung und Koordinierung der analytischen Aufgaben im RollOut Team	Prozessoptimierungen
	Stakeholdermanagement	Entwicklung und Design
IT-PM10	Erstellung von Organisationskonzepten für betriebswirtschaftliche Anforderungen	Schulung der Kundenmitarbeiter
	Realisierung von kundenspezifischen Anforderungen	Betreuung der Anwender im laufenden Betrieb
	Parametrierung und Einrichtung der Anwendung	
IT-PM11	Klar definierte Anforderungen und Aufträge an das Entwicklungsteam	Analyse, Modellierung, Validierung und Monitoring von Prozessen im Umfeld der stammdatenbasierten IT-Produkte
	Anforderungen der internen und externen Kunden validieren und vervollständigen	Unterstützung im Testmanagement als auch der Projektplanung/-überwachung und Rollout von Lösungen
	Lösungsmöglichkeiten einschließlich Technologieauswahl	Präsentationen sowie die Erhebung und Aufbereitung von Produkt- und Prozesskennzahlen
IT-PM12	Beobachtung neuer Trends und Analyse komplexer Prozesse, Beratung des Business und Anforderungsaufnahme	Betreuung der internen Auftraggeber in allen Phasen des Projektes
	Entwicklung kreativer Konzepte basierend auf der eingesetzten Software	Maßgebliche Beteiligung am Umsetzungserfolg durch zielorientierte Steuerung der Entwicklung
	Übersetzung der Kundenanforderungen in Entwicklungsanforderungen	Verhandlung und Implementierung von SLAs und entsprechende Steuerung des Betriebes
	Ausarbeitung von End to End Designs	Ausarbeitung von End to End Designs
IT-PM13	Spezifikation von neuen Features, Flows und Prozessen sowie Koordination der Anforderungen seitens interner Stakeholder	Weiterentwicklung der gesamten Plattform mit Schnittstellen zu allen Unternehmensbereichen und Dienstleistern
	Produkt- und Projektverantwortlicher sowohl während der agilen Umsetzungsphase als auch im Betrieb zur kontinuierlichen Verbesserung	Entwicklung von kleineren Features bis hin zu unternehmenskritischen Projekten im internationalen Umfeld
	Regelmäßige Durchführung von Analysen zur Prozessoptimierung	
IT-PM14	Steuerung und Weiterentwicklung der Prozesslösungen inkl. Anforderungsabstimmung und -definition	Sicherstellung des Kommunikationsflusses von und zu den Apothekensoftwareanbietern (Vertragsgestaltung, Kundenanfragen, etc.)
	Koordination und Betreuung der Web-Services	
IT-PM15	Entwicklung neuer Features und Prozesse für den Webshop	Schnittstelle zwischen dem IT-Entwickler-Team und allen anderen Abteilungen.
	Verbesserung von Usability und Conversion Rate durch A/B Tests und Fokusgruppen	Führung und Motivation eines eigenständigen Teams
	Leitung des agilen Projektmanagements	
IT-PM16	Ergebnis-Verantwortung für einzelne H&W-Produktlinien	Roadmap für Weiterentwicklung H&W-Produkte/Lösungen entwickeln
	Kontrolle der zeit- und budgetgerechten Umsetzung der Roadmap, d.h. Weiterentwicklung der Produktlinien	Business Case für (neue) Produkte/Lösungen erstellen
	Marketingmaßnahmen planen sowie zeit- und budgetgerecht umsetzen	Zeit- und budgetgerechte Umsetzung der Roadmap sicherstellen
	Markt- und Kundenbedürfnisse analysieren und strukturiert aufbereiten	Agenturen zur Umsetzung des operativen Marketings steuern
	Value Proposition der Produkte/Lösungen spezifisch für Kundensegmente definieren	
IT-PM17	Aufbau & Pflege des Server & Storage Portfolios	Schulung des Vertriebspersonals über die Produkte, Mitbewerber, Trends und neue Technologien aus der Sicht des Vertriebs
	Verantwortung für den Erfolg unserer Produkte	Steuert die Entwicklung von Produkten mit ausgezeichnetem Nutzwert für verschiedene Zielgruppen
	Präsentationen, Produktübersichten, FAQs, etc.	Erstellung von Pressemitteilungen, Webseiten und Landingpages in Zusammenarbeit mit der Marketingabteilung
	Markt- & Wettbewerb Analyse	
IT-PM18	Produktmanagement für Softwarelösungen	Zusammenarbeit mit den Entwicklungsabteilungen
	Kundenbetreuung vor Ort (auch international)	Präsentation der entwickelten Lösungen
IT-PM19	Experte und Ansprechpartner für Shop Portale	Hebung von portalübergreifenden Synergien
	Identifizierung von zentralen Usability- und Performance Optimierungen	Projektplanung, Koordination, Umsetzung und Testing von Anforderungen
	Erstellung von Anforderungen, Screen-Flows und Funktionsbeschreibungen	Enge Abstimmung und Koordination mit den internen und externen Dienstleistern
	Schnittstelle zu den technischen Projektmanagern	Beobachtung des Marktes für e-Commerce Systeme und nach Bedarf
	Verantwortlich für den aktuellen Stand der Shop-Dokumentation	Screening neuer Komponenten
IT-PM20	Betreuung Webinar-Angebot	Begeisterung unterschiedlicher Stakeholder für Ideen
	Organisation der Veranstaltung und konkrete Durchführung	Ansprechpartner Dienstleister
	Gemeinsam mit dem Kunden: Themenplanung und Produkte entwickeln	Sorgt für Umsetzung der Weiterentwicklung

Anhang C: Ausführliche Stellenanzeigenanalyse: IT-Koordinator

ID	Aufgaben	Aufgaben
IT-K1	User- Anfragen, Bestellungen für Hardware, Software, Einrichten Berechtigungen	Schnittstelle zu den IT Bereichen des OEM und Schulung Mitarbeiter
	Verbesserung und Vereinfachung von IT-Prozessen	Koordination und Monitoring bestehender Service- Level- Agreements mit IT-Dienstleistungspartnern und Lieferanten
	Mitverantwortung für Reporting und Aktualisierung von IT-Bestandsdaten	Planung und Tracking des IT-Budgets
	Erstellen und Pflegen IT-Dokumentationen	Einführung neuer IT-Technologien und Innovationen
	Prüfen und Umsetzen Vorgaben aus IT-Standards und OEM Richtlinien	
IT-K2	Vereinheitlichung der standortübergreifenden IT-Systemlandschaften	Zentraler Ansprechpartner zwischen den Standorten der Technik
	Planung und Steuerung von IT-Projekten	Weiterentwicklung der IT-Infrastruktur und Koordination bei Neu-Implementierungen
	Interner Ansprechpartner für den 2nd-Level-Support	Durchführung von hausinternen SAP-Schulungen
IT-K3	Demandmanagement für den kompletten Unternehmensbereich	Koordination der Systemanforderungen mit externen Systemberatern und Dienstleistern
	Basis Administration und globales User Management im SAP-System	Konzeption und Realisierung von Zusatzfunktionen zur Optimierung der Geschäftsprozesse
	Beratung und Schulung der globalen Key-User und Anwender bei der Nutzung der SAP R/3-Module	Sicherstellung der Einhaltung der SOX Compliance Anforderungen
	Globale Koordination der ERP Systemanforderungen einschließlich Erarbeitung von Problemlösungen	Führung von drei Mitarbeitern am Standort
	Aufbereitung der Dokumentationen für IT Audits (Disaster Recovery Plan) mit Abstellmaßnahmen	
IT-K4	Sicherstellung und Weiterentwicklung des operativen Betriebs der IT-Infrastruktur	IT-Service Management
	Projekt- und Aufgaben-Management	Beschaffungsprozesse im IT-Umfeld
IT-K5	Verantwortung für bestmögliche Unterstützung des Business	Portfoliomanagement für IT-Projekte auf Teilkonzernebene
	Umsetzung/Etablierung der IT-Teilkonzernstrategie	Erstellung Business Cases für IT-Projekte
	Fortlaufende systemische Verbesserung der Geschäftsprozesse	Koordination Beschaffungsmanagement für IT-Komponenten und -Systeme
	IT-Ansprechpartner für die Geschäftsleitung/Gesellschaften	Verantwortlich für den IT-Betrieb im HQ Frankfurt inkl. SLA-Management
	Verantwortung für die Umsetzung der Konzern- und Teilkonzern-IT-Governance	
IT-K6	Komplette Koordination der IT-Prozesse im Rahmen eines Roll-Outs	Sicherung der Qualität der Roll-Outs durch die Nachhaltung aller Termine und Prozessschritte (durch interne und externe Dienstleister)
	Planung der Termine und Begleitung der Go-Live-Termine	Ansprechpartner für die internen Kollegen und externen Dienstleister
IT-K7	Ideenmanagement	Änderungsbedarf
	Anforderungsmanagement	Unterstützung Ressourcenmanagement
	IT an Geschäftsbedürfnissen ausrichten	Projetkmanagement
	Identifikation Geschäftsprozesse und -bereiche	
IT-K8	Produktstrategie	Innovationsmanagement
IT-K9	IT-Anforderungsmanagement	Mitwirkung bei der strategischen IT-Weiterentwicklung
	Projetkanforderungsmanagement	Ressourcenmanagement
	Erstellung der IT-Budgets, kostengerechte Nutzung	
IT-K10	Einbindung der Hard- und Software in die Konzern-Standardumgebung inkl. Softwarelizenz- und Berechtigungsmanagement	Unterstützung der Mitarbeiter und Fachabteilungen als kompetenter Ansprechpartner: Beratung und Schulung
	Aufnehmen lokaler Abläufe und Koordination der Umsetzung durch Konzern-IT	Koordination, Implementierung und Verbesserung von Unternehmensprozessen
	Sicherstellen der Verfügbarkeit der Netz- und Telekommunikations-Infrastrukturen	
IT-K11	Kundenbetreuung im Bereich Mobiltelefone	Stammdatenpflege und Auswertungen auch mittels DataMining
	Kontinuierliche Tarifoptimierungen in unseren Telekommunikationsprodukten	Prozessverbesserungen innerhalb des Teams erarbeiten und umsetzen
	Lieferantenmanagement, auch Verwaltung IP-Datenkarten in IP-VPN's	
IT-K12	Zwischenergebnisse präsentieren und dokumentieren	Mit Geschäftsführung, Auftraggebern und Lenkungsausschüssen kooperieren
	Risiken und Gefahren für den Projekterfolg einschätzen und entsprechend gegensteuern	Projektverlauf dokumentieren
	Projektfortschritt und -erfolg überwachen	
IT-K13	Anforderungen, Rahmenbedingungen und Verläufe von IT-Projekten steuern und überwachen	Entwicklung der vom Auftraggeber gewünschten IT-Produkte und -Dienstleistungen
	Gegenüber der Geschäftsführung oder einem Lenkungsausschuss die Projektergebnisse transparent machen	Im Umgang mit Auftraggebern eine angemessene Kundenbeziehung pflegen
IT-K14	Technische und organisatorische Betreuung der Mitarbeiter	Steuerung, Koordination und Überwachung automatisierter DV-Prozesse
	Ansprechpartner und Schnittstelle zum zentralen Rechenzentrum eines verbundenen Konzerns	Qualitätssicherung der IT-Prozesse
	Betreuung, Administration, Service und Support der IT-Infrastruktur	Erstellung und Ausführung von SQL-Abfragen
	Installation, Konfiguration und Einrichtung neuer Arbeitsplätze	
IT-K15	Bei der Entwicklung der Marketingstrategie für das Projekt mitwirken	Mit der Umsetzung der Projektaufgaben betraute Projektmitarbeiter/innen leiten
	Personaleinsatz planen, Festlegen von Verantwortlichkeiten	Personaleinsatz planen, Festlegen von Verantwortlichkeiten
IT-K16	Projektabschlussbericht erstellen	Projektergebnisse abnehmen
	Im Projekt gemachte Erfahrungen analysieren und aufbereiten	Reports verfassen
	Revisionsplanungen durchführen	Personalplanung
IT-K17	Im Projekt gemachte Erfahrungen analysieren und aufbereiten	Revisionsplanungen durchführen
	Projektabschlussbericht erstellen	Kalkulation
	Projektergebnisse abnehmen	Programmieren
	Reports verfassen	
IT-K18	Bearbeitung von User-Anfragen sowie das Auslösen von Bestellungen von Hardware, Software sowie Einrichten von Berechtigungen	Prüfung und Umsetzung der Vorgaben von IT-Standards und Konzernrichtlinien
	Mitverantwortung für das Reporting sowie die Aktualisierung der IT-Bestandsdaten	Koordination und Monitoring bestehender Service-Level-Agreements mit verschiedenen Dienstleistungspartnern und Lieferanten
	Mitarbeit bei der kontinuierlichen Verbesserung bzw. Vereinfachung bestehender IT-Prozesse	Mitwirkung bei der Planung und Tracking des IT-Budgets
	Erstellen und Pflegen von IT-Dokumentationen wie z.B. IT-Prozesse, Arbeitsanweisungen, Verfahrensanweisungen und Anleitungen	Mitwirkung bei der Einführung neuer IT-Technologien und Innovationen
IT-K19	Übergreifende SAP/IT Koordination im Tagesgeschäft an allen PPT Standorten weltweit	Prozessharmonisierung und Stammdatenmanagement
	Planung, Koordination und Umsetzung von IT Projekten im In- und Ausland Schwerpunkt SAP	
IT-K20	Auf- und Ausbau des IT-Nachfragemanagements	Vorbereitung von Entscheidungen im Rahmen des IT-Nachfragemanagements
	Modellierung und Einführung der Prozesse der IT-Nachfrageorganisation an der Schnittstelle zwischen Fachabteilungen und internem und externen IT-Dienstleistern	Koordination, Verhandlung und Pflege von Service Level Agreements
	Bündelung der internen Nachfrage und Steuerung interner und externer Dienstleister	Zentraler Ansprechpartner für die Fachabteilungen, Aufnahme von Kundenanforderungen

Anhang D: Ausführliche Stellenanzeigenanalyse: Software Produktmanager

ID	Aufgaben	Aufgaben
S-PM1	Eigenständiges Managen eines unserer Kernprodukte über den gesamten Produktlebenszyklus mit Fokus auf Markterfolg und Ertrag	Erstellung von Produktkalkulationen und -spezifikationen
	Strategische Weiterentwicklung des Produktportfolios	Unterstützung der Abteilungen Sales und Pre-Sales bei technischen Fragestellungen, z.B. Teilnahme an Kundenterminen und -workshops
	Koordinieren aller Unternehmensbereiche zur Zielerreichung, besonders die Bereiche Software-Entwicklung, Vertrieb, Marketing und Kundenbetreuung	Optimieren der Produktmanagement-Prozesse
	Verantwortung für die Erstellung von Produkt-Roadmaps und technischen Konzeptunterlagen	
S-PM2	Fachkonzeption und Weiterentwicklung der Software	Schulungen und Seminare zum fachlichen Umgang unserer Softwareprodukte
	Analyse und Bewertung von Trends und Anforderungen	Konzeption von Marketing- und Vertriebsaktionen für die betreuten Produkte
	Mitgestaltung kundenorientierter Lösungsstrategien auf Basis unserer Softwarekomponenten	Fachliche Unterstützung des Vertriebs bei Kundenakquisen
S-PM3	Stakeholdermanagement	Präsenz auf wichtigen Veranstaltungen
	Business- und Marketing-Planungen sowie Durchführung Reviews	Ständiger Aufbau von know-how zum Hersteller Citrix selbst und innerhalb der Organisation
	Initiieren und Realisieren von Marketing- und Vertriebsaktivitäten	Unterstützung des Vertriebes
S-PM4	Verantwortung Produkterfolg	Unterstützen argumentativ unser Marketing und unseren Vertrieb
	Marktbeobachtung	Komplementäre Dienstleistungsprodukte wie Schulungsangebote und Beratungsleistungen
	Planung Weiterentwicklung Produkt	Sie beraten Key Accounts bei der Einführung und Nutzung von DOCUFY Machine Safety
	Kommunikationspolitik	
S-PM5	Planen und konzipieren der Plattform	Übernahme von Projektleitungsaufgaben für neuartig konzipierte Funktionalitäten
	Definition von Anforderungen in engem Kontakt mit dem Kunden	Analyse von technischen Standards und des Einsatzes neuster State-of-the-Art-Technologien
	Erarbeitung und Analyse von Geschäftsmodellen und strategischen Entwicklungsmöglichkeiten der Plattform	
S-PM6	Betreuung Produktlinie	Ideen-/Innovationsmanagemetn
	Produktdefinition	Kommunikationspolitik
	Management Produkteinführung	Benutzerhandbücher
	Unterstützung Vertrieb	Stakeholdermanagement
	Wettbewerbsanalysen	Anforderungsmanagement
S-PM7	Zielmarktdefinition	Produktstrategie, -konzeption, -spezifikation
	Anforderungsmanagement	Prozessmanagement
	Entwicklungskonzept	IT-Geschäftsmodellentwicklung
S-PM8	Organisation und Moderation von Ideen, Innovationsworkshops und Retrospektiven	Anforderungsmanagement
	Entwicklung von Produktstrategien	Erstellung von Produkt-Roadmaps
	Entwicklungsprozesse	Beratungsdienstleistungen, Vortrags- und Publikationstätigkeiten
S-PM9	Entwicklung und Pflege IT-Produkte	Rechtslage
	Stakeholdermanagement	Kosten-/Nutzenbetrachtungen
	Lebenszyklusmanagement	Qualitätsmanagement
	Funktions- und Produktbeschreibungen	Budgetierung
	Anforderungsmanagement	Prozessmanagement
	Marktanalysen	Schulungen
S-PM10	Weiterentwicklung der mobilen Produktpalette (Android und iOS Clients für Handy und Tablet) als Produktmanager in einem Team von drei bis fünf Personen	Ausarbeitung von Konzepten mit Designern und Softwareentwicklern
	Strategische Planung zur konkreten Gestaltung der mobilen Produkte	Begleitung einer effizienten Umsetzung im Stile eines Scrum Product Owners
	Analyse von User Verhalten, Bedürfnissen und Produktnutzung	Quantitative Validierung des Erfolgs von Ideen und Konzepten
	Marktbeobachtung und Konkurrenzanalyse	
S-PM11	Betreuung und Weiterentwicklung der bestehenden Lösungen	Steuerung von Lieferanten und Entwicklungspartnern
	Ideen und Verbesserungsvorschläge der Kunden aufgreifen, mit eigener Kreativität anreichern und in neue Projekte überführen	Entwicklung von Testszenarien, Testdurchführung und Durchführung von Systemabnahmen
	Projekte kontinuierlich weiterentwickeln	Betreuung der Kunden beim Einsatz der Systemlösungen für die Durchführung von online Marketingprojekten, Wartungs- und Support-Aufgaben
	Lebenszyklusmanagement	Objektorientierte Analyse und objektorientiertes Design
	Anforderungsanalyse	Entwicklung von Komponenten und Systemen auf Basis von JAVA EE und XML
	Erarbeitung von fachlichen und technischen Konzepten sowie deren Abstimmung mit Fach- und IT-Bereichen der Kunden	Webentwicklung auf Basis PHP (ZEND-Framework)
	Leitung der Softwareentwicklungsprojekte	
S-PM12	Betreuung und Überwachung der Shop-Produkte in allen Phasen des Produktlebenszyklus	Markt,- Zielgruppen- und Konkurrenzanalyse
	Trendscouting	Erkennen von Entwicklungen und Auffälligkeiten
	Verhandlung von Postengeschäften mit Herstellern und Großhändlern	Konstruktive Zusammenarbeit mit allen Abteilungen des Unternehmens
	Preispositionierung ausgewählter Produkte / Produktgruppen	
S-PM13	Produktmanagement für Softwarelösungen	Projektmanagement
	Zusammenarbeit mit den Entwicklungsabteilungen	Kundenbetreuung vor Ort
	Präsentation der entwickelten Lösungen	
S-PM14	Selbstständige Betreuung, Erweiterung und Weiterentwicklung der Produkte	Durchführung von Produkt- und Konkurrenzanalysen
	Übernahme der Rolle des Product Owners bei der Produktkonzipierung und -entwicklung	Kontinuierliche Weiterentwicklung und Marktpositionierung des Produkts in enger Zusammenarbeit mit Entwicklungs- und Vertriebsteam
S-PM15	Rolle des Scrum Product Owners (Repräsentant aller Stakeholder) in einem interdisziplinären Team	Detailspezifikationen in Form von User Stories
	Verantwortlich für das inhaltliche Ergebnis der Internet-basierten Smart Home Lösung	Primärer Ansprechpartner des Entwicklungsteams für die Umsetzung der User Stories
	Analysieren, erfassen und priorisieren der System-Anforderungen als Grundlage für die Entwicklung	Verantwortlich für die Beschreibung und Umsetzung eines durchgängigen User Experience Konzepts
	Erstellung von Detailspezifikationen in Form von User Stories in enger Zusammenarbeit und Abstimmung mit anderen Stakeholdern	
S-PM16	Verantworten der gesamten Produktdefinition der Softwarefamilie bezüglich Markt, Technologie, Qualität und Ertrag	Überwachung der Entwicklungsergebnisse aus fachlich konzeptioneller Sicht
	Fortentwicklung einer Anwendung oder Anwendungsgruppe	Zentraler Ansprechpartner für das Business Development, Marketing und Vertrieb (Materialien, Kampagnen, etc.)
	Businesspläne mit fundierten Vorteils-, Nutzen- und Wirtschaftlichkeitsbetrachtungen erstellen	Unterstützung des Vertriebsteams bei Produktpräsentationen sowie der Erstellung von Angeboten
	Marktbedürfnisse identifizieren, Anforderungen ermitteln, Wettbewerbsaktivitäten beobachten	
S-PM17	Patent- und Wettbewerbsrecherchen sowie Marktanalysen	Unterstützung der Verkaufsaktivitäten
	Erstellung von Lasten- und Pflichtenheften	Repräsentation des Unternehmens auch auf internationaler Ebene
	Begleitung von Produktentwicklungen und deren Markteinführung	Intensiver Austausch mit allen Betriebsabteilungen
	Ausarbeitung von Marketingunterlagen	
S-PM18	Betreuung und Weiterentwicklung des Produktes	Koordination der produktbezogenen Aufgaben zur Förderung der Produktlinie in Zusammenarbeit mit Vertrieb und Marketing
	Liefersystem Data Integration Toolkit innerhalb des internationalen D&B Partnernetzwerkes	Marketingunterstützende Tätigkeiten (z.B. fachlicher Input zu Messen) und Erstellung von Präsentationen oder Informationsmaterial für Kundenkommunikation
	Begleitung von Neuprodukteinführungen, neuen Schnittstellen und/oder Datenpaketen	Projektverantwortung sowie Unterstützung des Vertriebes bei speziellen Kundenanforderungen rund um die Nutzung der Daten und Services
	Unterstützung beim Ausbau deutscher Produkt-Partnerschaften mit Softwareanbietern und Systemintegratoren	
S-PM19	Verantwortlich für die strategische, operative und kaufmännische Weiterentwicklung von Software- und Beratungsdienstleistungen	Erstellung technischer Spezifikationen entsprechender Softwareanwendungen/Apps
	Verantwortlich für Geschäftsplan im Umfeld der technischen Objektbewirtschaftung	Aufbau softwaregestützter Berichte (Management Reports, Benchmarks)
	Ausarbeitung einer marktgerechten und profitablen Produktstrategie	Verantwortung der Softwareentwicklung durch interne und externe Dienstleister
	Entwicklung und Implementierung entsprechender Dienstleistungsmodule	Prozessoptimierung und Standardisierung zur Effizienzsteigerung im Rahmen der operativen Abwicklung
S-PM20	Konzeption und Umsetzung von branchen- und lösungsorientierten Marketinginhalten und Presseberichten	Erstellung von aussagekräftigen und zielorientierten Vertriebspräsentationen
	Selektion, Verdichtung und inhaltliche Aufbereitung von Themen und Inhalten aus externen Informationsquellen	Führen von Interviews mit Kunden und Mitarbeitern zur Formulierung von Referenzberichten und Presseartikeln
	Konzeption einer ganzheitlichen Kommunikation mittels Internet, Multimedia und klassischen Printmedien und deren Gestaltung	Koordination und Abstimmung der Geschäftsfeldaktivitäten mit dem Unternehmensmarketing

Anhang E: Prozessgebiete und Kategorien des CMMI V1.3

Process area		Cathegory
CMMI DEV	**CMMI for Development**	
PI	Product Integration	Engineering
RD	Requirements Development	Engineering
TS	Technical Solution	Engineering
VAL	Validation	Engineering
VER	Verification	Engineering
CMMI ACQ	**CMMI for Acquisition**	
AM	Agreement Management	Acquisition Engineering
ARD	Acquisition Requirements Development	Acquisition Engineering
ATM	Acquisition Technical Management	Acquisition Engineering
AVAL	Acquisition Validation	Acquisition Engineering
AVER	Acquisition Verification	Acquisition Engineering
SSAD	Solicitation and Supplier Agreement Development	Project Management
CMMI SVC	**CMMI for Services**	
IRP	Incident Resolution and Prevention	Service Establishment and Delivery
SCON	Service Continuity	Project and Work Management
SD	Service Delivery	Service Establishment and Delivery
SSD	Service System Development	Service Establishment and Delivery
SST	Service System Transition	Service Establishment and Delivery
STSM	Service System Transition	Service Establishment and Delivery
CMMI DEV/SVC	**CMMI for Development/Services**	
SAM	Supplier Agreement Management	Project Management
CMMI DEV/ACQ/SVC	**CMMI for Development/Acquisition/Services**	
CAR	Causal Analysis and Resolution	Support
CM	Configuration Management	Support
DAR	Decision Analysis and Resolution	Support
IPM/IWM	Integrated Project Management/Integrated Work Management	Project Management/Project and Work Management
MA	Measurement and Analysis	Support
OPD	Organizational Process Definition	Process Management
OPF	Organizational Process Focus	Process Management
OPM	Organizational Performance Management	Process Management
OPP	Organizational Process Performance	Process Management
OT	Organizational Training	Process Management
PMC/WMC	Project Monitoring and Control/Work Monitoring and Control	Project Management/Project and Work Management
PP/WP	Project Planning/Work Planning	Project Management/
PPQA	Process and Product Quality Assurance	Support
QPM/QWM	Quantitative Project Management/Quantitative Work Management	Project Management/Project and Work Management
REQM	Requirements Management	Project Management/Project and Work Management
RSKM	Risk Management	Project Management

Anhang F: Fragebogen für die Validierung des SIMO$_{IT\text{-}PM}$

Fragen bezüglich der Gestaltungsparameter

1. Werden die Aufgaben, die Sie als IT-Produktmanager wahrnehmen, vollständig erfasst?

Stimme voll zu (1)	Stimme zu (2)	Weder noch (3)	Lehne ab (4)	Lehne vollkommen ab (5)	Keine Antwort (6)

Welche Aufgaben erfüllen Sie, die nicht durch die Aufgabenliste abgedeckt wurden?

(Kriterium: Autarkiegrad vollständig)

2. Konnten Sie die Art und Weise, wie Sie die jeweilige Aufgabe erfüllen, durch die Ausprägungen ‚entscheidend', ‚entscheidungsvorbereitend', ‚koordinierend', ‚unterstützend', ‚durchführend' und ‚nicht im Kompetenzbereich' beschreiben?

Stimme voll zu (1)	Stimme zu (2)	Weder noch (3)	Lehne ab (4)	Lehne vollkommen ab (5)	Keine Antwort (6)

Welche Ausprägung fehlt bezüglich des Autonomiegrads?

(Kriterium: Autonomiegrad stringent)

Fragen bezüglich der Rahmenbedingungen

3. Konnten Sie sich in den Rahmenbedingungen des IT-Produktmanagements wiederfinden?

Stimme voll zu (1)	Stimme zu (2)	Weder noch (3)	Lehne ab (4)	Lehne vollkommen ab (5)	Keine Antwort (6)

Welche Rahmenbedingungen fehlen bzw. sind zu umfangreich?

(Kriterium: Rahmenbedingungen vollständig)

4. Erschienen Ihnen die Ausprägungen/Dimensionen der Rahmenbedingungen plausibel bzw. korrekt?

Stimme voll zu (1)	Stimme zu (2)	Weder noch (3)	Lehne ab (4)	Lehne vollkommen ab (5)	Keine Antwort (6)

Wie sollten die Ausprägungen ansonsten lauten?

(Kriterium: Ausprägungen/Dimensionen der Rahmenbedingungen plausibel/korrekt)

Fragen bezüglich der Referenztypen des IT-Produktmanagements

5. Können Sie sich mit dem für Sie resultierenden Referenztypen des IT-Produktmanagements identifizieren?

Stimme voll zu (1)	Stimme zu (2)	Weder noch (3)	Lehne ab (4)	Lehne vollkommen ab (5)	Keine Antwort (6)

Welche Eigenschaften sollte dieser ansonsten aufweisen?

(Kriterium: Identifizierbarkeit mit Referenztyp des IT-Produktmanagements)

6. Kommen Ihnen die Referenztypen des IT-Produktmanagements nachvollziehbar und klar strukturiert vor?

Stimme voll zu (1)	Stimme zu (2)	Weder noch (3)	Lehne ab (4)	Lehne vollkommen ab (5)	Keine Antwort (6)

Welche anderen Eigenschaften sollten diese ansonsten aufweisen?

(Kriterium: Nachvollziehbarkeit und Strukturiertheit der Referenztypen des IT-Produktmanagements)

Fragen bezüglich der Gestaltungsempfehlungen

7. Schätzen Sie die Gestaltungsempfehlungen für Ihre Situation als hilfreich ein?

Stimme voll zu (1)	Stimme zu (2)	Weder noch (3)	Lehne ab (4)	Lehne vollkommen ab (5)	Keine Antwort (6)

Welche Empfehlungen bzw. Art von Empfehlungen hätten Sie besser unterstützt?

(Kriterium: Gestaltungsempfehlungen hilfreich)

Fragen bezüglich der (zukünftigen) Anwendung

8. Halten Sie das $SIMO_{IT\text{-}PM}$ für anwendbar, verständlich und praktikabel?

Stimme voll zu (1)	Stimme zu (2)	Weder noch (3)	Lehne ab (4)	Lehne vollkommen ab (5)	Keine Antwort (6)

Wie hätte das Modell ansonsten ausgestaltet sein sollen, um anwendbar, verständlich und praktikabel zu sein?

(Kriterium: $SIMO_{IT\text{-}PM}$ anwendbar, verständlich, praktikabel)

9. Wurde Ihre Situation des IT-Produktmanagements durch das $SIMO_{IT\text{-}PM}$ vollständig erfasst?

Stimme voll zu (1)	Stimme zu (2)	Weder noch (3)	Lehne ab (4)	Lehne vollkommen ab (5)	Keine Antwort (6)

Welche fehlenden Aspekte sind Ihnen aufgefallen?

(Kriterium: $SIMO_{IT\text{-}PM}$ vollständig)

10. Unterstützte die Anwendung des $SIMO_{IT\text{-}PM}$ Sie dabei, das Bild des IT-Produktmanagements in Ihrer Organisation zu schärfen?

Stimme voll zu (1)	Stimme zu (2)	Weder noch (3)	Lehne ab (4)	Lehne vollkommen ab (5)	Keine Antwort (6)

Hätten Sie die eigene Situation auf andere Weise eher erfassen können?

(Kriterium: Anwendung des $SIMO_{IT\text{-}PM}$ hilfreich zur Erfassung der eigenen Situation des IT-Produktmanagements)

11. Hat die Anwendung des $SIMO_{IT\text{-}PMs}$ in Ihrer Organisation Verbesserungspotential mit sich gebracht?

Stimme voll zu (1)	Stimme zu (2)	Weder noch (3)	Lehne ab (4)	Lehne vollkommen ab (5)	Keine Antwort (6)

Was hat sich durch die Anwendung verbessert bzw. verschlechtert?

(Kriterium: $SIMO_{IT\text{-}PM}$ trägt zur Verbesserung der Situation bei)

12. Wird das Ergebnis Sie weiter beeinflussen und in Zukunft unterstützen?

Stimme voll zu (1)	Stimme zu (2)	Weder noch (3)	Lehne ab (4)	Lehne vollkommen ab (5)	Keine Antwort (6)

Auf welche Art und Weise?

(Kriterium: Zukünftiger Einfluss des $SIMO_{IT\text{-}PM}$)

13. Würden Sie das $SIMO_{IT\text{-}PM}$ weiterempfehlen?

Stimme voll zu (1)	Stimme zu (2)	Weder noch (3)	Lehne ab (4)	Lehne vollkommen ab (5)	Keine Antwort (6)

Was empfinden Sie bezüglich des $SIMO_{IT\text{-}PM}$ als besonders positiv bzw. negativ?

(Kriterium: Weiterempfehlung des $SIMO_{IT\text{-}PM}$)

Anhang G: Fallstudienpartner 1 – SIMO$_{\text{IT-PM}}$

RAHMENBEDINGUNGEN **Dimensionen der externen Situation**		**Bitte hier Ausprägung eintragen, Mehrfachnennungen möglich**
IT-Branche	1 = Softwarespezialist 2 = Branchenspezialist 3 = Dienstleister 4 = Spezialist für Querschnittsfunktionen 5 = Berater	3, interner Dienstleister
Kundenstruktur	1 = Interne Kunden 2 = Externe Kunden 3 = Kleine Organisationen 4 = Mittelständische Organisationen 5 = Große Organisationen	1
Stakeholderstruktur	(neben der Wertschöpfungskette) 1 = Gesetzgeber 2 = Partner 3 = Fördergeber	1
IT-Produkte: Komplexität	1 = Mittel 2 = Reduziert 3 = Hoch	3
Heterogenität	1 = Mittel 2 = Reduziert 3 = Hoch	3
Marktliche Dynamik und Unsicherheit	1 = Mittel 2 = Reduziert 3 = Hoch	3
Technische Dynamik und Unsicherheit	1 = Mittel 2 = Reduziert 3 = Hoch	3
Dimensionen der internen Situation		
Gegenwartsbezogene Faktoren		
Produktportfolio (Art der IT-Produkte)	1 = Lizenz 2 = Lizenz plus Service 3 = Projekte/Dienstleistungsbündel 4 = IT-Systemservicegeschäft	2,3
Diversifikationsgrad (Anzahl der IT-Produkte)	1 = <= 10 2 = <= 100 3 = > 100	2
Diversifikationsgrad (Unterschiedlichkeit der IT-Produkte)	1 = 1 Art IT-Produkt 2 = 2 Arten IT-Produkte 3 = 3 Arten IT-Produkte 4 = 4 Arten IT-Produkte	2
Umsatzverteilung	1 = Eher homogen 2 = Eher heterogen 3 = Kein Umsatz	1
Organisationsgröße	1 = <= 50 (klein) 2 = <= 250 (mittel) 3 = <= 5000 (groß) 4 = > 5000 (mega)	3
Organisationsziele: Finanzwirtschaftliche Ziele	1 = Erfolg (z.B. Gewinn) 2 = Liquidität (z.B. Kostenoptimierung)	2
Leistungswirtschaftliche Ziele	3 = IT-Produktziele (z.B. Standrdisierung) 4 = Kundenziele (z.B. Befriedigung der Kundenwünsche) 5 = Marktziele (z.B. Marktführerschaft)	3
Soziale Ziele	6 = Mitarbeiterbezogen (z.B. Mitarbeiterzufriedenheit) 7 = Gesellschaftsbezogen (z.B. Ökologische Ziele)	6,7
Psychographische Ziele	8 = Marktgerichtet (z.B. Kundenzufriedenheit) 9 = Organisationsgerichget (z.B. Kundenorientierung)	9
	10 = Organisationsziele unbekannt	
Größe des IT-Produktmanagements/ Anzahl IT-Produktmanager	1 = 0 2 = 1 3 = <= 10 4 = <= 100 5 = > 100	3
Ziele des IT-Produktmanagements: Finanzwirtschaftliche Ziele	1 = Erfolg (z.B. Gewinn) 2 = Liquidität (z.B. Kostenoptimierung)	2
Leistungswirtschaftliche Ziele	3 = IT-Produktziele (z.B. Standrdisierung) 4 = Kundenziele (z.B. Befriedigung der Kundenwünsche) 5 = Marktziele (z.B. Marktführerschaft)	3
Soziale Ziele	6 = Mitarbeiterbezogen (z.B. Mitarbeiterzufriedenheit) 7 = Gesellschaftsbezogen (z.B. Ökologische Ziele)	6
Psychographische Ziele	8 = Marktgerichtet (z.B. Kundenzufriedenheit) 9 = Organisationsgerichget (z.B. Kundenorientierung)	9
	10 = Ziele des IT-Produktmanagements unbekannt	
Vergangenheitsbezogene Faktoren		
Entwicklungsstadium	1 = Noch kein IT-Produktmanagement implementiert 2 = Im Aufbau/noch nicht vollständig etabliert (ca. <= 5 Jahre) 3 = Etabliert (ca. > 5 Jahre)	2
Art der Gründung des IT-Produktmanagements	1 = Persönlich 2 = Sachlich	1
IT-Produktmanagement Subsystemkomponenten		
Struktur der Weisungsbeziehungen	1 = Einliniensystem 2 = Mehrliniensystem	2
Grad und Dauer objektgerichteter Ressourcenverselbständigung	1 = Reduzierter Zugriff auf Ressourcen 2 = Hoher Zugriff auf Ressourcen innerhalb eines vorgegebenen Rahmens	1
Entscheidungskompetenzumfang	1 = Reduziert 2 = Hoch	1
Eingliederung in das Organisationsorganigramm	1 = Keine Ausrichtung auf Produktziel (KAIT-PM) 2 = Geringe Ausrichtung auf Produktziel (STIT-PM) 3 = Mittlere Ausrichtung auf Produktziel (MA/PAIT-PM) 4 = Hohe Ausrichtung auf Produktziel (LI/LFIT-PM) 5 = Volle Ausrichtung auf Produktziel (PSIT-PM)	3
Machtstruktur **(Erfüllung des Kongruenzprinzips)**	1 = Möglichkeit, auf Handlungsfelder anderer Stelleninhaber einzuwirken, reduziert 2 = Möglichkeit, auf Handlungsfelder anderer Stelleninhaber einzuwirken, gegeben	1
Leitungsstruktur	1 = Keine dedizierte Stelle 2 = Singulärstelle (IT-PMSingulär) 3 = Gruppe (IT-PMGruppe) 4 = Abteilung mit Abteilungsleiter (IT-PMAbteilung) 5 = Zentrale Koordinationsabteilung ohne Weisungsbefugnis für Produktmanagementabteilung (IT-PMKoordinationsorgan)	3
Produktspanne **(Anzahl der betreuten Produkte pro IT-Produktmanager)**	1 = 1 IT-Produkt 2 = Mehrere IT-Produkte 3 = Sämtliche IT-Produkte (keine Aufteilung)	3
Verhalten der Organisationsmitglieder		
Bedeutung/Unterstützung des IT-Produktmanagements	1 = Reduziert 2 = Hoch	2
Informationssteuerung **(Tournus Meetings)**	1 = Reduziert 2 = Hoch	2
ZIELE		
Organisationsziele	Siehe oben	
Ziele des IT-Produktmanagements	Siehe oben	
Korrelation der Ziele	1 = Keine Korrelation 2 = Koorelation gegeben	2
Bemessung des IT-Produktmanagements an Zielen	1 = Keine Bemessung 2 = Bemessung gegeben	

PROBLEME		
Probleme des IT-Produktmanagements	1 = Keine Probleme **PROBLEME BEZÜGLICH DER RAHMENBEDINGUNGEN** 2 = Grad und Dauer objektgerichteter Ressourcenverselbständigung zu gering 3 = Komplexe Stakeholderstruktur 4 = Keine gesicherten Rahmenbedingungen, Wissensinsel, Überlast 5 = Zu starke Formalisierung 6 = Hohe Anforderungen und Fähigkeiten 7 = Entscheidungswege nicht eindeutig geregelt 8 = Zu wenig Einfluss/Unterstützung 9 = Keine regelmäßigen Treffen 10 = IT-Produktportfolio - Diversifikationsgrad - Komplexität der IT-Produkte 11 = IT-Produktportfolio - Diversifikationsgrad - Standardisierungsbemühungen, vom Projekt zum Produkt 12 = IT-Produktportfolio - Umsatzverteilung **AUFGABENBEZOGENE PROBLEME** 13 = Aufgaben nicht definiert 14 = IT-Produktdefinition 15 = Operatives Marketing/Produkteinführung 16 = IT-Controlling 17 = Kosten-Nutzenbetrachtungen 18 = Anforderungsmanagement 19 = Wissensmanagement **ZIELBEZOGENE PROBLEME** 20 = Keine eigenen Ziele für das IT-Produktmanagement 21 = Schwierige Bemessung-kein Controllorgan, Rechtfertigung 22 = ...	3,4,8,11
Effizienzkriterien des IT-Produktmanagements	1 = Einführung der Stelle des IT-Produktmanagements **ZIELBEZOGENE EFFIZIENZKRITERIEN** 2 = Stringenz der Organisations- und IT-Produktmanagementziele und deren Formalisierung in Business Plänen 3 = Erfolgsabhängige Ziele und Bewertung **AUFGABENBEZOGENE EFFIZIENZKRITERIEN** 4 = Klare Aufgabendefinition 5 = IT-Geschäftsmodell/IT-Alignment, z.B. Ziele und Strategien in Einklang bringen 6 = IT-Controlling 7 = Business Case Erstellung 8 = Zielmarktdefinition, z.B. durch Marktbeobachtung und -bearbeitungsstrategien 9 = Lebenszyklusmanagement, z.B. Kümmerer während sämtlicher Phasen 10 = Releaseplanung, z.B. kürzere Releasezyklen 11 = Anforderungsmanagement, z.B. durch Toolunterstützung 12 = Änderungswesen, z.B. durch klare Dokumenation 13 = Operativer Vertrieb, z.B. durch spezielle Tools 14 = Kundenbeziehungsmanagement, z.B. durch Events 15 = Stakeholdermanagement 16 = Prozessmanagement, z.B. durch Formalisierung 17 = Wissensmanagement, z.B. durch Systeme/Wikis 18 = Innovationsmanagement, z.B. getrennt von Alltagsgeschäft	1,4,5,9,14
	EFFIZIENZKRITERIEN BEZÜGLICH DER RAHMENBEDINGUNGEN 19 = Definition der Stelle des IT-Produktmanagements 20 = Time to Market 21 = Standardisierung der IT-Produkte, Begrenzung des Diversifikationsgrades 22 = Unterstützung des IT-Produktmanagements 23 = Regelmäßige Treffen/Schulungen 24 = Betriebsklima und charismatischer Stelleninhaber 25 = Umfassendes Wissen 26 = Sicherung und Priorisierung von Ressourcen 27 = Entscheidungskompetenz 28 = Kleine Teams mit flachen Strukturen und hohen Entscheidungskompetenzen 29 = IT-Produktmanagement als Profit Center 30 = IT-Produktmanagement in Matrixform 31 = Nähe zu den anderen Funktionsbereichen 32 = IT-Produktmanagement als Koordinationsschnittstelle 33 = Aufteilung innerhalb des IT-Produktmanagements anhand der vorhandenen Strukturen von IT-Produkten 34 = IT-Produktmanagement in Führungsebene vertreten 35 = Dezentralisation des IT-Produktmanagements 36 = Übergeordneter IT-Produktmanager 37 = Regularien zur Kontrolle des IT-Produktmanagements 38 = Eindeutige Zuordnung der Produkte 39 = ...	21,22,27,32

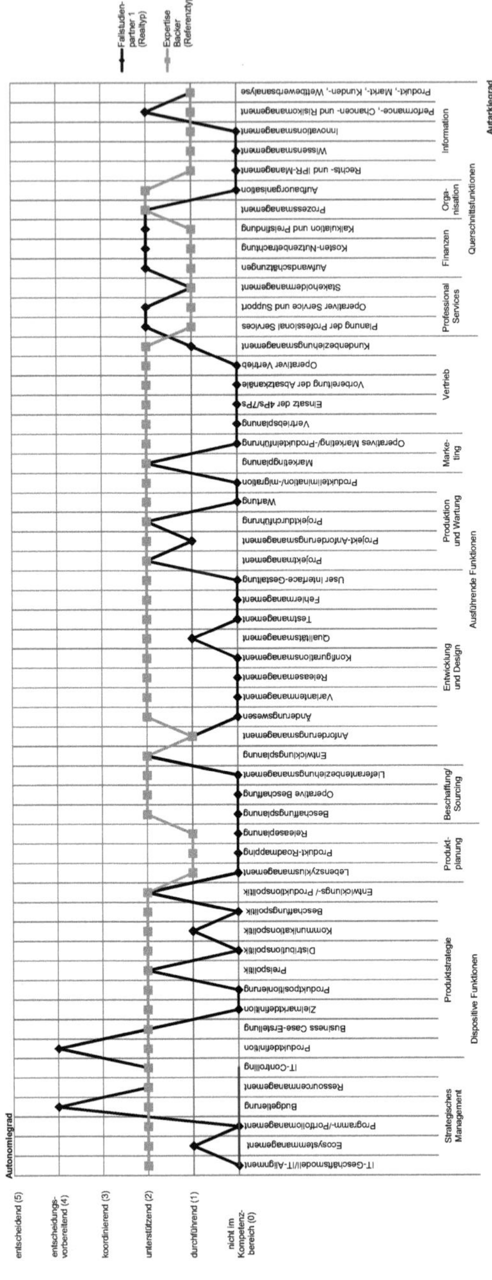
Fallstudien-partner 1 (Realtyp)
Expertise Backer (Referenztyp)
Autonomiegrad
Autarkiegrad
entscheidend (5)
entscheidungs-vorbereitend (4)
koordinierend (3)
unterstützend (2)
durchführend (1)
nicht im Kompetenz-bereich (0)
IT-Geschäftsmodell/IT-Alignment
Ecosystemmanagement
Programm-/Portfoliomanagement
Budgetierung
Ressourcenmanagement
IT-Controlling
Produktdefinition
Business Case-Erstellung
Zielmarktdefinition
Produktpositionierung
Preispolitik
Distributionspolitik
Kommunikationspolitik
Beschaffungspolitik
Entwicklungs-/Produktionspolitik
Lebenszyklusmanagement
Produkt-Roadmapping
Releaseplanung
Beschaffungsplanung
Operative Beschaffung
Lieferantenbeziehungsmanagement
Entwicklungsplanung
Anforderungsmanagement
Änderungswesen
Variantenmanagement
Releasemanagement
Konfigurationsmanagement
Qualitätsmanagement
Testmanagement
Fehlermanagement
User Interface-Gestaltung
Projektmanagement
Projekt-Anforderungsmanagement
Projektdurchführung
Wartung
Produktelimination/-migration
Marketingplanung
Operatives Marketing/-Produkteinführung
Vertriebsplanung
Einsatz der 4Ps/7Ps
Vorbereitung der Absatzkanäle
Operativer Vertrieb
Kundenbeziehungsmanagement
Planung der Professional Services
Operativer Service und Support
Stakeholdermanagement
Aufwandschätzungen
Kosten-Nutzenbetrachtung
Kalkulation und Preisfindung
Prozessmanagement
Aufbauorganisation
Rechts- und IPR-Management
Wissensmanagement
Innovationsmanagement
Performance-, Chancen- und Risikomanagement
Produkt-, Markt-, Kunden-, Wettbewerbsanalyse
Strategisches Management
Produktstrategie
Dispositive Funktionen
Produkt-planung
Beschaffung/Sourcing
Entwicklung und Design
Produktion und Wartung
Ausführende Funktionen
Marke-ting
Vertrieb
Professional Services
Finanzen
Orga-nisation
Information
Querschnittsfunktionen

Anhang H: Fallstudienpartner 2a – SIMO$_{IT\text{-}PM}$

RAHMENBEDINGUNGEN		**Bitte hier Ausprägung eintragen, Mehrfach-nennungen**
Dimensionen der externen Situation		
IT-Branche	1 = Softwarespezialist 2 = Branchenspezialist 3 = Dienstleister 4 = Spezialist für Querschnittsfunktionen 5 = Berater	1,2
Kundenstruktur	1 = Interne Kunden 2 = Externe Kunden 3 = Kleine Organisationen 4 = Mittelständische Organisationen 5 = Große Organisationen	2,3,4,5
Stakeholderstruktur	(neben der Wertschöpfungskette) 1 = Gesetzgeber 2 = Partner 3 = Fördergeber	2
IT-Produkte: Komplexität	1 = Mittel 2 = Reduziert 3 = Hoch	1
Heterogenität	1 = Mittel 2 = Reduziert 3 = Hoch	3
Marktliche Dynamik und Unsicherheit	1 = Mittel 2 = Reduziert 3 = Hoch	1
Technische Dynamik und Unsicherheit	1 = Mittel 2 = Reduziert 3 = Hoch	1
Dimensionen der internen Situation		
Gegenwartsbezogene Faktoren		
Produktportfolio (Art der IT-Produkte)	1 = Lizenz 2 = Lizenz plus Service 3 = Projekte/Dienstleistungsbündel 4 = IT-Systemservicegeschäft	2,3
Diversifikationsgrad (Anzahl der IT-Produkte)	1 = <= 10 2 = <= 100 3 = > 100	1
Diversifikationsgrad (Unterschiedlichkeit der IT-Produkte)	1 = 1 Art IT-Produkt 2 = 2 Arten IT-Produkte 3 = 3 Arten IT-Produkte 4 = 4 Arten IT-Produkte	3
Umsatzverteilung	1 = Eher homogen 2 = Eher heterogen 3 = Kein Umsatz	2
Organisationsgröße	1 = <= 50 (klein) 2 = <= 250 (mittel) 3 = <= 5000 (groß) 4 = > 5000 (mega)	2
Organisationsziele: Finanzwirtschaftliche Ziele	1 = Erfolg (z.B. Gewinn) 2 = Liquidität (z.B. Kostenoptimierung)	1,2
Leistungswirtschaftliche Ziele	3 = IT-Produktziele (z.B. Standrdisierung) 4 = Kundenziele (z.B. Befriedigung der Kundenwünsche) 5 = Marktziele (z.B. Marktführerschaft)	3,4,5
Soziale Ziele	6 = Mitarbeiterbezogen (z.B. Mitarbeiterzufriedenheit) 7 = Gesellschaftsbezogen (z.B. Ökologische Ziele)	6
Psychographische Ziele	8 = Marktgerichtet (z.B. Kundenzufriedenheit) 9 = Organisationsgerichget (z.B. Kundenorientierung)	8,9
	10 = Organisationsziele unbekannt	
Größe des IT-Produktmanagements/ Anzahl IT-Produktmanager	1 = 0 2 = 1 3 = <= 10 4 = <= 100 5 = > 100	3
Ziele des IT-Produktmanagements: Finanzwirtschaftliche Ziele	1 = Erfolg (z.B. Gewinn) 2 = Liquidität (z.B. Kostenoptimierung)	1
Leistungswirtschaftliche Ziele	3 = IT-Produktziele (z.B. Standrdisierung) 4 = Kundenziele (z.B. Befriedigung der Kundenwünsche) 5 = Marktziele (z.B. Marktführerschaft)	3,4,5
Soziale Ziele	6 = Mitarbeiterbezogen (z.B. Mitarbeiterzufriedenheit) 7 = Gesellschaftsbezogen (z.B. Ökologische Ziele)	6
Psychographische Ziele	8 = Marktgerichtet (z.B. Kundenzufriedenheit) 9 = Organisationsgerichget (z.B. Kundenorientierung)	8,9
	10 = Ziele des IT-Produktmanagements unbekannt	
Vergangenheitsbezogene Faktoren		
Entwicklungsstadium	1 = Noch kein IT-Produktmanagement implementiert 2 = Im Aufbau/noch nicht vollständig etabliert (ca. <= 5 Jahre) 3 = Etabliert (ca. > 5 Jahre)	3
Art der Gründung des IT-Produktmanagements	1 = Persönlich 2 = Sachlich	2
IT-Produktmanagement Subsystemkomponenten		
Struktur der Weisungsbeziehungen	1 = Einliniensystem 2 = Mehrliniensystem	2
Grad und Dauer objektgerichteter Ressourcenverselbständigung	1 = Reduzierter Zugriff auf Ressourcen 2 = Hoher Zugriff auf Ressourcen innerhalb eines vorgegebenen Rahmens	?
Entscheidungskompetenzumfang	1 = Reduziert 2 = Hoch	1,2
Eingliederung in das Organisationsorganigramm	1 = Keine Ausrichtung auf Produktziel (KAIT-PM) 2 = Geringe Ausrichtung auf Produktziel (STIT-PM) 3 = Mittlere Ausrichtung auf Produktziel (MA/PAIT-PM) 4 = Hohe Ausrichtung auf Produktziel (LI/LFIT-PM) 5 = Volle Ausrichtung auf Produktziel (PSIT-PM)	2
Machtstruktur **(Erfüllung des Kongruenzprinzips)**	1 = Möglichkeit, auf Handlungsfelder anderer Stelleninhaber einzuwirken, reduziert 2 = Möglichkeit, auf Handlungsfelder anderer Stelleninhaber einzuwirken, gegeben	2
Leitungsstruktur	1 = Keine dedizierte Stelle 2 = Singulärstelle (IT-PMSingulär) 3 = Gruppe (IT-PMGruppe) 4 = Abteilung mit Abteilungsleiter (IT-PMAbteilung) 5 = Zentrale Koordinationsabteilung ohne Weisungsbefugnis für Produktmanagementabteilung (IT-PMKoordinationsorgan)	3
Produktspanne **(Anzahl der betreuten Produkte pro IT-Produktmanager)**	1 = 1 IT-Produkt 2 = Mehrere IT-Produkte 3 = Sämtliche IT-Produkte (keine Aufteilung)	2
Verhalten der Organisationsmitglieder		
Bedeutung/Unterstützung des IT-Produktmanagements	1 = Reduziert 2 = Hoch	1,2
Informationssteuerung **(Tournus Meetings)**	1 = Reduziert 2 = Hoch	1,2
ZIELE		
Organissationsziele	Siehe oben	
Ziele des IT-Produktmanagements	Siehe oben	
Korrelation der Ziele	1 = Keine Korrelation 2 = Koorelation gegeben	2
Bemessung des IT-Produktmanagements an Zielen	1 = Keine Bemessung 2 = Bemessung gegeben	2

Probleme des IT-Produktmanagements	1 = Keine Probleme **PROBLEME BEZÜGLICH DER RAHMENBEDINGUNGEN** 2 = Grad und Dauer objektgerichteter Ressourcenverselbständigung zu gering 3 = Komplexe Stakeholderstruktur 4 = Keine gesicherten Rahmenbedingungen, Wissensinsel, Überlast 5 = Zu starke Formalisierung 6 = Hohe Anforderungen und Fähigkeiten 7 = Entscheidungswege nicht eindeutig geregelt 8 = Zu wenig Einfluss/Unterstützung 9 = Keine regelmäßigen Treffen 10 = IT-Produktportfolio - Diversifikationsgrad - Komplexität der IT-Produkte 11 = IT-Produktportfolio - Diversifikationsgrad - Standardisierungsbemühungen, vom Projekt zum Produkt 12 = IT-Produktportfolio - Umsatzverteilung **AUFGABENBEZOGENE PROBLEME** 13 = Aufgaben nicht definiert 14 = IT-Produktdefinition 15 = Operatives Marketing/Produkteinführung 16 = IT-Controlling 17 = Kosten-Nutzenbetrachtungen 18 = Anforderungsmanagement 19 = Wissensmanagement **ZIELBEZOGENE PROBLEME** 20 = Keine eigenen Ziele für das IT-Produktmanagement 21 = Schwierige Bemessung-kein Controllorgan, Rechtfertigung 22 = ...	3,4,18
Effizienzkriterien des IT-Produktmanagements	1 = Einführung der Stelle des IT-Produktmanagements **ZIELBEZOGENE EFFIZIENZKRITERIEN** 2 = Stringenz der Organisations- und IT-Produktmanagementziele und deren Formalisierung in Business Plänen 3 = Erfolgsabhängige Ziele und Bewertung **AUFGABENBEZOGENE EFFIZIENZKRITERIEN** 4 = Klare Aufgabendefinition 5 = IT-Geschäftsmodell/IT-Alignment, z.B. Ziele und Strategien in Einklang bringen 6 = IT-Controlling 7 = Business Case Erstellung 8 = Zielmarktdefinition, z.B. durch Marktbeobachtung und -bearbeitungsstrategien 9 = Lebenszyklusmanagement, z.B. Kümmerer während sämtlicher Phasen 10 = Releaseplanung, z.B. kürzere Releasezyklen 11 = Anforderungsmanagement, z.B. durch Toolunterstützung 12 = Änderungswesen, z.B. durch klare Dokumenation 13 = Operativer Vertrieb, z.B. durch spezielle Tools 14 = Kundenbeziehungsmanagement, z.B. durch Events 15 = Stakeholdermanagement 16 = Prozessmanagement, z.B. durch Formalisierung 17 = Wissensmanagement, z.B. durch Systeme/Wikis 18 = Innovationsmanagement, z.B. getrennt von Alltagsgeschäft	12,17,18
	EFFIZIENZKRITERIEN BEZÜGLICH DER RAHMENBEDINGUNGEN 19 = Definition der Stelle des IT-Produktmanagements 20 = Time to Market 21 = Standardisierung der IT-Produkte, Begrenzung des Diversifikationsgrades 22 = Unterstützung des IT-Produktmanagements 23 = Regelmäßige Treffen/Schulungen 24 = Betriebsklima und charismatischer Stelleninhaber 25 = Umfassendes Wissen 26 = Sicherung und Priorisierung von Ressourcen 27 = Entscheidungskompetenz 28 = Kleine Teams mit flachen Strukturen und hohen Entscheidungskompetenzen 29 = IT-Produktmanagement als Profit Center 30 = IT-Produktmanagement in Matrixform 31 = Nähe zu den anderen Funktionsbereichen 32 = IT-Produktmanagement als Koordinationsschnittstelle 33 = Aufteilung innerhalb des IT-Produktmanagements anhand der vorhandenen Strukturen von IT-Produkten 34 = IT-Produktmanagement in Führungsebene vertreten 35 = Dezentralisation des IT-Produktmanagements 36 = Übergeordneter IT-Produktmanager 37 = Regularien zur Kontrolle des IT-Produktmanagements 38 = Eindeutige Zuordnung der Produkte 39 = ...	25,3

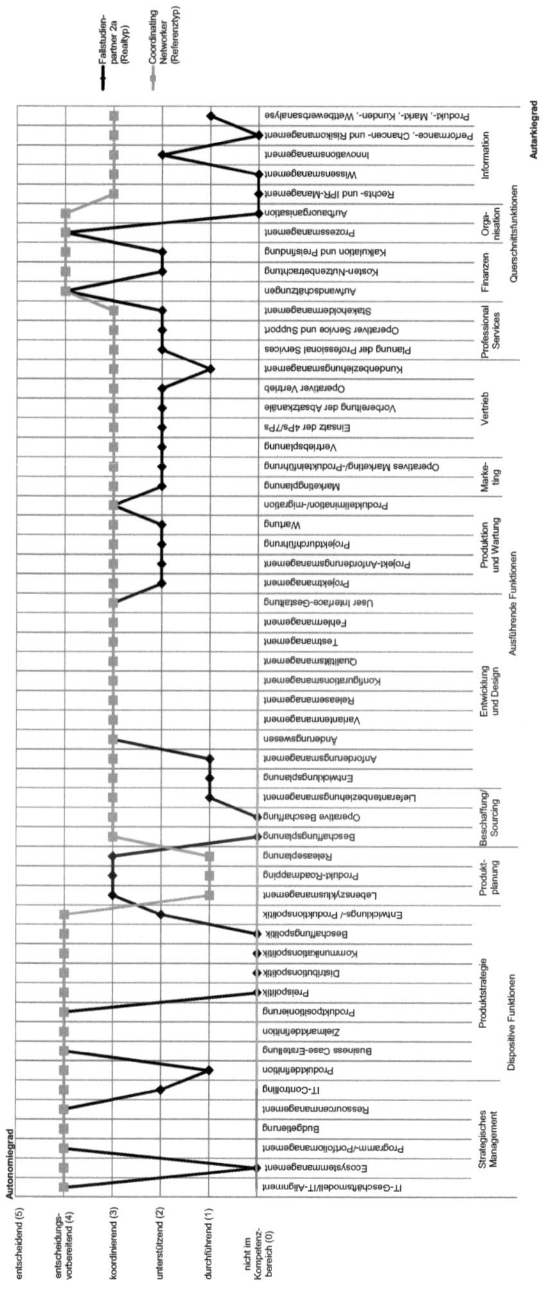

Fallstudien-partner 2a (Realtyp)
Coordinating Networker (Referenztyp)
Autonomiegrad
Autarkiegrad
entscheidend (5)
entscheidungs-vorbereitend (4)
koordinierend (3)
unterstützend (2)
durchführend (1)
nicht im Kompetenz-bereich (0)
IT-Geschäftsmodell/IT-Alignment
Ecosystemmanagement
Programm-/Portfoliomanagement
Budgetierung
Ressourcenmanagement
IT-Controlling
Produktdefinition
Business Case-Erstellung
Zielmarktdefinition
Produktpositionierung
Preispolitik
Distributionspolitik
Kommunikationspolitik
Beschaffungspolitik
Entwicklungs-/ Produktionspolitik
Lebenszyklusmanagement
Produkt-Roadmapping
Releaseplanung
Beschaffungsplanung
Operative Beschaffung
Lieferantenbeziehungsmanagement
Entwicklungsplanung
Anforderungsmanagement
Änderungswesen
Variantenmanagement
Releasemanagement
Konfigurationsmanagement
Qualitätsmanagement
Testmanagement
Fehlermanagement
User Interface-Gestaltung
Projektmanagement
Projekt-Anforderungsmanagement
Projektdurchführung
Wartung
Produktelimination/-migration
Marketingplanung
Operatives Marketing/-Produkteinführung
Vertriebsplanung
Einsatz der 4Ps/7Ps
Vorbereitung der Absatzkanäle
Operativer Vertrieb
Kundenbeziehungsmanagement
Planung der Professional Services
Operativer Service und Support
Stakeholdermanagement
Aufwandschätzungen
Kosten-Nutzenbetrachtung
Kalkulation und Preisfindung
Prozessmanagement
Aufbauorganisation
Rechts- und IPR-Management
Wissensmanagement
Innovationsmanagement
Performance-, Chancen- und Risikomanagement
Produkt-, Markt-, Kunden-, Wettbewerbsanalyse
Strategisches Management
Produktstrategie
Produkt-planung
Beschaffung/ Sourcing
Entwicklung und Design
Produktion und Wartung
Marke-ting
Vertrieb
Professional Services
Finanzen
Orga-nisation
Information
Dispositive Funktionen
Ausführende Funktionen
Querschnittsfunktionen

Anhang I: Fallstudienpartner 2b – SIMO$_{\text{IT-PM}}$

RAHMENBEDINGUNGEN **Dimensionen der externen Situation**		**Bitte hier Ausprägung eintragen, Mehrfachnennungen möglich**
IT-Branche	1 = Softwarespezialist 2 = Branchenspezialist 3 = Dienstleister 4 = Spezialist für Querschnittsfunktionen 5 = Berater	2,5
Kundenstruktur	1 = Interne Kunden 2 = Externe Kunden 3 = Kleine Organisationen 4 = Mittelständische Organisationen 5 = Große Organisationen	2,3,4,5
Stakeholderstruktur	(neben der Wertschöpfungskette) 1 = Gesetzgeber 2 = Partner 3 = Fördergeber	1
IT-Produkte: Komplexität	1 = Mittel 2 = Reduziert 3 = Hoch	3
Heterogenität	1 = Mittel 2 = Reduziert 3 = Hoch	1
Marktliche Dynamik und Unsicherheit	1 = Mittel 2 = Reduziert 3 = Hoch	1
Technische Dynamik und Unsicherheit	1 = Mittel 2 = Reduziert 3 = Hoch	2
Dimensionen der internen Situation		
Gegenwartsbezogene Faktoren		
Produktportfolio (Art der IT-Produkte)	1 = Lizenz 2 = Lizenz plus Service 3 = Projekte/Dienstleistungsbündel 4 = IT-Systemservicegeschäft	2,3
Diversifikationsgrad (Anzahl der IT-Produkte)	1 = <= 10 2 = <= 100 3 = > 100	1
Diversifikationsgrad (Unterschiedlichkeit der IT-Produkte)	1 = 1 Art IT-Produkt 2 = 2 Arten IT-Produkte 3 = 3 Arten IT-Produkte 4 = 4 Arten IT-Produkte	3
Umsatzverteilung	1 = Eher homogen 2 = Eher heterogen 3 = Kein Umsatz	1
Organisationsgröße	1 = <= 50 (klein) 2 = <= 250 (mittel) 3 = <= 5000 (groß) 4 = > 5000 (mega)	2
Organisationsziele: Finanzwirtschaftliche Ziele	1 = Erfolg (z.B. Gewinn) 2 = Liquidität (z.B. Kostenoptimierung)	1
Leistungswirtschaftliche Ziele	3 = IT-Produktziele (z.B. Standrdisierung) 4 = Kundenziele (z.B. Befriedigung der Kundenwünsche) 5 = Marktziele (z.B. Marktführerschaft)	3,4,5
Soziale Ziele	6 = Mitarbeiterbezogen (z.B. Mitarbeiterzufriedenheit) 7 = Gesellschaftsbezogen (z.B. Ökologische Ziele)	6
Psychographische Ziele	8 = Marktgerichtet (z.B. Kundenzufriedenheit) 9 = Organisationsgerichget (z.B. Kundenorientierung)	8
	10 = Organisationsziele unbekannt	
Größe des IT-Produktmanagements/ Anzahl IT-Produktmanager	1 = 0 2 = 1 3 = <= 10 4 = <= 100 5 = > 100	3
Ziele des IT-Produktmanagements: Finanzwirtschaftliche Ziele	1 = Erfolg (z.B. Gewinn) 2 = Liquidität (z.B. Kostenoptimierung)	1
Leistungswirtschaftliche Ziele	3 = IT-Produktziele (z.B. Standrdisierung) 4 = Kundenziele (z.B. Befriedigung der Kundenwünsche) 5 = Marktziele (z.B. Marktführerschaft)	3,4,5
Soziale Ziele	6 = Mitarbeiterbezogen (z.B. Mitarbeiterzufriedenheit) 7 = Gesellschaftsbezogen (z.B. Ökologische Ziele)	6
Psychographische Ziele	8 = Marktgerichtet (z.B. Kundenzufriedenheit) 9 = Organisationsgerichget (z.B. Kundenorientierung)	8
	10 = Ziele des IT-Produktmanagements unbekannt	
Vergangenheitsbezogene Faktoren		
Entwicklungsstadium	1 = Noch kein IT-Produktmanagement implementiert 2 = Im Aufbau/noch nicht vollständig etabliert (ca. <= 5 Jahre) 3 = Etabliert (ca. > 5 Jahre)	3
Art der Gründung des IT-Produktmanagements	1 = Persönlich 2 = Sachlich	1
IT-Produktmanagement Subsystemkomponenten		
Struktur der Weisungsbeziehungen	1 = Einliniensystem 2 = Mehrliniensystem	1
Grad und Dauer objektgerichteter Ressourcenverselbständigung	1 = Reduzierter Zugriff auf Ressourcen 2 = Hoher Zugriff auf Ressourcen innerhalb eines vorgegebenen Rahmens	2
Entscheidungskompetenzumfang	1 = Reduziert 2 = Hoch	2
Eingliederung in das Organisationsorganigramm	1 = Keine Ausrichtung auf Produktziel (KAIT-PM) 2 = Geringe Ausrichtung auf Produktziel (STIT-PM) 3 = Mittlere Ausrichtung auf Produktziel (MA/PAIT-PM) 4 = Hohe Ausrichtung auf Produktziel (LI/LFIT-PM) 5 = Volle Ausrichtung auf Produktziel (PSIT-PM)	4
Machtstruktur (Erfüllung des Kongruenzprinzips)	1 = Möglichkeit, auf Handlungsfelder anderer Stelleninhaber einzuwirken, reduziert 2 = Möglichkeit, auf Handlungsfelder anderer Stelleninhaber einzuwirken, gegeben	2
Leitungsstruktur	1 = Keine dedizierte Stelle 2 = Singulärstelle (IT-PMSingulär) 3 = Gruppe (IT-PMGruppe) 4 = Abteilung mit Abteilungsleiter (IT-PMAbteilung) 5 = Zentrale Koordinationsabteilung ohne Weisungsbefugnis für Produktmanagementabteilung (IT-PMKoordinationsorgan)	3
Produktspanne (Anzahl der betreuten Produkte pro IT-Produktmanager)	1 = 1 IT-Produkt 2 = Mehrere IT-Produkte 3 = Sämtliche Produkte (keine Aufteilung)	2
Verhalten der Organisationsmitglieder		
Bedeutung/Unterstützung des IT-Produktmanagements	1 = Reduziert 2 = Hoch	2
Informationssteuerung (Tournus Meetings)	1 = Reduziert 2 = Hoch	2
ZIELE		
Organisationsziele	Siehe oben	
Ziele des IT-Produktmanagements	Siehe oben	
Korrelation der Ziele	1 = Keine Korrelation 2 = Kooreiation gegeben	2
Bemessung des IT-Produktmanagements an Zielen	1 = Keine Bemessung 2 = Bemessung gegeben	2

PROBLEME		
Probleme des IT-Produktmanagements	1 = Keine Probleme **PROBLEME BEZÜGLICH DER RAHMENBEDINGUNGEN** 2 = Grad und Dauer objektgerichteter Ressourcenverselbständigung zu gering 3 = Komplexe Stakeholderstruktur 4 = Keine gesicherten Rahmenbedingungen, Wissensinsel, Überlast 5 = Zu starke Formalisierung 6 = Hohe Anforderungen und Fähigkeiten 7 = Entscheidungswege nicht eindeutig geregelt 8 = Zu wenig Einfluss/Unterstützung 9 = Keine regelmäßigen Treffen 10 = IT-Produktportfolio - Diversifikationsgrad - Komplexität der IT-Produkte 11 = IT-Produktportfolio - Diversifikationsgrad - Standardisierungsbemühungen, vom Projekt zum Produkt 12 = IT-Produktportfolio - Umsatzverteilung **AUFGABENBEZOGENE PROBLEME** 13 = Aufgaben nicht definiert 14 = IT-Produktdefinition 15 = Operatives Marketing/Produkteinführung 16 = IT-Controlling 17 = Kosten-Nutzenbetrachtungen 18 = Anforderungsmanagement 19 = Wissensmanagement **ZIELBEZOGENE PROBLEME** 20 = Keine eigenen Ziele für das IT-Produktmanagement 21 = Schwierige Bemessung-kein Controllorgan, Rechtfertigung 22 = ...	6
Effizienzkriterien des IT-Produktmanagements	1 = Einführung der Stelle des IT-Produktmanagements **ZIELBEZOGENE EFFIZIENZKRITERIEN** 2 = Stringenz der Organisations- und IT-Produktmanagementziele und deren Formalisierung in Business Plänen 3 = Erfolgsabhängige Ziele und Bewertung **AUFGABENBEZOGENE EFFIZIENZKRITERIEN** 4 = Klare Aufgabendefinition 5 = IT-Geschäftsmodell/IT-Alignment, z.B. Ziele und Strategien in Einklang bringen 6 = IT-Controlling 7 = Business Case Erstellung 8 = Zielmarktdefinition, z.B. durch Marktbeobachtung und -bearbeitungsstrategien 9 = Lebenszyklusmanagement, z.B. Kümmerer während sämtlicher Phasen 10 = Releaseplanung, z.B. kürzere Releasezyklen 11 = Anforderungsmanagement, z.B. durch Toolunterstützung 12 = Änderungswesen, z.B. durch klare Dokumenation 13 = Operativer Vertrieb, z.B. durch spezielle Tools 14 = Kundenbeziehungsmanagement, z.B. durch Events 15 = Stakeholdermanagement 16 = Prozessmanagement, z.B. durch Formalisierung 17 = Wissensmanagement, z.B. durch Systeme/Wikis 18 = Innovationsmanagement, z.B. getrennt von Alltagsgeschäft	3,7,9,10,11,12,14,16,17
	EFFIZIENZKRITERIEN BEZÜGLICH DER RAHMENBEDINGUNGEN 19 = Definition der Stelle des IT-Produktmanagements 20 = Time to Market 21 = Standardisierung der IT-Produkte, Begrenzung des Diversifikationsgrades 22 = Unterstützung des IT-Produktmanagements 23 = Regelmäßige Treffen/Schulungen 24 = Betriebsklima und charismatischer Stelleninhaber 25 = Umfassendes Wissen 26 = Sicherung und Priorisierung von Ressourcen 27 = Entscheidungskompetenz 28 = Kleine Teams mit flachen Strukturen und hohen Entscheidungskompetenzen 29 = IT-Produktmanagement als Profit Center 30 = IT-Produktmanagement in Matrixform 31 = Nähe zu den anderen Funktionsbereichen 32 = IT-Produktmanagement als Koordinationsschnittstelle 33 = Aufteilung innerhalb des IT-Produktmanagements anhand der vorhandenen Strukturen von IT-Produkten 34 = IT-Produktmanagement in Führungsebene vertreten 35 = Dezentralisation des IT-Produktmanagements 36 = Übergeordneter IT-Produktmanager 37 = Regularien zur Kontrolle des IT-Produktmanagements 38 = Eindeutige Zuordnung der Produkte 39 = ...	19,21,22,26,32,33,35,38

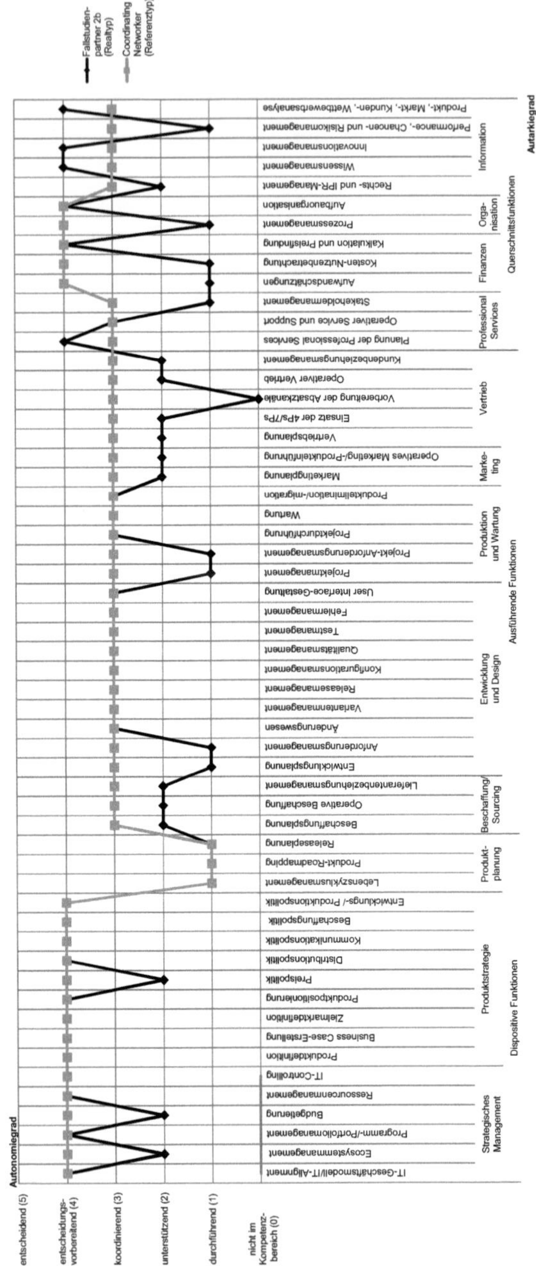
Fallstudienpartner 2b (Realtyp)
Coordinating Networker (Referenztyp)
Autonomiegrad
entscheidend (5)
entscheidungs-vorbereitend (4)
koordinierend (3)
unterstützend (2)
durchführend (1)
nicht im Kompetenz-bereich (0)
IT-Geschäftsmodell/IT-Alignment
Ecosystemmanagement
Programm-/Portfoliomanagement
Budgetierung
Ressourcenmanagement
IT-Controlling
Strategisches Management
Produktdefinition
Business Case-Erstellung
Zielmarktdefinition
Produktpositionierung
Preispolitik
Distributionspolitik
Kommunikationspolitik
Beschaffungspolitik
Entwicklungs-/ Produktionspolitik
Produktstrategie
Dispositive Funktionen
Lebenszyklusmanagement
Produkt-Roadmapping
Releaseplanung
Produkt-planung
Beschaffungsplanung
Operative Beschaffung
Lieferantenbeziehungsmanagement
Beschaffung/Sourcing
Entwicklungsplanung
Anforderungsmanagement
Änderungswesen
Variantenmanagement
Releasemanagement
Konfigurationsmanagement
Qualitätsmanagement
Testmanagement
Fehlermanagement
User Interface-Gestaltung
Entwicklung und Design
Projektmanagement
Projekt-Anforderungsmanagement
Projektdurchführung
Wartung
Produktelimination/-migration
Produktion und Wartung
Marketingplanung
Operatives Marketing/-Produkteinführung
Marke-ting
Vertriebsplanung
Einsatz der 4Ps/7Ps
Vorbereitung der Absatzkanäle
Operativer Vertrieb
Kundenbeziehungsmanagement
Vertrieb
Ausführende Funktionen
Planung der Professional Services
Operativer Service und Support
Stakeholdermanagement
Professional Services
Aufwandschätzungen
Kosten-Nutzenbetrachtung
Kalkulation und Preisfindung
Finanzen
Prozessmanagement
Aufbauorganisation
Orga-nisation
Rechts- und IPR-Management
Wissensmanagement
Innovationsmanagement
Performance-, Chancen- und Risikomanagement
Produkt-, Markt-, Kunden-, Wettbewerbsanalyse
Information
Querschnittsfunktionen
Autarkiegrad

Anhang J: Fallstudienpartner 2c – SIMO$_{IT\text{-}PM}$

RAHMENBEDINGUNGEN		**Bitte hier Ausprägung eintragen, Mehrfachnennungen möglich**
Dimensionen der externen Situation		
IT-Branche	1 = Softwarespezialist 2 = Branchenspezialist 3 = Dienstleister 4 = Spezialist für Querschnittsfunktionen 5 = Berater	2,3,5
Kundenstruktur	1 = Interne Kunden 2 = Externe Kunden 3 = Kleine Organisationen 4 = Mittelständische Organisationen 5 = Große Organisationen	2,4,5
Stakeholderstruktur	(neben der Wertschöpfungskette) 1 = Gesetzgeber 2 = Partner 3 = Fördergeber	1
IT-Produkte: Komplexität	1 = Mittel 2 = Reduziert 3 = Hoch	3
Heterogenität	1 = Mittel 2 = Reduziert 3 = Hoch	3
Marktliche Dynamik und Unsicherheit	1 = Mittel 2 = Reduziert 3 = Hoch	3
Technische Dynamik und Unsicherheit	1 = Mittel 2 = Reduziert 3 = Hoch	2
Dimensionen der internen Situation		
Gegenwartsbezogene Faktoren		
Produktportfolio (Art der IT-Produkte)	1 = Lizenz 2 = Lizenz plus Service 3 = Projekte/Dienstleistungsbündel 4 = IT-Systemservicegeschäft	2,3
Diversifikationsgrad (Anzahl der IT-Produkte)	1 = <= 10 2 = <= 100 3 = > 100	1
Diversifikationsgrad (Unterschiedlichkeit der IT-Produkte)	1 = 1 Art IT-Produkt 2 = 2 Arten IT-Produkte 3 = 3 Arten IT-Produkte 4 = 4 Arten IT-Produkte	3
Umsatzverteilung	1 = Eher homogen 2 = Eher heterogen 3 = Kein Umsatz	2
Organisationsgröße	1 = <= 50 (klein) 2 = <= 250 (mittel) 3 = <= 5000 (groß) 4 = > 5000 (mega)	2
Organisationsziele: Finanzwirtschaftliche Ziele	1 = Erfolg (z.B. Gewinn) 2 = Liquidität (z.B. Kostenoptimierung)	1
Leistungswirtschaftliche Ziele	3 = IT-Produktziele (z.B. Standrdisierung) 4 = Kundenziele (z.B. Befriedigung der Kundenwünsche) 5 = Marktziele (z.B. Marktführerschaft)	3,4,5
Soziale Ziele	6 = Mitarbeiterbezogen (z.B. Mitarbeiterzufriedenheit) 7 = Gesellschaftsbezogen (z.B. Ökologische Ziele)	6
Psychographische Ziele	8 = Marktgerichtet (z.B. Kundenzufriedenheit) 9 = Organisationsgerichget (z.B. Kundenorientierung)	8
	10 = Organisationsziele unbekannt	
Größe des IT-Produktmanagements/ Anzahl IT-Produktmanager	1 = 0 2 = 1 3 = <= 10 4 = <= 100 5 = > 100	3
Ziele des IT-Produktmanagements: Finanzwirtschaftliche Ziele	1 = Erfolg (z.B. Gewinn) 2 = Liquidität (z.B. Kostenoptimierung)	1
Leistungswirtschaftliche Ziele	3 = IT-Produktziele (z.B. Standrdisierung) 4 = Kundenziele (z.B. Befriedigung der Kundenwünsche) 5 = Marktziele (z.B. Marktführerschaft)	3,4,5
Soziale Ziele	6 = Mitarbeiterbezogen (z.B. Mitarbeiterzufriedenheit) 7 = Gesellschaftsbezogen (z.B. Ökologische Ziele)	6
Psychographische Ziele	8 = Marktgerichtet (z.B. Kundenzufriedenheit) 9 = Organisationsgerichget (z.B. Kundenorientierung)	8
	10 = Ziele des IT-Produktmanagements unbekannt	
Vergangenheitsbezogene Faktoren		
Entwicklungsstadium	1 = Noch kein IT-Produktmanagement implementiert 2 = Im Aufbau/noch nicht vollständig etabliert (ca. <= 5 Jahre) 3 = Etabliert (ca. > 5 Jahre)	3
Art der Gründung des IT-Produktmanagements	1 = Persönlich 2 = Sachlich	2
IT-Produktmanagement Subsystemkomponenten		
Struktur der Weisungsbeziehungen	1 = Einliniensystem 2 = Mehrliniensystem	1
Grad und Dauer objektgerichteter Ressourcenverselbständigung	1 = Reduzierter Zugriff auf Ressourcen 2 = Hoher Zugriff auf Ressourcen innerhalb eines vorgegebenen Rahmens	2
Entscheidungskompetenzumfang	1 = Reduziert 2 = Hoch	2
Eingliederung in das Organisationsorganigramm	1 = Keine Ausrichtung auf Produktziel (KAIT-PM) 2 = Geringe Ausrichtung auf Produktziel (STIT-PM) 3 = Mittlere Ausrichtung auf Produktziel (MA/PAIT-PM) 4 = Hohe Ausrichtung auf Produktziel (LI/LFIT-PM) 5 = Volle Ausrichtung auf Produktziel (PSIT-PM)	2
Machtstruktur **(Erfüllung des Kongruenzprinzips)**	1 = Möglichkeit, auf Handlungsfelder anderer Stelleninhaber einzuwirken, reduziert 2 = Möglichkeit, auf Handlungsfelder anderer Stelleninhaber einzuwirken, gegeben	2
Leitungsstruktur	1 = Keine dedizierte Stelle 2 = Singulärstelle (IT-PMSingulär) 3 = Gruppe (IT-PMGruppe) 4 = Abteilung mit Abteilungsleiter (IT-PMAbteilung) 5 = Zentrale Koordinationsabteilung ohne Weisungsbefugnis für Produktmanagementabteilung (IT-PMKoordinationsorgan)	3
Produktspanne **(Anzahl der betreuten Produkte pro IT-Produktmanager)**	1 = 1 IT-Produkt 2 = Mehrere IT-Produkte 3 = Sämtliche IT-Produkte (keine Aufteilung)	2
Verhalten der Organisationsmitglieder		
Bedeutung/Unterstützung des IT-Produktmanagements	1 = Reduziert 2 = Hoch	2
Informationssteuerung **(Tournus Meetings)**	1 = Reduziert 2 = Hoch	2
ZIELE		
Organissationsziele	Siehe oben	
Ziele des IT-Produktmanagements	Siehe oben	
Korrelation der Ziele	1 = Keine Korrelation 2 = Koorelation gegeben	2
Bemessung des IT-Produktmanagements an Zielen	1 = Keine Bemessung 2 = Bemessung gegeben	2

PROBLEME		
Probleme des IT-Produktmanagements	1 = Keine Probleme **PROBLEME BEZÜGLICH DER RAHMENBEDINGUNGEN** 2 = Grad und Dauer objektgerichteter Ressourcenverselbständigung zu gering 3 = Komplexe Stakeholderstruktur 4 = Keine gesicherten Rahmenbedingungen, Wissensinsel, Überlast 5 = Zu starke Formalisierung 6 = Hohe Anforderungen und Fähigkeiten 7 = Entscheidungswege nicht eindeutig geregelt 8 = Zu wenig Einfluss/Unterstützung 9 = Keine regelmäßigen Treffen 10 = IT-Produktportfolio - Diversifikationsgrad - Komplexität der IT-Produkte 11 = IT-Produktportfolio - Diversifikationsgrad - Standardisierungsbemühungen, vom Projekt zum Produkt 12 = IT-Produktportfolio - Umsatzverteilung **AUFGABENBEZOGENE PROBLEME** 13 = Aufgaben nicht definiert 14 = IT-Produktdefinition 15 = Operatives Marketing/Produkteinführung 16 = IT-Controlling 17 = Kosten-Nutzenbetrachtungen 18 = Anforderungsmanagement 19 = Wissensmanagement **ZIELBEZOGENE PROBLEME** 20 = Keine eigenen Ziele für das IT-Produktmanagement 21 = Schwierige Bemessung-kein Controllorgan, Rechtfertigung 22 = ...	2,4,6,10,18
Effizienzkriterien des IT-Produktmanagements	1 = Einführung der Stelle des IT-Produktmanagements **ZIELBEZOGENE EFFIZIENZKRITERIEN** 2 = Stringenz der Organisations- und IT-Produktmanagementziele und deren Formalisierung in Business Plänen 3 = Erfolgsabhängige Ziele und Bewertung **AUFGABENBEZOGENE EFFIZIENZKRITERIEN** 4 = Klare Aufgabendefinition 5 = IT-Geschäftsmodell/IT-Alignment, z.B. Ziele und Strategien in Einklang bringen 6 = IT-Controlling 7 = Business Case Erstellung 8 = Zielmarktdefinition, z.B. durch Marktbeobachtung und -bearbeitungsstrategien 9 = Lebenszyklusmanagement, z.B. Kümmerer während sämtlicher Phasen 10 = Releaseplanung, z.B. kürzere Releasezyklen 11 = Anforderungsmanagement, z.B. durch Toolunterstützung 12 = Änderungswesen, z.B. durch klare Dokumenation 13 = Operativer Vertrieb, z.B. durch spezielle Tools 14 = Kundenbeziehungsmanagement, z.B. durch Events 15 = Stakeholdermanagement 16 = Prozessmanagement, z.B. durch Formalisierung 17 = Wissensmanagement, z.B. durch Systeme/Wikis 18 = Innovationsmanagement, z.B. getrennt von Alltagsgeschäft	5,7,8,10,11,14,16,18
	EFFIZIENZKRITERIEN BEZÜGLICH DER RAHMENBEDINGUNGEN 19 = Definition der Stelle des IT-Produktmanagements 20 = Time to Market 21 = Standardisierung der IT-Produkte, Begrenzung des Diversifikationsgrades 22 = Unterstützung des IT-Produktmanagements 23 = Regelmäßige Treffen/Schulungen 24 = Betriebsklima und charismatischer Stelleninhaber 25 = Umfassendes Wissen 26 = Sicherung und Priorisierung von Ressourcen 27 = Entscheidungskompetenz 28 = Kleine Teams mit flachen Strukturen und hohen Entscheidungskompetenzen 29 = IT-Produktmanagement als Profit Center 30 = IT-Produktmanagement in Matrixform 31 = Nähe zu den anderen Funktionsbereichen 32 = IT-Produktmanagement als Koordinationsschnittstelle 33 = Aufteilung innerhalb des IT-Produktmanagements anhand der vorhandenen Strukturen von IT-Produkten 34 = IT-Produktmanagement in Führungsebene vertreten 35 = Dezentralisation des IT-Produktmanagements 36 = Übergeordneter IT-Produktmanager 37 = Regularien zur Kontrolle des IT-Produktmanagements 38 = Eindeutige Zuordnung der Produkte 39 = ...	20,21,22,24,25,26,27,28,33,34,36

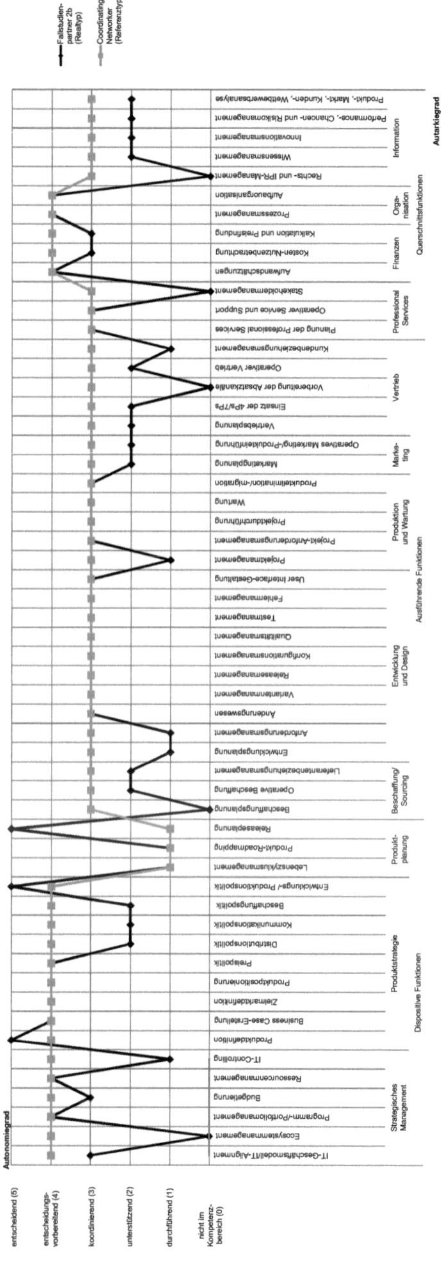
Fallstudienpartner 2b (Realtyp)
Coordinating Networker (Referenztyp)
Autonomiegrad
Autarkiegrad
entscheidend (5)
entscheidungs-vorbereitend (4)
koordinierend (3)
unterstützend (2)
durchführend (1)
nicht im Kompetenzbereich (0)
IT-Geschäftsmodell/IT-Alignment
Ecosystemmanagement
Programm-/Portfoliomanagement
Budgetierung
Ressourcenmanagement
IT-Controlling
Produktdefinition
Business Case-Erstellung
Zielmarktdefinition
Produktpositionierung
Preispolitik
Distributionspolitik
Kommunikationspolitik
Beschaffungspolitik
Entwicklungs-/ Produktionspolitik
Lebenszyklusmanagement
Produkt-Roadmapping
Releaseplanung
Beschaffungsplanung
Operative Beschaffung
Lieferantenbeziehungsmanagement
Entwicklungsplanung
Anforderungsmanagement
Änderungswesen
Variantenmanagement
Releasemanagement
Konfigurationsmanagement
Qualitätsmanagement
Testmanagement
Fehlermanagement
User Interface-Gestaltung
Projektmanagement
Projekt-Anforderungsmanagement
Projektdurchführung
Wartung
Produktelimination/-migration
Marketingplanung
Operatives Marketing/-Produkteinführung
Vertriebsplanung
Einsatz der 4Ps/7Ps
Vorbereitung der Absatzkanäle
Operativer Vertrieb
Kundenbeziehungsmanagement
Planung der Professional Services
Operativer Service und Support
Stakeholdermanagement
Aufwandschätzungen
Kosten-Nutzenbetrachtung
Kalkulation und Preisfindung
Prozessmanagement
Aufbauorganisation
Rechts- und IPR-Management
Wissensmanagement
Innovationsmanagement
Performance-, Chancen- und Risikomanagement
Produkt-, Markt-, Kunden-, Wettbewerbsanalyse
Strategisches Management
Produktstrategie
Dispositive Funktionen
Produkt-planung
Beschaffung/ Sourcing
Entwicklung und Design
Ausführende Funktionen
Produktion und Wartung
Marke-ting
Vertrieb
Professional Services
Finanzen
Orga-nisation
Querschnittsfunktionen
Information

Anhang K: Fallstudienpartner 3 – SIMO$_{IT\text{-}PM}$

RAHMENBEDINGUNGEN		**Bitte hier Ausprägung eintragen, Mehrfachnennungen möglich**
Dimensionen der externen Situation		
IT-Branche	1 = Softwarespezialist 2 = Branchenspezialist 3 = Dienstleister 4 = Spezialist für Querschnittsfunktionen 5 = Berater	2, 4, 5
Kundenstruktur	1 = Interne Kunden 2 = Externe Kunden 3 = Kleine Organisationen 4 = Mittelständische Organisationen 5 = Große Organisationen	3, 4, 5
Stakeholderstruktur	(neben der Wertschöpfungskette) 1 = Gesetzgeber 2 = Partner 3 = Fördergeber	1, 2
IT-Produkte: Komplexität	1 = Mittel 2 = Reduziert 3 = Hoch	3
Heterogenität	1 = Mittel 2 = Reduziert 3 = Hoch	3
Marktliche Dynamik und Unsicherheit	1 = Mittel 2 = Reduziert 3 = Hoch	1
Technische Dynamik und Unsicherheit	1 = Mittel 2 = Reduziert 3 = Hoch	1
Dimensionen der internen Situation		
Gegenwartsbezogene Faktoren		
Produktportfolio (Art der IT-Produkte)	1 = Lizenz 2 = Lizenz plus Service 3 = Projekte/Dienstleistungsbündel 4 = IT-Systemservicegeschäft	2, 3, 4
Diversifikationsgrad (Anzahl der IT-Produkte)	1 = <= 10 2 = <= 100 3 = > 100	2
Diversifikationsgrad (Unterschiedlichkeit der IT-Produkte)	1 = 1 Art IT-Produkt 2 = 2 Arten IT-Produkte 3 = 3 Arten IT-Produkte 4 = 4 Arten IT-Produkte	3
Umsatzverteilung	1 = Eher homogen 2 = Eher heterogen 3 = Kein Umsatz	2
Organisationsgröße	1 = <= 50 (klein) 2 = <= 250 (mittel) 3 = <= 5000 (groß) 4 = > 5000 (mega)	3
Organisationsziele: Finanzwirtschaftliche Ziele	1 = Erfolg (z.B. Gewinn) 2 = Liquidität (z.B. Kostenoptimierung)	2
Leistungswirtschaftliche Ziele	3 = IT-Produktziele (z.B. Standrdisierung) 4 = Kundenziele (z.B. Befriedigung der Kundenwünsche) 5 = Marktziele (z.B. Marktführerschaft)	3, 4, 5
Soziale Ziele	6 = Mitarbeiterbezogen (z.B. Mitarbeiterzufriedenheit) 7 = Gesellschaftsbezogen (z.B. Ökologische Ziele)	6, 7
Psychographische Ziele	8 = Marktgerichtet (z.B. Kundenzufriedenheit) 9 = Organisationsgerichget (z.B. Kundenorientierung)	8,9
	10 = Organisationsziele unbekannt	
Größe des IT-Produktmanagements/ Anzahl IT-Produktmanager	1 = 0 2 = 1 3 = <= 10 4 = <= 100 5 = > 100	4
Ziele des IT-Produktmanagements: Finanzwirtschaftliche Ziele	1 = Erfolg (z.B. Gewinn) 2 = Liquidität (z.B. Kostenoptimierung)	2
Leistungswirtschaftliche Ziele	3 = IT-Produktziele (z.B. Standrdisierung) 4 = Kundenziele (z.B. Befriedigung der Kundenwünsche) 5 = Marktziele (z.B. Marktführerschaft)	3, 4, 5
Soziale Ziele	6 = Mitarbeiterbezogen (z.B. Mitarbeiterzufriedenheit) 7 = Gesellschaftsbezogen (z.B. Ökologische Ziele)	7
Psychographische Ziele	8 = Marktgerichtet (z.B. Kundenzufriedenheit) 9 = Organisationsgerichget (z.B. Kundenorientierung)	8, 9
	10 = Ziele des IT-Produktmanagements unbekannt	
Vergangenheitsbezogene Faktoren		
Entwicklungsstadium	1 = Noch kein IT-Produktmanagement implementiert 2 = Im Aufbau/noch nicht vollständig etabliert (ca. <= 5 Jahre) 3 = Etabliert (ca. > 5 Jahre)	3
Art der Gründung des IT-Produktmanagements	1 = Persönlich 2 = Sachlich	2
IT-Produktmanagement Subsystemkomponenten		
Struktur der Weisungsbeziehungen	1 = Einliniensystem 2 = Mehrliniensystem	2
Grad und Dauer objektgerichteter Ressourcenverselbständigung	1 = Reduzierter Zugriff auf Ressourcen 2 = Hoher Zugriff auf Ressourcen innerhalb eines vorgegebenen Rahmens	2
Entscheidungskompetenzumfang	1 = Reduziert 2 = Hoch	2
Eingliederung in das Organisationsorganigramm	1 = Keine Ausrichtung auf Produktziel (KAIT-PM) 2 = Geringe Ausrichtung auf Produktziel (STIT-PM) 3 = Mittlere Ausrichtung auf Produktziel (MA/PAIT-PM) 4 = Hohe Ausrichtung auf Produktziel (LI/LFIT-PM) 5 = Volle Ausrichtung auf Produktziel (PSIT-PM)	5
Machtstruktur **(Erfüllung des Kongruenzprinzips)**	1 = Möglichkeit, auf Handlungsfelder anderer Stelleninhaber einzuwirken, reduziert 2 = Möglichkeit, auf Handlungsfelder anderer Stelleninhaber einzuwirken, gegeben	2
Leitungsstruktur	1 = Keine dedizierte Stelle 2 = Singulärstelle (IT-PMSingulär) 3 = Gruppe (IT-PMGruppe) 4 = Abteilung mit Abteilungsleiter (IT-PMAbteilung) 5 = Zentrale Koordinationsabteilung ohne Weisungsbefugnis für Produktmanagementabteilung (IT-PMKoordinationsorgan)	3, 5
Produktspanne **(Anzahl der betreuten Produkte pro IT-Produktmanager)**	1 = 1 IT-Produkt 2 = Mehrere IT-Produkte 3 = Sämtliche IT-Produkte (keine Aufteilung)	2
Verhalten der Organisationsmitglieder		
Bedeutung/Unterstützung des IT-Produktmanagements	1 = Reduziert 2 = Hoch	2
Informationssteuerung **(Tournus Meetings)**	1 = Reduziert 2 = Hoch	2
ZIELE		
Organisationsziele	Siehe oben	
Ziele des IT-Produktmanagements	Siehe oben	
Korrelation der Ziele	1 = Keine Korrelation 2 = Koorelation gegeben	2
Bemessung des IT-Produktmanagements an Zielen	1 = Keine Bemessung 2 = Bemessung gegeben	2

PROBLEME		
Probleme des IT-Produktmanagements	1 = Keine Probleme **PROBLEME BEZÜGLICH DER RAHMENBEDINGUNGEN** 2 = Grad und Dauer objektgerichteter Ressourcenverselbständigung zu gering 3 = Komplexe Stakeholderstruktur 4 = Keine gesicherten Rahmenbedingungen, Wissensinsel, Überlast 5 = Zu starke Formalisierung 6 = Hohe Anforderungen und Fähigkeiten 7 = Entscheidungswege nicht eindeutig geregelt 8 = Zu wenig Einfluss/Unterstützung 9 = Keine regelmäßigen Treffen 10 = IT-Produktportfolio - Diversifikationsgrad - Komplexität der IT-Produkte 11 = IT-Produktportfolio - Diversifikationsgrad - Standardisierungsbemühungen, vom Projekt zum Produkt 12 = IT-Produktportfolio - Umsatzverteilung **AUFGABENBEZOGENE PROBLEME** 13 = Aufgaben nicht definiert 14 = IT-Produktdefinition 15 = Operatives Marketing/Produkteinführung 16 = IT-Controlling 17 = Kosten-Nutzenbetrachtungen 18 = Anforderungsmanagement 19 = Wissensmanagement **ZIELBEZOGENE PROBLEME** 20 = Keine eigenen Ziele für das IT-Produktmanagement 21 = Schwierige Bemessung-kein Controllorgan, Rechtfertigung 22 = ...	3, 7, 10, 11, 12
Effizienzkriterien des IT-Produktmanagements	1 = Einführung der Stelle des IT-Produktmanagements **ZIELBEZOGENE EFFIZIENZKRITERIEN** 2 = Stringenz der Organisations- und IT-Produktmanagementziele und deren Formalisierung in Business Plänen 3 = Erfolgsabhängige Ziele und Bewertung **AUFGABENBEZOGENE EFFIZIENZKRITERIEN** 4 = Klare Aufgabendefinition 5 = IT-Geschäftsmodell/IT-Alignment, z.B. Ziele und Strategien in Einklang bringen 6 = IT-Controlling 7 = Business Case Erstellung 8 = Zielmarktdefinition, z.B. durch Marktbeobachtung und -bearbeitungsstrategien 9 = Lebenszyklusmanagement, z.B. Kümmerer während sämtlicher Phasen 10 = Releaseplanung, z.B. kürzere Releasezyklen 11 = Anforderungsmanagement, z.B. durch Toolunterstützung 12 = Änderungswesen, z.B. durch klare Dokumenation 13 = Operativer Vertrieb, z.B. durch spezielle Tools 14 = Kundenbeziehungsmanagement, z.B. durch Events 15 = Stakeholdermanagement 16 = Prozessmanagement, z.B. durch Formalisierung 17 = Wissensmanagement, z.B. durch Systeme/Wikis 18 = Innovationsmanagement, z.B. getrennt von Alltagsgeschäft	
	EFFIZIENZKRITERIEN BEZÜGLICH DER RAHMENBEDINGUNGEN 19 = Definition der Stelle des IT-Produktmanagements 20 = Time to Market 21 = Standardisierung der IT-Produkte, Begrenzung des Diversifikationsgrades 22 = Unterstützung des IT-Produktmanagements 23 = Regelmäßige Treffen/Schulungen 24 = Betriebsklima und charismatischer Stelleninhaber 25 = Umfassendes Wissen 26 = Sicherung und Priorisierung von Ressourcen 27 = Entscheidungskompetenz 28 = Kleine Teams mit flachen Strukturen und hohen Entscheidungskompetenzen 29 = IT-Produktmanagement als Profit Center 30 = IT-Produktmanagement in Matrixform 31 = Nähe zu den anderen Funktionsbereichen 32 = IT-Produktmanagement als Koordinationsschnittstelle 33 = Aufteilung innerhalb des IT-Produktmanagements anhand der vorhandenen Strukturen von IT-Produkten 34 = IT-Produktmanagement in Führungsebene vertreten 35 = Dezentralisation des IT-Produktmanagements 36 = Übergeordneter IT-Produktmanager 37 = Regularien zur Kontrolle des IT-Produktmanagements 38 = Eindeutige Zuordnung der Produkte 39 = ...	19, 20, 21, 22, 29, 30, 31, 32, 34, 38

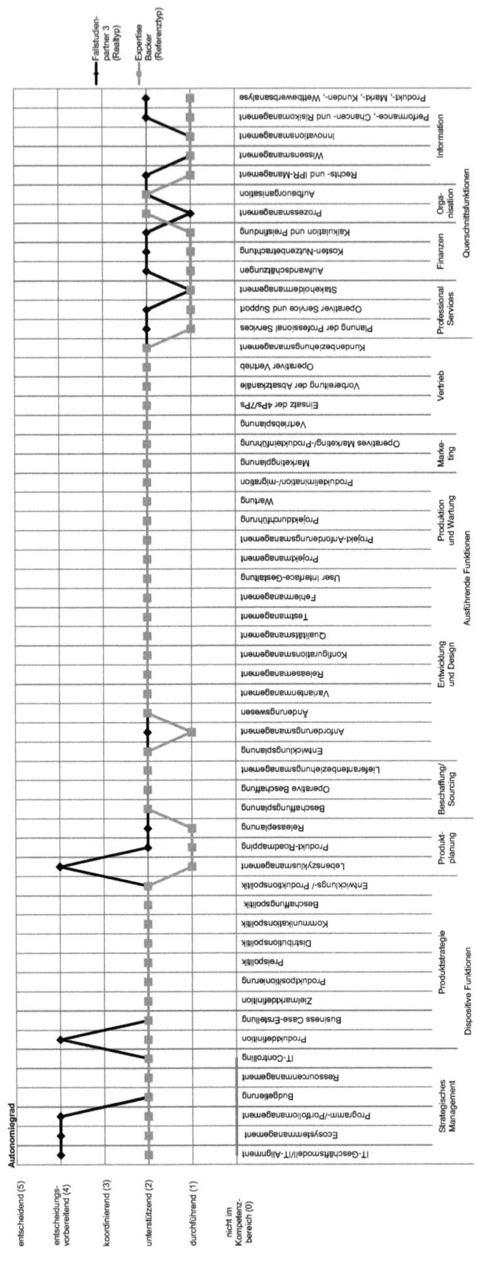

Fallstudienpartner 3 (Realtyp)
Expertise Backer (Referenztyp)
Autonomiegrad
Autarkiegrad
entscheidend (5)
entscheidungs-vorbereitend (4)
koordinierend (3)
unterstützend (2)
durchführend (1)
nicht im Kompetenzbereich (0)
IT-Geschäftsmodell/IT-Alignment
Ecosystemmanagement
Programm-/Portfoliomanagement
Budgetierung
Ressourcenmanagement
IT-Controlling
Produktdefinition
Business Case-Erstellung
Zielmarktdefinition
Produktpositionierung
Preispolitik
Distributionspolitik
Kommunikationspolitik
Beschaffungspolitik
Entwicklungs-/ Produktionspolitik
Lebenszyklusmanagement
Produkt-Roadmapping
Releaseplanung
Beschaffungsplanung
Operative Beschaffung
Lieferantenbeziehungsmanagement
Entwicklungsplanung
Anforderungsmanagement
Änderungswesen
Variantenmanagement
Releasemanagement
Konfigurationsmanagement
Qualitätsmanagement
Testmanagement
Fehlermanagement
User Interface-Gestaltung
Projektmanagement
Projekt-Anforderungsmanagement
Projektdurchführung
Wartung
Produktelimination/-migration
Marketingplanung
Operatives Marketing/-Produkteinführung
Vertriebsplanung
Einsatz der 4Ps/7Ps
Vorbereitung der Absatzkanäle
Operativer Vertrieb
Kundenbeziehungsmanagement
Planung der Professional Services
Operativer Service und Support
Stakeholdermanagement
Aufwandschätzungen
Kosten-Nutzenbetrachtung
Kalkulation und Preisfindung
Prozessmanagement
Aufbauorganisation
Rechts- und IPR-Management
Wissensmanagement
Innovationsmanagement
Performance-, Chancen- und Risikomanagement
Produkt-, Markt-, Kunden-, Wettbewerbsanalyse
Strategisches Management
Produktstrategie
Produktplanung
Beschaffung/ Sourcing
Entwicklung und Design
Produktion und Wartung
Marketing
Vertrieb
Professional Services
Finanzen
Organisation
Information
Dispositive Funktionen
Ausführende Funktionen
Querschnittsfunktionen

Anhang L: Fallstudienpartner 4a – SIMO$_{IT-PM}$

RAHMENBEDINGUNGEN		Bitte hier Ausprägung eintragen, Mehrfachnennungen möglich
Dimensionen der externen Situation		
IT-Branche	1 = Softwarespezialist 2 = Branchenspezialist 3 = Dienstleister 4 = Spezialist für Querschnittsfunktionen 5 = Berater	1,4
Kundenstruktur	1 = Interne Kunden 2 = Externe Kunden 3 = Kleine Organisationen 4 = Mittelständische Organisationen 5 = Große Organisationen	2,4,5
Stakeholderstruktur	(neben der Wertschöpfungskette) 1 = Gesetzgeber 2 = Partner 3 = Fördergeber	1, (4 zu 2%)
IT-Produkte: Komplexität	1 = Mittel 2 = Reduziert 3 = Hoch	3
Heterogenität	1 = Mittel 2 = Reduziert 3 = Hoch	1
Marktliche Dynamik und Unsicherheit	1 = Mittel 2 = Reduziert 3 = Hoch	1
Technische Dynamik und Unsicherheit	1 = Mittel 2 = Reduziert 3 = Hoch	2
Dimensionen der internen Situation		
Gegenwartsbezogene Faktoren		
Produktportfolio (Art der IT-Produkte)	1 = Lizenz 2 = Lizenz plus Service 3 = Projekte/Dienstleistungsbündel 4 = IT-Systemservicegeschäft	2
Diversifikationsgrad (Anzahl der IT-Produkte)	1 = <= 10 2 = <= 100 3 = > 100	1
Diversifikationsgrad (Unterschiedlichkeit der IT-Produkte)	1 = 1 Art IT-Produkt 2 = 2 Arten IT-Produkte 3 = 3 Arten IT-Produkte 4 = 4 Arten IT-Produkte	1
Umsatzverteilung	1 = Eher homogen 2 = Eher heterogen 3 = Kein Umsatz	2
Organisationsgröße	1 = <= 50 (klein) 2 = <= 250 (mittel) 3 = <= 5000 (groß) 4 = > 5000 (mega)	1
Organisationsziele: Finanzwirtschaftliche Ziele	1 = Erfolg (z.B. Gewinn) 2 = Liquidität (z.B. Kostenoptimierung)	1
Leistungswirtschaftliche Ziele	3 = IT-Produktziele (z.B. Standrdisierung) 4 = Kundenziele (z.B. Befriedigung der Kundenwünsche) 5 = Marktziele (z.B. Marktführerschaft)	5
Soziale Ziele	6 = Mitarbeiterbezogen (z.B. Mitarbeiterzufriedenheit) 7 = Gesellschaftsbezogen (z.B. Ökologische Ziele)	6
Psychographische Ziele	8 = Marktgerichtet (z.B. Kundenzufriedenheit) 9 = Organisationsgerichget (z.B. Kundenorientierung)	
	10 = Organisationsziele unbekannt	
Größe des IT-Produktmanagements/ Anzahl IT-Produktmanager	1 = 0 2 = 1 3 = <= 10 4 = <= 100 5 = > 100	3
Ziele des IT-Produktmanagements: Finanzwirtschaftliche Ziele	1 = Erfolg (z.B. Gewinn) 2 = Liquidität (z.B. Kostenoptimierung)	1
Leistungswirtschaftliche Ziele	3 = IT-Produktziele (z.B. Standrdisierung) 4 = Kundenziele (z.B. Befriedigung der Kundenwünsche) 5 = Marktziele (z.B. Marktführerschaft)	5
Soziale Ziele	6 = Mitarbeiterbezogen (z.B. Mitarbeiterzufriedenheit) 7 = Gesellschaftsbezogen (z.B. Ökologische Ziele)	6
Psychographische Ziele	8 = Marktgerichtet (z.B. Kundenzufriedenheit) 9 = Organisationsgerichget (z.B. Kundenorientierung)	
	10 = Ziele des IT-Produktmanagements unbekannt	
Vergangenheitsbezogene Faktoren		
Entwicklungsstadium	1 = Noch kein IT-Produktmanagement implementiert 2 = Im Aufbau/noch nicht vollständig etabliert (ca. <= 5 Jahre) 3 = Etabliert (ca. > 5 Jahre)	3
Art der Gründung des IT-Produktmanagements	1 = Persönlich 2 = Sachlich	2
IT-Produktmanagement Subsystemkomponenten		
Struktur der Weisungsbeziehungen	1 = Einliniensystem 2 = Mehrliniensystem	1
Grad und Dauer objektgerichteter Ressourcenverselbständigung	1 = Reduzierter Zugriff auf Ressourcen 2 = Hoher Zugriff auf Ressourcen innerhalb eines vorgegebenen Rahmens	1
Entscheidungskompetenzumfang	1 = Reduziert 2 = Hoch	1
Eingliederung in das Organisationsorganigramm	1 = Keine Ausrichtung auf Produktziel (KAIT-PM) 2 = Geringe Ausrichtung auf Produktziel (STIT-PM) 3 = Mittlere Ausrichtung auf Produktziel (MA/PAIT-PM) 4 = Hohe Ausrichtung auf Produktziel (LI/LFIT-PM) 5 = Volle Ausrichtung auf Produktziel (PSIT-PM)	4
Machtstruktur **(Erfüllung des Kongruenzprinzips)**	1 = Möglichkeit, auf Handlungsfelder anderer Stelleninhaber einzuwirken, reduziert 2 = Möglichkeit, auf Handlungsfelder anderer Stelleninhaber einzuwirken, gegeben	1
Leitungsstruktur	1 = Keine dedizierte Stelle 2 = Singulärstelle (IT-PMSingulär) 3 = Gruppe (IT-PMGruppe) 4 = Abteilung mit Abteilungsleiter (IT-PMAbteilung) 5 = Zentrale Koordinationsabteilung ohne Weisungsbefugnis für Produktmanagementabteilung (IT-PMKoordinationsorgan)	4
Produktspanne **(Anzahl der betreuten Produkte pro IT-Produktmanager)**	1 = 1 IT-Produkt 2 = Mehrere IT-Produkte 3 = Sämtliche IT-Produkte (keine Aufteilung)	3
Verhalten der Organisationsmitglieder		
Bedeutung/Unterstützung des IT-Produktmanagements	1 = Reduziert 2 = Hoch	1
Informationssteuerung **(Tournus Meetings)**	1 = Reduziert 2 = Hoch	1
ZIELE		
Organisationsziele	Siehe oben	
Ziele des IT-Produktmanagements	Siehe oben	
Korrelation der Ziele	1 = Keine Korrelation 2 = Koorelation gegeben	2
Bemessung des IT-Produktmanagements an Zielen	1 = Keine Bemessung 2 = Bemessung gegeben	2

PROBLEME		
Probleme des IT-Produktmanagements	1 = Keine Probleme **PROBLEME BEZÜGLICH DER RAHMENBEDINGUNGEN** 2 = Grad und Dauer objektgerichteter Ressourcenverselbständigung zu gering 3 = Komplexe Stakeholderstruktur 4 = Keine gesicherten Rahmenbedingungen, Wissensinsel, Überlast 5 = Zu starke Formalisierung 6 = Hohe Anforderungen und Fähigkeiten 7 = Entscheidungswege nicht eindeutig geregelt 8 = Zu wenig Einfluss/Unterstützung 9 = Keine regelmäßigen Treffen 10 = IT-Produktportfolio - Diversifikationsgrad - Komplexität der IT-Produkte 11 = IT-Produktportfolio - Diversifikationsgrad - Standardisierungsbemühungen, vom Projekt zum Produkt 12 = IT-Produktportfolio - Umsatzverteilung **AUFGABENBEZOGENE PROBLEME** 13 = Aufgaben nicht definiert 14 = IT-Produktdefinition 15 = Operatives Marketing/Produkteinführung 16 = IT-Controlling 17 = Kosten-Nutzenbetrachtungen 18 = Anforderungsmanagement 19 = Wissensmanagement **ZIELBEZOGENE PROBLEME** 20 = Keine eigenen Ziele für das IT-Produktmanagement 21 = Schwierige Bemessung-kein Controllorgan, Rechtfertigung 22 = ...	4, 11,15 ,20, 21
Effizienzkriterien des IT-Produktmanagements	1 = Einführung der Stelle des IT-Produktmanagements **ZIELBEZOGENE EFFIZIENZKRITERIEN** 2 = Stringenz der Organisations- und IT-Produktmanagementziele und deren Formalisierung in Business Plänen 3 = Erfolgsabhängige Ziele und Bewertung **AUFGABENBEZOGENE EFFIZIENZKRITERIEN** 4 = Klare Aufgabendefinition 5 = IT-Geschäftsmodell/IT-Alignment, z.B. Ziele und Strategien in Einklang bringen 6 = IT-Controlling 7 = Business Case Erstellung 8 = Zielmarktdefinition, z.B. durch Marktbeobachtung und -bearbeitungsstrategien 9 = Lebenszyklusmanagement, z.B. Kümmerer während sämtlicher Phasen 10 = Releaseplanung, z.B. kürzere Releasezyklen 11 = Anforderungsmanagement, z.B. durch Toolunterstützung 12 = Änderungswesen, z.B. durch klare Dokumenation 13 = Operativer Vertrieb, z.B. durch spezielle Tools 14 = Kundenbeziehungsmanagement, z.B. durch Events 15 = Stakeholdermanagement 16 = Prozessmanagement, z.B. durch Formalisierung 17 = Wissensmanagement, z.B. durch Systeme/Wikis 18 = Innovationsmanagement, z.B. getrennt von Alltagsgeschäft **EFFIZIENZKRITERIEN BEZÜGLICH DER RAHMENBEDINGUNGEN** 19 = Definition der Stelle des IT-Produktmanagements 20 = Time to Market 21 = Standardisierung der IT-Produkte, Begrenzung des Diversifikationsgrades 22 = Unterstützung des IT-Produktmanagements 23 = Regelmäßige Treffen/Schulungen 24 = Betriebsklima und charismatischer Stelleninhaber 25 = Umfassendes Wissen 26 = Sicherung und Priorisierung von Ressourcen 27 = Entscheidungskompetenz 28 = Kleine Teams mit flachen Strukturen und hohen Entscheidungskompetenzen 29 = IT-Produktmanagement als Profit Center 30 = IT-Produktmanagement in Matrixform 31 = Nähe zu den anderen Funktionsbereichen 32 = IT-Produktmanagement als Koordinationsschnittstelle 33 = Aufteilung innerhalb des IT-Produktmanagements anhand der vorhandenen Strukturen von IT-Produkten 34 = IT-Produktmanagement in Führungsebene vertreten 35 = Dezentralisation des IT-Produktmanagements 36 = Übergeordneter IT-Produktmanager 37 = Regularien zur Kontrolle des IT-Produktmanagements 38 = Eindeutige Zuordnung der Produkte 39 = ...	7-14, 16-17, 20-23

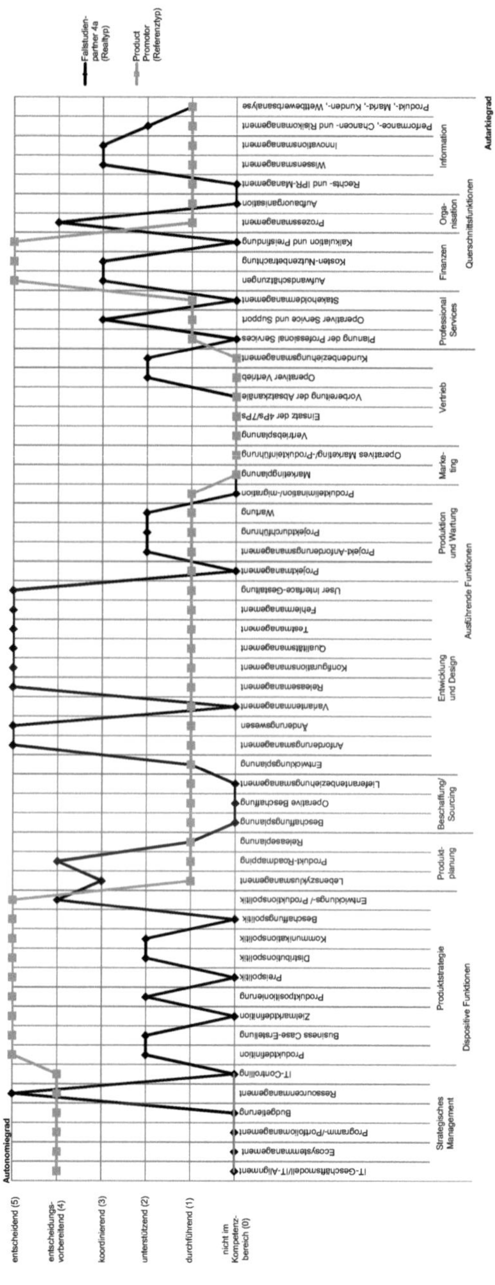
Fallstudien-partner 4a (Realtyp)
Product Promotor (Referenztyp)
Autonomiegrad
Autarkiegrad
entscheidend (5)
entscheidungs-vorbereitend (4)
koordinierend (3)
unterstützend (2)
durchführend (1)
nicht im Kompetenz-bereich (0)
IT-Geschäftsmodell/IT-Alignment
Ecosystemmanagement
Programm-/Portfoliomanagement
Budgetierung
Ressourcenmanagement
IT-Controlling
Strategisches Management
Produktdefinition
Business Case-Erstellung
Zielmarktdefinition
Produktpositionierung
Preispolitik
Distributionspolitik
Kommunikationspolitik
Beschaffungspolitik
Entwicklungs-/ Produktionspolitik
Produktstrategie
Dispositive Funktionen
Lebenszyklusmanagement
Produkt-Roadmapping
Releaseplanung
Produkt-planung
Beschaffungsplanung
Operative Beschaffung
Lieferantenbeziehungsmanagement
Beschaffung/ Sourcing
Entwicklungsplanung
Anforderungsmanagement
Änderungswesen
Variantenmanagement
Releasemanagement
Konfigurationsmanagement
Qualitätsmanagement
Testmanagement
Fehlermanagement
User Interface-Gestaltung
Entwicklung und Design
Projektmanagement
Projekt-Anforderungsmanagement
Projektdurchführung
Wartung
Produktelimination/-migration
Produktion und Wartung
Ausführende Funktionen
Marketingplanung
Operatives Marketing/-Produkteinführung
Marke-ting
Vertriebsplanung
Einsatz der 4Ps/7Ps
Vorbereitung der Absatzkanäle
Operativer Vertrieb
Kundenbeziehungsmanagement
Vertrieb
Planung der Professional Services
Operativer Service und Support
Stakeholdermanagement
Professional Services
Aufwandschätzungen
Kosten-Nutzenbetrachtung
Kalkulation und Preisfindung
Finanzen
Prozessmanagement
Aufbauorganisation
Orga-nisation
Rechts- und IPR-Management
Wissensmanagement
Innovationsmanagement
Performance-, Chancen- und Risikomanagement
Produkt-, Markt-, Kunden-, Wettbewerbsanalyse
Information
Querschnittsfunktionen

Anhang M: Fallstudienpartner 4b – $SIMO_{IT\text{-}PM}$

RAHMENBEDINGUNGEN		Bitte hier Ausprägung eintragen, Mehrfachnennungen möglich
Dimensionen der externen Situation		
IT-Branche	1 = Softwarespezialist 2 = Branchenspezialist 3 = Dienstleister 4 = Spezialist für Querschnittsfunktionen 5 = Berater	1,4
Kundenstruktur	1 = Interne Kunden 2 = Externe Kunden 3 = Kleine Organisationen 4 = Mittelständische Organisationen 5 = Große Organisationen	2,4,5
Stakeholderstruktur	(neben der Wertschöpfungskette) 1 = Gesetzgeber 2 = Partner 3 = Fördergeber	1, (4 zu 2%)
IT-Produkte: Komplexität	1 = Mittel 2 = Reduziert 3 = Hoch	3
Heterogenität	1 = Mittel 2 = Reduziert 3 = Hoch	1
Marktliche Dynamik und Unsicherheit	1 = Mittel 2 = Reduziert 3 = Hoch	1
Technische Dynamik und Unsicherheit	1 = Mittel 2 = Reduziert 3 = Hoch	2
Dimensionen der internen Situation		
Gegenwartsbezogene Faktoren		
Produktportfolio (Art der IT-Produkte)	1 = Lizenz 2 = Lizenz plus Service 3 = Projekte/Dienstleistungsbündel 4 = IT-Systemservicegeschäft	2
Diversifikationsgrad (Anzahl der IT-Produkte)	1 = <= 10 2 = <= 100 3 = > 100	1
Diversifikationsgrad (Unterschiedlichkeit der IT-Produkte)	1 = 1 Art IT-Produkt 2 = 2 Arten IT-Produkte 3 = 3 Arten IT-Produkte 4 = 4 Arten IT-Produkte	1
Umsatzverteilung	1 = Eher homogen 2 = Eher heterogen 3 = Kein Umsatz	2
Organisationsgröße	1 = <= 50 (klein) 2 = <= 250 (mittel) 3 = <= 5000 (groß) 4 = > 5000 (mega)	1
Organisationsziele: Finanzwirtschaftliche Ziele	1 = Erfolg (z.B. Gewinn) 2 = Liquidität (z.B. Kostenoptimierung)	1
Leistungswirtschaftliche Ziele	3 = IT-Produktziele (z.B. Standrdisierung) 4 = Kundenziele (z.B. Befriedigung der Kundenwünsche) 5 = Marktziele (z.B. Marktführerschaft)	5
Soziale Ziele	6 = Mitarbeiterbezogen (z.B. Mitarbeiterzufriedenheit) 7 = Gesellschaftsbezogen (z.B. Ökologische Ziele)	6
Psychographische Ziele	8 = Marktgerichtet (z.B. Kundenzufriedenheit) 9 = Organisationsgerichget (z.B. Kundenorientierung)	
	10 = Organisationsziele unbekannt	
Größe des IT-Produktmanagements/ Anzahl IT-Produktmanager	1 = 0 2 = 1 3 = <= 10 4 = <= 100 5 = > 100	3
Ziele des IT-Produktmanagements: Finanzwirtschaftliche Ziele	1 = Erfolg (z.B. Gewinn) 2 = Liquidität (z.B. Kostenoptimierung)	1
Leistungswirtschaftliche Ziele	3 = IT-Produktziele (z.B. Standrdisierung) 4 = Kundenziele (z.B. Befriedigung der Kundenwünsche) 5 = Marktziele (z.B. Marktführerschaft)	5
Soziale Ziele	6 = Mitarbeiterbezogen (z.B. Mitarbeiterzufriedenheit) 7 = Gesellschaftsbezogen (z.B. Ökologische Ziele)	6
Psychographische Ziele	8 = Marktgerichtet (z.B. Kundenzufriedenheit) 9 = Organisationsgerichget (z.B. Kundenorientierung)	
	10 = Ziele des IT-Produktmanagements unbekannt	
Vergangenheitsbezogene Faktoren		
Entwicklungsstadium	1 = Noch kein IT-Produktmanagement implementiert 2 = Im Aufbau/noch nicht vollständig etabliert (ca. <= 5 Jahre) 3 = Etabliert (ca. > 5 Jahre)	3
Art der Gründung des IT-Produktmanagements	1 = Persönlich 2 = Sachlich	2
IT-Produktmanagement Subsystemkomponenten		
Struktur der Weisungsbeziehungen	1 = Einliniensystem 2 = Mehrliniensystem	1
Grad und Dauer objektgerichteter Ressourcenverselbständigung	1 = Reduzierter Zugriff auf Ressourcen 2 = Hoher Zugriff auf Ressourcen innerhalb eines vorgegebenen Rahmens	1
Entscheidungskompetenzumfang	1 = Reduziert 2 = Hoch	1
Eingliederung in das Organisationsorganigramm	1 = Keine Ausrichtung auf Produktziel (KAIT-PM) 2 = Geringe Ausrichtung auf Produktziel (STIT-PM) 3 = Mittlere Ausrichtung auf Produktziel (MA/PAIT-PM) 4 = Hohe Ausrichtung auf Produktziel (LI/LFIT-PM) 5 = Volle Ausrichtung auf Produktziel (PSIT-PM)	4
Machtstruktur **(Erfüllung des Kongruenzprinzips)**	1 = Möglichkeit, auf Handlungsfelder anderer Stelleninhaber einzuwirken, reduziert 2 = Möglichkeit, auf Handlungsfelder anderer Stelleninhaber einzuwirken, gegeben	1
Leitungsstruktur	1 = Keine dedizierte Stelle 2 = Singulärstelle (IT-PMSingulär) 3 = Gruppe (IT-PMGruppe) 4 = Abteilung mit Abteilungsleiter (IT-PMAbteilung) 5 = Zentrale Koordinationsabteilung ohne Weisungsbefugnis für Produktmanagementabteilung (IT-PMKoordinationsorgan)	4
Produktspanne **(Anzahl der betreuten Produkte pro IT-Produktmanager)**	1 = 1 IT-Produkt 2 = Mehrere IT-Produkte 3 = Sämtliche IT-Produkte (keine Aufteilung)	3
Verhalten der Organisationsmitglieder		
Bedeutung/Unterstützung des IT-Produktmanagements	1 = Reduziert 2 = Hoch	1
Informationssteuerung **(Tournus Meetings)**	1 = Reduziert 2 = Hoch	1
ZIELE		
Organisationsziele	Siehe oben	
Ziele des IT-Produktmanagements	Siehe oben	
Korrelation der Ziele	1 = Keine Korrelation 2 = Koorelation gegeben	2
Bemessung des IT-Produktmanagements an Zielen	1 = Keine Bemessung 2 = Bemessung gegeben	2

PROBLEME		
Probleme des IT-Produktmanagements	1 = Keine Probleme **PROBLEME BEZÜGLICH DER RAHMENBEDINGUNGEN** 2 = Grad und Dauer objektgerichteter Ressourcenverselbständigung zu gering 3 = Komplexe Stakeholderstruktur 4 = Keine gesicherten Rahmenbedingungen, Wissensinsel, Überlast 5 = Zu starke Formalisierung 6 = Hohe Anforderungen und Fähigkeiten 7 = Entscheidungswege nicht eindeutig geregelt 8 = Zu wenig Einfluss/Unterstützung 9 = Keine regelmäßigen Treffen 10 = IT-Produktportfolio - Diversifikationsgrad - Komplexität der IT-Produkte 11 = IT-Produktportfolio - Diversifikationsgrad - Standardisierungsbemühungen, vom Projekt zum Produkt 12 = IT-Produktportfolio - Umsatzverteilung **AUFGABENBEZOGENE PROBLEME** 13 = Aufgaben nicht definiert 14 = IT-Produktdefinition 15 = Operatives Marketing/Produkteinführung 16 = IT-Controlling 17 = Kosten-Nutzenbetrachtungen 18 = Anforderungsmanagement 19 = Wissensmanagement **ZIELBEZOGENE PROBLEME** 20 = Keine eigenen Ziele für das IT-Produktmanagement 21 = Schwierige Bemessung-kein Controllorgan, Rechtfertigung 22 = ...	4, 11, 15, 20, 21
Effizienzkriterien des IT-Produktmanagements	1 = Einführung der Stelle des IT-Produktmanagements **ZIELBEZOGENE EFFIZIENZKRITERIEN** 2 = Stringenz der Organisations- und IT-Produktmanagementziele und deren Formalisierung in Business Plänen 3 = Erfolgsabhängige Ziele und Bewertung **AUFGABENBEZOGENE EFFIZIENZKRITERIEN** 4 = Klare Aufgabendefinition 5 = IT-Geschäftsmodell/IT-Alignment, z.B. Ziele und Strategien in Einklang bringen 6 = IT-Controlling 7 = Business Case Erstellung 8 = Zielmarktdefinition, z.B. durch Marktbeobachtung und -bearbeitungsstrategien 9 = Lebenszyklusmanagement, z.B. Kümmerer während sämtlicher Phasen 10 = Releaseplanung, z.B. kürzere Releasezyklen 11 = Anforderungsmanagement, z.B. durch Toolunterstützung 12 = Änderungswesen, z.B. durch klare Dokumenation 13 = Operativer Vertrieb, z.B. durch spezielle Tools 14 = Kundenbeziehungsmanagement, z.B. durch Events 15 = Stakeholdermanagement 16 = Prozessmanagement, z.B. durch Formalisierung 17 = Wissensmanagement, z.B. durch Systeme/Wikis 18 = Innovationsmanagement, z.B. getrennt von Alltagsgeschäft **EFFIZIENZKRITERIEN BEZÜGLICH DER RAHMENBEDINGUNGEN** 19 = Definition der Stelle des IT-Produktmanagements 20 = Time to Market 21 = Standardisierung der IT-Produkte, Begrenzung des Diversifikationsgrades 22 = Unterstützung des IT-Produktmanagements 23 = Regelmäßige Treffen/Schulungen 24 = Betriebsklima und charismatischer Stelleninhaber 25 = Umfassendes Wissen 26 = Sicherung und Priorisierung von Ressourcen 27 = Entscheidungskompetenz 28 = Kleine Teams mit flachen Strukturen und hohen Entscheidungskompetenzen 29 = IT-Produktmanagement als Profit Center 30 = IT-Produktmanagement in Matrixform 31 = Nähe zu den anderen Funktionsbereichen 32 = IT-Produktmanagement als Koordinationsschnittstelle 33 = Aufteilung innerhalb des IT-Produktmanagements anhand der vorhandenen Strukturen von IT-Produkten 34 = IT-Produktmanagement in Führungsebene vertreten 35 = Dezentralisation des IT-Produktmanagements 36 = Übergeordneter IT-Produktmanager 37 = Regularien zur Kontrolle des IT-Produktmanagements 38 = Eindeutige Zuordnung der Produkte 39 = ...	7-14, 16-17, 20-23

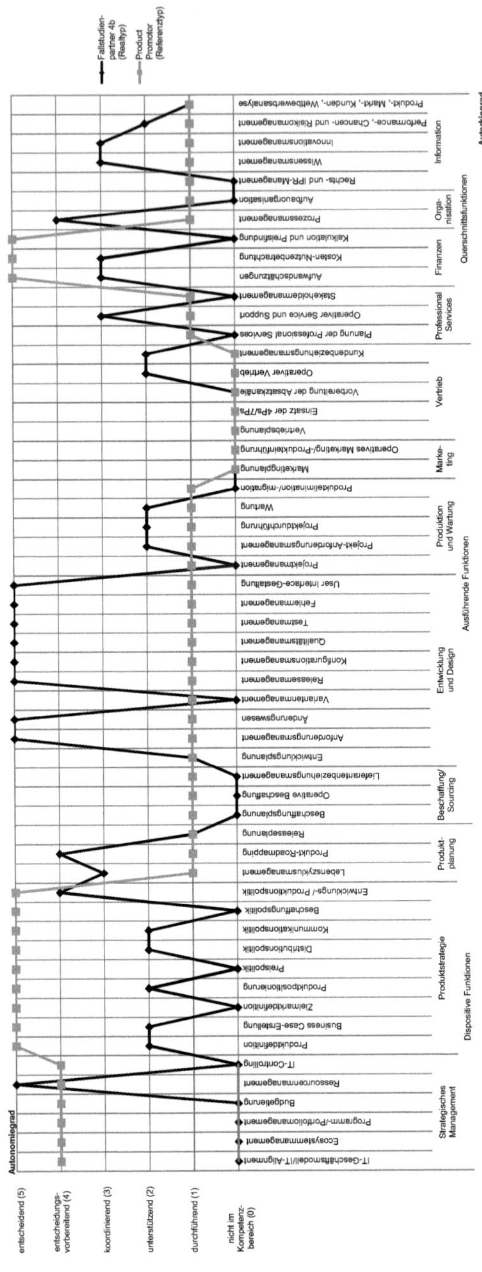
Fallstudien-partner 4b (Realtyp)
Product Promotor (Referenztyp)
Autonomiegrad
Autarkiegrad
entscheidend (5)
entscheidungs-vorbereitend (4)
koordinierend (3)
unterstützend (2)
durchführend (1)
nicht im Kompetenz-bereich (0)
IT-Geschäftsmodell/IT-Alignment
Ecosystemmanagement
Programm-/Portfoliomanagement
Budgetierung
Ressourcenmanagement
IT-Controlling
Produktdefinition
Business Case-Erstellung
Zielmarktdefinition
Produktpositionierung
Preispolitik
Distributionspolitik
Kommunikationspolitik
Beschaffungspolitik
Entwicklungs-/ Produktionspolitik
Lebenszyklusmanagement
Produkt-Roadmapping
Releaseplanung
Beschaffungsplanung
Operative Beschaffung
Lieferantenbeziehungsmanagement
Entwicklungsplanung
Anforderungsmanagement
Änderungswesen
Variantenmanagement
Releasemanagement
Konfigurationsmanagement
Qualitätsmanagement
Testmanagement
Fehlermanagement
User Interface-Gestaltung
Projektmanagement
Projekt-Anforderungsmanagement
Projektdurchführung
Wartung
Produktelimination/-migration
Marketingplanung
Operatives Marketing/-Produkteinführung
Vertriebsplanung
Einsatz der 4Ps/7Ps
Vorbereitung der Absatzkanäle
Operativer Vertrieb
Kundenbeziehungsmanagement
Planung der Professional Services
Operativer Service und Support
Stakeholdermanagement
Aufwandschätzungen
Kosten-Nutzenbetrachtung
Kalkulation und Preisfindung
Prozessmanagement
Aufbauorganisation
Rechts- und IPR-Management
Wissensmanagement
Innovationsmanagement
Perfomance-, Chancen- und Risikomanagement
Produkt-, Markt-, Kunden-, Wettbewerbsanalyse
Strategisches Management
Produktstrategie
Produkt-planung
Beschaffung/Sourcing
Entwicklung und Design
Produktion und Wartung
Marke-ting
Vertrieb
Professional Services
Finanzen
Orga-nisation
Information
Dispositive Funktionen
Ausführende Funktionen
Querschnittsfunktionen

Literaturverzeichnis

280 Group (2013), Optimal Product Management and Product Marketing, Optimal Product Process, Auf den Seiten der/des 280 Group, URL: http://content.280group.com/280groupbrochure.pdf, Zugriff am: 21.03.2014

Adams, S. (2012), The 10 Best Websites For Your Career, Auf den Seiten der/des Forbes.com, URL: http://www.forbes.com/sites/susanadams/2012/09/14/the-10-best-websites-for-your-career/, Zugriff am: 21.03.2014

Adolpha, S., Kruchten, P. und Hall, W. (2012), Reconciling perspectives: A grounded theory of how people manage the process of software development, in: Journal of Systems and Software, 85, 2012, 6, S. 1269-1286

AIPMM (2013), About The AIPMM - Introducing the AIPMM Product Management Framework, Auf den Seiten der/des Association of International Product Marketing and Management, URL: http://aipmm.com/pmf/AIPMM-ebook-v2a.pdf, Zugriff am: 21.03.2014

Albers, S. und Herrmann, A. (Hrsg., 2007), Handbuch Produktmanagement: Strategieentwicklung - Produktplanung - Organisation - Kontrolle, 3., überarb. u. erw. Aufl., Wiesbaden 2007

Albourae, T., Ruhe, G. und Moussavi, M. (2006), Lightweight Replanning of Software Product Releases, International Workshop on Software Product Management (IWSPM'06), Minneapolis/St. Paul, S. 27-34

Allport, F. (1933), Institutional Behavior, Chapel Hill 1933

Alt, O. (2012), Modellbasierte Systementwicklung mit SysML, München 2012

Ansoff, H. und Brandenburg, R. (1978), Ein Bezugsrahmen für die organisatorische Gestaltung, in: Grochla, E. (Hrsg., 1978), Elemente der organisatorischen Gestaltung, Reinbek bei Hamburg 1978, S. 262-288

APMG International (2012), ISO/IEC 20000 White Paper, Auf den Seiten der/des APMG-International, URL: http://www.apmg-international.com/nmsruntime/saveasdialog.aspx?lID=4587&sID=6457, Zugriff am: 21.03.2014

Arnold, U. (1984), Die organisationstheoretischen Grundlagen des Produktmanager-Konzepts, in: Wirtschaftswissenschaftliches Studium (WiSt), 13, 1984, 9, S. 435-441

Arnold, U. und Eierhoff, K. (Hrsg., 1993), Marketingfocus: Produktmanagement, Stuttgart 1993

Atteslander, P., Cromm, J., Grabow, B., Klein, H., Maurer, A. und Siegert, G. (2006), Methoden der empirischen Sozialforschung, 11., neu bearb. u. erw. Aufl., Berlin 2006

Aumayr, K. (2013), Erfolgreiches Produktmanagement - Tool-Box für das professionelle Produktmanagement und Produktmarketing, 3. Aufl., Wiesbaden 2013

Bailey, K. (1994), Typologies and Taxonomies: An Introduction to Classification Techniques, Thousand Oaks u.a. 1994

Banerjee, P., Bash, C., Friedrich, R., Goldsack, P., Huberman, B., Manley, J., Patel, C., Ranganathan, P. und Veitch, A. (2011), Everything as a Service: Powering the New Information Economy, in: Computer (IEEE Computer Society), 44, 2011, 3, S. 36-43

Barnard, C. (1948), Organization and Management, Cambridge 1948

Barney, S., Aururn, A. und Wohlin, C. (2008), A Product Management Challenge: Creating Software Product Value through Requirements Selection, in: Journal of Systems Architecture, 54, 2008, 6, S. 576-593

Bea, F. X. und Göbel, E. (2010), Organisation - Theorie und Gestaltung, 4. Aufl., Stuttgart 2010

Bebensee, T., van de Weerd, I. und Brinkkemper, S. (2010), Binary priority list for prioritizing software requirements, 16th Requirements Engineering: Foundation for Software Quality (REFSQ'2010), Essen, S. 67-78

Becker, H. (1968), Through Values to Social Interpretation: Essays on Social Contexts, Actions, Types, and Prospects, New York 1968

Becker, H. und Geer, B. (1979), Teilnehmende Beobachtung - Die Analyse qualitativer Forschungsergebnisse, in: Hopf, C. und Weingarten, E. (Hrsg., 1979), Qualitative Sozialforschung, Stuttgart 1979, S. 139-166

Becker, J. (2010), Prozess der gestaltungsorientierten Wirtschaftsinformatik, in: Österle, H., Winter, R. und Brenner, W. (Hrsg., 2010), Gestaltungsorientierte Wirtschaftsinformatik: Ein Plädoyer für Rigor und Relevanz, Nürnberg 2010, S. 13-17

Becker, J. (2013), Marketing-Konzeption - Grundlagen des zielstrategischen und operativen Marketing-Managements, 10., überarb. u. erw. Aufl., München 2013

Becker, J., Krcmar, H. und Niehaves, B. (Hrsg., 2009), Wissenschaftstheorie und gestaltungsorientierte Wirtschaftsinformatik, Heidelberg 2009

Bekkers, W. (2012), Situational Process Improvement in Software Product Management, Diss. an der Utrecht University, Institute of Information and Computing Sciences, Utrecht 2012

Bekkers, W., Brinkkemper, S., van den Bemd, L., Mijnhardt, F., Wagner, C. und van de Weerd, I. (2012), Evaluating the Software Product Management Maturity Matrix, 20th IEEE International Requirements Engineering Conference (RE'2012), Illinois, S. 51-60

Bekkers, W. und Spruit, M. (2010), The Situational Assessment Method put to the test: Improvements based on case studies, 4th International Workshop on Software Product Management (IWSPM'2010), Sydney, S. 7-16

Bekkers, W., Spruit, M., van de Weerd, I., van Vliet, R. und Mahieu, A. (2010a), A Situational Assessment Method for Software Product Management, 18th European Conference on Information Systems (ECIS'2010), Pretoria, S. 1-12

Bekkers, W., van de Weerd, I., Brinkkemper, S. und Mahieu, A. (2008a), The Influence of Situational Factors in Software Product Management: An Empirical Study, 2nd International Workshop on Software Product Management (IWSPM'08) Minneapolis/St. Paul, S. 41-48

Bekkers, W., van de Weerd, I., Brinkkemper, S. und Mahieu, A. (2008b), The Relevance of Situational Factors in Software Product Management, Auf den Seiten der/des Universität Utrecht, Department of Information and Computing Sciences, URL: http://www.cs.uu.nl/research/tech reps/repo/CS-2008/2008-016.pdf, Zugriff am: 21.03.2014

Bekkers, W., van de Weerd, I., Spruit, M. und Brinkkemper, S. (2010b), A Framework for Process Improvement in Software Product Management, in: Communications in Computer and Information Science - Systems, Software and Services Process Improvement, 99, 2010b, 1, S. 1-12

Ben-Menachem, M. und Gavious, I. (2008), Economic Desirability and Traceability of Complex Products, in: Electronic Journal Information Systems Evaluation, 11, 2008, 3, S. 155-166

Berander, P. (2007), Evolving prioritization for software product management, Diss. an der Blekinge School of Engineering, Institute of Technology, Karlskrona 2007

Berg, C. (1981), Organisationsgestaltung, Stuttgart u.a. 1981

Bergmann, R. und Garrecht, M. (2008), Organisation und Projektmanagement, Heidelberg 2008

Bjarnason, E., Wnuk, K. und Regnell, B. (2010), Overscoping: Reasons and consequences — A case study on decision making in software product management, 4th International Workshop on Software Product Management (IWSPM'10), Sydney, S. 30-39

Bjørner, D. (2011), Believable Software Management, in: Encyclopedia of Software Engineering, 1, 2011, 1, S. 1-32

Bleicher, K. (1991), Organisation, Strategien - Strukturen - Kulturen, 2., vollst. neu bearb. u. überarb. Aufl., Wiesbaden 1991

Blijleven, V., Andalibi, F., Pap, A. und Brinkkemper, S. (2012), The Influence of Internationalization on Software Product Management, 6th International Workshop on Software Product Management (IWSPM'2012), Essen, S. 192-206

Blumer, H. (1954), What is Wrong with Social Theory?, in: American Sociological Review, 19, 1954, 1, S. 3-10

Bogner, A. und Menz, W. (2005), Das theoriegenerierende Experteninterview - Erkenntnisinteresse, Wissensformen, Interaktion, in: Bogner, A., Littig, B. und Menz, W. (Hrsg., 2005), Das Experteninterview - Theorie, Methode, Anwendung, Wiesbaden 2005, S. 33-70

Böhmann, T., Taurel, W. und Krcmar, H. (2006), Produktmanagement für IT-Dienstleistungen in Deutschland, Arbeitspapier Nr. 23, Garching 2006

Bohnsack, R. (2007), Typenbildung, Generalisierung und komparative Analyse: Grundprinzipien der dokumentarischen Analyse, in: Bohnsack, R., Nentwig-Gesemann, I. und Nohl, A. (Hrsg., 2007), Die dokumentarische Methode und ihre Forschungspraxis, Wiesbaden 2007, S. 225-254

Bornemann, T. (2010), Neuproduktvorankündigungen - Inhaltliche Gestaltung und marktbezogene Auswirkungen, Diss. an der Universität Mannheim, Mannheim 2010

Bortz, J. und Döring, N. (2006), Forschungsmethoden und Evaluation für Human- und Sozialwissenschaftler, Heidelberg 2006

Botzenhardt, A. und Maedche, A. (2010), Towards a Performance Measurement Reference Model for Software Product Management, 4th International Workshop on Software Product Management (IWSPM'10), Sydney, S. 26-29

Botzenhardt, A., Maedche, A. und Wiesner, J. (2011), Developing a domain ontology for software product management, 5th International Workshop on Software Product Management (IWSPM'11), Trento, S. 7-16

Bresemann, H., Zimdars, J., Skalski, D. und Heidtmann, F. (1995), Wie finde ich Normen, Patente, Reports - Ein Wegweiser zu technisch-naturwissenschaftlicher Spezialliteratur, 2., akt. Aufl., Berlin 1995

Brinkkemper, S., van de Weerd, I., Saeki, M. und Versendaal, J. (2008), Process Improvement in Requirements Management: A Method Engineering Approach, 14th International Conference on Requirements Engineering: Foundation for Software Quality (RE'06), Montpellier, S. 6-22

Brockhoff, K. (1999), Produktpolitik, 4. Aufl., Stuttgart 1999

Brockhoff, K. und Hauschildt, J. (1993), Schnittstellen-Management - Koordination ohne Hierarchie, in: zfo, 62, 1993, 6, S. 396-403

Brodman, J. (1994), What small businesses and small organizations say about the CMM, 16th International Conference on Software Engineering (ICSE'1994), Lincoln, S. 331-340

Brühl, R. (2012), Controlling - Grundlagen des Erfolgscontrollings, 3. Aufl., München 2012

Bruhn, M. (1998), Wirtschaftlichkeit des Qualitätsmanagements - Qualitätscontrolling für Dienstleistungen, Berlin und Heidelberg 1998

Bruhn, M. und Hadwich, K. (2006), Produkt- und Servicemanagement: Konzepte - Methoden - Prozesse, München 2006

BSI - British Standards Institution (2013), What is a standard?, Auf den Seiten der/des The British Standards Institution 2013, URL: http://www.bsigroup.com/en-GB/standards/Information-about-standards/what-is-a-standard/, Zugriff am: 21.03.2014

Buchsein, R., Victor, F., Günther, H. und Machmeier, V. (2008), IT-Management mit ITIL® V3 - Strategien, Kennzahlen, Umsetzung, 2., akt. u. erw. Aufl., Wiesbaden 2008

Bucksteeg, M., Ebel, N., Eggert, F., Meier, J. und Zurhausen, B. (2012), ITIL® 2011 - der Überblick - Alles Wichtige für Einstieg und Anwendung, München 2012

Bühner, R. (1995), Arbeitsorganisation, in: Corsten, H. und Reiß, M. (Hrsg., 1995), Unternehmesführung: Konzepte - Instrumente - Schnittstellen, Wiesbaden 1995, S. 433-445

Bühner, R. (2004), Betriebswirtschaftliche Organisation, 10., bearb. Aufl., München 2004

Buxmann, P., Diefenbach, H. und Hess, T. (2011), Die Softwareindustrie - Ökonomische Prinzipien, Strategien, Perspektiven, 2. Aufl., Berlin und Heidelberg 2011

Carson, D., Gilmore, A., Perry, C. und Gronhaug, K. (2001), Qualitative Marketing Research, London 2001

CEN - European Committee for Standardization (2013), Auf den Seiten der/des DIN - Deutsches Institut für Normung e. V., Brüssel, URL: http://www.cen.eu/cen/pages/default.aspx, Zugriff am: 21.03.2014

CENLEC - European Committee for Electrotechnical Standardization (2013), Auf den Seiten der/des DIN Deutsches Institut für Normung e. V., Brüssel, URL: http://www.cencenelec.eu/Pages/ default.aspx, Zugriff am: 21.03.2014

Chrissis, M. B., Konrad, M. und Shrum, S. (2012), CMMI® Version 1.3 für die Entwicklung - Richtlinien für Prozessintegration und Produktverbesserung, München 2012

Chroust, G. (1992), Modelle der Software-Entwicklung, Wien 1992

Clark, P. (2004), PDMA 2003 Annual Review: A Year of Transition, in: PDMA VISIONS, XXVIII, 2004, 3, S. 17-20

Clarke, P. und O'Connor, R. (2012), The situational factors that affect the software development process: Towards a comprehensive reference framework, in: Information and Software Technology, 54, 2012, 5, S. 433-447

CMMI Product Team (2010a), CMMI® for Acquisition, Version 1.3, Hanscom, Auf den Seiten der/des Software Engineering Institute (SEI), URL: http://www.sei.cmu.edu/reports/11tr010.pdf, Zugriff am: 21.03.2014

CMMI Product Team (2010b), CMMI® for Development, Version 1.3, Hanscom, Auf den Seiten der/des Software Engineering Institute (SEI), URL: http://www.sei.cmu.edu/reports/10tr033.pdf, Zugriff am: 21.03.2014

CMMI Product Team (2010c), CMMI® for Services, Version 1.3, Hanscom, Auf den Seiten der/des Software Engineering Institute (SEI), URL: http://www.sei.cmu.edu/reports/10tr034.pdf, Zugriff am: 21.03.2014

Cohen, G. (2010), Agile Excellence™ for Product Managers - A Guide to Creating Winning Products with Agile Development Teams, Cupertino 2010

Coleman, G. (2005), An empirical study of software process in practice, 38th Hawaii International Conference on System Sciences (HICSS'2005), Hawaii, S. 315c-315c

Coman, A. und Ronen, B. (2010), Icarus' predicament: Managing the pathologies of overspecification and overdesign Original Research Article, in: International Journal of Project Management, 28, 2010, 3, S. 237-244

Condon, D. (2002), Software Product Management – Managing Software Development from Idea to Product to Marketing to Sales, USA 2002

Conti, T. (1999), Self-Assessment - Ein Werkzeug zur Verbesserung der Wettbewerbsfähigkeit, München und Wien 1999

Corbin, J. und Strauss, A. (2008), Basics of Qualitative Research: Techniques and Procedures for Developing Grounded Theory, 3. Aufl., Thousand Oaks 2008

Corsten, H. und Reiß, M. (Hrsg., 1995), Unternehmensführung: Konzepte - Instrumente - Schnittstellen, Wiesbaden 1995

Creswell, J. (2009), Research Design - Qualitative, Quantitative, and Mixed Methods Approaches, 3. Aufl., Los Angeles u.a. 2009

Crosswater Job Guide (2012), Auf den Seiten der/des Crosswater Job Guide, URL: http://crosswater-job-guide.com, Zugriff am: 21.03.2014

Cusumano, M. (2004), The Business of Software: What Every Manager, Programmer, and Entrepreneur Must Know to Thrive and Survive in Good Times and Bad, New York 2004

Cusumano, M. und Selby, R. (1995), Microsoft Secrets: How the World's Most Powerful Software Company Creates Technology, Shapes Markets, and Manages People, New York 1995

Cyert, R. und March, J. (1963), Behavioral Theory of the Firm, Oxford 1963

Czech, C. (2014), Konzeption, prototypische Realisierung und Evaluation eines internetbasierten Self-Assessment Tools für IT-Produktmanagement, Diplomarbeit an der Universität Stuttgart, Lehrstuhl für Allgemeine Betriebswirtschaftslehre und Wirtschaftsinformatik II (Unternehmenssoftware), Stuttgart 2014

Daft, R., Murphy, J. und Willmott, H. (2010), Organization Theory and Desing, Cheriton House u.a. 2010

Dayani-Fard, H. (2003), Quality-based software release management, Diss. an der Queen's University Kingston, Ontario 2003

Didar-Al-Alam, S., Zhi, J. und Ruhe, G. (2012), Software Release Planning Incorporating Technological Change – The Case of Considering Software Inspections, 6th International Workshop on Software Product Management (IWSPM'2012), Essen, S. 222-236

Diekmann, A. (2007), Empirische Sozialforschung - Grundlagen, Methoden, Anwendungen, 17. Aufl., Reinbek bei Hamburg 2007

Dietrich, M. (2004a), Das Microsoft Solutions Framework, Auf den Seiten der/des MSDN - das Microsoft Developer Network, URL: http://msdn.microsoft.com/de-de/library/bb979125.aspx, Zugriff am: 21.03.2014

Dietrich, M. (2004b), Das Microsoft Solutions Framework, Auf den Seiten der/des MSDN - das Microsoft Developer Network, URL: http://msdn.microsoft.com/de-de/library/bb979125.aspx, Zugriff am: 27.06.2013

Diller, H. (1975), Produkt-Management und Marketing-Informationssysteme - Tätigkeitsbild und Informationsbedarf des Produkt-Managers als Determinanten der Ausgestaltung, Berlin 1975

DIN 820-1 (2009), Normungsarbeit - Teil 1: Grundsätze, 2009

DIN (2013), Berlin, Auf den Seiten der/des Deutsches Institut für Normung e. V., URL: http://www.din.de/, Zugriff am: 21.03.2014

DIN EN 45020 (2007), Normung und damit zusammenhängende Tätigkeiten - Allgemeine Begriffe, Genf 2007

DIN EN ISO 9000 (2005), Qualitätsmanagementsysteme - Grundlagen und Begriffe, Genf 2005

DIN EN ISO 9001 (2008), Qualitätsmanagementsysteme - Anforderungen, Genf 2008

DIN EN ISO 9004 (2009), Leiten und Lenken für den nachhaltigen Erfolg einer Organisation - Ein Qualitätsmanagementansatz, Genf 2009

DIN EN ISO 19011 (2011), Leitfaden für das interne und externe Auditieren, Genf 2011

DIN ISO/IEC 15504-5 (2006), Beispiel für ein Prozess-Assessmentmodell, Genf 2006

Dver, A. (2003), Software Product Management Essentials, Tampa 2003

Ebel, N. (2008), ITIL V3 Basis-Zertifizierung: Grundlagenwissen und Zertifizierungsvorbereitung für die ITIL Foundation-Prüfung, Bd. 3, München 2008

Ebert, C. (2007a), The impacts of software product management, in: Journal of Systems & Software, 80, 2007a, 6, S. 850-861

Ebert, C. (2007b), Product Management: Assuring Business Success from R&D, Stuttgart 2007b

Ebert, C. (2009), Software Product Management, in: CROSSTALK, The Journal of Defense Software Engineering, 22, 2009, 1, S. 15-19

Ebert, C., Murthy, B. und Jha, N. (2008), Managing Risks in Global Software Engineering: Principles and Practices, IEEE International Conference on Global Software Engineering (ICGSE'2008), Bangalore, S. 131-140

Eckles, R. und Novotny, T. (1984), Industrial product managers: Authority and responsibility, in: Industrial Marketing Management, 13, 1984, 2, S. 71-75

Escherle, H. und Kaplaner, K. (1982), Wirtschaft zum Nachschlagen - Aktuelles Lexikon des Wirtschaftslebens von A - Z, München 1982

Evaristo, E. und Karahanna, J. (1997), Is North American IS Research Different from European IS Research?, in: The Data Base for Advances in Information Systems, 28, 1997, 3, S. 32-43

EZB (2013), Elektronische Zeitschriftenbibliothek Universitätsbibliothek, Auf den Seiten der/des Universität Regensburg, URL: http://ezb.uni-regensburg.de/, Zugriff am: 14.08.2013

Ferstl, O. und Sinz, E. (2008), Grundlagen der Wirtschaftsinformatik, 6. Aufl., München 2008

Fischbach, K., Schoder, D., Putzke, J. und Gloor, P. (2010), Der Beitrag der Wirtschaftsinformatik zur Analyse und Gestaltung von informellen Netzwerken, in: Stegbauer, C. und Häußling, R. (Hrsg., 2010), Handbuch Netzwerkforschung, Wiesbaden 2010, S. 679-686

Flick, U. (2009), Design und Prozess qualitativer Forschung, in: Flick, U., von Kardorff, E. und Steinke, I. (Hrsg., 2009), Qualitative Forschung - Ein Handbuch, 7. Aufl., Reinbek bei Hamburg 2009, S. 252-265

Flick, U. (2011), Triangulation - Eine Einführung, 3., akt. Aufl., Wiesbaden 2011

Flick, U., von Kardorff, E., Keupp, H., von Rosenstiel, W. und Wolff, S. (Hrsg., 1995), Handbuch Qualitative Sozialforschung - Grundlagen, Konzepte, Methoden und Anwendungen, 2. Aufl., München 1995

Fließ, S. (2006), Vertriebsmanagement, in: Kleinaltenkamp, M., Plinke, W., Jacob, F. und Söllner, A. (Hrsg., 2006), Markt- und Produktmanagement – Die Instrumente des Business-to-Business-Marketing, 2. Aufl., Berlin u.a. 2006, S. 369-494

Fogelström, N., Gorschek, T., Svahnberg, M. und Olsson, P. (2010), The impact of agile principles on market-driven software product development, in: Journal of Software Maintenance and Evolution: Research and Practice, 22, 2010, 1, S. 53-80

Frese, E. (1981), Aktuelle Konzepte der Unternehmungsorganisation, in: Kieser, A. (Hrsg., 1981), Organisationstheoretische Ansätze, München 1981, S. 51-68

Frese, E. (Hrsg., 1992), Organisationstheorie - Historische Entwicklung - Ansätze - Perspektiven, 2. überarb. u. wesentl. erw. Aufl., Wiesbaden 1992

Frese, E. (Hrsg., 2000), Grundlagen der Organisation, 3. Aufl., Wiesbaden 2000

Frese, E., Graumann, M. und Theuvsen, L. (2012), Grundlagen der Organisation - Entscheidungsorientiertes Konzept der Organisationsgestaltung, 10. Aufl., Wiesbaden 2012

Fricker, S., Gorschek, T., Byman, C. und Schmidle, A. (2010), Handshaking with Implementation Proposals: Negotiating Requirements Understanding, in: IEEE Software, 27, 2010, 2, S. 72-80

Friedrichs, J. (1990), Methoden empirischer Sozialforschung, 14. Aufl., Opladen 1990

Fröhlich, M. und Glasner, K. (2007), IT-Governance: Leitfaden für eine praxisgerechte Implementierung, Wiesbaden 2007

Gaulke, M. (2010), Praxiswissen COBIT - Val IT - Risk IT: Grundlagen und praktische Anwendung für die IT-Governance, Heidelberg 2010

Geisberger, E. und Broy, M. (2012), Geschäftsmodelle und Ökosysteme, in: agendaCPS - Integrierte Forschungsagenda Cyber-Physical Systems, acatech STUDIE, 1, 2012, 1, S. 175-190

Gerhardt, T. (1992), Strategie und Struktur in der deutschen Softwareindustrie: Eine industrieökonomische Untersuchung der Unternehmensentwicklung in der Softwarebranche, Bd. 13, München 1992

Gerhardt, U. (1995), Typenbildung, in: Flick, U., von Kardorff, E., Keupp, H., von Rosenstiel, W. und Wolff, S. (Hrsg., 1995), Handbuch Qualitative Sozialforschung - Grundlagen, Konzepte, Methoden und Anwendungen, 2. Aufl., München 1995, S. 435-439

Gietema, S. und Brinkkemper, S. (2012), Managing the Product Release Cycle - Ten factors determining success in project management of product release cycles, 6th International Workshop on Software Product Management (IWSPM'2012), Essen, S. 207-221

Glaser, B. und Strauss, A. (1967), The Discovery of Grounded Theory. Strategies for Qualitative Research, New York 1967

Glaser, B. und Strauss, A. (1998), Grounded Theory. Strategien qualitativer Sozialforschung, Bern u.a. 1998

Gläser, J. und Laudel, G. (2010), Experteninterviews und qualitative Inhaltsanalyse, 4. Aufl., Wiesbaden 2010

Gorchels, L. (2003), Transitioning from Engineering to Product Management, in: Engineering Management Journal, 15, 2003, 4, S. 40-47

Gorchels, L. (2011), The Product Manager's Handbook, 4. Aufl., New York 2011

Gorschek, T., Fricker, S., Palm, K. und Kunsman, S. (2010), A Lightweight Innovation Process for Software-Intensive Product Development, in: Software, IEEE, 27, 2010, 1, S. 37-45

Gorschek, T., Gomes, A., Pettersson, A. und Torkar, R. (2012), Introduction of a process maturity model for market-driven product management and requirements engineering, in: Journal of Software Maintenance and Evolution - Research and Practice, 24, 2012, 1, S. 83-113

Gorschek, T. und Kittlaus, H.-B. (2011), International Software Product Management Association - Towards a Software Product Management Certification, 5th International Workshop on Software Product Management (IWSPM'2011), Trento, S. 1-2

Gorschek, T. und Wohlin, C. (2006), Requirements Abstraction Model, in: Requirements Engineering Journal, 11, 2006, 1, S. 79-101

Greer, D. und Ruhe, G. (2004), Software release planning: an evolutionary and iterative approach, in: Information and Software Technology, 46, 2004, 4, S. 243-253

Griffin, A. und Somermeyer, S. (Hrsg., 2007), The PDMA ToolBook 3 for New Product Development, Utha 2007

Grochla, E. (Hrsg., 1978), Elemente der organisatorischen Gestaltung, Reinbek bei Hamburg 1978

Grochla, E. (1982), Grundlagen der organisatorischen Gestaltung, Stuttgart 1982

Grynberg, A. und Goldin, L. (2003), Product Management in Telecom Industry - Using Requirements Management Process, IEEE International Conference on Software: Science, Technology and Engineering (SwSTE'03), Herzliya, S. 63-70

Handscombe, R. (1989), The product management handbook, London u.a. 1989

Hanssen, G. und Fægri, T. (2008), Process fusion: An industrial case study on agile software product line engineering, in: Journal of Systems & Software, 81, 2008, 6, S. 843-854

Hapke, W. (1993), Beschaffungspolitik als Rahmenbedingung der Produktgestaltung, in: Arnold, U. und Eierhoff, K. (Hrsg., 1993), Marketingfocus: Produktmanagement, Stuttgart 1993, S. 247-254

Harness, D. und Harness, T. (2004), The new customer relationship management tool - product elimination, in: The Service Industries Journal, 24, 2004, 2, S. 67-80

Hartlieb, B., Kiehl, P. und Müller, N. (2009), Normung und Standardisierung - Grundlagen, Berlin u.a. 2009

Hauschildt, J. (1969), Initiative, in: Grochla, E. (Hrsg., 1969), Handwörterbuch der Organisation, Stuttgart 1969, S. 734-741

Heidenreich, A., Gabler, S. und Hopf, J. (2011), Kleines 1x1 der Normung, Auf den Seiten der/des DIHK Service GmbH, URL: http://www.dihk-verlag.de/media/md_2F754F80C1C5AECAB718D0A51CC B3694.pdf, Zugriff am: 21.03.2014

Heinen, E. (1962), Die Zielfunktion der Unternehmung, in: Koch, H. (Hrsg., 1962), Zur Theorie der Unternehmung - Festschrift zum 65. Geburtstag von Erich Gutenberg, Wiesbaden 1962, S. 11-71

Helferich, A. und Herzwurm, G. (2008), Softwaretechnische Ansätze für die Entwicklung flexibler Anwendungssysteme – Ergebnisse einer explorativen Studie, Multikonferenz Wirtschaftsinformatik (MKWI'2008), München, S. 1741-1752

Helferich, A., Herzwurm, G. und Schmid, K. (2006), Softwareproduktlinien für Anwendungssysteme: eine Analyse aus Techniksicht und Marktsicht, in: Lehner, F., Nösekabel, H. und Kleinschmidt, P. (Hrsg., 2006), Multi-Konferenz Wirtschaftsinformatik 2006, Bd.2, 2006, S. 237-247

Helferich, A., Schmid, K. und Herzwurm, G. (2006a), Product management for software product lines: an unsolved problem?, in: Communications of the ACM, 49, 2006a, 12, S. 66-67

Helferich, A., Schmid, K. und Herzwurm, G. (2006b), Reconciling Marketed and Engineered Software Product Lines, 10th International Software Product Line Conference (SPLC'2006), Baltimore, S. 23-27

Hellstern, G. und Wollmann, H. (1983), Evaluierungsforschung. Ansätze und Methoden - dargestellt am Beispiel des Städtebaus, Basel 1983

Herrmann, A. (2013), Requirements Engineering in Practice: There Is No Requirements Engineer Position, 19th International Working Conference on Requirements Engineering: Foundation for Software Quality (REFSQ'2013), Essen, S. 347-361

Herzwurm, G. (2000), Kundenorientierte Softwareproduktentwicklung, Stuttgart u.a. 2000

Herzwurm, G. (2010), Produktmanagement in der IT: Geschäftsmodelle und Produktpositionierung, 7. Fachtagung Software Management - Vom Projekt zum Produkt (FTSWM'2010), Aachen, S. 195-197

Herzwurm, G., Jesse, S. und Pietsch, W. (2006), Der IT-Koordinator, in: Das Wirtschaftsstudium, 35, 2006, 2, S. 184-186

Herzwurm, G. und Pietsch, W. (2007), Der IT-Manager – Management von Software-Lösungen und Produkten, Schriftlicher Lehrgang in 12 Lektionen der Management Circle Verlag GmbH, Eschborn 2007

Herzwurm, G. und Pietsch, W. (2008), Guidelines for the Analysis of IT Business Models and Strategic Positioning of IT-Products, 2nd International Workshop on Software Product Management (IWSPM'2008), Barcelona, S. 1-8

Herzwurm, G. und Pietsch, W. (2009), Management von IT-Produkten - Geschäftsmodelle, Leitlinien und Werkzeugkasten für softwareintensive Systeme und Dienstleistungen, Heidelberg 2009

Hevner, A., March, S., Park, J. und Ram, S. (2004), Design Science in Information System Research, in: MIS Quarterly, 28, 2004, 1, S. 75-105

Hill, W., Fehlbaum, R. und Ulrich, P. (1994), Organisationslehre 1, 5. Aufl., Bern u.a. 1994

Hillman, G. (1994), Making Self-assesssment Successful, in: The TQM Magazine, 6, 1994, 3, S. 29-31

Hoch, D., Roeding, C., Purkert, G. und Lindner, S. (2000), Secrets of Software Success, Boston 2000

Hofbauer, G. und Sangl, A. (2011), Professionelles Produktmanagement - Der prozessorientierte Ansatz, Rahmenbedingungen und Strategien, 2. akt. u. erw. Aufl., Erlangen 2011

Höge, R. (1995), Organisatorische Segmentierung - Ein Instrument zur Komplexitätshandhabung, Wiesbaden 1995

Homburg, C. (2012), Marketingmanagement: Strategie - Instrumente - Umsetzung - Unternehmensführung, 4., überarb. u. erw. Aufl., Wiesbaden 2012

Hörmann, K., Dittmann, L., Hindel, B. und Müller, M. (2006), SPICE in der Praxis – Interpretationshilfe für Anwender und Assessoren basierend auf ISO/IE 15504 (Stand 2006), Heidelberg 2006

Horváth, P. (1991), Synergien durch Schnittstellen-Controlling, Stuttgart 1991

Huang, C. W. (2003), A method for software product management, Diss. an der Dong Hwa University, Shoufeng 2003

Huber, M. und Huber, G. (2011), Prozess- und Projektmanagement für ITIL® - Nutzen Sie ITIL® optimal, Wiesbaden 2011

Hugl, U. (1995), Qualitative Inhaltsanalyse und Mind-Mapping - Ein neuer Ansatz für Datenauswertung und Organisationsdiagnose, Wiesbaden 1995

Humphrey, W. (2001), Winning with Software: An Executive Strategy, Boston u.a. 2001

IEEE - Institute of Electrical and Electronics Engineers (2013), About IEEE, Auf den Seiten der/des IEEE, URL: http://www.ieee.org/about/index.html, Zugriff am: 21.03.2014

IEEE Std 729-1983 (1983), IEEE Standard Glossary of Software Engineering Terminology, Inst. Electrical and Electronics Eng., New York 1983

IEEE Std 1063-2001 (R2007) (2001), IEEE Standard for Software User Documentation (2.1), New York 2001

IEEE Std 24748-1-2011 (2011), Systems and Software Engineering - Life Cycle Management - Part 1: Guide for Life Cycle Management, New York 2011

INCOSE (2006), Systems Engineering Handbook - A Guide for System Life Cycle Processes and Activities, Version 3, Seattle 2006

Iqbal, M., Zaidi, A. und Murtaza, S. (2010), A New Requirement Prioritization Model for Market Driven Products Using Analytical Hierarchical Process, 1st International Conference on Data Storage and Data Engineering (DSDE'10), Bangalore, S. 142-149

ISACA (2012), Cobit 5 Introduction, Auf den Seiten der/des Information Systems Audit and Control Association (ISACA), URL: http://www.isaca.org/COBIT/Documents/COBIT5-Introduction.ppt, Zugriff am: 21.03.2014

ISACA (2013), About ISACA, United States of America, Auf den Seiten der/des Information Systems Audit and Control Association (ISACA), URL: http://www.isaca.de/, Zugriff am: 21.03.2014

ISO/IEC-15504 (1998), Information Technology - Software Process Assessment. Technical Report - Type 2, Genf 1998

ISO/IEC 12207 (2008), Systems and software engineering - Software life cycle processes, International Standards Organization, Genf 2008

ISO/IEC 15504-5 (2006), An exemplar process assessment model, Genf 2006

ISO/IEC 20000 (2011), IT-Service-Management, Genf 2011

ISO/IEC TR 15504-6 (2008), An exemplar system life cycle process assessment model, Genf 2008

ISO/IEC TS 15504-8 (2012), An exemplar process assessment model for IT service management, Genf 2012

ISO/IEC/IEEE 24765 (2010), Systems and software engineering - Vocabulary, Genf 2010

ISPMA (2014a), Software Product Management Foundation Level Syllabus V.1.2, Auf den Seiten der/des International Software Product Management Association, URL: http://ispma.org/wp-content/uploads/2014/02/ISPMA-SPM-FL-Syllabus-V.1.2.pdf, Zugriff am: 21.03.2014

ISPMA (2014b), SPM Body of Knowledge, Auf den Seiten der/des International Software Product Management Association, URL: http://ispma.org/, Zugriff am: 21.03.2014

ITGI (2013), About the IT Governance Institute, Auf den Seiten der/des IT Governance Institute®, URL: http://www.itgi.org/, Zugriff am: 21.03.2014

Jagroep, E., van de Weerd, I., Brinkkemper, S. und Dobbe, T. (2011), Implementing Software Product Portfolio Management, 5th International Workshop on Software Product Management (IWSPM'2011), Trento, S. 67-76

Jansen, S., Finkelstein, A. und Brinkkemper, S. (2009), A Sense of Community: A Research Agenda for Software Ecosystems, 31st International Conference on Software Engineering (ICSE'2009), Vancouver, S. 187-190

Jansen, S., Peeters, S. und Brinkkemper, S. (2013), Software Ecosystems: From Software Product Management to Software Platform Management, 1st Life Cycles of Software Products Workshop (IWLCSP'13), Potsdam, S. 5-18

Jansen, S., Popp, K. und Buxmann, P. (2011), The Sun also Sets: Ending the Life of a Software Product, 2nd International Conference on Software Business (ICSOB'2011), Brüssel, S. 154-167

Johannsen, W. und Goeken, M. (2007), Referenzmodelle für IT-Governance – Strategische Effektivität und Effizienz mit COBIT, ITIL & Co, Heidelberg 2007

Johnson, S. (2008), Strategic Role of Product Management, Arizona 2008

Johnson, S. (2010), Pragmatic Marketing's 10th Annual Product Management and Marketing Survey, in: The Pragmatic Marketer, 8, 2010, 1, S. 6-15

Jost, P. (2009), Organisation und Koordination, 2. Aufl., Wiesbaden 2009

Josten, F. (1979), Determinanten von Product-Management-Strukturen - Eine empirische Untersuchung in den USA; Europäische Hochschulschriften, Bd. 227, Frankfurt/Main u.a. 1979

Kahn, K., Kay, S., Slotegraaf, R. und Uban, S. (2013), The PDMA Handbook of New Product Development, New Jersey 2013

Kairies, P. (2007), Produkt-Management für die Investitionsgüterindustrie – Praxis und moderne Arbeitstechniken, 8. Aufl., Renningen 2007

Kalliney, M. (2009), Transitioning from Agile Development to Enterprise Product Management Agility, 12th Agile Conference (AGILE'09), Chicago, S. 209-213

Katchow, R., van de Weerd, I., Brinkkemper, S. und Rooswinkel, A. (2009), Software Product Manager: A mechanism to manage software products in small and medium ISVs, 8th International Conference on Perspectives in Business Informatics Research (BIR'2009), Kristianstad, S. 25-36

Katz, G. (2007), The PDMA's Body of Knowledge, in: Griffin, A. und Somermeyer, S. (Hrsg., 2007), The PDMA ToolBook 3 for New Product Development, Utha 2007, S. 455-463

Kelle, U. und Kluge, S. (2010), Vom Einzelfall zum Typus - Fallvergleich und Fallkontrastierung in der qualitativen Sozialforschung, 2., überarb. Aufl., Wiesbaden 2010

Kelly, P. und Hise, R. (1979), Industrial and consumer goods product managers are different, in: Industrial Marketing Management, 8, 1979, 4, S. 325-332

Kersten, W., Zink, T. und Kern, E.-M. (2006), Wertschöpfungsnetzwerke zur Entwicklung und Produktion hybrider Produkte: Ansatzpunkte und Forschungsbedarf, in: Blecker, T. und Gemünden, H.G. (Hrsg., 2006), Wertschöpfungsnetzwerke, Berlin 2006, S. 189-202

Keuth, H. (2007), Karl Popper: Logik der Forschung, Berlin 2007

Khurum, M. (2009), Strategic Decision Support for Software Intensive Product Management, Diss. an der School of Computing, Blekinge Institute of Technology, Sweden, Karlskrona 2009

Khurum, M., Aslam, K. und Gorschek, T. (2007), A Method for Early Requirements Triage and Selection Utilizing Product Strategies, 14th Asia-Pacific Software Engineering Conference (APSEC'07), Nagoya, S. 97-104

Khurum, M. und Gorschek, T. (2011), A method for alignment evaluation of product strategies among stakeholders (MASS) in software intensive product development, in: Journal of Software Maintenance and Evolution - Research and Practice, 23, 2011, 7, S. 494-516

Kieser, A. (Hrsg., 1981), Organisationstheoretische Ansätze, München 1981

Kieser, A. (2006), Der Situative Ansatz, in: Kieser, A. und Ebers, M. (Hrsg., 2006), Organisationstheorien, Bd. 6, Stuttgart 2006, S. 215-245

Kieser, A. und Kubicek, H. (1992), Organisation, 3., völl. neu überarb. Aufl., Berlin 1992

Kieser, A. und Walgenbach, P. (2007), Organisation, 5. Aufl., Stuttgart 2007

Kilpi, T. (1997a), New Challenges for Version Control and Configuration Management: a Framework and Evaluation, 1st Euromicro Conference on Software Maintenance and Reengineering (EUROMICRO'1997), Berlin, S. 33-41

Kilpi, T. (1997b), Product Management Challenge to Software Change Process: Preliminary Results from Three SMEs Experiment, in: Software Process: Improvement and Practice, 3, 1997b, 3, S. 165-175

Kilpi, T. (1997c), Product Management Requirements for SCM Discipline, International Conference on Software Engineering (ICSE'97), SCM-7 Workshop, Boston, S. 186-200

Kilpi, T. (1998), Improving Software Product Management Process: Implementation of a Product Support System, 31st Hawaii International Conference on System Sciences (HICSS'1998), Kohala Coast, S. 3-12

Kitchenham, B. und Charters, S. (2007), Guidelines for performing Systematic Literature Reviews in Software Engineering, Keele University and Durham University, EBSE Technical Joint Report EBSE200701(2007), 2007

Kittlaus, H.-B. und Clough, P. (2010), Software Product Management and Pricing, Berlin u. Heidelberg 2010

Kittlaus, H.-B., Rau, C. und Schulz, J. (2004), Software-Produkt-Management, Heidelberg 2004

Klein, P. (2008), Einführung in die DIN-Normen, Wiesbaden 2008

Kleinaltenkamp, M., Plinke, W., Jacob, F. und Söllner, A. (Hrsg., 2006), Markt- und Produktmanagement – Die Instrumente des Business-to-Business-Marketing, 2. Aufl., Berlin u.a. 2006

Kneuper, R. (2007), CMMI – Verbesserung von Software- und Systementwicklungsprozessen mit Capability Maturity Model Integration (CMMI-DEV), Heidelberg 2007

Knoblich, H. (1972), Die typologische Methode in der Betriebswirtschaftslehre, in: Das Wirtschaftswissenschaftliche Studium, 1, 1972, 4, S. 141-147

Köhler, R. (1993), Beiträge zum Marketing-Management, 3. Aufl., Stuttgart 1993

Köhler, R. (2007), Organisation des Produktmanagement, in: Albers, S. und Herrmann, A. (Hrsg., 2007), Handbuch Produktmanagement: Strategieentwicklung - Produktplanung - Organisation - Kontrolle, 2007, S. 741-762

Konig, S. (2009), Finance as a Stakeholder in Product Management, 3rd International Workshop on Software Product Management (IWSPM'2009), Atlanta, S. 15-22

König, W. (1996), Nur Prozeßfokus?, in: WIRTSCHAFTSINFORMATIK, 38, 1996, 4, S. 445-446

Kosiol, E. (1961), Modellanalyse als Grundlage unternehmerischer Entscheidungen, in: Zeitschrift für betriebswirtschaftliche Forschung (ZfbF), 13, 1961, 1, S. 318-334

Kosiol, E. (1962), Organisation der Unternehmung, Wiesbaden 1962

Kosiol, E. (1978), Aufgabenanalyse und Aufgabensynthese, in: Grochla, E. (Hrsg., 1978), Elemente der organisatorischen Gestaltung, 1978, S. 66-84

Kotler, P. (1972), A generic concept of marketing, in: Journal of Marketing, 36, 1972, 2, S. 46-54

Krishnan, M. (1997), Cost and Quality Considerations in Software Product Management, Diss. an der Carnegie Mellon University, Pennsylvania 1997

Kromrey, H. (2006), Empirische Sozialforschung - Modelle und Methoden der standardisierten Datenerhebung und Datenauswertung, 11. Aufl., Stuttgart 2006

Kruth, W. (2009), Grundlagen der Informationstechnik - Kompaktwissen für Datenschutz- und Security-Management, 3. Aufl., Heidelberg u.a. 2009

Kubicek, H. (1975), Empirische Organisationsforschung - Konzeption und Methodik, Stuttgart 1975

Kubicek, H. (1977), Heuristische Bezugsrahmen und heuristisch angelegte Forschungsdesings als Elemente einer Konstruktionsstrategie empirischer Forschung, in: Köhler, R. (Hrsg., 1977), Empirische und handlungstheoretische Forschungskonzeptionen in der Betriebswirtschaftslehre, Stuttgart 1977, S. 3-36

Kudorfer, F. (2004), Bewertungsverfahren für das Produktmanagement in: Böckle, G., Knauber, P., Pohl, K. und Schmid, K. (Hrsg., 2004), Software-Produktlinien: Methoden, Einführung und Praxis, Heidelberg 2004, S. 55-66

Kumar, K. und Kumar, S. (2013), A rule-based recommendation system for selection of software development life cycle models, in: ACM SIGSOFT - Software Engineering Notes, 38, 2013, 4, S. 1-6

Lamnek, S. (1988), Qualitative Sozialforschung, Bd. 1 - Methodologie, 4. Aufl., München 1988

Lamnek, S. (2010), Qualitative Sozialforschung, 5., überarb. Aufl., Weinheim und Basel 2010

Laux, H. und Liermann, F. (2005), Grundlagen der Organisation: Die Steuerung von Entscheidungen als Grundproblem der Betriebswirtschaftslehre, 6. Aufl., Berlin u.a. 2005

Lennertz, D. (2006), Produktmanagement - Planung, Entwicklung und Vermarktung, Frankfurt am Main 2006

Leumann, P. (1979), Die Matrix-Organisation: Unternehmungsführung in einer mehrdimensionalen Struktur - Theoretische Darstellung und praktische Anwendung, Bern und Stuttgart 1979

Lorenz, W.-D. (2006), Softwareprodukte: Im Dialog zum Problemlösen, in: Information Management & Consulting, 21, 2006, 3, S. 84-86

Lucas, D. (1972), Point of View: Product Managers in Advertising, in: Journal of Advertising Research, 12, 1972, 3, S. 41-44

Ludewig, J. und Lichter, H. (2010), Software Engineering - Grundlagen, Menschen, Prozesse, Techniken, 2. Aufl., Heidelberg 2010

Maglyas, A., Nikula, U. und Smolander, K. (2011), What Do We Know about Software Product Management? - A Systematic Mapping Study, 5th International Workshop on Software Product Management (IWSPM'11), Trento, S. 26-35

Maglyas, A., Nikula, U. und Smolander, K. (2012a), Comparison of Software Product Management Practices in SMEs and Large Enterprises, 3rd International Conference on Software Business (ICSOB'2012), Cambridge, S. 15-26

Maglyas, A., Nikula, U. und Smolander, K. (2012b), Lean solutions to software product management problems, in: IEEE Software, 29, 2012b, 5, S. 40-46

Maglyas, A., Nikula, U. und Smolander, K. (2013), What are the roles of software product managers? An empirical investigation, in: Journal of Systems and Software, 86, 2013, 12, S. 3071–3090

Martin, B. und Hanington, B. (2012), Universal Methods of Design: 100 Ways to Research Complex Problems, Develop Innovative Ideas, Design Effective Solutions, USA 2012

Matys, E. (2005), Praxishandbuch Produktmanagement – Grundlagen und Instrumente, 3., akt. u. erw. Aufl., Frankfurt/Main 2005

Maurer, G. und Schwickert, A. (1997), Kritische Anmerkungen zur Prozeßorientierung, in: Arbeitspapiere WI, Hrsg.: Lehrstuhl für Allg. BWL und Wirtschaftsinformatik, Johannes Gutenberg-Universität, 9, 1997, Mainz, S. 1-26

Mayring, P. (2010), Qualitative Inhaltsanalyse - Grundlagen und Techniken, Weinheim und Basel 2010

Meffert, H. (1987), Produktmanagement und Führung, in: Kieser, A., Reber, G. und Wunderer, R. (Hrsg., 1987), Handwörterbuch der Führung, Stuttgart 1987, S. 1731-1738

Meffert, H., Burmann, C. und Kirchgeorg, M. (2012), Marketing - Grundlagen marktorientierter Unternehmensführung, 11. Aufl., Wiesbaden 2012

Mendonça, M., Bartolomei, T. und Cowan, D. (2008), Decision-making coordination in collaborative product configuration, 23rd ACM Symposium on Applied Computing (SAC'08), Fortaleza, S. 108-113

Mertens, P. (1996), Process Focus Considered Harmful?, in: WIRTSCHAFTSINFORMATIK, 38, 1996, 4, S. 446-447

Mertens, P. (1997), Die Kehrseite der Prozeßorientierung, in: CONTROLLING, 9, 1997, 2, S. 110-111

Mertens, P., Bodendorf, F., König, W., Picot, A., Schumann, M. und Hess, T. (2005), Grundzüge der Wirtschaftsinformatik, 9. Aufl., Heidelberg u.a. 2005

Miles, M. und Huberman, M. (1994), Qualitative Data Analysis - An expanded sourcebook, Thousand Oaks 1994

Mintzberg, H. (1980), Structure in 5's: A Synthesis of the Research on Organization Design, in: Management Science, 26, 1980, 3, S. 322-341

Mintzberg, H. (1992), Die Mintzberg-Struktur: Organisation effektiver gestalten, Landsberg/Lech 1992

Mohamed, S., ElMaddah, I. und Wahba, A. (2008a), Criteria-Based Requirements Prioritization for Software Product Management, 6th International Conference on Software Engineering Research & Practice (SERP'2008), Las Vegas, S. 587-593

Mohamed, S., ElMaddah, I. und Wahba, A. (2008b), Towards Value-Based Requirements Prioritization for Software Product Management, in: International Journal of Software Engineering, 1, 2008b, 2, S. 35-48

Mohamed, S., ElMaddah, I. und Wahba, A. (2010), Criteria-Based Framework for Software Product Management, in: International Journal of Software Engineering, 3, 2010, 1, S. 29-52

Mohamed, S. und Wahba, A. (2008), Value estimation for software product management, 2nd International Conference on Industrial Engineering and Engineering Management (IEEM'2008), Singapur, S. 2196-2200

Moosbrugger, H. und Kelava, A. (2012), Testtheorie und Fragebogenkonstruktion, 2. Aufl., Berlin und Heidelberg 2012

Mülder, W., Lankes, M. und Vieten, K. (2000), Jobbörsen - unter besonderer Berücksichtigung von IT-Stellen, in: Wirtschaftsinformatik, 42, 2000, 5, S. 451-459

Müller-Böling, D. (1992), Methodik der empirischen Organisationsforschung, in: Frese, E. (Hrsg., 1992), Handwörterbuch der Organisation, Stuttgart 1992, S. 1491-1505

Müller-Böling, D. und Klandt, H. (1993), Unternehmensgründung, in: Hauschildt, J. und Grün, O. (Hrsg., 1993), Auf dem Wege zu einer Realtheorie der Unternehmung - Ergebnisse empirischer betriebswirtschaftlicher Forschung, Stuttgart 1993, S. 135-178

Müller, J. (2010), Preismanagement für Software-Produktlinien - State of the Art, Auf den Seiten der/des Social Science Research Network (SSRN), URL: http://ssrn.com/abstract=1810973, Zugriff am: 21.03.2014

Nadler, D. und Tushman, M. (1980), A Congruence Model for Organizational Assessment, in: Lawler, E., Nadler, D. und Cammann, C. (Hrsg., 1980), Organizational Assessment – Perspectives on the Measurement of Organizational Behavior and the Quality of Work Life, New York u.a. 1980, S. 261-348

Nawrocki, J., Walter, B. und Wojciechowski, A. (2002), Comparison of CMM Level 2 and eXtreme Programming, 7th European Conference on Software Quality (ECSQ'02), Helsinki, S. 288-297

Nicolai, C. (2009), Betriebliche Organisation, Stuttgart 2009

Niehaus, E., Pohl, K. und Böckle, G. (2005), Product Management, in: Pohl, K., Böckle, G. und van der Linden, Frank (Hrsg., 2005), Software Product Line Engineering - Foundations, Principles, and Techniques, Berlin u.a. 2005, S. 163-192

Nieuwenhuis, R., van de Weerd, I., Bijlsma, L., Brinkkemper, S. und Versendaal, J. (2006), The Software Product Management Workbench: An Integrated Environment for Managing Product Releases in a Distributed Development Context, 18th Conference on Advanced Information Systems Engineering (CAISE'2006), Luxemburg, S. 914-918

Nordsieck, F. (1968), Betriebsorganisation: Betriebsaufbau und Betriebsablauf, 3. Aufl., Stuttgart 1968

o.V. (2011), ISO 9000 - Quality management, Auf den Seiten der/des ISO, International Organization for Standardization, URL: http://www.iso.org/iso/home/standards/management-standards/iso_ 9000.htm, Zugriff am: 21.03.2014

O'Leary, P., Santana de Almeida, E. und Richardson, I. (2012), The Pro-PD Process Model for Product Derivation within software product lines, in: Information and Software Technology, 54, 2012, 9, S. 1014-1028

Olbrich, A. (2008), ITIL kompakt und verständlich, 4. erw. u. verb. Aufl., Wiesbaden 2008

Österle, H., Becker, J., Frank, U., Hess, T., Karagiannis, D., Krcmar, H., Loos, P., Mertens, P., Oberweis, A. und Sinz, E. (2010), Memorandum zur gestaltungsorientierten Wirtschaftsinformatik, in: Österle, H., Winter, R. und Brenner, W. (Hrsg., 2010), Gestaltungsorientierte Wirtschaftsinformatik: Ein Plädoyer für Rigor und Relevanz, Nürnberg 2010, S. 1-6

Österle, H., Winter, R. und Brenner, W. (Hrsg., 2010), Gestaltungsorientierte Wirtschaftsinformatik: Ein Plädoyer für Rigor und Relevanz, Nürnberg 2010

Osterried, H. (2005), IT-Koordinatoren verbinden Welten, Auf den Seiten der/des IDG Business Media GmbH - Computerwoche.de, URL: http://www.computerwoche.de/index.cfm?pid=2532&pk= 1206083, Zugriff am: 21.03.2014

Paulk, M., Curtis, B., Chrissis, M. und Weber, C. (1993), Capability Maturity Model, Version 1.1, in: IEEE Software, 10, 1993, 4, S. 18-27

PDMA (2013), About PDMA, Auf den Seiten der/des URL: http://www.pdma.org/p/cm/ld/fid=10, Zugriff am: 21.03.2014

Peine, K. (2008), Reifegradmodell für das Software-Produktmanagement, Diplomarbeit an der Universität Stuttgart, Lehrstuhl für Allgemeine Betriebswirtschaftslehre und Wirtschaftsinformatik II (Unternehmenssoftware), Stuttgart 2008

Peine, K., Helferich, A. und Schockert, S. (2012), Nachhaltige Anwendungssysteme dank IT-Produktmanagement, 9. Fachtagung Software Management - Nachhaltiges Software Management (FTSWM'2012), Bielefeld, S. 36-49

Peine, K., Helferich, A. und Schockert, S. (2013), Towards the identification of types of software product managers: tasks and situational factors, 19th International Working Conference on Requirements Engineering: Foundation for Software Quality (REFSQ'2013) - 7th International Workshop of Software Product Management (IWSPM'2013), Duisburg-Essen, S. 55-69

Peirce, C. (1931), Collected Papers of Charles Sanders Peirce, 1931–1935, in: Hartshome, C. und Weiß, P. (Bd. 1-6) und Burks, A. (Bd. 7 u. 8), Cambridge 1931

Penzenstadler, B., Khurum, M. und Petersen, K. (2013), Towards Incorporating Sustainability while Taking Software Product Management Decisions, 19th International Working Conference on Requirements Engineering: Foundation for Software Quality (REFSQ'2013) - 7th International Workshop of Software Product Management (IWSPM'2013), Essen, S. 71-85

Pfau, P. (1978), Applied Quality Assurance Methodology, 1st Software Quality Assurance Workshop on Functional and Performance Issues (SQAI'1978), California, S. 1-8

Pichler, M., Rumetshofer, H. und Wahler, W. (2006), Agile Requirements Engineering for a Social Insurance for Occupational Risks Organization: a Case Study, 14th IEEE International Requirements Engineering Conference (RE'2006), Minneapolis/St.Paul, S. 251–256

Picot, A., Dietl, H. und Franck, E. (2008), Organisation - Eine ökonomische Perspektive, 5. Aufl., Stuttgart 2008

Pietsch, W. (2006), Geschäftsmodelle als Grundlage für das Software-Produktmanagement, in: Lehner, F., Nösekabel, H. und Kleinschmidt, P. (Hrsg., 2006), Multi-Konferenz Wirtschaftsinformatik 2006, Bd. 2, 2006, S. 211-222

Pietsch, W. (2013), A Framework for Strategic Positioning of IT-Products, in: Lecture Notes in Business Information Processing: Software Business - From Physical Products to Software Services and Solutions, 150, 2013, 6, S. 102-116

Pietsch, W. und Herzwurm, G. (2012), Geschäftsmodell (für Software und Services), Auf den Seiten der/des Lodenbourg Wissenschaftsverlag, Enzyklopädie der Wirtschaftsinformatik - Online-Lexikon, URL: http://www.enzyklopaedie-der-wirtschaftsinformatik.de/wi-enzyklopaedie/lexi kon/uebergreifendes/Kontext-und-Grundlagen/Markt/Softwaremarkt/Geschaftsmodell-%28fur-Software-und-Services%29/index.html/?searchterm=gesch%C3%A4ftsmodelle, Zugriff am: 21.03.2014

Porter, M. (1999), Wettbewerbsstrategie, 10. Aufl., Frankfurt am Main 1999

Pragmatic Marketing (2013), The Pragmatic Marketing Framework, Auf den Seiten der/des Pragmatic Marketing, URL: http://www.pragmaticmarketing.com/about-us, http://www.pragmaticmarke ting.com/about-us/framework, Zugriff am: 21.03.2014

Przyborski, A. und Wohlrab-Sahr, M. (2009), Qualitative Sozialforschung: Ein Arbeitsbuch, 2. Aufl., München 2009

Quah, D. (2003), Digital Goods and the New Economy, CEP discussion paper, No. 563, Auf den Seiten der/des LSE, London School of Economics and Political Science, URL: http://cep.lse.ac.uk/pubs/ download/dp0563.pdf, Zugriff am: 21.03.2014

Ragin, C. (1994), Constructing Social Research, London 1994

Regnell, B. (2012), Are my Features Innovative Enough? – A Multi-Variable Innovation Strategy Model Proposal, 6th International Workshop on Software Product Management (IWSPM'2012), Essen, S. 237-242

Regnell, B. und Kuchcinski, K. (2011), Exploring Software Product Management decision problems with constraint solving - opportunities for prioritization and release planning, 5th International Workshop on Software Product Management (IWSPM'2011), Trento, S. 47-56

Reichwald, R., Bastian, C. und Lohse, C. (2000), Vertriebsmanagement im Wandel – neue Anforderungen an die Gestaltung der Kundenschnittstelle, in: Reichwald, R. und Bullinger, H.-J. (Hrsg., 2000), Vertriebsmanagement, Stuttgart 2000, S. 3-34

Reichwald, R. und Möslein, K. (1997), Innovationsstrategien und neue Geschäftsfelder von Dienstleistern – Den Wandel gestalten, in: Bullinger, H.-J. (Hrsg., 1997), Dienstleistungen für das 21. Jahrhundert – Gestaltung des Wandels und Aufbruch in die Zukunft, Stuttgart 1997, S. 75-106

Reiß, M. (1982), Das Kongruenzprinzip der Organisation, in: Wirtschaftswissenschaftliches Studium (WiSt), 11, 1982, 2, S. 75-78

Reiß, M. (1991), Projektmanagement - Produktmanagement - Prozessmanagement - Perspektiven integrativer Organisationsgestaltung, Stuttgart 1991

Reiß, M. (1995), Führung, in: Corsten, H. und Reiß, M. (Hrsg., 1995), Unternehmensführung: Konzepte - Instrumente - Schnittstellen, Wiesbaden 1995, S. 209-303

Reiß, M. (1997), Was ist schädlich an der Prozeßorientierung?, in: CONTROLLING, 9, 1997, 2, S. 112-113

Ricken, A. und Meinberg, T. (2012), A Process Reference for Product Innovation and Lifecycle Management, Auf den Seiten der/des BPTrends - Business Process Trends, URL: http://www.bptrends.com/publicationfiles/04-03-2012-ART-A%20 Process%20Ref%20for%20PL COR-Ricken%20v2.pdf, Zugriff am: 21.03.2014

Robbins, S. (1983), Organization Theory - The Structure and Design of Organizations, Englewood Cliffs 1983

Rolf, A. (1998), Grundlagen der Organisations- und Wirtschaftsinformatik, Berlin u.a. 1998

Rosenau, M. und Moran, J. (1993), Managing the Development of New Products, New York u.a. 1993

Rühli, E. (1992), Koordination, in: Frese, E. (Hrsg., 1992), Handwörterbuch der Organisation, Bd. 1, 3. Aufl., Stuttgart 1992, S. 1164 - 1175

Saaksvuori, A. und Immonen, A. (2008), Product Lifecycle Management, 3. Aufl., Berlin und Heidelberg 2008

Sailer, M. (2009), Anforderungsprofile und akademischer Arbeitsmarkt - Die Stellenanzeigenanalyse als Methode der empirischen Bildungs- und Qualifikationsforschung, Münster u.a. 2009

Sandusky, R. und Gasser, L. (2005), Negotiation and the coordination of information and activity in distributed software problem management, 23rd International

Conference on Supporting Group Work (GROUP'2005), Sanibel Island, S. 187-196

Savio, D. und Suryanarayana, G. (2012), How to Avoid Taking Three Lefts When You Can Go Right: Making the Architectural Perspective Count, 1st International Workshop on the Twin Peaks of Requirements and Architecture (Twin Peaks'2012), Chicago, S. 31-35

Schackmann, H. und Lichter, H. (2006), A Cost-Based Approach to Software Product Line Management, 1st International Workshop on Software Product Management (IWSPM'06), Minneapolis, S. 13-18

Schanz, G. (1982), Organisationsgestaltung, München 1982

Schierenbeck, H. und Wöhle, C. (2012), Grundzüge der Betriebswirtschaftslehre, 18. Aufl., München 2012

Schmeisser, W., Reiss, M., Rolf, A. und Popp, R. (2014), Organisation, Konstanz und München 2014

Schmidt, G. (1994), Methode und Techniken der Organisation, 10. überarb. u. erw. Aufl., Gießen 1994

Schneider, G., Geiger, I. und Scheuring, J. (2008), Prozess- und Qualitätsmanagement - Grundlagen der Prozessgestaltung und Qualitätsverbesserung mit zahlreichen Beispielen, Repetitionsfragen und Antworten, Zürich 2008

Schneider, S. (2007a), Konstruktion generischer Datenmodelle auf fachkonzeptioneller Ebene im betrieblichen Anwendungskontext: Methode und Studie, Aachen 2007a

Schneider, T. (2013), Zehn Wahrheiten zu COBIT 5, Auf den Seiten der/des IDG Business Media GmbH - Computerwoche.de, URL: http://www.computerwoche.de/a/zehn-wahrheiten-zu-cobit-5,2516 461, Zugriff am: 21.03.2014

Schneider, W. (2007b), Marketing, Heidelberg 2007b

Schnell, R., Hill, P. und Esser, E. (2008), Methoden der empirischen Sozialforschung, 8. Aufl., München 2008

Schreyögg, G. (2008), Organisation - Grundlagen moderner Organisationsgestaltung - Mit Fallstudien, 5. Aufl., Wiesbaden 2008

Schreyögg, G. und von Werder, A. (2004), Organisation, in: Schreyögg, G. und von Werder, A. (Hrsg., 2004), Handwörterbuch Unternehmensführung und Organisation, 4. Aufl., Stuttgart 2004, S. 966-977

Schulte-Zurhausen, M. (2005), Organisation, 4. überarb. Aufl. , München 2005

Schulte-Zurhausen, M. (2010), Organisation, 5. überarb. u. aktual. Aufl. , München 2010

Schürmann, T. (2013), ITIL hat den Mittelstand vergessen, Auf den Seiten der/des IDG Business Media GmbH - Computerwoche.de, URL: http://www.computerwoche.de/a/itil-hat-den-mittelstand-ver gessen,2515682, Zugriff am: 21.03.2014

Schwan, K. (2003), Organisationsgestaltung, München 2003

SEI (2013), Software Engineering Institute - About us, Auf den Seiten der/des URL: http://www.sei.cmu.edu/about/?location=secondary-nav&source=1358, Zugriff am: 21.03.2014

Shani, A. und Sena, J. (2000), Knowledge management and new product development: learning from a software development firm, 3rd International Conference on Practical Aspects of Knowledge Management (PAKM'2000), Basel, S. 19.1-19.5

Shapiro, C. und Varian, H.-R. (1999), Information Rules – A Strategic Guide to the Network Economy, Boston 1999

Shinohara, Y., Dohi, T. und Osaki, S. (1997), Comparisons of Optimal Release Policies for Software Systems, in: Computers & Industrial Engineering, 33, 1997, 3, S. 813-816

Simon, H. (1981), Entscheidungsverhalten in Organisationen, Landsberg am Lech 1981

Sinz, E. (2012), Normungs- und Standardisierungsorganisationen, in: Kurbel, K., Becker, J., Gronau, N., Sinz, E., Suhl, L. (Hrsg.): Enzyklopädie der Wirtschaftsinformatik –

Online-Lexikon. 6. Aufl., München, Oldenbourg, Auf den Seiten der/des Oldenbourg Wissenschaftsverlag GmbH, URL: http://www.enzyklopaedie-der-wirtschaftsinformatik.de/wi-enzyklopaedie/lexikon/technologien-methoden/Informatik-Grundlagen/Normungsgremien/index.html/?searchterm=norm, Zugriff am: 21.03.2014

Sneed, H., Hasitschka, M. und Teichmann, M. (2005), Software Produktmanagement – Wartung und Weiterentwicklung bestehender Anwendungssysteme, Heidelberg 2005

Sodeur, W. (1974), Empirische Verfahren zur Klassifikation, Stuttgart 1974

Spitta, T. und Borchers, J. (2004), IT-Controlling und Outsourcing, 1. Fachtagung Software Management - Outsourcing and Integration (FTSWM'2004), Bad Homburg, S. 139-142

Staehle, W. (1985), Management - Eine verhaltenswissenschaftliche Einführung, 2. Aufl., München 1985

Stahlknecht, P. und Hasenkamp, U. (2005), Einführung in die Wirtschaftsinformatik, 11. Aufl., Berlin u.a. 2005

Stallinger, F. und Neumann, R. (2012), From Software to Software System Products: An Add-on Process Reference Model for Enhancing ISO/IEC 12207 with Product Management and System-Level Reuse, 38th EUROMICRO Conference on Software Engineering and Advanced Applications (SEAA'2012), Izmir, S. 307-314

Stallinger, F. und Neumann, R. (2013), Enhancing ISO/IEC 15288 with reuse and product management: An add-on process reference model, in: Computer Standards & Interfaces, 36, 2013, 1, S. 21-32

Staples, M., Niazi, M., Jeffery, R., Abrahams, A., Byatt, P. und Murphy, R. (2007), An exploratory study of why organizations do not adopt CMMI, in: Journal of Systems and Software, 80, 2007, 6, S. 883-895

Statistisches Bundesamt (2008), Klassifikation der Wirtschaftszweige, Ausgabe 2008 (WZ 2008), Auf den Seiten der/des Statistisches Bundesamt, URL: https://www.destatis.de/DE/Methoden/Klassifikationen/GueterWirtschaftklassifikationen/klassifikationenwz2008.pdf?__blob=publicationFile, Zugriff am: 21.03.2014

Strahringer, S. (2013), Modell, in: Kurbel, K., Becker, J., Gronau, N., Sinz, E., Suhl, L. (Hrsg.): Enzyklopädie der Wirtschaftsinformatik – Online-Lexikon. 6. Aufl., München, Oldenbourg, Auf den Seiten der/des Oldenbourg Wissenschaftsverlag GmbH, URL: http://www.enzyklopaedie-der-wirtschaftsinformatik.de/lexikon/is-management/Systementwicklung/Softwarearchitektur/Wie derverwendung-von-Softwarebausteinen/Referenzmodell, Zugriff am: 21.03.2014

Striebeck, M. (2006), Ssh! We are adding a process, 9th Agile 2006 Conference (AGILE'06), Minneapolis, S. 193-201

Strübing, J. (2005), Pragmatistische Wissenschafts- und Technikforschung: Theorie und Methode, Frankfurt und New York 2005

Sudhakar, G. (2013), The Key Functions and Best Practices of Software Product Management, in: Sprouts: Working Papers on Information Systems, 13, 2013, 2, S. 1-21

Svensson, R. B., Kauppinen, M. und van de Weerd, I. (2012), 6th International Workshop on Software Product Management (IWSPM'2012), 6th International Workshop on Software Product Management (IWSPM'2012), Essen, S. 182-184

Sweeney, A. und Bustard, D. (1997), Software process improvement: making it happen in practice, in: Software Quality Control, 6, 1997, 4, S. 265-274

Tarnowski, M. (2010), Capability Maturity Model Integration - CMMI, Auf den Seiten der/des Plays-in-Business, URL: http://plays-in-business.com/2010/12/cmmi-overview-1/?lang=en, Zugriff am: 21.03.2014

Terhart, E. (1981), Intuition – Interpretation – Argumentation - Zum Problem der Geltungsbegründung von Interpretationen, in: Zeitschrift für Pädagogik, 27, 1981, 5, S. 769-793

Tessler, S. und Barr, A. (1997), A Pilot Survey of Software Product Management - SCIP Software Industry Study, Stanford Computer Industry Project, Stanford 1997

Theden, P. und Colsman, H. (2005), Qualitätstechniken - Werkzeuge zur Problemlösung und ständigen Verbesserung, 4. Aufl., München 2005

Theuvsen, L. (1996), Business Reengineering - Möglichkeiten und Grenzen einer prozeßorientierten Organisationsgestaltung, in: Zeitschrift für betriebswirtschaftliche Forschung (ZfbF), 48, 1996, 1, S. 65-82

Thomas, O. (2006), Management von Referenzmodellen: Entwurf und Realisierung eines Informationssystems zur Entwicklung und Anwendung von Referenzmodellen, Berlin 2006

Thommen, J.-P. (2008), Lexikon der Betriebswirtschaftslehre - Managementkompetenz von A bis Z, 4., überarb. u. erw. Aufl., Zürich 2008

Tiemeyer, E. (2011), Handbuch IT-Management: Konzepte, Methoden, Lösungen und Arbeitshilfen für die Praxis, 4., überarb. u. erw. Aufl., München 2011

Titscher, S., Meyer, M. und Mayrhofer, W. (2008), Organisationsanalyse - Konzepte und Methoden, Wien 2008

Tunger, D. (2009), Bibliometrische Verfahren und Methoden als Beitrag zu Trendbeobachtung und Erkennung in den Naturwissenschaften, Jülich 2009

Turner, M., Kitchenham, B., Brereton, P., Charters, S. und Budgen, D. (2010), Does the technology acceptance model predict actual use? A systematic literature review, in: Information and Software Technology, 52, 2010, 5, S. 463-479

Ullrich, C. (1999), Deutungsmusteranalyse und diskursives Interview, in: Zeitschrift für Soziologie, 28, 1999, 6, S. 429-447

Ulrich, H. (1978), Unternehmungspolitik, Bern und Stuttgart 1978

Vähäniitty, J. und Rautiainen, K. (2008), Towards a Conceptual Framework and Tool Support for Linking Long-term Product and Business Planning with Agile Software Development, 30th International Conference on Software Engineering (ICSE'2008), Leipzig, S. 25-28

Vahs, D. (2009), Organisation, ein Lehr- und Managementbuch, 7., überarb. Aufl., Stuttgart 2009

Vahs, D. und Schäfer-Kunz, J. (2005), Einführung in die Betriebswirtschaftslehre - Lehrbuch mit Beispielen und Kontrollfragen, 4. Aufl., Stuttgart 2005

van Angeren, J., van Bommel, R., Arupia, C. und Brinkkemper, S. (2012), Benchmarking Bundling Practices in the Software Industry, 6th International Workshop on Software Product Management (IWSPM'2012), Essen, S. 243-256

van de Weerd, I. (2009), Advancing in Software Product Management: An Incremental Method Engineering Approach, Diss. an der Utrecht University, Utrecht 2009

van de Weerd, I., Bekkers, W. und Brinkkemper, S. (2010a), Developing a Maturity Matrix for Software Product Management, 1st International Conference on Software Business (ICSOB'2010), Berlin und Heidelberg, S. 76-89

van de Weerd, I., Brinkkemper, S., Nieuwenhuis, R., Versendaal, J. und Bijlsma, L. (2006a), On the Creation of a Reference Framework for Software Product Management: Validation and Tool Support, 1st International Workshop on Software Product Management (IWSPM'2006), Minneapolis, S. 3-12

van de Weerd, I., Brinkkemper, S., Nieuwenhuis, R., Versendaal, J. und Bijlsma, L. (2006b), A Reference Framework for Software Product Management, in: Technical report UU-CS, 6, 2006b, 14, S. 1-11

van de Weerd, I., Brinkkemper, S., Nieuwenhuis, R., Versendaal, J. und Bijlsma, L. (2006c), Towards a Reference Framework for Software Product Management, 14th IEEE International Conference on Requirements Engineering (RE'2006), Minneapolis/St. Paul, S. 319-322

van de Weerd, I. und Katchow, R. (2009), On the integration of software product management with software defect management in distributed environments, 5th Central and Eastern European Software Engineering Conference (CEE-SECR'2009), Moskau, S. 167-172

van de Weerd, I., Versendaal, J. und Brinkkemper, S. (2006d), A Product Software Knowledge Infrastructure for Situational Capability Maturation: Vision and Case Studies in Product Management, 12th Working Conference on Requirements Engineering: Foundation for Software Quality (REFSQ'06), Luxemburg, S. 1-16

van de Weerd, I., Brinkkemper, S. und Versendaal, J. (2010b), Incremental method evolution in global software product management: A retrospective case study, in: Information and Software Technology, 52, 2010b, 7, S. 720-732

van Geldern, M. (2000), Basis-Know-how Organisation - Was Sie für die Praxis wissen müssen, Frankfurt am Main und New York 2000

van Steenbergen, M. , Bos, R., Brinkkemper, S., van de Weerd, I. und Bekkers, W. (2010), The Design of Focus Area Maturity Models, 5th International Conference on Global Perspectives on Design Science Research (DESRIST'2010), St. Gallen, S. 317-332

van Zyl, J. (2001), Process innovation imperative, 1st Conference on Change Management and the New Industrial Revolution (IEMC '01), Albany, S. 454-459

VDI-Fachbereich Technischer Vertrieb und Produktmanagement (2013), Fachausschuss 208: Produktmanagement, Auf den Seiten der/des Verein Deutscher Ingenieure e.V., URL: http://www.vdi.de/en/technik/fachthemen/produkt-und-prozessgestaltung/technical-divisions/technischer-vertrieb-und-produktmanagement/themen/produktmanagement/, Zugriff am: 21.03.2014

VDI 4501 Blatt 1 (2011), Berufsfeld Technischer Vertrieb - Eignungsprofil und Kompetenzen von Vertriebsingenieuren, Düsseldorf 2011

VDI 4501 Blatt 2 (2008), Berufsfeld Technischer Vertrieb - Wissensbereiche und Lerninhalte zur Qualifizierung von Vertriebsingenieuren, Düsseldorf 2008

VDI 4510 (2006), Ingenieur-Dienstleistungen und Anforderungen an Ingenieur-Dienstleister, Düsseldorf 2006

VDI (2013), Der VDI - Sprecher, Gestalter, Netzwerker, Auf den Seiten der/des Verein Deutscher Ingenieure e.V., URL: http://www.vdi.de/ueber-uns/, Zugriff am: 21.03.2014

Victor, F. und Günther, H. (2005), Optimiertes IT-Management mit ITIL - So steigern Sie die Leistung Ihrer IT-Organisation - Einführung, Vorgehen, Beispiele, 2., durchges. Aufl., Wiesbaden 2005

Vlaanderen, K., Jansen, S., Brinkkemper, S. und Jaspers, E. (2011), The agile requirements refinery: Applying SCRUM principles to software product management, in: Information and Software Technology, 53, 2011, 1, S. 58-70

Vlaanderen, K., van de Weerd, I. und Brinkkemper, S. (2010), Model-Driven Assessment in Software Product Management, 4th International Workshop on Software Product Management (IWSPM'2010), Sydney, S. 17-25

Vlaanderen, K., van de Weerd, I. und Brinkkemper, S. (2013), Improving Software Product Management: a Knowledge Management Approach, in: International Journal of Business Information Systems, 12, 2013, 1, S. 3-22

Vogel, K. (2002), Produktmanagement für Konsumgüter, n.b. 2002

vom Brocke, J., Simons, A., Niehaves, B., Riemer, K., Plattfaut, R. und Cleven, A. (2009), Reconstructing the giant: on the importance of rigour in documenting the literature search process, 17th European Conference on Information Systems (ECIS'2009), Verona, S. 2206-2217

von Rosenstiel, L. (2009), Organisationsanalyse, in: Flick, U., von Kardorff, E. und Steinke, I. (Hrsg., 2009), Qualitative Forschung - Ein Handbuch, Reinbek bei Hamburg 2009, S. 224-237

Wagner, H. (1978), Mehrdimensionale Organisationsstrukturen, in: Die Betriebswirtschaft, 38, 1978, 1, S. 103-115

Wallmüller, E. (2007), SPI – Software Process Improvement mit CMMI, PSP/TSP und ISO 15504, Wien 2007

Wallmüller, E. (2011), Software Quality Engineering - Ein Leitfaden für bessere Software-Qualität, München 2011

Walther, H. (1994), Die Orientierung an Prozessen kann die Flexibilität steigern, in: Computerwoche, 11, 1994, 4, S. 89-91

Weber, M. (1988), Die 'Objektivität' sozialwissenschaftlicher und sozialpolitischer Erkenntnisse, in: Winckelmann, J. (Hrsg., 1988), Gesammelte Aufsätze zur Wissenschaftslehre, 7. Aufl., Tübingen 1988, S. 146-214

Wickel-Kirsch, S., Janusch, M. und Knorr, E. (2008), Personalwirtschaft: Grundlagen der Personalarbeit, Wiesbaden 2008

Wild, J. (1982), Product Management - Ziele, Kompetenzen und Arbeitstechniken des Produktmanagers, 2. Aufl., München 1982

Wilde, T. und Hess, T. (2007), Forschungsmethoden der Wirtschaftsinformatik - Eine Empirische Untersuchung, in: Wirtschaftsinformatik, 49, 2007, 4, S. 280-287

Windley, P. (2002), The Discipline of Product Management, Utah 2002

Wirth, W. und Lauf, E. (2001), Inhaltsanalyse. Perspektive, Probleme, Potentiale, Köln 2001

Witte, H. (2007), Allgemeine Betriebswirtschaftslehre: Lebensphasen des Unternehmens und betriebliche Funktionen, 2. Aufl., München 2007

WKWI und GI FB WI (2011), Profil der Wirtschaftsinformatik, Auf den Seiten der/des VHB - Verband der Hochschullehrer für Betriebswirtschaft e.V., URL: http://wi.vhb online.org/fileadmin/Kommission en/WK_WI/Profil_WI/Profil_WI_final_ds26.pdf, Zugriff am: 21.03.2014

Woeckener, B. (2013), Volkswirtschaftslehre - Eine Einführung, 2., überarb. u. erg. Aufl., Berlin und Heidelberg 2013

Woeckener, B. (2014), Mikroökonomik - Eine Einführung, 3., überarb. u. erg. Aufl., Berlin und Heidelberg 2014

Wollnik, M. (1977), Die explorative Verwendung systematischen Erfahrungswissens - Plädoyer für einen aufgeklärten Empirismus in der Betriebswirtschaftslehre, in: Köhler, R. (Hrsg., 1977), Empirische und handlungstheoretische Forschungskonzeptionen in der Betriebswirtschaftslehre, Stuttgart 1977, S. 37-64

Xu, L. und Brinkkemper, S. (2005), Concepts of Product Software: Paving the Road for Urgently Needed Research, 1st International Workshop on Philosophical Foundations of Information Systems Engineering (PHISE'2005), Porto, S. 523-528

Yang, L.-R. (2012), Implementation of project strategy to improve new product development performance, in: International Journal of Project Management, 30, 2012, 7, S. 760-770

Yavuz, H. (2011), Crowdsourcing - Eine systematische Literaturanalyse, Hamburg 2011

Yin, R. (2014), Case Study Research: Design and Methods (Applied Social Research Methods), 5. Aufl., Thousand Oaks 2014

Zahran, S. (1998), Software Process Improvement: Practical Guidelines for Business Success, Harlow 1998

Zanker, M. und Gordea, S. (2006), Measuring, monitoring, and controlling software maintenance efforts, 13th International Symposium on Temporal Representation and Reasoning (TIME'2006), Budapest, S. 103-110

Zelewski, S. (1995), Grundlagen, in: Corsten, H. und Reiß, M. (Hrsg., 1995), Unternehmesführung: Konzepte - Instrumente - Schnittstellen, Wiesbaden 1995, S. 1-125

Zentes, J., Swoboda, B. und Morschett, D. (2004), Internationales Wertschöpfungsmanagement, München 2004

Zink, K. (1995), TQM als integratives Managementkonzept - Das EFQM Excellence Modell und seine Umsetzung, München und Wien 1995

Züger, R. (2008), Betriebswirtschaft - Management-Basiskompetenz: Theoretische Grundlagen und Methoden mit Beispielen, Repetitionsfragen und Antworten, 3., überarb. Aufl., Zürich 2008

WIRTSCHAFTSINFORMATIK

Herausgegeben von Prof. Dr. Dietrich Seibt, Köln, Prof. Dr. Hans-Georg Kemper, Stuttgart, Prof. Dr. Georg Herzwurm, Stuttgart, Prof. Dr. Dirk Stelzer, Ilmenau, und Prof. Dr. Detlef Schoder, Köln

Band 77
Sandra Seiz
Gestaltung eines strategiekonformen Informationsmanagements in der Pre-Merger-Phase bei Mergers & Acquisitions
Lohmar – Köln 2013 • 248 S. • € 56,- (D) • ISBN 978-3-8441-0279-6

Band 78
Margarete Koch
Entwicklung eines Informationsversorgungskonzepts als Basis unternehmensspezifischer Business-Intelligence-Lösungen industrieller Unternehmen
Lohmar – Köln 2014 • 344 S. • € 63,- (D) • ISBN 978-3-8441-0311-3

Band 79
Nadine Amende
Nutzenmessung der geografischen Informationsvisualisierung in Verbindung mit der Informationssuche
Lohmar – Köln 2014 • 388 S. • € 65,- (D) • ISBN 978-3-8441-0316-8

Band 80
Xuanpu Sun
Ein szenario- und prototypingbasiertes Konzept zur Informationsbedarfsanalyse für Business-Process-Intelligence-Systeme – Entwicklung und Evaluation
Lohmar – Köln 2014 • 352 S. • € 64,- (D) • ISBN 978-3-8441-0317-5

Band 81
Jörg Leute
Eine neue Definition agilen Projektmanagements – Analyse konzeptioneller Merkmale agilen Projektmanagements
Lohmar – Köln 2014 • 296 S. • € 59,- (D) • ISBN 978-3-8441-0360-1

Band 82
Katharina Ute Peine
Situative Gestaltung des IT-Produktmanagements – Eine empirische Untersuchung
Lohmar – Köln 2014 • 448 S. • € 68,- (D) • ISBN 978-3-8441-0373-1